王柯平 1955年生。西安人，博士，教授，研究员。主要学术兴趣为美学和古代哲学。曾任牛津大学圣安妮学院访问研究员，悉尼大学历史与哲学学院访问教授，希腊奥林匹亚哲学与文化中心荣誉研究员，国际普世对话学会副会长。主要中文著作有《〈理想国〉的诗学研究》《跨文化美学初探》与《美之旅》等。主要英文著作有 Rediscovery of Sino-Hellenic Ideas（待出）；Chinese Way of Thinking 与 The Classic of the Dao: A New Investigation 等。主要理论译著有《美学理论》《艺术哲学新论》与《艺术的真谛》等。

《国家哲学社会科学成果文库》
出版说明

　　为充分发挥哲学社会科学研究优秀成果和优秀人才的示范带动作用，促进我国哲学社会科学繁荣发展，全国哲学社会科学规划领导小组决定自2010年始，设立《国家哲学社会科学成果文库》，每年评审一次。入选成果经过了同行专家严格评审，代表当前相关领域学术研究的前沿水平，体现我国哲学社会科学界的学术创造力，按照"统一标识、统一封面、统一版式、统一标准"的总体要求组织出版。

全国哲学社会科学规划办公室
2011年3月

第四章　道德诗学的实践理路 (127)
　　一　诸神的馈赠 (128)
　　二　美乐斯的结构 (133)
　　三　诗乐融合的特征与功能 (141)
　　四　三位一体的表现形式 (146)
　　五　快感误区与正确性准则 (148)
　　六　硬性与软性审查制度 (156)
　　七　酒神歌队的妙用 (161)
　　八　会饮习俗的德行教化 (164)
　　九　摹仿理论的多重向度 (171)
　　十　节庆狂欢：战争之舞与和平之舞 (195)
　　十一　尊重身心的适度原则 (199)
　　十二　美善兼备的完善公民 (203)

第五章　诗歌传统与剧场政体 (207)
　　一　古希腊诗歌传统 (208)
　　二　混融型：史诗 (218)
　　三　叙事型：抒情诗与酒神赞歌 (226)
　　四　戏剧型：悲剧与喜剧 (234)
　　五　雅典剧场文化的成因 (248)
　　六　"剧场政体"的乱象 (252)
　　七　柏拉图的忧患意识 (259)

第六章　从城邦净化说到悲剧净化说 (263)
　　一　基于诗乐审查的城邦净化说 (264)
　　二　意欲排除异己的城邦净化说 (271)
　　三　旨在挑选公民的城邦净化说 (275)
　　四　疏泄怜悯与恐惧的悲剧净化说 (283)
　　五　净化说的思想渊源与影响因素 (295)
　　六　理论进程与批评反思 (301)

目 录

前 言 ……………………………………………………………（1）

第一章 绪论：《法礼篇》与方法论 ……………………………（1）
    一 关联与难题 ……………………………………………（3）
    二 解悟与启示 ……………………………………………（8）
    三 经验与方法 ……………………………………………（14）
    四 《理想国》与《法礼篇》 ……………………………（22）

第二章 "至真悲剧"与"次好城邦" ………………………（35）
    一 与诗之争的背后 ………………………………………（36）
    二 "至真悲剧"喻说的意味 ……………………………（41）
    三 这部"悲剧"的结构 …………………………………（55）
    四 斯巴达诗人的德行观 …………………………………（61）
    五 "次好城邦"的蓝图 …………………………………（68）
    六 混合政体与混合学说 …………………………………（74）
    七 公民德行的教育理念 …………………………………（81）

第三章 道德诗学与政治哲学 …………………………………（87）
    一 道德诗学的两翼：心灵与身体 ………………………（88）
    二 诗学与哲学的变奏 ……………………………………（94）
    三 "医生喻说"中的法理原则 …………………………（98）
    四 "渡河喻说"引发的哲思 ……………………………（102）
    五 "玩偶喻说"与人性弱点 ……………………………（110）
    六 "克洛诺斯神话"的政治寓意 ………………………（120）

这座所谓的克里特城邦，不是最好而是次好城邦。依据柏拉图所言，这不是一座"话说中的理想城邦或建立在天上的范型"（πολει εν λογοις κειμενη…εν ουρανω ισως παραδειγμα ανακειται）(*Republic* 592)，而是"在政体上对最美好生活的摹仿，确属一部至真的悲剧，一出上佳的戏剧，一套实在而独特的法礼"（η πολιτεια ξυνεστηκε μιμησις του καλλιστου και αριστου βιου … ειναι τραγωδιαν την αληθεστατεν…του καλλιστου δραματος, ο δη νομο? αληθης μονο ς）(*Laws* 817b)。

第七章　心灵教育神话与诗性智慧 ……………………………… (313)
    一　神话的功用与哲学的起源 ……………………………… (314)
    二　爱神话者与爱智慧者 …………………………………… (322)
    三　神话的新生与分类 ……………………………………… (325)
    四　厄尔神话的要旨 ………………………………………… (328)
    五　深层喻指解析 …………………………………………… (332)
    六　救助灵魂的三种途径 …………………………………… (336)
    七　诗性智慧的特征与效用 ………………………………… (340)
    八　劝诫神话的由来与要义 ………………………………… (345)
    九　反驳异教哲学的策略 …………………………………… (353)
    十　末世论的劝诫方式与效应 ……………………………… (361)
    十一　心灵的别异与教育 …………………………………… (369)
    十二　人向神生成 …………………………………………… (374)
    十三　想象中的灵视 ………………………………………… (389)

第八章　余论：走向现实的理想 …………………………………… (392)
    一　范型之间的张力与调和 ………………………………… (393)
    二　历史遗响 ………………………………………………… (398)
    三　家国情怀 ………………………………………………… (400)
    四　古希腊人的幸福观 ……………………………………… (403)
    五　古希腊人的精神基质 …………………………………… (407)

主要参考文献 ……………………………………………………… (412)
索　引 ……………………………………………………………… (425)
后　记 ……………………………………………………………… (432)

Contents

Preface ··· (1)

Chapter 1　Introduction: *The Laws* and Methodology ············· (1)
1. Connections and Difficulties ······································· (3)
2. Apprehension and Inspiration ····································· (8)
3. Experience and Methodology ····································· (14)
4. *Republic* and *Laws* ··· (22)

Chapter 2　"The Truest Tragedy" and "the Second Best City" ············ (35)
1. Behind the Quarrel with Poetry ··································· (36)
2. The Significance of "the Truest Tragedy" Analogy ············ (41)
3. The Structure of the "Tragedy" ································· (55)
4. The Spartan Poet's View of *Aretē* ······························ (61)
5. The Blueprint of "the Second Best City" ······················· (68)
6. The Mixed Constitution and the Doctrine of Mixture ········· (74)
7. The *Paideia* for Citizenship ······································ (81)

Chapter 3　Moral Poetics and Political Philosophy ················· (87)
1. The Two Dimensions of Moral Poetics: *Pshychē* and *Sōma* ····· (88)
2. The Variations between Poetics and Philosophy ··············· (94)
3. Legal Principles in "the Allegory of the Doctors" ············ (98)
4. Philosophizing in "the Allegory of Crossing the River" ······ (102)
5. "The Puppet Allegory" and the Human Weaknesses ··········· (110)
6. The Political Message of "the Kronos Myth" ·················· (120)

Chapter 4　The Practical Way of Moral Poetics ……………………（127）

1. The Gift of the Gods ……………………………………………（128）
2. The Composition of Melos ……………………………………（133）
3. Features and Functions of Music-Poetry ……………………（141）
4. The Trinity of Expression ……………………………………（146）
5. Pleasure and the Principle of Correctness …………………（148）
6. Hard and Soft Censorship ……………………………………（156）
7. The Magic Role of the *Dionysou Choros* …………………（161）
8. The Virtuous Nurturing during the Symposium ……………（164）
9. Multiple Aspects of the Mimetic Theory ……………………（171）
10. Festive Carnivals: Dance of War and Dance of Peace ……（195）
11. The Principle of *Mesos* for Body and Soul ………………（199）
12. The *Kalokagathia* of the *Politēn Teleon* …………………（203）

Chapter 5　The Greek Poetry and the *Theatrokratia* ……………（207）

1. The Heritage of the Ancient Greek Poetry …………………（208）
2. The Mixed Type: Epic ………………………………………（218）
3. The Narrative Type: Lyric and *Dithyrambos* ………………（226）
4. The Dramatic Type: *Tragōdia* and *Komoidia* ……………（234）
5. The Culture of the Attica Theatre ……………………………（248）
6. The Chaos of *Theatrokratia* …………………………………（252）
7. The Platonic Concern …………………………………………（259）

Chapter 6　From *Katharmous Poleōs* to *Katharsis Tragōdos* ……（263）

1. *Polis Katharsis* of Music-Poetry ……………………………（264）
2. *Polis Katharsis* of Political Opponents ……………………（271）
3. *Polis Katharsis* for Citizen Selection ………………………（275）
4. Tragic *Katharsis* of Pity and Fear …………………………（283）
5. Sources and Factors Related to Tragic *Katharsis* …………（295）
6. Theoretical Development and Reflection ……………………（301）

Chapter 7　*Psycho-Paideia Mythoi* and Poetic Wisdom ……………(313)

1. The Use of Mythos and the Origin of *Philosophia* ………………(314)
2. *Philomythos* and *Philosophos* ……………………………………(322)
3. The New Birth and Categorization of Myths ……………………(325)
4. Substance of the Myth of Er ………………………………………(328)
5. Anatomy of the Allegory ……………………………………………(332)
6. Three Ways of Soul Redemption …………………………………(336)
7. Special Effects of Poetic Wisdom …………………………………(340)
8. The Myth of Exhortation …………………………………………(345)
9. Refutation of the Heretical Philosophy …………………………(353)
10. An Eschatological Approach to Persuasion ……………………(361)
11. Categories of Souls and Pedagogical *Telos* ……………………(369)
12. The Becoming Divine of the Human ……………………………(374)
13. Visions in Imagination ……………………………………………(389)

Chapter 8　Epilogue: From Ideal to Reality ……………………(392)

1. The Tension and Mediation between the Paradigms …………(393)
2. Historical Legacy ……………………………………………………(398)
3. Loyalty to the *Polis* ………………………………………………(400)
4. The Hellenic Notion of *Eudaimonia* ……………………………(403)
5. The Spiritual Stratum of Ancient Greeks ………………………(407)

Bibliography ………………………………………………………(412)
Index ………………………………………………………………(425)
Epilogue ……………………………………………………………(432)

前　言

　　上世纪90年代初，我在瑞士洛桑大学哲学系就读期间，除了选修"古代哲学"与"尼采论艺术"两门课程之外，大部分时间是在莱蒙湖畔的图书馆里度过。那段时间，我在阅读之余，困乏之时，即步出馆外，随兴所至地逍遥于湖边，充分享受四周的美景与难得的宁静。当然，那也是我在学术进路上收获颇丰的一年。尤其是从雅斯贝斯（Karl Jaspers）的《历史起源与目标》（*The Origin and Goals of History*）中得到的启发，使我对"轴心时期"（the Axial Period）的学术文化产生了浓厚的兴趣，继而开始了对先秦儒道思想和古希腊柏拉图学说的研习，这不只是因为该时期的中国、希腊学术思想具有极高的原创性和生命力，而且是因为彼此都涉及我所关注的"人文化成"理想。该理想旨在通过人文精神的启蒙与教化来成就人格、德行与人性的完满，实则关乎"人之为人"的可能途径与最高成就。这在儒道那里通常表现为"君子人格"、"真人境界"和"内圣外王之道"，在柏拉图那里一般表现为"卫士德行"、"哲人王道"和"理想城邦之治"。后来，我在多伦多大学哲学系、牛津大学圣安妮学院和中国学术研究所、悉尼大学哲学与历史学院访学期间，继续从事相关课题的研习。迄今，20年过去了，我仅凭自己的有限思索，在教学之余先后撰写了《老子思想新释》（英文版）与《〈理想国〉的诗学研究》等书，算是阶段性的研习小结吧。

　　现如今，随着中国社会结构与文化心理的发展流变，公民意识及其德行备受重视。那么，柏拉图是如何论述"公民德行"的呢？其公民德行的教育方略又是怎样的呢？这其中有没有可供反思或借鉴的思想资源呢？等等。带着这些疑问，近年来我将注意力转向柏拉图晚年的对话作品与思想变化。我们知道，《理想国》是柏拉图中期的代表作，而《法礼篇》则是柏拉图晚年的代表作，此两者中有关诗学问题的论述，不仅相对详致，而且彼此互补。

一般说来，若能搞清这两部对话中的诗学理论，就等于基本搞清了柏拉图的整个诗学思想。为此，我在拙作《〈理想国〉的诗学研究》付梓之后，除了整理出版《中国文化精神》与《中国诗学精神》两部英文论作之外，便将大部分时间花费在研读与思考《法礼篇》的道德诗学问题之上。

从实际效果来看，此番不遗余力的劳作是必要和值得的，这使得本书的写作过程要比原先的预想顺利得多，前后总计 6 个月便完成初稿，尽管其后近乎三年着重修改与补写。在此期间，我采用了分而合之的方式，即：一方面抽出相关专题内容补写成论文予以发表，一方面阅读相关文献进一步重思某些问题和修改某些段落，随后再将补写与修改的部分连缀起来构成章节。这样做的目的就是要将容易粗放的部分变得比较严谨一些，将颇显浅泛的论说变得相对深入一些，将偏于含糊的解析变得愈加澄明一些。至于是否如愿，则是另一个问题，有待读者和时间来检验。

顺便提及，此项研究的初始计划可上溯到上世纪末，当时正在准备撰写《〈理想国〉的诗学研究》一书。至今，我依然记得这一相当漫长的进程：1998 年，我在多伦多大学访学，所选课程为"柏拉图美学"与"古希腊语"。为了阅读和查阅方便，我从首月紧巴巴的生活费里抠出 60 加元，从一家书店里购得普林斯顿大学版本《柏拉图对话集》（*The Collected Dialogues*），旋即选读收入其中的泰勒（A. E. Taylor）译本《法礼篇》。2000 年，我在牛津大学访学期间，继而购得娄布经典丛书中的《法礼篇》希腊—英语对开版，译者是古典学者伯里（R. G. Bury），初阅一遍后，感觉其准确度较高，但遣词偏于古奥，文体稍逊风骚。2003 年，我在美国洛杉矶参加研讨会时，顺便购得哈凯特（Hackett）出版的柏拉图《对话全集》（*Complete Works*），所收入的《法礼篇》是桑德斯（Trevor J. Saunders）的译本，同时购得其企鹅版单行本。2006 年，我应邀赴希腊开会并作短期研究，主要阅读桑德斯的译本，同时参阅娄布经典丛书的希腊—英语对开本。会上与罗尔（Christopher Rowe）教授交谈起上列译本的长短利弊，他毫不迟疑地推举桑德斯的译作。2010 年，我应邀在悉尼大学哲学系访学时，也与本尼特兹（Eugenio Benitez）教授谈及不同英译本的特点与得失，同时还就我的研究思路交换了意见，他的谦和人格与严谨学风使我获益匪浅。

值得一提的是，我自己在阅读中发现，为《法礼篇》的译本倾注了大量心血的桑德斯，实际上扮演了双重角色，既翻译，又诠释，而且乐此不疲，所排列的结构与提要性导读，为专业和非专业的读者提供了诸多便利。尤其是该译本所提供的那幅"克里特中心地带示意图"，使我在读过书中那位"雅典来客"所描述的旅途线路之后，油然萌生了游历克里特岛、参观米诺斯迷宫遗址和拜访伊达山（Mt. Ida）宙斯洞穴的强烈念头。

说来有些可惜，我从雅典比雷埃夫斯港（Piraeus）乘船，一夜横渡希腊海，翌日清晨抵达伊拉克里昂市（Iraklion）。在寻访过克诺索斯的历史遗迹后的第二天，我启程前往伊达山。我在排队购到长途汽车票后，便登上车站附近的古代城墙；未料在那里流连过久，冥想柏拉图所勾画的那座"次好城邦"，可能与眼前的城垣和四围的海域相关；结果，我错过了原定车次，耽误了整个行程，只好等待下一班车。最终，当我乘车来到伊达山区的一座村庄时，已近黄昏时分，只能在两位当天拍摄过宙斯洞穴的希腊电台记者的指引下，借助满天云霞的余晖，放眼遥望宙斯洞穴的位置，随之便乘车赶回市区下榻的旅馆。这委实是一次令人颇感遗憾的旅行，但并不怎么影响我个人的兴致，因为这在我看来，更像是一种"空山不见人，何处寻行迹"的想象性精神体验。

不过，令我难忘的是那次从克里特岛返回雅典的旅程。这一旅程堪称朝发夕至，可在游船上一路观光，尽情欣赏海天一色的景致。那天中午用餐，甲板上除我之外，都是欧洲游客，他们推杯换盏，交谈甚欢，唯我一人独饮，无人攀谈，酒酣耳热之时，奇思怪想之际，信手写下一些长短句，后来稍加整理，题名为《早发克里特岛纪行》，其曰：

> 风吹歌声咽，
> 船行浪花间。
> 众客狂欢，
> 推杯换盏，
> 玉瓶光转，
> 酒神国里尽笑颜，
> 谁知魏晋两汉？
> 君自独饮无言，

微醉凝思望远;
诗情空寄,
画意阑干,
无韵离骚入洪流,
大美境界得自然;
天无涯,
海无边,
六合浑一体,
秋水泛苍蓝……
曾记古人嗟叹,
谈玄尚静观;
思入风云里,
明月印万川……
如今眼前景色,
变亦不变,
看似日神驾飞銮,
操琴吟唱,
高挂云帆,
环宇照千山……
凡夫若具慧眼,
不分天上人间;
逍遥游遍八方,
何须化羽登仙!

王柯平
千禧十三年暮春于京北山月斋

第 一 章

绪论：《法礼篇》与方法论

在历经了伯罗奔尼撒战争、雅典城邦衰败与三访舒拉古（Syracuse）的沧桑巨变之后，柏拉图这位垂垂老矣的哲人，最终踏上了一条从理想走向现实的探索之路。在其最后一部对话作品《法礼篇》里，他通过"法礼"的重构，凸显了"正确教育"的宗旨，意在全面提高"公民德行"的同时，会通民主政体与君主政体的各自优势，在人世间创设一座可供参照的"次好城邦"（the second best city-state），谱写一部"至真的悲剧"（einai tragōdian tēn alēthestaten），借此"摹仿最美好的生活"（mimēsis tou kallistou kai aristou biou）。①

要而言之，这里所言的"悲剧"，在结构形式和表现手法上与希腊悲剧相去甚远，但作为一种隐喻或喻说性修辞方式，主要目的在于强化《法礼篇》的实质内容、立法精神和教育功能，其相关效应可从伦理学、认识论、本体论和目的论等角度予以剖析。这里所谓"最美好的生活"，则是构建这座"次好城邦"的追求目标。该目标的实现主要依据如下理路：选择适宜的城邦制度或政治体制，通过"正确教育"与"神性法礼"的引导，培养公民应有的德行或城邦所需的伦理，确立他们关切城邦共同福祉与公共事务的自觉意识，由此保障他们过上"最美好"或"最幸福"的生活。

需要说明的是，柏拉图的最后这部对话作品，原名为 *Nomoi*，英译名为 *Laws*，德译名为 *Gesetze*，法译名为 *Les Lois*，意译名为 *Le Leggi*，比较流行的汉译名为《法律篇》或《法篇》，近年来也有学者将其汉译为《法义》与《礼

---

① Plato, *Laws* (trans. R. G. Bury, Cambridge and London: Harvard University Press, 1994), 817b. 为了排版方便，本文用拉丁语字母书写希腊引文。

法》。通常，nomoi（νομοι）一词被用来表示公元前 6 世纪雅典立法者梭伦（Solon, 630-560 BC）的法规，以此与 thesmoi（θεσμοι）一词形成对比，后者被用来表示公元前 7 世纪雅典立法者德拉古（Draco）的法规。按古希腊原文，nomoi 是名词 nomos（νομος）的复数形式，源于动词 nemō（νεμω），主要包含"分派，布置，摇动，处理，拥有，行使，管理，控制"等意。起初，nomos 表示"被分派或被布置的东西"，随后发生转义，表示"法规，条例，指示，训令，惯例，习俗，民风，音乐旋律"等。事实上，柏拉图自己明言，此书包括"成文法"（grapha nomoi）与"不成文法"（agrapha nommia）两部分，前者指涉法规律令，后者代表"祖传习俗"（patrious nomous）。事实上，古希腊城邦制度是在部落制度基础上发展起来的。先前的部落制度在管理上主要依赖于古老的祖传习俗，其基本信念是：习俗不仅能教会你区别什么是对或什么是错，而且能指导你该做什么或不该做什么。有一古希腊谚语颇能表达这种普通的感受："无论城邦怎么行事，古老习俗总是最好"（ōs ke polis rexeie, nomos d'archaios aristos）。因此，无论后来形成的城邦制度如何发展，其立法如何变革，都依然保持着大量历史与文化承继下来的传统习俗。这些习俗作为"不成文法"，深深地根植于古希腊人的思想意识之中，影响并规范着他们的日常行为。此外，nomoi 一词还表示歌唱曲调或音乐旋律，柏拉图有时将其用作双关语。伯里（R. G. Bury）与耶格尔（Werner Jaeger）等人认为，柏拉图所使用的 nomos 一词具有双重意义，不仅以其表示法（laws）与歌（song），而且有意将两者合而为一。①

总体而论，柏拉图笔下的立法过程，也是教育过程。在此过程中，法律与习俗并重且并用。从 Nomoi 这部对话所呈现的具体内容来看，习俗内容多种多样，包括传统节庆、会饮、聚餐、婚配、生育、豢养、游戏、宗教、祭祀、诗乐、舞蹈、体操、军训等，其主要职能等乎于规定社会活动、文化教育与生活方式的各种礼仪。有鉴于此，我尝试将此部对话的名称译为《法礼篇》，借以涵盖法规律令（法）与习俗惯例（礼）两大部分。在我个人看来，此译名一方面显得比较恰切和包容，另一方面也较少《法律篇》或《法篇》

---

① R. G. Bury, "Introduction" to Plato, *Laws* (trans. R. G. Bury), p. xiii; Werner Jaeger, *Paideia: The Ideals of Greek Culture* (trans. Gilbert Highet, Oxford: Oxford University Press, 1971), Vol. III, p. 252.

等译名所给人的那种单一刻板的印象。事实上，伯里本人也认为，从该书的内容描述来看，其标题 Laws 虽然不能说是"误导性的"（misleading），但确是"非常不充分的"（very insufficient）。因为，实际意义上的"法律"仅占全书内容的三分之一，其余大部分篇幅所讨论的是人作为"政治动物"（political animal）的生活以及人性之类主题。①

值得指出的是，本书重在研究《法礼篇》的道德诗学，实际上就等于研究柏拉图晚年的道德诗学。从柏拉图的整个思想发展历史来看，这项研究不仅需要细读和分析《法礼篇》这部长篇文本，而且需要反思和比照与此关联的其他对话作品，尤其是《理想国》这部中期代表作品。另外，在具体的思索和阐释的过程中，不仅需要借鉴他者的成果与经验，而且需要根据古典研究的特点适当调整古典学的研究方法，以便进一步深化此项研究工作并取得更为有效的论证结果。当然，这一切都在积极的探索之中，意在为后来的研究者提供某种"前车之鉴"。

一　关联与难题

相比之下，《法礼篇》中的"次好城邦"，是以《理想国》（Politeia）中的"最好城邦"（the best city-state）为摹本，两者从目的论上看，均旨在范导公民通过有德行的生活获得最大的幸福。但不同的是，《理想国》侧重讨论的是城邦统治者与护卫者的精英式教育，笃信这种教育是培养德行的关键，获得幸福的保障，其若在理想条件下得以实施，似乎无需法律辅助便可将"美好城邦"（kallipolis）治理得井井有条。而《法礼篇》更为关注的是系统的立法程序、法礼的本性及其在城邦生活中的作用与公民德行的培养方式，继而认定公正的法律是非凡理性的作品，这种理性既内在于宇宙，也内在于人类，是成就物之为物、人之为人的基质。值得注意的是，在《理想国》与《法礼篇》这先后两篇对话中，柏拉图虽然无一例外地将公民德行视为确保生活幸福的充足理由，同时也将公民德行视为对公民品格进行终身教育的结果，

---

① R. G. Bury, "Introduction" to Plato, Laws, pp. xii-xiii. Also see Gibert Murray, Four Stages of Greek Religion (New York: Columbia University Press, 1912), pp. 86-87; F. R. Earp, The Way of the Greeks (Oxford: Oxford University Press, 1930), pp. 122-123.

但他在晚年撰写《法礼篇》这部封笔之作时，却有意修正了自己以往的教育理念，试图从理想的范式走向现实的建构，认为公民教育是双重性的和互补型的，即：它一方面取决于陶冶性情的"人文教化"，另一方面有赖于公正无偏的"强制教育"；前者涉及以诗乐体操为主要内容的文艺教育，后者涉及以律令习俗为主要内容的法治教育。《法礼篇》旨在将这两者协调会通起来，以便实现"玛格尼西亚"（Magnesia）这座"次好城邦"的最终目标。

毋庸置疑，在《法礼篇》中所讨论的教育，尤其是以诗乐体操为主的文艺教育，必然涉及古希腊诗学的相关问题。如同我先前对《理想国》诗学问题的思考一样，这次对《法礼篇》诗学问题的探讨，依然将焦点会聚在道德诗学领域，其原因主要有五：其一，从道德诗学或艺术教育的角度看，《理想国》与《法礼篇》如同姊妹篇，前者侧重相关理论的探讨，后者侧重相关细节的描述，后者是对前者"最好的注解"（the best commentary），① 两者结有很强的交叉对照与互补关系；其二，这里所言的道德诗学，在柏拉图那里实为一种道德教育与灵肉塑造之学，其根本主旨关系到"公民德行"的奠基与培养；其三，柏拉图倾尽最后十余年心力所著的《法礼篇》，② 试图与别的"严肃诗人"（spoudaion poieton）一决高低，③ 通过探讨伦理道德与政治生活，为青少年提供"正确教育"（orthen paideia），以便使其"习得德行"（arete episthai），"恶其所应恶，爱其所应爱"（misein men a chre misein, stergein de a chre stergein），最终成为"优秀而智慧"（agathos kai sophos）的"完善公

---

① Werner Jaeger, *Paideia*: *The Ideals of Greek Culture*, Vol. III, p. 219.
② Werner Jaeger 认为柏拉图的《法礼篇》撰写于公元前 370—公元前 350 年间，前后总计 20 年（Cf. Werner Jaeger, *Paideia*: *The Ideals of Greek Culture*, Vol. III, p. 232.）。Trevoa J. Saunders 认为《法礼篇》属于柏拉图的晚期对话之一，撰写于作者最后的 20 年间，也就是公元前 367—公元前 347 年间（Cf. Plato, *The Laws*, Trans. Trevor J. Saunders, London et al: Penguin Books, 1975, pp. 22-23.）。R. G. Bury 则认为此书撰写于柏拉图在世时的最后 10 年（Cf. Plato, *Laws*, trans. R. G. Bury, p. vii.）。我们知道，柏拉图在一生后期的 20 年里，撰写了数篇对话，《法礼篇》只是其中之一，是其最后和最长的一部作品。另外，柏拉图曾用近十年时间撰写《理想国》，按此推理，他在晚年也需要十余年时间来撰写《法礼篇》。按照 A. E. Taylor 的推算，柏拉图开始撰写《法礼篇》的具体年份不会早于公元前 360 年，据此暗示柏拉图用了最后 13 年大体完成了最后这部对话作品。参阅［英］泰勒：《柏拉图——生平及其著作》，谢随知等译，山东人民出版社 1996 年版，第 660—661 页。Glenn R. Morrow 认为，柏拉图撰写最后这部对话作品，花去了大约最后 12 年或 20 年的时间，而且尚未定稿就已辞世。Cf. Glenn R. Morrow, "The Demiurge in Politics: The *Timaeus* and the *Laws*", in Nicholas M. Smith (ed.), *Plato*: *Critical Assessments* (London & New York: Routledge, 1998), Vol. IV, p. 310.
③ Plato, *Laws*, 817.

民"（politēn teleon）。① 其四，柏拉图一生所重视的公民教育问题，本质上关系到道德人格的成长与发展过程。这一过程能否成功的基础，就在于他反复强调的早期诗乐教育与体操训练对童年精神特质与习性（ethos）的悉心塑造，而这一特质与习性正是后来的成人德行得以正常发育的基础。其五，在其主要对话中，柏拉图特别关注诗乐与体操等艺术对青少年身心健康与道德意识的教育价值，认为诗乐的蜕变与雅典民主的腐化以及雅典城邦的衰败密切相关，这一点在《理想国》和《法礼篇》里表现得同样显著。

事实上，从荷马史诗开始，古希腊的诗歌与文艺传统，无论在表现希腊精神还是人类德行方面，都是首屈一指的范本和教科书。对此，柏拉图心知肚明，但出于理想城邦建构及其公民德行教育的需要，他采用了批判、改造与利用的综合性策略，设立了诸多伦理原则，试图将其有效地纳入他所推崇的"正确教育"实践领域。在此领域，随着自身阅历的积累和政治智慧的练达，柏拉图认为有必要从理想世界走向现实世界，有必要对自己的教育哲学思想做出必要的调整和补充，其相关言说大多容含在他的《理想国》和《法礼篇》里。自不待言，道德诗学作为其教育哲学的重要内核，也自然而然地集中体现在这两部文本之中，只不过前者属于中期对话作品，代表柏拉图中年的道德诗学理论，主要基于政治哲学的立场，设定伦理学和形而上学准则，用以检验诗乐的内容和形式及其摹仿理念的存在根由；后者属于晚期对话作品，代表其晚年的道德诗学思想，主要依据城邦立法的需要，探讨青少年教育的心理学基础，塑造有助于身心健康发展的精神特质、良好习性、审美趣味与实用技能。在我看来，若从"公民德行"教育的可操作性角度审视，后者因其比较接近现实更值得关注和昭示。

需要指出的是，柏拉图最后创作的《法礼篇》，在其所有对话中占有独特位置。其中所论的城邦、政体、法礼、道德、文化、习俗、诗乐、舞蹈、体操、军训等问题，都从属于柏拉图所关注的公民教育和德行培养大纲，在希腊乃至世界政治和教育史上意义重大、影响深远。但要看到，此文篇幅较长，

---

① Plato, *Laws*, 653b-c, 810e-812c, 664a. 柏拉图对"正确教育"的重视，与《理想国》没有什么两样。譬如，在《理想国》第四卷里，柏拉图特意反复强调了"正确教育"（ευ παιδευομενοι）与"良好培养与教育"（τροφη και παιδευτις χρηστη）的目的性与重要性。（*Republic*, 423e-424a）

约占柏拉图对话总量的五分之一；其难度最大，深入解读和研究均非易事。究其原因，至少有四：

（1）该书是作者晚年所撰，生前尚未修订也未发表，由其弟子斐立普（Philip of Opus）按业师遗愿依手稿编辑刊行，① 古时读者与注家为数寥寥，拜占庭时期文本几乎佚失，致使19世纪的古典学者对其束手无策。

（2）该书所用语言隐晦难解，具有古奥的谜语特性，其写作风格缺乏已往对话中常有的戏剧性和哲学性，致使可读性与吸引力大打折扣。

（3）该书的核心问题既不关乎逻辑，也不涉及本体，无法将其归入柏拉图的哲学系统，而且在整体论说方面充满不确定性，致使有些学者视其为柏拉图思想的旁支衍品，在系统深入研究方面着力不够，在文法义理的评判方面有些随意。

（4）其内容驳杂繁琐，不少论说突兀粗放，迂腐饶舌，同义反复，模糊不清，参与对话的三位老者有时倚老卖老，喜好长篇大论，所言拖泥带水，对读者与研究人员造成诸多困扰。② 有鉴于此，不少偏重柏拉图哲学与诗学研

---

① Werner Jaeger, *Paideia*: *The Ideals of Greek Culture* (Vol. III), p. 242.
② 在《政治学》里论及柏拉图的《法礼篇》时，亚里士多德指出诸多疑难、疏漏和问题，如他所说："这里，他［柏拉图］原来说要另外设计一种比较切实而易于为现存各城邦所采用的政体，可是，其思绪的发展曼衍而无涯际，因此后篇中的政体又往往追踪着前篇的玄想……［有关财产数量］这样的叙述是含糊的，犹如人们随意说'生活优良'，这只是一些不着边际的笼统语言。"（卷 II, 6, 12652-12654, 1265a28-30）这里还可举出《法礼篇》三位英译者的评述：According to R. G. Bury, "The internal evidence of the work itself sufficiently confirms tradition. Not only does it lack the charm and vigour of the earlier dialogues, but it is marked also by much uncouthness of style, and by a tendency to pedantry, tautology and discursive garrulity which seems to point to the failing powers of the author. Moreover, the author himself indicates his own advanced age by the artistic device of representing the three interlocutors in the dialogue as old men, and by the stress he repeatedly lays upon the fact of their age, as well as upon the reverence due from the young to the old." (Cf. R. G. Bury, "Introduction" to Plato, *Laws*, Cambridge & London: Harvard University Press, 1st. ed. 1926, rep. 1994, p. vii.) According to Trevor J. Saunders, "Plato's Greek in the *Laws* is difficult: emphatic yet imprecise, elaborate yet careless, prolix yet curiously elliptical; the meaning is often obscure and the translator is forced to turn interpreter… Every translator is plagued by this problem of reconciling accuracy with readability, and the translator of the Laws is plagued to an unusual degree." (Trevor J. Saunders, "Introduction" to Plato, *The Laws*, London: Penguin Books, 1st. ed. 1970, rep. 1975, p. 39.) 不过，无论是译者还是读者，大都赞同早期的英译者和古典学者 Benjamin Jowett 的这一评价："在柏拉图的作品之中，唯有《法礼篇》对世界和人性表达了如此深刻的洞察"（No other writing of Plato shows so profound an insight into the world and into the human nature as the Laws.）。相比之下，瑞士古典学家葛恭（Olof Gigon）的这一批评性总结显然更切中时弊："自施莱尔马赫（Friedrich Schleiermacher）时代以来，学界公认，柏拉图的这部最后作品在文字、文学以及哲学史等

究的学者，对《理想国》诸篇对话探讨颇多，对《法礼篇》则关注甚少，有的学者甚至为了将柏拉图的思想人为地框定在《理想国》里，而不惜冷落柏拉图晚年的最后这部作品。结果，《法礼篇》虽然不像某些西方学者所夸张的那样仍属"一片未思之地"（terra incognita），但充其量也只是"一片刚刚开垦的处女地"（virgin land）。就此而论，下述说法显得比较有趣而实在："《法礼篇》在柏拉图的著述中占据一个非常独特的位置，作为排行'最末的孩子'，由于其出生得太早，其父亲又年岁太老，对其'救援'因此就成了问题：这是一部未完成的作品，其结构具有开放性，其组成部分所依据的秩序是流动的，甚至是不确定的。更有甚者，与其他对话相比，《法礼篇》的哲学取向更为难明。"①

（续上页）方面都像是一个谜。我们知道，在一定程度上讲，这部作品暂时放弃了寻求 $\varepsilon\pi\iota\sigma\tau\eta\mu\eta$ $\tau o v\ \alpha\gamma\alpha\theta o v$［善的知识］。然而，从《拉克斯》（Laches）到《蒂迈欧》（Timaeus），寻求善的知识一直是柏拉图哲学探索的中心。此外，我们还知道，《法义》十二卷布局之混乱，几乎令人难以忍受。各种不同的定理以前所未有的任意性拼凑在一起，要么反复使用，要么讨论到一半就搁在一边，然后又接续起来。最后，凡读过柏拉图文本的读者都清楚，《法义》行文拖泥带水、强词夺理，而且还拿腔拿调，这方面简直无文能敌。以上特征人尽皆知。但是，迄今为止的研究，并不急于对这一切作出解释。为数不多的几次推进不仅强劲有力，还带有把握全局的眼光（比如 Ed. Zeller, 1839; I. Bruns, 1880; U. v. Wilamowitz, 1919），可惜影响不大。倒是那些肤浅的答复让人们宽下心来，说什么：这部作品是一位耄耋老人的断念之作，不可用衡量诸如《理想国》的标准来衡量它云云。然而，危险恰恰是躲进一般传记心理学的范畴。运用这些范畴会过于简单地打发掉所有难题。最重要的是，传记心理学的解释会有意无意地贬低这部值得疏解的文本。谁要是把柏拉图的《法义》说成晚年作品来为之开脱，无异于让人认为，无论在哲学还是艺术方面，这部作品都可以不用认真对待，也没有必要认真对待。"［瑞士］葛恭：《柏拉图与政治现实》，黄瑞成、江澜等译，华东师范大学出版社 2010 年版，第155—156 页。）

① ［法］卡斯代尔·布舒奇：《〈法义〉导读》，谭立铸译，华夏出版社 2006 年版，第 10 页。《法礼篇》的哲学取向尚且难明的原因可以列出若干。譬如，有的学者（如 Christopher Rowe）认为，这主要是画地为牢的阅读范围和解释方式所致，因此他建议人们在阅读《法礼篇》的同时，也阅读其他所有对话作品，同时不断地追问所阅读的内容与作者内心的思想，这样做即便不能全部理解柏拉图的所有思想，但确有利于在他先前言说的内容中找到充分和恰当的证明，因为柏拉图的所有言说都是前后关联的，甚至是连贯一致的。Cf. Christopher Rowe, "The relationship of the *Laws* to other dialogues:

二 解悟与启示

所幸的是，近些年来经过西方古典学者的精心译释、梳理和评述，《法礼篇》的研究成果日渐丰硕，其价值意义备受重视，其解读指数也随之攀升。这其中涉及的代表作家及其作品不少，譬如 Benjamin Jowett, G. Burges, R. G. Bury, E. B. England, A. E. Taylor, L. Robin, A. Zadro, K. Schopsdau, Trevor J. Saunders 与 T. Pangle 等人的译注，Eduard Zeller, A. E. Taylor, Werner Jaeger, Olof Gigon, G. Vlastos, W. K. C. Guthrie, Malcolm Schofield 与 Anthony Kenny 等人的分析，R. F. Stalley, Leo Strauss, Christopher Rowe, Seth Benardete 与 A. Castel Bouchouchi 等人的导读，Robert W. Hall, Gerhard Müller, G. Vanhoutte, Glenn R. Morrow, Karl Popper 与 Christopher Bobonich 等人的专论，各擅其能，为后续

（续上页）A proposal", in Christopher Bobonich (ed.), *Plato's Laws: A Critical Guide* (Cambridge: CambridgeUniversity Press, 2010), pp. 29-50. 与此同时，也有的学者（如 Christopher Bobonich）认为，20 世纪 90 年代以后学界开始真正关注《法礼篇》的研究，故此依然处在对《法礼篇》进行哲学反思的早期阶段。他本人发现这篇对话中具有更多哲学兴味的议题甚多，这里列出其中少许仅供参考：(1) 政治共同体的起源与性质、共同利益以及公民德行的培养问题。(2) 幸福理论、健康与财富以及健康与贫困的关系问题。(3) 伦理心理学、快感、痛感与意志弱点等问题。(4) 培养公民德行与同胞情谊的政治、法律与社会结构、私有家庭、妇女的政治和社会角色等问题。(5) 法律至上与服从法律的法学理论、法律的伦理教育和强制惩罚这一双重特性的调和问题。(6) 依法惩罚的基本理论与"人人并非有意犯错"这一学说的关系以及如何区别有意伤害与无意伤害等相关问题。(7) "次好城邦"玛格尼西亚的官方神学原则、神明存在与神人关系、作为自动者的灵魂观念等问题。Cf. Christopher Bobonich, "Introduction", in Christopher Bobonich (ed.), *Plato's Laws: A Critical Guide* (Cambridge: Cambridge University Press, 2010), pp. 2-3. 我个人认为，《法礼篇》涉及的潜在哲学问题很多，关键在于如何解读和思索。如果从政治哲学、法哲学、道德哲学与道德诗学、教育哲学、哲学神学、心灵哲学等角度去审视这篇对话中所呈现的相关内容，都会自然而然地进入哲学的反思与研究轨道。至于这样会得出什么论证结果，那的确需要全面阅读和参照柏拉图的所有对话。因为，柏拉图不可能在晚年写作中不断重复自己先前所言的内容，他也许想当然地认为读者应当了解他的全部思想，故而经常会一言带过，留待有哲学素养的读者自己去联想和诠释。当然，为了在更大范围内传布自己的城邦构想，柏拉图似乎对非哲学的听众采取了一种相当宽容的、顺其自然的态度。

研究极尽"筚路蓝缕，以启山林"之功。① 这其中有见地的评论不胜枚举，下列七则具有一定代表性，其一是泰勒（A. E. Taylor）的见解：

> 《法礼篇》不啻是柏拉图全集中篇幅最长的作品，而且包含着柏拉图最新近和最成熟的思想，这些思想所涉及的主题，正是柏拉图一生中念念不忘的伦理学、教育学和法学。特别是柏拉图对教育理论的贡献，一直被大大地低估了；而对教育理论进行了深刻探讨的《法礼篇》，虽然在他本人看来或许是其最为重要的著作，但却遭到不可原谅的忽视。再者，柏拉图的神学之所以在现代一直屡遭误解，也是由于人们忽视《法礼篇》所致，因为本书第十卷是柏拉图作品中系统阐述神学的唯一篇章。对这部杰作的忽视或许是出于以下两方面的考虑：一是《法礼篇》对读者的要求大大高于其他对话作品对读者的要求。在这里，戏剧性要素已然减少到最低程度；如果读者对本书的主旨没有兴致，其表述上的吸引力则显得微乎其微。就其全部意向和目的而言，这部作品实属独白式的长篇大论，其间偶尔被赞许或请求深入解释的程式所打断。另外，整部作品的目的是非常讲求实际的，对于关注形而上学和科学而非道德和政治的读者来讲，则没有什么吸引力。与柏拉图的其他任何作品相比，《法礼篇》与当时的政治生活直接相关；当时撰写这部作品的目的，就在于满足一种感受迫切的需要。②

---

① 我个人熟悉英法两语，在上列专论《法礼篇》的著述中，我比较侧重参阅下列几部导读与专论，即：A. E. Taylor, *Plato: The Man and His Work*, New York: Meridian Books, 1956; Werner Jaeger, *Paideia: The Ideals of Greek Culture*, Vol. III, *The Conflict of Cultural Ideals in the Age of Plato*, Oxford: Oxford University Press, 1986; R. F. Stalley, *An Introduction to Plato's Laws* (Oxford: Basil Blackwell Publisher, 1983); Robert Hall, *Plato* (London: George Allen & Unwin, 1981); Glenn R. Morrow, *Plato's Cretan City: A Historical Interpretation of the Laws* (New Jersey: Princeton University Press, 1960); Leo Strauss, *The Argument and the Action of Plato's Laws* (Chicago: The University of Chicago Press, 1975); A. Castel Bouchouchi, *Les Lois* (Paris: Gallimard, 1997); M. Vanhoutte, *La philosophie politique de Platon dans Les Lois* (Paris: Louvain, 1954); Seth Benardete, *Plato's "Laws": The Discovery of Being* (Chicago: The University of Chicago Press, 2000); Christopher Bobonich, *Plato's Utopia Recast: His Later Ethics and Politics* (Oxford: Clarendon Press, 2002); S. Sconicov & L. Brisson (ed. s) *Plato's Laws: From Theory to Practice* (Sankt Augustin: Academia Verlag, 2003) 等。相关的英法语论文较多，此处不予一一列出。至于外国学者所撰的诸多相关论著，我主要参阅的是先有的英译本或中译本。

② A. E. Taylor, *Plato: The Man and His Work* (New York: Meridian Books, 1956), p. 463.

其二是葛恭的建议：

> 柏拉图的《法礼篇》，正如《拉克斯篇》或《理想国》一样，无疑理应得到认真对待。古代传统认为，《法礼篇》是柏拉图最后一部伟大的哲学对话。如果真是这样，我们就不得不承认，柏拉图哲学的全部和最后成果就在这部作品中。与此同时，柏拉图、斯彪西波、色诺克拉底和亚里士多德的精神遗产，首先发端于这部作品。——不过，这些观点目前还不宜展开。《法礼篇》研究的首要任务是疏解。一部名副其实的《法礼篇》义疏，不仅需要解释字里行间，也需要讨论所有离奇之处，还需要逐字逐句地解析其语文形式和思想脉络。①

其三是斯特劳斯（Leo Strauss）的观点：

> 《法礼篇》是苏格拉底不在场的唯一对话，是高于苏格拉底的（supra-Socrates），代表着苏格拉底方式与柏拉图方式之间的中断，在本质上，柏拉图方式是对苏格拉底方式的一种"修正"，苏格拉底方式是一种不妥协的方式，它要求哲学与公众舆论公开决裂。柏拉图方式将苏格拉底方式与［智者学派］色拉叙马霍斯（Thrasymachus）方式熔为一炉，它兼顾了哲人与大众之间的关系……倘若《法礼篇》属于苏格拉底作品的话，那么它所讨论的对象将不会是法礼。②

其四是布舒奇（Castel Bouchouchi）的看法：

> 在《法礼篇》中，代言人［苏格拉底］没有了，哀悼已成过去。就此而言，《法礼篇》代表着唯一的解放运动，从依赖到自立的运动，从当儿子到当老子的运动；……《法礼篇》是一部关于优秀公民的教科书……写的是一种"大众哲学"；……《法礼篇》与柏拉图其它对话

---

① ［瑞士］葛恭：《柏拉图与政治现实》，第156页。
② 转引自［法］卡斯代尔·布舒奇：《〈法义〉导读》，第12页。Also see Leo Strauss, *The Argument and the Action of Plato's Laws* (Chicago and London: The University of Chicago Press, 1975).

(包括其晚期对话) 相比显然具有不同结构: 其辩证性论证的痕迹被掩盖了, 从而削弱了阅读《法礼篇》所感受到的表面系统性, 这种系统性很可能与某种不切实际的解释、与认识不到《法礼篇》所具有的开创意义有关。①

其五是桑德斯 (Trevor J. Saunders) 的假设:

> 就在柏拉图撰写《法礼篇》时, 他已进耄耋之年, 深知自己时日不多。在他看来, 探询德行本性的工作仍为未竟的事业。因此, 他尽可能详尽地绘制出一幅次好的理想城邦蓝图, 想借此培养出他认为最为实用的民众德行。他指导夜间议事会成员继续研究哲学, 不仅让他们自行研究, 而且由雅典学园提供咨询(《法礼篇》末节有提供帮助的明显暗示)。当然, 柏拉图并不指望类似夜间议事会这样的机构仅凭自身就能在哲学研究上取得成功, 因为雅典学园在这方面迄今并未成功。尽管如此,《法礼篇》的最后一段表明, 学园与议事会的交流沟通线路是敞开的, 最终与普通民众世界的交流沟通线路也是敞开的。柏拉图探讨人类德行 (aretē) 与幸福 (eudaimonia) 的热情经久不衰, 因为这正是而且毕竟是哲学的目的所在。
>
> 倘若上列这一看来不便证明的重构之见是正确的话, 那么,《法礼篇》可以说是柏拉图所有作品中最富有雄心抱负的著述了。此作为柏拉图之后的年代提供了一项将实践工作与理论探索相结合的计划。②

---

① [法] 卡斯代尔·布舒奇:《〈法义〉导读》, 第11、18、19页。
② Trevor J. Saunders, "Plato's later Political Thought", in Nicholas D. Smith (ed.), *Plato: Critical Assessments* (London & New York: Routledge, 1998), Vol. IV, p. 341. Also see R. Kraut (ed.), *The Cambridge Companion to Plato* (Cambridge: Cambridge University Press, 1992), pp. 464-94. 有关雅典学院提供咨询的暗示, 参阅《法礼篇》968b。在此处, 柏拉图假借雅典人之口说道: "让我们竭力赢得这场[确立夜间议事会作为护法者的立法] 斗争吧。我有实施这类计划的许多经验, 并且长期以来从事这一领域的研究, 因此我非常高兴助你一臂之力, 或许我还会找其他帮手同我一起帮你。" (Plato, *Laws*, 968b) 从《理想国》《蒂迈欧篇》《治邦者篇》一直到《法礼篇》, 柏拉图的哲学研究重点是城邦政治、教育与立法问题。所以他自诩为经验丰富和素有研究的行家里手。他所创办的雅典学园, 在很大程度上是培养治国之才的园地, 也是提供政治咨询的基地。至于他要找的"其他帮手", 无疑是他的学生, 这其中或许就包括在雅典学园师从柏拉图达20年之久的亚里士多德。

其六是莫洛（Glenn R. Morrow）的推论：

《法礼篇》看来是柏拉图旨在努力阐释一位哲人立法家（philosopher-legislator）如何前行的作品，所使用的资料都是作者在希腊生活中耳熟能详的东西。或许，柏拉图在计划撰写此书时，头脑中特别想到的是雅典学园的需要，故此将其写成一部哲学立法的样本（sample of philosophic legislation），用以指导应邀作为政治或立法顾问的学园成员。当柏拉图写到这部巨著的结尾时，一定会感到他已经接近实现自己终生可能实现的愿望；他已用明确具体的语词，用自己那些从未受过任何哲学训练的同胞们所能理解的语词，描绘出一座井然有序的城邦略图，业已表明这类城邦不只是哲学家的梦想，而是如同这个世界上的其他任何事物一样均是可取的现实；但在这里，通常起决定作用的不是技术，而是机缘。或许，柏拉图将最后这部篇幅最长的作品视为自己留给后代的最重要的遗产。这部作品的确意义重大，而且历史影响久远，这不仅是因为此书所设想的诸多细节在柏拉图死后实际上已被雅典与其他地方采纳，而且是因为此书所提出的依法治邦、混合政体与权力平衡等核心构想，均以直接与间接的方式影响着所有后世的政治理论。①

（续上页）关于雅典学园与这座次好城邦的关系，也就是与普通民众世界的关系，是通过克里特人和斯巴达人邀请雅典人帮助他们建立城邦的决定暗示出来的。这段话正是《法礼篇》的结尾部分，其中斯巴达人麦吉卢斯这样说道："我尊敬的克莱尼亚斯，从我们所听到的情况来看，无论我们是放弃建构城邦的计划，还是不让我们这位来访者［雅典人］离开我们，我们都得想尽一切办法让他成为我们建构城邦的搭档。"克莱尼亚斯回应说："真是高见，麦吉卢斯。这正是我想要做的事情。我能请您一起帮忙吗？"麦吉卢斯应声答道："那是当然。"（Plato, Laws, 969c-d）可想而知，一旦设法留下雅典人一同建构城邦，那就等于同雅典学园建立起交流沟通的桥梁。有的学者认为，这种留人的方式十分特别，隐含某种强行挽留或威逼利诱的成分。这主要是因为克里特人与斯巴达人发现，这位雅典客人知识渊博，贤能异常，精通立法和构建城邦，故此担心如果不设法将这位客人留在此地，他必然会游走他处，为别人建构城邦。一旦对方发展起来，就会对克里特人所构想的城邦及其发展形成某种潜在的威胁。

① Glenn R. Morrow, "The Demiurge in Politics: The *Timaeus* and the *Laws*", in Nicholas D. Smith (ed.), *Plato: Critical Assessments* (London & New York: Routledge, 1998), Vol. IV, p. 322.

其七是罗尔（Christopher Rowe）的忠告：

> 我在此特别要重申本人对《法礼篇》内涵的隐晦性（obscurity）所做的诊断——这种隐晦性源自柏拉图所采用的言说策略，即同时向不同水平的听众进行言说的策略：他一边是讲给（克里尼亚斯和麦吉鲁斯）这两位在哲学上幼稚无知的听众，另一边是讲给在哲学上富有经验而且阅读过其他对话作品的听众。无论怎么说，这两位对话者忽略了他所讲的许多东西，甚至可以说，有许多他们忽略的东西正是他们应该弄清的东西。他们兴许应该更多地提出问题："你说这个到底是何意思？"但是，他们两位都是讲求实际的人，心目中都有一个明确的实用目标，而雅典人那种看似隐晦的言说风格是十分深刻并有规则性的，若不时地要求他做出解释，那就会立刻打断交谈。然而，我们读者的情况不同，我们有闲暇对雅典人所讲的一切提出质问。……［为此］即便冒着不能全面理解作者心中所思的风险，我们总是需要在阅读《法礼篇》的同时，也阅读其他对话作品（这里没有区别，也就是不只限于某一特定时期的对话作品）。无论柏拉图对某位克里尼亚斯、某位麦吉鲁斯或其他任何一位非哲学人士（也就是任何一位阅读《法礼篇》的非哲学人士）讲了些什么，这通常（1）都与他先前所讲的内容是连贯一致的，（2）都会在他先前所讲的内容中找到充分而恰当的证明。①

在我看来，以上所言在肯定《法礼篇》学术思想及其历史地位的同时，也从文献考据、义理疏解、脉络分析、风格对照、开创意义、隐晦风格、追问形式、理解范围与阅读方式等方面，凸显了解释学和比较方法的积极作用，强调了细读和参照柏拉图所有对话作品的必要性，这无疑对推进《法礼篇》的研究具有重要的借鉴价值。对所有"练达的读者"（the practiced reader）而言，要想真正解悟《法礼篇》的真谛，兴许正如绍菲尔德（Malcolm Schofield）

---

① Christopher Rowe, "The relationship of the *Laws* to other dialogues: A proposal", in Christopher Bobonich (ed.), *Plato's* Laws: *A Critical Guide* (Cambridge: Cambridge University Press, 2010), pp. 47-48, 50.

所说的那样，既要细致分析与文本相关的地理环境、对话语境和三位老年对话者的个人背景，也要参照和联系其中与《理想国》和《治邦者篇》相关的"互文性共鸣"（intertextual resonance）部分，继而认真考察柏拉图的神学思想与道德理论，尤其是宗教劝诫与德行教育的方式，以及宗教对哲学诘问的雄心壮志及其开放性所构成的限制，等等。①

在我看来，上述建言均有道理，但尚嫌不够，还需要从历史文化的角度予以审视，这实则是一种既要"入乎其内"也要"出乎其外"的双重解读方法，需要联系相关的历史文化语境，在疏释文本内在含义的同时，开显文本的外延意义。当然，在此过程中，自然会遇到难以返回或无法还原相关历史文化语境的挑战，但这并不能构成完全有理由无为而退的托辞。

三 经验与方法

实际上，从事古典研究的现代语文学方法（philological approach），并非像通常所臆断的那样，只限于借助辞源学、句法学、语义学和语用学等手段，对文本及其相关概念展开批评、解释与重构，而是突破了语言的局限和文本的疆界，通过历史与社会的视域和文化人类学的方法，拓展了研究的多层向度与解释的可能空间。其实，在广义上，语文学这门艺术从其本性与各个方面来看，可以说是"对一种文明的研究"，即对希腊—罗马文明（Graeco-Roman civilization）的研究。在维拉莫维兹（Wilamowitz-Moellendurff）眼里，"该文明是一整体，尽管我们并不能确切地描述其发端与终结；语文学的任务就是利用科学的力量来复活那已逝的世界——借此重新创构诗人的诗歌、哲学家的思想、立法者的理念、神庙的圣洁、信众与非信众的感受、集市与港口的热闹生活、陆地与海洋的面貌，以及工作与休闲的人们……由于我们要努力探询的生活是一整体，所以我们的语文学这门科学也是一整体。将语文学划分为语言学与文学、考古学、古代史、铭文学、古币学以及稍后出现的

---

① Malcolm Schofield, "Religion and Philosophy in the Laws', in Samuel Scolnicov & Luc Brisson（ed. s）, *Plato's* Laws: *From Theory into Practice*（Sankt Augustin: Academia Verlag, 2003）, pp. 3-13.

纸草学等各自独立的学科，这只能证明是人类自身能力局限性的一种办法，但无论如何不要让这种学科划分窒息了我们对整体的意识，即便是专家也要注意这一点"①。

很显然，维拉莫维兹试图通过古典研究来"复活"古代世界的宏大愿景，实可谓一种雄心勃勃的、颇具浪漫主义色彩的主观想象。难怪有的学者讥讽说，维拉莫维兹这位古典学大师所作的述评，是"把另一个世界的昔日英雄唤醒，并对他们进行褒贬"②。我以为，古典研究的学术意义类似一种知识考古学，可借此洞察和预测人类文化历史发展的过去、现状以及未来的可能走向；但就其现实意义而言，这在一定程度上有助于我们了解古代先贤的思维方式，有助于我们反思既往人文化成的历史遗教，有助于我们克服只知今而不知昔所形成的狭隘观念，同时也有助于我们在保持与历史联系的同时，利用古代文学、艺术和哲学来丰富现代人过于散文化和平面化的生活。在此意义上，当我们解读或重思古典文本的含义（meaning）与意义（significance）时，总是联系相关问题而展开，总与试图解决这些问题的动机密不可分；因此，我们的所作所为，不再是被动的，而是主动的；不再是过去的，而是当下的；不再是生活之外的，而是生活之内的，这一过程本身就是一种精神活动，一种作为行动的思想或作为思想的行动。

需要指出的，当维拉莫维兹运用语文学方法进行古典研究时，他试图将如此众多的学科纳入其中，这几乎将语文学等同于文化史（Kulturgeschichte）了。事实上，他是为了解救古典语文学的危机，或者说是为了应对尼采的无

---

① Wilamowitz, *History of Classical Scholarship* (from *Geschichte der Philologie*, trans. by Alan Harris, Baltimore: The John Hopkins University Press, 1982), p. 1. Cited from Bruno Gentili, *Poetry and Its Public in Ancient Greece* (trans. Thomas Cole, Baltimore: The John Hopkins University Press, 1990), p. 224. 另参阅［德］维拉莫维兹：《古典学的历史》，陈恒译，三联书店 2008 年版，第 1—2 页。需要说明的是，维拉莫维兹的德文原作名为 *Geschichte der Philologie*（《语文学的历史》或《语文学史》），英译者将其易名为 *History of Classical Scholarship*（《古典学术的历史》或《古典学术史》）。但在正文里，英译者依然沿用了"philology"一词。国内学界有时将该词译为"语言学"，有时将其译为"文献学"，我个人倾向于接受"语文学"的译法，因为它不仅包括了语言学与文献学的相关内容，同时也关涉到历史学、民俗学或文化人类学等学科的相关要素。

② ［英］休·劳埃德-琼斯：《导言》，见［德］维拉莫维兹：《古典学的历史》，第 2 页。

情攻击①，"有意想把以赫尔曼（Gottfried Hermann）及其杰出学生里奇尔（Friedrich Ritschl）和拉赫曼（Lachmann）为代表的文献学传统，与以维克尔（Welcker）为代表的宗教、艺术和考古学传统，以伯伊克（Boeckh）为代表的结合文献研究的历史学术传统综合起来，从而使所有这些学科均可在唯一发展起来的古典学（Altertumswissenschaft）概念中找到各自的位置。"②

在我看来，对于现代的古典学者来说，这一系列学科知识的准备是对资格条件的理想设定，而"对整体的意识"这一要求则是力所能及的现实准则。该准则鼓励研究者既要进入文本以解析其内在含义，也要走出文本以发掘其外延意义，这应当说是由古典研究的解释技能（interpretative technique）与历史向度（historical dimension）所决定的。也就是说，"若要深入探讨文本的结构和确定其诸多意义，语文学读者务必采用多层次的解释技巧，要对文本进行句法学、语义学和语用学的综合性思索……另外，他的视域务必密切结合语言规范分析与社会人类学分析这两种方式，要尽可能完整地复原文本的编码，也就是尽可能完整地复活与文本相关联的思想与惯例这一系统"③。由此

---

① ［德］维拉莫维兹：《古典学的历史》，第9—11页。尼采（Friedrich Nietzsche, 1844—1900）比维拉莫维兹（Ulrich von Wilamowitz-Moellendorff, 1848—1931）年长4岁，相继在德国著名的古典语法中学舒尔普弗塔（Schulpforta）和波恩大学接受过教育。尼采在波恩赢得了著名学者里奇尔（Friedrich Ritschl, 1806—1876）的高度赞赏，在后者的支持和推荐下，年近24岁的尼采在瑞士巴塞尔大学获得了全职教授席位。3年后，尼采利用讲演课程形成了自己的思想，出版了《悲剧的诞生》一书。其间，尼采在批评基督教价值观的过程中，抓住信仰问题不放，将这种信仰归咎于歌德时代的古典学者，因为他们认为模仿古代经典是为了装饰理想的类型。与此同时，尼采批评了盛行于那个时代的历史主义，抨击了那些把古代人想象成同自己一样的学者，特意提醒学者应设法通过进入古人生活的想象力，以期感觉到古人与自身的不同，并且警告过分专业化所带来的危害，坚持认为获得知识只是一种手段，而不是目的。《悲剧的诞生》出版后，在德国学界引发了一场激烈的争论。从古典学的角度来看，尼采著作中存在大量错误与夸张之处，而尼采本人过分激动的腔调，也委实激怒了维拉莫维兹。后者为此专门撰写过一本小册子，对尼采进行了极端的攻击。尼采随后在一篇题为《我们这些语文学家》（We Philologists）的文章中，以其人之道还治其人之身，毫不客气地攻击了那些不够尊重古代、过于自大、而又不善辞令的语文学家，并建议他的对手维拉莫维兹应放弃语文学的教职席位，转而献身于哲学的和预言的使命来结束这一争论。历史地看，尼采与维拉莫维兹两人之间的争论，在一定程度上是尼采的支持者里奇尔和维拉莫维兹在波恩那些教授中的朋友奥托·雅恩（Otto Jahn, 1813—1869）早期争论的延续。实际上，尼采有关德国语文学正在面临崩溃的黑色预言是夸大其词。在老学者蒙森（Theodor Mommsen, 1817—1903）这一榜样力量的鼓舞下，维拉莫维兹及其同辈以惊人的能量，阻止了语文学衰落的最初迹象，并取得了比过去半个世纪里的成就更为辉煌的业绩。

② ［德］维拉莫维兹：《古典学的历史》，第12页。

③ Bruno Gentili, *Poetry and Its Public in Ancient Greece* (trans. Thomas Cole, Baltimore: The John Hopkins University Press, 1990), p. 233.

得出的最终结果，才有可能是"全面的历史重构"（historical reconstruction in all its aspects）。但要想真正实现这一目标，其基本前提则要首先确立尼采所倡导的那种研习态度，即：

> 语文学是一门古老而庄重的艺术，要求其爱好者首先须做到这一点：不随大流，耐得寂寞，潜心沉静，从容不迫——此乃金匠的艺术，文字的鉴赏，需要精心而审慎从事，如果草率匆忙，则将一事无成。不过，正由于上述原因，今日更有必要从事这项工作；正是通过这种方式，语文学研究更加吸引我们，更让我们陶醉其中，尤其在这个匆匆忙忙、朝夕营营和粗俗不堪的"工作"时代里，人们总想马上"搞定一切"，其中包括阅读新书或古书。语文学这门艺术不能轻易地搞定任何东西，而是教导我们好好地阅读，慢慢地阅读，深入地理解，审慎地前思后想，这既要保留意见，也要开放门户，同时也要敏锐的眼睛与灵巧的手指。①

看得出，尼采推崇的是一种"慢工出细活"的学术理路，故此把语文学这门艺术归属于"素心人"乐于为之的严肃事业，这在相当程度上如同宋儒程子的劝学箴言一样，要求学者尽力养成静守此心，不可急迫，涵泳其间而后得之的钻研功夫。另外，我以为，尼采所谓"敏锐的眼睛"，主要意指精心的阅读、细致的辨析和审慎的判断；所谓"灵巧的手指"，则主要表示资料的选择、方法的运用和练达的写作。这一切都建立在勤学与凝思的基础之上。

但须提醒的是，在古典研究过程中，通过细密的语文学方法来探究实在的知识固然重要，但恐怕在理论意义上仍属手段，而非目的。其最终目的理应在于匡正自以为是的误解与浅见，澄清文本背后的根本性问题意识和探讨解决此类问题的假设性途径。说到底，这关乎人类历史上的先哲贤达对"人文化成"这一总体目标的追求与探索，这在本质上与"阐旧邦以辅新命"的学术立场是一致的。再者，我认为从事古典研究是一项耗时耗力的复杂工程，而任何个人的时间、精力与能力又总是十分有限的。为了避免重复性劳动和

---

① F. Nietzsche, Daybreak: Thoughts on the Prejudices of Morality (trans. R. J. Hollingdale). Cited from Bruno Gentili, *Poetry and Its Public in Ancient Greece*, p. 223.

减少武断性结论,故需要以开放和客观的态度借鉴他人的优秀成果。与人文学科中的诸多领域相比,古典学研究的历史绵延与学术传承,更需要好之者与乐之者以前赴后继的献身精神,认真地借鉴、审慎地思索和努力地推进。在这方面,布克哈特(Jacob Burckhardt)的历史教训很值得我们汲取。他晚年用讲演稿汇集而成的《希腊文化史》(1898年),虽然享有开创性的方法论原则以及对希腊文化本质的洞察力,但他没有借鉴同时期古典学与历史考古学界所取得的最新研究成果,只是将自己的理解与评判,依旧建立在古籍文献阅读和自己年轻时对知识手册的掌握基础上,这便使得该部著作未能达到本应达到的更高水准,并由此招来一些专业人士的批评和嘲讽。譬如,维拉莫维兹在阅读之后,于1899年愤然写道:"如果在这里我不能够指出雅各布·布克哈特的《希腊文化史》……并不是一本学术著作的话,我就是一个懦夫……这本书没有说出有关希腊宗教和城邦的任何值得一读的东西,原因只是在于它忽视了学术界最近五十年在资料、史实、手段和方法上所取得的成就。布克哈特笔下的希腊已经不存在了,其中的那些仍属于古典审美主义者们的观点,要是在五十年前的话,他早就对它们发起恰如其分的攻击了。"① 紧步维拉莫维兹后尘的贝罗克(Julius Beloch)更为尖刻地讥讽道:"这是一个聪明的半瓶子醋的业余爱好者,为半瓶子醋的业余爱好者们所写的一本书。"②

　　上述苛评虽然略带情绪化武断色彩,但也的确道出了此书的局限性。无论对布克哈特本人来说,还是对希腊文化史的研究发展来讲,这些本应消减或避免的局限性,确实是令人惋惜的憾事,同时也从反面表明借鉴优秀学术成果的必要。应当看到,在古典研究领域,任何新视野的形成或新观点的提出,在很大程度上有赖于新材料的发现与新方法的运用。通常,新材料的发现主要取决于仔细研读经典文本与经典研究文本;而新方法的运用则要求具备丰厚的知识结构与博采众长的自觉意识。对于前者,研究者需要掌握古典语言或更多的现代语言,以便能将其用作接触原始资料或世界上各类文献的

---

① [德]维拉莫维兹:《希腊悲剧》(柏林,1899),第二卷前言,第7页。转引自[英]奥斯温·穆瑞(Oswyn Murry):《序言》,见[瑞士]布克哈特:《希腊人和希腊文明》,王大庆译,上海人民出版社2008年版,第32页。
② 同上书,第32—33页。

钥匙；这样一来，这些资料与文献将会呈现出愈来愈多的思想原貌与可靠品性，继而会把相关的研究不断引向深入，由此能让研究者更为有效地辨识抄袭伪装的印迹与真知灼见的出处；为此，研究者不仅需要成为某一领域的精深专家，也需要成为诸多领域的博学之士，即出于认知兴趣与问学目的而广泛涉猎，此乃研习者在某些领域真正学有所成的基本保障。要知道，"你若想对整个学科拥有一个总括性了解，并以此确保自己在个人领域里的地位，那么你就必须在许多领域里当一名'业余爱好者'：在这种广泛阅读过程中，你不仅拓宽了自己的知识面，而且还学会了从许多不同角度审视问题的本领。不然的话，一旦超出了你所熟悉的小天地，你就会变成一个无知之人，并且在可能的情况下全然被别人当作一名学徒"①。我以为，在学科过分细化的今天，布克哈特的这一忠告是颇有道理的，尽管与他同时代的一些著名学者对于"业余爱好者"的称谓及其做法不以为然。

另外，还需强调的是，在采用文化历史的方法来研习古希腊经典（尤其是柏拉图的对话作品）时，我认为至少应当考虑以下三个要素：

其一，由于时间距离与历史情境的变化，我们对研究对象的理解和认识无论自觉或不自觉，都会基于各自的文化背景、知识结构或现有"前见"，在不断尝试与理智想象中努力接近或涉入相关的历史文化语境，由此得出的阐释结果会或多或少"沾染上"个体性的差异与跨文化的差异。但这并非就是我们的"过错"，而是一代代学人都会遇到的"常态"，因此我们坚信符合逻辑推演的想象活动是思想的现实与研究的过程。自不待言，凭空的想象无异于虚构，而合理的想象有助于假设。通常，我们不能断定，但我们可以假定。这假定既要建立在言之有据的论证基础之上，也要经得起反驳与批评的严格考验。

其二，对于文化历史的研究应当采用一种超学科的宏观视野，应当将文化历史视为人类精神活动的发展史与演变史。如果我们接受布克哈特的历史观，认为希腊文化是通过实现精神的自由而形成的，相信历史的根本任务在于描写所有能够从美学角度来感受人类精神的活动，那么，我们就需要特别重视希腊神话与艺术这两种表现形式。因为，此两者是希腊人用来在精神层面上调整人世生活的形式。凭借它们，希腊人似乎无需诉诸外力，而是完全

---

① ［瑞士］布克哈特：《世界历史沉思录》，金寿福译，北京大学出版社2010年版，第19页。

通过感官上的直观性便可轻松自如地确保自己的价值诉求。希腊人在这两大领域充分展示和发挥了他们的才智。实际上，正因为拥有了这两种表现和观照形式，"希腊人能够把人类生活的一般结构上升到神圣和艺术的高度……故不再需要任何受某个社会阶层控制的强制性机构，也不需要任何由某些人随意篡改的救赎学说。相反，上述两种形式为希腊人提供了成为自由个体的先决条件，同时在理论上为他们赋予了客观观察周围世界的能力。希腊人描绘了在和谐且有秩序的大千世界中得到充分实现的人类精神，由此，希腊人培养了受'自由意志'支配的客观观察世界的思辨能力，并且把它看作永久的范本"①。

其三，无论从神话与艺术（诗乐）还是从宗教与哲学角度来阅读或研究柏拉图的对话作品，我们经常在审视柏拉图对待人生与人类生存状况的态度时，也会自然而然地思索希腊人对待人生与人类生存状况的态度，甚至还会参照彼此态度的际遇，将其作为我们现代人重思自己价值诉求时借以踩踏的垫脚石或支撑点。这样，我们就会自觉地反思其中蕴含的道理与值得传承的价值，由此进入到一种鲜活而动态的历史体验之中。这种历史体验，被克罗齐（Benedetto Crocc）称之为一种"作为思想与行动的历史"（la storia come pensiero e come azione）体验。其间，历史阅读、历史叙述与历史判断三位一体，彼此之间相互促动、启迪和深化。在理想条件下，历史所激活的思想，不再是单纯的或被动的思辨，而是主动且理智的行动。因为，在克罗齐看来，唯有"思想作为行动才是积极的，思想既不是对实在的模仿，也不是装实在的容器；思想活动在提出和解决问题中展开，而不是在被动接受实在的片段中展开；因此，思想不在生活之外，思想甚至就是生活职能；这些看法都应视为从笛卡尔和维柯到康德、黑格尔和当代思想家的全部近代哲学的成果"②。这就是说，思想作为行动就在生活之中，就是生活职能本身，就是在提出和解决与生活相关的问题中展开。这里所言的"生活"，既关乎希腊人的生活，也关乎现代人的生活，因为人类在生活中所遇到的和所要解决的问题几乎大同小异。在此意义上，克罗齐断言"一切历史都是当代史"。他说：

---

① [瑞士] 布克哈特：《世界历史沉思录》，见 [德] 耶尔恩·吕森：《序言：雅各布·布克哈特的生平与著作》，第 XI 页。
② [意大利] 克罗齐：《作为思想和行动的历史》，田时纲译，中国社会科学出版社 2005 年版，第 23 页。

"当生活的发展逐渐需要时，死历史就会复活，过去史就变成现在的。罗马人和希腊人躺在墓穴里，直到文艺复兴欧洲精神重新成熟时，才把他们唤醒"；"因此，现在被我们视为编年史的大部分历史，现在对我们沉默不语的文献，将依次被新生活的光辉所照耀，将重新开口说话。"① 很显然，克罗齐要求人们从现实需要或生活实际出发，应以具有批判意识的研究去复活过去的历史，并用具有时代精神的思维去解读过去的文献，借此使沉默不语的文献发出振聋发聩的新声，因为，我们会根据自身精神的需要与生活的实际，会在解读与思考过程中重估或重构相关的内容，会在审视历史问题与解决现代问题时将两者加以比照和重思。有鉴于此，可将我所推举的上述方法，称作跨文化历史方法。自不待言，以此来研究柏拉图的经典文本，更需要我们从语言、文献、神话、艺术、文化、历史、学识、判断乃至思想与行动等方面，尽可能做好全方位的准备。

在这里，谨就研习《法礼篇》所应借鉴的相关成果而言，特别需要推荐《1920—1970 年间柏拉图〈法礼篇〉参考文献，附至 1975 年参考书目》(*Bibliography on Plato's Laws*, 1920 - 1970, *with Additional Citations through* 1975)。此作由已故学者桑德斯（Trevor J. Saunders）所编，旨在促进和深化学界对这部经典文本的解读，我们借此可以便捷地查找到半个多世纪主要的经典研究文献，既有助于甄别相关研究的主要进路和成果建树，也有助于交互参照和推定相关论说之真理性的问题意识。自不待言，无论是读者还是研究者，其相关的解读方式与问题意识，首先发端于认真研读经典原作，其次佐证于现有的经典研究成果，唯有循此路径踏实前行，方能确定解读的合理性与问题的实然性，同时规避重复性的劳动或误导性的解读，进而探寻推进

---

① ［意大利］克罗齐：《历史学的理论与历史》，田时纲译，中国人民大学出版社 2012 年版，第 11 页。为了证明历史复活的内在动因和历史契机，克罗齐在这里还举例说，"文明的原始形式既粗陋又野蛮，它们静卧着，被忘记了，很少有人关注，或被人误解，直到称作浪漫主义和王朝复辟的欧洲精神的新阶段才获得'同情'，即是说，才承认它们是自己现在的兴趣"（同上书，第 11 页）。在论及"一切历史都是现代史"这一命题时，克罗齐试图说明人们在进行思考或将要思考历史事件或文献时，就会根据其精神需要重构它们。因此，对克罗齐来说，所有这些曾经或将要被思考的历史事件或文献，也曾是或将是历史。要不然，"若我们仅限于实在历史，限于我们思想活动实际思考的历史，就会容易发现这种历史对多数人来说，既是同一的，又是当代的。当我所处历史时期的文化进程向我提出（补充说我作为个人，可能多余甚至不确切）有关希腊文明或柏拉图哲学或阿提卡风俗中独特习惯的问题时，那一问题就同我的存在相联系"（同上书，第 4—5 页）。

研究与匡正谬见的有效方法和切入点。

基于上述研读方法，本书在论述柏拉图晚年的道德诗学时，主要是从相关议题入手，借由其对话语境、文化背景和历史意识，对这些议题的缘由与意蕴予以诠释和反思。

四 《理想国》与《法礼篇》

在柏拉图的所有对话作品中，《理想国》与《法礼篇》篇幅最长，内容最多，影响最大，在柏拉图思想研究方面，也最具代表性。对于这两篇对话的主旨异同，若择其要者而论，我以为可从五个变向、六点补充与两种新说加以比照。因笔者在《〈理想国〉的诗学研究》与本书中已对相关议题各有阐释，这里仅予以简述。

1. 五个变向

如前所言，《理想国》与《法礼篇》实乃关联密切、彼此互补的姊妹篇。但两者的"家族相似性"，并不等于"绝对同一性"。就各自的主旨来看，后者相较于前者至少呈现出五个差异性变向。

首先是城邦政体变向。鉴于政治的腐败、制度的蜕变、民心的散乱和城邦的衰落，柏拉图预感到古典城邦理想正渐行渐远，已近颓废的边缘，尤其是在伯罗奔尼撒战争之后，一度被尊为"全希腊之学校"的雅典城邦，在历经多年辉煌之后也难逃失败与没落的宿命，这便促使他在周游列邦十三年之后，回到雅典开设学园，总结历史经验教训，构思新型政体，重建美好城邦。在花费多年心力所著的《理想国》里，柏拉图描绘出一幅新的蓝图，所设计的城邦因其主要基于哲人王治理下的"最佳政体"，所以被誉为理想范型或"最好城邦"，是天上有地上无的纯粹乌托邦，是供神灵及其后代居住的幸福王国，也可以说是废除私产与家庭而推行公有制的共产主义社会雏形。然而，主观理想的超拔与城邦政体的优越，必然与客观的社会现实难以衔接，由此成为可望而不可即的空中楼阁。于是，到了晚年，柏拉图又倾注了多年心血，在《法礼篇》里绘制出另外一幅蓝图，试图构建一座"次好城邦"。据其所述，这座城邦不在迷恋于"最佳政体"，而是采用了一种混合政体，即参照雅典"民主政体"与斯巴达"君主政体"混合而成的政体，目的在于兼顾民主参政与权威主导的同时，一方面保障治邦理政的实际效度（避免松散管理），另一方面限制民主腐化与过度自由（导致违法乱纪）。这一混合政体的理论依据可以追溯到古希腊人向来推崇的"中道"或"适度"原则。需要注意的是，这座"次好城邦"尽管呈现出从理想走向现实、由理论走向实践的取向，譬如从废除私产而转向拥有私产、从取消家庭而转向建立家庭，等等，但它在根本上依旧是"最好城邦"之理想范型的摹本或翻版而已。在此意义上，如果我们接受斯科菲尔德的说法，将《法礼篇》里的"次好城邦"视为"乌托邦式现实主义"（utopian realism）表征的话①，那么，我们似乎可以将《理想国》里的"最好城邦"视为"乌托邦理想主义"（utopian idealism）的作品。

其次是治邦方略变向。这一变向主要反映在两种不同的治邦理据上。在哲人王主政的《理想国》里，所推行的是以哲治邦的方略，所依靠的是率先垂范的道德自律，所诉诸的是各尽其能和各得其所的公正至善原则，所追求的是城邦公民生活幸福的公共福祉。在这里，法律规制对于德行良好或美善兼备的公民而言，是没有任何实际意义或用途的。而在《法礼篇》里，所推行的是依法治邦的方略，所倡导的是遵纪守法的公民德行。从历史实践与现实需要出发，法治是保障公正的必要手段，守法是公民的精神基质。不过，在柏拉图看来，依法治邦之法，是由成文法与不成文法组成，前者涉及法典，后者涉及习俗，从而构成软硬两手并用的法礼系统。另外，任何法律的出台与实施，需要阐明要义与目的的"序论"，借此对公民进行必不可少的法制教育，确立自觉的守法意识。再者，依法治邦虽为主导，但须臾不离以哲治邦的辅助。要知道，良法代表理性的信仰，当属善治的保障。古希腊人虽然将良法尊为神启的产物，认为其具有神性的起源，但所有法律终究是由人来制定，也是由人来执行的。晚年的柏拉图虽然强调依法治邦的国策，但从未放弃以哲治邦的理念。就像在"次好城邦"推行混合政体一样，他在《法礼篇》中也推行"法哲兼用"的现实策略，试图以此来建构一种互补性的治邦理政方式，达到一种相辅相成的"复合统治"目的。与此同时，为了通过这种"复合统治"来加强城邦的凝聚力或共同体意识，柏拉图还着意诉诸公民

---

① Malcolm Schofield, *Plato* (Oxford: Oxford University Press, 2006), pp. 203-204.

宗教或城邦神学，并且以神正论和末世论为最后审判的依据，极力推崇他的"劝诫神话"及其德行教化作用。

第三是教育目标变向。在《理想国》里，"最好城邦"的课程设置包括诗乐、体操、算术、数学（几何）、天文学、和声学与辩证法（哲学），其最终目的是培养德性杰出和能力超群的"哲人王"，同时也培养美善兼备与勇武非凡的卫士。"哲人王"是城邦的执政者与护法者，卫士是"哲人王"的辅助者和城邦的保卫者。在《法礼篇》里，"次好城邦"的课程设置基本延续了"最好城邦"的教育宗旨，具体科目稍有微调，包括体操、歌舞、文学、音乐、数学、天文与高级研究（涉及哲学、政治、法律等），其最大的变向是在强调"正确教育"原则与实践的同时，将最终目标定格在培养"完善公民"而非"哲人王"之上。毋庸置疑，"完善公民"需要具备非凡的德行，这需要通过正确教育来克服人性弱点或自律乏能（akrateia）得以实现。这些德性除了包括《理想国》里所列举的智慧、勇敢、节制与正义四项主德之外，一方面附加了健康这一德性及其与幸福生活的直接关联，另一方面强调了节制之德的重要意义及其与勇武之德的平衡关系。另外，哲学研究或以哲治邦的辅助作用，主要是由组成"夜间议事会"的十名德高望重的资深公民承担。这一组织类似协助城邦政府的顾问团或智囊团，其每位成员配有年富力盛的得力助手，专事资讯或情报的收集筛选工作，以供议事会成员进行研究、分析和判断，最终应用于治邦理政的决策过程。

第四是心灵学说变向。在《理想国》里，柏拉图提出心灵三分说，从功能结构上将心灵视为理智、激情与欲求三部分的综合体，认为在理智部分的积极引导下，激情部分会发挥辅助作用，欲求部分会得到合理满足，从而使心灵达到平衡与和谐。而在《法礼篇》里，柏拉图用心灵二分说取代了心灵三分说，将激情部分悬置起来，仅讨论理智与欲求两个明显对峙的部分，建议通过正确教育来强化理智部分，以便引导欲求部分得到适度满足后不再为所欲为。不过，有的学者认为，当柏拉图在讨论勇武或果敢之德时，激情部分就自然而然地隐含其内，似乎一切尽在不言之中，没有重复叙说的必要了。在我看来，《法礼篇》中的雅典人作为柏拉图的代言人，在同另外两位赞赏斯巴达传统德性观念的立法家交谈时，尤其在论及勇武之德与节制之德的平衡关系、战争与和平的目的性追求等问题时，他深知斯巴达人的尚武精神与争强好胜的荣誉感均离不开激情的催化作用,因此有意避而不谈心灵中的激情部分,反而一再强调理智认知与节制之德在和平时期的重要意义,这表明雅典人对斯巴达人的勇武有余而节制不足的弊端有着清醒的认识。故此,他特意从革除旧弊的目的出发,举荐引入雅典式的会饮活动,借此培养和检验斯巴达人比较欠缺的节制之德。

最后是宇宙本体变向,这一点在柏拉图的哲学思想中占据极其重要的位置。在《理想国》里,柏拉图将理式视为宇宙生成的始基,视为万物存在或是其所是的原因。宇宙或万物,均具易变性,属于生成体。古希腊的自然哲学家曾用火、水、种子与原子诸论,来解释宇宙万物本源的假设,即在客体中寻找答案,其解释力或有效性相对有限。有鉴于此,柏拉图改变了探索宇宙万物本源的途径,即从客观物质转向主观思路,提出通过理智思索和认识得以不断趋近的理式论。在他看来,相对于持续变化和有限存在的宇宙万物,理式永恒存在,完美不变,是宇宙生成的真正本源或本体,是流变不居的万物摹仿的原型。在"日喻"中,柏拉图将善自体的理式,视为诸理式中的理式,视为多中的一,甚至把化育万物的太阳比作这一最高理式的"儿子"。但到了晚年,柏拉图在《法礼篇》里探索宇宙生成的本源时,不再坚持原先被奉为宇宙本体的理式了,而是开启了新的思路和理论变向,转而提出了新的宇宙本体,即"宇宙心灵"。这"宇宙心灵",相对于其他心灵,是"首要的"和"最好的"心灵。它作为一种"既能自我运动也能运动他者的运动",在所有运动形式中居于至高地位,由此创化出日月星辰等天体,引发出万物的变化与运动,因此可以被视为宇宙的主宰与万物的主因。不过,这种心灵只是宇宙中"最先的创造者之一",在其之前还有一个更为本源的"造物主"(demiurge)。这"造物主"如同自本自根的"一",是"宇宙心灵"的创造者。这样一来,后者成为前者的始基或成因,以自动的方式推动了万物,孕育出宇宙。在我看来,这"宇宙心灵"在柏拉图那里依然是可思而不可见的无形动力,是形而上的实体存在,在一定意义上隐含着"三位一体"的特征,兼有善自体理式、原初造物主与宇宙心灵三者的本质功能。

2. 六点补充

这里,让我们主要对照一下《理想国》与《法礼篇》的诗学思想。不难看出，这两篇对话虽然在总体架构上呈现出从理论概述到具体规定的承继性发展脉络，并在原则意义上持守着道德理想主义和政治工具论的理论导向，但在相关的基本学说以及实际运作方面，后者相对于前者主要凸显出六点拓展性补充内容。

其一是对美论的补充。在《理想国》里，柏拉图将形形色色的美的事物，追溯到美之为美的根源——美自体，认为美的具体事物多种多样（多）并互有差异，其原因在于不同程度地分享了美自体（一）；与此同时，他将能理解美自体的人视为真正领会到美本身的知者，而将那些仅限于欣赏美的具体事物的人视为知其然而不知其所以然的观者。随后，在论及美与善的关系时，柏拉图又将善自体的理式推向本体高度，将美自体置于从属地位，两者由此结成因善而美的因果关系。这一演绎逻辑代表了柏拉图道德理想主义的根本立场，也符合他曾将善自体理式奉为宇宙万物生成的本体之说。与这种形而上学的论述方式不同的是，柏拉图在《法礼篇》中尽管依然恪守道德理性主义的立场，但更倾向于从正确教育与公民德性的角度审视美的事物或对象。在他看来，诗乐歌舞教育正确与否，关键在于从结果上看其培养或塑造了什么样的态度，即人们对待美与不美（或丑）事物所持的态度。具体说来，这种态度就是"爱其所应爱，恶其所应恶"，涉及人对美和丑的对象的评判能力和道德取向。通常，美和丑的对象至少关乎两个向度：一是理解或理智认知的向度，二是感受或感性体验的向度。由于个人的艺术修养与道德境界不同，在理解与感受的向度上会出现一定差异。譬如，对歌舞之美的理解与感受，受过良好教育的人不仅能歌善舞，而且会将美与善等德性联系起来予以综合评判，而未受过良好教育的人则适得其反，他们非但不能歌不善舞，而且会忽略上述评判方式，盲目地跟着自以为是的感觉走。那么，这两种人的审美感受到底谁强谁弱呢？那恐怕是一个难以回答的问题。另外，由于美和丑的对象具有自身的复杂性和微妙性，人们也会出于种种原因，将美的东西理解为并非一定就是善的东西，将丑的东西理解为并非一定就是坏的东西。于是，若套用《大希匹阿斯篇》的结语来说，美的东西一旦涉及道德评判，也必然是难的。

其二是对摹仿论的补充。在《理想国》里，柏拉图谈到两种摹仿，先是舞台表演性摹仿，主要反映在人物表演时言语行为的直接或间接用法；其后是再现加表现性摹仿，主要体现在艺术生成的原因或艺术创构的本质。对于后一种摹仿论，柏拉图借助"床喻"予以形象地陈述，进而揭示了摹仿诗歌的认识价值及其引发的情感与道德问题。在这里，从出自神造的床之理式或原型、经由木匠仿制而成的木床、再通过画家摹仿而成的画床，三者之间形成真实性层级结构。其中，床之原型为本而最真，木床为用而次之，画床为像再次之，彼此因真实性差异而认识价值递减；顺序排列起来，床之原型居高，木床居中，画床居下。不过，若从后者对前者的象征关系来看，画床作为一种艺术形象反倒是引致由表及里、从现象到本质或从感性到理性这一认识过程的开端。再者，画床作为再现加表现性摹仿的结果，喻示着艺术创构或生成的因缘或本性，这便使艺术摹仿论与艺术本体论形影不离，互联难分。在《法礼篇》里，柏拉图除了秉持上述艺术摹仿论的基本原则之外，还从体育训练与艺术表演的立场出发，进而提出两点补充：一是人在学习和掌握某些体育项目（如摔跤）之动作要领时所进行的身体摹仿，这需要示范、观摩和实际操练，以便最终达到熟能生巧的程度；二是人在扮演剧中人物或表演歌舞时所引起的心理摹仿，这需要在追求形似的演练中注重神似或内在精神气质，要求选择适宜的对象来强化公民德性的修养。另外，在论及公民德性修为这一问题时，柏拉图着意凸显了人追求超越与完善的可能途径，提出了"人之为人，在于像神"的道德哲学命题。在他看来，人之为人的最高境界就在于借助神赐的礼物——理性或理智，尽力去摹仿神灵，设法向神生成，使人在个体的整全发展中以神为范本，通过持之以恒的习仿来育养自身非凡的德性，提升自身管理人类事务的技艺。

其三是对乐教论的补充。在《理想国》里，城邦卫士的启蒙教育始于乐教，即诗乐文艺教育。柏拉图从德行教化的目的出发，对诗乐内容（人物与言行）和形式（乐调与表演）提出相应规定，力图通过教育实践来培养美好的心灵，借助理智来引导感性，最终使身心与审美趣味得到协调发展。在《法礼篇》里，柏拉图一方面从劳逸结合的观念出发，将歌舞视为神的礼物，视为神怜惜人类劳顿、希望人类得到适当休息的馈赠，特意举荐三种分别命名为缪斯、日神和酒神的歌队，以此代表三个不同年龄阶段的群体娱乐怡养方式。另一方面，柏拉图从正确教育的观念出发，以培养完善公民及其非凡德性为最终目标，积极倡导旨在启发人们爱智求真养善的教育原则。在他看来，城邦公民德性的好坏，在很大程度上与其所受教育是否正确、自身艺术修养与道德水平是否高尚直接相关。不过，随着时间的推移，由于人性的弱点，原本质朴的诗乐歌舞偏离了纾缓劳役和教化民众的正轨，单纯的感官享乐取代了健康的娱乐活动，过度的自由衍生了混乱的剧场政体，政治的腐化导致了民主的废退。因此，柏拉图从歌舞、会饮与节庆等方面入手，甚至参照古埃及固化的艺术管理方式，试图在贯彻德性教化的审美过程中，对偏离正确教育轨道的异化教育进行重新调整，由此推行一种意在"拨乱反正"的恢复法（restorative）或矫正法（corrective）。① 这样一来，就等于在客观上拓展了诗乐教育的范围，修正了次好城邦的文化娱乐方针。

其四是对快乐论的补充。众所周知，柏拉图是典型的理智主义和道德理想主义者，对任何基于感性的快乐论均持消极立场，但这并不排除他对有益无害的快乐采取宽容做法。在《理想国》里，柏拉图推崇源自爱智求真的一级快乐，贬低源自荣誉功名的二级快乐，嘲笑源自好利爱财的三级快乐。对于从诗乐歌舞等文艺作品或表演活动中体验到的快乐，柏拉图也深表疑虑并保持警觉，担心过多的情感因素会影响人的性情品格，尤其是影响青少年的健康成长。在《法礼篇》里，晚年的柏拉图对于快乐问题的看法显得更为宽宏大量。当他把歌舞视为神馈赠给人的礼物时，他深知人们一旦有了闲暇就会参与娱乐，不仅会从表演歌舞的艺术实践中得到快乐，而且会从歌舞诗剧与体育赛事等观赏活动中得到快乐。当然，柏拉图谙悉快乐至少可分为有益、有害与无益无害三类。他肯定有益的快乐，否定有害的快乐，容纳无益无害的快乐。在他看来，有益的快乐具有两个向度，一是快乐与善好的等同关系，二是快乐作为善好在场的标记，这些都是城邦生活与个人成长中不可或缺的东西。循此思路，有益的快乐在柏拉图的诗学与伦理学里，一方面可促成一种鉴赏态度或价值取向，使人在智慧或理智指导下赋予观赏或凝照对象以相应价值；另一方面可作为一种生活要素，化为个体德性品格与全面发展的组成部分。在柏拉图心目中，德性对于幸福而言是具有充足理由的，或者说有德性的人足以过上幸福的生活，但快乐对于幸福而言则是必要的元素。因为，快乐具有上述功能，既涉及人对美好事物的判断与体验，也关乎个人德性品

---

① Seth Benardete, *Plato's "Laws": The Discovery of Being* (Chicago: The University of Chicago Press, 2000), pp. 54-63.

质的构建与完善。与此同时，从幸福生活中得到快乐更是高贵的体验，这在目的论意义上正是追求德性与幸福的必然结果。可见，属于情感范畴的快乐，在此已然穿越审美领域和道德领域进入到政治领域。

其五是对适宜原则的补充。柏拉图出于公民教育的道德化立场，十分重视艺术教育的不同作用。在《理想国》里，对于诗乐作品中描述的内容（尤其是神性和英雄人物）、表现的形式（表演的真实性与相似性）及其艺术效果（激发喜怒哀乐惊恐悲的情感强度），柏拉图特意提出了适宜原则。这一原则的根本用意在于选择良好的作品，使其适合受教育者进行观赏、理解、效仿或学习，使其有益于培养城邦公民杰出的德性和健全的人格。在《法礼篇》里，柏拉图基于正确教育的观念，对艺术创作及其表演提出了正确性原则。这种"正确性"，是关乎"诗乐或艺术的正确性"（mousikēsorthotēta）[1]。从语义学和柏拉图的相关论述分析，"正确性"涉及伦理意义上的正直和正义性，认识论意义上的真实与正确性，本体论意义上的实在和本真性。将此原则应用到艺术领域，不仅要求艺术作品摹仿原物的真实性和相似性，而且要求艺术家真正理解或认识摹仿对象的本性，同时还要求艺术作品有目的地呈现出有价值的东西。这里所谓的"价值"，至少包含吸引力、功用性与正确性三种特质。通常，吸引力与审美快乐相关，功用性与教育效应相关，正确性则与创作原理及其道德哲学相关。相比之下，艺术的正确性最为重要，关乎艺术何以出色表现自身目的之问题。因此，柏拉图不仅将其当作衡量或检验艺术创作是否成功的标准，而且将其视为产生艺术吸引力与功用性的根由，同时还将其奉为匡正艺术吸引力和功用性的尺度。这说明柏拉图的艺术哲学与其道德哲学经常表现为一种分中有合或似离实合的内在联系。

其六是对审查制度的补充。为了确保公民教育的合法性与道德化，柏拉图一直坚持不懈地实施和完善艺术审查制度。在《理想国》里，柏拉图从神为善因且完美不朽、英雄卓越且行为世范等理念出发，对如何审查、筛选以及改造包括荷马史诗在内的艺术作品进行了理论原则上的阐述；对于那些不得不保留的传统神话故事或相关作品，柏拉图虽未建议予以删除或查禁，但却推举"高价售票"和"少儿不宜"等做法，有意提升听众进入的门槛和限

---

[1] Plato, *Laws*, 655d.

制听讲参与的人数。在《法礼篇》里，柏拉图将一切纳入立法的轨道，艺术作品更不例外。他为次好城邦构想的审查制度，大体可分为硬性与软性两类。硬性审查制度采用法律条令的方式，对祭祀歌舞的内容选择与程序要求、对喜剧作者的创作与喜剧演员的出身均做出具体规定，任何违法乱纪者，都必将遭到从罚金、流放到处死等不同形式的严厉惩罚。软性审查制度则采用专业化的审核方式，针对歌舞作品和娱乐活动，城邦管理部门特意组织懂行当、资历深和公正无偏的评审团来判别和筛选。在此过程中，审查团所依据的不仅是城邦的相关法规，而且是各自多年的鉴赏经验。从效应论上看，上述软硬两手，并行不悖，相辅相成。所有这一切，既表明柏拉图对艺术教育的重视，也表明他对艺术效用的提防。

3. 两种新说

应当看到，国外对柏拉图诗学思想的研究不少，但大多集中在《理想国》与其他一些对话文本上。对于《法礼篇》的研究，自上世纪 90 年代开始重视以来，主要局限于政治学、法学与神学等领域，探讨其诗学思想的代表作品屈指可数，尚未形成气候。比较而言，若艾－帕斯特雷（EmmanuelleJouët-Pastré）[①]

[①] 较早集中而全面论述柏拉图诗学思想的学者是 Rupert C. Lodge，在其所著的《柏拉图的艺术理论》（*Plato's Theory of Art*，London：Routledge & Kegan Paul，1953）一书里，第 13 章专论"模范城邦中的自由与艺术家"（Freedom and Artists in the Model City），其主要内容源自《法礼篇》和《理想国》两大对话文本，艺术家或诗人的基本职能被规定在辅助公民德性教化与传布城邦共同体道德意识（community ethos）之上。在 Glenn R. Morrow 所著的《柏拉图的克里特城邦——对〈法礼篇〉的历史阐释》（*Plato's Cretan City：A Historical Interpretation of the Laws*，Princeton：Princeton University Press，1960）一书共计 12 章，其中第 7 章专论教育，论及"音乐与舞蹈"（Music and Dancing）一节，不足 17 页。在 Leo Strauss 所著的《柏拉图〈法礼篇〉的论说与行动》（*The Argument and the Action of Plato's Laws*，Chicago：The University of Chicago Press，1975）一书里，主要是从政治学角度对柏拉图有关诗乐教育的论说做了些许解读，还谈不上是对其诗学问题的专门研究。在 Robert W. Hall 所著的《柏拉图》（*Plato*，London：George Allen & Unwin，1981）一书中，着重比较了《理想国》与《法礼篇》里的政治理论，但对诗学问题几乎没有明显涉及。R. F. Stalley 所著的《柏拉图〈法礼篇〉导论》（*An Introduction to Plato's Laws*，Oxford：Blackwell，1983）一书，如同 Christopher Bobonich 所著的《重塑柏拉图的乌托邦》（*Plato's Utopia Recast：His Later Ethics and Politics*，Oxford：Oxford University Press，2002）一书那样，虽然都论及"快乐"（Pleasure）问题，但主要是将其视为一个伦理和政治问题，而非严格意义上的诗学问题。在 Seth Benardete 所著的《柏拉图的"法礼"：发现存在》（*Plato's "Laws"：The Discovery of Being*，Chicago：The University of Chicago Press，2000）一书里，第 2 章专论"教育与摹仿"（Education and Imitation），涉及"美的对象""种种快乐"和"酒神合唱"等诗学话题，对深入研究具有一定的启发作用。在 Samuel Scolnicov 与 Luc Brisson 主编的《柏拉图的

专论《柏拉图〈法礼篇〉中的游戏与严肃》(*Le Jeu et le Sérieuxdan les Lois de Platon*)（2006）一书，可谓一部少有的力作。不可否认，《法礼篇》里的诗学思想，总是同政法与教育理论联系在一起，几乎到了难以分解的程度。下面所谈的两种新说，实际上是柏拉图以"悲剧"和"游戏"这类诗性话语，构成自己特有的叙事方式，在戏剧性明显弱化的语境中，借以阐述他对新城邦制度、立法程序与公民教育的构想。

在整个希腊，悲剧作为雅典城邦或阿提卡文化的重要标志，是唯一可与先前的荷马史诗相媲美的艺术成就。然而，依据重在教化公民德行的诗学宗旨，柏拉图对古希腊悲剧所描述的故事情节、人物行动及其情感效应十分警惕，时常采取一种批评或否定立场，其相关论述促成了亚里士多德反向而

（续上页）〈法礼篇〉：从理论到实践》(*Plato's Laws: From Theory into Practice*, Sankt Augustin: Academia Verlag, 2003)这部第六届国际柏拉图学会论集里，仅收入 Anne G. Wersinger 撰写的一篇论文，题为《〈法礼篇〉的"音乐"》(La "musique" des Lois)。而在 Eugenio Benitez 主编的《柏拉图的音乐》(*Plato's Music*, in The Journal of the Sydney Society of Literature and Aesthetics, June 2009)论集里，他本人撰有一篇文章，专论《柏拉图〈法礼篇〉论正确性即艺术标准》(*Plato's Laws on Correctness as the Standard of Art*)。在 Christopher Bobonich 主编的《柏拉图的〈法礼篇〉批评导读》(*Plato's Laws: A Critical Guide*, Cambridge: Cambridge Uuniversity Press, 2010)这部具有代表性的论集里，所收入的 11 篇论文中仅有一篇涉及诗学与政治问题，其作者是 AndréLaks，论文题为《柏拉图的"至真悲剧"：〈法礼篇〉第七卷，817a-d》(*Plato's "Truest Tragedy": Laws Book 7, 817a-d*)。在 Pierre Destrée 和 Fritz-Gregor Herrmann 主编的《柏拉图与诗人》(*Plato and the Poets*, Leiden & Boston: Brill, 2011)这部论集里，有两篇专论《法礼篇》的诗学问题，其一是 Antony Hatzistavrou 所撰的《"正确性"与诗性认知：〈法礼篇〉中的合唱诗》("*Correctness*" and Poetic Knowledge: Choric Poetry in the Laws)，其二是 Suzanne Sauvé Meyer 所撰的《立法作为一出悲剧：论柏拉图的〈法礼篇〉第七卷，817b-d》(legislation as a Tragedy: on Plato's Laws VII, 817b-d)。这对深入探索柏拉图晚年的诗学思想具有重要的示范作用。在 Thomas Robinson 所著的《柏拉图的次优城邦：〈礼法〉导论》(*Plato's Second Best Society: An Introduction to the Laws*, 北京大学出版社 2014 年版)一书里，也主要是从哲学角度来阐释《法礼篇》中的政治和宗教理论，譬如"民主转向"与"神权转向"等问题，仅在第 2 章"德性教化"里对音乐和艺术的教化作用稍有涉及。至于国内学界对柏拉图《法礼篇》诗学的研究，更是为数寥寥，其中有八篇论文是笔者近年来所为，先后刊载于《哲学研究》《哲学动态》《外国文学评论》《文艺理论研究》和《比较文学与世界文学》等杂志上。

行的悲剧学说。有趣的是，柏拉图在其最后的对话作品《法礼篇》里，以诗性喻说的叙事方式提出了一种新的"至真悲剧"观。这种悲剧观，是柏拉图的政治悲剧观，不同于古希腊的艺术悲剧观。这里所言的悲剧，不是摹仿或再现不幸的人物与冲突的事件，而是构想一种最美好的城邦生活和建立一套最独特的城邦法礼。不过，这两种悲剧虽然形式和结构不同，但却具有类似的严肃与庄重特质。也就是说，构成艺术悲剧的内容是严肃或庄重的，构成政治悲剧的内容也是严肃或庄重的。更需注意的是，这一特质在政治悲剧里，既意指严肃或庄重，还表示重要或伟大。因此，柏拉图式的政治悲剧，实际上喻示一项庄严而宏大的政治工程，一项旨在创建一座次好城邦的政治工程。这一工程无疑是复杂精微的，是讲究实用的，不仅涉及城邦政体制度与公民教育体系，而且涉及立法程序与宗教神学；不仅涉及柏拉图的政治与教育哲学的思想内核，而且涉及其法学与伦理的理想追求。不难看到，在推进这一工程的过程中，柏拉图借助悲剧的隐喻将戏剧化转向政治化，将如何理解悲剧的样式及其意义转向如何理解法礼的概念及其问题，并由此搭建起政治、教育、立法、伦理与神学的理性探索舞台。在此舞台上，立法家作为这出政治悲剧的"杰出诗人"或创构者，城邦公民作为这出政治悲剧的演员或观众，他们彼此互动，合作演出，以期完成这件备受柏拉图珍视的不朽作品。无疑，该作品作为柏拉图心目中的一部良法或体制蓝图，将是保障城邦善治的基石，是提高理政技艺的秘诀，同时也是引导正确教育的指针。

柏拉图晚年的另一新说基于游戏观。在《法礼篇》其首卷论及何为"正确教育"时，他一再强调这种教育的本质是让人爱智向善，目的是培养完善的公民，方法是寓教于乐的游戏。在古希腊语中，"游戏"（paidia）、"教育"（paideia）与"儿童"（paida）三者密切相关，这不只是因为三者在词源或词根上的关联，而且是因为"教育"的本义是培养儿童长大成人，"游戏"的本义是顺应儿童的天性进行有趣的娱乐活动。按照柏拉图的说法，人类从一开始就是在劳逸结合的生活中游戏、学习和成长起来的。在这方面，神赐歌舞、诗乐教育、体操训练、歌队比赛、城邦节庆、奥林匹亚运动以及会饮习俗等游戏形式，均是古希腊普遍流行的明证。另外，当柏拉图探讨人类的道德与人性的弱点等问题时，他有意将人比作神的"玩物"或"玩偶"，认为人应重视这种与神为伴的关系，借助"近水楼台先得月"的机遇，尽力效仿神灵,超越自我,最终向神生成,上达"人之为人,在于像神"的境界。这等于说,人作为神的"玩物"或"玩偶",尽管是神的掌中"傀儡",但终究是在与神的游戏中长大成人的,而这种游戏实属一种高贵而美好的游戏。在《法礼篇》里,亦如在其他对话里,柏拉图所讲述的劝诫性神话或喻说性故事,当然也包括主神宙斯为古代城邦立法的传说,都具有不同程度的游戏特征。这里需要注意至少两点:一是游戏的特性。游戏作为一种消遣方式,主要依据快乐原则。若将这一原则贯穿在柏拉图所推崇的教育过程之中,无论是教育者还是受教育者,均会要求教育方式的艺术化和有效性,要求教育内容的丰富性和趣味性,这对双方来讲都是一种无法回避的挑战。二是游戏的分类。按照柏拉图的正确教育理念,侧重塑造美好心灵的诗乐教育活动可被视为艺术游戏,侧重塑造健美身体的体操训练活动可被视为体育游戏,此两者与柏拉图道德诗学的两翼——心灵诗学和身体诗学——是相互应和的,在培养公民德性及其审美趣味等方面发挥着重要作用。

不过,柏拉图所倡导的游戏观,不仅贯穿在诗乐教育、体操训练和节庆赛事的全部过程之中,而且也渗透到治邦理政、立法程序与公民教育的诸多事务之中。这种游戏由此演变为一种植根于理性认识的、严肃而庄重的社会实践活动,我们因此可将其视为一种柏拉图式的政治游戏,一种通过立法工作来教育公民养成遵纪守法意识的严肃游戏。实际上,柏拉图为了有效地构建这座次好城邦,有意开启了城邦政体立法与公民德行教育的游戏空间。该游戏空间犹如上述那座舞台,城邦里的立法家、哲学家与公民,都以各自的方式从事不同的游戏活动,或者说是他们各自在以城邦生活为主题的政治游戏中扮演着不同的角色。不消说,这种游戏形式事关城邦的公正、秩序、兴衰与生活质量,无疑是严肃、认真和意义重大的社会实践活动,不再是以嬉戏或消遣为特征的娱乐活动,故在很大程度上与柏拉图的"至真悲剧"喻说相契合。

正是基于柏拉图的上述游戏观和古希腊人对待游戏的传统态度,若艾-帕斯特雷推衍出"游戏人类学"(l'anthropologieludique)的相关说法。后者断言:希腊人对游戏情有独钟,深知游戏在城邦生活与日常管理中的重要作用。他们不仅喜欢娱乐性与鉴赏性的优美游戏,而且喜欢政治性和伦理性的高贵游戏。正因为如此,柏拉图能轻而易举地把剧场悲剧这种严肃的诗乐表演转化为一种庄重的政治游戏。另外，游戏在人之为人的存在形态中不可或缺。譬如，人作为神的"玩物"或"玩偶"，意味着"一种美好的游戏方式"（enjouant d'une belle façon），也意味着人的"一种存在方式"（une façon d'être）；再者，无论人作为神的"玩物"而存在，还是作为神的"玩偶"而存在，这都是神之所为，都是神造人的结果（la fabrication de l'homme par les dieux）。这两种存在方式对人而言，既是严肃庄重的，也是相互兼容的。①

从《法礼篇》的结构或次好城邦的蓝图来看，我们可以假定优美与高贵这两种互动互补的游戏形式穿插其中。作为优美游戏形式，理应涵盖艺术游戏与体育游戏，主要是经由诗乐吟诵、歌舞表演、体操训练、军事操练和会饮考验等活动展示出来。作为高贵游戏形式，实际上等同于政治游戏，其严肃与郑重的属性、普遍与特殊的探索和求善与为公的目的，主要是通过设置政体制度和探索法礼教育等构想彰显出来。应当注意的是，柏拉图对话形式的戏剧性与言说方式的诗性，使其每篇对话作品均呈现出优美与高贵游戏的诸多特点。不过，《法礼篇》所表现出的游戏特征，显然不能同《理想国》《会饮篇》和《斐德若篇》等相提并论了。仅就其文体或文采而论，《法礼篇》的戏剧性与诗性水平不足以使其成为一出惊艳绝世的优美游戏，但其实践性和影响力却足以使其成为一出遗教久远的高贵游戏。

最后，顺便说明一点：本书作为柏拉图晚年道德诗学的专论，实际上已经越出诗学的范围，成为包括其政治哲学、伦理哲学、宗教神学与文化理想在内的综合性反思评说。实际上，柏拉图思想是一有机整体，若想了解其中某个向度，就必须把握其总体面貌，因为专题研究犹如"见木亦见林"的思想探索过程，而非"见木不见林"的恣意观光巡礼。故此，本书作者诚望通过自身的这番努力，能够引起读者诸君的诘难兴致，从而将这一探索过程不断推向深入，使其中相关议题不断趋于澄明。

---

① Emmanuelle Jouët-Pastré, *Le Jeu et le Sérieux dan les Lois de Platon* (Sankt Augustin: Academia Verlag, 2006), pp. 38-54.

第 二 章

"至真悲剧"与"次好城邦"

曾有人预言:"神若放出一位思想者,这个世界马上就会乱套。"这就是说,为了维系世界秩序,唯有神可以思考,其他人不许思考,更不许独立思考。然而,神却在古希腊放出了诸多思想者。这主要是因为古希腊有民主城邦雅典,那里的公民都是自由民,他们不仅有权自由思考,而且善于独立思考。他们认为:思想没有界限,怀疑促进探索,理性发现真知,生活就是艺术。于是,他们在理性精神的烛照下,在生命激情的感召下,在神性灵思的激励下,不仅开启了丰富的哲学与科学,而且创造了灿烂的诗歌与雕刻。

历史地看,在神所放出的诸多思想者中,柏拉图无疑是最杰出的代表。他的思想非但没有让这个世界"乱套",反倒是要救助这个"乱套"的世界。柏拉图周游数国,历尽沧桑,归而办学著述,寻求救世之道,从先前的《理想国》到最后的《法礼篇》,他都力图为人类构建一座有序而美好的城邦。在他的笔下,无论是阐述"卫士品质",还是标举"哲人王道",无论是设想"城邦政体",还是制订"法条律令",无论是传承"习俗惯例",还是论证"公民德行",我们都会发现他非常重视教育(paideia)的功用。

整体而论,相对于《理想国》所描述的"最好城邦",《法礼篇》的主旨是建构"次好城邦",确立法礼体系,培养公民德行,健全管理机制。但令人颇感费解的是,柏拉图却将他最后这部对话作品比作一部"至真的悲剧",断言其目的在于借助城邦政体来摹仿或再现"最美好的生活"。那么,这种比喻的意味到底何在?这种城邦政体到底有何特征?这种美好生活到底应具什么条件呢?这些问题便是本章试图说明或阐述的要点。

一 与诗之争的背后

在《理想国》里，柏拉图基于"神为善因"的宗教立场和形上本体的理念学说，先后从伦理学和认识论角度，批评了诗歌艺术魅力的潜在危害，揭示了诗歌远离真实的摹仿本性，最后和盘托出了"由来已久的哲学与诗歌之争"（oti palaia men tis diaphora philosophia te kai poiētikē）。对于这场旷日持久的争吵，柏拉图着墨不多，仅仅列举了双方发生"口水战"时的几句嬉笑怒骂。譬如，"对着主人喜欢狂吠的猎犬"；"占据上风的过分聪明之士"；"痴人瞎扯中的高手"；"穷困潦倒的缜密思想家"。① 前两句似乎在漫骂诗人，后两句好像在讽刺哲学家。由于出处不明，尚难判定，但彼此敌视的态度与刻薄的言辞可见一斑。

按照柏拉图的通常说法，诗歌基于摹仿，诗人善于说谎；诗歌表现情感，诗人擅长想象；此两者均不像哲学和哲学家那样侧重理智和逻辑，非但不能给人以真知、真理或智慧，反而会给人以影像、假象或幻象。乍看起来，这场纷争的重点似乎是一个认识论问题，是出于以真为鉴或扬真抑伪的认识价值判断的目的。但从柏拉图对待造假或撒谎的实用主义态度来看，② 我们有理由认为柏拉图重提诗歌与哲学的这场纷争，其强调重点不在于真假之辨的认识论层面，而在于城邦利益与卫士人格的政治与道德层面，这与柏拉图的政

---

① Plato, *Republic* (trans. Paul Shorey, Loeb Edition), 607b-c.
② 柏拉图认为，医生的治病之术、体操教练的用人之法以及城邦统治者的治国之道，是建立在"有益"而"实用"的"口头谎言"（*pseudos en tois logois*）之上；理想城邦的三分结构（哲王、卫士、农工商）或三类阶层（金、银、铜铁）的划分，也同样是建立在美其名曰的"高贵谎言"（*gennaion ti en pseudomenous*）之上。在《理想国》的第二卷、第三卷和第五卷里，他借苏格拉底之口，数次直言不讳地论述了"谎言"与"欺骗"的合理性。如其所言：口头的谎言只不过是心灵状态的一个摹本，是后来派生的，仅仅是形象而已，不是完全纯正的谎言。口头的谎言如果对谁有用，就不会招人讨厌，故此可用来欺骗敌人，医治患病的朋友，防止有人作恶，等等。总之，谎言或虚假对于神明虽然无用，但对于凡人则是一种有用的药物。为了治病救人，医生可用；为了国家利益，哲王可用；为了体育运动，教练可用。再者，城邦治理者为了被治理者的利益，有时不得不使用一些假话和欺骗。此乃统治者高明的手腕使然。至于那个"高贵的谎言"，也就是古希腊时期广为流布的那个"腓尼基人的传说"，则被奉为金银铜铁血统论或城邦社会阶层论的基础，不仅要设法使统治者和卫士们相信，而且也要尽力使城邦里的其他人相信。总之，谎言也罢，虚假也罢，欺骗也罢，只要对敌人有害，对朋友或城邦有利，均会成为有用和可用的手段，甚至成为统治者的高明手腕。

治工具主义和道德理想主义诗学有着直接的关系。

从其对话中看，哲学与诗歌之争，几乎以或显或隐的方式伴随着柏拉图的一生。他早年弃诗歌而习哲学，似乎是一大转折。然而，诗歌的影子却始终伴随着他的哲学思考。他一直在探寻充足理由，试图从哲学认识论与伦理学的立场出发，来为诗歌的价值和效用重新进行定位，来指陈人们在道德观念和审美趣味上的种种误区。仅从《理想国》这部长篇对话来看，柏拉图经常陷入两难抉择之境：他在谴责诗歌与诗人的同时，也直接和间接地为其辩护。因此，我们可以这样假定：柏拉图作为一个诗人哲学家，深知传统诗歌的历史地位和文化意义。但从道德理想主义和政治工具主义原则考虑，他认为有必要对传统诗歌进行必要的删除或修改，以期达到"去粗取精，为我所用"的政治与道德目的。

我们若联系考察柏拉图对于诗歌的相关论述，就会发现他本人倾向于把诗歌分为三类：第一类是摹仿诗（mimetic poetry），其主旨在于复制或再现（mimeomai）自然界与人世间原有的事物与情景，侧重描绘耸人听闻的传奇故事或消遣娱乐的生活场景，容易诱发人类心灵中的情感与欲望这一低级部分。这类诗歌由于本质上属于"技艺"（technē）性操作的结果，因此会随着技艺水平的波动起伏，在质量品位上显得良莠不齐，故而需要按照相关原则与实际要求进行取舍、改造和利用。①

第二类是神启诗（divine poetry），属于诗人迷狂、神灵附体时的杰作，其中的神来之笔近乎神明的启示或先知的箴言，委实可遇而不可求。事实上，在古希腊人眼里，诗歌是灵感与神启的产物，诗人是神明的代言人。柏拉图继承了这一传统观念，曾经把诗人视为"神明的解释者"（hermneis tōn theōn），认为"若无神灵的启示或灵感，诗人难以创作出真正称之为诗歌的东西"。② 故此，柏拉图把诗人分为天上与地下两等。一等诗人是缪斯选择出

---

① 在《理想国》第十卷里，柏拉图曾把艺术分为三类，这三类艺术会涉及任何对象。"一是使用对象的艺术，二是制作对象的艺术，三是再现或摹仿对象的艺术。"（Book X, 601d）看来，摹仿诗属于第三类。值得指出的是，艺术与技艺以及技术在古希腊是彼此不分的。诗歌原本被视为灵感与神启的产物。柏拉图将其与绘画之类的技艺并论，实际上是对这类诗歌的一种贬低或降格以求的做法。

② Plato, *Ion*, 533e-534c. Cf. Plato, *Complete Works* (ed. John M. Cooper, Indianapolis/Cambridge: Hackett Publishing Company, 1997); Plato, *The Collected Dialogues* (eds. Edith Hamilton & Huntington Caims, New Jersey: Princeton University Press, 1996).

来的佼佼者，与哲学家并列一起；另一等诗人则地位卑微，与工匠和农夫为伍。① 前者类乎于富有原创性的神启诗人，后者则近乎于技艺性的摹仿诗人。

第三类诗歌便是柏拉图最为推崇的哲理诗（philosophical poetry），这兴许是解决哲学与诗歌这一纷争的重要途径。这种诗并非是用格律写成的韵文，而是富有诗歌品质的哲学对话。诚如《理想国》所示，柏拉图经常在谈及重要话题时，不是运用信手拈来的诗性比喻，就是顺势穿插充满哲理的神话故事，其丰富的寓意所构成的多义有机语境（polysemic organic context），于无形之中扩展了读者的思维空间。《理想国》里的戒指喻、日喻、洞喻和灵喻种种，就是典型的范例。类似这样的哲理诗，实际上是哲学的诗化或诗化的哲学。在这方面，柏拉图无疑是西方历史上成功创立诗化哲学的先驱。他本人不仅目的明确，而且自信如斯，十分看重自己那些哲理与诗意彼此会通的对话哲学，自以为仅凭这种哲学就足以拯救他心目中的"美好城邦"（kallipolis）了。

譬如，在《法礼篇》第七卷里，柏拉图描述了这样一种情境：一伙外来的"严肃诗人"（spoudaion poiēton）或"悲剧作家"（tragōdian）提出"请求"，要在新建的城邦里演出自己的作品，展示自己的诗才。面对这些登门"切磋"技艺的"挑战者"，柏拉图假借那位"雅典客人"（Athenaios xenos）之口，慷慨陈词，果敢应战，决意与来者一比高下。其回应如下：

> 尊敬的来客，我们自己就是技能极其高超的最佳悲剧作家（tragōdias autoi poiētai kata dumanin oti kallistes ama kai aristes）；我们城邦在整个政体上所摹仿的是最美好的生活（polieia zynestēke mimēsis tou kallistou kai aristou biou），我们可以肯定，这本身就是一部至真的悲剧（einai tragōdian ten alēthestaten）。因此，我们与你们一样，都在创作同样的东西，我们是这出上佳戏剧（kallistou dramatos）中的艺术家和表演者，是你们的竞争对手（antitechnoi）。我们希望这出戏剧是一套实在而独特的

---

① Plato, *Phaedrus*, 248c-e. Cf. Plato, *Complete Works*. 柏拉图在这里将人分为九等。第一等人包括追求智慧与美的哲学家，追随文艺女神缪斯的诗人；第二等人包括依法治邦的国王、卫士或统治者；第三等人包括政治家、商人或经商者；第四等人包括运动员、体育教练与医生；第五等人包括先知与祭师；第六等人包括摹仿诗人或其他摹仿型艺术家；第七等人包括工匠与农夫；第八等人包括能言善辩的智者与蛊惑家；第九等人主要是僭主或独裁者。

法礼（nomos alēthes monos），唯有它才天生享有法定资格得以完成。所以，你们不要指望我们会轻易地允许你们把表演舞台搭建在我们的市场旁边，让你们把自己的演员带来表演，让他们悦耳的音调和高亢的歌声盖过我们自己的歌声，让你们在我们的男女老幼面前慷慨激昂地长篇大论。尽管我们彼此谈论的话题都是相同的习俗惯例，但所产生的效果在很大程度上大相径庭。实话告诉你们吧，在城邦执政官还没有决定你们的作品是否值得发表或适宜公演之前，我们如果允许你们这样表演的话，那我们自己和整个城邦民众一定是疯了。所以说，你们这些没精打采的缪斯女神的子孙，先到执政官那里，在他面前你们和我们同台献艺，让他来比较优劣；如果你们所演唱的诗歌与我们的不差上下或胜出一筹，那我们就会给你们配备一个歌队；如果你们所演唱的诗歌不如我们，那么，朋友们，我们永远不会给你们配备什么歌队。好吧，这便是我们对歌舞艺术和学习活动所制定的法则（peri pasan chorean kai mathesin touton peri syntetagmena nomos ethe）。[①]

在这里，柏拉图将对话中的三位资深立法家（雅典人、克里特人和斯巴达人）封为"技能极其高超的最佳悲剧作家"，同时将《法礼篇》比作一部"至真的悲剧"、一出"上佳的戏剧"和一套"实在而独特的法礼"，声称该"剧"所摹仿或再现的是"最美好的生活"，"唯有它才天生享有法定资格得以完成"。随之，他要求这些外来的"严肃诗人"或悲剧诗人与他们同台献艺，为的是让执政官来裁决谁的艺术高出一筹，值得公演。但在最后，他又为外来的"演出团体"设置"障碍"，抬出一套专为"歌舞艺术和学习活动所制定的法则"，其中以是否"配备歌队"为重要条件。要知道，古希腊悲剧具有歌舞的本性（choral nature），每出悲剧开场，大多是由歌队（chorus）率先登台，其人数早期为12名，后来增至15名。通常，歌队成员都是合唱与舞蹈的高手，他们占据剧场的中心地位，主导悲剧的表演进程，而悲剧诗人创写的诗句则被当作演员与歌队吟唱的"歌词"。事实上，在每年一度的狄

[①] Plato, *Laws*, 817a-e（trans. R. G. Bury, Loeb Edition, 1994）. Also see Plato, *The Laws*（trans. Trevor J. Saunders, London: Penguin Books, 1975）.

奥尼索斯节庆期间，所有参加表演比赛的悲剧，与其说是参赛诗人与演员之间的竞争，毋宁说是参赛歌队之间的竞争。在此意义上，如若抽掉歌队或不配歌队，这对悲剧表演而言就等于釜底抽薪，使其无法登台献艺了。

上述情形会使人产生诸多联想，譬如，它首先使人联想到希腊人热衷的竞争意识与雅典剧场文化的传统惯例。这种竞争意识早已融入古希腊的民族特性之中，全然成为他们生活中不可或缺的组成部分，它通常体现在每年一度的戏剧竞赛剧场里，展示在古代奥林匹克的竞技赛场上，甚至张扬在你死我活的肉搏战场上。至于那种传统惯例，显然是基于城邦制度与公民权利，不仅为诗人、演员与歌队，也为裁判、观众与"拉拉队"，提供了同台演出和相互竞赛的合法化公共场所。

其次，它使人联想到柏拉图极力宣扬的道德化法治教育理念。他在此将三位立法家奉为技艺高超的"最佳悲剧家"，就等于凸显了立法家的地位，强调了法治教育的意义，降低了悲剧诗人的身份，确认了法礼高于艺术、理智大于情感、哲思胜于审美、德性重于娱乐的价值判断趋向，或者说是从一开始就排除了情感化的悲剧性与审美化的娱乐性。在此意义上，古希腊传统形式的"悲剧"，在柏拉图那里已被置换成一种旨在表现理智德性与推行公民教育的"肃剧"。

再者，它还使人联想到柏拉图一贯推行的文艺审查制度。无论是在《理想国》里，还是在《法礼篇》中，柏拉图针对诗乐、歌舞和演出活动所制定的那些"法则"，实已构成一系列细致而严密的审查规定。这些规定既有硬性的，也有软性的；既针对悲剧，也针对喜剧；既针对诗人，也针对演员。在柏拉图眼里，此类软硬兼施的做法，旨在确保城邦教育的"正确性""合理性"或"道德性"，最终是为了培养他所构想的公民德性或完善公民。后文将设专节论及，此处暂且不赘。

不过，读者至此，通常颇感诧异的是"至真悲剧"这一喻说（analogy）。很显然，无论是根据柏拉图还是亚里士多德的相关界定，《法礼篇》均非一部古希腊传统形式上的悲剧或悲剧诗作，它既无一般悲剧所描写的不幸遭遇或人生苦难等情节或行动，也无一般悲剧特有的戏剧性结构与装饰性语言（节奏与韵律），同时也不涉及恐惧与怜悯等悲剧情感的激发、疏泄或净化。更何况在其已往的对话中，譬如在《理想国》里，柏拉图对悲剧持有疑虑和批评的态度,认为诗人通过悲剧来表演极其悲惨的故事并借用由此产生的强大感染力,意在满足和迎合观众心灵中"那个(在自己遭到不幸时被强行压抑的)本性渴望痛哭流涕以求发泄的部分";这虽然会给人提供情感发泄之后的松弛感或愉悦感,但却养肥了本应"干枯而死"的诸种情感,这其中包括怜悯、爱情、愤怒与苦乐,等等,其结果会导致人们放纵自己心灵中的欲望部分,弱化心灵中的理智部分,到头来在诗歌所摹仿的那些情感的统治下,人们非但不能生活得更美好更幸福,反倒生活得更糟糕更可悲。①

那么,柏拉图在论述这套"实在而独特的法礼"之前,为何要先行将其比作一部"至真的悲剧"呢?这是否意味着柏拉图为了突出立法的严肃性而将其等同于悲剧的严肃性呢?还是为了让立法程序与悲剧诗艺一争高下而采用的一种修辞策略吗?或者是为了吸引人们对立法程序的关注而采用的一种先声夺人的言说方式呢?这其中恐怕还隐含着其他原因。

二 "至真悲剧"喻说的意味

我们知道,《法礼篇》是柏拉图的最后一部对话作品,旨在构建一座"次好城邦"和一套法律习俗,以便确保城邦的善政、秩序与共同福祉。柏拉图将其喻为一部"至真的悲剧",其意在于"摹仿最美好的生活"。乍一看来,此喻说(analogy)确有些独出心裁和令人诧异之感,似乎显得"风马牛不相及",但细究起来,则发现这绝非随意而为,其用意幽微而玄秘。这里将从悲剧特征、法礼功用与城邦宿命等角度出发,尝试揭示上述喻说隐含的多重意味。

第一,从悲剧的历史地位来看,它在公元前5世纪的雅典已然达到顶峰,是雅典民众最引以为豪的伟大成就,在其辉煌的文化传统中占有极其重要的地位。事实上,在雅典民众的心目中,唯有杰出的悲剧诗人方可同相传的史诗作家荷马相媲美。有鉴于此,柏拉图将这篇论述法礼的对话喻为"至真的悲剧",便反映出他所持的双重态度:一方面是出自个人对《法礼篇》的重视和珍爱,故此推崇备至,将其喻为"悲剧"中的杰作,借用"悲剧"的盛

---

① Plato, *Republic*, 606a-d.

名来凸显其最后这部对话的历史地位；另一方面是对来访诗人及其诗作的讥讽或轻视，认为他们的所作所为大多偏重感性审美，缺乏真理内容，属于不值得认真对待的娱乐消遣。我们知道，柏拉图在师从苏格拉底开始研究哲学之前，曾是一位诗人和悲剧作家，他对诗歌艺术的精通，使他有资格对诗歌做出自己的评判。但此时此地，他从事哲学研究已近暮年，确然进入另一境界，即哲学或爱智求真的境界，他对于传统诗歌所表现的情思意趣或摹仿行动，不仅司空见惯，而且不屑一顾，就像一位阅历深广的老人，笑看一群儿童在树荫下一本正经地游戏一样。这里一种谙悉世故的"过来人"的通常态度，其中没有多少好奇的成分，反倒包含些许轻慢的意味，不同于哈曼笔下的哲学家所采用的那种态度，后者在注视诗人、爱好者和规划者时，"就像一个人注视猴子，既有兴趣也有同情"①。

　　第二，从悲剧与法律的应和关系来看，两者在某些方面具有某种效应相似性（resemblance in some effect）。通常，悲剧所表现的那些可怕事件或感人情节，必然会激发观众诸多的情感反应，这其中最为显著的要数恐惧与怜悯，因为他们担心相关的苦难与厄运也会降临在自己或亲友头上。即便他们认为这些东西不会殃及自身或亲友，但出于人类大多具有的同情心，他们也会对别人遭难的可怕情景感到恐惧，对其悲苦多舛的命运表示怜悯。不管出自哪一种情况，悲剧所激发的恐惧感与怜悯感，对观众都会产生一种警示和教育作用。相应地，法律所规定的条例律令，旨在惩戒或处罚违法乱纪者，借此维护社会的治安和秩序。这些条例律令，连同辅助性的卫士、司法与牢狱系统，在本质上是强制性和暴力性工具，意在对遵纪守法者提供保护，对违法乱纪者形成威慑，使其因惧怕遭受惩罚而不敢轻举妄动或胡作非为。这样，法律对人们也会产生一种警示和教育作用。在此意义上，悲剧与法律似有某种效应相似性。另外，悲剧对主人翁的惩罚，是因其"过失"（hamartia）所致；而刑法对肇事者的惩罚，也是因其"过失"所致。当然，主人翁的"过失"，主要是"命运"作祟，涉及神秘的外力或前世的业报；而肇事者的

---

① ［德］哈曼：《［X. 7］11 自约翰·格奥尔格·哈曼》（1759 年 7 月 27 日），见李秋零译：《康德与哈曼往来书信集》，载金泽、赵广明主编：《宗教与哲学》第 2 辑，社会科学文献出版社 2013 年版，第 14 页。译自科学院版《康德全集》第 X-XII 卷（*Kant's gesammelte Schriften*, herausgegeben von der Königlich Preußischen Akademie der Wissenschaften, Bände X-XII），第 2 版，1922 年。

"过失",主要是欲望引起,关乎人性的弱点或情势的诱惑。无论各自状况如何不同,两者因"过失"而遭惩罚都是不争的事实。故此,从表面的逻辑关系来看,悲剧式与刑法式惩罚亦有某种因果相似性。

按照拉克斯(André Laks)的观点,法礼的内容是理性的表现,即以理性的方式言说事情如何是这样以及如何应是这样;而法礼的形式则是非理性的,全然是一种秩序的表现,为了维护公共秩序与社会正义,构成法典的诸多律例无疑是强制性的,是用来惩处违法行为的,其内在职能是暴力性的。对这一特质的理性知解,必然与感性愉悦形成冲突。而法礼制度所包含的"这种冲突的不可避免性"(the inevitability of this conflict),就是一种悲剧,尽管柏拉图似乎持有一种"乐观主义的悲剧观念"(optimistic conception of tragedy)。①

第三,从悲剧所摹仿的内容来看,柏拉图的界定特指《法礼篇》这出"至真的悲剧"(einai tragōdian ten alēthestaten),认为该"剧"在"整个城邦政体上所摹仿的是最美好的生活"(polieia zynestēke mimēsis tou kallistou kai aristou biou)。这里所谓"至真的悲剧",意指最真实、最接近现实或最富有真理性的描述;这里所谓"摹仿"(mimēsis),意指构想与创建;这里所谓"城邦政体"(politeia),意指城邦的政治体制或管理制度;这里所谓"最美好的生活"(kallistou kai aristou biou),意指"次好城邦"所提供的公正而幸福的生活。比较来看,柏拉图在此所言的"悲剧",实质上是法政教育话语,并非通常的悲剧诗作。在古雅典,通常悲剧所摹仿或再现的内容,主要是主人翁遭遇的灾难或多舛的命运,这与柏拉图的上述界定显然难以契合。相形之下,亚里士多德的界说更符合通常悲剧的属性,他认为悲剧所"摹仿的行动"(mimēsis praxeōs),应是"严肃、完整、并有一定长度的"(estin …spoudaias kai teleias megethos echouses)行动。② 这里所谓"悲剧",意指悲剧诗或悲剧作品;这里所谓"摹仿"(mimēsis),意指再现加表现;这里所谓"行动"(praxeōs),意指由令人恐惧与怜悯的事件编排而成的情节结构。看得出,与行动的"完整性"和"一定长度"这两大要素相比,行动的"严肃

---

① André Laks, "Plato's 'truest tragedy': Laws Book 7, 817a-d", in Christopher Bobonich (ed.), Plato's Laws: A Critical Guide (Cambridge: Cambridge University Press, 2010), 230-231.
② Aristotle, The Poetics of Aristotle (trans. S. H. Butcher, London: Macmillan, 1922), 1449b24-25.

性"乃是成就悲剧的首要条件,或者说是悲剧之所以成为悲剧的关键所在,这也正是"悲剧作家"(tragōdian)也被称为"严肃诗人"(spoudaion poiēton)的主要原因。这种"严肃性"(spoudaiotēs),既涉及悲剧事件的本质属性,也关乎悲剧人物的道德品格,故要求两者均达到严肃、认真、诚挚、善好和卓越的程度。

不过,当我们依据亚里士多德的上述界说,来考察柏拉图为何使用"至真悲剧"来喻指《法礼篇》这部对话时,就会发现其中隐含下列"悖论":悲剧所摹仿的行动应是"严肃的"(spoudaias)或需要"认真对待的",而《法礼篇》每论及人类事务,柏拉图均不看好,认为这种事务是"不严肃的"(mē spoudaion)或"不值得认真对待的"。如此一来,将《法礼篇》喻为"至真的悲剧",似乎是一种"概念的误置"(conceptual fallacy),即把"不严肃的"东西当作"严肃的"了。我们知道,柏拉图洞识人性的诸多弱点,对人类事务的看法偏于消极,所持的相关立场内含矛盾,一方面显得不屑一顾,另一方面却又勉力而为。譬如,在《法礼篇》里,他特意强调"人类事务不值得那么严肃认真地对待"。① 在《理想国》里,他亦持类似立场,断言"人类事务毫无值得特别关注或严肃对待的东西"(oute ti tōn anthrōpinōn axion on megalēs spoudēs),并且宣称"严肃对待人类事务实属不得已而为之"。② 那么,在柏拉图心目中,什么才是严肃的事情并需要认真对待呢?如其所言,

> 我们务必严肃认真地对待(spoudazein)那些严肃的事情(spoudaion),无须严肃认真地对待那些不严肃的事情(mē spoudaion)。质而言之,神(theos)是值得完全认真关注(spoudēs)的对象,而人(anthrōpos)则如前所言,是神的玩物(theou ti paignion)——这事实上是人的最佳部分(to beltiston)。因此,我认为每个男人与女人都务必参照这一品格特性度过一生,要参与最高贵的消遣游戏(kallistas paidias),这样才会使每个人养成与其现在截然不同的心智。③

---

① Plato, *Laws*, 803b.
② Plato, *Republic*, 604b, 803b.
③ Plato, *Laws*, 803c.

由此可见，神的事务是严肃的，是必须认真关注和对待的，因为神是完美而明智的，是人应效仿或学习的范型。反之，其他事务既不严肃而无需认真对待，人的事务就属此列。这里所谓的"人"，也就是"如前所言"的那类"人"，柏拉图称其为"活的动物"（zōōn），"神的玩偶"（thauma）或"神的玩物"（paignion）。此"人"一方面由象征人性欲望的"铁线"扯动，另一方面由代表神明理性的"金线"牵引。前者喻示人的感性弱点，使人受欲望的支配而采取盲目的行动；后者象征人的理智潜能，让人在神明理性的引导下采取合法的行动。① 在这里，柏拉图重复前说，再次将"人"比作"神的玩物"（paignion），将其视为"人的最佳部分"（to beltiston），也就是"最善、最好或最美部分"，并要求人人务必参照"这一品格特性度过一生"，务必参与"最高贵的消遣游戏"，借此"养成与其现在截然不同的心智"。在这里，柏拉图表面上是在颂神贬人，实际上是引人向神，试图由此将"人"与"神"联结起来，借机将神性赋予人性，将人类推向超越自我的跳板。柏拉图一再宣称：人之为人，在于像神。这意味着人的自我完善与超越追求，就在于充分利用神明所赐的理性或理智，不断地接近神明和效仿神明，最终成为与神明相似的存在。这样一来，人的事务就会转化为"严肃的事情"，就会由此形成需要认真对待的"严肃性"。

但要看到，人的事务所获得的"严肃性"，本质上有别于悲剧所呈现的"严肃性"。在柏拉图心目中，前一种"严肃性"旨在强调"人的善行"（agatha anthrōpina）取决于"神的善行"（agatha theia），② 认定人之为人有赖于向神生成的超越性道德修为；有鉴于此，举凡尊奉"神的善行"或成为"像神一样"的人，必然是理智而幸福的，是不会因悲痛而伤感的。至于后一种"严肃性"，也就是悲剧所呈现的"严肃性"，主要是通过不幸的灾难与歌队的吟唱，唤起观众哀伤的情感与悲痛的反应，借此诱导他们严肃认真地对待"人的善行"，即那些缺乏神性但却自以为是的"善行"。相应地，来自《法礼篇》中那位雅典立法家的教诲，显然有别于柏拉图时代那些悲剧诗人所传达的要旨。在此意义上，柏拉图之所以将立法过程喻为"至真的悲剧"，是

---

① Plato, *Laws*, 644d.
② Ibid., 631b.

因为该出悲剧所陈述的严肃主题，事关摹仿"最美好的生活"和创构"最真切的法礼"，要比基于传统样式的悲剧诗作所强调的严肃主题更为正确，更有教育价值，更符合建构"次好城邦"的政治与道德需求。至于柏拉图标举的那种"最佳悲剧作家"，虽说"技艺极其高超"，但他"并非诗人，而是立法家，诗人鼓动哀悼我们不幸的人类习性，立法家则教导我们唯一的不幸只会降临在没有德行的人身上"。①

第四，从悲剧表现的人物类型来看，亚里士多德曾就此总结说：悲剧在人物性格的塑造上应关注四个方面：其一，人物应当选择善的，其性格也必是善的；其二，性格应当是适当的；其三，性格应当是逼真的；其四，性格应当是前后一致的。② 由此可见，人物及其性格，在很大程度上决定了悲剧的主旨与结构。特别是就悲剧中的人物而言，亚氏不仅要求其行动务必遵循理性，而且要求其品格与形象务必高于原型。如其所言："鉴于悲剧所摹仿的人物要高于普通的水准（epei de mimēsis estin hē tragōdia beltionōn 〈e kath'〉 hēmas），因此［悲剧诗人］要学习优秀画家（agathous eikonographous）的样板，因为这些画家能够勾画出人物原型特有的形态，不仅栩栩如生，而且比原型更美。"③ 根据这些要求，再比较一下柏拉图在《法礼篇》中所"摹仿"或展现的各色人物，就会发现从位于舞台前景里的三位立法者——雅典人、克里特人和斯巴达人，到位于舞台中景里的"夜间议事会"或十位护法者及其得力助手，再到位于舞台背景里的那些众里挑一的公民，我们自然会得出如下结论：他们都是"善的"且"高于普通水准"的人物。借此，我们或许可以理解柏拉图为何要将《法礼篇》称为一出"至真悲剧"的内在原因了。

第五，从悲剧语言的装饰特征来看，这不仅涉及古希腊诗歌所采用的节奏韵律与修辞艺术，还涉及古希腊歌队的舞蹈表演和吟诵风格。显然，这两者在《法礼篇》的行文里是直观不到的。不过，柏拉图在此篇对话的第二卷与第七卷中，对诗乐教育及其必要性论述甚多，他曾反复劝导人们要认真对待有利于培养自身德行的诗乐歌舞，并将其视为公民"正确教育"的重要组

---

① Susan Sauvé Meyer, "Legislation as a Tragedy: On Plato's *Laws* VII, 817B-D", in Pierre Destrée & Fritz-Gregor Herrmann (ed. s), *Plato and the Poets* (Leiden & Boston: Brill, 2011), p. 402.
② Aristotle, *The Poetics of Aristotle*, 1454a16-35.
③ Ibid., 1454b10-15.

成部分。为此,他强调指出:

> 一个人务必在其一生中从事某种游戏活动(paisonta tinas paidias),即从事祭祀、歌唱与舞蹈之类活动,借此使自己能够赢得诸神青睐,能够抵挡敌人,能够取得战斗胜利。为了实现这一目的,一个人所要演练的那种歌舞,此前[在本文里]已经有过概述。①

不难想象,希腊悲剧中应有的节奏、韵律、情节、行动与情感等要素,均可在人所从事的祭祀仪式、诗乐歌唱和各类舞蹈(如战争舞蹈与和平舞蹈)中,找到各自的表现形式及其风格特征。譬如,在祭祀神明的仪式或节庆中,人们会积极地参与或观看相关的歌舞表演,这在古希腊历史上,不啻是每个城邦的习俗惯例,还是每位公民的特殊权利。当然,在柏拉图眼里,这一切活动并非只是单纯的狂欢或消遣,同时还是推行公民教育的必要手段,是人们借此培养自身德性、愉悦神明和克敌制胜的演练或践履过程。

第六,从诗歌与哲学之争的角度来看,这是一个"古来有之"的话题。柏拉图在《理想国》里讨论过,在《法礼篇》里虽未明确提及,但从字里行间依然可以看出这一争执的印迹。譬如,贬损外来诗人,称其为"没精打采的缪斯女神的子孙";挑战外来诗人,自称"技艺高超",是前来献技者的"竞争对手";限制外来诗人,不允许他们在城邦公演;比拼外来诗人,与他们在执政官面前同台竞赛。当然,我们不难想象,在同台比赛时,外来诗人表演的是诗歌,三位立法家讲述的则是法礼。前者无疑是展示诗艺的代表,后者则是彰显法礼的行家。此外,在表示直接应战的前后,这位"雅典人"伙同"克里特人"克莱尼亚斯(Kleinias)和"斯巴达人"麦吉卢斯(Megillos),一再讥讽和批评诗人"缺乏理智"或"缺乏真知",如其所言:

> 当诗人们坐在缪斯的三足祭坛前时,他已经失去了理智。他就像涌出清流的泉眼一样,不断吐出诗句;由于他的诗句表现了他的技艺本性,因此必定与他自己的话语存在矛盾之处,人们根本无法知道诗人说的话

---

① Plato, *Laws*, 803e.

是真理呢,还是其诗中人物所说的话是真理。对同一事物或同一主题做出两个相反的陈述,这不是立法家要做的事,立法家通常对一样事物只做一种判断。①

这一讥讽还算客气,只是简要重复了先前在《伊安篇》里提出的"迷狂说"(mania),把诗人视为缪斯女神的应声虫或代言人,因其"失去理智"而高谈阔论,犹如在一种神启灵思下形成的"意识流",致使诗人口中念念有词,妙语连珠,其状异乎寻常,似乎不是人在说诗,而是诗在说人。因为,诗人一旦从"迷狂"中觉醒,便再也说不出那些精彩的诗句,再也写不出那些神来之笔了。结果,就造成前后矛盾的思想或诗心灵智的差异。相比之下,随后这一段批评更为严厉,几乎等于某种"嬉笑怒骂"了。其曰:

> 对于想用负责的方式来照看人类的诸神、精灵或英雄来说,获得一些关于必然性的实用知识和理论知识总是十分重要的。如果一个人搞不清一、二、三、奇数和偶数的本性,不会计算数字,甚至分不清昼夜,更不知日月星辰的运行轨道,那他无论如何都与神一般的标准相去甚远(pollou d'an deēsein anthropos ge theios)。任何人都不能忽视这些科目的学习,否则,他就是愚蠢至极,根本无法指望这样的人在知识的高级分支里取得一丝进步。②

从道德理性与自我完善的立场出发,人之为人,旨在像神,也就是像神一样明辨事理、至善尽美,这实际上是柏拉图一贯坚持的做人标准。如果说他笔下的这种人"与神一般的标准相去甚远",那就等于说他已经失去了做人的资格。对此,只要稍加回顾柏拉图在《理想国》第十卷里对诗人无知、诗人说谎和诗人乏能的严正指责,就不难看出他对无知者的抨击确属"含沙射影",而遭其抨击的对象,正是那类自以为是的摹仿诗人。③

---

① Plato, Laws, 719c-d.
② Ibid., 818c-d.
③ 王柯平:《〈理想国〉的诗学研究》,北京大学出版社 2005 年版,第 287—307 页,第 320—324 页。

第七，从悲剧产生的艺术效应来看，柏拉图对此了然于胸，不仅十分关注，而且充满疑虑，曾先后数次提出批评。譬如，在《理想国》第十卷里，他严厉抨击并极力抵制悲剧诗，认为这种诗擅长激发听众的哀伤悲痛之情，使人号啕大哭，甚至泣不成声，其行为举止显得女里女气，有悖于果敢勇武的男子气概；如果任其泛滥，就会对年轻的受教育者或城邦卫士产生消极影响，最终会危及他们的心灵和谐与德行发展。因此，柏拉图特意指出：

> 当我们听到荷马或其他一些悲剧诗人在摹仿处于哀伤状态中的某位英雄时，就发现他充满悲情地长篇大论，痛不欲生地捶胸顿足；如此一来，就连我们中间最出类拔萃的人，在观赏这种表演时也会忘情，也会沉浸其中。我们会产生真正的共鸣，会赞扬这位以此方式打动我们的杰出诗人……然而，一旦这种悲情成为我们自己的悲情时，你会发现我们引以为豪的东西，恰恰是与此相反的东西，即：我们应保持镇定自若和坚忍不拔的能力，因为这才是充满男子气概的行为，而先前惊叹的则是女里女气的举止。①

可见，柏拉图在此将荷马视为悲剧诗人的代表，其作为与别的悲剧诗人一样，均善于打"悲情牌"，也就是借助伤感动人的言辞，来达到"煽情"的目的，来鼓动哀悼不幸遭遇的人类习性，② 由此所引发的反应或导致的结果，均不利于城邦卫士的品格教育，理当予以阻止、查禁或选择使用，以便保障城邦的教育氛围得到净化。于是，在《理想国》第三卷里，柏拉图不仅指陈荷马（Homer），而且抨击埃斯库罗斯（Aeschylus）。他认为荷马在《伊利亚特》中对阿喀琉斯的悲情描写有伤大雅，其因失去朋友普特洛克勒斯（Patroclus）而哭哭啼啼、辗转反侧的样子，委实有损英雄的气概，违背人们的期待，令人无法容忍；③ 与此同时，他批评埃斯库罗斯笔下的忒提斯（Thetis）有失体统，这位女神在自己的婚礼仪式上，从前来祝贺的日神那里得知她未来会遭遇不幸时，便开口诅咒阿波罗（Apollo）。为此，柏拉图提议

---

① Plato, *Republic*, 605d-e.
② Ibid., 595c, 607a.
③ Ibid., 388. Also see Homer, *Iliad*, 24. 10-12; 22.168; 22.414; 18.54.

不应给这位悲剧诗人"配备歌队",① 这就等于不允许其作品参赛演出。

无独有偶,在《法礼篇》里,柏拉图假借那位雅典人之口,继而对悲剧诗的情感效应严加针砭。譬如,在第七卷里,他批评悲剧使用大量亵渎神圣祭品的言词,利用歌队在神庙周围或神龛跟前招摇过市,同时还用哀伤的诗句、韵律和乐调来打动观众的心灵,来赢得他们的眼泪,以博取竞赛的胜利。② 随之,柏拉图有意抬高《法礼篇》这部"至真的悲剧",借此贬低来访的悲剧诗人及其作品,认为后者虽然音调悦耳、歌声嘹亮、夸夸其谈,但其表现的内容有害无益,与城邦的共同利益和习俗惯例大异其趣。如果让其演出,堪称疯子之举,因此也不应"配给歌队"。③

那么,除了激发哀伤的情感效应之外,是否还有其他因素引致柏拉图如此抵制悲剧呢?答案是肯定的。我们知道,希腊悲剧主要源自希腊神话。通常,悲剧所选择的神话与叙述的故事,主要表现的是家庭冲突。这种冲突从诸神开始,随之从天界延伸到凡世,无论是从乌拉诺斯(Uranos)、克洛诺斯(Kronos)到宙斯(Zeus),还是从俄狄浦斯(Oedipus)、安提戈涅(Antigone)到美狄亚(Medea),我们都能看到形形色色的家庭冲突,其起因涉及命运、权力、横祸、阴谋、报复、杀戮、傲慢、私心、愧疚、自残、尊严与激情,等等。诚如诺克斯(Bernard Knox)所言:

> 阿提卡悲剧里的种种神话,自始至终都被置于家族或家庭的架构之中——这一密切结合的单元,在古希腊要比今日有着更加紧密的关系……每一希腊悲剧神话就是一个关系交错的家史网络。在这些家庭内部,在他们彼此之间的关系之中,家庭生活所孕育的整个激情范围展露无遗。这些激情,诚如口头传统形成的材料所描述的那样,[在悲剧中] 得到极其强烈的典型表现。④

---

① Plato, *Republic*, 383.
② Plato, *Laws*, 800c-e.
③ Ibid., 817c-d.
④ Bernard Knox, *Word and Action: Essays on the Ancient Theatre* (Baltimore: Johns Hopkins, 1979), p. 21. Also see Penelope Murray, "Tragedy, Women and the Family in Plato's *Republic*", in Pierre Destrée & Fritz-Gregor Herrmann (ed.s), *Plato and the Poets*, p. 192.

古往今来，表现家庭冲突是文学艺术永恒的主题，而希腊悲剧在这方面可谓领风气之先，开创了后世难以企及的范本。不过，在柏拉图看来，家庭是城邦组织的基本单元，或者说是城邦建构的重要根基。这种冲突一旦漫延开来，势必冲击或危及城邦共同体的人际关系、社会稳定与政治结构。故此，柏拉图对此类冲突十分警惕，并且出于建构"美好城邦"的目的和保障共同利益的考虑，在《理想国》里干脆提出取消家庭的设想。不过，这一极端做法后来在《法礼篇》里得到修正，从而使家庭在法律的保护下，成为组织和管理周密的社会单元，由此奠定了"次好城邦"的社群基础。不过，柏拉图对于重在描述家庭冲突主题的悲剧，一直心存忧虑，审慎对待。正因为如此，他有意将《法礼篇》喻为一部"至真的悲剧"，借此传达与一般悲剧诗作截然不同的主题，即注重家庭和谐的伦理主题和保障家庭生活的法治原则。

第八，从当时的现实政局与历史语境来看，柏拉图撰写《法礼篇》是出自政治生活与精神生活的双重需要。就前者而言，雅典由于政治和军事上的衰变沉浮，已然失去霸主地位，沦为二流城邦，其重要竞争对手斯巴达也一蹶不振，失去了往日荣耀。在波斯人和迦太基人的东西夹击下，希腊文明在历史上首次面临前所未有的威胁；与此同时，马其顿王国的兴起与腓力国王咄咄逼人的强势，致使"新城邦的建立或老城邦的复兴"，成为当时政治"局势最显著的特征"。① 有鉴于此，柏拉图竭尽余力，构想"次好城邦"，这在很大程度上是为了满足政治生活中的紧迫需要，即为复兴城邦社会提供一套完善的政体和法礼。另一方面，在柏拉图的最后岁月里，随着雅典与斯巴达的日益衰落，象征希腊文化与精神理想的古老城邦今不如昔，其全盛时期的大好光景已成过去，这便给希腊人的精神生活造成巨大冲击，对柏拉图本人来讲更是如此。他作为一位哲学家和教育家，虽有"挽狂澜于既倒"的抱负，但他深知盛极而衰的规律，也谙悉连"神灵也不可抗拒的必然性"。② 不过，城邦作为一个政治体制或精神实体，一直是希腊文化理想的重要范式，是启发希腊人思想与精神的灵感之源，柏拉图对此更是感同身受。于是，即便面对希腊城邦必将衰落的危局，他个人也要尽其所能，按照自己的使命与

---

① A. E. Taylor, *Plato: The Man and his Work* (New York: Meridian Books, 1956), pp. 463-464. 另参阅 [英] 泰勒：《柏拉图——生平及其著作》，第659页。
② Plato, *Laws*, 818b.

愿景，根据现有的条件和经验，结合雅典与斯巴达城邦的传统建制，再行绘制一幅新的城邦蓝图。这不仅是为希腊人或世人提供一种参照框架，也不仅是为了延续城邦理想的人文香火，而且也是为了满足自己精神生活的深层需要。在此意义上，柏拉图的最后一部作品委实是"发奋之为作"，几近于"为天地立心，为生民立命，为往圣继绝学，为万世开太平"的壮举。

最后，从希腊城邦的历史终结来看，柏拉图似乎已经预见到，甚至不幸言中了城邦由盛而衰的发展态势。他通过《法礼篇》为自己的时代和人民所传达的信息，终究来得太晚，已然时过境迁，无法如其所愿地产生任何实效了。因为，"希腊城邦的日子已经到头。就在柏拉图撰写这篇对话的当时，马其顿国王腓力二世（Philip of Macedon）已经开始一步步吞噬自由希腊世界的边界，明确表达了自己要做盟主和专制君王的意图；就在柏拉图写完这部遗作后不到十年，腓力二世赢得了喀罗尼亚战役，而这场战役一直被视为希腊历史终结的标志。在腓力二世与亚历山大取得一连串胜利之后，希腊人再也无法生活在自己那种拥挤而狭小的城邦里面了，再也不会拥有那种能够掌握自己命运的兴奋感觉了"①。也就是说，马其顿王国所采取的扩张政策和横扫希腊的战争结局，给小国寡民的古老城邦制度带来灭顶之灾。这无疑是不同理想冲突的结果，也是历史发展的必然。在此意义上，《法礼篇》这部预言性的著作，在很大程度上就像是"这场悲剧最后一幕的前奏（a prelude to the tragic finale）：这场悲剧预示着自由城邦的衰落，标志着希腊文化古典时期的终结"②。我们似乎还可以这么说，无论是对古老城邦理想的陨落来讲，还是对"希腊文化古典时期的终结"而言，柏拉图最后这部作品《法礼篇》，犹如天鹅临终前吟唱的最后一首悲怆之歌。据说，柏拉图在拜苏格拉底为师前夕，后者曾梦见一只天鹅飞落在自己的膝上，久久不愿离去。如今，这只天鹅歌罢最后一曲，悄然飞走了，永远地飞走了。

但这并非是说，此首"悲怆之歌"连同其吟唱后的余音，都在人类的记

---

① G. R. Morrow, *Plato's Cretan City* (New Jersey: Princeton University Press, 1960), pp. 592-593. 喀罗尼亚是希腊古城，其遗址位于帕尔纳索斯善东南部的比奥蒂亚西部，靠近奥尔霍迈诺斯。公元前338年，马其顿的腓力二世在此赢得喀罗尼亚战役。公元前347年柏拉图逝世。这两件事相隔九年，不足十年。

② Werner Jaeger, *Paideia: The Ideals of Greek Culture* (trans. Gilbert Highet, Oxford & New York: Oxford University Press, 1971), Vol. III, p. vii.

忆中已成绝响。从历史上看，《法礼篇》所阐述的教育思想、立法精神和政治哲学，无论是在希腊化时期，还是在罗马帝国时期，以及在欧洲发展的历史进程中，其影响总是以不同的方式体现在相关的领域中。即便在今日，在这个全球化时代，举凡谈论或践行法治与民主等普适价值的国度，无论其位于西方还是东方，都会不同程度地回顾柏拉图所论述过的相关学说与问题，反思古希腊人所创设的城邦制度与政治智慧。这便说明《法礼篇》的影响依然存在，同时也说明古希腊人（尤其是那些思想家、科学家和艺术家们）既是我们研究的对象，也是我们同行的伴侣。诚如对《法礼篇》做过历史解读的莫罗（Glenn R. Morrow）所言：

> 我已从多方面证明，《法礼篇》的特殊细节已经渗透到后来时代的生活与实践里，其影响力显然是不可忽视的。在比较重大的欧洲历史阶段，《法礼篇》的直接影响不易发觉，但其间接影响则远远大于通常所意识到的程度，因为《法礼篇》是古代传统的组成部分，后来的许多神职人员和政治家们都一直从中获得灵感。再者，古希腊人是具有普遍行为模式的人（universal men），古希腊城邦的理想从来不是仅仅属于古希腊人的理想。古希腊城邦作为历史上得到确认的共同生活实验，其特有的政治智慧对于其他时代试图组织其共同生活的其他人们来说，依然具有说服力和影响力。正是在《法礼篇》里，柏拉图全面而有效地率先阐述的适度原则、依法治国和以哲治邦等学说，堪称永远的财富（ktēmata es aiei）。①

综上所述，柏拉图的"悲剧"喻说，委实用意深刻而幽微。若从悲剧的历史地位及其与立法的应和关系来看，柏拉图意在推崇法礼的实用价值和立法的理性精神，故此持守法礼高于艺术、理智大于情感、哲思胜于审美、德性重于娱乐的价值判断趋向；若从悲剧的摹仿内容、人物类型、语言特征与艺术效应角度来看，柏拉图意在贬斥悲剧的情感作用和表现主题，凸显男子气概与勇武特质，推崇促进家庭和谐的伦理主题和保障家庭生活的法治原则，

---

① G. R. Morrow, *Plato's Cretan City*, p. 593.

鼓励"正确的教育"理念和合适的诗乐教育方法；若从悲剧和人生的严肃性来看，柏拉图意在强调人性完善和向神生成的德行修为，故此将"人"比作"神的玩物"或"玩偶"，借机将"人"与"神"联结起来，将神性赋予人性，将人类推向超越自身的跳板，让人充分利用神明所赐的理性或理智，不断地接近神明和效仿神明，最终成为与神明相似的存在。若从相关的历史语境考察，柏拉图似乎预感到希腊城邦的现实危机与历史终结，因此竭尽所能，构想出"次好城邦"，试图重振希腊城邦的活力和延续这一理想的追求。然而，"大厦将倾，独木难支"，历史发展的必然逻辑决定了由盛而衰的城邦宿命，此乃柏拉图本人最不愿看到且又无力转变的结局。

  对于这种基于时间与宿命意识的、带有些许颓废或悲观色彩的结论，有人或许不以为然，认为此乃自作多情的主观臆断，声称柏拉图并无任何悲观情结。我本人对相关争论持开放态度，尽管我向来看重历史意识对评判历史人物与历史事件的参照价值。另外，对于柏拉图"至真悲剧"喻说的释论，也许没有必要如此旁牵他涉，没有太大必要将其与剧场悲剧进行比较，而是最好将其直接与次好城邦的构想联系起来分析。就像有人所说的那样：这种悲剧本身就内在于这座城邦之中，甚至可以将其与这座城邦等同视之，因为该悲剧所构建的是该城邦的政体制度。① 如果完全因循这一思路，我们至少需要区别两种悲剧、两种诗人与两种生活。在这两种悲剧中，一种是为观众表演的剧场悲剧，其情节与人物是虚构的，其效应是诉诸感性审美的，其实质是戏剧性的摹仿活动；另一种是城邦政体与立法的政治悲剧，其内容与人物是真实的，其用意是诉诸理性认识的，其实质是政治性的社会实践，是严肃而重大的立法和教育工程。在这两种诗人中，一种是集市诗人，是游走城邦集市和推销自己作品的艺术家，他们依靠想象或摹仿来再现自己的故事，借助表演来展示自己的技艺，通过交易来谋取自己的利益，其目的是满足自己艺术、才情、审美与生计等方面的实际需要；另一种是立法诗人，是社会制度与法礼的设计者，他们凭借理智思索与理性话语，通过探寻良好的城邦政体制度与法礼系统，来建构城邦公民之间和谐与友善的关系，培养城邦公民

---

① AndréLaks, "Plato's 'Truest Tragedy': *Laws Boo* 7, 817a-d", in Christopher Bobonich (ed.), *Plato's Laws: A Critical Guide* (Cambridge: Cambridge University Press, 2010), p. 219.

非凡的德性与守法的意识，其目的是确保城邦公民享受公正、幸福且有尊严的美好生活。在这两种生活中，一种是集市诗人或剧场悲剧诗人所摹仿或再现的戏剧化生活，即一种源于虚构、充满怜悯与恐惧、令人感到痛苦不堪的生活；另一种则是立法诗人或政治悲剧诗人所构想或追求的社会化生活，即一种源自良法、基于公正、和谐有序、令人感到快乐幸福的生活。说到底，柏拉图将构建次好城邦这一严肃而重大的社会实践比作"至真悲剧"，其最终目的是想确立一套独特而良好的法礼，利用其强大的说服力与教育功能，一方面确保城邦公民从理性上认同和支持实施这一套法礼，另一方面培养和提升城邦公民的理性知解能力，以便使他们在个体与集体活动中通过合理运用这种能力而充分受益，同时也使他们借此能力来真正理解自己行为是否合理合法的原因，据此进而采取既符合个体利益、也符合共同福祉的正当而有效的行为。可以说，这种能力对于享有自由权利的公民而言，既是他们成就公民德性的组成部分，消除无知症状的一剂良药，开启实践智慧的一把钥匙，同时也是他们践履城邦正义的一种实践。

三　这部"悲剧"的结构

如前所述，柏拉图所言的"至真悲剧"，实属一种喻说，迥然有别于《理想国》第十卷里所说的"悲剧"。① 这部"悲剧"之所以"至真"，是因为它在政治体制上是"对最美好生活的摹仿"。所谓"最美好的生活"（tou kallistou kai aristou biou），是指"最美、最好、最优良与最高尚的城邦生活"；所谓"摹仿"（mimēsis），是指"再现""表述""代表"或"构想"。这等于说，柏拉图要通过精心的构思，设计一种美好的政治体制，绘制一座美好城邦的蓝图，以此来确保城邦公民过上最美好、最优良、最高尚、最幸福或最有德行的生活。至于《理想国》里所用的"悲剧"一词，则指悲剧诗这门摹仿或表演艺术；这种艺术所摹仿和表演的东西多为幻象、表象或非理性的现象，不仅与"真理"相隔两层，而且容易激起观众的悲伤与哀怨之情，有时甚至会使观众悲痛欲绝，失去理智，因此不利于培养青年人的道德品格与理

---

① Plato, *Republic*, 595b-598d, 601-605.

想城邦所规定的主要德行。

那么，柏拉图所说的这部"至真的悲剧"主要表现了哪些内容呢？或者说，其主旨要点到底是什么呢？在研究其道德诗学之前，有必要首先了解一下这部作品的"叙事"结构。该结构在维拉莫维兹眼里，看上去是"出奇地混乱无序"（wunderliches Chaos）。但在桑德斯看来，总体上却是"结构清晰自成一体"（a unity with a fairly clear structure）。相互对立的类似看法在学界颇为流行，这就更有必要了解其基本内容。

《法礼篇》总计 12 卷。在绪论开篇，来自雅典、克里特和斯巴达的三位老者相聚一起，他们首先谈论的是克里特的立法者及其神性起源，从米诺斯追溯到宙斯，随后三人商定，踏上旅程，从克里特王宫克诺索斯出发，前往伊达山的宙斯洞穴与神庙。这是酷热季节里的一次长途旅行，他们计划边走边谈，疲倦时可在沿途的柏树林里乘凉歇息。有趣的是，他们将克里特的立法归功于主神宙斯，就像传统习俗所记述的那样，古希腊人喜欢将自己的祖先、城邦的建立、食物的馈赠、庄稼的丰收、战争的胜利，等等，都归于他们敬仰的某种神明。

三位立法家在旅行散步中交谈立法与教育等问题，这确是从事理论学习与思想探索的一种有效方式，似乎在后来成为逍遥学派或散步学派效仿的样板。他们从米诺索斯前往宙斯洞穴，似乎具有特殊的象征意义。希腊神话告诉我们，宙斯洞穴是宙斯躲避父王克洛诺斯的吞噬，在其母瑞亚的救助下来此逃命的藏身之处。他在那里长大成人，继而与母亲共谋，惩罚了父亲，夺取了主神之位。[①] 在宙斯日后的诸多业绩中，其一就是在这座洞穴里向传说中的国王米诺斯传授了克里特法礼。这似乎表明，克里特的古老法律，是在神为法的基础上构建而成的人为法。按照孟德斯鸠的说法，神为法为至善而立，因至善仅有一个，故此永不改变，具有永恒特点；人为法是为善而立，因善有多种，故而随机应变，具有偶发特性。比较而言，前者的力量来自人们的信仰，后者的力量来自人们的畏惧。[②] 如今，这三位年事已高的立法家，要长途跋涉去拜谒宙斯洞穴与神庙，难道是要请教宙斯关于克里特立法政体何以

---

① ［古希腊］赫西俄德：《工作与时日　神谱》，张竹明、蒋平译，商务印书馆1997年版，第45—50页。
② ［法］孟德斯鸠：《论法的精神》，许明龙译，商务印书馆2012年版，下卷，第563页。

失败的原因吗？是要从主神那里寻求反败为胜的神谕吗？是要从神明那里获得新的灵感来制定具有神性的新的法典吗？或许是，或许不是。但有一点我们可以肯定，他们最终并没有提及是否到达过目的地，因为他们通过一路的对话讨论，已经找到了他们所需的答案，确定了解决问题的方式。这些答案与方式，就包含在这部长篇大论的《法礼篇》里。

第一卷：首先概述了克里特与斯巴达两部重要法典的问题。虽然这两者各自的起源均具有神性背景，但存在以偏概全的缺陷，譬如过多强调取得战争胜利的目的性，一味推崇"勇武"（andreia）德行，提尔泰奥斯的诗作就是明证；继而表明了优良立法的目的，譬如，培养公民的全部德行，创造城邦的幸福生活，保障具有人性的诸善要目（健康、相貌、体力与财富），追求具有神性的德行要目（智慧、节制、正义和勇武）；随后比较了两种德行，认为"节制"（suphrosonē）比"勇武"更为重要，因为前者会造就一种对待快感与痛感的适度意识。最后指出：要想培养节制之德，就需经得起不同考验，古雅典的传统习俗会饮（sumposium）就是一种有效的考验方式，但其教育价值很少得到应有的认识和重视。这一切涉及教育的功能与本质，特别是正确教育的功能与本质。

第二卷：从"正确教育"（orthen paideia）的立场出发，讨论诗乐舞的起源与目的，强调会饮习俗的另一用途在于能使老年人"返老还童"，能激起他们的热情与活力。这样一来，他们不仅可以积极参与诗乐鉴赏活动，而且还可以积极从事诗乐教育活动，也就是指导和训练青少年认识和习仿适宜表演的诗乐。在讨论诗乐与舞蹈的过程中，三位立法家得出一致结论：城邦有必要由歌舞老手组建一支"酒神歌队"，行使"诗乐检查"的职能，建立正确的鉴赏标准或审美趣味，以便将所有艺术纳入正确的教育轨道，成为培养公民品质的有效手段。

第三卷：从历史的角度出发，探讨社群起源、立法程序和政体形式。为此，三位立法家逐一评述了三种政体的利弊，这三种政体包括斯巴达城邦的混合政体、波斯帝国的君主政体、雅典城邦的民主政体。它们各自的历史教训表明：无论是过分自由，还是过度专制，都会导致灾难性的后果。

第四卷：构想新建的"玛格尼西亚城邦"（Magneton polis）。先是从地理环境和政治实用的角度，描述新城邦的大小与人口；接着是从立法和政体的角度，论述如何设立新城邦的法典及其立法原则；其后是从城邦组织与管理的角度，谈论公民应尽的责任和义务。为此，提出两类医生喻说，表明两类法礼样板，认为优良的立法程序首先应有解释性和劝导性的引言或序文。

第五卷：先是强调心灵和身体的重要作用，突出道德教训的重要意义；接着讲述"城邦净化"（katharmous poleōs）和选择公民的必要性；随后开始讨论建立新城邦的相关程序与具体条例，主要涉及家庭数目、城邦人口、儿童教育、公民职责、异邦人职责、个人道德、罪犯处理、极端情感问题、德行与幸福的关系、土地分配、宗教祭祀、财产安排、城邦管理部门、气候影响，等等，最后基于财产多寡划分出四个不同的社会阶层。

第六卷：先是讨论城邦管理和选举官员的具体要求及其实施细节，涉及护法官、军官、议员、宗教官员、市场管理员、城市管理员、农村管理员、诗乐和体操督察员与法官，等等，其中特意谈到平等的观念；接着讨论家庭组织与婚姻的立法问题，涉及节庆与社交活动，婚配要求与婚礼活动，公共建筑与私人建筑，私人生活与家庭生活的合法性管理制度，兵役与公职服务要求等。

第七卷：更为详细地谈论城邦公民的教育问题，关注儿童的心理成长与智力开发，注重心灵的德行培养与身体的健康训练。在从胎儿教育谈到成人教育的整个过程中，重点讨论了诗乐、文学、体操、舞蹈、戏剧、数学、天文和狩猎等不同形式和不同阶段的教育及其实施细节。另外，还强调了艺术革新的危险性，列举了一些模式法则，明确了闲暇的正确用途，指出了学校教育的作用，凸显了教育主管的特殊责任，简要阐述了教学大纲的基本原则等。

第八卷：先是讨论节庆安排、军事训练与体育活动，涉及赛跑、比武、骑马等科目；接着讨论友爱、性爱与节制的重要性；随后讨论食品供给、农业立法、供水系统、粮食收成、工匠、家政、市场、进出口贸易与住房等问题。

第九卷：主要介绍犯罪法，列有多项罪行与惩罚措施，中间还插入法律责任问题。首先讲述死刑及其判决程序，主要罪行包括盗窃神庙财物、亵渎神明、虐待父母、叛国、颠覆城邦等；其次讲述惩罚的必要性、理论依据以及打击不义行为的目的；最后分析蓄意杀人罪与伤害罪的起因与判罚方式，其中包括自杀、谋杀、伤残以及法庭裁决过程。

第十卷：此卷系统论述神学问题。先是讨论对神不敬的行为，列有三种态度和十种动机，对年轻的离经叛道者提出告诫，指出反驳异教思想的诸多难度，强调宇宙灵魂的首要作用、自动特征及其推动天体的能力；接着讨论宗教或神学问题，证明神关心人类，阐述神的公正与个体灵魂的命运，认为在所有各种知识中，对神的知识是最高的，因此需要制订相关法律来惩罚对神不敬之罪。

第十一卷：再次讨论惩处犯罪的立法问题。首先讲述财产处理法，包括如何对待奴隶和自由民的问题；其次讲述商法，涉及买卖、交易、零售、契约以及如何处理手艺人违约与军人违纪等问题；再下来讲述有关日常生活事故的立法与判罚问题，譬如医疗伤害、精神失常、辱骂他人、审查喜剧、城邦行乞、奴隶损坏财物以及无道德原则的争执与滋事，等等。

第十二卷：继续上卷所讨论的犯罪立法问题，列举了一系列违法行为，譬如有辱外交使命、盗窃公共财物、拒绝服役、偷税漏税、拒绝缴税、私藏逃犯、干扰法庭、阻止竞争对手参赛、收取赃物、行贿，等等；还讨论了另外两个问题：一是适用于家庭的法礼，二是适用于检查者的法礼，其间插入了大量有关公民品质与德行教育的见解；随之讨论城邦的精神支柱"夜间议事会"或"非凡议事会"（theios sullogos），主要涉及其知识结构、哲学修养、护法地位；最后重申选择和教育公民的重要性，同时指出构建"玛格尼西亚城邦"的可能性。

从上述叙述结构来看，《法礼篇》对"次好城邦"的描绘，显然要比《理想国》对"最好城邦"的描绘更为翔实。在总体构想上，前者以相对实用性（relative practicality）取代了后者的纯粹理论性（pure theoreticality），以可实现的理想（attainable ideals）取代了不可实现的理想（unattainable ideals），这兴许是因为柏拉图晚年对政治现状的失望，促使他从理想主义转向现实主义的结果。有的学者假定，当柏拉图在撰写《理想国》时，已然写好了《法礼篇》，反之亦然，因为这两部对话犹如一块硬币的正反两面。[①] 有鉴于此，举凡阅读过《理想国》的人，就等于阅读了柏拉图政治学说的重要原理；

---

① Trevor Saunders, "Introduction", in Plato, *The Laws* (London: Penguin Books, 1975), p. 28.

但要试图将这些原理付诸实践，就需要阅读《法礼篇》，因为后者是对前者的最好疏解。总之，若想真正了解柏拉图的政治哲学，就需花费同样的气力同时去研读这两部作品。同样，若想真正了解柏拉图的道德诗学，就需在解读《理想国》后，进而去研习《法礼篇》。

另外，从总体上看，《法礼篇》是由"成文法"（grapha nomoi）和"不成文法"（agrapha nommia）两大部分组成。所谓"成文法"，一般是指城邦的政治制度与具体的法规律令（法）；所谓"不成文法"，实际上是"祖传习俗"（礼），也就是祖祖辈辈传承下来的社会规范（social norms），这些规范不仅是文化传统的重要组成部分，而且是决定人们生活方式与道德行为的惯例准则。特别值得一提的是，在雅典法律中，"不成文法"备受重视。因为，违反"成文法"就构成犯罪，要依据具体的法律予以判处；而违法"不成文法"并不构成犯罪，不能按律进行判处。这样一来，推广和践履"不成文法"，反倒对公民的德行提出了更高的要求。根据古希腊史学家修昔底德（Thucydides）的记述，雅典执政官伯里克利（Pericles）在一次国葬典礼上明确宣称：

> 我们的制度之所以被称为民主制度，因为政权是在全体公民手中，而不是在少数人手中……在公家的事务中，我们遵守法律。这是因为这种法律使我们心悦诚服。对于那些我们放在当权地位的人，我们服从；我们服从法律本身，特别是那些保护被压迫者的法律，那些虽未写成文字、但是违反了就算是公认的法律。①

重视"不成文法"的暗示，在这段话里显而易见。而雅典人对"成文法"和"不成文法"的自愿服从，正像汉密尔顿所说的那样，使他们"获得了自由"。② 实际上，大部分"成文法"，譬如反谋杀罪和反抢劫罪，对于毫无犯罪冲动的大多数民众来讲无异于形同虚设，而不会招致判罚或监禁的"不成文法"，则对每个公民提出了更为直接的要求。要知道，对非强制性条

---

① ［古希腊］修昔底德：《伯罗奔尼撒战争史》，谢德风译，商务印书馆2004年版，上册，第147—148页。
② ［美］汉密尔顿：《希腊的回声》，曹博译，华夏出版社2008年版，第7页。

文的服从，对善、同情心和利他心的服从，对不可或缺的所有生活品行的服从，恰恰是人类得以自由共处的基本条件。① 对于这些条件，雅典公民能够欣然接受，并由此确立了衡量公民德行的尺度。据此，他们可以不受约束地选择适度自由，但又能够自觉地克己奉公，将节制、智慧、勇武和正义视为自己的行为准则。这与法律所确立的行为规范相比，显然更具有现实意义和道德价值。

四 斯巴达诗人的德行观

在《理想国》里，柏拉图每论及"德行"与"教育"时，喜好引用诗人的诗句作为例证。在《法礼篇》里，柏拉图依然如此，只不过所涉及的诗人为数寥寥，唯独对斯巴达诗人提尔泰奥斯（Tyrtaeus）特别重视，因为这位诗人的德行观，代表了多里克式（Doric）或斯巴达式（Spartan）的理想德行准则。开篇不久，在讨论了斯巴达和克里特旨在赢得战争的立法精神之后，便开始分析勇武德行的利弊问题。先是引用了提尔泰奥斯的下列诗行——

> 虽然一个人最为富庶，
> 虽然一个人财产巨多，几乎无所不有，
> 但在征战之时，
> 若他不能证明自己总是勇冠三军，
> 那我认为他的名字不值一提，
> 他的事迹不值一叙。②

柏拉图随之发出这样的感叹：

> 无疑，你们也听到过这些诗句；我们的斯巴达朋友麦吉卢斯对这位诗人更是赞赏不已。我们情不自禁地会对他说："哎呀，提尔泰奥斯，您

---

① ［美］汉密尔顿：《希腊的回声》，第7页。
② Plato, *Laws*, 629a-b.

真不愧是最富灵感的诗人，在我们看来，您是如此聪慧和优秀（sophos kai alathos），能把杰出的战士颂扬得如此精妙。在这方面，我们这三位老人都完全赞同您的看法。"①

为什么提尔泰奥斯享有如此高的声誉呢？相关的研究表明，在柏拉图生活的时代，提尔泰奥斯的诗歌再现了斯巴达的教育理想，其中有关德行的表达对斯巴达人来说就是标准，要求他们从小就开始学习吟诵，直至烂熟于胸。在其他城邦的希腊人看来，提尔泰奥斯的诗歌是斯巴达人德行观念的体现。这种看法持续了数个世纪。可以说，只要希腊文明中的斯巴达因素依然存在，这种看法还会绵延不断。20 世纪上半叶考古学家发现的一首诗就是明证。这首诗写于希腊化时期，铭刻在一位为国捐躯的教师墓碑上，大意是说他在战斗行动中，始终保持着自己从提尔泰奥斯诗歌中受到的"教育"。柏拉图看来也持同样的想法，将提尔泰奥斯的作品视为"德行的文献与法则"（documentsand laws of aretē）。② 从这一点可以看出，"当柏拉图作为一名立法家，试图用德行的理想来激励所有公民的人生时，他必须从提尔泰奥斯那里借用德行的理想，因为这位诗人是人生的最高立法者。实际上，柏拉图的教育理想扎根于历史事实——这正是其思想为何富有人文主义色彩的原因。柏拉图常把诗人视为理想准则的经典代表。因此，他认为这些诗人应该用最高的标准加以评判，同时他自己也以辩证的方法来考察这一标准，这便是他对教育实践做出的哲学贡献"③。

那么，提尔泰奥斯到底是一位怎样的诗人呢？要而言之，他出生于雅典，移居于斯巴达，是公元前 7 世纪著名的希腊哀歌诗人，现在仅存一些残篇，其诗作多以描写征战与英雄为主，旨在鼓舞斯巴达人的战斗士气，表现斯巴达人的尚武精神，因此在军事与政治意义上，他可以说是斯巴达城邦的"桂冠诗人"，其相关吟唱，可以说是斯巴达战士的精神之源。

在不少作品中，提尔泰奥斯热情洋溢地赞扬了斯巴达人所崇拜的勇武无

---

① Plato, *Laws*, 629a-b.
② Werner Jaeger, *Paideia*: *The Ideals of Greek Culture*, Vol. III, p. 220.
③ Ibid., pp. 220-221.

畏之德。譬如，在《德行颂》①里，他满怀激情地这样写道：

即便他貌美强健，胜过提托诺斯②，
即便他富甲天下，赛过迈达斯和辛拉斯，③
即便他像国王，超过坦塔罗斯之子帕罗普斯，④
即使他能言善辩，高过阿德拉斯托斯⑤，
但只要他缺乏尚武的勇气
我也不会称颂他一字。
除非他敢于正视血腥的杀伐，
除非他能压倒敌人，敢于正面搏杀，
否则他不会成为一名善战的勇士。
这就是德行！
……
这是杰出青年获得的最佳最美的礼物。
这是整个城邦和人民感同身受的美德
你要坚守阵地，并肩战斗，
完全抛开逃生的无耻念头。
……
凡是为城邦和父老乡亲英勇作战、赢得荣耀的人，
凡是前胸、饰盾和铠甲被刀剑砍得伤痕累累的人，
妇孺老幼都向他表示悲痛，
整个城邦都向他表示哀悼；

---

① 这首诗转引自 Werner Jaeger, *Paideia*: *The Ideals of Greek Culture*, Vol. I, pp. 91-92。此题目由该诗英译者所加。中译文为笔者所为。
② 提托诺斯（Tithonus），特洛伊的创建人 Laomedon 之子，以面容美貌和身体强健而闻名。
③ 迈达斯（Midas）与辛拉斯（Cinyras），前者是斐利吉亚国王，贪恋财物，能点石成金；后者被视为大富翁或善于赚大钱的人。
④ 坦塔罗斯（Tantalus）为宙斯之子，因为泄露天机，被神惩罚，使其站立在齐下巴深的水中，头上有果树，口渴欲饮时，水即刻流失，腹饥欲食时，果子被风吹去。帕罗普斯（Pelops）是坦塔罗斯之子，被其父宰杀以飨众神，后来众神使其复活。
⑤ 阿德拉斯托斯（Adrastus）是希腊神话传说中的阿尔戈斯国王，远征忒拜城的七英雄首领和唯一生还者。

> 所有人都向他的墓地和子女致敬，
> 让他的子孙后代一直受到尊重；
> 虽然他长眠地下，
> 但永垂不朽，
> 青史留名。

显然，提尔泰奥斯所诗赞的对象，不是财主，也非神明，而是勇士。在他的笔下，斯巴达勇士或英烈，为了捍卫城邦的共同利益，笑傲沙场、视死如归，用战绩与鲜血谱写出生命的华章，不仅受到父老乡亲的敬重，而且福泽自己的子孙后代。在他的诗里，英雄式的勇士理想、德行与荣耀，三位一体，互为因果，在豪情满怀的颂扬声中逐一凸显出来。其中所强调的"荣耀"，就是胜利的荣耀，是英武的精神，是凯旋的英雄，是"勇武德行"的表现与成就。事实上，"勇武德行"是斯巴达德行的代表，是英勇善战、武艺超群和充满男子汉精神的代名词。用诗来赞美"勇武德行"，就是倡导斯巴达的尚武精神，推崇古希腊的英雄主义。相关研究表明，提尔泰奥斯在历史上已然成为斯巴达德行的预报者，他的诗歌深入斯巴达人的内心，是他们所有理想价值的源泉，代表城邦道德发展的第一阶段。他所歌颂的英雄精神与城邦的兴起紧密相连，在希腊历史上占有主导地位。因为，在古希腊人看来，一个男人作为城邦公民，要想达到完善的境界，主要途径就是为城邦而生，为城邦而死，这将使他的英雄事迹铭刻在集体记忆里。要知道，唯有城邦才会让死去的英雄永垂不朽，会使凯旋的勇士名扬天下。如此看来，英雄式的"德行"或"德性"（aretē），已然是基于勇武和杰出而获得的"荣誉"（timē）了。而这"荣誉"，当然是城邦授予英雄的。

对于英雄的生活，提尔泰奥斯有过这样的描述："他受人尊重，老少皆然；他的一生给自己带来许多快乐，没有人会侮辱或伤害他。进入暮年之时，他深受公民爱戴，所到之处，无论遇到年轻人还是年长者，都会主动给他让道。"① 这便是英雄主义时代的社会风气，是人们崇敬英雄的必然结果，是弘

---

① Cited from Werner Jaeger, *Paideia: The Ideals of Greek Culture*, Vol. I, p. 93. Also see Tyrtaeus, *Fragments* pp. 9, 37-42.

扬英雄精神的传统表现。诚如耶格尔（Werner Jaeger）所言，提尔泰奥斯的"这种描述不单是辞章，而是实情。早期的希腊城邦属于小国寡民，但其本性上委实充满英雄精神和人文情怀。事实上，无论希腊还是整个古代世界，都将英雄奉为人类的至高典范"①。对于战事频仍、骁勇善战的斯巴达人来讲，情况更是如此。这或许正是诗人提尔泰奥斯如此呼唤英雄、赞美英雄精神、歌颂"勇武德行"的主要原因之一。

那么，柏拉图对提尔泰奥斯及其"德行"观是如何重新评价的呢？首先，他将提尔泰奥斯尊称为斯巴达的"立法家"（nomothētēs），因为其歌颂"勇武德行"和"城邦英雄"的诗歌，教育和激励了一代又一代的斯巴达人。接着，他通过分析对内与对外两种战争的起因与残酷程度，来比较参战勇士的不同表现，认定提尔泰奥斯主要赞扬的是对外作战的著名勇士。他们"不怕流血牺牲，猛击对面的敌人"，但其英勇程度不如最伟大战争中最英勇战士的杰出表现。其原因在于：后者不仅英勇，而且善战，能将正义（dikaiosunē）、节制（sōphrosunē）、智慧（phronēsis）与勇武（andrias）四种德行融为一体，这就胜过仅靠"勇武德行"的作为。一个人如果缺乏全面发展的善德，也就是上述四种德行的融合，那他永远无法在对内战争中证明自己对城邦的忠诚和帮助。而在对外战争中，有大量准备死战到底的"勇武"雇佣兵，但他们大部分野蛮无礼、不讲正义、偏好暴力、非常愚蠢。所以，每个立法家一定要确立"最好的德行"（ten megisten arētēn），要借此建立"完整的正义"（dikaiosunē telean），而提尔泰奥斯特意倡导和赞美的"勇武德行"，只能依据次序和评价等级入列第四位。② 这就是说，在四大德行的中，勇武不及智慧、节制和正义，故被置于末端。据此逻辑，以颂扬"勇武德行"而著称的提尔泰奥斯，也等于因此而遭到贬低。

这到底有何道理呢？在斯巴达，城邦的立法精神在于取得战争的胜利，甚至可以说，生活就是战争，战争就是生活（Life is war, and war is life），城邦如同一架战争机器。为此，人们从小要经受严格的军训，譬如冬天光脚行军，睡觉不盖被褥，越野昼夜不停，等等，以此养成吃苦耐劳、坚忍不拔、

---

① Werner Jaeger, *Paideia: The Ideals of Greek Culture*, Vol. I, p. 93.
② Plato, *Laws*, 630.

不畏艰险、英勇作战的品性。要做到这些,"勇武"自然成为至高的德行。但是,若从以下角度来看,仅强调和培养"勇武德行"是有问题的。首先,从应对痛苦与快乐的效果看,单纯倡导勇武德行是失之片面的。一般来说,勇武德行有助于保卫自己,有助于克服恐惧与痛苦,有助于战胜各种艰难困苦,但在面对各种欲望、快乐、危险的诱惑与奉承(pros pothoys kai hedonas kai tinas deinas thopeias)时,则显得力不从心。那些仅仅接受过勇武德行教育和严酷军训的人,从小到大经历过无数磨难,自然会养成吃苦的精神和无畏的品性,但却从未享受过极大的快乐,也未接受过抵制快乐的训练,若一旦受到快乐的诱惑,就会颜面扫地,沦为那些能够轻易驾驭快乐之人的奴隶,其命运如同那些被恐惧击败的家伙。[1] 因此,像宙斯或阿波罗这样的立法家,肯定不会依据瘸腿似的勇武德行来立法,而是要全面考虑。否则,所立之法就像瘸子一样,只能靠左腿来保护自己,不能靠右腿来抵制诱惑。[2] 同样的道理,城邦公民应当全面发展,既能忍受各种痛苦,也能应对各种快乐。也就是说,他们"能够同时勇武面对各种痛苦与快乐,在应当战胜它们的地方战胜它们,决不会被身边这些最危险的敌手击败"[3]。这里所谓"身边这些最危险的敌手",并非是指战争中的敌对一方,而是指"种种快乐与诱惑"。这些"快乐"主要源于"饮食美色"的本能驱力与享受活动,这些"诱惑"主要来自花言巧语的奉承与珠宝钱财的贿赂。柏拉图的上述批评,可以说是一击中的。据说,斯巴达人一般不惧怕任何威逼,但经不起利诱;在出生入死的疆场上,他们是英勇无畏的斗士;但在酒红灯绿的温柔之乡或在珠光宝气的"财礼"面前,他们意志比较薄弱。这便是他们片面发展"勇武德行"的消极后果。

其次,在培养"正确领导"方面,单靠勇武德行是利弊共存的。在城邦管理中,不同的群体或职能部门需要不同的领导。在战争时期,领导战士或指挥军队的人,务必是具有勇武德行的人,这种人胆识超群,临危不乱,不会被突发事件搞得晕头转向。但在和平时期,要负责一个友好协会或组织社交酒会,也就是招待各路宾客与朋友,就需要选用另外一种类型的领导。"他

---

[1] Plato, *Laws*, 635c-d.
[2] Ibid., 634a.
[3] Ibid., 634b.

应对这种社交集会了如指掌，不仅能够维系来客之间已经存在的友爱关系（philias），而且能够借助这种集会进而发展这种友好关系。"① 能征善战的指挥员，对城邦的贡献非同小可。但这远远不够，他们要想管理整个城邦，就必须成为"有教养的人"（paideythentes）或"善好的人"（andres agathoi），不仅能克敌制胜，而且处事高尚，能胜任其他工作。通常，教养能带来胜利，但胜利有时却导致粗野，尤其是那些在战争中打过胜仗的人们，经常会变得傲慢无理，由此沾染上好勇斗狠等毛病，甚至会威胁城邦，祸害他人，最终，那些胜利得不偿失，"付出惨痛代价"（Kadmeia）。② 这里，柏拉图借用古代谚语，将战争胜利比作卡德梅亚（Kadmeia），以此喻示"斯帕提"（The Sparti）的悲惨命运，这些从忒拜城创建者卡德梅亚种植的毒龙牙齿中诞生出来的家伙，长大后互相残杀，不得安生。看来，柏拉图虽然肯定胜利，但更看重和平；虽然对勇武者在战争时期的功绩给予了应有的肯定，但他似乎更重视和平时期城邦的管理与生活。自不待言，要维系和发展友好的社群关系，要培养和造就完善的公民品质，显然需要超越勇武德行之外的其他德行，譬如同胞友情、良好教养、正确判断、公正理性，等等。③

最后，从确保战争胜利的角度看，单凭无所畏惧的勇武德行是不够的。按照柏拉图的说法，赢得战争胜利需要两个要素：一是战胜敌人的信心，二是畏惧自己在朋友眼里留下怯懦的耻辱感。因此，每个人既要无所畏惧，又要有所畏惧（aphobon kai phoberon gignesthai）。④ "无所畏惧"类似于"勇武德行"，"有所畏惧"则等于"谦虚知耻"（kalon aido）。前者有助于克敌制胜、克服困难，后者有助于抵制快乐、战胜诱惑。不过，"一位最为勇武的人"（ton andreiotaton anthropon），在酒会上喝得越多，就越会想入非非，认为自己即将面临种种灾祸，于是心惊胆战，陷入卑怯之中，服用过安眠药后，他一觉醒来，才终于恢复到正常的自我。⑤ 这显然不是勇武的表现，而是怯懦的行为。但一位畏惧的人，只要不过分，就会因谦虚而审慎，因知耻而发奋，

---

① Plato, *Laws*, 640c-d.
② Ibid., 641b-c.
③ Ibid., 643e-644b.
④ Ibid., 647b.
⑤ Ibid., 647e-648a.

这样他就会判断明智，节制有度，行为妥当，抵制诱惑，这一过程当然需要正确的引导、训练和培养。

从以上三点可以看出，柏拉图倾向于从辩证的角度来审视每一德行的功用，不赞同偏颇极端的倡导方式；另外，他倾向于从公民全面发展角度来评价每一德行的利弊，不赞同顾此失彼的德行教育。因此，他表面上质疑、实际上批评了提尔泰奥斯单纯颂扬"勇武德行"的做法。那么，在柏拉图所构想的这座新的城邦里，其公民到底需要具备怎样的品质呢？或者说，他们需要确立和养成什么样的德行呢？在讨论这个问题之前，我们需要先领略一下这座新城邦的微缩景观，因为这里面隐含着城邦体制对其公民德行的原则要求。

五　"次好城邦"的蓝图

从希腊历史上看，古代城邦（polis）这一伟大创举，发端于封建社会末期，约在公元前8世纪与公元前7世纪之间，① 终结于亚历山大开创的马其顿帝国时代。从希腊文化上看，城邦的形式是古典时期的产物，是古典历史的重点，同时也是古典文化与艺术勃兴的园地。从希腊生活方式来看，城邦是社会与政治活动的重要场所，是思想与精神生活的引力中心。简言之，城邦不仅代表一种社会理想，而且代表一种文化理想，没有任何一种其他形式比城邦更能充分表达古希腊的理想追求，也没有任何一种其他形式比城邦更能反映古希腊的生活方式。因为，对希腊人来说，城邦不只是代表四围边界内的一片领土，而是意味着公民身份与生活场所，意味着血族群体与精神寄托。实际上，居住在城邦里的希腊人有着特殊的人际关系，诚如维拉莫维兹所言，他们"与生俱来——因而也是由于天性本身——就相互依赖，只有通过违反天性的方式才能将他们分开"②。故此，在人类历史上，"很少有国家像古希

---

① Jean-Pierre Vernant, *The Origins of Greek Thought* (London: Methuen, 1982), p. 49. Also see V. Ehrenberg, "When Did the Polis Rise?," in *Journal of Hellenic Studies*, 57 (1937), pp. 147-159; "Originsof Democracy," in *Historia*, 1 (1950), pp. 519-548.

② Cf. Wilamowitz-Woellendurff, *Staat und Gesellschaft der Griechen*. 转引自［英］巴克：《希腊政治理论：柏拉图及其前人》，卢华萍译，吉林人民出版社2003年版，第34页。

腊的某些城邦那样在心灵王国中占据如此大的地盘，也很少有国家像她们那样展现过如此多的人类精神的尊严"①。当然，与雅典与斯巴达这两个古代城邦的典范相比，也很少有国家像她们那样具有如此大的影响力，双方的历史遗响绵延两千余年，至今依然存活于人类的政治意识与历史记忆之中；也很少有国家像她们那样具有如此巨大的魅力，彼此吸引了古今中外如此众多且络绎不绝的思想家和研究者。

要知道，古希腊的城邦无论大小，无论采用什么政治体制或社会制度，无论是基于毗邻关系建立起来的城市—国家（city-state），还是基于血族关系构筑而成的部落—国家（tribal-state），②她都无一例外地属于一个凝聚人心的共同体，一个政治、经济、道德、宗教与文化共同体，其最终的目的性追求几乎没有什么本质性差异，那就是要构建一个正义和谐的社会，让民众过上幸福、道德而有尊严的生活。自不待言，《法礼篇》所构想的新城邦，追求的也是同一目的。

那么，这座新城邦将是怎样一种形式呢？将会采用哪一种城邦体制呢？在具体描述其构想之前，柏拉图基于不同的等级，认为立法程序理应区别出"最好、次好和第三等城邦体制"（ten aristen politeian kai deuteran kai triten），而一个"城邦充其量也只能享有次好体制"（deuteros an polis oikeisthai pros to beltiston）。③他概括说：

> 拥有最好体制和法典的最好城邦（polis te esti kai politeia kai nomoi aristoi），就是这句古谚语所说的那种城邦："朋友的确共同拥有一切"（os ontos esti koina ta philon）。假如世界上现在就有这样的城邦，曾经有过或将来会有这样的社会，在那里妻儿财产一切共有，用此方式根除了我们生活中用"私有"一词来表示这一切的做法，从而尽可能地将自然"私有"的东西变成"共有"的东西。譬如说，眼睛、耳朵与双手的共同作用分别是视、听和做。很可能，我们所有人都会一致地赞美或谴责同样的东西，都会一致地从中感到快乐或痛苦，同理，我们所有人都会

---

① ［英］巴克：《希腊政治理论：柏拉图及其前人》，第27页。
② 同上书，第32—39页。
③ Plato, *Laws*, 739a. Also see the Penguin version of *The Laws* translated by Trevor J. Saunders.

全心全意地尊重那些将整个城邦统一联合起来的法礼，而且从极其卓越的角度来看，再也找不出比这更真实和更美好的另外一种说法了。若有这样一座城邦，那里会居住着诸神和诸神的子孙（eite pou theoi e paides theon auten oikousi），他们将会感到其乐融融，生活无比幸福。因此，不要再到别的地方去寻找城邦体制模式了，还是以此为样板吧，尽力构想一座与其可能相似的城邦体制吧。现在我们所讨论的城邦体制，假如一旦建成，那她就会接近于不朽，仅次于完美（timia deuteros）。至于第三等的城邦政体，倘若上苍假以我们时日，那将有待以后再说。但就目前来说，这座次好的城邦体制是什么呢？怎样才能使其得以实现呢？①

显然，这段话的前半段是以"共有"代替"私有"来概括"最好的城邦体制"（politeian aristos）的本质特征。这座"最好的城邦体制"，实际上就是《理想国》里描述的"美好城邦"（kallipolis），是"话说中的理想城邦或建在天上的范型"（polei en logois keimene…en ourano isos paradeigma anakeitai）。②这里，柏拉图以虚拟的语句来描述这座城邦，将其划归给"诸神和诸神的子孙"居住，这说明她无论在过去、现在还是未来，都不可能存在于人世之间，因为它是一个纯粹的美好理想，一座绝对的乌托邦（absolute utopia）。故此，柏拉图只好退而求其次，建议把注意力放在"次好城邦体制"（politeian deuteros）的构想之上。这座新城邦若能建成，将会"接近于不朽，仅次于完美"，也就是仅次于"诸神和诸神子孙"所居住的那座"最好城邦"。有趣的是，柏拉图还计划在日后构想"第三等城邦体制"（politeian triten）。可惜，上苍并没有假以这位哲人更多的时日，否则他还会撰写出另一篇对话作品，给人类提供另一种城邦体制模式。

值得一提的是，当我们根据上述引文推论出"次好城邦"就是"最好城邦"在人间的"摹品"或"影子城邦"时，至少需要注意三点：其一，"次好城邦"是"衍生品"，是从理想范型衍生而出另一模式，无论其具有怎样的可接近性，她终究是走向现实的理想而非理想的现实化，因为她依然保存

---

① Plato, *Laws*, 739b-e.
② Plato, *Republic* (trans. Paul Shorey), 592.

着"最好城邦"的架构印迹,这首先反映在"正确教育"的实施与公民德行的培养等领域。其二,在"次好城邦"的体制中,既要看到明显的"人性"特征,也要看到潜在的"神性"意味,无论从开篇立法时所讲的神性起源,还是通过克罗诺斯神话与玩偶喻说所言的神人关系,或是借用劝诫神话所论的宇宙心灵运动、末世论法则与神正论观念,我们都不难从中发现"人性"与"神性"彼此交结的内在关联。其三,在推论"次好城邦"的构成要素时,务必关注介于《理想国》与《法礼篇》的另一篇对话,那就是具有特殊桥梁作用的《治邦者篇》。要知道,柏拉图政治学说的发展线索,主要是从《理想国》经由《治邦者篇》过渡到《法礼篇》。一般来说,在《理想国》里,柏拉图推崇的是哲人王道或以哲治邦的理政思想;在《治邦者篇》里,柏拉图兼顾了贤能治邦与依法治邦的综合意向,但依然偏重基于君主政体的贤明治邦观念;而在《法礼篇》里,柏拉图显然超越了前两种理政方略,并借由此两者设计出新的原则,其所突出的是依法治邦为主、以哲治邦为辅的立场。不过,也有学者认为,柏拉图在《法礼篇》里提到的绝对最好城邦,不是在《理想国》或《治邦者篇》里所找到的,而是由一些分别源自这两者的特征所组成的。因为,在《治邦者篇》中,柏拉图讲述的是绝对君主制(参见301a以下),而在《法礼篇》里,他推崇的是基于法治的混合政体。对于他所说的第一城邦或最好城邦而言,《治邦者篇》的重要性至少可与《理想国》相匹敌,这一事实强化了下列意见:建构《法礼篇》的次好城邦是以对法律的分析为前提,此类分析在《治邦者篇》中已然有所发展,而在《理想国》里显然缺少这种论题。[1]

那么,根据《法礼篇》的描述,这座"次好城邦体制"到底是什么样子的呢?为了行文方便,我们将"次好城邦体制"简称为"次好城邦"。为了便于理解,这里仅就其构成要素予以简述,由此可以见出这座城邦的大概图景。

这座"次好城邦"取名为"玛格尼西亚城邦"(Magneton polis),位于地中海上的克里特岛,因此也被称为"克里特城邦"(Cretan City)或"克里特

---

[1] 拉刻斯:《〈法义〉之城在何种意义上为次好》,见程志敏、王旭选编:《柏拉图的次好政制》,刘宁、方旭等译,华东师范大学出版社2013年版,第9页。

殖民地"（Cretan Colony）。该城邦属于"小国寡民"，距海 9 到 10 英里，拥有 5040 名公民，生活自足但从不追求奢侈浪费，凡事遵循适度原则，反对纵情声色或任何过分行为，居民之间关系密切，相互友爱，其地理位置有利于阻止海员与商人等海外来客，以免遭到外来干扰、攻击或入侵。每个公民拥有一座小农场和若干奴隶，其生产可保障全家衣食无忧。所有贸易与手工业均由奴隶或移民打理，因为公民从事这类职业会滋生追求过多利润的欲望，这有可能败坏其心灵与道德。每个公民在照看自己农场的同时，应倾力追求有德行的生活，要积极参与城邦的事务，努力完成自己应负的职责。①

城邦每位公民都有参政议政的权利、机会和责任。基于机会平等的原则，为了便于分配参与公务、纳税、捐款、补助和财产转让的数额，城邦按照公民各自富有的程度，将其分为四个财产阶层。一旦哪位公民后来变得比以前更富或更穷，他将会面临两种自由选择：抑或保持原来的财产阶层划分结果，抑或更换到适合他现在情况的财产阶层。城邦为了避免公民之间发生利益冲突，禁止出现极端富庶与极端贫困这类现象，积极推行财产分配"平等就是友爱"的传统信条和具体做法。为此，城邦法定每个家庭的农场采取世袭制度，任何其他家庭不可攫取，同时规定个人之间的收入差别不得超过 5 倍，否则就要将多余部分拿来充公或用于献祭，其目的在于避免贫富两极分化，避免造成社会动荡或引起瘟疫般的内战。②

城邦的教育大纲主要包括文化与体育两大领域，从儿童开始实行义务教育，其首要目的就是培训人们接受正确的道德准则，形成遵纪守法的良好习惯，养成美善兼备的整全人格。"教育部门是城邦中最最重要的部门。"整个城邦的教育由教育执行官监督实施，此职位由公民推选，就职者应是"城邦里最杰出的公民之一"，必须资深精干、德才兼备；其他辅助官员，也是由公民以十里挑一的比率推选，这些官员必须是年龄合适、富有经验的行家里手。③ 因为城邦的兴衰与公民的德行，取决于教育的水平和质量。所有年轻人（无论男女）都要接受诗乐舞蹈或文学艺术教育，接受体操训练和军事训练，其主要目的不是为了出国征战，而是为了保卫城邦。

---

① Plato, *Laws*, 738-747.
② Ibid., 744b-745a.
③ Ibid., 765-766b.

宗教是城邦道德的支柱。城邦提倡传统的宗教信仰、虔敬态度和相关祭祀活动，相信祭祀与祷告会影响神明的所作所为。城邦要求所有宗教活动务必在公共神庙举行，禁止私人建立私有庙宇，担心私下的宗教活动会滋生不正确的宗教信仰与不适当的祭神方式，从而会得罪神明，招致灾难。

这座新建城邦的立法原则要求摆事实，讲道理，立法者既要像医生一样，耐心细致地向患者说明病情与治疗方法；也要像哲学家一样，言之成理地向听众说明事物的真相。① 有鉴于此，该城邦的立法程序首先是说明缘由与目的，随之论证基本依据，接着列举主要条款和陈述相关细则，另外，城邦还设立一个由10名成员组成的"夜间议事会"，他们从德高望重、经验丰富、学识渊博、公正无私的资深年长公民中推选出来，除了担负"护法"与"监督"的职责之外，还担负着深入研究法律、哲学和完善法律建设的职责。②

一般说来，这座新建城邦的法律中有诸多规定，主要是参照了当时雅典城邦的法典。对此领域，莫洛的研究颇为深入，著有《柏拉图的克里特城邦》(*Plato's Cretan City*) 一书，从历史角度对其进行了细致的解释、描述与总结。如其所言：

> 柏拉图所建立的模式，大体上是雅典的法律程序，包含检举自由、行动与补救方式多样等特征；但可以说，由此制定的这部法典本身，是在许多方面经过诸多修改的雅典法典。譬如，赋予了执政官控制申诉和阻止那些无关的或误导性提案的权利，设立了某些关于审讯证人和委托人之类的条款，排除了修辞性争辩的机会；……扩展了称职证人的出庭范围，强化了诉讼当事人强制证人协助的权力，取缔了证人与委托人宣誓的条例，提出了各个阶段依据书面文件的要求，借助城邦权力来协助诉讼当事人强行实施法庭判决——在所有这些规定里，柏拉图的法典尽管在本质上依然具有阿提卡法律的特性，但它体现出的有关司法过程的思想观念，要比有文字记载的雅典司法实践的最佳程度更为宽泛和开明。③

---

① Plato, *Laws*, 857.
② Ibid., 961-968.
③ G. R. Morrow, *Plato's Cretan City*, pp. 295-296.

的确，为了建构这座"次好城邦"，柏拉图殚精竭虑，博采众长，在推行立法程序的过程中，具体而开明地规定城邦公民、行政人员与司法部门各自应有的权利或权限，这一切在今日看来，对推行宪政法治的国家依然具有某种启示作用。

六　混合政体与混合学说

值得关注的是，这座"次好城邦"所采用的政治体制，既不是单纯的民主政体（dēmokratia），也不是单纯的君主政体（monarchia），而是两者的混合体。因为，在柏拉图看来，新城邦的政治体制要符合"适度"（mesos）原则，即不能过分专制，也不能过分自由，而君主政体与民主政体作为孕育所有其他政体的"两个母亲型政体"（politeiōn oion mēteres duo tines），正好属于可以折中或混合使用的模式。这种模式既不像波斯君主政体那样极端专制，也不像雅典民主政体那样极端自由。[1] 如此混合或调和两种不同的政体，其目的在于扬长避短，发挥各自的正能量，为"次好城邦"创设一种有效的统治制度与善政架构。

柏拉图的上述立场，纯属政治实用主义。在我看来，这主要是出于如下考虑：其一，君主政体的领导权力比较集中，城邦管理相对专制，若由开明而杰出的君主统治，就有可能建成强大而繁荣的王国，但其专制制度并不能保证明君圣主辈出，更不能保证政治持续修明。因为，权力过大会使人腐化，任何人都在所难免。通常，拥有特权者会滋生骄傲与嫉妒之心，或因骄傲而刚愎自用，甚至随心所欲，或因嫉妒而憎恨有德之士，偏好听信谗言。希罗多德认为，"这双重的原因便是他身上产生一切恶事的根源"[2]。譬如，在实行君主政体的古代波斯，居鲁士大帝（Cyrus the Great, 585？-529？BC）在位时，建功立业，王国强大兴盛；儿子冈比西斯（Cambyses,？-521 BC）继位期间（529-521 BC），自以为是，国政昏乱，结果国运大伤；大流士一世（Darius the Great, 550-486 BC）继位期间（521-486 BC），励精图治，又恢复

---

[1] Plato, Laws, 693d.
[2] ［古希腊］希罗多德：《历史》，王以铸译，商务印书馆2005年版，第三卷，第80节。

了帝国的强盛；随后的继位者恣意妄为，又将国家引向衰败。对于这类衰变沉浮的历史教训，柏拉图了然于胸，定会引以为鉴。其二，民主政体的突出优点是"法律面前人人平等"，不会导致君主或国王易犯这等错误——大权独揽、朝纲独断而又毫不负责；因为，民主政体有赖于宪政法治，虽然在法理与议会监管下成为一个议而难决的柔弱政体，但相对于无法无天的独裁专制终究是最好的制度。通常，在民主统治下，一切职位都要抽签决定，一切意见都要交付民众加以裁决，一切事情都要公布于众并取决于众。但是，一旦民主政体走向极端自由，法纪就会废弛，民众就会盲目，人心就会涣散，坏人就会挑唆，恶意就会流行，社群就会分裂，城邦就会混乱。对于这种历史教训，古雅典人并不陌生，希罗多德亦有专论[①]，柏拉图更是心知肚明。这里特别值得一提的是，与柏拉图同时代的修辞学家伊索克拉底（Isocrates），虽然互为论争对手，但在审视当时雅典蜕化的民主政体与极端自由的问题上，两人的看法有着惊人的相似之处。诚如伊索克拉底所言："当时的城邦执政官虽未采纳现行的政治与社会制度，但现行制度却教育公民将荒淫无耻视为民主，将违法乱纪视为自由，将信口开河视为平等，将怂恿为非作歹的放荡视为幸福。"[②] 对于诸如此类的问题，柏拉图保持高度警惕，其批评与反思严苛而深入，先后见诸《高尔吉亚篇》（Gorgias）、《理想国》与《法礼篇》等对话文本。其三，基于理性调控的有效民主与适度自由，是建构"次好城邦"的必要条件。正如《法礼篇》所示，柏拉图在严厉批评民主政体堕落与极端自由问题的同时，又认为民主政体与适度自由在城邦政治与公民生活中占有不可或缺的地位。他知晓这两者是创构"次好城邦"的政体基础，认为民主与自由均应建立在理性的基础之上，以便借此使民主成为"有效民主"（effectivedemocracy），使自由成为"理性自由"（rational freedom）。鉴于柏拉图推崇理性管辖心灵与智慧享用自由的理智主义原则，斯塔利（R. F. Stalley）与邵费尔德（Malcolm Schofield）等人推论说，在柏拉图心目中，与理性相关联的自由"并非一件追求绝对或极端之事（an all-or-nothing matter）。人们越

[①] ［古希腊］希罗多德：《历史》，第三卷，第81—82节。
[②] Isocrates, *Areopagiticus*, 20. Cited from Malcolm Schofield, *Plato* (Oxford: Oxford University Press, 2006), p. 78.

是愿意让理性来主导自己的生活，人们就会越加自由"①。总之，从目的论上看，柏拉图在分析民主与自由之利弊的过程中，实际上是想借用混合政体的互补动能防患于未然，从制度设计上戒除单一政体可能滋生的政治弊端。

实际上，柏拉图在政体选择上，通常因循三种路径：一是"以哲治邦"（the rule of philosophy），二是"依法治邦"（the rule of law），三是"混合政体"（the mixed constitution）。"这是柏拉图相继竭力推崇的三项原则，由此形成一个累积或渐进的过程。在《法礼篇》里，混合政体的理念显然是对依法治邦的补充，而非取代。"② 也就是说，"混合政体"在调和民主政体与君主政体的同时，并没有放弃"依法治邦"的原则，同时也没有放弃"以哲治邦"的理念，而是采取了"法哲并用"的现实策略。所以，我们在理解《法礼篇》所推介的法治原则、政治制度与理政国策方面，也不要以为柏拉图完全抛弃了在《理想国》里曾经标举的"以哲治邦"思想，而是要将他所看重的三项原则全部纳入考虑之中。因为，在柏拉图的心目中，"以哲治邦"与"依法治邦"具有很大的互补性，彼此相辅相成，可以联手合作，组成某种"复合统治"（compound sovereignty）。在《法礼篇》中，柏拉图一方面将哲学批判理性运用于人类事务管理，另一方面又对公民的道德和思想健康深表关切，他试图将这两者协调起来，但并未取得成功。可他始终认为哲学训练有助于"依法治邦"，并为"次好城邦"专门设置了"夜间议事会"。该议事会实质上是一个哲学机构，其成员都是哲人护国者（philosopher-guardians），其主要任务是立足于哲学研究来推动立法，依据哲学洞见来监督执法，用实践智慧来有效释法。在这一点上，我基本赞同莫罗的下述论断：柏拉图在《法礼篇》里，并非用"依法治邦"取代了"以哲治邦"；恰恰相反，他将这两个竞争对手的各自主张调和起来，形成具有至高权威性的立场。这在内在意义上是对柏拉图哲学发展的更为合理的解释，胜过那种认为柏拉图彻底改

---

① R. F. Stalley, "Plato's doctrine of freedom", in *Proceedings of the Aristotelian Society*, 1997-1998, 98: p. 157; Malcolm Schofield, *Plato*, p. 88. Geoffrey Lloyd suggests to Malcolm Schofield, the freedom of the rationalperson will presumably be closer to what Aristotle describes as the condition of the free members of a household in *Metaphysics* (12.10, 1075b19-23): "Those who are free at least at liberty to act as they will, but all or most things are already ordained for them, whereas the slaves and the beasts do little for the common good, and for the most part live at random. For this is the sort of principle that constitutes the nature of each."

② G. R. Morrow, *Plato's Cretan City*, p. 156.

变了自己治邦方略的假设。①

　　另外，柏拉图在《法礼篇》里所借用的两种政体，一是民主政体，二为君主政体。民主政体来自雅典，是古希腊政治文化的独创与精粹。该政体由梭伦立法打下基础，在伯利克里时代达到鼎盛，造就了辉煌的雅典城邦，使其成为"全希腊的学校"。更为重要的是，该政体通过柏拉图在《法礼篇》里的具体陈述，修昔底德的历史追忆，伯利克里的著名演讲，亚里士多德在《政治学》里的比较评价及其在《雅典政体》里的详细记载，使其系统结构与运作方式传布后世，成为促进人类政治文明发展的重要动力和历史遗产。就雅典民主理想的伟大成就与主导精神而言，色诺芬的《长征记》的相关描绘显得更为精微、豁达、现实和直观，而且格外合乎情理和令人感慨。在这种民主制度下，人们知道必须做什么，并且要竭力为之，否则神明就会觉得他们没有理由繁荣昌盛。如果人们确实聪明，并且努力做事，就有理由相信他们其中一些人（即便不是全部）会兴旺起来。抱着这样的想法，他们敬重神明，向神明祈祷健康和力量，祈祷雅典人的尊严，祈祷能在无损荣誉的前提下增加他们的财富或使自己在战争中幸存，此时此刻，他们都尽其所能地去做一个有价值的人。② 总体而论，雅典民主制度的基础，是建立在民主政体的共同信念上的，相信普通人都能尽自己的义务，并在尽义务的过程中能利用健全的判断。因为，希腊人相信个体及其德行，无论是否明言，这在整个希腊都是普遍的信条。就像埃斯库罗斯在其戏剧中所描写的那样，当波斯的女王问道"雅典人的君主是谁？"时，所得到的回答是："他们不是任何人的奴隶或臣属。"③ 可见，与民主制度形影相随的是自由与独立的精神，因为雅典人深知自由与独立的人要比屈服或受人控制的人具有不可比拟的优越性。但要看到，这种自由与独立的精神，理应服务于城邦共同利益这一至高目的。一旦人们偏离了这一目的，此类精神就会发生蜕变，就会过度泛滥，就会导致民主政体的腐败。针对这一点，柏拉图在《理想国》与《法礼篇》里，均

---

① G. R. Morrow, *Plato's Cretan City*, pp. 575—577.
② 参阅［美］汉密尔顿：《希腊精神》，葛海滨译，华夏出版社2008年版，第182页。
③ 同上书，第185—186页。

提出过尖锐的批评与善意的警示。①

至于混合政体中的君主政体部分,并非直接取自古代波斯,而是更多地参照了斯巴达的君主政体,因为柏拉图本人一直对斯巴达的政治设计与军事训练制度虽有褒贬,但情有独钟。譬如,在其中年撰写的《理想国》里,柏拉图一方面赞扬了斯巴达人遵纪守法与果敢勇武的精神,另一方面却批评了他们过于崇尚荣誉而忽视文艺修养的风尚。在其晚年撰写的《法礼篇》里,柏拉图特意总结了斯巴达政体何以成功的理由,不仅强调了"两国王制"（tōn batileōn）的协同领导作用,而且突显了"二十八长老制"（tōn oktō kai eikosi gerontōn）和"五长官制"（tōn ephorōn）的协助领导职能。② 据相关史料所记,"长老制"在城邦做出重要决策时,与国王拥有同样的权威;"长官制"每年由公民推选,除了有权执法和司法之外,还有权监管国王的行为。当然,柏拉图在《法礼篇》里列举波斯君主政体的例证并非没有意义。在我看来,其意在于借此佐证他用君主政体来维系民主政体有效性的理由,其目的在于以民主政体来保障贤明式君主政体的持续性。要知道,根据古希腊的"适度"或"中道"原则,太多的民主自由亦如太多的君主专制,两者均有失"中道",而任何有利于规避走向极端的做法,才是取得善政效果的要诀。这种类似于"执两用中"与"过犹不及"等的思想策略,对于熟悉政治工具论和注重运作实效的柏拉图来说,自然不存在任何政治意识形态上的障碍了。

比较说来,混合体制至少具有否定性与肯定性两大功能。就其否定性而论,混合政体力图规避斯巴达人过于推崇勇武精神而淡化其他德行的价值观念,其中包括斯巴达人漠视人文修养和忽视高等科学的传统习惯,等等;与此同时,混合政体试图革除雅典人对自由的膜拜方式,修正他们对权威的拒斥态度,降低他们对个体趣味和抱负的追捧热情,取缔他们对无目的无意义的标新立异的渲染迎合,等等。就其肯定性而言,混合政体期望将斯巴达人对城邦共同体忠贞不渝的意识,与雅典人的事业心和思想理智上的好奇心联

---

① Plato, *Laws*, 700a-701. 另参阅［古希腊］柏拉图:《文艺对话集》,朱光潜译,人民文学出版社1980年版,第310—311页。Plato, *Republic*, 558b-c, 560-563. 另参阅［古希腊］柏拉图:《理想国》,郭斌和、张竹明译,商务印书馆1995年版。
② Plato, *Laws*, 691e-692d. Also see W. G. Forrest, *A History of Sparta*, 950-192 B. C. (London: Penguins Books, 1968), pp. 76 77, 82-83.

系起来；将斯巴达人对法律的忠诚，与雅典人探讨法律根基和应用方式的智谋整合起来；将斯巴达人的严肃生活，与雅典人的欢庆活动调和起来；此外，还要将所有希腊人追求卓越德行和承认适度原则的雄心壮志吸纳进来。由此构成的混合体制，应是权威性和自由性的适度结合，是君主政体与民主政体的折中互补。① 但从总体上看，柏拉图新构想的这座"次好城邦"，在体制、立法与教育理念上，更多呈现出雅典城邦的影子。这不啻是因为柏拉图更熟悉自己的故乡，而且是因为他更推崇雅典的制度，尽管他对腐败民主和过分自由深表失望。总之，他正是出于"执中"的立场和调和的策略，有意推举君主制度的某些强制性管理方法及其实际效用，借以弥补民主制度的某些自由化行政程序及其消极影响。

究其根本，柏拉图的上述"混合政体"构想，在内在意义上是其"混合学说"（doctrine of mixture）的产物。莫罗认为此说源自希腊传统所推崇的"中道"原则，因此也可将其称之为"中道学说"（doctrine of mid-way）。② 这种学说，以不同的表述方式见诸《斐利布斯篇》（Philebus）、《治邦者篇》（Politicus）、《蒂迈欧篇》（Timaeus）、《智者篇》（Sophist）、《斐德若篇》（Phaedrus）、《理想国》以及《法礼篇》等重要对话作品之中。譬如，在《斐利布斯篇》里，柏拉图认为美好的生活并非充满纯粹"快乐的生活"（hēdonēs bion），也非充满纯粹"智慧的生活"（phronēseōs bion），而是快乐和智慧"相交融的混合型生活"（ampoin summichtheis koinos genomenos）。因为，没有智慧只有快乐的生活，会使人像水中牡蛎一样不知快乐到底为何物；而仅有智慧而无快乐的生活，会使人感受不到甜酸苦辣的生活乐趣。③ 再者，"真正而纯粹的快乐"（hēdonas alētheis kai kathapas），是与健康和自律联系在一起的，那才是人们想要的"最美好和最酣畅的混合体"（kallistēn idonta kai astasiastotatēn mixin kai krasin）。此外，"唯有包含真理性的混合体（mixomen alētheian）才能生成和存在"。这真理性来自"适度和比例"（metriotē kai summetria），不仅最为珍贵，令人喜爱，而且"处处与美和德行同一"，是混

---

① G. R. Morrow, *Plato's Cretan City*, pp. 534-535.
② Ibid., pp. 521-531.
③ Plato, *Philebus*, 20c-22e（tans. Harold N. Fowler, Loeb edition）.

合体自身之所以美好的根本原因。① 这一论点在《治邦者篇》里也有近似的表述。柏拉图甚至断言，衡量事物的真正艺术，不仅要比较对象之间的品质特性，而且要用"适度"（metrion）原则来衡量这些品质特性，看其是否符合"既不太多也不太少"的"中道"要求。如果忽视这一"适度"原则及其要求，那就会使所有艺术及其产品毁于一旦。②

更有趣的是，在论及治邦者的领导艺术或"纯正的治国之才"（phusin alēthos politikē）时，柏拉图使用了著名的"织网喻"来图示治理城邦的基本方略，认为"国王似的编织过程"（basiliken sumplekousa）可望制作出一块将城邦全体居民"联结一起的织品"（suneche touto to plegamati）。③ 通常，编织或纺织（huphantikos）过程，正是用"纬线与经线相互缠结或密切连接"（plektikēn einai krokēs kai stēmonos）的过程。④ 这实际上是一门混合艺术，其最终织品是一个混合体，即以勇武德行为"经线"，以节制德行为"纬线"，由此编成城邦治理和公民教育之网。

以上所言表明："混合学说"在柏拉图的哲学思想中一直占有重要位置。柏拉图在晚年之所以推崇"混合政体"，决非一时突发奇想，而是"混合学说"的逻辑必然。但要切记，柏拉图并非认为一切混合体都是可取的。譬如，在《法礼篇》里，他曾强调指出：将黑暗而神秘的祭祀仪式与奥林匹亚诸神的祭祀仪式混合起来就很糟糕，将来自异邦的习俗与一个治理良好的城邦习俗混合起来就生麻烦，将希腊人与异邦人混合起来就难管理，将赞美神明的颂诗韵律与其他哀歌乐调混合起来取乐就是堕落……⑤凡此种种，不一而足。

还需指出的是，我们在审视《法礼篇》里的"次好城邦"时，会不由自主地联想和对照《理想国》里的"最好城邦"。比较而言，《法礼篇》对"次好城邦"的描绘，显然要比《理想国》对"最好城邦"的描绘更为翔实。在总体构想上，前者以相对的实践性（relative practicality），取代了后者的纯粹理论性（pure theoreticality），以可能实现的理想（attainable ideals），取代了

---

① Plato, *Politicus*, 63e-65a (trans. Harold N. Fowler, Loeb edition).
② Ibid., 283c-285b.
③ Ibid., 287-290, 303-305, 308-311. Also see the translation by A. E. Taylor, in Plato, *The Collected Dialogues* (ed. Edith Hamilton & Huntington Cairns, New Jersey: Princeton University Press, 1989).
④ Ibid., 282d-283b.
⑤ Plato, *Laws*, 828c, 949e, 693a, 700b.

不可实现的理想（unattainable ideals），这兴许是由于柏拉图晚年对政治现状感到失望，促使他从理想主义转向现实主义。有的学者假定，当柏拉图在撰写《理想国》时，已写好了《法礼篇》。反之亦然。因为，这两部对话犹如一块硬币的正反两面。① 有鉴于此，若想真正了解柏拉图的道德诗学和政治学说，就需细读《理想国》与《法礼篇》这两部相互关联的重要作品。

七 公民德行的教育理念

那么，这样一座基于"混合政体"的"次好城邦"，又当如何着手构建呢？对此，柏拉图虽然是从立法谈起，但随之就将焦点放在教育之上。实际上，柏拉图从始至终，都一再强调公民德行与公民选择问题。他针对这两个问题，分别提出了"正确教育"（paideian kaleisthai）的原则②与"城邦净化"（katharmous polieō）的学说。③ 这里仅谈前者，后者留待后文再论。

我们知道，城邦（polis）不是城墙而是人。换言之，城邦首先由其成员构成。这类成员享有城邦所赋予的政治权利，因此称其为"公民"（politēs）。在他们中间，有的人能力超群，民望较高，能代表大家领导和管理城邦，故而称其为"治邦者"或"政治家"（politikos）。但不管怎么区分，他们都属于公民阶层，应具备基本的公民资格或品质。在古希腊语里，用来指称"公民资格、身份、权利、义务"或"公民品行"的 politeia 一词，也同时用来表示"城邦体制""城邦管理""公民与城邦的关系"以及"政治家或公民的生活"，等等，这说明在词根上源自"城邦"的"公民""政治家"与"城邦政体"三者之间具有内在的互通关系。

首先，从"城邦体制"与"公民品行"的联系来看，一般的说法是：体制的好坏，决定公民的好坏。这似乎就像重视制度建设的人们所言：制度好，坏人也能变好；制度不好，好人也会变坏。但情况未必一定如此，因为制度是人所定、由人所管，而只要是有人的地方，什么事情都会做得出来。像城邦这样一个人多的地方，情况更是如此。事实上，人如果不好，特别是掌握

---

① Trevor Saunders, "Introduction", in Plato, *The Laws* (London: Penguin Books, 1975), p. 28.
② Plato, *Laws*, 644a, 653a, 969c.
③ Ibid., 735b-736c, 969c.

权力的人若是不好，再好的制度也会被搞糟，也会发生蜕变。在《理想国》里，柏拉图专门论述过城邦政体的衰败与更迭，譬如从民主体制的腐败与僭主体制的兴起，就是典型的例子。事实上，雅典在伯罗奔尼撒战争失败后经历的政坛乱象，正好也印证了这一点。所以，辩证地看，城邦体制的好坏，会影响城邦公民品行的好坏；反之，公民品行的好坏，也会影响到城邦体制的发展。但从本质上讲，从事城邦设计与建设的公民是最为重要的。

其次，从"城邦管理"与"公民品行"的联系来看，这等于对公民提出了进一步的要求。柏拉图认为，"城邦管理"也就是"治国理政"，实属一门错综复杂的艺术，在所有艺术中占有最高的地位，这兴许是他以 Politeia 为名，撰写《理想国》的重要原因之一。不难想象，"城邦管理"的事务包罗万象，从组织生产、兴建设施、促进贸易、处理纠纷、议政决策、护法执法到保土安民，等等，这需要具备不同的能力和素养。而这些所需的能力与素养，如果达到才德卓越（goodness and excellence）、英武非凡（prowess and valour）、美善兼备和声名远播（manly beauty and reputation）的程度，并因此得到"同辈和后人的称颂"的话，① 那就等于具备了古希腊人所推崇和敬重的"德行"（aretē）。因此，讨论"公民品行"（politeia），也等于在谈论"公民德行"（aretē politēn）。

另外，在"城邦管理"与"公民品行"之间，也会产生积极或消极的互动影响。在一般意义上，前者如果清正廉明、公正公平，后者就会遵纪守法、尽职尽责，这时的执政者与民众双方都有可能讲求公德，彼此尊重，相互协

---

① [英] 基托（H. D. F. Kitto）：《希腊人》，徐卫翔、黄韬译，上海人民出版社 1998 年版，第 318 页。在论及希腊人的德性（或德行）观时，基托认为荣誉感对希腊人的影响非同寻常。实际上，"希腊人对他自己在同胞中的地位非常敏感。他热切——人们也期待他会热切——要求理应属于他的一切。谦恭并不受人赞赏，被希腊人视作愚蠢的教条，美德自身就是奖励这种看法。同侪和后人的称颂才是对德性（aretē，出类拔萃）的回报。它贯穿于希腊人的生活和历史之中，这从荷马式英雄对其'奖赏'特别敏感这点上已开始有所表现。这里有一典型的评述：[如果你看到男人的勃勃野心，你会惊诧于它是如此的不合乎理性，除非你能理解他们渴求声名的激情。就像一位诗人所说，'他们想在身后留下永垂万世的声名。'为此，他们随时准备面对任何危险——这甚至比自己的孩子更重要：他们可以为之耗尽财产，忍受任何肉体的艰辛，直至献出生命。如果他们没有想到他们自己的德性将会不朽，你想想，阿尔西斯蒂斯（Alcestis）还会为阿德墨托斯（Admetus）献出她的生命吗？或者，阿喀琉斯还会为了替帕特洛克罗斯复仇而献出他的生命吗？不会！一个人越高贵，他在每一个行动中就会越多地考虑到不朽的声名和永恒的德性]。这就是在柏拉图的《会饮篇》中，充满智慧的狄奥提马（Diotima）对苏格拉底的教导。这是常见的希腊式教诲，在哲学家、诗人和政治演说家那里都可以找到。"（同上书，第 318—319 页，译文有调整）

作，把城邦治理得井井有条，建设得和谐宜居，由此形成良性的循环效应。相反地，前者如果贪污腐败、徇私舞弊，后者也会上行下效，违法乱纪，甚至唯利是图，由此可能导致恶性的循环效应。上述两种现象使人不由联想到"良民"与"刁民"的传统说法。但无论这种说法是否妥当，都从正反两个方面说明了"公民品行"或"公民德行"的重要性。

那么，那些被选择为"玛格尼西亚城邦"的公民，到底应当具有什么"德行"呢？柏拉图对此费了不少笔墨，列举了一系列所需的"德行"，认为只有具备这些"德行"的人，才能"成为完善的公民"（politēn genesthai teleon），[1] 成为"城邦伟大而完美的男子汉"（ho megas anēr en polei kai teleios），并因此而获得"卓越德行奖"（nikēphoros aretē）。[2] 如他所述：

> 节制（sōphrosunēs）、智慧（pronēseōs）以及能够传达和展示给别人的其他善德（agatha），都应受到同等的赞扬。如果一个人能够将这些德行传布给他人，那他就应被尊为德行最高之人；如果一个人虽然愿意但却没有能力将这些德行传布给他人，那他就应被视为德行次高之人；如果一个人心存嫉妒，只想垄断这些德行，那他就应遭到谴责，但不要因人废德。相反，我们要不遗余力地学到这些德行。我们期望每个人都以慷慨的精神，积极修德向上，因为这是个人有益于城邦的途径。[3]

至于"其他善德"，也就是其他德行，柏拉图特意强调了"勇武"（andria）和"健康"（hygieivos）两种。如此一来，具备上述四种德行的人，就可过上四种相应的生活：节制的生活（sōphrona bion）、智慧的生活（bion pronimon）、勇武的生活（bion andeion）与健康的生活（bion hygieivon）；反之，不具备上述四种德行的人，就会过上另外四种截然对立的生活：放纵的生活（bion akolaston）、愚蠢的生活（aphrona bion）、懦弱的生活（bion deilon）、有病的生活（bion nosōdē）。相比之下，节制的生活在所有方面都是温柔敦厚，对于苦、乐、欲、求，都能把握有度，适可而止；放纵的生活在所有方

---

[1] Plato, *Laws*, 644a.
[2] Ibid., 730d.
[3] Ibid., 730e-731a.

面都是恣意妄为，对于苦、乐、欲、求，都会疯狂追逐，走向极端。于是，无论在数量、程度还是频率上，节制生活中的快感超过痛感，而放纵生活中的痛感则超过快感。将智慧、勇武和健康的生活与愚蠢、懦弱和有病的生活相比，各自的情况相应如此，前者总比后者更为快乐。概而言之，举凡基于心灵德行（aretēs psychēn）与身体德行（aretēs sōma）的生活，不仅要比充满邪恶（mochthrias）的生活更为快乐，而且更为高尚、正直、道德和荣耀（kallei kai orthotēti kai aretē kai eudoxia），这便使有德之人比无德之人生活得更加幸福（eudaimonesteron）。① 当然，这种幸福的生活，也就是柏拉图先前所说的"最正义的生活"（dikaiotaton bion），② 而正义（dikaiosynē）这一德行，正好是节制、智慧、勇武与健康等四德的综合结果。

另外，按照柏拉图的说法，举凡具有上述德行的人，必将成为一个真实可信的人；而没有这些德行的人，就会变为一个虚伪说谎的人。这种有德之人作为公民，不仅自己不会违法乱纪，还会阻止他人胡作非为。在此意义上，他可以说是一个顶俩，理应倍加赞扬。③ 再者，这种有德之人能够最大限度地恪守和完成自己对城邦和同胞所负的责任，该责任不只是赢得奥林匹克的冠军，取得战争的胜利或赢得比赛的头筹，而是终生竭诚遵守和维护城邦的法律，由此获得的声誉使他出类拔萃，远超他人。④

那么，怎样才能培养出这些公民德行呢？柏拉图认为没有什么捷径，唯有从儿童开始推行"正确教育"。如他所言：

> 我们所说的教育（paideia），是指从童年开始培养人的德行（aretē），使其渴望成为完美的公民（politen teleon），从而懂得如何适当地治人与治于人。这种特殊的培养方式，正是我们现在讨论的"教育"一词的确切用意。不过，也有一种培养方式，只是教人如何赚钱或如何健身，甚至教人从心眼里蔑视理性与正义，这实在是庸俗至极，根本不配称作"教育"。然而，我们无需在称谓上争来论去，我们还是持守我们刚才赞

---

① Plato, *Laws*, 734a-e.
② Ibid., 662e.
③ Ibid., 730b-d.
④ Ibid., 729d-e.

同的那种说法，即：凡是受过正确教育的人，通常会成为善的，这种人在任何情况下都不应诋毁教育，因为这在赠与最善者的最佳礼物中首屈一指；假如这种教育一度出现差错，但只要能够重回正道，那么每一个人，只要他还活着，就必须不遗余力地教育好自己。①

很显然，柏拉图十分鄙视只顾"赚钱"或"健身"，无视"理性和正义"的"坏教育"或"不正确教育"，认为这种唯利是图的做法"庸俗至极"，不仅没有资格使用，而且还会玷污"教育"这个圣洁的称谓。相比之下，他极力推崇"正确教育"，认为只要是正经人，就应学正经事；只要人活一天，就应接受好教育，须持之以恒，终其一生，方能实现"成就善德"的最终目标。自不待言，这种"正确教育"，就是要培养公民德行，使其成为全面发展的"完美公民"（politen teleon）。这种公民为了城邦的共同利益，不仅知道如何"适当地治人"，也就是能够公正而有效地管理别人，而且知道如何"适当地治于人"，也就是能够接受别人的正确领导并竭力完成自己应尽的职责，这便是"完美公民"或"理想公民"的本义。而"完美公民"所应有的品行，就根植于上面所说的节制、智慧、勇武、健康与正义等德行。培养这些德行，无疑是一个漫长而艰巨的过程。因为，在柏拉图看来，要做一个"善好的人"（agothou andra），就需要从童年开始，矢志不渝地追求善的东西。他无论在游戏时，还是在工作中，都不应该有任何懈怠或须臾偏离。② 只有如此，这种追求才会成为一种习性，才会由此成就一种善德。值得注意的是，在古希腊语中，paida, paidia 与 paideia 源自同一词根 paid-，paida 意指"儿童"，paidia 意指"儿童游戏"，paideia 意指"培养儿童长大成人"，也就是常说的"教育"。柏拉图深谙这三词之间的内在关联，因此一再强调"游戏"对"儿童"的意义及其在"教育"中的作用。他认为"正确教育"从一开始，就应当从儿童（甚至从胎儿）③ 抓起，应充分利用儿童的天性和游戏的功能，将儿童在

---

① Plato, *Laws*, 643e.
② Ibid., 643b-c.
③ Plato, *Laws*, 788-790. 柏拉图对于胎教十分重视，做过颇为详尽的描述和建议。本书第三章将讨论这一问题。另外，柏拉图在论及婚姻时，从一开始就对新婚夫妇提出了要求，要求他们从城邦的利益考虑，设法生育出"最好和最美的儿童样本"，随后要对其进行精心的培养和教育。Cf. *Laws*, 783d-784c.

游戏时的"种种快乐和欲求"（edonas kai epithumias ton paidon）①，引向他们追求的那个"最终目标"（telos echein）②，也就是那种具有善德的"好人"这一目标，由此奠定他们的人格品质或"公民德行"。

总体而言，柏拉图所倡导的公民德行教育，是对受教育者从小到大进行精心培养的过程，其终极目的是让城邦公民获得"完整的公民资格"（full citizenship）。这类"公民"，既包括普通公民，也包括领导阶层。洛齐（R. C. Lodge）将其分为两组：一组是温顺而热情的遵纪守法男女，他们需要和接受管理阶层的领导；另一组是为数不多与经过特训的男女，他们被挑选出来担任领导职务。因此，柏拉图的教育理论也分为两大部分：一是公民资格教育（education for citizenship），一般是指"诗乐和体操教育"；二是领导能力教育（education for leadership），通常是指"高等教育"或"理智教育"。这两者之间的差别，在一定程度上如同中小学教育与大学教育的差别，而大学教育既包括本科生教育，也包括研究生教育。③

值得注意的是，在《法礼篇》里，有关"诗乐和体操教育"的内容相当具体，从诗乐歌舞学习到体操军事训练，每个项目都有相应规定，这不仅是对《理想国》有关教育学说的一种补充，也表明柏拉图对一般公民教育的重视。本书随后对此有专门论述，这里不再赘述。至于"高等教育"或"理智教育"，主要是指文学、数学、天文学和哲学教育。《法礼篇》在论及悲剧和喜剧时，从审美和道德角度凸显了文学教育的重要意义；在论及宗教信仰时，从宇宙神学的角度凸显了天文学的知识与神正论的思想；在论及夜间议事会成员的职责与贤能时，从治国安邦的角度强调了哲学的作用。在这里，哲学不仅应用于立法程序和法治教育，而且应用于城邦管理和护法活动，当然也应用于城邦公民的德行培养和理智教育。在柏拉图看来，哲学或研究哲学的目的就在于此，后面的相关论述将会证明这一点。

---

① Plato, *Laws*, 788-790. 柏拉图对于胎教十分重视，做过颇为详尽的描述和建议。本书第三章将讨论这一问题。另外，柏拉图在论及婚姻时，从一开始就对新婚夫妇提出了要求，要求他们从城邦的利益考虑，设法生育出"最好和最美的儿童样本"，随后要对其进行精心的培养和教育。Cf. *Laws*, 643b-c.

② Ibid., 650b.

③ R. C. Lodge, *Plato's Theory of Education* (London: Routledge & Kegan Paul, 1947), p. 64.

第 三 章
道德诗学与政治哲学

  从原理上看,柏拉图的道德诗学思想,不管是在《理想国》所描述的"最好城邦"里,还是在《法礼篇》所构想的"次好城邦"里,并无多少差别。但在某些细节上,两者彼此补充,互为参照。有趣的是,在《理想国》开篇,首先讨论"何为正义?"的问题,继而从讲述"戒指喻"开始,进入诗乐道德问题和艺术教育的讨论。在《法礼篇》开头,首先讨论"法礼精神何在?"的问题,继而从斯巴达诗人提尔泰奥斯的名句切入,进入德行准则与艺术教育的讨论。从两者类似的书写结构中,我们不难看出柏拉图对于诗乐教育的重视程度,同时也可看出与此相关的道德诗学在其思想中所处的特殊位置。另外,我们也发现,在城邦构建中,道德与政治密不可分,实属一枚奖章的两面;相应地,道德诗学与政治哲学也密不可分,犹如同一乐曲中的变奏。当柏拉图基于道德理想主义和政治实用主义的立场,试图探讨这两方面的问题时,情况更是如此。

  需要指出的是,柏拉图的思想是一个动态的发展过程。在不同阶段,其思想反映出人类理性与灵智的不同活动模式。总体而言,它往返于一个连续统一体的两端之间:一端是凝照玄思的模式,所思考的对象是理式、美、善、真与正义等,带有理智主义、理想主义以及浪漫主义的色彩;另一端是实践探索的模式,所涉及的对象是城邦、教育、人性、伦理与生活等,具有道德主义、现实主义以及工具主义等特点。但有一点是贯穿始终的,那就是哲学训练的必要性和重要性。因为,柏拉图一直试图借助哲学这种爱智求真之学,将人类的种种激情和欲望归属于理性的合理管辖,并使人类思想活动既可上达凝照玄思的模式,也能下启实践探索的模式。有趣的是,柏拉图所推崇的哲学训练，一直与诗性智慧（poetic wisdom）有着不解之缘。在其所有对话作品中，每当争论或思辨进入到关键之处，柏拉图经常会采用简述神话或借助喻说的方式，将对话者和读者导入一种更为鲜活生动的语境之中，并由此切入与展开推理或劝诫，让他们进而感悟、反省、追问或探索相关的论证或话题。到了晚年，特别是在《法礼篇》里，柏拉图虽从理想和现实的双重立场出发努力构建"次好城邦"及其法礼体系，但从开篇第一字就谈到"神"，继而决意造访（宙斯）神栖居过的"洞"，随后谈论起提尔泰奥斯的"诗"，接着又出人意表地将此作喻为"悲剧"，同时再次讲述起"克洛诺斯神话"与创造诗乐歌舞的"神明"或"缪斯"，等等。这一切表明，柏拉图有意返回到其思想不断运动的那个"固定中心"（fixed center）。按照有的学者所言，该"固定中心"的"主要构成部分"就是"诗人"。[①] 在这里，我并非是说由此可以得出柏拉图始于诗人、终于诗人的结论，而是要说柏拉图作为诗人哲学家，具有充足理由和条件随意游走在诗与哲学之间。要知道，恰恰是在这两个互动交叉的领域里，柏拉图的诗性智慧与哲思才得以卓异地展现。为此，本章在讨论诗学与哲学的变奏时，特意分析了《法礼篇》采用的几则喻说与神话，借此窥知柏拉图哲思的些许妙处。

一　道德诗学的两翼：心灵与身体

从因果关系和目的论角度看，节制、智慧、勇武与健康这四者对于正义而言，更像是因或手段，而正义对于前四者而言更像是果或目的。照此逻辑推断，举凡一个公民只要具备前四种德行，那么后一种德行就有了基本保障。之所以说是"基本保障"，那是因为"正义"不只是一种综合性的德行，更是一个社会化的范畴，需要得到城邦政体、法礼、伦理和社群的支持、倡导和强化。在此意义上，作为个体的公民德行，更多地集中在节制、智慧、勇

[①] Kevin Crotty, *The Philosopher's Song: The Poets' Influence on Plato* (Lanham et al: Lexington Books, 2011), p. 222. 本书作者得出的结论很值得重视。他认为："作为一位思想家，柏拉图本人一直在运动之中，不断地跨越其思想的不同阶段，围绕一个固定中心在运转。我试图通过这项研究表明：诗人就是这一固定中心的主要组成部分。就像柏拉图围绕诗人旋转一样，柏拉图的哲学生涯正是人间反映天体永恒运动的例证。在柏拉图的哲学中，他自己的思想运动不止，这或许是灵魂不朽的最确切的证据。"

武和健康之上。

按照柏拉图的说法，"教育"（paideia），特别是"正确教育"（orthēn paideian），① 就是要"从童年开始培养人的德行"（aretē），"使其渴望成为完善的公民（politen teleon）"。② 这里，"人的德行"是综合单数，其中包括具体复数，即上述那些德行要目；至于"教育"，要求从"儿童开始"，一直到"成为完善的公民"，这显然不是一件一蹴而就之事，而是一个长期培养和锤炼的过程。

那么，柏拉图所说的"正确教育"，主要包括哪些内容呢？首先，在教育理论上，《法礼篇》里的阐述颇显简略，不像《理想国》里的阐述那样深入，这恐怕是因为柏拉图无意重复自己，更何况他有言在先：《法礼篇》里所构想的"次好城邦"，是以《理想国》里所描述的"最好城邦"为"样板"（paradeigma）。③ 这表明先前已经论述过的东西，理应是后来可以省略但需参考的东西。因此，只有相互参阅上列两书，才能把握柏拉图相关思想的全貌。其次，在教育科目上，《法礼篇》的课程设置包括音乐、体育、舞蹈、文学、戏剧、军事、狩猎、数学、天文，与《理想国》的课程设置相比，似乎增设了戏剧和军事，缺少了和声学与辩证法或哲学。但若细加分析，我们发现，《法礼篇》更侧重公民德行的教育，而非哲人王道的教育，故此扩充了诗乐教育和体操训练的内容，加大了教育科目的实践性或实用性。结果，诗乐教育的科目包括诗歌、音乐、文学和戏剧等，体操训练的科目包括舞蹈、摔跤、射箭、标枪、赛跑、骑马、狩猎与军训等。至于和声学，它作为理论性指导，会被应用于诗乐教育的具体实施过程之中。至于辩证法或哲学，城邦里则由专人研究。我们知道，《法礼篇》里所设置的"夜间议事会"（nukterinon syllogon），亦称"非凡议事会"（theios syllogos），④ 由 10 人组成，担负着"智囊团"和"护法团"的双重职责。这些成员由城邦公民推选出来，都是年长资深的公民，学识广博和德高望重的明哲贤达，不仅有经验，有智慧，有见识，而且有权威，秉正义，善明断。他们每人都配有年过三十的青年助手，一方

---

① Plato, *Laws*, 653a.
② Ibid., 643e.
③ Ibid., 739d.
④ Ibid., 968a, 969b.

面通过他们多方了解情况，联系群众，搜集信息，以便"议事会"作出公正合理的判断与决策；另一方面重在对其加以培养、锻炼和考察。根据柏拉图所设定的条件，"夜间议事会"的成员都是接受过"更高教育和训练"（traphentas te kai pepaideumenous）① 的人士，他们是在掌握了"必要的基础学科"之后，进而要学习与研究和声学、天文学、神学和哲学，最终要掌握和运用相关的理论学说来监管城邦里的一切事务。如他所述：

> ［议事会每个成员］要掌握两种学说：其一，心灵为何是参与化育万物中最古老的东西；其二，心灵为何是不朽的而且是统辖一切的。此外，他务必在掌握必要的基础学科的同时，还要掌握我们经常肯定的理性，因为理性是日月星辰之间所有存在物的主宰。再者，他还要搞清音乐理论的内在联系，并能以和谐的方式将其应用于关乎伦理的惯例和法则之中；最后，他还务必能对所有需要合理解释的东西给予合理的解释。如果他不能掌握这些学科知识，也不能掌握多数人喜爱的德行（tais dēmosiais aretais），那他永远也不会成为一位负责整个城邦事务的合格执政官，而只能做个助手而已。②

关于"心灵"（psychē）的两种学说，属于神学范畴。根据柏拉图此前的说法，"心灵"不仅是宇宙万物中"最为古老的"（presbutaton），而且是"最为神性的"（theiotaton）。这一"最好的心灵"，是宇宙万物的起因，故先于宇宙万物而在，推动宇宙万物运转。她虽然居于其中，主宰一切，但却视而不见。就像天上的太阳，能看见其形体，但看不见其心灵，其他事物也是如此。所以说，不朽的心灵是理性认识的对象。③

至于那些"必要的基础学科"，主要包括数学、几何学与天文学。这些学科之所以必要，是因为它们是认识必要性和本质性真理的基础，这些真理涉及奇数偶数的运算方法，线、面、体的衡量尺度，日月星辰的运行规律，等等，不管是神灵还是英雄，若要对人类负责，就必须拥有这些理论性与实用

---

① Plato, *Laws*, 965a.
② Ibid., 967d-968a.
③ Ibid., 966e, 895-898.

性的知识。①

至于那些"音乐理论",在《理想国》和《法礼篇》里均有所论,其要点是基于道德化的正确性准则,选择符合伦理要求的诗乐作品,利用好的风格、节奏、音调、言词与品格,摒弃坏的风格、节奏、音调、言词与品格,营造一种美好、健康、明智、道德的氛围,从儿童阶段开始就推行这种教育,让音乐与和谐深入他们的内心,从而使他们变得温文尔雅,心灵成长得既美且善。用柏拉图自己的话说,这需要"寻找一些艺人巨匠,用其大才大德,开辟一条道路,使我们的年轻人由此前进,如入健康之乡;眼睛所看到的,耳朵所听到的,艺术作品,随处都是;使他们如坐春风,如沾化雨,潜移默化,不知不觉之间受到熏陶,从童年开始,就和优美、理智融合为一"②。

所谓"多数人喜欢的德行",主要是指先前所论的那些德行,包括节制、勇武、智慧、高贵、良好的记忆和敏捷的思想,等等,这都是保障人们遵纪守法与生活幸福的前提条件。③ 按照柏拉图的标准,"议事会"成员在具备这些德行的同时,还应在"理智能力,道德品格与生活方式"上比一般人高出一等,这样才能成为"城邦安全的护法者"。④ 至于这种"理智能力"(mathēmatōn dynamesi),不只是指学习和研究上列基础学科的能力,更是指学习和研究辩证法或哲学的能力。只有具备了这种能力,他们才能满足"议事会"成员的资格要求,才能"对所有需要合理解释的东西给予合理的解释"。

那么,针对公民德行的教育问题,柏拉图因循什么样的逻辑和宗旨呢?对于人,他坚持灵肉二分,认为心灵(psychē)不死而转世,肉体(sōma)会死而可塑。对于德行,他基于前一立场,认为有"心灵德行"(aretēs psychēn)与"身体德行"(aretēs sōma),节制、智慧与勇武属于前者,健康、结实与强壮属于后者。对于教育,他将其分为两类,一是侧重培养"心灵德行"的教育,二是侧重"身体德行"的教育。

基于上述思想,柏拉图在论及早期教育时,特别强调诗乐艺术与体操艺术的重要作用,认为这两者关系到青少年日后的德行发展,有助于培养出

---

① Plato, *Laws*, 817e-818.
② Plato, *Republic*, 401, 531.
③ Plato, *Laws*, 710.
④ Ibid., 968d.

"美善兼备"（kalligathia）的整全人格（whole being）。一般说来，诗乐艺术呵护心灵，诗乐中对神明和英雄的颂扬，对高尚德行与品格的表现，能教心灵"爱其所应爱，恶其所应恶"（misein men a chrē misein, stergein de a chrē stergein）。① 相应地，体操艺术关照身体，通过游戏、舞蹈、田径、狩猎与军训，能使人体魄强壮，身材健美，能征善战，有助于保家卫国。这些思想既见诸《理想国》，也见诸《法礼篇》，原则上没有什么区别，只不过前者重在讲述理论，后者重在讲述实践。

有鉴于此，我曾把柏拉图强调道德修养的艺术教育思想称之为道德诗学，这种诗学主要基于道德理想主义（moral idealism）和政治实用主义（political pragmatism）的原则，主要由心灵诗学（psycho-poiēsis）和身体诗学（somato-poiēsis）两个有机联系的维度构成。从原则上讲，道德理想主义基于至善的理念，将智慧、勇武、节制与正义等德行所构成的城邦伦理基础完全理想化了，不仅认为这种伦理基础在一定意义上超越了僵化的法律体系，而且坚信通过正确教育会使这种伦理要素内化在公民的思想意识和行为举止之中，最终培养出具有优良德行的完善公民。需要指出的是，在《理想国》里，这种伦理或道德至上的学说，显然超越了法律至上的传统。但在《法礼篇》里，柏拉图虽然持守着道德理想主义的原则，但却回归到了法律至上的传统界限之内。至于政治实用主义，实际上也就是我曾说过的政治工具论，该理论基于"为城邦而生，为城邦所用"的信条，从维护城邦的共同利益与和平秩序这一根本目的出发，把对公民实施的艺术教育视为手段，就如同把对公民的法治教育视为手段一样，最终是要把公民培养成保家卫国的战士和遵纪守法的楷模。从构成上讲，以诗乐（mousikē）教育为主要内容的心灵诗学，旨在培养健康的心灵、敏锐的美感、理性的精神、智善合一的德行，以便参与管理城邦的政治生活。而以体操（gymnastikē）训练为主要内容的身体诗学，旨在练就健美的身材、坚韧的意志、高超的武功、优秀的品质，以便适应保家卫国的军旅生活。从目的论上讲，心灵诗学以善心为本，身体诗学以强身为用，柏拉图正是想通过心灵诗学与身体诗学的互补性实践，来达到内外双修、文武全才的教育目的，造就身心和谐、美善兼备的理想人格。

---

① Plato, *Laws*, 653d-e.

为了进而说明心灵诗学与身体诗学的特殊用意，我曾有过这样的表述：在古希腊文中，"心灵"（psychē）代表化育和维系生命的"呼吸"（breath），关乎情思意趣的"心"（heart）、"灵"（soul）和"精神"（spirit），同时也表示影响人生的"头脑"（mind）、"理性"（reason）和"知解力"（understanding）。"诗学"（poiēsis）指涉"诗歌"（poem）和"诗艺"（the art of poetry），同时也强调"塑造"（forming/making）与"创作"（creating）。这样，从词源意义上讲，心灵诗学就是心灵塑造之学，是关于如何塑造心灵及其德行的方法原理。柏拉图心灵诗学的核心理念，可以简约地归结为一句话：如何利用道德化的诗乐来塑造道德化的心灵，进而通过道德化的心灵来确立高尚的德行，建构理想的城邦，成就幸福的人生。这种心灵诗学作为柏拉图推崇的人生理想的重要组成部分，实际上也可以说是一种道德理想主义的人生诗学。①

至于身体诗学，也可以说是身体塑造之学，是关于如何塑造身体及其德行的方法原理。概言之，身体诗学以德为宗，强身为用。这里所谓的"德"（aretē），是指出类拔萃的德行与素养，不仅包含勇武与节制等优秀品质，而且意味着将人的天赋体能发挥到极致。就此能力而言，"德"与"用"彼此相通，是指人经过系统而严格的体育锻炼，可达到身材健美、英勇善战和文武双全的境界，进而在具体的社会实践活动中，能担当重任，追求卓越。譬如，参加体育竞赛能取得优异的成绩，从军打仗能建立卓越的功勋，治理国家能恪守正义的原则，等等。这些都是"德"与"用"的出色表现，是合格卫士的基本要求，也是身体诗学的追求目标。

总之，柏拉图的道德诗学，具有以美启智和以美养善的目的论特征。② 就"以美启智"而论，主要意指通过诗乐教育，借助审美情感与艺术魅力，开启蒙童的爱美之心，在其理智与情感趋于成熟之际，继而引导他们探讨和思索美之为美的原因，由此获得有关美之为美的真知，培养和强化他们的鉴赏能力和审美智慧，以便能够自觉地发现和创造美的对象。就"以美养善"而言，主要是借助审美智慧来培养良善德行。在这里，美为动因，善为准则，德为

---

① 王柯平：《〈理想国〉的诗学研究》，第1—2页。
② 这一说法虽是用来陈述柏拉图诗乐教育的固有特点，但在表述上是受李泽厚"以美启真"与"以美储善"之说的启发。为了避免特定意指上的混淆，故在表述上做了必要改动。

内涵，行为外显，最终落实在美善兼备的高尚人格与符合道德要求的社会行为之上。在柏拉图那里，每论及美善问题时，他抑或持守美善同一的立场，抑或推崇善为美因的观点，但从其教育理念的目的来看，他一再强调善心为本的思想，认为欣赏诗乐艺术之美旨在培养美的心灵。这里所谓美的心灵，实际上在道德意义上是指善的心灵。即便从词源学意义上看，古希腊人所说的"美"（kallos），若体现在事物表面上是指美的外观，若隐含在事物结构中是指美的形式，可一旦将其纳入道德或伦理判断，"美"则是指"善"或"高尚"之义了。因此，质而言之，柏拉图的道德诗学主要关注的是以美启智和以美养善的艺术教育方式或实践理路。

二 诗学与哲学的变奏

总体而论，柏拉图的思想具有相对的统一性；其不同领域的学说，具有内在的关联性。就其诗学与哲学而言，两者的相互关联程度，如同一首乐曲中两种曲调或旋律交互作用的变奏。柏拉图的诗学，如前所言，本质上是一种道德诗学，主要围绕着诗乐（艺术）教育而展开，旨在从身心两个方面培养人的德行，使其"成为完善的公民"（politēn genesthai teleon）[①]，成为"城邦伟大而完美的男子汉"（ho megas anēr en polei kai teleios），并因此而获得"卓越德行奖"（nikēphoros aretē）。[②] 柏拉图的哲学，涉及范围甚广，其身后发展起来的西方哲学传统，在怀特海（Albert Whitehead）眼里多为柏氏思想的"注脚"（footnotes）而已。在我看来，柏拉图的哲学虽然涵盖有关理念学说的本体论、和谐有序的宇宙论、神为善因的神正论以及灵魂审判的末世论等，但其核心内容则是关注城邦管理的政治哲学与强调公民德行的道德哲学；此两者实际上关联密切，互为表里，其主旨在于构想一套合理的社会制度，以便保障和谐公正的城邦秩序。至于涉及身心健康的诗学理论与人格修养的教育思想，若从目的论和工具论的角度来看，也只不过是强化和推行其政治理念和道德信条的辅助手段罢了。但值得注意的是，柏拉图的哲学尽管

---

① Plato, *Laws*, 644a (trans. R. G. Bury, London & Cambridge: Harvard University Press, Loeb Edition, 1994).
② Plato, *Laws*, 730d.

不乏抽象、空想与浪漫的成分，但从未高蹈于世态人伦之上而成为不食人间烟火的纯粹思辨，因为他本人最关切的问题是城邦管理艺术与公民德行教育，所追求的最终目标是人们何以能够和谐共处、各尽其能、过上公正有序、德行卓越和具有尊严的幸福生活。

实际上，在《法礼篇》里，柏拉图的道德诗学兼顾"善心"的道德理想追求和"强身"的政治或军事实用目的，依据"诗学"在古希腊语中表示"塑造或制作艺术"之义，我们可将道德诗学理解为一种从道德上塑造身心的艺术。而柏拉图的政治哲学，作为一种研究和培养政治智慧的学问，在一定程度上也可以说是一种"政治艺术"（tē technē politikēs），其重要任务之一就是"探讨心灵的本性与状况"（to gnownai tas physeis te kai exeis ton psychōn），因为"这对政治艺术来说非常有用"。[①] 这里所谓的"探讨"（gnonai），也表示"认识""考察"与"确定"等意；而"心灵的本性与状况"，则表示"心灵的结构性与可塑性"，即理性、欲求和激情三部分的相互关系与协调作用，也就是柏拉图在《理想国》里所言的"心灵三分说"。[②] 以此推论，要"探讨心灵的本性与状况"，就等于认识心灵的本性与状况，也就是认识或发现心灵三部分的相互关系与协调作用。我们知道，要想塑造心灵，须先认识心灵，这符合知先行后的基本原理。在此意义上，旨在认识"心灵本性与状况"的"政治艺术"，与旨在塑造心灵与身体的道德诗学相比，似乎具有某种逻辑的优先性。不过，从柏拉图所推行的教育大纲来看，基于诗乐教育和体操训练的道德诗学，又要比数学、天文学等科目具有某种实施的优先性。此类问题相当复杂，不在本文的讨论范围之内，这里仅就《法礼篇》中诗学与哲学的关联特征略作说明。

从词源学上看，《法礼篇》的希腊书名 Nomoi 原本一词多义，既表示"法规律令"，也表示"习俗惯例"，同时还表示"乐曲旋律"或"诗歌曲调"。在柏拉图的笔下，有时是一语双关，指涉交叉。譬如，在《法礼篇》里论及"剧场政体"（theatrokratia）时，他有意使用了 nomois 一词，以此表示"诗乐法律"或"歌曲调式"，同时还使用了相关的派生词，如以 nomothesian 表示

---

① Plato, *Laws*, 650b (trans. R. G. Bury, Loeb Edition); also see Plato, The *Laws* (trans. Trevor J. Sounders, London: Penguin Books, 1975).

② Plato, *Republic*, 439-443.

"立法",以 paranomian 表示"违法",以 nomotheten 表示"立法者"。继而在论述"诗乐法律"的变化翻新时,他认为这是追求"过分自由"(eleutherias lian)的"根源"(archēs),是败坏城邦秩序的发端,是腐化公民德行的推手。① 可见,在柏拉图的心目中,诗乐以及其他艺术始终关联到政治与道德,反之亦然。因此,在本书后面的相关章节里,在分析"剧场政体"的乱象时,不仅需要了解古希腊诗歌传统与雅典剧场文化的特征,而且需要兼从道德诗学与政治哲学两个角度来审视彼此的关联;另外,当我们在追溯柏拉图的"城邦净化"(katharmous politeōs)学说时,就会发现其首先净化的是诗乐艺术,随后是政治人物与不良民众。上述一切都与城邦制度和公民德行有关,这无论在《法礼篇》里,还是《理想国》里,均是如此。

举凡阅读过《法礼篇》的读者,都会发现柏拉图在重视城邦立法的同时,特别重视公民德行的教育。这种教育主要采用的是法治教育与艺术教育互动互补的形式。按照柏拉图的设想,立法过程涉及面广,从法规律令、习俗惯例、祭祀节庆、诗乐歌舞、体操军训到宗教信仰,无一不在其内,这本身就是一个综合性的教育过程。诗乐(艺术)教育作为其中的一个重要组成部分,务必符合立法精神,也就是说,诗乐要遵守诗乐的法律,体操要遵守体操的法律,游戏也要遵守游戏的法律,这样才有可能培养出遵纪守法的公民。反过来,法治教育不是僵硬或抽象的教育,而是需要游戏和艺术教育的辅助和推进。因为,守法精神的养成,不仅有赖于法律条文与惩罚制度,而在更大程度上取决于公民的德行与自觉意识,取决于他们从小到大形成的良好习惯。在此意义上,艺术教育与法治教育既是互动互补的,也是同步推进的,至少在青少年阶段是如此。

另外,根据古希腊城邦的传统,德行问题既是个体的,也是群体的;既是伦理的,也是政治的;既事关个体的声誉,也关乎城邦的兴衰。柏拉图认为教育的最高目的就是培养公民德行。而艺术教育作为其中一大部分,其最高宗旨也是培养公民德行。这样的话,研究柏拉图的道德诗学,也就是研究其政治哲学的相关内容。更何况柏拉图的诗学思想,在原则上总是立足于道德理想主义和政治工具主义的立场,最终是要培养合格的公民,建设美好的

---

① Plato, *Laws*, 669e-701d.

城邦，过上幸福的生活。

再者，诗学与哲学的内在联系，还体现在柏拉图那种富有诗性特征的写作方式里。在这种写作方式的诸多构成要素中，传统的"喻说"和"神话"占据明显位置。柏拉图通常采用的喻说方式（allegorical approach），如同其借用的神话故事（mythos）一样，具有比喻、寓言和象征等作用，也具有启迪、解释和澄明其哲学思想等功能。

在古希腊，"喻说"有着悠久的传统。从词源与语义上看，表示"喻说"的希腊名词是 allēgoria，其动词是 allēgoreō，原本由副词 allos 与动词 agoreuō 组成；通常，allos 表示"去往另一处"或"用另一方式"，agoreuō 表示"言说"或"发布"，allēgoreō 则表示"言此而喻彼"或"以比喻方式来表达与解释"。这便使"喻说"（allegory）一词"包含两种彼此相关的意思：其一是以比喻的方式写作，其二是以比喻的方式解文。前者用其创构一件作品，以其外显用意来表示'别的'用意；后者用其解释一件作品，旨在以其表示此作品包含'别的'用意"[1]。

值得注意的是，在早期解释荷马时代神话的过程中，由比喻方式所形成的具有奥妙玄幻特性的神话学（*mythologia*），与童年时期强调爱智求真要旨的哲学（*philosophia*）密不可分，导致这一现象的原因之一就在于喻说的效用和神话的魅力。有的西方学者因此断言："喻说"不仅与神话有关，而且与哲学的起源有关。柏拉图以前的哲学研究，有时被神话的喻说方法所遮盖。而喻说作为一种解释模式（interpretative mode），对研究早期希腊哲学的生成具有重要意义。但是，古代哲学史家在论及希腊哲学发展时很少提及这一点。[2] 现有的研究表明，"自哲学以降，哲学与喻说不仅关联密切，而且喻说使哲学与诗歌之间古来有之的争论变得活跃和复杂起来"[3]。有鉴于此，本章特意从《法礼篇》里列举出下述喻说与神话，借此证明和彰显柏拉图在其书写方式

---

[1] Gerard Naddaf, "Allegory and the Origins of Philosophy", in William Wians (ed.), *Logos and Muthos: Philosophical Essays in Greek Literature* (Albany: Suny Press, 2009), p. 111, also see Jon Whitman, "Allegory", in Alex Preminger and T. V. F. Brogan (eds.), *The New Princeton Encyclopaedia of Poetry and Poetics* (Princeton: Princeton University Press, 1993), pp. 31-35.

[2] Gerard Naddaf, "Allegory and the Origins of Philosophy", in William Wians (ed.), *Logos and Muthos: Philosophical Essays in Greek Literature*, pp. 99-100.

[3] Ibid., p. 119.

中，是如何借助"喻说"来表达和传布其"哲思"的；相应的，读者亦可由此窥知"喻说"与"哲思"或诗学与哲学之间的内在有机联系。

三 "医生喻说"中的法理原则

在柏拉图所构想的"次好城邦"里，虽然依法治邦（the rule of law）为主、以哲治邦（the rule of philosophy）为辅已成国策，但是，如何立法的问题，对于柏拉图来讲，既是法学问题，也是哲学问题，不仅事关城邦建制与发展的前景，而且事关法治与管理的成效。因为，柏拉图明白，立法的目的是为了管教城邦居民，但其有效性取决于居民的服从与遵守，而服从与遵守又取决于所定法规是否符合居民的实际需要。在古希腊，城邦居民通常分为自由民与奴隶两大类。鉴于他们不同的社会地位与政治权利，立法家务必考虑如何区别对待的立法原则。为此，柏拉图这样写道：

> 我们委任的立法家，在他制订出的法典前面就没有令人满意的序论吗？难道他只是简单地宣布该做什么或不该做什么，再加上一些惩戒违背行为的措施，然后就转入下一条法律了吗？难道就不附加上一句鼓励与说服大家的话了吗？这就好比给人看病各用一套方法的医生（iatros）。我们要像儿童恳求医生采用最温和而体贴的方法给他们看病一样，提醒立法家注意这两种方法的差异……其中一类医生是奴隶出身（oi douloi），他们是在师父的指导下学医，凭借观察和实习行医；另一类医生是自由民出身（oi eleuthroi），他们是通过研究自然来学医，老师将系统的知识传授给学生……一般说来，城邦里的病人既有奴隶，也有自由民。奴隶出身的医生通常给奴隶看病，决不在意病人的抱怨，也不询问病人的病情，他就像一位鲁莽的抄写员，满不在乎地根据自己的经验，好像看一眼便能确诊似的，随即就给病人开出处方，然后匆匆忙忙地去看下一个病人，全然一副独断独行的派头（kathaper tyrannos）。自由民出身的医生则不然，大多都能以科学的方式给自由民看病，像对待朋友那样与病人亲切交谈，认真了解发病的过程，尽力向患者说明情况，排忧解难，在未得到患者的同意之前，不会给其开出处方；他会耐心劝导患者，使其

平心静气，继续合作，然后对症下药，直到患者康复。上述两种治疗疾病的方法，哪一种是医术比较高明的医生或健康教练员所使用的方法呢？这两种方法中哪一种应当考虑运用于立法呢？①

在此喻说中，至少有四点值得我们关注，即医生的诊治态度、患者的社会地位、医生的职业培训与立法的基本原则。

首先，从医生的诊治态度来看，这两类医生对待这两种患者的态度截然相反，一是直接诊断就立刻开方，二是详问病情后对症下药；前者冷漠专断，不由分说，简单鲁莽，犹如给士兵下达命令一般；后者耐心友善，注重交流，说明病理，凸显人文情怀与科学精神。这两种不同的医治方式，使人不由想起荷马史诗里描述政治决策过程中的两种不同做法。在《伊利亚特》第二卷里，希腊联军统帅阿伽门农根据梦神所托之梦，扬言要放弃攻城，准备领军回国，以此试探军心。但为了避免误解和骚乱，他先请心高志大的长老会议事，彬彬有礼地重述神梦，仔细说明原委，赢得大家赞同。随后，他让传令官召集军队，自己手握权杖，对将士大声宣布：你们要按照我的盼咐服从命令，让我们坐船逃回亲爱的祖国的土地，因为我们攻不下街道宽阔的特洛伊城池。未料想军中有一士兵特尔西特斯十分倔强，不但不听招呼，反而大声叫嚷，责骂阿伽门农贪图女色，私下藏娇，虽然身为统帅，却是懦夫恶徒，不该让阿开奥斯人遭受灾难。在场的长老会成员之一奥德修斯闻言，即刻来到这位士兵身边，用权杖将其打得肩膀淌血，满面流泪，吓得再也不敢吱声。经过此番波折，最后的结果是军心振奋，饱餐战饭，继续攻城。② 从中可见，阿伽门农深谙权变之术，做法因人而异：对待长老，他重在说服；对于士兵，他下达命令；这与医生对待自由民和奴隶的不同态度颇为相似。

其次，从患者的社会地位来看，有一方是奴隶出身，另一方是自由民出身。在当时，不同的出身是前定的或与生俱来的，这便决定了他们各自不同的社会地位。相应地，不同的社会地位也决定了他们各自在城邦里的工作范围、生活方式乃至医疗条件。换言之，在医疗方面，奴隶出身的患者理应就

---

① Plato, *Laws*, 720.
② ［古希腊］荷马：《伊利亚特》，罗念生、王焕生译，人民文学出版社 2003 年版，第二卷，阿伽门农召开全营大会试探军心。25—390 行，第 26—40 页。

诊于奴隶出身的医生，自由民出身的患者通常就诊于自由民出身的医生。这样一来，医生采取何种诊治态度与患者接受何种医疗方法，都是因循城邦既定制度的结果。于是，我们可以由此推知古希腊自由民与奴隶在城邦生活中的不同境遇。在普遍实行奴隶制的古代社会，奴隶通常被当作从事苦役的工具与财产的组成部分，其教育、权利、尊严、福利乃至生老病死几乎可以忽略不计。自由民则不同，他们享受着城邦公民所赋予的诸多权利，包括参政议政、立法诉讼、宗教祭祀、节日庆典、管理义务与社会福利，等等。柏拉图本人所关注的对象，是作为城邦公民的自由民而非奴隶，因为奴隶或奴隶制对他来说，只不过是历史遗留下来的习俗惯例而已。在其对话作品《欧绪弗洛篇》（Euthythro）里，柏拉图曾描写过一桩奴隶被主人虐待致死的案件，但并非是为了替这位死去的奴隶伸张正义，而是为了论辩"何为虔敬？"这一带有宗教色彩的德行问题，其潜在用意则是为了澄清"虔诚"观念的模糊性乃至危害性，因为当时掌权的雅典政客正是借用"不虔诚"的"不实之罪"，特意挑动民众将他们的严厉批评者或"政治牛虻"苏格拉底判处死刑。总之，在这篇对话里，柏拉图是言此而及彼，旨在为师辩护，至于他对待奴隶与奴隶制的态度，显然是因循旧制、听之任之，这也是他屡遭后世诟病的要点之一。现追究这个问题，已超出本文范围，我们还是回到"医生喻说"的讨论上来。

这里要说的是第三点，也就是医生的职业培训问题。在当时，医生这一职业的培训方式也取决于医生本人的出身。据上所述，奴隶出身（oi douloi）的医生，是在师父的指导下学医，其传授医道的过程虽然也包括临床观察与实习，但其主要方法通常是"灌输式的"，师父一般要求徒弟切记"应该如此"的医疗手段，而不鼓励他们进行"为何如此"的科学探讨；相比之下，自由民出身（oi eleuthroi）的医生是通过研究自然来学医的，老师会将系统的知识传授给他们，要求他们视野广阔，刨根问底，求真说理。通常，老师采用的教学方法是"启发式的"，会鼓励学生探讨"为何如此"的科学道理，而不会要求他们死记硬背，以免堕入只知"应该如此"而不知"为何如此"的陷阱。自不待言，不同的职业培训方式必然养成不同的行医方式或诊病态度。因此，当奴隶出身的医生以简单鲁莽的态度对待奴隶出身的患者，而自由民出身的医生以耐心温和的态度对待自由民出身的患者，也就是一种司空见惯的"医疗习俗"了。当然,柏拉图在此贬低的是前者,推崇的是后者。他之所以如此,并不只是出于自身惯例性的政治立场,而是出于如何建构一套"实实在在的法礼"的目的性追求。

最后,需要特别关注的便是立法的基本原则问题。从"医生喻说"的内在要旨来看,柏拉图是以医生与患者的关系为例,来宣示立法者及其立法程序的原则要求。这一要求所标举的是劝导或说服,所贬斥的是独断或专制。因为,若从医道的角度看,医生诊断病情,不仅要知其然,而且要知其所以然,这样才有可能对症下药,治病救人。若从康复的角度看,如果患者也能通过医生的说明,对自己的病情不仅知其然,而且知其所以然,那就有助于自己配合医生的治疗方案,使自己早日康复。如果将这种医治方式运用于立法牧民或治国理政,那就有助于立法者与民众、治人者与治于人者相互理解,彼此配合,达到法立民守、政通人和的预期目标。否则,仅靠自上而下、自以为是的单边式强权专制,就有可能导致法规受阻、政令不畅或民怨沸腾的负面后果。或者说,虽有多种立法,却无有效司法,亦无自觉守法。由此可见,柏拉图借用这种喻说,就是要人们从日常的就医求诊中,从生命攸关的感受中,从关乎切身利益与推己及人的心态中,去反思立法的有效方式及其科学的法治教育过程。

实际上,在随后的讨论中,柏拉图借用那位雅典人之口,以婚姻法为例,向同行的斯巴达人和克里特人阐明了强制与劝说并用的立法原则,认为只靠强制性的威慑不够,单凭劝说性的告诫也不成,这两种方式务必综合利用,交替行使,才会收到更好的效果。如果只限于其中一种,必然会顾此失彼,陷入片面。① 因为,法治的对象不同,有的因威慑而生畏,故不敢非为;有的因劝说而臣服,故不越雷池。再者,从实际效果上看,法无强制性威慑之力则不立,法无劝说性告诫之能则难行。为此,柏拉图特别建议,要在每部立法条款之前,加上简明扼要、言之成理的"绪论"(prooimia)部分,其目的就在于说服教育民众,知晓立法的用途,规导自身的行为,养成遵纪守法的意识。

显然,柏拉图所采用的这种喻说方式,既是一种化远为近的说理策略,

---

① Plato, *Laws*, 721-723.

也是一种化抽象为具体的比喻说辞。在其对话中，柏拉图经常采用不同的喻说（其中包括自己创构的神话或故事），意在表达更为深刻的哲理或立法的艺术。实际上，这也正是其对话作品富有戏剧性、文学性，并能给人留下深刻印象的重要原因之一。可以肯定地说，举凡读过《理想国》的人们，都会记得那个著名的"洞穴喻说"（the Allegory of the Cave）；举凡读过《法礼篇》的人们，也不会忘记这个有趣的"医生喻说"（the Allegory of the Doctors）。举凡熟悉这则喻说及其用意的读者，若面对柏拉图的下列问题——"上述两种治疗疾病的方法，哪一种是医术比较高明的医生或健康教练员所使用的方法呢？这两种方法中哪一种应当考虑运用于立法呢？"，我相信他们都会做出合理选择的。

颇为有趣的是，柏拉图在《法礼篇》里还使用了其他喻说和神话，这一方面体现了"由艾索克拉底引入阿提卡散文里的风雅特征"（the graces of style introduced into Attic prose by Isocrates）①，另一方面延续了柏拉图充满诗性智慧的写作与论说艺术。这两个方面实际上也是柏拉图诗学与哲学交融嬗变的重要特征。为了进一步体认这一特征，我们不妨再看看另外三例。

四 "渡河喻说"引发的哲思

论及宗教信仰等神学问题，灵魂或心灵的作用举足轻重。为了帮助同行的克里特人和斯巴达人明白这一复杂的论证，那位见多识广的雅典人出于解释的目的，便以"渡河喻说"（the allegory of crossing a river）为契机，来表明自己所扮演的角色与所提出的论证。如其所述：

> ［有关灵魂的］这一论证极其吊诡。我们老年人务必审慎，不要受其新鲜感或新奇性的迷惑，否则我们就会上当，使自己看上去就像是荒唐的傻瓜一样，其雄心勃勃的思想竟然在微不足道的小事情上遭遇败绩。要仔细斟酌。想想看，我们三人要渡过一条突然涨水的河流，我相对年轻一些，且有不少渡河经验。假定我说："我应当自己先去试试，让你们

---

① A. E. Taylor, *Plato: The Man and His Work* (New York: Meridian Books, 1956), p. 19.

两位待在安全地带，我去探明这条河流是否也适合你们两位老者去渡，如果发现不适合，那也要弄清情况到底糟糕到什么程度。如果我发现此河适合你们去渡，我就会招呼你们过来，将我的经验告诉给你们，以便帮助你们渡河。如果发现此河不适合像你们这样的老者去渡，那么只好让我一人来冒此风险了。"你们觉得这样是否合理呢？我们所遇到的情况是一样的：后面的论证过于深奥，像你们这样体弱的老人或许难以理解。我想，为了不让你们这些初学者被一连串问题搞得晕头转向，因为那样会使你们感到没有面子和非常不爽，我想最好还是这样：我先向自己发问，你们只听不答。随后我再逐一回答这些问题，我将用此方式完成这一论证，直到对灵魂做出深究，对灵魂先于物质做出证明。①

乍一看来，这好像是一个自告奋勇的年轻人，在遇到河水暴涨时努力帮助两位老翁的友善之举。其实，这位自称"较为年轻"的雅典人也是一位老者，只不过与同行的另外两位老翁相比，他自己略小几岁罢了。他用这种婉转客气的语调和甘冒风险的喻说方式，试图在安慰和说服同伴之时，也显示出自己尊老的品质和为人着想的素养。当然，其真实用意并非像看上去那么简单，这里仅从如下四个方面予以分析：

1. 经验意义

在《法礼篇》行将讨论如何立法之始，也就是在第一卷 634c-635a 处，分别来自雅典、克里特和斯巴达的三位老者达成协议，认定只有老人才有资格私下讨论法礼的长短，但决不允许在年轻人面前公开议论法礼，同时也不允许年轻人探询法礼的好坏，这不只是因为年轻人缺乏经验与判断能力，而且是因为法礼是神明参与制定的产物，是所有人应当遵守的规约。很显然，这一协议偏向于极力维护老人统治（gerontocracy）的观念，为此断然杜绝或限制了任何想要自由探讨立法的权利。雅典人是见证过民主制度的优劣并享用过言论自由的公民权利的，但克里特人克莱尼亚斯和斯巴达人麦吉卢斯则没有这类经历，他们的视野仅限于自己知道的城邦制度及其相关事务。于是，

---

① Plato, *Laws*, 892d-893a. Also see the Penguin version of *The Laws* translated by Trevor J. Saunders.

为了让他们两位便于理解将要谈论的问题,雅典人利用渡河的比喻,强调和凸显了经验的意义。这种意义不仅在于表明渡河的经验有助于人们渡过危险的河流,而且还意味着相关的经验有助于人们认识相关的对象或克服相关的难题,等等。雅典人有意自称"年轻",但却富有"经验",由此成为另外两位"老翁"的向导。这似乎告诫他们,年龄不是问题,经验才是关键。这便给为雅典人随后的长篇大论打开了方便之门,当然也有意保全了克里特人和斯巴达人"自尊的颜面"。

2. 象征意义

雅典人宣称下面的论证过于"吊诡"和"深奥",认为同行的这两位"体弱的老人"或许难以理解,于是慨然提议自问自答,仅让后者听而不答,免得他们晕头转向,不知所云,感觉不爽。所谓"体弱的老人",看似一种富有同情心的表述,实则暗含一种善意的讥讽;看似意指他们的体能或生理状况,实则是指他们智力或理解能力的欠缺。相比至下,雅典人知识渊博,受过良好的哲学教育,而克里特人与斯巴达人见识有限,没有受过哲学训练。而接下来所要讨论的灵魂问题,既涉及宗教信仰,也关乎宇宙秩序,显然是一个哲学话题。这便表明雅典人属于"哲学家"(the philosopher),克里特人与斯巴达人属于"非哲学家"(non-philosophers)。双方的区别在于:"哲学家"所熟悉的深奥论证,是"非哲学家"难以理解或难以想象的。由此推想,"渡河"是由此岸走向彼岸。如果此岸象征无知、彼岸象征有知的话,那么,哲学家就是帮助人们"渡河"的向导,即协助人们从无知的此岸到达有知的彼岸的导师。随后的"讨论"表明,雅典人的哲学思想与论证方法,让洗耳恭听的克里特人和斯巴达人深感折服、不断点头称道。

3. 现实意义

我们很难想象,在一个崇尚法治的城邦里,知识贫乏或不懂哲学的立法者会制定出优良的法律,治理好公共的事务,教育好广大的公民,维护好社会的秩序。《法礼篇》里的三位老者,都是立法者与护法者。在他们中间,雅典人是"哲学家",而克里特人和斯巴达人是"非哲学家"。这一差别不仅关系到立法的完善与城邦的治理,而且关系到公民的教育与社会的秩序。故此,雅典人借用"渡河喻说",试图劝导他们接受哲学训练,帮助他们提高理智水平,期待他们成为合格的立法者与护法者。因为,他们应当"像哲学家一样,要能够言之成理地向听众说明事物的真相"①。而要说明相关"真相",譬如宗教根基、信仰缘由、灵魂作用、万物生成与宇宙秩序,等等,他们就必须接受相关的教育或训练,尤其是哲学的教育或训练。如此一来,雅典人便昭示出高等教育的必要性和重要性,并且在随后的论述中,提出了建立"夜间议事会"这一立法和护法机构的设想,要求他们不仅要德高望重、经验丰富,而且要学识渊博、公正无私,除了担负"护法"与"监督"的职责之外,还担负着深入研究法律、哲学和完善法律建设等职责。② 这实际上是从现实需要出发,为"次好城邦"的哲学教育奠定了合法的基础。这里所说的"哲学教育",理应涵盖其他高等学科领域。

我们知道,在柏拉图的政治哲学中,有三部对话文本最具代表性:其一是《理想国》,其二是《治邦者篇》,其三是《法礼篇》。比较说来,在《理想国》里,城邦主要是靠"哲人王"执政,所倚重的是以哲治邦,所借助的是认识和道德法则;在《治邦者篇》里,城邦主要是靠贤能理政,所强调的是领导科学,所认同的是法治系统;而在《法礼篇》里,城邦主要是靠"夜间议事会"监管,所依据的是法治律令,所兼顾的是哲学研究。如果联系起来看,这三篇对话构成了一个从人治到法治的演进与转化过程。但无论其怎么演进与转化,哲学始终占有不可替代的重要位置。

至于法律的作用,虽然三者都未忽略,但各有侧重。譬如,在《理想国》里,"哲人王"以哲治邦,以德化民,遵守"美好城邦"的法则,这些法则通常以道德为本位,主要包括作为城邦道德与政治立法基础的理念学说,作为规定诗乐教育及其适宜内容的审查条例,作为管理农商和司法程序的具体法规,等等。在《治邦者篇》里,明智的执政者深知立法的重要,认为此法包括成文法与不为文法,前者为具体的实在法律,后者为祖传的习俗惯例,均用于范导或规约民众的言行,使其符合城邦管理的要求。但是,真正的治邦者当属贤能之士,应知城邦和民众的根本利益所在。他不仅具有科学知识,

---

① Plato, *Laws*, 857.
② Ibid., 961-968.

而且掌握领导艺术（譬如修辞、兵法与管理等），能够英明决策，统领全局，指派各类专家处理不同事务。这样便使科学知识优先于法律本身。在《法礼篇》里，作为个体的"哲人王"或"治邦者"均被"夜间议事会"这一领导群体所取代，依法治邦成为城邦管理的核心方略。但是，法礼的作用已经扩展，一方面用于维系城邦的秩序和稳定，另一方面用于培养民众的德行与责任，因为城邦的最终目的关乎公民的道德与福祉。[①] 但从立法、执法到释法的整个过程来看，显然都离不开"哲学护国者"（philosophy-guardians），也就是那些经验丰富、德高望重和精通哲学的"夜间议事会"成员。在这里，依法治邦与以哲治邦非但没有彼此对立、互相掣肘，反倒相得益彰，协作无间。这无疑是柏拉图孜孜以求的理想管理模式。

4. 理论意义

雅典人随后所阐述的理论，涉及宇宙创化与万物生成的本源与过程。尽管他用铁饼的旋转与半径不同的圆周来解释运动与变化的现象，但其复杂性和理论性显然超过了克里特人和斯巴达人的知解能力。不过，他用巧妙的询问方式让这两位同伴积极参与进来，诱使他们在随声附和中聆听他的独白并认同他的学说。

总其要旨，雅典人的理论是从物体运动的类别谈起，继而论及宇宙创生的起因与万物化成的过程，最终追溯到灵魂的运动特征及其与神相若的绝对本质。他认为物物相因，彼此互动，生生灭灭，增增减减。若一运动物体碰撞一静止物体，就会导致分解；若一运动物体相遇运动方向相反的其他物体，就会产生结合。只要其存在状态未受损害，分解就会减少物体总量，结合则会增加物体总量。如果分解与结合导致存在状态废止，相关的物体就会毁灭。

这一切是如何引发的呢？其根本起因或始基到底何在呢？雅典人就此提出三阶段论：首先是冲动阶段，其次是运动阶段，再者是变化阶段。万物正是在变化过程中诞生的。究其根本，这都是两种运动所为：一种是永远能够推动他物但不能推动自身的运动形式，该运动形式只能将运动赋予他物，但其自身的变化则取决于另一运动形式。而另一种运动形式凭借结合与分离、

[①] Robert W. Hall, *Plato* (London: George Allen & Unwin, 1981), pp. 81-89.

增加与减少、产生与毁灭等作用，既能推动自身，也能推动他物，是所有存在物中变化与运动的始基或起因。无论从祖谱还是从能量上讲，只有这种既能自生运动又能推动他物的运动形式，才是万物运动、变化和生成的原因，也就是引发一切运动和变化的第一原则或原初动力。

这一原则或动力不是别的，正是与神相若的灵魂。这灵魂先于物质，如同精神秩序先于物质秩序一样。这灵魂是万物生成的第一起因，不仅内在于而且主导着运动中的一切，其中包括地上的万物，海里的众生与天上的星体。这灵魂依据理性，用一种规则的、一致的、围绕固定中心并借此推动他物的运动形式，主宰着宇宙万物。其掌控太阳的方式，就像驾车一样驱而动之，从而使人享受到阳光，使人将灵魂视若神明。此外，灵魂还伴随着热与冷、轻与重、白与黑、苦与甜、光滑与粗糙等特性，利用由其自身引发的相关运动，主导物质的次级运动和刺激万物或增或减、或分或合。再者，灵魂自身就是神明，能够利用种种手段，抑或持守神圣的理性，引导万物善始善终；抑或联合非理性，产生完全相反的结果。因为，灵魂有多种，但主要分两类，其一是"最美的灵魂"（tēn aristēn psychēn），是以平衡而有序的方式成就美、善、正义的原因；其二是"恶的灵魂"（tēn kakēn psychēn），是以失衡而混乱的方式产生丑、恶、不义的原因。[①] 在随后的讨论中，柏拉图关注更多的是"最美的灵魂"，并从积极参照的立场出发，肯定和推崇这种灵魂在引导和监管宇宙万物时所呈现的道德功能。对于"恶的灵魂"，柏拉图只是点到为止，存而不论。因此，我们只能这样推断：凡是丑、恶与不义之类现象以及不敬神明的异端妄为，均发端于"恶的灵魂"，但它们在终极意义上都无法与"最美的灵魂"抗衡。这一先验设定，既是柏拉图的神学原则，也是其道德原则，两者均在本书后面所述的"厄尔神话"（the myth of Er）与"劝诫神话"（myth of exhortation）中得到确证。

上述有关灵魂、运动、变化与万物生灭这一系列过程的理论意义，主要可从以下几点予以审视：第一，灵魂如同神明。灵魂的自生运动和推动他物的双重运动特征，俨然成为宇宙创化与万物生成的本源或第一推动力，与其他存在物相比享有绝对的优先性。这样一来，灵魂便与神明等同了起来，因

---

① Plato, *Laws*, 893b-899b.

为其主宰万物的合理方式就像"真神"（oion orthōs theos）一样，① 同时也取代了原先被视为形上实体的"善自体理念"，因为其推动、创化和主宰的能力已然超过了后者。

第二，灵魂依据理性。在这个灵魂生运动、运动生变化、变化生万物的三阶段逻辑程式中，作为第一推动力的灵魂，能够借助各种手段，掌控天体的运动，引导万物的变化，成为宇宙或世界的主宰。这一切之所以可能，是因为灵魂持守神圣的理性，因循"理性运动的本质"（dē nou kinēsis echei），围绕某一中心和相同的物体协调一致地运转。② 如此看来，理性乃是灵魂万能的内因。但这"灵魂"并非一般灵魂，而是"宇宙灵魂"；这"理性"也并非普通理性，而是"宇宙理性"。此两者似乎形成某种一而二、二而一的内在关系。

第三，灵魂无法直观。灵魂与理性一样，都是不能直观的实体。人们如果认为自己能用肉眼直接看到或充分理解灵魂与理性，那就如同在昊昊阳午时分用肉眼直接观看太阳一样，必然会两眼昏花，失去视力，所看到的只能是夜幕一般的黑暗。为了免于这种无效之劳，最好还是先看看作为其外在表象的运动形式，也就是那种在空间里围绕一个中心与相同事物周而复始的规律性运动。灵魂推动这一切，理性规导这一切，两者浑然一体、隐而不显。这就如同太阳的形体，每人都能看见；而太阳的灵魂，无人可以直观。亦如其他生物形体，无论死活与否，均用肉眼可见，但其灵魂全然不同。③ 灵魂如同周围的空气一样，包裹着肉体和感官，但就是视而不见，唯有用理性方能认识其存在与作用。有趣的是，柏拉图在此又使用了"观日喻说"，但与先前在《理想国》里所用的"日喻"相比，④ 这里显然更为简要，估计是出于提

---

① Plato, *Laws*, 897b.
② Ibid., 897d.
③ Ibid., 897d-898e.
④ Plato, *Republic*, 516b ff. 在从教育角度来论述人性问题时，柏拉图借助"洞喻"予以说明。在描写那位爬出洞穴的人时，柏拉图认为这里需要一个逐步适应或学习的过程，并由此引出这则"观日喻说"。如其所言："要让此人看到高处的物体，就需要一种逐步习惯的过程。起先，他最容易看到的是物体的影子，随后是人或物在水中的倒影，再后来是物体本身，再往后他便可以凝视天体的表象或天宇本身，夜间借助星光与月光观看较易，白天借助太阳与阳光观看较难。直到最后，在不借助其水中倒影或其他背景中的幻象情况下，他才能直观太阳本身，看清太阳的真实本性。此时此地，他通过推理得知：正是太阳提供了一年一度的四季变化，主宰着可视领域里的万事万物，因此才是所有可见事物的起因。"

醒读者回忆前说而无需赘述的考虑。这也正是若想理解柏拉图的一篇对话就需要熟悉其全部对话的原因之一。

第四，灵魂分有善恶。世上的事物是相对而出的，有美必有丑，有善必有恶，有正义必有不义，人类及其社会更是如此。所有这一切，均取决于两种灵魂及其运作方式：其一是"美的灵魂"与平衡有序的方式，其二是"恶的灵魂"与失衡混乱的方式。这种二分法，实为道德判断，由此引出的因果律，便成为宇宙道德原则。在随后讨论宗教信仰与"劝诫神话"的过程中，这一宇宙道德原则被用于末世论中的最后审判，由此演化为业报轮回法则，在统摄过去、现在与未来的时间向度中，始终监管和安排着人类各式各样的灵魂与命运。与此同时，那位雅典人，作为柏拉图的代言人，正是根据这项宇宙道德原则，逐一批驳了不敬神明的三大疑问——诸神不存在；诸神虽然存在，但对人类漠不关心；诸神会受到祭祀和祭品的影响，容易被人收买。① 关于这一点，本书第七章在解析柏拉图的"劝诫神话"时，将对此进一步论述，这里不再赘言。

第五，灵魂数目未定。人若没有灵魂，就成为行尸走肉；物若没有灵魂，就必然走向消亡。无论是对于具有生命的人或物还是天上活动的日月星辰，灵魂必居于其中，推动其运行，虽自身无形，但却有潜能，主导人体、物体与天体运动。但灵魂如何推动他物运动呢？柏拉图说是从外部发力推动。就天体运行而言，会不会是"通过天体外部的物理接触或通过其他方式"呢？② 柏拉图语焉不详，说不清导致天体运行或主宰宇宙万物的"灵魂是一个还是多个"（psychē men ē psychai），也说不清神明的确切数字以及神明与天体之间的关系。但有两点可以肯定：一是这灵魂无论多少都是"善的和有德的"（agathai de pasan aretēn），因为它们能力超常且手段多样，堪称主宰一切的"神明"；二是灵魂如同"神明无处不在"（theōn einai plērē panta），内在于宇宙万物之中。③ "神明无处不在"是泰勒斯（Thales）的格言。柏拉图此处引用，不只是要佐证灵魂无处不在的观点，而且是要借此为不信神明者设定

---

① Plato, *Laws*, 885b.
② R. F. Stalley, *An Introduction to Plato's Laws* (Oxford: Basil Blackwell, 1983), p. 173.
③ Plato, *Laws*, 899a-b.

"限度或规则"（nomizonti）。①

顺带说一句，举凡仔细阅读过《法礼篇》的人们知道，此书开头第一字是古希腊语"神"（Theos），接下来则把克里特城邦的法律尊为"神"的作品。在《法礼篇》第十卷里，无论是万物生成，还是宇宙秩序，其根源均被归于"世界灵魂"，实际上也就是归于"神"这位万能的造物主。这等于确立了宗教信仰的绝对基础，也等于将立法程序和城邦政治纳入了宗教神学和宇宙神学的领域。在柏拉图看来，采用这一宗教或神学策略，不仅将业已制定的法礼神圣化了，而且也把正在建构的"次好城邦"神圣化了。可惜的是，他这种试图拯救古希腊"城邦理想"的不懈努力，终究经不起更为强势的现实政治力量和历史变革动力（譬如马其顿王国和希腊化时期）的冲击，最后无法超越城邦衰落与消亡的必然宿命。

五 "玩偶喻说"与人性弱点

晚年的柏拉图，思想更为成熟，观察更为深邃，对人性的认识更为透彻。在《法礼篇》里，他将《理想国》里的灵魂三分说简化为灵魂两分说，在关注理智与情感两个部分的同时，也关注这两者之间形成的内在张力或紧张关系。这种关系一方面凸显出理智的非凡优越性，另一方面展示出诸多情感驱力的混合多样性。对此优越性，柏拉图持积极态度，试图通过"正确教育"加以涵养培育，促其走向神性，以便确保明智之士管好人类事务；对此多样性，柏拉图持消极态度，认为人类受情感的制约，难以克服自身弱点，因此管不好自身事务，缺乏自立自足的能力。不过，柏拉图终究是人不是神，他虽然鄙视人性的固有缺憾，但也怜惜人类的存在状况。为此，他将人比作"神的玩偶"，其言如下：

> 我们不妨这样想，我们每个活着的人都是神的玩偶（pauma theon）。我们是否与生俱来就是神的玩物（paignion）呢，或者与生俱来就是为了某种严肃的理由呢，这是超出我们认识范围之外的事情。但是，我们的

---

① Plato, *Laws*, 899c.

确知道这一点:我们自身具有这些情感,它们如同四下拉扯我们的绳线一样。它们东拉西扯,彼此对立,结果使我们采取了与其相应的行动,也就是彼此抵牾的行动;我们反反复复,经常跨越善恶交接的界限。依据我们的论证,在这些牵动力量中,有一种要求我们永久臣服,从而成为我们不得不依赖或听任其摆布的一种牵动力量;我们务必抵制其他绳线的拉拽。但有一根绳线是金线或神线,所传布的是"估算"的力量,它是城邦的公法(tēn poleōs kainon nomon)。这条金线是柔韧的,而其他绳线则是僵硬的,是由多种其他物质力量组成的。公法行使的力量是有德的或卓越的,每个人总应同这股力量合作,因为,"估算"是高尚之事,其性能柔和而不暴戾,但其作为则需要协助,这样一来,我们身上的含金部分就会胜过其他物质力量。假如我们给予自助的话,那么,在我们显现为玩偶的这则寓言中,其道德寓意就会贯通始终,得到巧妙而真实的表示;"自优部分"与"自劣部分"之类说法的含义就会变得更为清晰,城邦与个体的责任就会得到更多赞赏。个体务必知悉有关拉拽他的那些牵动力量的真相,务必在其一生的行为中遵从这一真相;城邦务必从我们言及的某一神明或某一人杰那里了解这一真相的好处,务必将其吸纳进法礼的形式之中,借此管理好城邦内部的事务和处理好本城邦与其他城邦的关系。倘若再进一步,那就要更为明确地厘清德行与恶行之别;对这一问题的昭示继而会有助于澄明教育(paideia)的主旨和各种其他实践活动……①

对于这则喻说的意指,我们不妨从以下四个方面予以解析:

1. 情感与理智

显而易见,"玩偶喻说"隐含着复杂的人性。在柏拉图那里,人类自身的"这些情感",与人类自身的多种欲望是彼此关联的,所谓七情六欲与衣食住行,几乎尽列其中。这一切是人类的天性使然,本来无可厚非,但若过度贪求,又将成为人类的弱点。相比之下,柏拉图认为人类易犯三种过失,即:

---

① Plato, *Laws*, 644d-645c.

对快乐的追求与喜爱，对欲望的屈就与遵从，对痛感的回避与恐惧。此三者通常与人的内在情感纠结一起，形成种种内在驱力，促动或左右着人的心态、念头乃至行为。

在上段引文中，柏拉图将人的"这些情感"或欲望，比作拴在人这具"玩偶"身上的绳线。这些绳线相互纠结，彼此拉拽，形成杂乱的反向运动，由此引发出心理世界里的自我内斗，进而转化成外在行为上的矛盾冲突。结果，出于情感的需要和欲望的满足，人人为己，盲目竞争，"每个人在公共领域都是其他人的敌人，每个人都在进行一场抗击自我的战争。"[1] 对于这些由情感或欲望扭成的绳线，有的学者将其喻为"僵硬而死板"的"铁线"（the iron strings）。它们所代表的牵动力量，是客观存在的，其本质是非理性的；一旦放纵或过度，就会对人的心理产生消极影响，对人的德行产生妨碍作用。

相对于这些"铁线"，人身上还幸存一根"柔和而灵活"的"金线"（the gold string）。这根"金线"作为一种牵动力量，是基于理智的"估算"能力或"实践智慧"（phronēsis），不仅能使人权衡利弊、考虑因果，而且能使人辨别善恶、趋利避害。鉴于人的理智是由神所赐，这根"金线"也被喻为"神线"。此线所象征的牵动力量，实际上就是金贵和神圣的"城邦公法"（tēn poleōs kainon nomon）。[2] 所谓"城邦公法"，就是城邦公民务必遵从的规矩与衡量其行为的准则，不仅可以用来抵制源于情感或欲望的牵动力量，而且可以用来引导人们步入遵纪守法的正途。通常，人只要诉诸理智，遵循公法，就能认清内在的牵动力量，克服自身的弱点，分辨行为的善恶，做出合理的决定，成为合格的公民。不过，在柏拉图心目中，这种"城邦公法"并非纯属人为，而是在神的传授或启示下得以建立。可见，人无论作为"神的玩偶"，还是作为神启的对象，都终究处在神的掌控中或影子里，或者说，人终究生活在神的佑护下，这可以说是柏拉图神学思想的基点所在。

值得一提的是，柏拉图的心灵学说，在《理想国》里采用的是"理性、激情与欲求"三分法，在《法礼篇》里却采用了"情感与理智"或"非理性

---

[1] Plato, *Laws*, 626d.
[2] Ibid., 644d-645c.

与理性"两分法。这后一种做法,在柏拉图学园的早期阶段曾流行一时。①在其最后这篇对话中,柏拉图化繁为简,合三为二,这样不仅便于表述,而且适合一般人的理解能力,尤其是适合那两位非哲学家(克里特人和斯巴达人)的理解能力。但这并非是说,"激情"(thumos)因素在《法礼篇》中已被柏拉图完全摒弃了。《法礼篇》里每谈及"喜爱胜利"(philonikia)与"喜爱荣誉"(philotimia)时,"激情"作为一种潜在要素总是处处在场。当然,在柏拉图心目中,"激情"既是一个积极因素,也是一个消极因素,前者表现在城邦卫士对胜利和荣誉的追求中,后者则反映在诸如傲慢与爱欲等情感之中。在一定条件下,这类情感"如同其他情感一样,也属于铁线范围,总与金线相左,将人这具玩偶牵向不同的方位"②。

另外,从情感与理智的内在心理冲突来看,被视为"玩偶"的个人,在这里全然是被动的存在,任由情感或欲望的绳线东拉西扯,亦如波布尼奇(C. Bobnich)所言,"此人似乎就是一个被动的容体,所盛的是彼此牵扯的情感,或者就是一个被动的看客,所见的是相互纠结的牵动力量"③。殊不知人有情感,亦有理智,可以主动地参与到这一感受过程之中。也就是说,人所拥有的主动性或反思意识,使其在一定条件下能够做出自己的决断、采取自为的做法。有鉴于此,波布尼奇特意引用英格兰德(E. B. England)的话说,"我们不再是一处引人好奇的景象:我们能够牵动自己的绳线"。这就是说,就其情感而言,人不再是被动的,而是可用某种方式介入或干预情感的互动作用。人作为能动者所拥有的主动能力,会让自己摆脱那些完全取决于互动性情感力量的种种行为。这样,人的作为不仅受到情感力量的影响,而且还受到自己对此过程进行干预的影响。至少在有些情况下,情感互动作用的结果并非单纯取决于冲突性欲望所包含的力量,而且也取决于人自己所采取的

---

① D. A. Rees, "Bipartition of the Soul in the Early Academy", *Journal of Hellenic Studies*, 77 (1957), 112-118. 桑德斯并不赞同这种观点,他认为柏拉图不会轻易放弃"心灵三分"的生动想法,其后期的"心灵两分"说也不会排除"心灵三分"说。为此,他特意通过细读《法礼篇》里的心灵学说,竭力表明"激情"(thumos)要素在柏拉图探讨心理驱力中所发挥的重要作用。Cf. T. J. Saunders, "The Structure of the Soul and the State in Plato's *Laws*" ['Structure'], *Eranos*, 60 (1962), 37-55.

② Maria Michela Sassi, 'The Self, the Soul, and the Individual in the City of the *Laws*', in *Oxford Studies in Ancient Philosophy*, 35 (2008), p. 135.

③ C. Bobonich, *Plato's Utopia Recast: His Later Ethics and Politics* (Oxford: Oxford University Press, 2002), p. 266.

协助理性之行为。虽然人的干预行为被描绘成一种遵从理性之线的牵力，但不可由此推定欲望力量的引发作用完全被取而代之了，因为柏拉图或许认为最后的行为依然取决于比干预更为强势的某种欲望。①

我们知道，人在生活实践中经常面临多重选择。在一般情况下，人经过权衡利弊之后，依然会面临某种二难抉择，这几乎无一例外地涉及人的 akrasia 问题。希腊词 akrasia 在医学意义上是指失禁患者的无能性状，在道德意义上是指无能为力者的虚弱品质，在哲学意义上则被引申为不能自控的意志薄弱特性，由此特性所导致的行为冲突，则被称之为 akratic conflict（意志薄弱冲突）。柏拉图对人性弱点的分析以及关于人即玩偶的喻说，在深层意义上就关乎这一问题。从其相关描述来看，一个人的理智如果不能管住自己的欲望，或者外在的诱惑大于自己内在的抵制能力，那就会导致心灵中的意志薄弱冲突，此类冲突见诸于源自心灵的意志薄弱行为（akratic action）。柏拉图正是借用喻说中的玩偶形象，旨在表明一个人在意志薄弱冲突过程中的行为与感受。② 需要指出的是，所谓"源自心灵的意志薄弱行为"，按照柏拉图的"心灵三分说"，它实际上介于理智判断与欲望强度的张力之间，这在一定程度上近似于波布尼奇所谓的"意志薄弱动力学"（the dynamics of akrasia）。据此，波布尼奇有意区分了"硬性意志薄弱"（hard akrasia）和"柔性意志薄弱"（weak akrasia）两种情境。就前者而论，一个人的欲望之线拉扯他去采取行为甲，但其理性之线基于估算或权衡，则告知他采取行为乙在总体意义上要比选择其他行为更好，但由于欲望之线拉扯他采取行为甲的力量大于采取行为乙的力量，他就会在没有外力的强迫下，为了满足当下的欲望而有意采取行为甲。就后者而言，一个人由于认知或情感等原因，其判别到底哪种行为更好的能力遭遇到阻挠、限制或破坏，故而失去效用或发生扭曲。③ 于是，他在采取行动时，通常缺乏理智判断，容易随心所欲，甚至不计长远后果。这类似于亚里士多德所说的"冲动性意志薄弱"（impetuous akrasia）。④ 譬如，一个人在愤怒之时，就会情绪冲动，就会根据自己的神经采取行为而罔顾其

---

① C. Bobonich, *Plato's Utopia Recast: His Later Ethics and Politics*, pp. 266-267.
② Plato, *Laws*, 902a-b; *Phaedrus*, 237d-238c; *Republic*, 430e-431b.
③ Plato, *Laws*, pp. 266-269.
④ Aristotle, *Nicomachean Ethics*, 1150b 19-22.

他。总之,"意志薄弱"在本质上是消极的,总是同人类犯错行为联系在一起。但要看到,导致人类犯错行为的原因不少,"意志薄弱"只是其中之一。在特定情况与境遇里,在特定条件作用下,有的人会因为秉性好斗而胆大妄为,有的人会因为寻欢作乐而违法乱纪,有的人会因为无知愚蠢而盲目行动,有的人会因为偏听偏信而上当受骗,有的人会因为贪心虚荣而铸成大错……凡此种种,不一而足。

至于"玩偶喻说"中所言的"城邦公法",可谓理性的至高原则,既可促使"理性的规定"(tēn tou nou dianomēn)①,也能代表"城邦的共识"(dogma poleōs koinon)②,其最终目的在于将健康的节制或自律之德灌输到心灵之中,使人的欲望不会过度泛滥,不会危及城邦的管理秩序与共同福祉。③ 至于遵守"城邦公法",从来不是一个简单的问题。这既涉及自由意志,也关乎实践智慧,此两者互为表里,在很大程度上取决于道德修为与法礼习俗。一般而言,道德修为是由中出,法礼习俗则由外作,彼此相辅相成,二者缺一不可。

2. 人与神

人与神的关系,一直是柏拉图神学与伦理学的关注焦点。但就"玩偶喻说"来看,柏拉图在《法礼篇》第一卷与第七卷里先后重复这一类比,其遣词虽显轻佻并含讥讽,但其态度认真且用意严肃。他在颂扬神明和贬低人类的同时,有意将人与神联系起来,并要求人务必认同自身的"玩偶"处境,务必参照这一品性度过一生,务必利用这一"最佳部分",积极参与"最高贵的消遣游戏",借此养成与其现存状况截然不同的心智。④

在古希腊语里,所谓"最佳部分"(to beltiston),也就是"最善、最好或最美部分"。根据柏拉图言说的语境,我认为该部分既是"人"与"神"产生关联的契机,也是"人"完善自身和成就德行的基础。因为,"人"正是作为"神的玩物"或"玩偶",才使"人"攀上了"神",从而结成三种

---

① Plato, *Laws*, 714a.
② Ibid., 644d; cf. 636d, 663b-c.
③ Ibid., 835e-836a.
④ Ibid., 803b.

关系，即：操控关系、游戏关系与教育关系。

首先，就操控关系而言，"人"不如"神"，无论在理智、德行与能力上，"人"都逊色于"神"；因此，"人"被"神"摆弄，受"神"操控，就像"克洛诺斯神话"所描述的那样，人的事务只能由远胜于人的神来安排和管理，而人只能打点和照料比自身略逊一筹的牛群与羊群。①

其次，就游戏关系而论，"神"以"人"为伴，将"人"作为自己玩耍、消遣或解闷的对象；相应地，"人"也借此以"神"为伴，成为"神"从事娱乐活动的组成部分。这便构成一种彼此依赖、互为对象、各取所需的游戏关系。通过这种游戏关系，"神"关爱和怜悯"人"，将理性或理智当作礼物赋予人，从而使"人"具有了"像神一样"的质素；与此同时，人凭借这种游戏关系，既可接近神，亦可摹仿神，从而使自己成为"像神一样"(esesthai theion)② 的存在。于是，"人"便由此"向神生成"(becoming divine of the human)，成为不断完善自我和追求超越的生灵。

最后，就教育关系来看，它一方面源自上述"游戏关系"，另一方面源自"参与最高贵的消遣活动"(kallistas paidias)。在柏拉图那里，"游戏"(paidia)经常被用来预示"教育"(paideia)，适宜的"游戏"被视为"正确教育"(orthōs paideia)的不二法门，尤其是在"儿童"(paida)阶段。譬如，木匠与士兵，都是在游戏过程中学会并掌握各自技艺的。故此，"正确的教育"要充分利用游戏活动(paizonta)，借此将儿童的趣味和欲求导向他们最终的目标，养成他们敬业的习惯，塑造他们良好的灵智，使他们通过寓教于乐的游戏，喜爱上他们所应学会的本领，一旦他们长大成人，就必然能够精熟地掌握和运用这些东西。③ 至于"参与最高贵的消遣活动"，实指"参与最美好的游戏活动"，这涉及神赐予人的另一类礼物——诗乐歌舞。柏拉图认为，由神所赐的诗乐歌舞，不仅是为了犒赏人们，使他们在辛勤劳作之余放松自己的心情并满足自己的审美需要，也是为了教育人们，使他们借此"养成与现在截然不

---

① Plato, *Laws*, 713a-714b. Also see Plato, *Statesman*, 271c-273d.
② Ibid., 792d.
③ Ibid., 643c-d.

同的心智"。① 故此，教育的起源可以说是"发端于日神阿波罗与诗神缪斯"②。不过，若要实现以上目的，务须遵从下述规定：每一个人，无论男女，都应参照人即"神的玩物""这一品格特性度过一生"。③ 这一设定，不仅成为上列三种"人""神"关系的联结枢纽，而且正是柏拉图先前所言的那种"严肃目的"（spoudē tini zunestēkos）。④ 如此一来，通过"人""神"之间的三重关系，人的事务增添了神性的维度，再也不同于往前了。换言之，人的事务已转化为"严肃的事情"，已成为"务必认真对待"的对象，从而看似具有与"悲剧"相若的"严肃性"了。

3. 德行与恶行

在"玩偶喻说"里，人受情感或欲望的干扰与拉扯，会贸然采取相互抵牾的行动，在反反复复的混乱之际"跨越善恶交接的界限"。这一界限，可以说是由功效对立的"铁线"与"金线"形成。代表情感与欲望的"铁线"所产生的牵动力量，一旦趋于过度或泛滥，就会把人拽向恶的一端，由此导致恶行；相反地，象征理智或"估算"的"金线"所产生的牵动力量，如若能够统摄情感与欲望，就会将人推向善的一端，由此成就德行。

在这里，柏拉图特意强调，人应当接受神明的启示或人杰的教诲，要设法认清那些拉拽自己的牵动力量的真相及其好处，并将其吸纳进法礼的形式之中，借此管理好城邦内部的事务，处理好本城邦与其他城邦的关系，进而判明德行与恶行之间的差别。对此，一生中要勤而行之，最终确立自己的德行，消除自己的恶行。为此，柏拉图提醒人们，一方面要明确"自优部分"与"自劣部分"之类说法的含义，承担城邦与个体的责任，另一方面要发挥理智的作用，在遵纪守法的前提下，积极主动地参与"自助"活动。所谓"自优部分"，也就是自我优良的品性，主要涉及爱好和平和重视友爱的精神，这不仅有助于加强城邦公民之间的团结或消除人与人之间的战争，同时也有助于保持自身心态的平和与避免内心世界的冲突。至于"自劣部分"，一般是

---

① Plato, *Laws*, 803c.
② Ibid., 653d.
③ Ibid., 803c.
④ Ibid., 644d-e.

指自我低劣的品性，主要关乎自私自利或巧取豪夺的恶行，这不仅会导致城邦内部的战争，而且也会激发内心世界的冲突。①

说到底，柏拉图是想告诫人们，每个人至少有两个自我，一方比较善好，一方比较恶劣，彼此相互争斗，总想压倒对方。而情感与欲望这些心理驱力，通常助纣为虐，使人处在内心纠结、冲突与焦虑的状态之中。要想解除这一困境，就需要借助理智的力量，克服自己的弱点，遵守城邦的法礼，培养自己的德行。古人云："人心惟危，圣心惟微。"从柏拉图的角度来看，我们似乎可以这样归纳：在普通人那里，人心唯情而危；在爱智者那里，人心唯理而安。前者反映人性的弱点，如若情感不通过理性的过滤，就会趋向危险的恶行；后者表示人性的优点，经理性估算而获实践智慧，从而引致安和的德行。

4. 悲观与乐观

柏拉图曾郑重宣布：严肃的事务需要认真对待，不严肃的事务无需认真对待。在他所认定的严肃事务之中，神与神的事务居于首位；而在其以为不严肃的事物之中，人的事务位列其上。如他所言，人的事务没有任何值得严肃对待的东西，严肃对待人的事务实属不得已而为之。② 因为，柏拉图深知人性的复杂与弱点，谙悉人情与人欲对人生构成的多重困扰。虽然人亦有理智这一神赐的礼物，但是，一旦情胜于理或情理不合（diaphōnia），就会引发最为糟糕的"无知"（amathia），而"无知"则是一种"蠢行"（anoia），是导致"恶行"的重要原因之一。③ 在此意义上，柏拉图对人、人性与人的事务的态度，显然是相当消极或悲观的。

不过，柏拉图也认为，没有人会自愿作恶事或履恶行。人屈就快感、惧怕痛苦或发狂发怒，是因为缺乏有关善恶的知识。④ 为此，柏拉图强调"教育"的主旨与作用，赋予"教育"一种特有的积极功能。当然，柏拉图所推崇的"教育"，是"正确的教育"，是关乎"公民德行"和"城邦福祉"的

---

① Plato, *Laws*, 627-628.
② Ibid., 803b; *Republic*, 604b.
③ Ibid., 653a-c; 659d-660a; 689a-d; 696c.
④ Ibid., 860d; 863b-c; 864b-c.

"教育"。这种"教育",包括诗乐和体操教育、数学与科学教育、法治与道德教育、神学与哲学教育,等等。

概而言之,诗乐教育以善心为本,旨在培养年轻人的良好的趣味,从而使其爱其所应爱,恶其所应恶。体操教育以强身为用,旨在培养年轻人勇武善战的体魄与能力,造就其美善兼备的身材与素质。数学与科学教育以理智为上,旨在培养人们推理、分析、抽象与归纳的认知能力。法治与道德教育以公正与德行为鹄,旨在规范人们日常的合法行为,培养人们善于节制的自律意识,鼓励人们追求自我完善的品格修养。神学教育以神为善因,强调人以神为范型,确立神为衡量万物的尺度,以此培养人的自我超越精神和传布人向神生成的必要性与重要性。哲学教育以智慧和真知为认识对象,意在引导人们爱智求真,充分发挥理智的积极作用,塑造自己完善的人格与发展自己非凡的洞察力,最终使自己成为"像神一样的存在"(god-like being)。在此意义上,柏拉图的态度不仅是严肃认真的,而且是积极乐观的。为此,他一生竭尽绵薄,试图改革雅典的教育传统,努力推行自己的教育理念,建议人们务必"掌握实践智慧"和"服从神性法礼",最终设法使人们"养成与其现存状况截然不同的心智"。①

由此可见,柏拉图在《法礼篇》里所建构的理想,既指向理想的城邦,也指向理想的心灵。而这两种理想范式,都与柏拉图的教育思想密不可分。究其本质,理想的城邦亦如理想的心灵,均能与各自内在的冲突和平相处。在这里,法礼的作用举足轻重,"其如一剂灵丹妙药,借此克服情操与情感所引发的不稳定影响。这剂灵丹妙药的权威主义性相或许会让当代读者担心,但柏拉图力挺这种救治方式,假定此乃消解人性极端弱点的关键所在。特别值得一提的是,法礼对理性的规定作用是强制性的,并假定每个人只要是一个神性动物,他就潜在地拥有这种理性规定能力,但是,只有'少数人'才能够运用这种能力。简言之,柏拉图要求我们为了政治秩序而付出的代价,就是要压抑我们'比较糟糕的'、但却是更为人性的自我"。②

---

① Plato, *Laws*, 942a-c; 739b-d; 803b.
② Maria Michela Sassi, "The Self, the Soul, and the Individual in the City of the *Laws*", p. 147.

六　"克洛诺斯神话"的政治寓意

城邦体制与管理的现状和弊端，是柏拉图十分关注和忧虑的问题。于是，柏拉图通过那位雅典人之口，再次讲述了"克洛诺斯神话"（Kronos Myth），旨在引起人们对现实问题的反思。亦如从前，这则神话同样穿插在相关的思考与评说之中，其要点如下：

> 据说在克洛诺斯时代存在一种极其成功的政体形式，可以此作为我们今日管理最好的城邦的蓝图……传统告知我们，居住在那时的人们生活幸福，应有尽有，怡然自得。其原因据说如此：克洛诺斯明白人类的本性，那就是人若完全掌握人的事务，定会变得傲慢而不义，无人不是这样。神在为城邦选任国王与执政者时，将这一点牢记在心。当选者并非是人类，而是更高级和具有非凡秩序的精灵。今日我们在放牧或饲养家畜时依然遵守同样的原则，我们不会让牛群照管牛群，也不会让羊群照管羊群，而是由我们自己来照管它们，因为我们人类是高于动物的种类。所以，克洛诺斯采用同样方式，待我们人类很好：他把我们交付给精灵照管，因为精灵是高于人类的存在。由他们来关照我们的利益，对他们来说是一件易事，对我们来说是莫大恩惠，因为他们关注的结果是和平、谦逊、有序、充分的公正，旨在让所有人类部落和睦相处，生活幸福。即便今日看来，这个故事仍有许多道理。举凡在一个执政者不是神而是人的城邦，人们总是无法摆脱劳役与不幸。该故事内含的教诲就在于此：我们应当尽心竭力去效仿克洛诺斯时代人类所过的那种生活；我们应当接管我们的公共和私人生活，接管我们的家庭和城邦，因循我们身上蕴藏的那一点不朽之光，以"法律"的名义给予理性的分配来增光添彩。但就一位个人或一个寡头政体，甚至一个平民政体而言，其内心充满追求快乐的欲望，要求什么都要得到满足，这种邪恶的贪欲使其永远无法满足，会使其沦为鼠疫一样疾病的牺牲品。正如我们方才所说，如果让这类人掌管了城邦或个体，势必会使法律遭到践踏，

使灾难在所难免。①

根据赫西俄德在史诗所述，克洛诺斯是天神乌拉诺斯（Uranos）与地神盖亚（Gaea）之子，用计谋战胜天神，成为天国之王和宙斯之父。在人类种族的五种生活状态中，克洛诺斯时代属于黄金时代，此时的第一代种族在神灵关照下，享受着锦衣玉食，无忧无虑，生活幸福。接下来的另外四个时代依次是白银时代、青铜时代、英雄时代和黑铁时代。由于道德日趋堕落，人类生活状态每况愈下。譬如，在白银时代，奥林帕斯诸神所创造的第二代种族，在灵肉方面不及黄金一代，他们愚昧无知，悲哀不已，彼此伤害，不敬神明，最后被神抛弃；在青铜时代，宙斯所创造的第三代种族家健壮强悍，崇尚武力，心如铁石，令人望而生畏，但最终成为黑死病的牺牲品；在英雄时代，宙斯所创造的第四代种族是半神半人的英雄，他们喜好争勇斗胜，远征他乡，不是死于不幸的战争或可怕的厮杀，就是散落在远离人类的大地之边；最后到了黑铁时代，人们劳累不堪，麻烦不断，死亡缠身，行为蛮横，于是变得既不畏惧神灵，也不孝敬父母，虽信奉正义的力量但却崇拜作恶，虽陷入深重的悲哀与罪恶但却无处求助。② 不消说，这是希腊史诗传布的神话，而非历史。有关神灵、英雄以及人类种族的一系列希腊神话或故事，是一种排列人类经验的方法，是对当时社会和心理态度的表达。③ 相应地，柏拉图引用这则"克罗诺斯神话"，不仅是要唤起人们对黄金时代的回忆，而且是要引导人们反思现实政治的弊端。很显然，生活在克罗诺斯时代的人类种族犹如在天堂，而生活在黑铁时代的人类种族犹如在人间；天堂代表古时，人间意指现世。柏拉图借用天上与人间之别，意在借古讽今、针砭时弊，这在相关语境中所产生的效果，堪称画龙点睛之笔。

实际上，此前在《治邦者篇》里，柏拉图就曾讲述过"克洛诺斯神话"，其相关内容不仅更为详细，其有些描绘也更富诗意，譬如把人类所居之处比作天堂，那里的树上果实取之不尽，四季温暖无需衣着，绿草茵茵自成床铺，

---

① Plato, *Laws*, 713a—714b.
② ［古希腊］赫西俄德：《工作与时日 神谱》，110—200 行；《神谱》，135—210 行。
③ ［英］奥斯温·默里：《早期希腊》，晏绍祥译，上海人民出版社 2008 年版，第 2—3 页。

一切都是天造地设，生活要比现在幸福千倍。① 正因为前面有此叙述，柏拉图无意重复赘述，故在《法礼篇》里将这则神话予以简化。应当看到，柏拉图前后两次借用"克洛诺斯神话"，断言其中包含着对今日依然重要的"真理"（alētheia），从而丰富和拓展了该则神话的政治与道德寓意。概而言之，这里面至少有五点值得关注：

1. 古今之比

古时人类由神灵照料，生活幸福，自由自在，无病无灾；如今人类由国王管理，生活艰难，劳役不断，鼠疫成灾。相比之下，今不如昔，这是柏拉图想要表达的第一要点。有鉴于此，克洛诺斯时代的生活，自然被视为人类追求的理想；神灵管理人类的方法，自然被奉为人类参照的蓝本。其中那些有关天堂的描述，虽然是想象的产物，但却反映了人们的愿望，应和了人类内心深处的"神话制作意识"与异想天开的"天堂图式"。与此同时，这些令人向往的幸福生活景象，也为柏拉图构建理想城邦提供了可资借鉴的想象素材与原始范型。

2. 神人之别

神虽关爱人类，但深谙人性弱点，故不让人类管理自身事务，而委托精灵代为照料，以免产生混乱。这就如同人类为了避免损失，需要亲自放牧，而不让牛群照管牛群、羊群照管羊群一样。这种安排显然涉及一种高明种类的优先原则，即：在神、精灵、人类与牛羊所代表的四大种类中，神比精灵高明，精灵与人类高明，人类比牛羊高明，这就形成了上述管理模式。鉴于此处谈论的主题是城邦管理，于是精灵与人类作为直接的利益攸关者，自然成为关注的焦点。相比之下，精灵智慧过人，宅心仁厚，管理公共事务轻而易举，惠及民众利益而不居功。而人类能力有限，本性乏善，一旦大权在握，完全掌管事务，就会变得"傲慢而不义"（hubreōs kai adikias），不是居功自傲、不可一世，就是搜刮民财、中饱私囊；甚至恬不知耻，利用手中权势为自己歌功颂德，树碑立传，企图垂名青史，光祖耀宗。看来，柏拉图对于精

---

① Plato, *Statesman*, 271c-273d.

灵的推崇，亦如他对人类的失望一样不证自明。当然，柏拉图知道精灵属于虚构，人类才是实存，但他却以精灵为象征，喻示善与治国理政的人杰或贤明。这一思路与他先前一再标举"哲人王"与"治邦者"的理念是彼此应和的。

需要注意的是，柏拉图数次将神与人相比。譬如，在《大希匹阿斯篇》（*Greater Hippias*）里，他曾借用赫拉克里特的话说，最美的猴子与少女相比是丑的，而最美的少女与神相比也是丑的。如此类推，最聪明的猴子与人相比是愚蠢的，而最聪明的人与神相比也是愚蠢的。唯有神才是最美最聪明的种类。① 由此可见，人类介于神明或神灵与其他动物之间，处于比上不足而比下有余的相对地位，通常只能听任神的安排；人若想有所作为，若想成为自足的能人，就必须不断地接近神，努力地向神生成，否则就不足以实现神性，也不足以完善人性，当然也不足以管好人类的事务或维持人间的秩序了。有关这一点，本书将在第七章予以深入论述。

3. 目的之异

古时神灵当政之时，在呵护人类的基础上，所关注的现实结果是"和平（eipēnēn）、谦逊（aidō）、有序（eunomian）和充分正义（aphthonian dikēs）"，所追求的最终目的是"让所有人类部落和睦相处，生活幸福"（astasiasta kai eudaimona ta tōn anōthrpōn apeirgazeto genē）。在古希腊，"谦逊"是人的美德，使人能尊重他人而避免傲慢；"有序"是社会状态，是采用优良法律所取得的结果；"充分正义"既是城邦政体的立法精神，公平公正的司法准则，也是公民生活幸福的根本指数与保障。至于"让所有人类部落和睦相处"这一最终目的，则隐含着人类世界避免冲突、创造和谐的普适理想。相比之下，现在人类当政，竭力追求的是"快乐和欲望"（hēdonōn kai epithumiōn），他们贪婪无度，沉浸在巧取豪夺之中，就像是感染上鼠疫的病人似的，一个个不知好歹，难以全身而退。在古希腊人眼里，贪婪是邪恶之源，过于贪图享乐与权力，如同私吞不义之财一样，都是不容宽恕的罪恶。

---

① Plato, *Greater Hippias*, 289a-e.

4. 时政之弊

柏拉图将贪婪比作无休无止的"鼠疫"(nosēmati),将执政者比作"鼠疫"的牺牲品,认为一旦这类贪婪之徒接管了城邦或民众,就必然会践踏法律,滥用权力,祸乱社会,导致腐化堕落、灾难重重与无法拯救的恶果。在当时的现实政治中,无论是施行寡头政体(oligarchia)的城邦,还是采用平民政体(dēmocratia)的城邦,上列弊端均难以避免。柏拉图之所以要讨论这个问题,之所以在垂暮之年还要构建一座"次好城邦",实则是出于解决时政之弊的需要,或者说是出于拯救城邦存在危机的使命感。

5. 解救之道

面临上述时政弊端,柏拉图的解救之道会是什么呢?首先,针对这种贪赃枉法和政治腐败的问题,他利用"克洛诺斯神话"来提醒人们认清形势,重建理想,鼓励人们应当尽力"效仿克洛诺斯时代的生活"(mimeisthai ton epi tou Kronou bion),也就是要设法改变现状,不能逆来顺受;此处所谓"效仿"(mimeisthai),通常被释为"摹仿"(imitate),但其希腊原意包括"再现"(represent)与"再造"(reproduce or recreate)等;至于"克罗诺斯时代的生活"(tou Kronou bion),一般是指无忧无虑的幸福生活,这既有赖于神的关照,也有赖于人的努力。其次,他呼吁人们因循自己身上所"蕴藏的那一点不朽之光,以'法律'的名义给理性分配增光添彩"。所谓"不朽之光",也就是人所具有的"神性要素"(to daimonion),即一种要求服从"法律"(nomos)的理性(nous)能力。这等于说,人类要想改变自身的生活困境,就必须在公正合理的原则上确立法治,崇尚理性,恪守律条。随后,从《法礼篇》接下来的讨论中,柏拉图提出的纾困之法就是:立法公正,选贤任能,教育民众,遵纪守法。实际上,柏拉图建议法治与德治并用,但以法治为立国之本,视德治为牧民之策,坚持认为在施行法制之处应加强法制,此为硬性管理手段,而在推行德治之时应倡导德治,发挥软性教育机制。在总体运作上,此两者犹如车之双轮,鸟之双翼,彼此互动互补,方能顺利前行,实现善政目的。

最后需要指出的是,到了柏拉图这一历史阶段,神话趋于式微,哲学业已成型，但他大量采用喻说与神话从事写作和论证的方式，不仅诗化地丰富了其对话形式的内容，形象地解释和强化了其哲学思想的意境，而且有效地保留了希腊神话的传统，成功地创写了自己特有的哲理神话或神话哲学。读者不难发现，在柏拉图的对话文本中，无论是讨论政体制度、公民德行、理想城邦，还是讨论立法原则、宗教信仰与宇宙秩序，喻说方式和神话故事（诗学成分）总是与理论思辨和道德教育（哲学要旨）交叉融合在一起。因为，在柏拉图心目中，"喻说"作为一种修辞艺术手段，其形象性和解释力可用来阐释自己的哲学思想和政治目的，进而用来帮助人们理解和接受这其中的要义和观念；"神话"作为一种人们用来认识自己和周围世界的特殊话语形式，其虚构性与感染力可用来建构自己的哲学王国和诗学园地，进而用来教导人们感悟或认识其中的真理和伦理。此外，"喻说"与"神话"基于自身的直观特征，还有助于人们尽可能地超越自己的理智限度，克服自己无知或幼稚的弱点，进而学会理解原本难以理解的东西，学会掌握原本难以掌握的技艺，由此过上不为虚假的生活所遮蔽的真实生活。正是在此意义上，我倾向于将柏拉图的诗化写作和理论思辨风格，视为介于诗学与哲学之间的二重变奏。即便在《法礼篇》里，在这部最少戏剧性或诗性特征的文本里，读者依然能够看到这种风格的绵延与变化。上述举例，就是明证。

另外，无论是从柏拉图的上述书写方式来看，还是从哲学与神话这种"剪不断"的关系来看，我们都会发现哲学从其发轫之初，就处于一种双重性的模糊地位。诚如韦尔南（Jean-Pierre Vernant）所言，哲学的灵感及其发展在一开始就与神秘仪式和集市论争有关，这便导致哲学摇摆在宗教团体特有的玄秘感觉与城邦政治特有的公开论辩之间。前者以毕达哥拉斯学派（the Pythagorean sect）为代表，偏好秘密结社与传播秘传学说；后者以智者运动（the Sophistic movement）为代表，强调城邦公共生活与推行有偿传授。相应地，哲学家也游离于两种相互冲突的态度或诱惑之间。他有时自命不凡，俨然摆出一副主神的派头，借用知识的名义为城邦管理出谋划策；有时则沉浸于思索纯粹私密的智慧之中，故而超然出世，索居离群，带上几名弟子，在城邦里组成小城邦，试图通过学习与思索来探寻救世之道。[①] 柏拉图的特殊情

---

① Jean-Pierre Vernant, *The Origins of Greek Thought* (London: Methuen, 1982), pp. 59-60.

况似乎很能佐证这一论断。我们知道，柏氏在毕达哥拉斯学派与希腊文化传统的影响下，试图通过神话的言说传统，将哲学思考与玄秘的宗教意识连接起来，以期使其在城邦民众中得到更为有效的传播或接受；与此同时，他继承了智者学派喜好争论的传统，采用了神话、喻说和逻各斯混合交汇的论辩策略，试图借助笔下的苏格拉底或雅典客人之口，将他的哲学思想应用于城邦政治或城邦管理。同样有趣的是，柏拉图作为哲学家，自身态度也表现出双重性或矛盾性，既有入世的内在驱力，又有出世的心理倾向。换言之，他一方面参与政治实践，标举"以哲治邦"的理念，不断探索建构理想城邦的可能途径，甚至冒着生命危险三访舒拉古，试图造就他心目中的"哲人王"；另一方面，当他的政治抱负遭受失败之后，便退而办学，隐居于市，在雅典城邦内建立"雅典学园"，在那里倾力探讨治邦理政之道，培养经世济民之士。所有这一切，都将随着本书论题的展开，逐一得到释证与澄明。

第 四 章

道德诗学的实践理路

柏拉图在《法礼篇》里一再强调，真正称得上"正确"的"教育"，就在于"它能使人的心灵与身体变得尽善而尽美"。① 这种教育的重要根基不是简单的说教驯服，而是游戏化的艺术教育，其由诗乐和体操两部分组成。事实上，古希腊早期教育分为两大科目：一是培养美好心灵的诗乐（ta d'eeupsychias mousikēs），一是侧重身体锻炼的体操（peri to sōma gymnastikēs）。② 前者可谓旨在"善心的和平游戏"（peace games for the soul），后者可谓用于"强身的战争游戏"（war games for the body）。③ 从目的论角度看，前者以善心为本，旨在培养高尚的德行、正确的美感与明智的判断，隶属上文所说的心灵诗学范畴；后者以强身为用，旨在练就健美的身材、坚韧的意志与高超的武功，隶属上文所说的身体诗学范畴。此两者构成道德诗学的两翼，具有相辅相成的统合互补等特征。

概言之，柏拉图正是试图通过道德诗学的教育实践，也就是通过以美启智和以美养善的艺术教育方式，培养内外双修、文武全才的完善公民，造就身心和谐、美善兼备的理想人格，以期达到治国理政和保家卫国的政治目的。就《法礼篇》里的相关论述来看，心灵诗学在实践过程中，主要涉及正确性准则、审查制度与垂范作用等构想；身体诗学在实践过程中，主要参照摹仿理论、适度原则与实战实用等依据。本章所论，主要侧重心灵与身体诗学的

---

① Plato, *Laws* (trans. R. G. Bury, Loeb edition), 788c.
② Ibid., 796a. Also see plato, *Protagoras*, 325c-326c.
③ John J. Cleary, "Paideia in Plato's *Laws*", in Samuel Scolnicov & Luc Brisson (ed. s), *Plato's Laws: From Theory to Practice* (Sankt Augustin: Academia Verlag, 2003), pp. 166-170.

实践理路或理论原则,而非与其相关的具体内容或训练科目,因为后者在《柏拉图的克提特城邦》一书里已有颇为详尽的描述。①

一 诸神的馈赠

在《法礼篇》第一卷,柏拉图从谈论斯巴达法律精神入手,继而通过提尔泰奥斯的著名诗句,开始分析勇敢与节制两种德行的利弊与互补关系,同时还比较了勇敢与懦弱、节制与放纵等不同德行及恶行的表现方式,并且联系会饮习俗论述了德行训练的有效途径。最后他发现,这一切都关系到人类心灵的本性与状况,故此强调政治艺术的任务就在于处理好心灵的种种问题。接着在第二卷里,柏拉图将话题引到如何界定"正确教育"(orthēn paideian)的问题之上。他给出的答案是:

> 我认为儿童最初的知觉是快感和痛感。德行与恶行最初就是通过这些知觉进入到心灵之中的(Legō toinun tōn paidōn paidikēn einai prōtēn aisthēsin hēdonēn kai lupēn, kai en ois aretē psychē kai kakia paragignetai prōton)。……我心目中的教育就是把儿童的最初德行本能培养成正当习惯的一种训练,让快感和友爱以及痛感和仇恨都恰当地植根在儿童的心灵里,这时儿童虽然还不懂得这些东西的本质,等到他们的理性发达了,他们会发现这些东西与理性是谐和的。整个心灵的谐和就是德行(autē esth'hē symphōnia sympasa men aretē)。关于快感和痛感的特殊训练,会使人从小到老都能恶其所应恶,爱其所应爱(mesein men a chrē misein, dtergeinde a chrē stergein)。如果你能在你的界说中表明这一点,依我看,那你所言的教育就配得上称为正确教育。②

这就是说,"正确教育"要从儿童做起,因为"德行与恶行"(aretē kai kakia)是通过"快感和痛感"(hēdonēn kai lupēn)这两种儿童"最初的知

---

① Glenn R. Morrow, *Plato's Cretan City* (New Jersey: Princeton University Press, 1960), pp. 297-398
② Plato, *Laws* 653a-c. 另参阅[古希腊]柏拉图:《文艺对话集》,第 300 页。

觉"（prōtēn aisthēsin）进入到"心灵"（psychē）之中的。这就需要对"快感和痛感"进行特殊教育，以便在"心灵"中打下"德行"的根基，排除"恶行"的侵扰，让"快感和友爱"（hēdonē de kai philia）、"痛感和仇恨"（lupē kai misos）这些情感在"心灵"中得到适度的调养，有待"理性能力"（dynamenōn logon）发达成熟后，在理解的基础上使"心灵"中的情感部分与理性部分达到谐和，由此构成真正的"德行"，范导人们从小到老都能恶其所应恶的东西，爱其所应爱的对象。这里所说的爱恶，涉及一种道德化准则，不仅要求用于儿童情感训练的内容符合这一准则，而且要求儿童在接受这种训练时应有意遵守这一准则。不难想象，在儿童的理性成熟之前实施这种"特殊训练"，显然不宜采取抽象的道德说教，而只能进行"游戏式"教育或歌舞训练。

那么，这种具有游戏特性的歌舞形式源于何处呢？柏拉图认为这都是诸神的馈赠，是诸神的创举，其相关说法颇为有趣：

> 现如今，这些用于儿童训练的种种形式，也就是对快感和痛感进行适当训练的东西，在人类生活中遭到很大程度的放松和削弱。当初诸神哀怜人类生来就要忍受的辛苦劳作，曾定下节日欢庆的制度（tōn eortōn），使人可以时而劳作，时而休息；并且把诗神缪斯（Mousas）、音乐大师阿波罗（Apollōna te mousēgetēn）和酒神狄奥尼索斯（Dionyson）分派到人间参加人类的欢庆，使人们在跟诸神一起欢庆之中，借助诸神的帮助，提高民众的教育。……人们常说，一切动物在幼年时都不能安静下来，无论是就身体还是就声音来说；他们都经常要运动，要叫喊；有些跳来跳去，嬉游快乐不尽，有些发出各种各样的叫声。但是，一般动物在它们的运动中辨别不出秩序和紊乱，也就是辨别不出节奏或调式，但我们人类却不然，诸神被分派给我们做舞蹈的伴侣，他们给我们调式与节奏的快感。这样，诸神就激起我们的活力，我们跟着他们，手牵着手，在一起歌唱和舞蹈（ōdais kai orchēsesin）；人们把这些叫做"合唱"（chorous），这个词本来有"欢喜"（chara）的意思。我们是否先该承认：教育的根源归于阿波罗和诗神们？是否可以说：未受过教育的人没有受过合唱的训练（ho men apaideutos achoreutos hēmin estai），而受过教育的人就

受过充分的合唱训练的呢（ton de pepaideumenon ikanōs kechoreukota theteon）？①

在柏拉图看来，歌舞形式与节日欢庆都是诸神的安排，是诸神垂怜人类劳作的结果，当然也是诸神借此帮助人类提高教养的特殊方式。这样一来，歌舞训练便被赋予了某种神性因素，由此强化了其宗教意义上的合法性，教育意义上的重要性以及心理意义上的认同感。这无疑反映了节庆活动原本的宗教特性，应和了古希腊的神话传统与古希腊人的文化意识，同时也符合柏拉图的一贯做法。譬如，从《伊安篇》里关于诗歌感染力的"磁石喻"和诗歌创作的"迷狂说"，《斐德若篇》里关于诗人等级的"神启说"，《理想国》里关于艺术生成的"摹仿论"，一直到《法礼篇》里关于歌舞节庆的"神赐说"，柏拉图都无一例外地将诗乐歌舞的根源与诗神启示或神性灵明联系在一起。在这段对话中，他有意强调了人神共舞或"人神共庆"（anthrōpōn tais eortais meta theōn）的场景，等于把歌舞训练的教育意义同宗教意义有机地融合了起来。其实，在古希腊乃至古代社会，人神共舞就隐含着"舞巫不分"与"神人以和"的传统，而这种传统是普遍存在的，不仅体现在各种节庆与祭祀活动中，也体现在与这些活动相关的歌舞表演中。

关于歌舞艺术的生成问题，柏拉图尽管肯定了诸神的启发和引导作用，但也专门强调了人类在这方面的主观能动性。这种能动性不仅将人类与动物区别了开来，而且在一定程度上说明了人类需要和创构音乐艺术的根由。譬如说，"一切动物在幼年时"都非常好动，既好用身体跳跃，也好用声音叫喊，并且从中得到无尽的"嬉游快乐"。这"一切动物"中，自然包括人类。但不同的是，人类别具天赋，可以识别出节奏与调式，而其他动物则不具这种能力。如此一来，人类的躯体跳动与声音叫喊，随着自觉意识与审美意识的发达，在人文化成的演变过程中，最终成就了歌舞艺术，借此表达各种各样的情思意趣；而动物的躯体跳动与声音叫喊，由于基于物种自身的尺度，那些看似"手舞足蹈"的"嬉游"行为，依然停留在本能性的无意识阶段，本质上属于一种宣泄"过剩精力"（surplus energy）的本能活动或表达本能欲

---

① Plato, *Laws*, 653c-654b.

求的外显动作。关于歌舞起源的上述见地，会使中国读者联想到《毛诗序》里的这一观点："诗者，志之所之也；在心为志，发言为诗。情动于中而形于言。言之不足，古嗟叹之，嗟叹之不足，故永歌之。永歌之不足，不知手之舞之，足之蹈之也。"① 相比之下，前者专论歌、舞两种艺术，认为是神助和人为的协同产物，其根由出自"好动"的身心与"嬉游"的快乐；后者涉及诗、言、歌、舞四种艺术，认为全是人为而无神助的结果，其根由出自表达情志的需要。上列差异，并不否认人类心理需要和审美意识在一定程度上的逻辑相似性（logical resemblance）。

至于最后提出的问题，答案无疑是肯定的。在这里，所谓"未受过教育的人"（apaideutos），也就是"没有受过合唱训练的人"（achoreutos），这类人显然是没有什么教养了。"受过教育的人"，也就是"受过充分合唱训练的人"（ikanōs kechoreukota），这类人当然是有教养的人了；他们不仅"歌唱得好，舞跳得好"（kals adei kai kals orcheitai），而且"唱好的歌，跳好的舞"（kala adei kai kala orcheitai）。② 举凡"好的"歌舞，就是那些"赋予身心德行的曲调和姿势，是普遍好的"；而举凡"坏的"歌舞，就是那些"赋予身心恶行的曲调和姿势"。③ 这里所言的"好"（kalōs 或 kala），是指"美""善"及"高贵"的对象。这里所谓的"坏"（kakos 或 kakias），则指"丑""恶"及"卑劣"的东西。如此说来，举凡通过适当训练的能歌善舞者，不仅能够分辨美丑善恶，而且能够喜美善而憎丑恶。在柏拉图看来，这等于养成了"爱其所应爱、恶其所应恶"的德行习惯。

值得注意的是，在柏拉图的笔下，歌舞训练作为"正确教育"的具体形式，有时被称作"合唱"（chorous），有时被称作音乐（mousikē）。其实，"合唱"在悲剧里也称为"歌队"，包括歌唱和舞蹈，其中所唱的歌，也就是配上乐曲的诗。古希腊诗歌传统本身就具有口述和吟唱的特点，对此我们在后面章节里还要专门论及。这里需要指出的是，古希腊人所说的"合唱"，在表演过程中涉及歌、舞和诗。古希腊人所说的"音乐"，通常被称为"缪斯的

---

① 霍松林主编：《古代文论名篇详注》，上海古籍出版社1988年版，第39—40页。
② Plato, *Laws*, 654a-c.
③ Ibid., 655b.

艺术"。① 其涵盖面更宽，包括诸多艺术门类，如诗、歌、舞蹈与文学等。故此，一些古典学者根据这些特点，倾向于将音乐与诗歌联系起来，一并称作"诗乐"（music-poetry）。

在古雅典时期，基础教育包括三大科目：音乐（mousikē）、文法（grammata）和体操（gymnastikē）。柏拉图对诗乐教育的重视，远胜过其他艺术形式。在他看来，音乐是一种直接诉诸心灵的艺术，在陶冶人的心性和情操方面具有特殊的效用，可谓人格塑造和道德教化的关键所在。《法礼篇》里的上述说法就是明证，而先前在《理想国》里，他的相关陈述更为详致：

> 音乐训练（mousikē trophē）至为重要，因为音乐节奏与音调要比其他任何东西更能直接进入到心灵深处，而且会牢牢地抓住或感染人的心魂肺腑（toutōn eneka kuriōtanē en mousikē trophē, oti malista katadeutai eis to entis tēs psychēs o te ruthmos kai harmonia）。如果听众所受的训练得当，那就会由此而孕育和培养出温文尔雅的品质和风度，否则，那就会走向反面。另外，受过良好的诗乐教育的人，能够很快识别出粗制滥造的东西以及缺乏美的事物，因此会以正当的方式对其表示反感，会专门赞赏美好的事物（kalos te agathos），喜闻乐见美好的事物，并且欢迎美好的事物进入自己的心灵，以此培养心灵健康成长，使自己最终成为美善并蓄的人。同样，他会正当地反对和憎恶丑陋可耻的东西；虽然此时他还年轻，无法理解理性（logon）为何物。但当理性到来之际，像他这样富有教养的人，会首先欢迎或拥抱理性，会借助这一亲和力而认识理性的价值。这便是诗乐教育所追求的目标。②

可见，音乐艺术对人的熏陶，涉及两个方面。一是音乐作品本身的品位、质量与内容，要符合伦理审美的基本标准，要表现美的和善的事物，要有益

---

① Bruno Gentili, *Poetry and Its Public in Ancient Greece* (Baltimore: The Johns Hopkins University Press, 1990), p. 24. 在词源学意义上，代表"音乐"的古希腊文 μουσικη 可拉丁化为 mousike，与专司诗歌乐舞的文艺女神缪斯（Μουσα）渊源甚深。Μουσα 拉丁化为 Musa，演变为英文 Muse，相近于 music（音乐）一词。

② Plato, *Republic*, 401d-402a.

于听众的道德教育，有益于培养高尚的情操及人格。二是听众本人应具备良好的艺术素养，接受过良好的诗乐教育；这样，他才会有"音乐的耳朵"或审美敏感性，才能鉴赏音乐，判别优劣，并且自觉地从音乐中汲取必要的营养，使自己的灵智得以健全，精神得以升华，情感得以节制，理性得以成熟。这一切使中国读者自然会联想起儒家的相关论述，譬如音乐"入人也深，化人也速"，教人"温柔敦厚"，等等。

那么，古希腊音乐或诗乐具有什么样的结构呢？其基本艺术特征有哪些呢？这便是下一节所要讨论的内容。

二 美乐斯的结构

在古希腊音乐的诸多表现形式中，柏拉图所言的"美乐斯"（melos）就是其一。从语义上讲，"美乐斯"有多种含义，既表示"抒情诗"与"合唱歌曲"，也表示歌曲的"乐调"与"旋律"。从结构上讲，"美乐斯"具有三大要素：文词（logou）、调式（harmonias）与节奏（rythmou）。① 分别来看，这三者各有其特定内涵。

1. 文词即诗句歌词

在古希腊，"文词"实际上是文学的统称，既包括口头文学故事，也包括神话传奇故事（logous kai mythos）。② 鉴于这两者都是诗歌吟唱的主要题材，我们因此可以推论：柏拉图所言的音乐文词，也就是诗人和音乐家吟唱和谱写的各种诗句歌词。在当时，音乐文词占有首要地位，而音乐及其节奏则处于从属地位。因为，吟唱歌曲重在叙说相关事件和表达思想感情。如果没有文词或歌词，那是不可想象的。所谓歌词为主、音乐为辅，就是以歌词作为主要媒介用来叙事和表情达意，以音乐作为辅助手段用来渲染气氛和激发情感。这样一来，在音乐歌曲创作过程就得按照常规，使"调式与节奏务必切合歌词"（kai men ten ge harmonian kai rythmon akolouthein dei to logō），而非相

---

① Plato, *Republic*, 398d.
② Ibid., 398b.

反。① 据说，早期的音乐是先作词后谱曲，用乐曲适应歌词。后来，随着音乐谱写过程的进一步发展，要求作者酌情修改歌词，如此反复磨合，最终使词曲相得益彰、浑然一体。

如果仅从文词的角度来看待"美乐斯"，那么狭义上的"美乐斯"实际上就成了"抒情诗"的代名词。英语中的"抒情诗"（lyrics）源于希腊文 lyrikos，意思是指"用里拉琴（lyra）弹唱"或"用里拉琴弹唱的诗人"。古希腊著名抒情诗人萨福，总给人一种怀抱里拉琴、醉心于诗情和吟唱的才女印象，西方的绘画与雕刻几乎都采用近似的方式来表现这位诗人的风采。她那首脍炙人口的抒情诗《暮色》②——

　　晚星带回了
　　　曙光散布出去的一切，
　　带回了绵羊，带回了山羊，
　　　带回了牧童到母亲身旁。

想必也是用里拉琴弹唱出来的。在许多场合，类似的抒情诗都具有即兴歌赋或吟唱的特点。柏拉图本人所作的抒情诗《乡间的音乐》③ 实际上也是在里拉琴的伴奏下弹唱出来的。其诗情、画意与琴声，在静谧的乡间美景中有机地融为一体，是诗与乐融合无间的真正意义上的诗歌。诗中的七弦琴，只不过是形状与弦数不同的另一种里拉琴而已。该诗是这样描写的：

　　你来坐在这棵童童的松树下，
　　西风吹动那密叶会簌簌作响，
　　就在这潺潺的小溪旁，我的七弦琴
　　会催你合上眼皮，进入睡乡。

值得注意的是，古希腊语中的文词，无论是作为话语还是作为歌词，其

---

① Plato, *Republic*, 398d.
② 水建馥译：《古希腊抒情诗选》，人民文学出版社1988年版，第114页。
③ 同上书，第240页。

自身都具有歌唱的音乐属性。譬如，在希腊语言中，元音和辅音相互交替，每个辅音都有与之相配合的元音；一个辅音很少与两个元音相配，以免汇合成一个重复的音，同时也不允许音节以发音刺耳的 θ，φ，χ 作为结尾。这样，字母发音的多样化，自由松快的句式结构，加上希腊民族的特有的体格和富于变化的发音器官，语言的柔和悦耳性进一步增强了。温克尔曼凭借他对古希腊语言的知识和对荷马史诗的研究，颇有心得地总结说："与其他语言相比，希腊语善于表达物体本身的形式和本质，其手段是利用字母以及字母相互联接的和声；希腊语主要是靠元音的丰富性来获得这种能力的。这在荷马的两段诗中就有反映。一段描写潘达洛斯射向梅涅拉俄斯的箭，其快速的进逼力，在进入身体时力量减弱，穿过身体时速度缓慢，在进一步运动时受到阻碍……这一切用发音来表达，要比用语句来表达更引人注目。似乎你亲眼看到箭是怎样射出的，怎样在空中运行，又是怎样射入身体的。另一段描写阿喀琉斯所率领的军队，他们浩浩荡荡，盾牌紧挨着盾牌，盔帽紧挨着盔帽，士兵紧挨着士兵。这段描写只有读出声来，才能体味其全部的美。如果把希腊语理解为没有嘈杂声的流动小溪（有人如此比拟柏拉图的文体），那是不正确的。希腊语可汇成汹涌澎湃的水流，能掀起巨浪，使俄底修斯的航船摇摆不定。可是，许多人没有注意到该语言的真正表现力，却将其视为激烈而刺耳的。希腊语要求细微而富有变化的发音器官，而说其他语言的民族（甚至包括说拉丁语的民族在内）都没有这样的发音器官。有一位希腊神父甚至埋怨罗马的法律是用发音十分难听的语言写成的。"①

事实上，"古希腊语中的每个单词就是一种音乐短句，每个句子差不多就是一种确定的旋律，也就是阿里斯托克塞努斯（Aristoxenus）所谓的'logadēs ti melos'"②。譬如，希腊语里表示"真理""不遗忘"或"不隐瞒"一词 alētheia，在朗读时一定要突出重读音节，并且要根据长短重轻把每个音节分别清晰地发出声来［a-lē-θei-a］。希腊文的特点在于只要认识字母和读音规则，就能朗朗上口。我们不妨用拉丁化的音标，去试读苏格拉底的这句名言（"我知道自己无知"），以便自己揣摩体会其中的音乐节奏感。

---

① ［德］温克尔曼：《古希腊人的艺术》，邵大箴译，广西师范大学出版社 2001 年版，第 38 页。
② D. B. Monro, *The Modes of Ancient Greek Music* (Oxford: The Clarence Press, 1894), p.113.

ἃ μὴ οἶδα οὐδ' οἴομαι ειδέναι (Groton, 183)
［ha-mē-oī-da-oū-doī-o-mai-ei-dē-nai］
(I don't assume that I know what I don't know)

芒罗的研究结果还表明，毕达哥拉斯学派最先把声音的韵律形式分为两种：连续性韵律与间隔性韵律。前者一般表现为说话的特征，其高低音之间的转换滑动连续进行，音差程度难以觉察。后者一般表现为唱歌的特征，声音在某一音调上要按照适当的节拍运行，然后再从一个确定的音程间隔过渡到下一个。相应的，前者以重音为标志形成说话的旋律，后者则以音程转化和切分形成唱歌的旋律。① 在我看来，这一点不仅对理解古希腊的音乐概念很有帮助，而且对理解古希腊的诗歌艺术同等重要。

2. 调式即旋律要素

音乐"调式"也表示"和声"与"谐声"。其原动词 harmozō 主要是指将两个以上的声调或乐调和谐地连接吻合在一起。诗乐和修辞均用调式一词。有时以此表示高低音的定调方式，有时则表示古希腊特有的音调系统。从音乐角度看，调式涉及构成旋律的八音度音调组合模式。柏拉图在《理想国》第 3 卷里，列举了六种不同的传统调式：

(1) 混合型吕底亚调（Mixoludisti）；
(2) 强化型吕底亚调（Syntonoludisti）；
(3) 普通型吕底亚调（Lydisti）；
(4) 爱奥尼亚调（Iasti）；
(5) 多利亚调（Dōristi）；
(6) 菲里底亚调（Phrygisti）。

前两种调式"软绵绵和懒洋洋"（malakai te kai sympotikai），听起来如同挽歌或哀乐（thrēnōdeis），容易使人陷入昏昏欲睡的醉态。中间两种调式显

---

① D. B. Monro, *The Modes of Ancient Greek Music* (Oxford: The Clarence Press, 1894), p. 115.

得"轻浮放任"(chalarai),如同诱人纵欲放荡的靡靡之音。后两种调式一个雄壮浑厚,表现出英勇果敢的气势,另一个平和静穆,适合于祭神和祈祷,表现出节制的美德。因此,从理想国公民教育及其卫士培养的需要出发,前四种调式可弃之不用,只保留多利亚和菲里底亚两种积极健康的调式。① 从音乐自身的角度来看,柏拉图选择音乐调式的原则可能与古希腊流行的"中正无偏说"有关。混合型和强化型吕底亚调的音色高而尖,普通型吕底亚与爱奥尼亚调的音色低而散,多利亚调的音色雄而健,菲里底亚调的音色平而和。相比之下,前两者过犹不及,后两者中正无偏,故此入选为理想国可资接纳与利用的调式。②

根据古希腊和声学专家赫拉克里德斯(Heraclides)的有关说法,传统音乐调式按照当时多利亚(Dorian)、伊奥里亚(Aeolian)和爱奥尼亚(Ionian)三大族群,可分为相应的三种基本形式,即多利亚调、伊奥里亚调和爱奥尼亚调。多利亚调雄壮高亢,反映出军乐传统和斯巴达人的强悍气质;伊奥里亚调大胆而欢悦,热情而殷勤,有些过分自负和自我陶醉的特点;爱奥尼亚调狞厉刺耳,表现出傲慢和财大气粗的刻薄意向。至于新出现的吕底亚和菲里底亚调,他认为还处于雏形,算不上成熟或定型的调式。他甚至对混合型和强化型吕底亚调提出批评,认为前者音色尖厉而哀婉,后者在表现时代精神方面也没有什么值得称道之处。③

赫氏对菲里底亚调的评价,也可能是出于个人偏见。而柏拉图肯定这一调式,想必有其特殊原因。当代有些学者的研究成果也表明了这一点。维斯特(M. L. West)在《古希腊音乐》一书中总结说:菲里底亚调与风笛(aulos)和克瑟拉琴(kithara)关系密切。此乐调所引发的情绪包括欣快、虔诚、激动以及宗教热情等。在和平时期,可用来从容不迫地修身养性或祈祷神灵。据说悲剧诗人索福克勒斯(Sophocles)采用酒神赞美诗的方式,率先将这种调式引入悲剧。至于混合型吕底亚调,则是悲剧常用的调式。也有人发现萨福在自己的抒情诗里使用过这一调式,悲剧诗人可能是从她那里借用

---

① Plato, *Republic*, 398c 399c.
② D. B. Monro, *The Modes of Ancient Greek Music*, p. 8.
③ Ibid., pp. 9-11.

过来。此调式富有情感色彩，适宜于表现悲伤的哀歌，容易唤起怜悯的感受。①

3. 节奏即格律的产物

节奏表示诗歌和散文中的韵律与节拍，也表示对相关部分进行组合的比例、安排方式以及由此得出的序列结果等。在古希腊音乐里，"格律""韵律"与"节拍"近乎同义，均是构成节奏的基本要素。通常，把文词音节的长短与读音的重轻在反复中连接起来，便构成抑扬顿挫和起伏波动的日常言语节奏；把诗歌以及器乐中节拍的长短和音调的高低按照一定的音步或音阶形式组合起来，那便构成诗歌的韵律节奏或音乐节奏。由于古希腊音乐与诗歌不分，因此每谈到音乐节奏，总是围绕着传统的诗歌音步而展开。当时那些研究节奏的专家，"只是比研究格律的专家更为精细老练的理论家而已"②。譬如，柏拉图所推崇的音乐家达蒙（Damon），就把"音步的速度和节奏看得同等重要"。③ 要言之，在诗乐实践和欣赏活动中，音步或格律组合形式不同，其节奏也相应有异。前者可谓动因，后者属于结果，是在听觉感受过程中得以体验的。

柏拉图在《理想国》第三卷里谈论节奏时，也是基于诗歌的音步，并且将其视为节奏的"基本韵律单元"，同时也提到"三种音步组合形式"和"四种音调形式"。前者包括以长短格为音步基本特征且经常用于战争舞蹈的音调形式（enoplios），以长短短格为基础并将长长格和短长格变换组合而成的六音步英雄韵律形式（hērōos），再就是以长短格为基本特征的多音步复合形式，此形式在节奏加快时比短长格更显得铿锵有力。④ 至于后者，也就是"四种音调形式"（tettara），可能是指构成四度音阶中的四个音调。但由于专家看法不一，尚无定论。我们知道，诗歌节奏的形成有赖于音步的长短变化，音乐节奏的形成取决于音势的波动起伏。古希腊的音步，从舞蹈与军乐（如进行曲）的表现方式看，与人脚按照一定间隙踏步有关。古希腊人将韵律中

---

① M. L. West, *Ancient Greek Music* (Oxford: The Clarendon Press, 1992), pp. 180-182.
② M. L. West, *Greek Metre* (Oxford: The Clarendon Press, 1996), p. 20.
③ Plato, *Republic*, 400c.
④ Ibid., 400a-c.

每个音步的重音和轻音分别称之为 thesis 和 arsis，行话称其为"长格"与"短格"，现代诗歌将它们分别称之为"扬格"与"抑格"，现代音乐则将其分别称之为"重拍"与"弱拍"。柏拉图所说的那种短长格 iambos，包含两个音步，前半截为重音，后半截为轻音。而与此相对的长短格 trochaios，也具有类似的特点。这两种音步所形成的节奏简约明快，铿锵有力，容易操作，适合于进行曲，有助于排兵布阵，统一步伐，鼓舞军队的士气。若与其他格律组合起来，可以谱写出节奏明快气势雄壮的军乐，这或许就是柏拉图所讲的那种"表现战争气势的复合节奏"。

柏拉图列举的长短短格 daktulos，代表"多利亚音乐传统的典型特征，其扩展形式为短长格和长短格，结果使长短短节奏在由两个以上的格律群所构成的乐段中占有主导地位，并且凌驾于与其相邻的节奏之上"①。原则上讲，古希腊诗乐中的长格，在音程比值上约等于两个短格。希腊史诗中常用的六音步诗行，是由六个长短短格组成的格律群，其图解与体例如下：

```
  1    2    3    4    5    6
— ∪ ∪ — ∪ ∪ — ∪ ∪ — ∪ ∪ — ∪ ∪ — — ‖.
```
ὅς κε θεοις ἐπιπείθηται, | μάλα τ᾽ ἔκλυον αὐτου.②

(If they obeyed gods, they would be mostly set free)

---

① M. L. West, *Greek Metre* (Oxford: The Clarendon Press, 1996), p. 48.
② Cf. Richard Nettleship, *Lectures on the Republic of Plato* (London/New York: St. Martin's Press, 1964), pp. 121-123. Nettleship sums up that "Ancient metre is based upon quantity, that is to say upon the length of time which is taken in uttering a given syllable. Modern metre is based upon accent, stress of ictus, that is the increased loudness of the voice on a given syllable…The Greeks divided every foot of metre and every bar of music into two by distinguishing θεσις and άρσις (the stressed part and the unstressed), we shall understand the following simple classification of metres or times, to which Plato alludes…Of this the dactyl and the anapaest are types; each represents a bar of four beats (quavers), and is divisible into two parts of two beats each, of which parts one is stressed and the other unstressed. There is next the διπλασιονγενος (our three time), in which the stressed part is to the unstressed as 2 to 1. The iambus and trochee are types of this…Plato does not give instances of this, but the type of it is the paeon. Throughout it must be remembered that a short syllable answers to a single beat of the music, and that a long syllable equals two short." Also see M. L. West. *Greek Metre*. (Oxford: Clarendon Press, 1996), pp. 18-25; 35-36. According to West, "Ancient metricians regard a long as equal to two shorts. We have just seen that a long syllable may take the place of two shorts (contraction); and in some metres two short syllables may take the place of a princeps-long (resolution)." (p. 20)

这种韵律节奏，既然具有多利亚音乐传统的典型特征，那么也必然带有多利亚调式的精神品性，或雄浑壮美，或勇猛激越，或表现果敢，或使人联想起斯巴达的军旅风范……总之，这种节奏不仅与前面所推崇的表现战争气势的复合节奏相关联，而且与柏拉图培养护卫者的乐教宗旨相吻合。柏拉图推荐的英雄诗体（hērōon），主要用于歌颂英雄的史诗，其文体或语言风格具有高雅、豪壮与雄辩等审美特性，其节奏通常采用长短短格六音步韵律（dactylic hexameter）或短长格五音步韵律（iambic pentameter）。这两种节奏的特点如上所述，均属于豪放雄浑一派，具有中国人所言的"阳刚"或"壮美"品性。

需要指出的是，古希腊语中两个音节以上的词几乎都有重读音，用在词序灵活多变的句子中时，重读音和轻读音一般要根据后面相邻的第一个元音字母或标点符号进行适当调整，或由重而轻，或由轻变重，这不仅是为了便于发音和朗读，也是为了话语的流畅与悦耳以便形成音乐效果。在诗歌中，这种重轻读音的变化，更是随着音步或格律的要求或长或短地加以排列，由此产生的音乐节奏感不仅便于朗诵、吟唱、配乐和演奏，而且赋予不同的音调以不同的情感色彩乃至道德内涵。所以说，声音与韵律在古希腊语言与诗歌中占的地位，与思想观念和诗意形象同样重要。音乐家或诗人每发明一种新的音步，就等于创造了一种新的创作手段与新的审美感觉。长短音的某种配合会给人以轻快、壮阔或诙谐之感。我们只要随便抽取品达赞美运动会的一首颂诗或荷马史诗《奥德赛》中的任何一段原文，按照旧有的格律要求加以朗诵，就会从中感受到一种特有的听觉冲击力和富有节奏的震撼力。汉语言特性与古诗词声律也有类似的艺术效果。通常，诗词按照格律所要求的四声与平仄变化来押韵，会构成朗朗上口与抑扬顿挫的音乐节奏之美。从《诗经》到唐诗宋词，四言五律七绝长短句，格律与字数的变化如同文学的革命，不仅在创作上可开一代新风，而且在审美上令人耳目一新。闲来朗诵《诗经》中的《关雎》，陶潜的《饮酒》，李白的《黄鹤楼》或苏轼的《念奴娇》，其中的声律变化和音乐性的语言，必然会冲击人的听觉感受与情感体验，同时也会不同程度地感染人的精神与心境。

柏拉图对音调与节奏的审美心理效应十分关注。他认为，由音调所构成的音乐旋律与由音步构成的音乐节奏，都会对观众的心灵产生直接的影响，因此要断绝那些一味表现和刺激非理性快感的东西。诚如他在《蒂迈欧篇》(Timaeus) 中所言："许多适合歌唱和聆听的音乐，因其乐调而提供给我们欣赏。乐调的韵律形式与我们心灵的运转活动十分类似。文艺女神的信徒们并不将其视为给人以非理性享乐的东西，而当今的音乐却把这类享乐当作自身追求的目的。相反的，我们认为乐调旨在矫正心灵运转过程中可能出现的不和谐因素。这些乐调协同我们一起采取行动，将心灵恢复到和谐一致的状态之中。音乐节奏的目的也在于此。鉴于杂乱无章与粗野无礼在一般人类中十分盛行，我们应当启用乐调及其节奏来协助我们抵制那些劣习。"① 显然，柏拉图的上述论调，与其道德化的理想教育宗旨以及伦理审美思想是完全一致的。另外，这与孔子所倡导的"温柔敦厚"式的诗教思想和"成于乐"的人格修养范式，确有近似相类之处。

三　诗乐融合的特征与功能

在古希腊，诗即乐，乐即诗，合二为一，故名诗乐。所谓诗乐，不仅诗配有乐，吟唱时要用里拉琴等乐器伴奏，而且诗中有乐，诗文创作要依据一定的声韵与格律，其自身结构就具有音乐成分。在公元前5世纪早期，诗与乐的结合过程，就是让音乐设计来适应一组文辞及其思想的过程。音乐是由简单的旋律构成的，而旋律是由诗歌的音步节拍来支撑的，当场的即兴式演唱是以口头文学传统所提供的音乐调式为基础的。在希腊文化中，音乐作为传播的手段，要通过表演将意思传达给公众。为节日庆典谱写合唱歌曲的作者，为城邦生活不同场合谱写独唱歌曲的诗人，都是文化传播的代表人物。他们运用诗歌语言的资源和节奏旋律构成调式，来帮助人们聆听和记忆这些歌曲诗篇。② 与现代不同的是，古希腊的音乐在本质上是一种实用性的寓教于乐的艺术，与社会现实和政治生活联系密切，与艺术和道德教育的实践融为一体。那么，现如今研究古希腊音乐或诗乐的西方学者，到底是如何界定柏氏所推崇的多利亚与菲里底亚两种调式的呢？融音乐与诗歌为一体的古希腊

---

① Plato, Timaeus, 47c-e.
② Bruno Gentili, Poetry and Its Public in Ancient Greece (Baltimore: The Johns Hopkins University Press, 1990), p. 26.

音乐到底有何艺术特性呢？我们又当如何理解柏氏的良苦用心的呢？这里删繁就简，将其归纳为以下三点：

1. 音调风格与实用品性

历史上看，多利亚调式是公元前5世纪或者更早一些时期广泛运用的一种调式，一直受到音乐家及其爱好者的青睐。该调式多用于列队行进的军乐、赞美诗、派安诗、爱情诗、悲剧诗和哀歌等体式，在歌舞合唱乐曲中最为常见，但与其他基调也能兼容，因此是一种相当通用的调式，也是用来教青少年习弹里拉琴的第一调音。菲里底亚调式与风笛音乐联系密切，但并不局限于风笛吹奏曲。这种调式适应于多重基调，如欢快、虔诚、激越或宗教狂热，等等。按理说，柏拉图不会欣赏这种调式，但他只看到该调式虔诚与平和的一面，而忽视了其激越与狂热的另一面，而且将其与多利亚调式并列一起，作为理想国诗乐教育的基本素材，以期在和平时期用它来培养人们明智的节制美德和敬神的虔诚心性。在以雅典为中心的阿提卡地区，菲里底亚调式的定型和传播晚于多利亚调式。欧里庇得斯（Euripides, 485-406 BC）曾经暗示，菲里底亚调式与外来的亚洲曲调和狂热的酒神崇拜有关。用此调式谱写的风笛音乐，用于宗教仪式，祭献给希腊诸神的天国奥林帕斯，在崇拜诸神之母的教派中颇为流行。柏拉图和亚里士多德都称赞这一调式，主要是因为由此谱写的祭神音乐，可激发人们敬神的宗教情感和满足其精神需要。①

当然，《理想国》对调式的描述也存在一定的出入，并且反对用风笛来进行音乐伴奏。亚里士多德在《政治学》里，试图纠正这一缺失。他批评说："在《理想国》中，苏格拉底在多利亚调式之外只选取菲里底亚调式是错误的；他在先既反对笛声，后来又存录菲里底亚调式，则他的谬误尤甚。菲里底亚调式之于其他调式，恰恰犹如笛管之于其他乐器；两者都以凄楚激越、动人情感著称。这可以诗体为证。酒神狂热（Bakcheia）以及类似的情感冲动［入于诗篇而谱于乐章者］，只有和笛管最为谐和，如果用其他乐器，便觉失其自然。就乐调说，也与此相似，菲里底亚调式中的音乐最能表达狂热心境。酒神赞美诗［热狂诗体］以狂热而闻名，通常都知道这种诗与菲里底亚

---

① M. L. West, *Ancient Greek Music* (Oxford: The Clarendon Press, 1992), pp. 179-181.

调式的音节相适应……据说诗乐家菲洛克色诺就曾拟以多利亚调式为谱,填制一篇题为《米苏人们》的酒神赞美诗或热狂诗章,他终究没有成功;后来他不得不仍旧沿用菲里底亚调式来编写。"① 亚氏的补正是中肯的,从菲里底亚调式的历史沿革和品格特性看也是如此。按照亚氏的"净化说"(katharsis),以菲里底亚调式谱写的狂热而激越的酒神赞美诗,会使听众经过酣畅淋漓的情感宣泄与审美体验之后,最终如跌宕奔涌的江河归于大海,归于平静。但柏拉图似乎看不到这一点,他向来对情感问题十分敏感,总担心人们在忘情之中丧失理智,没有节制。因此,他也许只是看中了菲里底亚调式在平时祭祀仪式上所呈现出来的虔诚与静穆特征,或者说仅想利用这一具有宗教色彩的伦理品性,将其纳入道德理想主义的心灵诗学实践之中,以期移风易俗,教化民众,提高与节制相关的心理素养和精神气质。他之所以有意忽略其他方面,坚决反对使用风笛,恐怕也是为了回避或削弱菲里底亚调式的激越和狂热的一面。

2. 音调的乐理维度

从乐理的角度讲,古希腊音乐调式的区别,主要在于音调高低的不同。这方面的差异也是构成各个调式之伦理特性的主要根源。这就是说,调式(harmonia)与音调(tonos)在涉及音高标准方面相类似。在早期的八度音阶中,多利亚调式居于中间,不高不低,随后音高由此逐阶上扬,最后到达最高音(nētē)。② 事实上,八度音阶是由两组四声音阶构成的,或者说,是由四根弦的里拉琴增至八根弦的里拉琴而形成的,每根弦代表不同的音调与音高。居下的四个音调是低音系统,居上的四个音调是高音系统。多利亚调式属于中调(mēsē),是低音部分里的最高音,其上便是高音部分,发挥着承上启下的关键作用。另据阿里托克西奴斯的七音调系统,多利亚调式和菲里底亚调式与吕底安调式位列其中,各有高低音变化。全音程的多利亚调式位于中调,其上就是菲里底亚调式。③ 两者中正不偏,易学好懂,不存在过犹不及的问题,故此被列为最佳音调,在少年时代的诗乐教育中应用这类音节和歌

---

① [古希腊]亚里士多德:《诗学》,陈中梅译注,商务印书馆1999年版,1342b1-15.
② D. B. Monro, *The Modes of Ancient Greek Music* (Oxford: The Clarence Press, 1894), pp. 31-32.
③ Ibid., p. 59.

词最为适宜。① 总之，在乐理上，多利亚调式与菲里底亚调式是关乎音调及其高低的。柏拉图自己也认为，只有了解了高低长短的音调或调式的人，才有可能听懂音乐。② 可见乐理知识与音乐欣赏是密切相关的。

3. 音乐的精神功能

就音乐所表现的精神而论，柏拉图通过苏格拉底之口，对不同调式所反映的精神或品格（ēthos）及其伦理价值作了比较，认定多利亚和菲里底亚两种调式适合于理想国的公民教育。据说，品达在一首派安赞歌里宣称，多利亚韵律最为庄重或肃穆。③ 亚里士多德认为多利亚调式"庄重"，适合于表达"勇毅的性情"。普鲁塔克（Plutarch, 46? -120?）也认为多利亚调式"庄重"，有益于塑造"高贵的品格"。④ 诸如此类的说法显然确认了柏拉图的调式观。牛津古典学者芒罗在总结和研究前人成果的基础上，最终得出如下结论：古希腊音乐作品的伦理品性，诚如阿里斯蒂德斯所言，主要取决于音调的高低。举凡调式，无论是多利亚还是菲里底亚调式，均与音调的高低密切相关，其表现力会对人产生不同的感染效果。另外，变动的音程也对音乐的伦理品性产生一定的影响。这是因为变动的音程决定音阶的种类。就不同音乐种类或调式的伦理品性而论，阿里斯蒂德斯有过一段论述，认为全音程乐调表现出男性气概和庄重朴素的特性；半音程乐调表现出温馨甜美或悲情忧伤的感受；大半音程乐调表现出动人心魄和欣然愉悦的气氛。这一评论无疑来自早期的看法。我们从古希腊权威学者托勒密（Ptolemy, fl. 127-151）那里得知，音程种类的变化与音调高低的变化，是音乐韵律中的两种变调形式。⑤ 由变调所产生的艺术效果，通常根据听众的反应予以修饰性的描述。就多利亚与菲里底亚调式来讲，古希腊人采用了一连串修饰词来表示它们各自的精神与品性。他们认为多利亚调式"富有男子汉的果敢气概"（andrōdēs），"具有庄严恢宏的气势"（megaloprepēs），而且表现出"稳重"（stasimos），"高

---

① ［古希腊］亚里士多德：《诗学》，1342b5-20。
② Plato, *Philebus*, 17c-d.
③ M. L. West, *Ancient Greek Music* (Oxford: The Clarendon Press, 1992), pp. 179-180.
④ D. B. Monro, *The Modes of Ancient Greek Music*, p. 260.
⑤ Ibid., pp. 66-67.

贵"（semnos），"雄强有力"（sphodros）和"朴实无华"（skuthrōpos）的风范。相形之下，菲里底亚调式有一定的神秘色彩，"与祭祀酒神的宗教仪式有关"（orgisastikos），擅长表达"深刻的内心感受"（pathētikos）和"狂热的宗教情感"（enthousiastikos）。[1]

  从我们聆听音乐或诗歌（甚至说话）的直接经验看，音调的高低强弱，音程的长短变化，会对人的生理（听觉）产生影响，同时也会对人的心理产生影响，现代音乐中的高低音变调与行板、快板或慢板在听众身上所引发的不同生理反应和情感反应，便是不争的事实。另外，原本自然的感官，在人类文明发展的实践过程中，不断人文化、社会化与理智化，已经不再是单纯生理性与情感性的了。因此，任何外界的音响刺激，听众或多或少都会赋予其一种解释或意义，甚至将自己的情思意趣自然而然地投射进去，构成一种带有主观色彩的"有我之境"。尽管如此，我们对柏拉图有关古希腊音乐调式的道德化评价与取舍，总是心存疑虑。因为，听众的个人经历、背景和心境不同，对音乐的感受也不尽相同。像柏拉图、亚里士多德、阿里斯蒂德斯和托勒密等人，也许能从多利亚调式里体味到庄严与勇毅的道德价值，其他人也会产生同感吗？另外，古希腊音乐调式的道德伦理意义，会不会因为一些名家如是说，后来者便拾人牙慧，重复旧说呢？人类语言有诸多奇妙或荒唐之处，其一就是某种说法重复多了就有可能成为定论，成为思想的遗教。但在今日要想澄清这些问题，那是极其困难的，尽管有理由从怀疑论的角度去反思。目前比较现实的做法，就在于从相关的历史文化背景中厘清这些音乐要素是否包含那些突出的道德品性或伦理价值。譬如，从芒罗所列举的相关遗篇看，[2] 多利亚音乐是斯巴达文化、文学、生活、习俗和精神的一个方面，多利亚调式也是如此。音乐与诗歌不分，与舞蹈一体，当时的音乐或诗乐作品，不只是用来参加艺术表演或比赛的，而且是大量用于实际生活娱乐、军事演练、征伐作战与身心教育的。那么，在联想的作用下，人们聆听或高唱自己熟悉的乐调，譬如多利亚调，自然会将其与实际功用、斯巴达人的生活方式及其英武果敢的精神气质联系起来。因此不难想象，希腊军队在行军途

---

[1] Richard Nettleship, *Lectures on the Republic of Plato* (London/New York: St. Martin's Press, 1964), pp. 120-121.

[2] D. B. Monro, *The Modes of Ancient Greek Music*, p. 104.

中或演练场上，在军乐式的多利亚音乐伴奏下，引吭高歌，由此所激发和展示的自然是雄壮、激越、勇敢的情怀和品性了。同理，我们现在聆听四川号子与吴越小调所产生的联想与感受，显然是不一样的。前者灌注着拉纤夫的吃苦坚韧精神，后者流溢着江南淑女般的闲情逸致。由此可以假定，柏拉图所言的音乐调式与风格精神，是有一定根据的。他试图用多利亚调式来激发勇敢的美德，用菲里底亚调式培养节制的美德，于是基于道德理想主义的考虑，对音乐调式进行了实用性的筛选，尽管有武断与专制之嫌，但从他所追求的理想化和道德化的教育角度看，是符合逻辑的。

四　三位一体的表现形式

从艺术表现形式来看，古希腊音乐、诗歌和舞蹈彼此互动，三位一体。历史上，古希腊人习惯于在高声吟唱与翩翩起舞的动态中，展现其诗乐舞的综合艺术魅力。这一综合艺术特性，可从品达献给运动会的诸多颂诗中窥其一斑。譬如，他对第一届皮西亚运动会的游行场面做过这样的描绘：①

> 阿波罗和满头紫发的缪斯
> 共弹一把金色的里拉琴；
> 节日的头领，看到欢快的舞步；
> 歌手们合着琴声载歌载舞。
> 当受到音乐的震撼，你轻拨琴弦，
> 引得舞蹈家同声高唱，欢歌不断。

这种人神共舞的游行队伍，就像是一场盛大的化装舞会，歌舞升平，热闹非凡。阿波罗和缪斯是专管艺术的神祇，据说阿波罗是里拉琴的发明者和弹奏高手，因此柏拉图视其为"音乐大师"（mousēgetēn）和"教育根源"（prōtēn paideian）。② 而里拉琴在古希腊文化生活中，几乎是音乐和诗歌的象

---

① ［意大利］沃尔佩：《趣味批判》，王柯平、田时纲译，光明日报出版社1990年版，第39页。
② Plato, *Laws*, 653c.

征。"歌手们合着琴声载歌载舞",歌手,琴声,诗歌与舞蹈,以综合互动的形式,在游行的队伍里尽情表演。诗里所说的"舞蹈家",实际上也是"歌手",古希腊语中的 choros 一词,就是表示"歌舞""合唱"与"歌队"的。总之,古希腊人能歌善舞的天赋,经过系统而全面的训练,在这里表现得淋漓尽致。品达的颂诗,并非是一般的叙事诗,而是兼有抒情诗的特色,并且具有在大庭广众面前可以尽情歌唱表演的特性。丹纳曾就法国与古希腊的抒情诗做过这样的比较:我们[法国人]心目中的抒情诗,不外乎雨果的短诗或拉马丁的分节诗;那是用眼睛看的,至多在幽静的书斋中对一个朋友低声吟哦,我们的文化把诗变成两个人之间倾吐心腹的东西。希腊人的诗不但高声宣读,并且在乐器的伴奏声中朗诵和歌唱,并且用手势和舞蹈来表演。那时整个的人,心灵与肉体,都一下子沉浸在载歌载舞的表演里面。① 这是一种忘情的娱乐,审美的陶醉,诗化的狂欢。他们把娱乐与审美结合得契合无间,不仅把艺术生活化了,而且也把生活艺术化了。

另外,诗乐舞的互动关系,在古希腊歌队的合唱中也表现得极为显著。古代希腊歌舞起源于多利人,后在雅典酒神节上所跳的圆圈歌舞(choros kuklikos)中达到完美的高度。表演这种歌舞的歌队经常由 50 人组成,场面相当壮观。尔后,这种团体歌舞形式又引入到雅典时期的戏剧表演之中,并且分划为以下三种形式:一是"悲剧歌队"(choros tragikos),由 12 或 15 人组成;二是"喜剧歌队"(choros kōmikos),由 24 人组成;三是"欢喜神萨提儿歌队"(choros saturikos),其规模与悲剧歌队相若,② 侧重表现生殖崇拜,表演者有特定服装,佩带有生殖器道具。所有这些歌队,在描述剧情和表现人物性格与思想时,不是通过吟诵格律文词或诗歌,就是通过出场退场时的大段合唱,同时在左右来回移动中常常伴随着有声有色的舞蹈姿势。另外,所唱的诗句也有一定讲究,于音调韵律上也有一定差异。通常,歌队在舞台(orchistra)上向左舞动时,习惯采用的结构是由一个或多个乐段构成的诗歌段落 strophē。向右舞动时,所应和的诗歌段落名为 antistrophē。在边歌边舞的演唱中,由于同一形式可以来回重复,使得韵律序列在复现时扩展为上百个

---

① [法]丹纳:《艺术哲学》,傅雷译,人民文学出版社 1983 年版,第 299 页。
② P. E. Easterling, *Greek Tragedy* (Cambridge: Cambridge University Press, 1997), p. 157.

音节，从而反映出音乐或乐调重复不断的特点。① 正是由于这种综合的表演形式，结果使诗乐舞在很多情况下浑然一体，到了相辅相成、你中有我、我中有你的密切程度。实际上，古希腊诗乐中的"音步"源于舞蹈时"脚步"的起落或行军时步伐的移动。诗乐韵律中每个音步的"重音"和"轻音"部分，被称之为 thesis 与 arsis，这两者原本都是舞蹈与军事操练语汇，分别表示"踏步"和"起步"。② 从这些细微之处中，多少可以窥知诗乐舞在发展和表演过程中的三位一体性。

概言之，吟唱和舞蹈作为表演方式，动态而直观地展现了古希腊诗乐舞的综合艺术魅力。相应地，诗歌文词所描写的内容，音乐风格所包含的实用品性，音乐调式所体现的精神作用，歌舞合唱所给人的审美愉悦，都会对成长过程中的青少年的情感与德行产生直接而深远的影响。这也正是柏拉图一再强调"诗乐教育至为重要"（kuriōtanē en mousikē trophē）的根本原因。

五　快感误区与正确性准则

在柏拉图那个时代，雅典、意大利与西西里等地的剧场文化虽然盛行，但已呈颓势。譬如，在节庆期间组织的比赛活动，包括诗乐、体操和跑马等，任何人都可以申请参赛。赛场上，谁能使观众得到最大的乐趣，谁就获得锦标；谁能在提供乐趣上取得最大的成功，谁就赢得冠军，就被尊为最令人愉快的高手。那里的参赛者各显其能，有的朗诵诗，有的吹笛子，有的演一部悲剧，有的来一出喜剧，还有的搞一场木偶剧。③ 当时观者甚众，品位良莠不齐，大呼小叫声此起彼伏。对此，有些裁判人丧失了主持公正的勇气，一味迎合观众的趣味，根据观众的叫喊来评分。诚如柏拉图所批评的那样：这些裁判人"由于怯懦而随便做出违背本心的裁判，用刚才向神发誓的那张嘴去说谎。他们坐在裁判席上，不是作为剧场听众的老师，而是成了听众的学生。……现如今，在意大利和西西里还流行着希腊的老规矩，那就是让全体

---

① Liddell & Scott（ed.s）, *Greek-English Lexicon*（Oxford: Oxford University Press, 1999）, p. 786; M. L. West, *Greek Metre*, p. 5.
② Richard Nettleship, *Lectures on the Republic of Plato*, p. 121.
③ Plato, *Laws*, 658.

观众举手表决谁得胜。可这种规矩已导致诗人的毁灭，因为诗人们现在都养成了习惯，为迎合裁判人的低级趣味而写作，结果使观众变成了诗人的教师；这种规矩也导致戏剧的衰败；人们本应该看到比他们自己要好的人物性格，从而获得较高的快感，但是现在他们咎由自取，结果适得其反"①。这就是说，这类观众原本认为"衡量诗乐的准则就是快感"（dei tēn mousikēn hēdonē krinesthai），② 坚信"诗乐的价值就是其让人的心灵得到快感的力量"（oi poleistoi mousikēs orthotēta cinai tōn hēdonēn tais psychais porizousan dynamin）。③ 结果，"物极必反"，过分追求快感反而失去了快感。随着优秀诗人的毁灭与戏剧艺术的衰败，舞台大多留给那些蝇营狗苟的二流或下流作者，让他们为了获得比赛锦标而大展拳脚，于是造成了"黄钟毁弃，瓦釜雷鸣"的可悲境况。

但要看到，柏拉图不是一味地否定快感，而是从价值判断与道德心理学的角度予以分析和评判，甚至有选择地加以借用和倡导。诚如前文所述，在论及针对儿童如何开展"正确教育"时，柏拉图明确指出，儿童最初的知觉不是别的，正是快感和痛感；德行与恶行最初就是通过这些知觉进入到心灵里的；正确的教育就是要把儿童的最初德行本能培养成正当的习惯，让快感和友爱以及痛感和仇恨恰如其分地植根在心灵之中；待到他们的理性发达或成熟之后，他们自然就会理解这些东西应与理性谐和起来，也就是借助理性将其协调到适宜适度的状态或境界。换言之，"正确教育"的基本任务之一就是对快感和痛感进行特殊训练，最终使人从小到老都能养成这一习惯：恶其所应恶、爱其所应爱。④

显然，无论从教育角度来看，还是从生活需要来讲，快感都是必不可少的；其实际作用既是实施"正确教育"的心理资源，也是确立道德态度的前提条件。如同痛感与其他感受一样，快感作为心灵的"原料"之一，都是不成熟的和缺乏合理方向的，因此需要理性和智慧加以引导和训练。在《斐利布斯篇》里，我们可以找到相应的佐证。其中，柏拉图的重要论点之一，就是肯定快感与幸福的关联，即：快感对幸福或美好生活来说是必要的，因为

---

① Plato, *Laws*, 659a-c.
② Ibid., 658e.
③ Ibid., 655c-d.
④ Ibid., 653a-c. 另参阅［古希腊］柏拉图：《文艺对话集》，第 300 页。

快感对幸福所具有的作用是德行所没有的；有鉴于此，幸福若无快感，则是不完整的。当然，在这一点上，柏拉图并没有放弃自己的理智主义原则，而是依然坚持用理性或智慧来协调并统合快感、欲望与情绪。

　　基于柏拉图的幸福论及其对快感的伦理评价，丹尼尔·罗素（Daniel C. Russell）推论说，柏拉图的道德心理学对于理解快感在美好生活中被赋予的地位十分关键，借此有助于弄清柏拉图的两个坚持：第一，快感只是在一定条件下才是善好的；第二，快感是美好生活中必要的因素。这种理解能让我们在柏拉图那里看到一种统一和连贯的伦理观，由此便可避免快乐主义与苦行主义者所做的种种阐释，同时也可领悟柏拉图伦理学中德行的向心性与整体观。[①] 除此之外，丹尼尔·罗素还认为，柏拉图坚信德行对幸福而言是充足的，但快感对幸福而言也是必要的。在伦理学意义上，柏拉图不是将快感当作一种感觉，而是当作一种态度，借此赋予相关对象以价值。这样一来，经过理性或智慧重塑与引导的快感，便成为整个有德人格的重要组成部分了。

　　上述论断是否成立，还有待进一步验证。但有一点需要注意，那就是避免对快感的简单误解。我发现，有人对希腊"快感"（hēdonē）一词的看法，有时类似于对希腊"爱欲"（eros）的看法。对于"快感"，有人倾向于将其与"享乐"联系起来，譬如把"快乐主义"（hedonism）翻译为"享乐主义"，故此容易导致望文生义的现象。对于"爱欲"，有人倾向于将其与"性欲"或"性爱"联系起来，殊不知该词还有"爱情"与"喜爱"等积极含义。在《会饮篇》里，柏拉图试图从神谱学和心理学角度为其正名，有意将其与"喜爱"智慧与热爱哲学研究联系起来。再回到"快感"问题。我们不难想象，智慧、幸福、审美、胜利、成功与德行等人生体验，均会带来不同程度和形形色色的快感。这些快感在符合道德准则与社会规范的条件下，只要适度而不危害他人，无疑是美好、健康、有益、积极和必要的。

　　毋庸置疑，柏拉图对快感的认识与描述是辩证的。他所批评的快感，通常是有悖于道德与审美原则的不良快感，是导致情趣庸俗和欲求泛滥的过度快感。而且，他出于匡时救弊的使命感，特意从娱乐文化入手，从"立法角

[①] Daniel C. Russell, *Plato on Pleasure and the Good Life* (Oxford: oxford University Press, 2005), p. 204.

度"出发，为诗乐教育设定了一条"合乎自然的正确性"准则，以期使其得到永久的保存、运用和尊重①，同时也希冀走出诗乐单纯追求快感的误区。如其所言：

> 在诗乐问题上，有一不可避免的事实值得我们关注：事实已经证明，采用一种合乎自然的正确性（tēn orthotēta physei）的诗乐是可行的，通过立法（nomotheteisthai）来夯实其基础也是可行的。不过，这件事唯有神能胜任，或者说，唯有精神境界像神一样高超的人能胜任；事实上，埃及人常说，他们保存如此久远的诗乐音调，为古埃及专司生育与繁殖的女神伊西斯（Isis）创写。因此之故，如我所言，一个人若能大概知道诗乐问题中的正确性是怎么构成的，那他就应当毫不犹豫地就整个问题用法礼形式予以系统表述。②

在这里，我们有必要插入亚里士多德对于"自然"与"合乎自然"的论说。他认为，"自然"就是事物之中的运动和静止的最初本原和原因；它一方面因涉及"形式"而决定"是其所是"，另一方面因涉及"质料"而引致"运动与变化"。所谓"合乎自然"，不仅是指这些自然事物，而且也指那些由于自身而属于自然的属性；如火向上移动，因为它不是自然，也不是具有自然，而是由于自然和合乎自然。③ 换言之，火向上移动这种"合乎自然"的现象，是由于火自身具有并合乎自然运动与变化的属性。

那么，我们应当如何从诗乐艺术角度来理解"合乎自然的正确性"呢？我以为，对于这个问题至少要从三个方面予以审视：第一，"自然"意味着"起源"与"规范"，这便涉及诗乐的表现手段和形式结构，不仅要求源自"曲调"（melē）的诗乐务必合乎约定俗成的"规范"，而且要求诗人务必据此"规范"创作出合乎"曲调"的"正确诗乐"，这样才不至于使人们在吟诵或合唱诗乐作品时感到怪异、别扭或不适；第二，"自然"意味着"成长"

---

① Plato, *Laws*, 657a.
② Ibid., 657a-b.
③ ［古希腊］亚里士多德：《物理学》，徐开来译，见苗力田主编：《亚里士多德全集》，中国人民大学出版社1997年版，第二卷，192b8-194b. 200b12 ff.

或"发展","合乎自然"也就意味着合乎诗乐的目的性追求,这种追求通常反映在柏拉图所规定的道德化诗乐教育领域,涉及诗乐所应表现的内容与人物,故此要求诗人从"正确性"出发,描写和表演最美好、最高尚和最富有艺术性的对象,从而使诗乐传唱与欣赏活动有助于正确人格、品位与德行的成长,有助于良好趣味或良好习惯(如爱其所应爱、恶其所应恶)的发展;第三,"自然"也意味着事物的内在"质性"或动态"秩序","合乎自然"也就意味着合乎诗乐的内在"质性"及其艺术创作规律,这便要求诗人在熟悉诗乐规范和明确表现内容的基础上,运用正确的表现方法来提高诗乐的艺术性或艺术魅力,借此引领观众以高雅而非低级的趣味去剧场欣赏这类演出,最终实现"寓教于乐"或培养"公民德行"的重要目的。有鉴于此,柏拉图有时从实践的角度出发,也将这种"合乎自然的正确性",称之为"诗乐、游戏与歌队表演的正确方法"(tē mousikē kai tē paidia meta choreias chrean orthēn)。为了行文方便,我在这里将其简称为"正确性准则"(standard of correctness)。不难看出,这一准则实际上是柏拉图"正确教育"(orthēn paideian)思想的延展,只不过更为集中地将其运用于诗乐创作与诗乐教育而已。

在确立这项准则的问题上,也就是在发现、评定和贯彻诗乐艺术的内在正确性问题上,柏拉图提出了两个基本条件:一是超常能力,二是立法程序。这种超常能力唯有"神"或"像神一样的人"才具备,只有他们才会出色地完成这项任务。在《法礼篇》里,柏拉图所举荐的"诗乐审查团"成员,无论在鉴别经验与艺术修养方面,还是在伦理德行与护法职责方面,都是德高望重的"名宿",他们"在精神境界上"是"像神一样的人"。在柏拉图的后期对话中,所谓"像神一样的人",并非"超人"或"神灵",而是真正的哲学家。[①] 至于立法程序,柏拉图十分看重,认为只有"通过立法"才能夯实诗乐正确性的基础。在他看来,古埃及诗乐作品是伊西斯神构创的,其传统结构是依靠立法来维系的。那些铭刻在大理石上或陈列在神庙里的法定体式,不仅是保存古埃及诗乐长期不变的成功范例,而且也是"次好城邦"为保障诗乐正确性而立法的参照样板。

那么,这一"正确性准则"到底包含那些具体内容呢?从柏拉图的相关

---

① Plato, *Sophist*, 216b-c; *Philebus*, 33b; *Timaeus*, 90a-e; *Phaedrus*, 239c.

论述来看，该准则至少包括以下八点：

（1）就诗乐、游戏与合唱而论，"每当我们认为自己受益时，我们就感到高兴；反之，每当我们感到高兴时，我们认为自己在受益"①。这里所言的"受益"，不仅是指诗歌训练过程中的审美鉴赏体验，而且是指伴随着情感满足的个人德行修为。

（2）为了让青少年的心灵达到和谐的境界，诗人务必遵纪守法，寓教于乐，用其优美的语言、节奏和曲调，来描述和塑造节制、勇敢和在所有方面都善好的人物，也就是要创作出"正确的诗歌"（orthōs poiein）。②

（3）诗人笔下的"好人"（agathos anēr），无论大小、强弱与贫富，因其具有节制和正义的德行，必然是"幸运和幸福的"（eudaimōn kai makarios）。而他笔下的富人，哪怕富可敌国，但只要不义，那他一定是坏人，一定多灾多难，恶行累累。③ 要明确这一点：恶行对不义之人是好事，对正义之人是坏事；善行对好人是好事，对坏人是坏事。④

（4）城邦里的任何人如果胆敢宣称："举凡坏人都生活快乐，举凡有利可图之事都不同于正义之事"，那他就要遭到最严厉的惩罚。我们要以神的名义规定："举凡最正义的人都生活得最幸福"（ton dikaiotaton eudaimonestaton）。⑤ 自不待言，"坏人"（anthrōpoi ponēroi）也就是不义之人，他们的生活不仅卑鄙无耻，而且痛苦不堪。

（5）与诗乐的"魅力"（charis）相比，道德与教育意义上的"正确和功用"（orthotēta te kai ōpheleian）才是最有益和最正确的要素，因为这会产生"美好、高尚和真理"（to eu kai to kalōs tēn alētheian），与此同时，其真正的"魅力"会给人带来"快感"（hēdonēn）。⑥ 在这里，道德和艺术有机地融为一体，实现了寓教于乐的最终目的。

（6）要正确运用快感准则来评判儿童的"游戏"（paidian）。一般说来，"游戏"既不产生功用性、真实性或相似性，也不产生有害性，而只是具有

---

① Plato, *Laws*, 657c.
② Ibid., 660a.
③ Ibid., 660e.
④ Ibid., 661d.
⑤ Ibid., 662b c.
⑥ Ibid., 667a-d.

"无害快感"(ablabē hēdoēn)的娱乐活动。因此,这种游戏的好坏因素可以忽略不计,儿童阶段可以推广。①

(7)"无论在任何时候,有人若说快感是诗乐的准则,那我们就应该坚决拒斥这种说法;我们要将这种诗乐视为最微不足道的东西,我们更加喜欢摹仿优美和高尚对象的诗乐作品。任何一位追求最好的歌唱和诗乐的人,决不可追求快乐的东西,而要追求正确的东西;而诗乐摹仿的正确性,就在于从其自身的质和量上再现出原型。"② 这里所谓的"原型",就是指上述"优美和高尚的对象"(tou kalou)。

(8)"教育就是要约束和引导青年人走向正确的道理,这就是法律所肯定的而年高德劭的人们的经验是真正正确的道理……要遵守法律,乐老年人所乐的东西,爱老年人所爱的东西,为着达到这个目的,人们才创造出一些真正引人入胜的歌调,其目的就在培养我们所说的和谐。因为儿童的心灵还不能接受看书的训练,这些歌调就叫做游戏和歌唱,以游戏的方式来演奏。"③ 这里"所说的和谐"(symphōnian),就是前面讲过的心灵中理性与情感的和谐,由此方能建立起德行发展的基础。

总体而论,"正确性准则"在本质上是道德化的艺术准则。在立法过程中,该准则是在抨击和取缔"快感准则"的同时,取得自身的合法地位的。在道德取向上,该准则基于惩恶扬善和正义即福的理想,旨在弘扬真善美的价值观念。在艺术内容上,该准则旨在表现具有节制、勇敢、正义的"好人"与"美好和高尚的对象"。在艺术表现上,该准则基于"诗乐是摹仿和再现"(mimēsis te kai apeikasia)④ 艺术的立场,要求作品具有"功用性""真实性"和"相似性",在保证"质和量"的基础上"摹仿"或创构出寓教于乐的优秀作品。在目的追求上,该准则旨在为青少年提供"正确教育",以期培养他们符合德行要求的歌舞表演能力和审美鉴赏能力。

对于这种"正确性准则",有的学者将其等同于"艺术准则"(correctness as the standard of art)或"艺术的内在正确性"(intrinsic correctness in art),认

---

① Plato, *Laws*, 667d-e.
② Ibid., 668a-b.
③ Ibid., 659d-660a.
④ Ibid., 659d-660a.

为它事关城邦的艺术教育与艺术审查，涉及道德与文化领域，在心理意义上表现为一种心物同态关系（the isomorphic relation），但却有别于一般意义上的感受与对象之间的反应关系。故此，有必要从伦理学角度揭示其正当性与公正性，从认识论角度分析其真理性与正确性，从本体论角度探讨其实在性与真切性。① 其实，对于诗乐艺术的正确性，柏拉图有过如下论述：

> 所有诗乐艺术（mousikēn）都是再现性的和摹仿性的（eikastikēn te…kai mimētikēn）。因此，评判诗乐艺术不是依据快感，而是看其是否正确（mousan…orthē）。要取得正确性，就要求摹仿过程使得对象的量与质得以完整的呈现。凡是在一首诗乐上不会误判的人，务必能够识别这首诗乐描写的是什么；务必看出它的本质——它想是什么以及它到底像什么。看出其本质对决定作品的正确性是必要的一步，对决定现成作品的善好也是必要的一步……因此之故，任何一位敏悟的批评家，无论是对艺术、诗乐还是任何其他事物而言，他务必首先能够识别自己所评判的对象到底是什么（ho esti），其次能够识别该对象如何是正确的（hōs orthōs），再者能够识别该对象如何出色地（hōs eu）实现了自身的目的。②

由此可见，诗乐艺术的鉴赏或评判过程，是一个复杂的哲学认识和思索过程，它要求鉴赏者或评判者本人是一位敏悟的批评家，既要能够看出作品的内容实质，也要能够评价作品的艺术品性，在总体上要能够完成以下三项任务：

其一，识别作品所表现的对象"到底是什么"（ho esti），这通常属于本体论或存有论探讨的范畴。

其二，识别作品所表现的对象"如何是正确的"（hōs orthōs），这一般属于认识论研究的范畴。

其三，识别作品所表现的对象"如何出色地（hōs eu）实现了自身的目

---

① Eugenio Benitez, "Plato's Laws on Correctness as the Standard of Art", in Eugenio Benitez (ed.), *Plato's Music*, in *Literature & Aesthetics*, vol. 19 No.1, 2009, pp. 237-244

② Plato, *Laws*, 668a 669b.

的",这显然涉及伦理学、教育学与政治学等三个彼此关联的范畴。

因为,若从伦理学角度看,"出色"亦如"善好",要看其是否符合伦理道德的需求;若从教育学角度看,"出色"也涉及作品的表现手法与艺术效果,要看其是否能够满足诗乐教育的需求;若从政治学角度看,诗乐作品的"目的"与城邦公民的德行相关,要看其是否有助于培养"完善的公民"。

然而,柏拉图的上述"正确性准则",到底在多大程度上能够实现呢?这恐怕是令人怀疑的。曲高和寡,固然是一原因,而"乐者乐也"的艺术本性和人类好乐的天性,都无一例外地为"快感准则"大开绿灯;如果再加上追逐名利的贪念和低级趣味的干扰,庸俗艺术的表演舞台和发展空间将会进一步扩大了。柏拉图随后所批评的那种"乱哄哄你方唱罢我登台"的"剧场政体"乱象,可以说是最具否定性的佐证了。也许正是处在这种悖谬的境况下,柏拉图才不遗余力地一边积极倡导"正确性准则",一边严厉抨击"快感准则",试图在扬此抑彼的规导下实现自己的道德追求,为"次好城邦"设定一套审查诗乐的法则或制度。

六 硬性与软性审查制度

对柏拉图来讲,要想实现"正确教育"的目标,就得消除"快感准则"的干扰,同时还得制止"随意性现象"的泛滥。他是这样描述此类现象的:

> 在针对诗乐教育和娱乐活动已经立法或将要立法的城邦里,我们能设想让诗人们随意拿出他们自己所喜欢的各种节奏、曲调或文词,去教导遵纪守法人家的孩子与合唱队里的年轻人吗?诗人难道就应该随自己的意愿而不顾德行或恶行吗?这显然是不明智的。但是,除在埃及以外,诗人几乎在每一座城邦里都可以这样做。[①]

看来,"随意性"问题是一个普遍问题,唯有埃及是一例外。因为古埃及法律大约在一万年前就规定:一个国家的年轻人必须养成习惯,必须反复演

---

① Plato, *Laws*, 656c-d.

练好的舞蹈姿势和歌唱好的音乐曲调。古埃及人还把这些姿势和曲调详细地规定下来，把样本陈列在神庙里。官方条例还规定：画家与任何仿造这些姿势与曲调的其他艺术家，无论在这些艺术的制作方面还是在音乐的其他分支里，都不许改动或革新这些传统的规定形式。所以，他们的艺术作品在一万年前是怎样描写和雕刻的，到现在还是那样描写和雕刻的，其技巧与样式相比起来丝毫不差。① 柏拉图以赞赏的口吻，有意引述埃及对艺术形式的立法和做法，是为了凸显和批评诸多城邦里所盛行的随意做法。但是，他并没有完全机械照搬古埃及的文艺审查制度，而是适度借用转换，因为无论在雅典城邦里还是在新构想的"次好城邦"里，埃及式的规定对于那里的公民来说都是很难接受的，此乃社会文化制度中的民主传统使然。那么，柏拉图是如何处理这一问题的呢？我们发现他首先采用了硬性与软性审查制度。

1. 硬性审查制度

所谓"硬性审查制度"，主要是针对文学艺术设定的"依法审查"制度，也就是以法律条令的形式予以明确规定的做法，其中包括对"违法乱纪者"的惩罚方式以及处置结果。譬如，《法礼篇》里的第22、89和90条律令，对祭祀歌舞和喜剧表演分别做出如下规定与判罚：

（1）审批城邦所有歌舞的神圣合法性。确定每年的节庆日程和要被祭祀的神明。由某些权威人士确定用于不同祭祀仪式的颂诗和舞蹈。城邦所有公民务必按照要求参加节庆与祭祀活动。任何拒绝演唱所规定的祭神颂歌与舞蹈之人，或演唱不同于所规定的祭神颂歌与舞蹈之人，城邦祭师与护法者可依据神圣与世俗法律将其逐出城邦。如果违令者拒不执行这一判决，城邦里的任何公民只要有意为之，都可以起诉违令者犯下余生对神不敬之罪。②

（2）严禁任何喜剧、歌曲或讽刺诗的作者凭借描述或扮演的方式戏弄任何公民，不管招致被戏弄者产生怨恨与否。任何违令者务必在当日

---

① Plato, *Laws*, 657a-b.
② Ibid., 799.

由主持赛事的主管逐出城邦。如果违令者拒不执行这一判决，就必须罚款 3 迈纳（mnais trisin），此款捐献给当时这场节庆活动所祭祀的神明。①

（3）任何先前允许撰写和演出喜剧的作者，在取笑对象时不可过分认真，而要采用游戏方式，不可招致对方产生怨恨。全面负责青年人教育的主管官员务必区别两类作者：一类作者上演的是主管官员批准了的剧目，另一类作者上演的是遭到查禁的剧目。如果后者违令上演已遭查禁的剧目，或者训练他人（无论自由民还是奴隶）上演这种剧目，那他等于犯下恶棍罪，成为法律的公敌。②

涉及祭祀活动的音乐歌舞，还必须遵守其他一些原则性规定，譬如：

（1）吟唱哀歌时的服装务必合适，不许头戴花环或穿戴浮华的装饰。
（2）歌词务必吉祥。
（3）在祭祀神明时务必宣读祷辞。
（4）诗人务必精心和郑重地撰写祷辞。
（5）严禁诗人的作品与城邦关于正义、善、美的传统观念发生冲突。严禁任何作者公演未经审查人员与护法者审查并批准的作品。
（6）务必将颂诗和颂文组成的祷辞献唱给所祭之神。随后，要以同样方式歌颂值得赞美的神灵和英雄。
（7）要撰写颂文赞扬那些功勋卓著、一生遵纪守法但不幸身患重病的公民。
（8）要将颂诗和颂文献给那些德行高尚、盖棺论定的男女公民。③
（9）用于祭祀神明的歌舞一旦确定，务必列出名录，任何演唱者不得丝毫改动其风格和形式，要保证整个城邦和全体公民以同样的方式一起同乐，此乃幸福生活的秘诀所在。④
（10）喜剧中用于插科打诨的模拟对象，务必由奴隶或雇佣外邦人扮

---

① Plato, *Laws*, 935d-e.
② Ibid., 936a-b.
③ Ibid., 800e-802a.
④ Ibid., 816c-d.

演，男女公民不许学习表演这类人物；在此类表演中务必加上一些新的转折，以免剧中人物过于熟悉而对观众产生不良影响。①

仅从上列律令和规定来看，柏拉图所构想的硬性审查制度是相当严厉的。对生活在古希腊城邦的一位公民来讲，因歌唱或上演违禁作品而获罪被逐出城邦，这委实是奇耻大辱。这种判罚形式，在古代雅典屡见不鲜，被判罚的原因，也是多种多样，譬如执政与决策出现严重失误，等等。在其被判罚者中间，就包括著名的政治家和军事家伯里克利。的确，雅典人是执法的模范，就像希罗多德所说，"他们只服从法律"。不过，他们是真正的现实主义者，从不抹杀被逐者的功绩，也不掩盖其过失。待其"刑满回国"后，依然会得到起用。

就柏拉图为"次好城邦"所制定的文艺审查制度来看，也非铁板一块，而是留有变通的空间。譬如，那位被判决逐出城邦的喜剧作家，只要交出3迈纳的罚款，就可以免去刑事责任。当然，3迈纳（minas）是一大笔款项，价值300德拉马克（drachmas），相当于300古希腊银币。这笔巨款不但足以使被判罚者劳役半生，而且足以使其刻骨铭心。

2. 软性审查制度

所谓"软性审查制度"，是与"硬性审查制度"相对而言。具体地说，"软性审查制度"主要是组织专业审查人员根据城邦规定来审核评定。这些审查人员主要由两部分组成：

其一是德艺双馨、智勇兼备的"真正裁判人"（alēthē kritēn），"他们在德行和教育方面都是首屈一指的人物，他们所喜爱的音乐才是最优美的音乐"；如果说"音乐的优美要凭快感来衡量"，这种快感不应该是随便哪一个张三李四的快感，而是这些"最好的和最有教养的人"（tous beltistous kai pepaidumenous）的快感。② 其二是城邦的执政官员，尤其是负责教育的官员。这是审查喜剧与悲剧时的特殊安排，尤其是在遇到外来诗人要求表演悲剧的

---

① Plato, *Laws*, 816e-817a.
② Ibid., 658e-659a.

情况下，出于待客礼节和维护教育秩序的需要，同时也是出于本邦诗人欲与外来诗人一比高下的意愿，允许双方在没有观众在场时同台献艺，特邀执政官员前来观看和评判，由他们决定外来诗人的作品是否符合城邦要求，是否可以公开演出。①

按规定，审查人员的年龄"至少在50岁以上"（mē neōterous pentēkonta），② 他们务必是鉴赏音乐歌舞的行家里手，他们所给出的评判要求公正无偏，符合专业水平。他们所依据的衡量尺度，除了前述的"正确性准则"之外，还有一些其他要求，譬如，

（1）审定和选用合乎正确性准则的古代作品，淘汰不适合的内容题材，参照诗人与音乐家的建议（但不能相信他们的品位），修订或重新编排那些准合格的作品。

（2）遵照立法者的意愿和喜好，编排歌舞与合唱节目。要用规定的形式，改编那种未按规定风格谱写的音乐作品。虽然这样会减少其直接的吸引力或魅力，但要明确音乐制作的原则并非是为了给人以快感，而是为了确保音乐环境产生良好的影响。

（3）要能辨别和提供适合男女演唱的曲调、歌词与节奏。要能确保歌词、乐调与节奏三者配合默契。要根据男女性别的自然差异，要使男性演唱的歌舞彰显出雄强的男子气概，要使女性演唱的歌舞表现出内敛的女性特点。③

（4）要具备洞察能力，能够识别出喜剧中插科打诨的艺术技巧和真实用意，以免上当受骗，放过那些不该出现的荒唐内容。④

仅靠这些审查制度能否完全解决问题呢？柏拉图认为不能。他本人明白，审查文艺是一项非同寻常的复杂工程，不是仅靠一些律令法规就能万事大吉的。因此，他特意提出了成立歌队、加强范导的第三种措施。

---

① Plato, *Laws*, 817.
② Ibid., 802b.
③ Ibid., 802.
④ Ibid., 816d-e.

七　酒神歌队的妙用

为了更有效地推进正确的诗乐教育，同时也为了更有效地贯彻城邦的文艺审查制度，柏拉图建议成立三种歌队，要求他们各司其职，在具体的演唱中发挥积极作用。如他所说：

> 我坚信，所有这三个歌队（treis chorous）会通过表演我们所列举的或将要列举的所有高尚作品，肯定会使儿童入迷，使其心灵陶醉。概言之，我们确信，诸神所宣告的那样一种生活不仅最快乐，而且最正义。我们不仅要实话实说，而且要让那些需要得到证实的人们对此坚信不疑。
>
> 按照正确的程序，首先出场的是缪斯的儿童歌队（Mousōn choros ho paidikos），他们满怀激情地向整个城邦演唱这些高尚作品；接下来出场的是第二歌队（deuteros mechri），其成员在30岁以下，演唱的是赞美阿波罗的派安诗，以此作为所言属实的见证，祈祷日神的恩典来说服年轻人；再下来出场的演唱者是第三歌队（tritous mechri），其成员在30岁以上60岁以下；最后出场的表演者，就是那些再也不能唱歌、但却能用讲故事或讲演方式来处理同类主题的老者。①

"儿童歌队"即"缪斯歌队"（Mousōn choros），相当于儿童合唱团，主要演唱赞美诗神缪斯的颂歌或抒情诗；"第二歌队"即"日神歌队"（Apollōnos choros），相当于青年合唱团，主要演唱赞美日神阿波罗的颂歌或派安诗；"第三歌队"即"酒神歌队"（Dionysou choros），相当于老年合唱团，演唱内容没有明确规定，但却使用了酒神狄奥尼索斯的名义。这是柏拉图最为看重的歌队。这些人无论在少年还是青年时期，都是杰出的歌舞表演家。他们见多识广，经验丰富，体察精微，具有很强的鉴赏力和社会影响力，最有能力演唱最高尚最有用的歌曲。譬如，在艺术品质上，他们参照"正确性准则"，不仅

---

① Plato, *Laws*, 664b-d.

能够判断出哪些作品具有"魅力"（charis）、"正确性"（orthotēta）和"功用"（ōpheleian）这三大要素，而且能够分别出这些要素所包含的不同教育价值。在作品结构上，他们知道一首诗歌所表达的意向是什么，所摹仿的原型是什么，所因循的标准是什么，于是，他们继而能够判断出这首诗歌是否完满地表达了想要表达的东西，并且裁定这首诗歌是否合乎正确性准则。也就是说，他们能够识辨这首诗歌的"好坏"（to eu kai to kakōs）。这就如同鉴赏绘画一样，一旦观众知道其描绘对象是人物，他们就会搞清所画人物的各个部分、色彩和形状是否妥当，因此也就会立刻判断出这幅绘画作品是美还是不美。这要求评判者至少具备三个条件：一是了解所再现的原型之本性；二是知道所再现的结果是否正确；三是清楚这件作品是否出类拔萃。① 无论是鉴赏绘画，还是鉴赏诗乐，这三个条件都是适用的。

不过，与绘画艺术相比，音乐这门艺术更难把握，尤其是在戏剧表演方面。譬如，一些诗人会在使用曲调时铸下大错，抑或让男演员去演唱女演员的调子，抑或把适合战俘或奴隶的姿势和节奏应用到自由民身上，抑或将其颠倒过来，这不仅有伤风化，而且不易觉察。另一些诗人在舞台上表现的是一个单独的对象，但却在配乐上出现差错，不是让动物与人一起吼叫，就是同时拨弄各种乐器，或者就是同时制造各种噪音。这类没有头脑的混乱杂凑之作，只能招致满场观众的哄堂大笑。还有一些诗人在节奏与姿势的编排、文词与韵律的搭配、竖琴与笛子的谐和、音乐与舞蹈的伴奏等方面，都是一知半解，随意而为，如同一伙江湖骗子，试图玩弄一些乱七八糟的花样来掩人耳目。有幸的是，这些经验老到的"酒神歌队"成员，都是光顾剧场多年的常客，他们在审视舞台表演方面独具慧眼。他们专业知识丰富，艺术感觉敏锐，当下就能觉察出节奏、和声与曲调的毛病所在。这是他们与那些不懂装懂的一般演员或观众截然不同之处。②

但是，这个歌队的成员大多数年事已高，多年没有登台，因此不愿演唱，也从中得不到多少快感。如果强迫他们演唱，那些年龄越大的，就越加克制，越加感到耻于开口。如果硬要他们一起排练，恢复嗓音和舞步，他们会感到

---

① Plato, *Laws*, 668b-669b.
② Ibid., 669b-670c.

十分不快，觉得有辱自己的人格，于是消极怠工，磨磨蹭蹭。①

那么，如何才能解决这一难题呢？柏拉图的建议是：饮酒壮胆。他认为，要鼓励这些老歌手重返舞台，就需立下一条法规：凡18岁以下未成年者，均不许饮酒，因为对于他们的身心发育而言，饮酒如同以火救火，会让他们易于激动的性情更加无法把持。凡30岁以下的青年人，均可适量饮酒，但不许贪杯，严禁醉酒。凡40岁以上的男士，可以酒神狄奥尼索斯的名义举办酒会，开怀畅饮。对于上了年纪的人来讲，酒如一剂猛药，有助于他们返老还童，防止性格变得倔强或乖戾。酒饮到一定程度，人就会忘却忧烦，内心就会变得柔软，性情就会变得平和，犹如烧红的铁板，可以趁热打铁，加以锻造。"酒神歌队"的成员就是这样，酒后他们兴高采烈，勇气十足，完全变成另一种人，对于邻居的说三道四充耳不闻，认为自己有能力管好自己，也有能力管好任何他人。于是，不管台下观众是外来客人还是亲朋好友，他们都无所畏惧，踊跃登台演唱。②

他们一旦克服了心理障碍，就会积极参加排练，嗓音很快能跟上节奏，舞步很快能符合节拍。恢复状态以后，他们经过比较，筛选出适合他们年龄和性格演唱的曲调，聚在一起引吭高歌，乐此不疲。与此同时，他们还指导年轻一代如何用高贵的方式演唱。他们在这些方面的知识和训练水平，不仅超过大多数民众，而且超过诗人自己。对于作品的调式、节奏、美丑以及德行的高低，他们都感觉敏锐，一目了然。他们会把挑选出来的优秀作品演唱给整个城邦，以此熏陶感染年轻人的心灵，鼓励每个青年都来一同演唱，都来接受这些作品的引导，使自己踏上一条通向德行的大道。③

以上所述，便是"酒神歌队"的妙用。他们老骥伏枥，率先垂范，通过自己精彩而高雅的演唱，引导青年学唱好的歌曲，树立好的风范，修炼好的德行。这种充分利用宝贵人力资源的方式，一方面体现了"老有所用，老有所为"的社会理念，另一方面也反映了柏拉图注重经验价值的一贯思想。

---

① Plato, *Laws*, 665c-e.
② Ibid., 666a-c.
③ Ibid., 666d-667c, 812b-c.

八 会饮习俗的德行教化

会饮（symposium）亦称酒会（drinking party），是古希腊雅典的重要生活习俗或社交活动之一。这种畅快而轻松的会饮富有艺术或诗意气氛，不同于斯巴达人那种粗陋而庄重的公餐（syssitia）。按照传统，会饮的开场涉及祭祀酒神或接人待客的仪式，[①] 会饮的类型可大体分为高雅与通俗两种，前者是文人雅士相邀，旨在高谈阔论、交流思想，后者是普通民众聚会，旨在观看歌舞、寻欢作乐。就现有的文献来看，柏拉图的《会饮篇》更像是清谈玄理的文人聚会，所谈论的是爱的智慧或哲学问题，所展现的是雅典城邦生活的独特场景和高水平思想火花的迸发与碰撞；色诺芬的《会饮篇》更像是任意加入的消遣聚会，参与者可在不失限度的情况下公开表达亲密的情感和窥探那些看似惊人的轻率举动，所展现的是更加贴近真实的社会生活氛围。但无论哪一种会饮，都离不开喝酒。相关的场面，五花八门，不仅酒器精美多样，还有歌舞音乐助兴，这一主题在希腊古瓶描绘中可谓举不胜举。

但在斯巴达与其他城邦的人们眼里，会饮纵酒，酒后失德，弊端甚多。譬如，在《法礼篇》中，当那位雅典人谈及会饮的效应并询问克里特人克莱尼亚斯时，对方认定饮酒使人的"快感、痛感、愤怒与爱欲变得更加强烈"，使人的"感觉、记忆、意见和思想变得愈加羸弱"，使人的"节制或自律能力变得愈加低迷"，使人的品格"在经历第二童年或成为醉汉时变坏"，也就是说，人在纵酒过程中会丧失德性，在精神上会走向堕落，在身体上会走向衰老，最终变得瘦骨嶙峋、丑陋不堪、无精打采，不但无法从事体育锻炼，反倒经常看病吃药，更不用说保家卫国了。[②]

然而，雅典人从自身经历和道德教化的角度出发，在列举了会饮可能产生的消极后果之后，从两种畏惧心理入手，阐述了会饮在人格德行与人际关系方面的积极作用。不过，这一切不是随意而为的纵酒纵情纵欲，而是以严格的道德自律与德行教化为基本前提和实施准则的。

---

① 参阅［瑞士］布克哈特：《希腊人和希腊文明》，第 272—274、335—340 页。
② Plato, *Laws*, 645c-646c.

1. 酒神的礼物与人类的天赋

在古希腊，酒与会饮活动，均与酒神狄奥尼索斯有关。饮酒所产生的负面效应，譬如吵吵嚷嚷、疯疯癫癫、酩酊大醉、东倒西歪，等等，都被视为酒后乱性或酒后失德的结果。因此之故，在有些城邦，酒作为"酒神的礼物"遭到谴责，会饮作为生活习俗遭到拒斥。譬如，与雅典客人同行的另外两位立法家，他们分别来自克里特和斯巴达，两者都恪守一种消极的预防立场与否定态度，认为会饮活动既然有如此众多的弊端，就不应该引入正在构建的"次好城邦"里来，否则就会"祸起萧墙"，打乱原来的生活模式，滋生一连串道德、社会与健康等问题。

但是，久经考验的雅典客人却不以为然，认为会饮作为一种特殊的社交活动形式，自身具有诸多益处，人们之所以对其产生的可能后果表示疑虑，主要是因为误解和误用所致。出于辩护和说服的目的，他岔开话题，专门讲述了有关会饮传统何以形成的故事。如其所述：

> 有一个鲜为人知的故事和传统，据说酒神狄奥尼索斯的才智被继母赫拉所劫，他采取的报复行为就是激发人们纵酒狂欢，所有疯狂的舞蹈也都发源于此。这正是酒神为什么要馈赠我们酒这一礼物的原因。[①]

这位雅典客人继而声明：（1）这一故事只讲给那些在这种谈论诸神的话语方式中看不出有任何危险的人们，因为他们思想成熟，理智发达，能够正确使用理性，具有判断能力。这一点不仅是其他任何动物无法匹敌的，而且是其他任何资质幼稚的人难以比肩的。（2）举凡幼稚的人们，理智水平低下，行为完全不能自理，惯于大喊大叫，一旦站立起来，就立马开始乱蹦乱跳。这一情况催生了歌舞活动，此乃人们喜好和欣赏节奏和乐调的起源。借此，主司文艺的日神阿波罗和缪斯伙同酒神狄奥尼索斯，将喜好乐舞节奏和旋律的天性灌输给人类。（3）酒作为酒神的馈赠礼物，看似报复人类的一种手段，其意在于迷乱我们的心性，但是，我们可以反其道而用之，把神赠的这一礼

---

① Plato, *Laws*, 672b.

物当作妙药，用于培养我们的虔敬之心、健康之躯和强壮之力。①

正是鉴于人类的这些天生禀赋，柏拉图特意凸显了歌舞的教育作用。在他看来，人的乐调感促进了声乐艺术的诞生与发展，人的节奏感引发了舞蹈艺术的勃兴与流行。这两种艺术，不仅提供了审美娱乐的形式，而且开创了精神修养的途径。故此，他再次重复《理想国》里的旧说，坚信歌声与乐音能够直透人的心灵，陶冶人的情趣，更能够培养人的德性，成就人的品格。但这只是艺术教育的一半，另一半有赖于身体的运动，也就是配合节奏的舞蹈与体操。在这方面，柏拉图提出三个基本要求：其一，声音的运动与身体的运动，也就是歌唱与舞蹈，务必配合适当的节奏和旋律，务必相互协调，这既符合审美和艺术要求，也有助于身心和谐与灵肉结合。其二，用心的歌唱有益于心灵的健康，快乐的舞蹈有益于身体的健康，此两者作为娱乐活动，在相互融合中形成合唱歌舞这一综合艺术形式。其三，人的艺术教育是一个整体，歌唱与舞蹈是构成这个整体的两大部分，此两者相辅相成，需要系统训练，持之以恒，不可顾此失彼、抑此扬彼。②

2. 两种畏惧的道德指向：羞愧与谦逊

那么，会饮到底有何益处呢？这些益处如何得以实现呢？

就其益处而言，柏拉图认为会饮并非一般的寻欢作乐，而是德行教化活动，同时还可增进友谊，谐和人伦。这种活动因伴随歌舞和饮酒，其本质是愉悦快乐的，是没有痛感的，因此在陶情冶性或道德修养等方面，胜过艰苦的体操训练或健身运动。与此同时，会饮是一种安全的考验方式，无需冒太多风险，故此代价小，危害少，益处多。若用这一活动方式来检验或考验人的品行，就等于提供一种训练或培养人的机会，让人在轻松愉快的饮酒过程中，使自身的德性得到陶冶，行为得到测试，欲望得到节制，人格得到塑造。③此外，人在饮酒后，兴致会高于以前，而且越喝酒越精神，在无限乐观的同时，也变得更有自尊，其言谈举止会变得无拘无束，彼此之间交谈甚欢，

---

① Plato, *Laws*, 672b-d.
② Ibid., 673.
③ Ibid., 648b, 649d.

甚至滔滔不绝,从而形成一个重塑人格和品性的最佳时机。①

当然,若想实现上述益处,除了道德要求与行为规范之外,还需要必不可少的心理基础。这一心理基础由两种对立而又互补的畏惧感构成。首先是"对恶名的畏惧感",也就是担心或害怕自己因作恶事坏事而声名狼藉,成为城邦里令人蔑视和鄙视的对象。从道德意义上讲,这种畏惧感类似于"羞耻之心",其潜在功能在于抵制痛感引起的胆怯与快感引起的诱惑。② 也就是说,在保家卫国的战斗中,在面对强敌的搏杀中,你因为担心自己给人留下怕苦怕累怕死畏敌的坏名声,你反而对苦难艰险死亡无所畏惧,于是冲锋陷阵、英勇杀敌、争取立功。而当你面临声色犬马、金银财宝等巨大诱惑时,这些看似令人心生快感的东西,你会心存畏惧,全力拒绝,因为一旦接纳,你虽然会快活一时,但随之则会遭到的良心的谴责和他人的唾骂,会使自己堕入恶名的深渊。值得一提的是,柏拉图强调这一点是有所指的,或者说是对症下药的。斯巴达人历来尚武,从小经过艰苦卓绝的训练,因此养成吃苦耐劳和勇武善战的秉性,在战场上勇冠三军,无所不能。但是,他们很少接受过抵制诱惑的训练,因此,一旦遇到美女加财物的贿赂,就有可能爱不释手,中了圈套,沦为牺牲品。在《法礼篇》第一卷里,柏拉图有意张扬实则批评斯巴达人崇尚勇武德行的单一做法,认为这会使人格教育流于片面,因此需要凸显节制或自律的德行修为。在这里,柏拉图之所以大谈会饮活动的益处,也就是为了补正斯巴达人的道德教育缺陷。

其次,便是"对傲慢的畏惧感"。在古希腊人眼里,傲慢是一种罪孽,是过分自信和自大的产物。傲慢之人,天不怕地不怕,对朋友和同胞不屑一顾,对法礼与神明漫不经心,最终会抛却理智,自以为是,蛮横无理,违法乱纪。因此,在道德意义上,这种畏惧感类似于"谦逊之心"。③ 在柏拉图看来,一个真正有德行修为的人,理应是有所畏惧和有所不惧。换言之,他理应惧其所应惧,不惧其所应不惧。在"所应惧"与"所应不惧"的背后,是以公正和节制的道德原则为底线的。值得注意的是,这其中也隐含一种辩证的转换关系。譬如,人对傲慢的畏惧,就是"所应惧",这会使人变得审慎和谦逊,

---

① Plato, *Laws*, 649a, 671a.
② Ibid., 646a.
③ Ibid., 647b.

继而变得节制和自律，结果就会遵从理智的方式适度地处理事务。再如，人胆小怕事，是"有所惧"，但不是"所应惧"；因此，只有战胜这种胆怯感，才能获得勇武或果敢的德性；这便是一个从"有所惧"到"所应不惧"的发展过程。另外，城邦制定的法礼，是维护社会秩序和共同福祉的准则；公民对法礼的畏惧实为敬重，这就是"所应惧"；如果将"所应惧"当作"所应不惧"的对象，那就会走向反面，将自己凌驾于法礼之上，最终成为违法乱纪之徒。

为此，一个人需要有针对性地进行相关的体验、训练和奋斗，尤其是要竭力战胜快感与欲望的诱惑，因为这两者会使人只图一时痛快而不计后果，从而采取不知廉耻或不顾正义的妄为。在这方面，会饮活动提供了一种没有太多风险的体验与训练形式，不仅适合于个体，也适合于小群体，同时也适合于大群体。但是，相比之下，群体的会饮形式更能检验一个人的自律德行。诚如柏拉图所言：如果一个人独自饮酒，担心出丑，不愿被人看到他酒后的窘态，于是单独借酒训练，试图克服自己的畏惧感。为此，他有理由随身只带酒水，不带任何其他行李。但同样有理由的是，他与生俱来就能饮酒，而且能够义无反顾地与几位酒友一起参加训练。在酒劲上来后，他强壮有余，定性十足，能够规避酒所引发的其他负面效应：他的德性会阻止他采取任何严重的不良行为，从而使他成为一位与众不同的人。在喝最后一轮之前，他会悄然离席，心存畏惧，担心饮酒过量会摧垮一个人比较优良的品行。[①] 总之，这是训练一个人是否审慎和节制的重要时刻。在酒酣耳热之际，也可能是忘乎所以之时，一个人是贪杯豪饮以致烂醉如泥，还是见好就收以便保持清醒，这是考验其德行修为的关键际遇。如果说，酒场犹如战场，贪杯犹如恋战，喝得兴起犹如杀得兴起，从"适度"原则来看，此两者的性质都是无差别的，其最终后果都是消极而有误的。因此，柏拉图一再提醒人们，要在自己的心灵中滋养两种要素，一是畏惧恶名的羞耻之心，二是畏惧傲慢的谦逊之心。唯有如此，方能自觉而有效地消解愤怒、爱欲、自大、无知、财、美、力等因素所带给我们的种种负面影响。[②] 对此过程，柏拉图从心理和立法

[①] Plato, *Laws*, 648c-d.
[②] Ibid., 649.

的角度出发,有过如下描述:

> 饮酒者的心灵,就像火中之铁一样开始发热,变得愈加年轻和柔软;任何具有能力和技艺来塑造和教育他们的人,就会发现他们像年轻时那样容易引导;这位塑造他们的人,正是先前所说的优秀立法家。当我们的饮酒者变得兴高采烈和信心满满之时,他会不再顾及脸面,不再保持沉默,而是夸夸其谈,载歌载舞;在适当时刻,立法家的任务就是建立饮酒规则,借此让饮酒者自愿改正自己的言行方式;在丢人现眼的过度自信感刚刚出现苗头时,这些规则就会派上用场,就会主持正义,由此引发出非凡而卓异的畏惧感,我们称其为"谦逊"与"羞耻"。头脑清醒者能够确保这些规则发挥作用,其做法就是领导和掌控那些酒后的迷糊者;实际上,在没有这种帮助的情况下如果与酒抗争,其危险性往往大于在缺乏清醒指挥的情况下与敌作战。①

很显然,这是一种趁热打铁的策略。我们需要就此指出三点:其一,人是可塑的,人格是生成的,人的德行是训练或教育出来的。但这需要一种适宜的社会环境、思想引导和制度设定,否则难以达到预期目的。其二,会饮被用作一种检验人品与德行的方式,并不表明这种活动能够自足地成就人的品格与德行。实际上,既然是检验,就涉及前提条件,此条件是指被检验者已经接受过品格和德行的教育,或者说他具有判别何为好品格与好德行的基本常识或意识。其三,柏拉图所描述的会饮情境是一种理想状态,实际情况无疑复杂多样,因此,我们不能将他心目中的会饮活动与德行教化简单等同起来,充其量也只能将其视为一种促进和检验德行修为的辅助性手段。

3. 举办会饮活动的准则

在柏拉图眼里,会饮活动虽有诸多益处,但要实现这些益处,除了培养上述两种畏惧感或心理基础之外,还必须因人而异地采取预防措施和具体准则。因为,酒后乱性或酒后失德,并非属于偶然事件,更何况还有人借酒壮

---

① Plato, *Laws*, 671b-c.

胆，胡作非为。

先就预防措施而言，柏拉图建议要知人慎饮，预先防备。也就是说，举办会饮活动，旨在通过愉悦形式来培养德性和促进社交，但这种愉悦或快乐应当适宜为上，不可过度泛滥，否则就会难以控制，有悖初衷。即便如此，对于相约会饮的个人，事先务必十分了解，不可贸然为之。譬如，你若知某人性情易怒且行为粗野，那你邀请他参加酒神节庆典，就会冒极大风险，因为他会满不在乎，随心所欲，惹是生非，使你无法与其和平相处。再如，如果某人好色成性，以此为乐，那你就不能将自己的妻子儿女托付给他，不能以此来测试他能否克制自己、坐怀不乱。要不然，你就会仅仅为了测试此人的品性，而让自己的至亲至爱付出惨重代价。[①]

相较于上述测试方式，会饮活动就显得更为安全和便宜。但是，为了取得积极的道德教化作用和避免不良后果的发生，有必要确立一些具体准则或严格规定。在整个会饮过程中，这些准则要贯彻始终，不仅应规定参与者的交谈方式和内容，而且要确保清醒者指导酒后犯迷糊者。惟其如此，才能掌控会饮者的言行举止，才能不糟蹋酒神的馈赠。在这方面，柏拉图并未详述具体条例，只是从原则上划定了界限。按其所说，概括如下：

其一，如果一个城邦只将会饮当作单纯的娱乐，允许任何个人随意参加并为所欲为，那就应当禁止举办这类会饮活动，否则就会助长人们寻欢作乐，导致道德规范废弛。

其二，采用迦太基人的法律，禁止任何军人饮酒，在整个战役期间只能饮水。

其三，在值班期间，行政管理人员、法官、议员与船员，都一概禁止饮酒。

其四，除非是出于训练或健康的理由，不许任何人在白天饮酒。

其五，为了确保生育和后代的健康，男女双方在晚上若有意进行房事，也不得饮酒。

---

① Plato, *Laws*, 649d-650.

其六，鉴于上述规定，这个城邦的葡萄种植和酒的产量务必压到最低限度。①

总体而论，柏拉图无论是提倡会饮，还是限制饮酒，都是出于公民德行教化的目的。因此可以说，他对会饮活动的相关论述，确实是"醉翁之意不在酒"，在乎德行修为也。但要看到，不管怎么规定或出于何种用意，会饮活动在古希腊文化传统中始终占据重要位置，而且随着希腊文明的向外辐射而四处流播。譬如，以饮酒为主要内容的酒神节会饮（the Dionysiac thiasos），在亚历山大大帝征服欧亚期间，随之广泛传布和盛行于叙利亚、巴基斯坦和波斯（今伊朗）等地。在拜火教典籍里，就有这样的教义：酒可以暴露出人品的好坏，暴露出一个人在发怒时的善良，在罪孽中的智慧……应倡导适度饮酒，每个人务必适饮而止；应谴责饮酒过量，因为纵酒过度必将导致许多弊端。② 希罗多德在论及波斯人时也曾指出：他们在会饮期间决定最为重要的事情，甚至认为此时所做的决定要比清醒时所做的决定更值得信赖。③ 希氏所言，涉及具体情境，我们只能姑且听之，恐怕是不能当真的。

九　摹仿理论的多重向度

在青少年教育阶段，尤其是体操训练与诗乐教育，都无一例外地涉及摹仿（mimēsis）问题。这不只是因为摹仿是人的天性，而且是因为摹仿是人学习的重要途径之一。另外，就诗乐、绘画、舞蹈等摹仿艺术而言，摹仿更涉及其生成与创构的本体根源。在诸多现代西方语言中，古希腊语 mimēsis 通常被译为 imitation，意指摹仿、仿效、仿制、伪造或赝品等含义。其实，mimēsis 并无现成的同义等价词，强译为 imitation，会将其全然等同于一种摹

---

① Plato, *Laws*, 673d-674.
② *Meng-i-Xrad*, XVI, 36, 49. Cf. Pierfrancesco Callieri, "Figural Imagery in the Contexts of Zoroastrian ReliousArchitecture in Iran during the Sasanian Period", p. 7. （Note：This paper was delivered on March 13, 2013, at the Institute of Philosophy, Chinese Academy of Social Sciences.）
③ ［古希腊］希罗多德：《历史》，第一卷，第133节。

仿或复制技能，难免会引起诸多误解。① 当然，也有一些论者，根据 mimēsis 在艺术创作领域的用法，试图将其译为 representational action（再现行为）、representation-cum-expression（再现加表现）或 make-believe（虚构），等等。②

"摹仿"理论是柏拉图诗学思想的核心内容之一。我们在其诸多对话文本中发现，除了艺术范畴之外，不少其他领域也涉及种种不同的摹仿行为与摹仿结果。譬如，在语言学领域，文字借助字母和音节摹仿事物，旨在命名和把握所指事物的各自本质；③ 在和声学领域，声音借助凡人的运动摹仿神性的和谐，旨在给明智之士带来愉悦，而不是给愚蠢之人提供快感；④ 在认识论领域，有关宇宙本性即至善的思考和论证，依据神明绝对无误的运行，摹仿的是实在性或真实性；⑤ 在宇宙学领域，时间摹仿永恒，在主神的协助下，依照数的法则旋转；⑥ 在政治领域，法律摹仿各个事物的真理，法律制定者是那些真正懂得治国安邦之道的真才实学者；⑦ 人性化的政府或宪法，为了取得更好而非更糟的成效，所摹仿的是正确而适宜的政府或宪法。⑧ 在宗教和精神领

---

① Imitation 一词在语义上难以与 mimesis 对等，故此在西方学界引起诸多诟病。譬如，在专论文学本质的《双重审讯》(*La double séance*, 1972)一文中，德里达特意从形上学的角度强调指出：源自希腊语 mimesis 这一概念，"在翻译时不可草率行事，尤其不要以摹仿一词取而代之（qu'il ne faut pas se hater de traduire surtout par imitation）"。在他本人看来，希腊语 mimesis 从本质上代表柏拉图式的呈现方式，与实在和本体（ontologique）有关，涉及真实性的形而上学问题。因此，摹仿的历史"完全受到真实性价值的支配（tout entière réglée par la valeur de vérité）"。Cf. J. Derrida. "La double séance," in *La dissemination*, Paris: éditions du Seuil, 1972), pp. 208-209. 豪利威尔认为，德里达在批判摹仿时，正误兼有。譬如，德里达"认为摹仿总是以不言而喻的方式，假定一种想象的实在，这种实在从原则上讲可能是外在于作品的（再现务必再现某东西）。这一点是正确的。然而，德里达的另一观点则是错误的，即：他认为上述需要涉及一种'在场的形上学'（metaphysics of presence），或者说是涉及一种实在的平面，而这一平面在他看来完全独立于艺术的表现。一般说来，人类的思想与想象如果是可行的或可知的（德里达本人意在思索这些问题），那么，艺术摹仿就有其需要的唯一基础。无论是内在于艺术还是外在于艺术的再现，均有赖于某些为公众所共享的理解力所能理解的东西，但是，这种再现对于超验真实性并无任何内在的要求"。Cf. Stephen Halliwell, *The Aesthetics of Mimesis* (Princeton & Oxford: Princeton University Press, 2002), pp. 375-376. Also see footnotes on p. 375.
② 这三种译法分别见于 G. Sörbom, *Mimesis and Art* (Bonniers: Svenska Bokförlaget, 1966), p. 22; S. Halliwell, *The Aesthetics of Mimesis* (Princeton and Oxford: Princeton University Press, 2002), pp. 14-18; K. Walton, Mimesis as Make-believe (Cambridge: Harvard University Press, 1990), pp. 11-69.
③ Plato, *Cratylus*, 423e-424b, in Plato, *Complete Works*.
④ Plato, *Timaeus*, 80b, in Plato, *Complete Works*.
⑤ Plato, *Timaeus*, 47b-c.
⑥ Ibid., 37c-38a.
⑦ Plato, *Statesman*, 300c-e.
⑧ Ibid., 293e, 297c.

域，虔诚的人们试图以各种力所能及的方式，摹仿和追随他们敬奉的神灵；如果他们碰巧从宙斯那里汲取到灵感，他们就会将其灌注到所爱之人的灵魂里，尽力使对方养成他们所敬神明的那些品质；① 各种有形的人物都试图摹仿永恒的人物，均采用一种难以言表的奇妙方式，效仿后者的言行举止；② 普通人都尽力摹仿那些据说是神明指导过的人，这样做的目的就在于获得幸福。③ ……这一切足以表明，柏拉图所论的"摹仿"，是接近不同事物、品质、实体、神灵、理式或真实的途径，而非意指单纯摹本的制作。柏拉图本人向来反对以机械的方式将摹仿形象等同于摹仿对象的所有品质。因为，摹仿形象毕竟是形象，远未具备摹仿对象固有的品质。也就是说，摹仿或摹仿品"永远不会超过它所暗示或唤起的东西"④。

在《法礼篇》和《理想国》里，柏拉图对"摹仿"的论述较为集中，但依然晦涩费解。若从体操训练、诗乐教育与艺术创作的角度看，我认为柏氏的"摹仿"理论主要涉及三个向度：一是侧重学习动作的身体摹仿，二是侧重学习性格的心理摹仿，三是侧重形象创制的艺术摹仿。而柏氏的摹仿理论，对亚里士多德摹仿诗学产生的影响，则会引致诸多更为积极的价值取向。

1. 身体摹仿

根据古希腊的传统和柏拉图的描述，体操训练包括两个分科：一是舞蹈（orchēsis），二是摔跤（palē）。⑤ 其教育目的与练习方法如下所述：

> 舞蹈有两个分支，其一是摹仿诗神缪斯的风格（Mousēs lexin mimoumenōn），旨在培养自由与高贵的品性（phylattousa kai eleutherou），其二是通过有节奏的运动来训练身体各个部位的灵活性和舒展性，在舞蹈过程中能使节奏和姿势达到相互协调配合的程度，此类舞蹈的目的是为了增进健壮、敏捷和优美（euexias elaphrotētos kai kallous）。至于摔跤

---

① Plato, *Phaedrus*, 252c-d, 253b, in Plato, *Complete Works*.
② Plato, *Timaeus*, 50c, in Plato, *Complete Works*.
③ Plato, *Laws*, 713e, in Plato, *Complete Works*.
④ Ibid., 713e. Also see R. Schaerer, *La question platonicienne*. 163 n. 1.
⑤ Ibid., 795d-e.

技术……如果没有实战用途，只是为了博取职业摔跤或拳击运动的虚名，那就不值得称赞与标榜。而站立式的自由摔跤训练务必加以推行，这是因为其动作坚实而优雅，有助于增进力量和健康，有利于实现我们的所有目的。①

这里所言的"所有目的"，包括身体的"健壮"，动作的"敏捷"，形体的"优美"，动作的"坚实和优雅"，搏击的"力量"，特别是参战时的"实用性"，等等。为此，柏拉图建议制定法规，要求男女少年从6岁开始一直到从军年龄，根据身体的发育情况，在教师正确的指导下，摹仿和练习克里特与斯巴达的刀剑舞，雅典的盔甲战斗舞，等等。这样一来，当他们长大成人后，无论是祭祀神明，还是组织游行，都能全副武装，或坐骑战马，或列阵行军，按照号令，快慢有度，步调一致。另外，还要举行一些比赛或军演，检验所练的科目是否有助于保家卫国。至于其他那些徒有虚名的游戏与体育项目，譬如像没有实战效应的职业摔跤之类，都不值得城邦公民花费心力。②

就整个训练过程而言，初步阶段是先要学会那些舞蹈和摔跤的基本动作。柏拉图认为，要想掌握其中的动作要领，就需要通过"摹仿"（mimeisthai），即"男女青少年全心全意地摹仿相关的样板"（a dē pantōs memeisthai prepon an eiē korous te ama kai koras）。③ 譬如，要学会实战性的摔跤，仅用语言是无法描述清楚的，于是需要在讲解的同时，由摔跤高手进行实地示范，让初学者观摩和摹仿。④ 举凡练习过拳脚的人，大都熟悉这一过程：先观摩，后摹仿，再演练，多对抗，只有熟能生巧，才能灵活多变，使自己立于不败之地。显然，柏拉图深谙此理，首先肯定了身体摹仿动作的教学方式。另外，考虑到青少年学习的兴趣，他还建议用"合唱游戏"（tēs choreias paidia）⑤ 予以调节，让他们在舞蹈的快乐气氛中，提高学习演练的积极性和主动性。而这

---

① Plato, *Laws*, 796a-b.
② Ibid., 796b-d, 814d.
③ Ibid., 796c.
④ Ibid., 814d.
⑤ Ibid., 796b.

些舞蹈，经常与拉弓射箭、舞剑弄枪、攻击防守、前俯后仰等动作编排在一起，① 更大地拓展了身体摹仿的空间和复杂性。

这里至少有五点需要注意，（1）柏拉图所言的体操训练，是在具有"体育和军训目的的体操学校"进行的。在这里，除了学习舞蹈和摔跤之外，还要学习诸多其他项目，譬如射箭、标枪、队列、野营以及散兵、骑兵和重甲兵等必要的作战技能。尤其是射箭、标枪与队列训练等项目，这些在初学阶段均需要专人示范和身体摹仿。（2）男女同校接受体操训练和军事训练，都是出于同样的实用目的。也就是说，当大军外出作战时，敌人如果突袭守备力量薄弱的城邦，留守在家的妇女就必须迅速组织起来，抗击来犯之敌，保护城邦里老弱妇孺。在柏拉图所构想的这座"次好城邦"里，如果妇女所受到的教育和训练，连那些勇于保护幼鸟的母鸟都不如，那对城邦来将就是不折不扣的灾难。② 可见，无论是体操训练的军事用途，还是男女同校的训练方式，都是处于保家卫国的政治实用目的。（3）身体摹仿的主要内容是与技能密切相关的姿势和行动。无论是舞蹈、标枪、角斗还是其他项目，都是出于实用的目的与实战的需要。因此，所要摹仿的便是未来所要预演的，而预演的场景不只是训练场，还有竞技场和战场。要知道，摹仿预演或预期的姿势与动作，经过不断的反复、训练与强化后，最终就会形成习惯性的姿势和动作，这在实际需要的情况下，就会激起敏捷的反应，爆发强大的威力，借此可以战胜对手，保护自己。（4）对于古希腊人来讲，尤其是对年富力盛的城邦卫士来讲，当身体摹仿的姿势与动作达到熟练自如或本能反应的程度时，人们就会借用展示自己训练结果或技能水平之际，自由地表现自我，也就是表现自己的情趣，表现自己的优雅，表现自己的勇武，表现自己的精神，表现自己的理想与追求。对此，柏拉图虽然没有论及，但我们可从历史的经验中推导出来。譬如，古希腊历史上的伟大英烈、奥林匹克运动的杰出冠军、人体雕刻的精品佳作，都从不同角度向我们暗示出与身体摹仿相关的成果和特质。更何况，人类的所有活动，都关系到内在于人性的知（识）、情（绪）、意（志）三大要素。在一定程度上，下述说法可以印

---

① Plato, *Laws*, 814e-815b.
② Ibid., 813d-814b.

证这一点：

> 知、情、意三要素或三阶段，是任何人类行为都不可或缺的组成部分，因此，当我们谈及它们时，我们不再将它们排列为高低等级，让知识或推理高高在上。知识，即被动地接受和认知一个刺激，看起来好像具有在先性，因为我们在反应（react）之前，必须有所受动（acted），但是，在先性并不意味着优越性。我们可以换一个方式看问题。我们把人性比作一个通向行动的阶梯，则知觉应是梯子的第一层，情绪处于第二层，行动处于最顶层，它是攀登者的最终目的。上面这番对人性的勾勒尽管极为粗率，但就我们的话题而言已经足矣。①

2. 心理摹仿

自不待言，任何正常的人，在用身体摹仿外部动作时，不可能是单一机械的效仿，而需心智的参与和协助。否则，所学到的结果不是因走样而显笨拙，就是因徒有其表而不得要领。这就是说，初学者在身体摹仿的同时，还有心理摹仿参与。这后一种摹仿，除了涉及外部动作之外，更多地涉及内在性格乃至德行。诚如柏拉图所说：

> 歌舞合唱表演是对性格的摹仿（epeidē mimēmata tropōn esti ta peri tas choreias），涉及各种各样的行动和事件。每位表演者在扮演自己担负的角色时，部分程度上是在表现自己的性格，部分程度上是在摹仿角色的性格。这就是为什么当他们发现相关的文词、歌曲或舞蹈投合他们的天性、习惯或天性加习惯两者时，他们就忍不住欢呼雀跃，用"美"（kala）来称赞这些东西。但在有的时候，当他们发现这些表演活动有悖于他们的天性、习惯或天性加习惯两者时，他们从中找不到快感，高兴不起来，于是就用"丑"（aischra）来形容这些东西。此外还有一种人，天性好而习惯坏，或是习惯好而天性坏，就会口里赞赏的是一回事，而

---

① ［英］哈里森：《古代艺术与仪式》，刘宗迪译，三联书店2008年版，第21页。

心里喜好的却是另一回事。他们说，"这些摹仿都是愉快的，但是不好的"。(hēdea gar ponēra)。在他们认为明智的人们面前，他们会对用卑鄙方式去歌舞或是有意识地赞助这种行为而感到羞耻，但是在内心里却感到一种不可告人的快感。①

随后在《法礼篇》第七卷里，柏拉图进而发展了上述观点，断言"节奏与音乐这等事情就是对好人与坏人性格的摹仿"（rythmous kai pasan mousikēn esti tropōn mimēmata beltionōn kai cheirovōn anthrōpōn）。② 这就是说，歌舞创作及其作品本身，都涉及摹仿或再现"好人与坏人的性格"。而歌舞表演者在表现这些角色时，除了"表现自己的性格"之外，还在"部分程度上摹仿角色的性格"。所谓"部分程度"，那大约是一半，这等于是在半摹仿。所谓"摹仿"，也就是"再现加表现"。所谓"角色"，那就是作品中的人物，抑或是"好人"（beltionōn anthrōpōn），抑或是"坏人"（cheirovōn anthrōpōn）。所谓"性格"（tropōn），在古希腊语中一方面意指人物的风度、做派或习惯（manner or habit），另一方面意指人物的性格、脾气或秉性（character or temper）。对于前者，一般情况下可通过人物的步态、姿态、体态、手势、语言习惯和面部表情去摹仿，这主要涉及身体动作与言语行为，好的演员可以摹仿或表现得惟妙惟肖。对于后者，虽然前面所列的外显行为会在一定程度上折映出一些，但很难完全把握和表现出来。因为，性格与脾气秉性更为内在，涉及心理和精神层面，这就需要更为精微的心理摹仿方式。然而，这种方式不仅需要全面理解人物的性格特征，更需要具有深厚的文化修养和艺术造诣，否则也只能取得形似而非神似的效果。好在柏拉图所说的这些歌舞表演者，大多是在"半摹仿"，这就等于降低了一半要求。

另外，心理摹仿还会引发出真真假假的虚伪表现。譬如，一些人爱屋及乌，若喜欢"好人"的性格，就喜欢摹仿这类性格；若不喜欢"坏人"的性格，当然也就不喜欢摹仿这类性格。另有一些人则与其相反，他们喜欢"坏人"的性格，于是专门摹仿这类性格；而不喜欢"好人"的性格，当然也就

---

① Plato, *Laws*, 655d-656a.
② Ibid., 798d-e.

不喜欢摹仿这类性格。还有一些人对两者都喜欢，但他们在明智的人们面前，表面上对"坏人"的卑鄙行为以及表演者的摹仿结果表示厌恶，但内心里暗自喜欢，从中得到"不可告人的快感"。这后两类人不仅包括某些表演者，也包括某些观众，柏拉图要求对其严加防范和警惕。他所建立的"正确性准则"与文艺审查制度，实际上也就是为了防患于未然。

3. 艺术摹仿

在《法礼篇》第二卷里，柏拉图将诗乐视为"摹仿与再现的"艺术，并极力推崇"摹仿美好事物"（tou kalou mimēmati）的作品和"正确性摹仿"（mimēseōs orthotēs）的准则。他之所以如此界定诗乐而不加任何说明，估计是他无意重复自己先前的相关论述。我们知道，艺术摹仿论是柏拉图诗学思想中的重要内容。在《理想国》第十卷里，他提出了著名的"床喻"，其要点如下：

（1）在凡是能用同一名称称谓多数事物的场合，应当假定它们只有一个理式或形式。譬如床有许多张，但床之理式仅有一个。

（2）床的理式由有神所创，木匠摹仿这一理式，制造出一张或多张木床。

（3）画家摹仿木床的外形，绘制出一幅或多幅画床。

（4）画家摹仿事物的表象，其做法就像是拿一面镜子四处映照，很快就能制作出太阳和天空中的一切。然而，他的"制作"并非真的制作，只是制作出外物的影象而已。

（5）木匠制作的床，不是真实的床，与真实隔着一层；画家绘制的床，也不是真实的床，与真实隔着两层。

（6）摹仿术虽能骗人耳目，但与真实相去甚远，因为摹仿者全然不知事物真相，仅仅知道事物外表。他所摹仿的东西对于一无所知的群众来说是显得美的，但他自己对摹仿的对象却没有值得一提的知识。

（7）摹仿只是一种游戏，不能当真，仅与隔着真实两层的第三级事物相关。犹如同一事物在水里面看是弯曲的，不在水里面看则是笔直的，这是视觉错误与心灵混乱所致。

(8) 绘画之所以能发挥其魅力，正是因为利用了我们天性中的这一弱点。①

由此可见，柏拉图以理式为始基，以真实为根本，以比较为方法，以价值为尺度，逐一论述了三类制造者（treis poiouton）、三类床（trisin eidesi klinon）和三类技艺（treis technas）。若按本末顺序排列，三类制造者分别为神明（theos）、木匠（klinopoios）与画家（zoyraphos）；三类床分别为神明所创之床（phusei /auton klinen theon eryasasthai）或自在之床、木匠所造之床（klinen klinopoion poiei）或木质之床、画家所画之床（klinen zoyraphon poiei）或象形之床；三类技艺分别为运用型技艺（technē chresomenen）、制作型技艺（technē poiesousan）与摹仿型技艺或摹仿术（technē mimesomenen）。就其各自地位及其相互间的内在关系而论，神明是无所不能的原创者和"享有真知的运用者"（o de chromenos epistemen），神明首先创造出独一无二的床之理式（klinen eidos），也就是具有真正本质或最为真实的自在之床，并且依据自己所掌握的运用型技艺，判别出床的性能好坏与正确优美与否，然后留给掌握制作型技艺的木匠，由后者按照相关要求制作出具有物质形态和实际用途的木质之床；画家看到木质之床，借助自己所熟悉的摹仿型技艺，将其表象（phainomenon）照样描摹下来，由此制作出自己的仿品，也就是他的所画之床或象形之床。

比较而言，自在之床象征真实（alētheias），是所有床的理想原型或原创形式，属于形上本体的第一级事物；木质之床是自在之床的摹本，与真实相隔一层，属于好像真实的第二级事物；象形之床是木质之床的影象（phantasmatos），与真实相隔两层，属于复制外观的第三级事物。从认识价值上看，柏拉图最重视神所创造的床之理式，其次是木匠所制作的木质之床。前者至真，尊之为体；后者似真，意在为用；体用虽然相关，但彼此二分，呈现出由体而用、由一而多的衍生关系。另外，神明贵在原创且有真知，木匠善于领悟且能制作，神明授意，木匠追随，两者结为设计先导与具体实施的传承

---

① Plato, *Republic* (trans. Paul Shorey, Loeb Edition), 596-602.

关系。谈及画家的象形之床与摹仿型技艺，柏拉图毫不掩饰其鄙视与贬斥态度，认为画家骗人耳目，利用人性弱点，增加作品魅力。其所擅长的绘画与摹仿型技艺，"在工作时是在制造远离真实的作品，是同人心中远离理智的部分相交往，从中不会结出任何健康而真实的果实。总之，这种摹仿型技艺是低贱的技艺，与低贱的东西为伴只能生出低贱的孩子"①。

毋庸置疑，柏拉图是用"床喻"来宣示其艺术摹仿理论的。在这里，他凭借"理式"的原创性和本真性，一方面是要揭示"实物"的衍生性与实存性，另一方面是要阐明"形象"的游戏性与欺骗性。按其所述，先验设定的"床自体"或"自然之床"，"由神制作"，可谓床之理式，具有原创性和本真性，是床之为床的唯一原型或"形式因"，属于观念上的抽象存在（conceptually abstract being）。这里所言的"存在"（being），意指"是其所是"或"床是如此"的"本质"。木匠依据床之理式打造出来的木床，具有衍生性和实存性，是"摹仿真实"的结果，属于空间里的物质实存（spatially material existent）。这里所言的"实存"（existent），意指可以触摸和实用的"实物"（concrete thing）。至于画家依照木床描绘出来的画床，代表床之形象或外观，是"摹仿影像"的产物，属于感知上的视觉形象（perceptually visual image），虽无实用性与真实性可言，但却具有游戏性与欺骗性。通常，游戏性会引致娱乐与快感，欺骗性会迷惑儿童与愚者的眼睛，使其以假当真或不分真假，误入认识事物真相的歧途。相比之下，"床自体"是绝对真实的，木床不是完全真实的，画床则是纯粹现象的。这是柏拉图的思想逻辑，其中隐含"一个形而上学的悖论"（a metaphysical paradox）。② 因为，当我们思索床的设计原理时，我们会认为提供原型的"床自体"或"床之理式"是真的；但当我们想要睡一个好觉时，我们会认为具有实用功能的木床是真的；尽管有人会替柏拉图辩解说：前者所言的"真"，是本质意义上的"真"；后者所言的"真"，是功能意义上的"真"；此两者在语义学上是迥然有别的，等等。

迄今，针对"床喻"的解析，大多因为论证角度不同而"繁衍"不断。

---

① Plato, *Republic*, 603a-b.
② Gregory Vlatos, "A Metaphysical Paradox," in Richard Kraut (ed.), *Plato's Republic: Critical Essays* (Lanham: Rowman & Littlefield Publishers, 1997), p.181.

归纳起来，主要有以下几点：其一，从认识论角度来看，理式至真论会使人从上述"床喻"中，推演出一种"真实性层级结构"（a hierarchical structure of reality）。① 这个结构包括三个层级，即以自在之床所代表的理式，以木质之床所代表的实物，以象形之床代表的影象或形象（eikonas）。也就是说，形象的真实性与认识价值最低，实物的真实性与认识价值居中，而理式的真实性和认识价值最高。质而论之，真实性的高低，有赖于真实性的大小；真实性的大小，取决于同完美实体或神造理式的近似程度。

在柏拉图那里，真实性等级越高，认识价值越大。故此，若自上而下地进行价值判断，即从一等真实下到三等真实，便呈递减趋向；若自下而上地进行价值判断，即从三等真实上达一等真实，则呈递增态势；前后两种方式都凸显了"理式"的核心或主导地位。但从认识经验过程来看，情况则有变化。这一变化尽管不会彻底颠覆上述价值判断的最终结果，但却会赋予画床一种特殊意义。因为，经验界不等于真实界，只是近似于真实界；经验界抑或表明"某种相似于真实但并非真实的东西"②，抑或表明"某种渴望成为与理式相像"但却"相形见绌"的东西③，结果只能艰难地显示出真实界所提供的某些形象。④ 这些"形象"类似于事物的"表"，隐藏其后的实相等乎于事物的"里"。人的认识习惯，通常是一个由表及里的过程，也就是说，首先引人注目的是事物的外在形象（表），经由感性认识而达理性认识，人才会透过外在形象觉解内在真相或本质（里）。用柏拉图的话说，人首先会"观看到闪烁在光亮中的美"，然后才会"观看到显现在形象后的真"⑤。画床所起的作用，犹如"闪烁在光亮中的美"；"床自体"或"床之理式"所象征的东西，犹如"显现在形象后的真"。可见，在此认识过程中，画床的引导与启示作用是不容忽视的。

---

① W. J. Verdenius, *Mimesis: Plato's Doctrine of Artistic Imitation and Its Meaning* (Leiden: E. J. Brill, 1972), pp. 16-17.
② Plato, *The Republic*, 597a.
③ Plato, *Phaedo*, 74d, 75a-b, in Plato, *Complete Works* (ed. John M. Cooper, Indianapolis et al: Hackett Publishing Company, 1997).
④ Plato, *Phaedrus*, 250b, in Plato, *Complete Works*.
⑤ Ibid., 250b.

其二，从目的论角度来看，柏拉图采用"床喻"这一修辞手段，实际上就等于采用了一种通俗易懂的形象说法，这有助于把人们从床这一熟悉的生活日用品那里，引向支撑自己哲学思想结构的"理式论"。在此意义上，他试图用形而上的"一"，来统领形而下的"多"，以化繁为简的阐述，来完成众象归一的立论。此外，在写实之风盛行的雅典，柏拉图明里是在抨击绘画艺术的摹仿本性，暗里是在抨击诗歌艺术的摹仿本性，实则为了表明城邦组织建构的合理性或正确性。诚如他在《理想国》第十卷开篇里所说："有许多理由使我确信，我们建构这座城邦的方式是完全正确的，特别是对诗歌问题所展开的思考。我们拒绝接受诗歌的摹仿部分。对于三分的心灵来说，摹仿型诗歌是我们最不愿意容许的东西。"① 为什么呢？按照柏拉图的观点，人的心灵由理智、激情与欲望三部分组成，理智是高尚部分，激情与欲望是低下部分。摹仿型诗歌擅长激发人的情感欲望和摹仿天性，由此会滋养或壮大其心灵中的低下部分，结果会使听众背离求真爱智的哲学，转而追随煽情取乐的悲剧诗人或其他摹仿型诗人，最终会对"他们的心灵产生破坏性影响，除非他们具有一种解毒剂，即对事物是其所是这一真相的认知"。② "这一真相"，不是别的，正是"理式"。对"理式"的认识，便是对抗"破坏性影响"的解毒剂或矫正方法。

其三，从艺术本体论角度来看，"床喻"虽然意在贬低摹仿艺术的认识价值和抬高神造理念的原创意义，但反过来正好说明诗画等摹仿艺术何以生成的根源。在柏拉图心目中，艺术具有摹仿本性，艺术生成是摹仿理式与外物的结果。据"床喻"所示，"床之理式"是始基或范型。木匠直接摹仿这一理式，打造出代表"实用艺术"（useful art）的木床，该木床在本体意义上是理式的副本或影子；画家直接摹仿木床，绘制出代表"娱乐或欣赏艺术"（art of entertainment or appreciation）的画床，该画床在本体意义上是木床的副本或影子，同时也是理式的副本之副本或影子之影子。正因为如此，柏拉图认为木床作为直接摹仿理式的结果，与代表真实的理式相隔一层；而画床作为直接摹仿木床的影像，与代表真实的理式相隔两层。由此便可推导出如下

---

① Plato, *Republic*, 595a-b.
② Ibid., 595b.

几点：（1）理式的真实性最大，木床的真实性较少，画床的真实性最少。（2）理式作为范型的地位至高，木床所代表的实用艺术次之，画床多代表的娱乐或欣赏艺术再次之。（3）画家由于直接摹仿了木床，间接摹仿了理式，因此，画床与木床结为临摹或再现关系，而与理式结为象征关系。（4）画家所绘制出的画床，是木床的直观或视觉形象，因此，画家的任务就是创造这种具有直观性的艺术形象。有鉴于此，柏拉图所言的 mimēsis，就不能简单地翻译为 imitation，也不能等同于摹仿或再现，因为，对于优秀画家来讲，要想绘制出具有艺术特性与审美价值的形象，既需要摹仿，也需要创造；既需要再现，也需要表现。于是，唯有将摹仿、创造、再现与表现等四个维度综合起来审视，才能全面理解古希腊语 mimēsis 的实际含义，才能真正弄清艺术摹仿论为何被视为"西方美学理论的重要基石"之内在原因。①

值得指出的是，举凡形象，特别是艺术形象，并不囿于自身视觉模式的局限，而是通过自身的象征作用，唤起或使人联想到某种与其相似但却更为真实的存在。对柏拉图来说，这种源于艺术形象的唤起作用，并非指向普通现实，而是指向理想之美，指向美的本质，也就是"美自体"或美之为美的根本原因。此前在《理想国》第五卷里，柏拉图已然论及这个问题。他认为，单纯喜爱声音、色彩与外观的人，只停留在事物外在美或艺术美的表层，不能入乎其内地凝照和欣赏美的本性或美自体；而为数不多的爱美之人，则能发现和欣赏美自体或美之为美的根由，也就是说，他们不仅知其然，而且知其所以然。相比之下，前者缺乏真知，自以为是，如在梦幻之中；后者由表及里，思想深邃，始终保持清醒。② 很显然，柏拉图认为前者虽然爱美，但不知真美，因限于美的表象而流于肤浅；后者爱美如斯，且谙悉真美，因掌握美的知识而趋向深刻。

综上所述，柏拉图对"摹仿"与"真实"的哲学思考，原则上应和于"真实性层级结构"的假设，据此可将理式视为一等真实，将实物视为二等真

---

① Bernard Bosanquet, *A History of Aesthetic* (New York: Meridian Books, 1957), p. 28. 鲍桑葵如是说："至少在柏拉图的著作中，对创造形象的美术进行形而上学的估计，同那种对想象力进行类似的心理学估计，是密切相关的。虽然这种形而上学的估计在形式上是非审美的，并且对充满诗意的世界之价值采取了极端敌视的态度，但是它在实质上却是美学理论的一个重要基石（important foundation-stone）。"

② Plato, *Republic*, 476b-d.

实,将形象视为三等真实。相应地,一等真实是原创因,二等与三等真实是派生物。这种基于认识论的价值判断逻辑,反映出"摹仿"论的某些确切用意。在柏拉图看来,通过摹仿实物是为了让形象与实物之间具有相似性(likeness)。鉴于形象的审美价值,这种相似性会吸引我们的感官与视觉,借此发挥一种双重作用。一方面,相似性会唤起观众的好奇心,鼓励他们透过表象看到真实本身。这一点具有积极意义,因为相似性的认知价值就隐藏在其审美价值之中,凭借凝神观照外在形象,便有可能发现内在真理。另一方面,相似性在某种程度上是"模糊不清且骗人耳目的",这是因为"我们对一些事物的知识从来不是精确无误的,就拿观画来说,我们不会那么仔细推敲,也不会对其吹毛求疵,而是满足于接受这种充满暗示和幻象的艺术所表现的东西"。①显然,这一点具有消极意义,因为相似性会使我们远离真实,甚至会上当受骗,但我们却不以为然,反倒陶醉于这种充满游戏色彩、充满暗示和幻象的艺术之中。

艺术凭借摹仿制造形象,形象属于三等真实,在本质上与二等真实和一等真实相联系。这种联系首先表现为形象与实物近似的不同程度,其次表现为形象与理式近似的不同程度。有鉴于此,艺术摹仿可以被视为一种具有象征意义的唤起形式,有助于揭示摹仿形象、实用物品和原创理式三者之间的潜在关系。② 换言之,艺术摹仿虽然存在于三等真实或感性经验之中,但在象征意义上既能唤起二等真实,也能唤起一等真实。常言道,"一叶知秋"。正如你看到一片落叶就能感受到秋天的到来一样,你完全可以通过凝神观照艺术摹仿所得出的形象,进而认识二等真实和一等真实。尽管真实的三个层次在价值判断上位于不同等级,但它们终究处在相互联结、密不可分的关系网络之中。

另外,柏拉图确把哲学奉为"真正的缪斯"(alēthines Mouses)。在他眼里,艺术的作用无法与哲学的作用相匹敌。但是,当柏拉图沉迷于形而上的理式思索时,却在不经意之间使艺术摹仿感染上某种形而上的色彩。通过具体的形象,艺术摹仿可通过象征与联想的方式,既可表现出二等真实,也可

---

① Plato, *Critias*, 107c-d, in Plato, *Complete Works*.
② Bernard Bosanquet, *A History of Aesthetic*, pp. 45-47.

表现出一等真实以及神性特征。在这方面，古希腊艺术中的神像与雕刻就是范例。再者，柏拉图认定画家是摹仿者，如同抱着镜子四下映照一样，会以令人惊异的摹仿术制造出各种影像或形象。以此逻辑进行推断，似可得出这一结论：画家本人只要有意，只要认为值得，就会随兴之所至，摹仿自己喜闻乐见的任何事物。这些事物包罗万象，不会局限于描绘床的形象与其他物象。也就是说，画家完全可以自由挥洒，驰骋想象，直接摹仿理念或理式等不可见的实体，借此创制或设计出许多超出物质界与经验界之外的形象。① 在这方面，古希腊雕刻与古瓶艺术所表现的诸神形象与英雄形象，就是重要的历史明证。常识告诉我们，所有这些让后世难以企及的艺术典范，都离不开相应的思考与丰富的想象，绝非机械摹仿或简单复制所能为。

应该看到，思考源自理性能力，想象源自艺术灵感。在柏拉图眼里，理性能力是人类与生俱来的一种神性要素或神赐礼物。至于充满创造性的想象能力，则有助于艺术家制作出各种各样的形象，这其中必然包括那些关乎宗教崇拜和升华精神的神像等。如此一来，绘画作品中蕴涵的启示意义和道德价值，肯定会产生相当大的感召力量或影响。对真正的哲学家而言，此类影响也许是微不足道或可有可无的；但对普通人而言，它却是意义重大且不可或缺的。这在古今中外的教堂和寺庙艺术中显而易见，不证自明。

4. 摹仿诗学的价值取向

柏拉图的摹仿理论，直接影响了亚里士多德。后者作为柏拉图的学生，对业师的相关学说采取了传承、反思、补充或矫正的方法，提出了承前启后的摹仿诗学，确定了更为积极的价值取向。

相比之下，柏拉图的摹仿理论主要建立在事关三等真实或理式的认识论基础之上，而亚里士多德的摹仿诗学主要是建立在事关普遍性的合规律性基础之上，两者的差异是显而易见的。按照亚里士多德的逻辑，"艺术摹仿自然"，诗歌作为一门艺术，必将摹仿自然，故此，"诗人是摹仿者"（esti mimētēs ho poiētēs）。乍一看来，这与柏拉图的理论起点似乎并无二致，但至少有三点需要予以澄清：

---

① 王柯平：《模仿论与模写说辨析》，见王柯平：《流变与会通：中西诗乐美学释论》，第110页。

其一，就"艺术摹仿自然"而论，这其中涉及三个概念：一是"艺术"（technē），二是"摹仿"（mimēsis），三是"自然"（physis）。通常，古希腊语里的"艺术"，亦指"技艺"或"技能"，具有广义与狭义、实用与娱乐之分；这里所言的"艺术"，是指狭义上的诗歌、音乐、绘画、舞蹈、雕刻、戏剧等娱乐或观赏艺术。这些艺术门类，固然是由"摹仿"而来，无不具有摹仿性，但摹仿并非一切，更不是简单复制或拷贝。因为，艺术摹仿的过程，既是通过技能来构造形象的过程，也是借由感官来知觉想象的过程，同时也是借助美感或形式感来选择恰当文词、动人韵律和优美姿态的过程。具有品味和素养的古希腊人深知，对于现实或外物的平庸摹仿，不仅令人生厌，而且不值一提。至于古希腊人所说的"自然"，前文在阐述"合乎自然"一说时已经表明，其用意包含起源、生长、发展、内在质性与动态秩序，等等。在这里，人们一般是从外在自然的事物方面去理解，将自然的造化之物（譬如天、地、植物、动物、山峦、江海与人类等）视为艺术构造形象时所"摹仿"的对象。其实，也可换一角度去理解"自然"，那就是不再将其视为自然的造化之物，而是将其视为自然的造化之力。这样一来，亚里士多德的这句名言，诚如哈里森（Jane Ellen Harrison）所说，不应被译为"艺术复制或再造自然物象"，而应译为"艺术像大自然一样创造万物"，或者译为"艺术摹仿造化万物的自然"。① 从《诗学》中不难看出，包括悲剧与喜剧在内的戏剧，是诗歌或诗乐艺术的代表形式之一，也是亚里士多德最为关注的艺术门类，其所摹仿或再现的内容，主要是人类行为及其生活状况。其中涉及的舞蹈艺术，所摹仿的也是剧中人物的性格、激情与行动。要知道，在亚里士多德眼里，甚至在众多古希腊人眼里，艺术总是与人类生活状况与人类本性的限度息息相关。在我看来，所谓"人类生活状况"，首先涉及人类的生存境遇、体验和情感等因素；所谓"人类本性的限度"，必然涉及人性的欲求、命运与时间等限度。人之为人，无论在自然限度的规约下，还是在人文教化的鼓动下，都不会甘愿成为被动的存在，故而对外物及其环境具有一种潜在的掌控、驾驭或为其所用的意向。故此，当艺术家将"自然"当作自己"摹仿"的对象时，不会单一地聚焦于对象的外在色彩与形状，而会关注对象的

---

① ［英］哈里森：《古代艺术与仪式》，第28页。

内在生命与力量，甚至会透过其生生不息的造化之力来体认生命的起源与本质，开掘其中与人生相关的真实效用与象征意义。如此一来，艺术家的"摹仿"过程，也就成为认识与判断的过程，再现与表现的过程，想象与创构的过程。更何况，物之为物的特性，一旦再现或表现在艺术作品之中，就会呈现出一种特殊的象征意义，因为寻常之物会借助艺术的形式结构幻化出另一副样态，开辟出另一个天地。譬如，中国传统画中的山水花鸟，凡·高画中的农鞋，均是典型的范例。若按照"艺术即真理自行设置入作品"这一命题或海德格尔的相关说法，物之为物的特性，关乎存在者的真理或物的普遍本质，正是通过艺术作品再现出来的。有鉴于此，艺术作品绝不是对那些时时现存手边的个别存在者（物体或对象）的再现，而是对其普遍本质的再现。①我想，这一论点对于柏拉图来讲，无疑是过度阐释的产物；但对于亚里士多德而言，则是其逻辑推演的可能结果。

我们还是返回到有关"自然"的问题。在这里，特别值得一提的是，哈里森进而拓宽了我们理解"自然"的向度，她有意把"广袤深邃的自然现象"视为人类生活戏剧得以展开的"广大背景"。这一"背景"永恒长存，无论在过去，还是现在，都深深地影响了我们人类的想象，同时也有力地影响了我们人类的艺术。②迄今，现代艺术依然对自然背景情有独钟，借用风景艺术来描绘我们的梦想，抒发我们的情感，寄托我们的精神，安顿我们的灵魂。但是，在现代风景艺术作品中，往昔主管山林水泽的神祇早已消隐，神祇佛佛的迷人景象皆付阙如，只剩下空荡荡的舞台，上面没有演员，只有各式各样的风景和头绪纷繁的暗示。在哈里森看来，现代艺术的这种处境，主要是植根于对现代科学的深深畏惧，因为现代科学几乎把人类生活排挤得无处容身。现代人正是囿于空虚感的困扰或精神生活的萎缩，所寻觅和皈依的就是这个空荡荡的背景世界。也许，只有当我们真正认识到这种背景中的现代精神时，我们方能更好地理解古希腊艺术中的力量及其缺陷，体验到它们

---

① ［德］海德格尔：《艺术作品的本源》，见《林中路》，孙周兴译，上海译文出版社1997年版，第15—20页。
② ［英］哈里森：《古代艺术与仪式》，第129页。

植根于其中的激情乃至灵思。①

其二，就诗人理应摹仿什么而言，亚里士多德认为，诗人就像一位画家，必须摹仿下列三种对象中的任何一种："一是过去或现在发生的事情；二是传说或设想出来的事情；三是理应如此或应当这样的事情。"② 一位"严肃而杰出的诗人"（spoudaio-poiētēs），他的关注焦点便是"理应如此的事情"。换言之，诗人的职责不在于描述已经发生或正在发生的事情，而在于描述可能或期望发生的事情，也就是根据可然律或必然律来描述可能发生的事情，不同的是，历史学家（historikos）只记述已经发生的事情，无论双方是用韵文还是用散文进行写作，这便是两者的根本区别所在。因此之故，"诗歌比历史更富哲理性和严肃性（dio kai philosophōterou kai spoudaioterou poiēsis historia estin），因为诗歌通常表现普遍的事情，而历史则只记载具体的事件"③。看得出，亚里士多德意在扬诗抑史，其史学观稍嫌偏颇，对于像希罗多德与修昔底德这样的史学家而言，似乎有失公允。但这已超出本章讨论的范围，姑且存而不论。仅就希腊语的本义来讲，所谓"普遍的事情"（ta katholou），是

---

① ［英］哈里森：《古代艺术与仪式》，第129页。哈里森的原话如是说："古代的风景画家不会或不想让自然背景讲述自己的故事：假如他要画一座山，他会在画中画一位山神来表示山的存在，假如他要画一片大海，他宁愿在海边画几位海岸水泽之神，以示说明。与此相反，在我们现代的风景中，山林水泽女神早已消隐不见，现代艺术是一座空荡荡的舞台，上面没有演员，只有各种各样的风景和头绪纷繁的暗示。这种艺术植根于对现代科学的深深畏惧，因为现代科学几乎把人类生活排挤得一无所有、无所容身。"哈里森在此引用马克考尔（D. S. MacColl）的话说，"风景为现代人的想象提供了一个没有明确角色的场景，在其中，不管人类角色还是超人类的角色皆付阙如，营造了一个甜美安宁的不会受到扰动的白日梦，人类良心中所有的一切都在其中找到寄托，但其中没有宗教训诫，没有潜伏着的危险和恐惧的黑夜，没有孕育着不祥的阴影，没有令人期待的熹微曙光或让人狂喜的灿烂光华，没有在波诡云谲的天幕下战栗的大地，没有保卫着城市的妖魔潜藏的森林，也没有如史诗般亘古静穆的大海。"（See D. S. MacColl, *Nineteenth Century Art*, 1902, p. 20）与此同时，哈里森为了说明现代人的空虚感和精神生活的缺憾，特意引用了比利时剧作家、诗人、1911年诺贝尔文学奖获得者梅特林克（Maeterlinck, 1862-1947）的这段话："现代心灵被世俗的市民生活紧紧地束缚于行动，因为科学的玄思而日见枯萎，在劫难逃，它在孤独的山峰上或者荒寂的海岸边沉思冥想，再一次体验到心脏的跳动与太阳出没、月亮圆缺之间的和谐，再一次感觉到自己就像在奔赴一场与幽灵的秘密约会。诗人主动承担其守夜人的使命，他们留恋于荒凉的教堂废墟，陶醉于大自然的宏大戏剧，徘徊于岑寂之所，希望能够聆听到某个潜藏的精灵所发出的讯息，如今，连画家们都在追随着华兹华斯的冲动。"参阅［英］哈里森：《古代艺术与仪式》，第129—130页。

② Aristotle, *Poetics*, 1460b, in S. H. Butcher, *Aristotle's Theory of Poetry and Fine Art* (London: Macmillan, 1911), pp. 96-97.

③ Aristotle, *Poetics*, 1451b, in S. H. Butcher, *Aristotle's Theory of Poetry and Fine Art*, pp. 34-35. Also see George Whalley, *Aristotle's Poetics: Translated and with a Commentary* (London: McGill-Queen's University Press, 1997), p. 81.

指具有普遍性或一般性的事情（the universal or the general）；所谓"具体的事情"（ta kath'ekaston），则指具有特殊性或日常性的事情（the particular or the daily）。按照亚里士多德的解释，"普遍的事情"就是"某一类人根据可然律或必然律可能会说或会做的事情（tō poiō ta poia atta sumbainei legein ē prattein kata to eikos ē anagkaion）"。"诗歌就是要表现这类事情，并给相关人物冠上姓名。"① 与此同时，亚里士多德还特意建议诗人要表现"那些不可能发生但貌似合理的事情，而非那些可能发生但看似不可信的事情。"② 因为，前一类事情更为可取，更有意义，更能彰显可然律与必然律的效应，更有可能接近那些理应如此的、合规律性的事情。

其三，就诗歌或诗乐这门艺术生成的根由而言，柏拉图将其归于摹仿，亚里士多德所见略同。但不同的是，柏拉图更多是从伦理道德角度消极地审视诗乐的摹仿特性，而亚里士多德更多是从审美心理角度积极地昭示诗乐的摹仿特性。柏氏的相关论述主要见之于《理想国》第十卷，亚氏的相关论述主要见诸《诗学》第四章。鉴于前者在拙著《〈理想国〉的诗学研究》里已有专论，这里仅就后者予以评说。我们先看看亚氏的观点：

> 诗在整体上似乎源自两个原因，它们都深藏于人的天性之中。首先，人从孩提时候起就有摹仿的本能（mimeisthai sumphuton）。人与其他动物的一个区别就在于人最擅长摹仿，并通过摹仿学到了最初的知识。人从被摹仿的事物中普遍地感受到快乐（chairein tois mimēmasi）。我们在经验事实中可以证明这一点。那些在现实中令人痛苦的对象，我们却乐于凝神观照其摹仿逼真的样子，譬如最讨人嫌的动物形体与尸体。引起这种快乐的原因依然是最令人快乐的求知目的，这种快乐不仅对哲学家而言是如此，对一般人来说也是如此，尽管后者的求知能力要差一些。可见，人乐于观看具有相似性的摹仿品，其原因就在于人在凝神观照这种摹仿品时，会从中学到东西，或从中进行推论，譬如从中识别出某个人

---

① Aristotle, *Poetics*, 1451b.
② Aristotle, *Poetics*, 1460a, in George Whalley, *Aristotle's* Poetics: *Translated and with a Commentary*, p. 133.

物就是某某人。倘若你碰巧没有看到过摹仿作品的原型（archēs），你也就不会把这种快感归于这种摹仿作品（hē mimēma poiēsei tēn hēdonēn），而会将其归于作品的技术处理、色彩或其他诸如此类的原因。

其次，摹仿是人的天性里的一种本能，是摹仿调式和节奏的本能（格律文显然是有节奏的部分）。所以，在诗的草创时期，那些在上述方面具有天赋的人，将其发展成特别的才能，最终在其纯朴的即兴口占基础上促成了诗的诞生。

现在，诗依据作家的个性特征呈现出两大导向：一是较严肃者摹仿高尚的行动和好人的行动，而较浅俗者摹仿低劣小人的行动。前者起始于制作颂神诗和赞美诗，后者起始于制作漫骂式的讽刺诗。①

不难看出，亚里士多德将诗的起源与人的天性联系在一起。这种天性一方面表现为摹仿外物及其形象的本能，另一方面表现为摹仿调式与节奏的本能。人作为最擅长摹仿的动物，正是通过摹仿外物及其形象的本能而习得知识，继而在习得知识的过程中获得快乐，最终借助摹仿或再现，能将原本令人不快的对象转化成令人喜闻乐见的作品。再者，人出于天性与本能的需要，也擅长摹仿与自己的生命节律密切相关的音乐调式和节奏，并通过发展这种天赋，使其成为一种特殊才能，继而在即兴口占的基础上或随兴所至的吟唱中，创写了格律文或诗。而诗作为一门摹仿艺术，在不同诗人的不同品格的影响下，抑或摹仿庄严、高尚与好人的行动，抑或摹仿肤浅、低劣与小人的行动，由此便形成风格迥异、价值有别的颂神诗、赞美诗与讽刺诗。

总体而论，亚里士多德的摹仿诗学，主要是从正面和积极的方面言说。他所谓的"摹仿"（mimēsis）观念，尽管涉及似与不似的再现问题，但已然融入了创构、思索与辨识的要求。这一要求不仅涉及可然律与必然律，而且涉及普遍性与貌似合理性，而这一切均关系到合规律性的艺术价值取向。譬如像诗歌这门艺术，正是通过题材的取舍，表现普遍的事情，来揭示对象合

---

① Aristotle, *Poetics*, 1448b, in S. H. Butcher, *Aristotle's Theory of Poetry and Fine Art*, pp. 15-17.

规律性生成、发展与变化的内在原理或逻辑,这种"更富哲理性与严肃性"的内涵或意义,非但不会妨碍、反倒会帮助人们认识周围的事物与世界。在此层面上,亚里士多德显然超越了柏拉图在摹仿诗学领域里的局限性。

另外,古希腊时期的诗歌主要是以神话为题材,无论是荷马和赫西俄德的史诗,还是埃斯库罗斯等悲剧诗人的作品,其核心内容都还有着内在的联姻关联。亚里士多德在《形而上学》里指出,"爱神话者(philomythos)等乎于爱智慧者(philosophos)"①。比较而言,在"爱神话者"中间,最具代表性的莫过于"诗人",因为他们描写和吟诵的题材都与神话密不可分,甚至可以说,他们是立足于神话进行创作的"诗人";相应地,在"爱智慧者"中间,最有代表性的莫过于"哲学家",因为"哲学家"实际上就是"爱智慧者",他们在古希腊语里享用同一称谓。故此,爱神话的诗歌与爱智慧的哲学也会结成某种内在的联姻关系。在一方面,神话作为一种特殊的话语形式,所涉及的故事会令人"好奇"或"惊奇",而哲学则要研究这种令人"好奇"或"惊奇"的现象,要解释其背后的因果关系,由此形成了解事物真相的"智慧"或"真知"。在另一方面,基于神话题材而创生的诗歌,不仅要构想诸神的谱系与宇宙的秩序(如史诗《神谱》),而且要建立人类的德行与社会的秩序(如史诗《工作与时日》),更要探索神人的关系与命运的本质(如悲剧《俄狄浦斯王》和《安提戈涅》等),这便使诗歌在艺术表现和思想内涵上显示出"更富哲理性与严肃性"等特征。

那么,诗歌帮助人们认识事物的有效之处何在呢?为什么不用专门研究普遍性的哲学来直接取代诗歌呢?这两个问题最终会归结到同一个答案,即:诗歌能以艺术化的审美方式给人以快感(hedonē),而注重思辨性与抽象化理论的哲学则不然。再者,诗歌中的神启与灵感之作,犹如神来之笔,会借用诗人之口,讲出不同凡响的神性预言,表达振聋发聩的真理启示,揭示某些隐藏在事物深处的奥秘。

历史地看,从荷马到阿提卡悲剧作家,希腊诗人所创作的诗乐、合唱、舞蹈与表演等艺术,其显著的共性之一就是给人以快感或愉悦。这种快感或愉悦所引发的审美与精神体验,有赖于格律形式、情感表现、文词魔法、幻

---

① Aristotle, *Metaphysics* (trans. Richard Hope, New York: Columbia University Press, 1952), I. 982b 18-19.

觉魅力与神启灵感等多重要素。在现有的希腊先贤残篇中，修辞学家高尔吉亚（Gorgias）对诗性快感的阐述最为清晰鲜明。如其所言，

> 我把所有诗歌看作或界定为格律形式中的话语。当一个人听到诗歌时，他就会感受到一种灌注全身的震撼，一种催人泪下的同情，一种释放悲伤的渴望：虽然事件发生过程中的兴衰和相关人物的生活都与他本人无关，但他的心灵则会对诗歌文词产生反应，会将他人的情感体验成为仿佛就是自己的情感……诗歌文词的神性魔法（divine incantation）引发快感，终结悲伤：这种魔法的力量便类似于心灵的洞察能力，以其自身的魔力在吸引人，说服人，改变人。①

在论及诗歌的"幻觉魅力"（illusionistic spell）时，高尔吉亚认为这种魅力对于诗人与听众的情绪具有类似影响，会使双方相互感染。对于其欺骗性，高尔吉亚如此断言："成功的欺骗者要比失败的欺骗者更为正义；接受欺骗者要比抵制欺骗者更为明智。"② 所谓"欺骗"，就是利用诗歌的"幻觉魅力"吸引人的注意，使其在亦真亦幻的诗情画意中难辨真伪，几近于物我合一的艺术体验。无独有偶，柏拉图也曾用"欺骗"一词，来形容诗人的摹仿技艺，认为诗人就是擅长骗人的、魔术师般的巧于摹仿者。③ 这表明，在诗歌创作领域，"欺骗"与"摹仿"具有某种内在联系。由此推论，所谓"成功的欺骗者"，就是才艺杰出的诗人；所谓"失败的欺骗者"，则指才艺平庸的诗人。至于"正义"，在古希腊语中是用 dikē 来表示，意味着"确切的均衡观念"（the precise notion of equilibrium），这种均衡体现在动物或人类行动与反应的相互关系之中。④ 照我的理解，此处所言的"均衡"状态，不涉及司法的公

---

① 82 B 11, 9ff. in H. Diel and W. Kranz (ed. s), *Die Fragmente der Vorsokratiker* (vol. s 1-2, Zurich: Weidmann, 1992). Cited from Bruno Gentili, *Poetry and Its Public in Ancient Greece* (Baltimore and London: The John Hopkins University Press, 1990), pp. 54-55.
② 82 B 23. in H. Diel and W. Kranz (ed. s), *Die Fragmente der Vorsokratiker* (vol. s 1-2, Zurich: Weidmann, 1992). Cited from Bruno Gentili, *Poetry and Its Public in Ancient Greece*, p. 55.
③ Plato, *Republic*, 598-599a. 另参阅［古希腊］柏拉图：《理想国》，郭斌和、张竹明译，598-599a。
④ Bruno Gentili, *Poetry and Its Public in Ancient Greece*, p. 55.

正与道德的判断，而像是能力的表现或素养的展示。尤其是对一个诗人来讲，这种"均衡"还应当体现在理智与情感之间，体现在直观与想象之间，体现在感受与表达之间，甚至体现在吟唱与表演之间。唯其如此，他才会创写和演唱富有"幻觉魅力"的诗歌，才会成为"成功的欺骗者"。另外，"接受欺骗者"与"抵制欺骗者"均指观众，但前者的明智之处，就在于将自己置于和诗人同等的地位，感其所感，思其所思，同时在外来熏染与主观投射的交互作用下，使自己与诗中描写的人物打成一片，将他们的经历视为自己的经历，将他们的喜怒哀乐当作自己的喜怒哀乐。因此之故，这些自愿"接受欺骗"的观众，显然要比那些执意"抵制欺骗"的观众，更有可能释放出更多的情感反应，获得更多的艺术快感。

应当说，诗歌所引发的情感反应与艺术快感，正是诗歌的摹仿功能之一。这种反应与快感，是源自诗歌根据"可然律或必然律"所摹仿的那些"事情"，也就是那些"不可能发生但貌似合理的事情"，那些具有普遍性或合规律性的事情。在这里，"摹仿"已然不是简单地复制或效仿，而是艺术地再现和表现，甚至是创造性地想象与构造。至于"事情"，则是"事"与"情"的融合，不仅包含"事件，事理，事由或事物"等内容，而且包含"情况，情景，情绪与情感"等因素。它们综合一起，构成了诗歌所需要的故事情节结构，这在悲剧诗中更是如此。相应地，悲剧所激发的"怜悯与恐惧"等情感反应，通过这些情感的净化之后，将会使人享受到更为深刻的快感。这其中的关联，诚如亚里士多德所言："［悲剧］诗人务必凭借摹仿来引发快感，而这快感正是来自怜悯与恐惧（epei de tēn apo eleou kai phobou dia mimēseōs dei hedonēn paraskeuazein ton poiētēn）。"① 有关悲剧快感与审美心理问题，本书将在下一章里还会论及，此处暂且不表。

这里，我们不妨回过头来看看诗歌"文词的神性魔法"。高尔吉亚认为，这种魔法既能"引发快感"，亦能"终结悲伤"，其魔力"类似于心灵的洞察能力"，可以"吸引人，说服人，改变人"。这到底是指一种什么"神性魔法"（divine incantation）呢？从柏拉图所论述的神性迷狂（divine maniac）和

---

① Aristotle, Poetics, 1453b, in S. H. Butcher, *Aristotle's Theory of Poetry and Fine Art*, pp. 48-49.

诗神缪斯追随者（follower of the Muses）的角度看①，这种"神性魔法"理应与"神启诗人"有关。所谓"神启诗人"，也就是受到诗神灵感的启发，进入到神性迷狂中的诗人。在古希腊，优秀的诗人会采用各种题材，来打动观众的情感，昭示人生的奥秘。他们"甚至可以赞歌、咒语、神谕的形式，来揭示隐藏于历史深处的事物，来展现重大的真理启示，这一启示具有宗教神秘性和哲理教义的双重特征"。而"神启诗人"，作为具有能看见和能显现不可见之物的超凡之人，其"神秘的视觉力量受缪斯诸神母亲——记忆女神——的影响。记忆不是授予诗人唤起个人回忆的能力，不是让他依次再现消失在历史中的事件。它带给诗人的（正如它赋予占卜者的一样）是能看见永恒不变的实在的特殊能力；它可以把诗人和太初实在联系起来——在时光的流逝过程中，这一实在只向人类显露其微不足道的一部分，而且很快又将其掩盖了。这种具有揭示真相之能力的记忆，并不是我们随时间而流失的记忆，而是超脱于时间之外的记忆。我们还发现，这种记忆被移植到哲学的回忆中：柏拉图式的回忆，可以认识灵魂在肉体解脱过程中所能冥想到的永恒真理。在柏拉图那里，记忆观念和一种有关不朽的新学说之间，存在着显而易见的联系，而这种新学说猝然割断了与从荷马到爱奥尼亚思想家们之间的希腊灵魂观念的联系"②。这一点很值得我们现代人关注，因为我们对古希腊诗歌的认识与理解过于字面化了，甚至对"神性魔法"的说法都感到十分陌生了，因此也就不可能理解诗歌曾是沟通凡人与神灵的重要中介了。不消说，在亚里士多德的《诗学》里，我们并未看到有关"神性魔法"或"神启诗人"的任何说法。但我们知道，《诗学》一书残缺不全，据此不能肯定在其佚失的篇章里，作者从未论及这些话题。所幸的是，我们在柏拉图的《斐德若篇》里，依然可以找到触及此类问题的论述。布克哈特（Jacob Burckhardt）在《希腊人和希腊文明》里，对神灵显现的观念和希腊人的精神倾向也有过

---

① Plato, *Phaedrus*, 245-249, in Plato, *The Complete Dialogues* (ed. Edith Hamilton & Huntington Cairns, New Jersey: Princeton University Press, 1996).
② ［法］维尔南：《希腊人的神话和思想》，黄艳红译，中国人民大学出版社 2007 年版，第 398—399 页。

精彩的描述和有趣的假设。① 但仅靠这些宏大叙事式的推测还远远不够,仍需要对其进行更为深入的研究和更为翔实的印证。

需要指出的,柏拉图的摹仿理论,在很大程度上是促进艺术教育实践的有效手段。在他看来,无论是体操训练,还是诗乐教育,都离不开摹仿技艺的习得与运作活动。而摹仿是多向度的,既涉及身体,也涉及心理,同时还涉及再现、表现与创构等性相。亚里士多德的摹仿诗学,继而从更为积极的视域出发,深化了摹仿的功能,扩充了诗歌的主题,凸显了艺术的合规律性及其哲理性。值得注意的是,在古希腊雅典城邦,艺术教育从儿童开始,十分强调寓教于乐的游戏或娱乐形式,这便有助于将艺术教育落在实处,也就是落实在塑造儿童美善兼备的心灵与身体之中。事实上,在古希腊语中,教育(paideia)、儿童(paida)与游戏(paidia)三词,享有同一词根(paid-),这在一定程度上就决定了古希腊教育重视儿童特性与游戏功能的传统意识,这一点与中国儒家强调"游于艺"的传统教育思想确有诸多相似之处。今日观之,依然可以从中发现某些启示意义。

十 节庆狂欢:战争之舞与和平之舞

在《法礼篇》一开始,谈及斯巴达立法精神,柏拉图显得不以为然,因为这种精神只是为了打赢战争,会把整个城邦变成一架战争机器。随后在讨论诗人提尔泰奥斯时,柏拉图对其德行观表示怀疑,提出批评,因为它只是一味地赞美勇敢,激励争强好胜的战斗勇士,但缺乏培养节制德行的基因。

---

① [瑞士]布克哈特:《希腊人和希腊文明》,第84—85页。布克哈特有些武断地认为,"神灵显现的观念与人们是如此接近,这一点曾经以喜剧的形式表现出来。……这就是希腊人的精神倾向;对他们来说,世界历史中最伟大的命运就是衰落。他们沉迷于用神话编织的过去之网中,只是正在缓慢地形成真正意义上的历史,在充满想象力的诗歌中逐渐接近他们的顶峰,在时间流逝的过程中,他们注定在理解力上要成为所有民族的先驱,注定要把这种理解力转播给其他民族;他们注定要去征服一个广大的地区和东方民族,使他们的文化成为全世界的文化;在这个过程中,通过希腊化时代,罗马和亚细亚融合在一起,成为古代世界伟大的催化剂。与此同时,通过这种文化的流传,他们为我们保存了世界发展的连续性;因为,只是通过希腊人,我们所感兴趣的不同时代才能够被连接起来,穿成一线。如果没有他们,我们将对遥远的古代一无所知;如果没有他们,我们会知道什么呢?我们甚至没有去了解的欲求。除了这样一笔无法估量的思想财富之外,我们还继承了另外一件礼物,这件礼物保留了他们充满创造力的成果——艺术和诗歌"。

在柏拉图看来，立法是为了追求正义，维护城邦秩序，保障公共利益，而不是为了穷兵黩武，征战四方。战争对他来说，只是手段，不是目的，只有和平，才是目的。如他所说：立法的目的在于实现"最大的善"（tou aristou）。最大的善不是对外战争或国内战争，而是和平和人与人之间的善意。取得战争胜利并不在于理想的范畴之内，也不在我们的选择之列。为了城邦的最高福祉，任何采取首先关注对外战争国策的人，永远不会成为一位真正的政治家。一位真正的政治家或立法家，"其战争立法的目的是为了和平，其和平立法的目的不是为了战争"（ei mē charin eirēnēs ta polemou nomothetoiē mallon ē tōn polemikōn eneka ta tēs eirēnēs）。① 换言之，他在制定国策或进行立法时，是把战争作为和平的手段，而不是把和平作为战争的工具。这一重视和平与限制战争的立场，也见诸柏拉图对待战争之舞与和平之舞的相关态度之中。

在《法礼篇》第七卷里，柏拉图将舞蹈分为两类：一类表现优美身体的庄严动作，另一类表现丑陋身体的卑下动作。在前一类风格高贵的舞蹈中，还可分出两种：一种充满英勇战斗的动作，表现的是优美身体和勇敢心灵的威猛气概；另一种充满节制自律的动作，表现的是心平气和、快乐适度的欣欣向荣景象。后者属于和平之舞（orchēsin eirēnikēn），前者属于战争之舞（orchēsin polemikēn）。战争之舞以霹雳克舞（pyrrichēn）为范型，有的侧重表现防御技能，譬如左右躲闪、前后腾挪、躲避各种击打等姿势；有的侧重表现攻击技能，譬如拉弓射箭、投射飞镖、出拳打击等动作。这类战争之舞要求动作姿势和肌肉张力务必正确连贯，身体四肢务必伸展自如，身心双方务必配合默契，否则就是胡跳乱舞，不成体统。当然，这种舞蹈的真正目的，不在于外形，而在于内质。舞者抑或以其鼓舞士气，激发斗志，宣泄情感，表达欲求，庆祝胜利，抑或以其再现战斗的场面与过程，重新体验过往的激情与刺激，期望未来取得更为辉煌的战果与成就。总之，这类舞蹈旨在强调和训练人的实践性、能动性与实干性。另外，无论从原始舞蹈的仪式传统看，还是从图腾制度的摹仿方式看，若把战争舞蹈视为一种艺术的话，那么，其根源处终究"有着较之摹仿更为深刻、更为有力也更具情感色彩的

---

① Plato, *Laws*, 628c-e.

动机"①。不过,随着时间的流逝与空间的变换,原本具象的东西转化为抽象的东西,原本神秘的东西转化为平常的东西。结果,"原初的弥摩(mime)造物者,退化为现代意义上的摹仿,随着信念的衰竭,愚蠢和轻浮乘虚而入,真诚而热情的行动,最终堕落为肤浅轻佻的模仿活动,变成了小孩子玩耍的把戏"②。

至于和平之舞,则要求表演者在舞蹈过程中姿势正确合度,始终保持高贵的舞姿与格调,使其适合遵纪守法公民的风范(prepontōs eunomōn andrōn dialetei)。③ 在那些和平之舞中,譬如缪斯式舞蹈(tēs apolemou Mousēs),人们载歌载舞,祭祀诸神与诸神的后代,呈现出国泰民安的景象或气氛。这其中包括两个分支:一支表现快乐祥和,有助于舞蹈者解除劳累和恐惧,使人从中体验到一种欣喜之情与幸福之感。另一支也表现快乐祥和,但气氛不那么热烈,主要描述的是已往幸运的持续与增长状况。在跳这类舞时,人们的喜悦程度越高,其舞蹈动作就会越加激烈;人们的喜悦程度越低,其舞蹈动作就越加和缓;人们越是不慌不忙,其勇敢德行就会得到更好的训练;人们越是懦弱而无节制,那就会沉迷于更大、更狂烈的动作变化之中。④

柏拉图认为,举凡那些快乐适度、气氛祥和的舞蹈,可用"爱美蕾"(emmeleias)这个词来形容。这些舞蹈的姿势与歌词配合默契,融为一体,能够体现出整个舞蹈艺术的精华。有鉴于此,立法者务必确立两类舞蹈:战争之舞与和平之舞,要让舞蹈编排序列同其他音乐元素结合起来,要把适宜的舞蹈风格固定下来,要规范表演者的舞台行为,不许其更改演唱形式。"这样一来,相同城邦的相同公民,就会以相同方式享受到相同乐趣。幸福生活的奥秘就在于此。"⑤

从柏拉图对战争与和平之舞的描述中,我们发现他虽然同时肯定了两者,但更为关注和平之舞所表现出的快乐适度、气氛祥和等特质,这显然与他本人那种反对穷兵黩武的立法精神、热衷城邦和平与防御性国防理念具有一定

---

① [英]哈里森:《古代艺术与仪式》,第24页。
② 同上书,第26页。
③ Plato, *Laws*, 814e-815b.
④ Ibid., 815d-816b.
⑤ Ibid., 816b-d.

关系。另外，对于歌舞形式的立法规定，也显然是受到古埃及文艺审查制度的影响。

那么，除了战争之舞与和平之舞外，就没有别的舞蹈类型了吗？有的。这就是无法将其归于战争或和平之舞的酒神节类型（Bakcheia）。对此类型，柏拉图是这样描述的：

> 所有那些属于酒神节类型的舞蹈，与那些在喝醉酒后摹仿畜牧神潘纳斯、森林神赛丽尼与萨提儿（Panas, Seilēinous kai Satyrous）的舞蹈，在为了达到赎罪性净化目的和展示秘传式宗教仪式（perikatharmous te kai teletas）而进行表演时，无法将它们简单地归入战争之舞还是和平之舞里面。最正确的方式是将其同战争之舞与和平之舞区别对待，而且要郑重宣布这类舞蹈不适合我们城邦的公民，干脆将其予以取消了事。①

为什么要取缔这些舞蹈呢？难道只是因为无法归类吗？非也。我们只要看看这其中扮演的人物，或许就能猜测出其中的某些缘由。首先来看畜牧神潘纳斯（Panas）。在希腊神话描写中，潘纳斯的长相是人身羊足，头上有角，爱好音乐，创制排箫，贪恋女色。再来看看森林神萨提儿（Satyrous）。此神外表具有人形而有羊尾、羊耳、羊角等，性情嗜好嬉戏，也是好色之徒。他们经常器官外露，喜欢拈花惹草，这种现象估计与远古的生殖崇拜传统有关。在表演这类歌舞时，酒后兴奋的人们抬着巨大的男性生殖器具，一路大呼小叫，狂歌乱舞，行为放纵，有伤风化。这恐怕是柏拉图取缔这类舞蹈的原因之一。另外，这些古老而狂野的酒神祭祀传统与歌舞表演，在柏拉图所构想的这座文明城邦里也许已经过时，对于他所挑选的那些教养良好的公民来说也许显得粗俗。更何况这类赤裸裸的充满色情的夸张性舞蹈动作，可能会激发起某些人的"原始暴力"，造成某些"意外的社会问题"。与其这样，不如"干脆将其予以取消了事"。这恐怕是柏拉图的真实想法之一。

---

① Plato, *Laws*, 815b-c.

十一 尊重身心的适度原则

体操训练有多种方式与多种目的。舞蹈增进身体协调与优雅,同时也摹仿人物性格;摔跤增进身体敏捷与力度,同时也增强实战技能;赛跑增进速度,同时也提高耐力;标枪增加臂力,同时也培养健美。为此,柏拉图建议,无论在身体锻炼的诸多目的之间,还是在身体与心灵之间,都要遵循古希腊人所推崇的"中度"(mesos)原则。所谓"中度",意指"中点"(middle),表示"适度"(moderation),处于"两极之间"(the mean between two extremes),要求"既不太多,也不太少"(Never too much, never too less)。这在一般判断方式上类似于儒家"过犹不及"的"中道"。譬如,就"勇敢"而言,勇敢太多而走向极端,就会导致野蛮;勇敢太少而走向另一极端,就会导致怯懦;相比之下,勇敢是一德行,而野蛮与怯懦均属恶行。

需要说明的是,希腊艺术(尤其是希腊雕刻艺术)通常给人一种宁静安详的姿态,因此温克尔曼才将其表现风格概括为"静穆的伟大,高贵的单纯"。与此有连带关系的便是沉静泰然的希腊精神与稳健平和的希腊式中道思想。但不要忘记,希腊人决非缺乏激情的民族,他们在舞蹈以及悲剧歌队表演中所展示出的激越之情,才真正体现和流露出他们奔放的天性与充盈的生命活力。有鉴于此,希腊人推崇适度原则或中道学说,正是希腊文化的特色所在。按照基托(H. D. F. Kitto)的说法,"我们不应就此认为希腊人是对激情几乎一无所知、四平八稳、麻木不仁的走中间路线的人。相反,他之所以高度重视中度或中道,是因为他易走极端……典型的希腊的缺陷在于一种缺乏感情的精巧。希腊人没有必要假充激情。他追求节制和均衡,因为他需要它们;他对极端了如指掌。当他谈论中度或中道时,合调之弦(tuned string)的观念从来没有离开他的心灵。中度或中道并不意味着缺乏紧张和激情,而恰到好处的紧张会散发出真实而清朗的音符"[①]。如果此说正确,那就不难想象,易走极端的希腊人对于追求适度和把握均衡会遇到什么样的两难困境。无疑,这种困境更多地来自希腊人本身。尤其是对那些喜爱体操训练与其他

[①] [英]基托:《希腊人》,徐卫翔、黄韬译,上海人民出版社1998年版,第327—328页。

竞技项目的、血气方刚的希腊人来说，他冲撞适度原则这根红线的事情随时都会发生，但他也会在理性的适当调节下随时避免其发生。这肯定会对其身心构成多种考验。

那么，柏拉图是如何参照"适度"原则来对待心灵与身体的呢？他是这样说的：

> 在一个人自称属于自己的所用东西中，他的心灵是最神圣的（psychē theiotaton），这是他最宝贵的珍藏。每人的整体由两大要素构成：一个较为强大和高级，行动如同主人；另一个较为软弱和低级，行动如同奴隶。所以，每个人总要尊重自己的主人胜过尊重自己的奴隶。所以我说，每个人务必在神明之后尊重自己的心灵。但是，很少有人能够正确地尊重自己的心灵，可他还自以为是。你要知道，没有任何邪恶的东西值得尊重，因为尊重某种东西就是要赋予其妙不可言的益处；如果某人认为凭借奉承、拉拢与放纵就是增扩心灵的话，那他就不能使自己的心灵得到任何改善；如果他认为这就是尊重心灵的话，那他的所作所为恰恰是背道而驰。譬如，一个正值青春期的人，会想象自己无所不能；他认为赞美自己的心灵并让其为所欲为，那就是尊重自己的心灵。但依据我们现在的说法，他的所作所为不是尊重而是伤害自己的心灵。①

直言告之，一个人由心灵和身体两大部分组成，前者的作用如同"主人"，后者的作用如同"奴隶"；按照一般的逻辑，心有所思，身有所感；心有所动，身有所应；因此，作为"奴隶"的身体，要听从于作为"主人"的心灵，但是，每个人在尊重自己心灵的同时，也要尊重自己的身体。依据柏拉图所排列的顺序，一个人首先要尊重"神明"（theous），其次要尊重自己的"心灵"（psychē），再下来要尊重自己的"身体"（sōma）。在这里，柏拉图对于尊重"神明"之事只是点到为止，容后再论，而主要强调的是如何尊重心灵与身体的问题。在他看来，尊重是严肃真诚的态度与正确适度的行为，决非阳奉阴违的敷衍，更不是走向极端的赞美、奉承、娇惯或放纵之举。否

---

① Plato, *Laws*, 726-727a.

则,心灵非但没有得到尊重,反倒遭到伤害或败坏。

那么,一个人怎样做才算真正"尊重"自己的"心灵"呢?这需要在思想与行动上落实如下几点:

(1) 每个人若沉迷于快感,违背立法者的忠告,那他就不是尊重而是伤害自己的心灵,这样会导致苦难与悔恨。

(2) 一个人如果不能鼓励自己吃苦耐劳、战胜恐惧、艰难与痛感,而是退却或屈服,那他就不是尊重自己的心灵,而是让其蒙受耻辱。

(3) 一个人如果不顾一切代价乐生怕死,担心冥界里的一切都是恶的,那他就不是尊重自己的心灵,因为他拒绝与神明在冥界相会,殊不知这种相会是最好不过的事情。

(4) 一个人如果将美(kallos)看得高于德行(aretēs),那他就是对自己心灵的不敬,因为这样一来他会走入歧途,会错误地认为更应尊重身体而不是更应尊重心灵。

(5) 一个人如果没有廉耻,只想用不义手段赚钱,以为用财物就能拉拢自己的心灵,殊不知他这只是用几块庸俗不堪的金币就妄想换取心灵的美与价值,要知道他即便拥有地上地下的全部金子,也无法弥补德行的缺失。

(6) 一个人如果没有明智的判断能力,不愿与好人交往和交谈,而与邪恶之徒来往甚密,那他就会变坏,更谈不上尊重自己的心灵了。①

总之,柏拉图总结说:一个人如果违背了适度原则,不能尽力节制自己的一种行为而是走向极端,那他就是以最不敬和最庸俗的方式在对待自己的心灵。要知道,"尊重"(timē)的真谛就是在贴近高尚事物的同时,设法使不足的东西成为尽可能完美的东西。在自然赋予人的所有东西中,心灵最适合用来让人避免邪恶,追求最高的善行。如果一个人能够正确利用这一点,那他就会安度余生了。②

---

① Plato, *Laws*, 727b-728b.
② Ibid., 728b-d.

至于如何尊重身体的问题，柏拉图又是如何陈述的呢？他说，这需要分析尊重身体的各种原因，需要辨别其中的真假成分。但立法者需要确立这样一个基本原则："值得尊重的身体不是俊美、强壮或敏捷的身体，也不是许多人所认为的那种健康的身体，当然也不是那些在特质上与此相反的身体，而是那种在所有两极之间符合适度（sō mesō）要求的身体。这种身体最为节制、稳妥和平衡。一旦某一极端使心灵变得胆大妄为之时，另一极端就会使其变得无精打采。"①

由此看来，适度原则不仅是一个衡量正确与否的尺度，而且是衡量道德修为的标准。据此，尊重心灵要讲究适度，尊重身体也要讲究适度。当心灵与身体均符合适度原则的要求时，两者之间便会结成一种谐和与互补关系。尤其是当心灵受到某一极端的蛊惑与误导时，恪守适度原则的身体就会予以协助，使其回归正确的状态。反之亦然。如此一来，就会使一个人的身心达到平衡。这对个人的健康、家庭的和睦与城邦的团结来讲，都是一件幸事。

不过，适度原则的践履性不在于这项原则本身，而在于倡导克己自律的节制（sōphrosonē）德行。柏拉图在《法礼篇》里之所以极力推崇这种德行，不只是因为单纯颂扬和鼓励勇敢德行会失之片面，也是因为节制德行与适度原则具有内在的应和关系。诚如亚里士多德所言，节制本身就意味着承认潜在于人类共性中的那种持中的美德。节制一方面限制放纵，规避无节制的冲动或鲁莽行为，服从和谐与平衡的内在法则，另一方面又是对"认识你自己"和"凡事不要过分"这两大神谕精神的凝练性界定，是对古希腊人最憎恶的两种品性——傲慢与目空一切——的掣肘或抵制。当然，节制作为希腊人历来尊重的德行，不是基于他们对中道的偏爱，而是基于他们生命中自主的修为精神。他们深知，如果没有一种追求适度的意识和修为，人就会打破身心的平衡与和谐，就会把握不住自己的言行，就会在通往极端的轨道上，诉诸无意义的冲动或暴力而毁掉美好的东西。这无疑是古希腊人的理想，他们认为"只有在自我确定的限度内把握自己，人方能获得自由，这一理念是希腊人留给我们的遗产之一。正是借助节制，希腊人发现了人们如何自由共存，

---

① Plato, *Laws*, 728e.

创立了世界上第一个自治政体"①。

但要看到,柏拉图一再强调,体操或身体训练与"行军打仗"(polemikē machē)的军用目的密切相关。② 古希腊时期的"行军打仗",最需要的是强壮、敏捷和有力的身体,这对战士的生命安全和取得战争的胜利都是至关重要的保障。照此逻辑,柏拉图所推崇的那种"值得尊重的身体",在和平时期也许没有问题,但若到了战争时期,那就令人担忧了。这里显然存在某种矛盾。但柏拉图出于道德或节制的考虑,试图用适度原则来折中处理,但在事实上他根本无法消解这一矛盾,于是只好保持沉默,存而不论了。

十二 美善兼备的完善公民

顺便提及,诗乐与体操在古希腊教学大纲中分为两科。实际上,无论从诗乐舞三位一体的表现形式来看,还是从儿童教育的历史实践经验来看,诗乐教育与体操训练在原则上都是同步进行的、互动互补的,但在具体科目的学习和训练上,则要根据时间与年龄予以适当安排,这与古往今来的课程安排没有本质性的差别。

那么,按照柏拉图的"正确教育"构想,善心为本的诗乐教育同强身为用的体操训练有机融合,彼此促进,最终将会为"次好城邦"培养出"完善的公民"(politēn teleon)。在我看来,这种"完善的公民"通常是"美善兼备"(kalokagathia),既有善良的心灵,典雅的品位,同时也有健美的身体,高超的技能,近乎于整全的人格或全面发展的人(a whole being)。

所谓善良的心灵,不仅是指理智、激情与欲求三个部分和谐互补的内在关系,而且也指拥有智慧、勇敢、节制和正义等主要德性。基于这两种素养的心灵,会使人在价值判断和实际言行方面,能够爱其所应爱,恶其所应恶,为其所应为,其结果既有益于城邦共同的福祉,也有益于个人的福祉。

所谓典雅的品位,可从攀登"美的阶梯"过程中展示出来。众所周知,柏拉图在《会饮篇》里,谈"爱"(erōs)论"美"(kallos),这里所论的

---

① [美]伊迪丝·汉密尔顿:《希腊的回声》,曹博译,华夏出版社2008年版,第8页。
② Plato, *Laws*, 814d.

"美",在具体的语境中与"善"(agathos)和"真"(alētheia)的用意相趋同,因此,追求真爱,也就是追求真美、真善与真知。在此过程中,对美的追求与认识是不断深化的,经历了由低而高、由浅入深、从感性到理性、从表象到本质的几个阶段。首先从美的形体开始,逐渐提升到最高境界的美自体。整个过程如同登梯一样,第一阶梯涉及感性审美直观的自然人体美,即在欣赏单个形体美的同时,引出一番美的言词话语,借以描述相关的道理。第二阶梯涉及综合概括能力的审美分析,即从比较和审视诸多形体美中,归纳出所有形体美的共相,从而拓宽审美的视域,不再偏执于一隅,只专注于一个美的形体,而是专注具有共相美的众多形体。第三阶梯涉及道德评价的审美判断,所欣赏的对象不再是外在的形体美,而是内在的心灵美,这对青年人的精神修养十分有益。第四阶梯涉及道德和政治生活内容的社会美,所鉴赏的对象是人的行为美和社会制度美,在这里形体美显得微不足道。第五阶梯涉及理智思索和理论探讨的知识美,这里注重研究学问,以期从中发现知识的美,这种美关乎真理和智慧的美,在此显然已登堂入室,进入到哲学与科学的审美王国。最后阶段涉及形而上学和本体论的"美自体"(to kalon),经过多年探索和积淀而成的学问,也就是以美自体为对象的学问,使人最终彻悟了美的本质或美之为美的终极原因。"这时,他凭临美的汪洋大海,凝神观照,心中起无限欣喜,于是孕育无量数的优美崇高的道理,得到丰富的哲学收获。如此精力弥漫之际,他终于豁然贯通唯一的涵盖一切的学问,以美为对象的学问。……一个人在凝神观照这种本质意义上的美时,他会发现人生的确值得一过。"① 所谓"本质意义上的美",也就是"美自体"或"绝对美"。"这种美是永恒的,无始无终,不生不灭,不增不减。它不是在此点美,在另一点丑;在此时美,在另一时丑;它也不是因人而异,对某些人美,对另一些人丑。还不仅此,这种美并不是表现于某一面孔,某一双手,或是身体的某一其他部分;它也不是存在于某一篇文章,某一种学问,或是任何某一个别物体,例如动物、大地或天空之类。这种美只是永恒地自存自在,以形式的整一与其

---

① Plato, *Symposium* (trans. W. M. Lamb, London&Cambridge, Mass.: HarvardUniversity Press, 1996), 210a-211d. 兰姆的英译文为"a man finds it truly worth while to live, as he contemplates essential beauty"。根据原文所用的形容词性 το καλον/to kalon,应该将其英译为"as he contemplates the essentiallybeautiful",实际上也是指"the beautiful itself"(美自体)。

自身（即美自体）同一；一切美的事物都以它为泉源，有了它那一切美的事物才成其为美。不过，美的事物时而生，时而灭，而美自体却毫不因之有所增或有所减。"① 显然，美自体作为一种绝对美，是涵盖一切的，独一无二的，永恒自在的，是天下万物成其为美的根源或本质所在。基于这一美的本体论，柏拉图试图引导人们不断提升自己的鉴赏品位，借此从形而下的感性审美层面直达形而上的理智认识境界，这其中隐含着以美启智和以美养善的目的论意向。

所谓健美的身体，现代人可以从制度化的体操训练和奥林匹克竞技传统等相关活动予以推测。其具体的成就或形象，可以从现存的古希腊人体雕刻作品中见出端倪，可以从现存的古代陶瓶画作及其场景中找到线索，当然也可以从古罗马时期仿制古希腊雕刻的作品中获取证据。

所谓高超的技能，不仅是以各种方式和形态反映在以雕刻和悲剧为代表的古希腊文学艺术中，体现在以神庙和卫城为代表的古希腊建筑遗迹上，同时也沉淀在以金币和饰物为代表的古希腊工艺作品中。

举凡在上述四个领域取得显著成就的古希腊人，近乎于整全的人格或全面发展的人。也许有人会问，这种人格是否纯属空想呢？研究结果表明并非如此。这无论在温克尔曼等人的艺术考古发现里，在丹纳等人的社会实证研究结果里，还是在其他古典学者的历史考察文献里，几乎都会找到许多相关的佐证和高度的赞叹。下面这段描述或许足以提供一个古雅典人的直观形象：

> 他们精力充沛、体魄雄健、热情豪爽；他们喜欢高谈阔论，但那是血肉之躯的交流，他们也同样喜欢雄武强健的体魄；他们头脑冷静，能欢饮达旦，但不出醉语；他们凡事皆抱现实态度，不会对任何生活现实进行歪曲。他们认识到人的体魄是异常重要的，几乎同理智和精神一样重要。②

这样杰出的体魄、心智和德行，不仅仅是严酷的生活环境与连年征战的

---

① Plato. *Symposium* 211b. 参阅［古希腊］柏拉图：《文艺对话集》，第272－273页。
② ［美］伊迪丝·汉密尔顿：《希腊精神》，第110页。

压力所致,更多的是正确教育和适度训练的结果。要知道,在当时的雅典,民主的社会制度不但没有实行严格的分工,而且提供了平等而充分的教育机会,这便为每位公民实现自己的各种潜能创造了客观条件。因此,那里多才多艺的历史人物层出不穷。譬如,雅典黄金时期的执政官伯里克利本人,不仅是立法家和政治家,同时还是诗人、将军和演说家。再如索福克勒斯,不仅是悲剧诗人和剧场技术工作人员,同时还是将军、外交家和神职人员。而柏拉图自己,不仅是哲学家、诗人和教育家,而且还是从军打仗的骑兵战士。不难推想,他们若无强健的体魄和卓越的心智,是不可能取得如此多样的成就的。

最后,我们不禁要问,上述这类"完善的公民"会进入怎样一种生活状态呢?在柏拉图看来,他们具有城邦伦理与个体道德所需要的基本德行,譬如节制、智慧、勇敢、健康与正义等。相应地,他们会过上节制、智慧、勇敢、健康与正义的生活。这种生活无疑是"最幸福的",也是最有尊严和最有道德的。因此可以说,那座"次好城邦",若能拥有这类公民,实属城邦之幸;而这类公民若能居住在那座"次好城邦",也实属公民之幸。我曾就城邦与公民德行打过这样一个比方:城邦如船,正义如锚,节制如桨,勇敢如胆,智慧如技,健康如手。举凡公民要大海行舟,务必五德齐备,相辅相成,必然栉风沐雨,历尽艰险,这无疑是一种奥德赛式的壮举,决非"画船人似月,细雨落杨花"般的悠游。

第 五 章

诗歌传统与剧场政体

  《法礼篇》第三卷论及"剧场政体"（theatropkratia）的起因与弊端。[①] 这不仅是诗乐翻新的艺术问题，也是制度蜕变的政治问题。就前者而言，这一方面涉及古希腊诗歌的艺术特征，另一方面涉及古希腊人的传统节庆与剧场文化；就后者而言，追求"过分自由"导致了公民德行的堕落，同时也导致了民主政体的衰败。正是这两方面的因素，在客观意义上为"剧场政体"的滋生提供了一定条件。本章为了说明"剧场政体"的生成缘由及其相关问题，将先从古希腊诗歌的传统形式及其历史流变谈起，随后再从政治文化与公民德行的角度予以分析。

  古希腊诗歌主要是指古希腊时期的诗歌作品。与后来的西方诗歌相比，古希腊诗歌有其突出的特殊性。这种特殊性，不仅反映在其艺术形式之中，而且体现在其哲理内容之中。根据古希腊诗歌的历史发展时序与柏拉图和亚里士多德的相关总结，古希腊诗歌基本上可分为三类，即：混融型、叙事型与戏剧型。混融型诗歌兼有叙事与戏剧两种特点，其典型范式是史诗；叙事型诗歌主要用于叙事和言情，其代表形式包括抒情诗、酒神赞歌以及颂诗；戏剧型诗歌主要用于舞台表演，一般分为悲剧和喜剧两种。这三类诗歌都有各自的艺术特点，都与传统意义上涉及城邦生活与价值观念的希腊方式（Greek way）有着千丝万缕的联系。搞清这些东西不仅有助于理解古希腊诗歌的艺术特征，也有助于理解"剧场政体"的弊端与柏拉图的忧患意识。

[①] Plato, *Laws* (trans. R. G. Bury, Loeb Edition), 700-701.

一　古希腊诗歌传统

谈及古希腊诗歌传统，首先有必要搞清"古希腊"（Ancient Greece 或 Archaic Hellas）这一概念。西方学界对希腊历史的分期并不统一，有的史学家认为"古希腊"是指公元前 12 世纪到公元前 4 世纪这一时期。该时期还可以细分为黑暗时期（the Dark Age, 1200/1100-750/700 BC）、古风时期（the Archaic Period, 800/750-500 BC）与古典时期（the Classical Period, 500-330 BC）。① 从古希腊诗歌的发展历史来看，古风时期与古典时期成就最高，因为前一时期涌现出荷马（Homer）与赫西俄德（Hesiod）的史诗、萨福（Sappho, 612-? BC）等人的抒情诗，后一时期涌现出品达（Pindar, 518-438 BC）的颂诗、埃斯库罗斯（Aeschylus, 525？-456 BC），索福克勒斯（Sophocles, 496？-406 BC）与欧里庇得斯（Euripides, 485-406 BC）的悲剧、阿里斯托芬（Aristophanes, 448？-385？BC）的喜剧。在古希腊，诗歌虽有不同名目与样式，譬如史诗（epikos 或 epon poiēsei）、抒情诗（lyrodes poiēsei）、酒神赞歌（dithyrambois）、悲剧（tragōdias）与喜剧（kōmōdias）等，但都被归在"诗歌"或"诗"（poiēma）这门艺术（technē）之下。柏拉图与亚里士多德的诗学研究，大多是以这一时期的诗歌作品为对象。

那么，古希腊诗歌传统有哪些基本特征呢？首先，从内容上看，古希腊诗歌的题材大多来自有关神祇与英雄的神话（mythoi）。"神话"属于"口传文学"，通常是指"传统的故事"或"虚构的传奇"。从文化人类学的角度看，神话所表达的信息或讲述的故事，在某一社会群体眼里是从其祖先那里一代代口传下来的。在古希腊的口头文学传统中，神话采用了诗歌的形式流传下来。在现存作品中，史诗《伊利亚特》《奥德赛》与《神谱》自不待言，悲剧《阿伽门农》《安提戈涅》与《俄狄浦斯王》堪称典范，甚至连一些表现个人体验的抒情诗，也与神话或传奇息息相关。在萨福（Sappho）专写爱情的抒情诗里，譬如像《献给阿佛洛狄忒》（*To Aphrodite*）这一首，其中就

---

① John V. A. Fine, *The Ancient Greeks: A Critical History* (Cambridge & London: Harvard University Press, 1983), pp. 26f. A. R. Burn, *The Pelican History of Greece* (London: Penguin Books, 1965), pp. 60f. M. I. Finley, *The Ancient Greeks* (London: Penguin Books, 1975), pp. 29f.

有这样的诗句——

> ……尊敬的爱神
> 嘴角带着非凡的微笑向我询问:
> "你有什么新的厄运降临?
> 你这次呼唤我去料理何事?
> 在你那颗疯狂的内心
> 隐藏着什么最珍贵的目的?
> 这次我还要劝导何人
> 让她回到你爱情的怀抱里?
> 萨福,是谁对不住你?
> 如果她现在要想逃离,
> 她很快就会来追求你;
> 如果她现在不愿送礼,
> 她很快就会送礼给你。
> 如果她现在不爱你,
> 她很快就会爱上你,
> 不管她是否愿意。"
> 啊,现在就来吧,帮我从窒息的
> 焦虑中获得解放,
> 我渴望去做许多事情,
> 是你在帮我完成。
> 你就是我征战情场的同盟。①

看得出,诗人笔下的人物,也就是萨福本人,因情场失恋,内心焦虑,无能为力,于是求助于爱神,后者使用法力,下达指令,使求助者如愿以偿。

---

① Sappho, *To Aphrodite*, in George Howe & Gustave A. Harrer (ed. s), *Greek Literature in Translation* (New York: Harper & Brothers, 1948), pp. 146-147. Also see Sappho, *Song I*, cited in Gregory Nagy, "Lyric and Greek Myth", in Roger D. Woodard (ed.), *Greek Mythology* (Cambridge: Cambridge University Press, 2007), p. 26.

此时，诗人喜不自胜，感慨万端，将爱神视为自己"征战情场的同盟"。在诗里，萨福自己与爱神阿弗洛蒂特的称谓，在高潮部分发生了戏剧性的互换，由此形成了人代神言或神代人言的迷幻景象。① 这一特征时常会巧妙地出现在萨福的诗里。为此，人们给她戴上了神性的光环，将其列为位居九位文艺女神之后的"第十位缪斯"（the tenth Muse），认为她的诗歌作品是在神性灵感驱动下结出的圣果，一种至高无上和独一无二的圣果。其实，从希腊文化史的视域来看，古希腊人是一个极其喜爱和极力保护其神话的民族，并努力使之成为其生存理想的基础。在此过程中，神话的范围逐步扩大，将诸多东西包裹在其精致和闪亮的面纱之中，这其中包括对大地和宇宙的看法，包括宗教和诗歌，包括对世界的无意识观察，同时也包括从生活中得出的经验，等等。②

其次，从传布手段看，古希腊诗歌主要是"口头传布"（oral transmission）。荷马时代的史诗所描写的社会，正是一个没有书写的社会。从文本研究中发现，荷马本人只有一次在《伊利亚特》里模糊地提到了书写。③ 另有证据显示，书写在希腊普及起来的时间，大约是在公元前750年到公元前650年间；而在最早用文字记录下来的诗人作品中，就包括荷马与赫西俄德的史诗。④ 即便如此，"口头传统"（oral tradition）在古希腊一直占据主要位置，诗歌作为"口头文学"的代表，通常是配上里拉琴等乐器进行口头传唱和吟诵表演的内容。在当时，"吟诵活动"（rhapsodic activity）十分盛行，无论是村落或城邦之间的游走吟唱，还是祭祀与节庆期间的专场表演，都与诗歌的创作与传唱密不可分。这些古代的吟唱诗人（poiētēs）与吟诵专家（rhapsoidōs），除了各自拥有创作才能或特殊天分之外，都具有非凡的记忆本领（mnemonic

---

① Gregory Nagy, "Lyric and Greek Myth", in Roger D. Woodard (ed.), *Greek Mythology*, pp. 19-28.
② ［瑞士］布克哈特：《希腊人和希腊文明》，第60页。
③ 参阅［古希腊］荷马：《伊利亚特》第六卷第166行以下。另参阅［英］奥斯温·默里：《早期希腊》，第85页：荷马描写的是一个无书写的社会，他只有一次模糊地提到了书写。当普罗图斯（Proetus）将伯勒罗芬（Bellerophon）打发到吕凯亚国王那里时，"他用恶毒的符号在一个密封的蜡板上刻下许多致命的东西……在他接到这份恶毒的信时"，国王企图杀死伯勒罗芬。诗人在这里使用的各种词语，后来与书写联系了起来，暗示他本人很可能知道书写技术，但认为这东西"不够英雄"。希腊人显然知道，他们的书写系统事实上源自腓尼基，表示字母的古老语汇是"腓尼基人的事物"（phoinikikeia）。
④ ［英］奥斯温·默里：《早期希腊》，第88页。

repertoire）和记忆艺术（mnemonic technē）。传说中的荷马是一位盲人，归在其名下的两部史诗作品，就是口头传唱与口头转述的结果。赫西俄德的两部史诗作品也是如此。他们两人当时自称是"吟游或流浪歌手"（aoidoi）而非"诗人"（poiētai），也有助于证明这一点。至于吟诵专家的表演才华以及希腊听众的具体反应，可从柏拉图的《伊安篇》里见出某些端倪。其实，"口头传唱诗歌的创作与表演这两个方面是彼此互动的；这一互动关系与神话和仪式（myth and ritual）的互动关系是平行的。在口头传唱诗歌中，一首诗作的表演活动，就是激活神话的过程，而这一激活过程在根本上则是一个仪式问题"①。此外，从文化传承和历史意识的角度看，古希腊诗歌中的神话内容，还发挥着其他特殊作用，譬如，"一方面维系着口头表述文化的连续性结构，另一方面作为连接过去与现在、传统与现代、诗人与听众的社会工具。每一神话情节代表一种范例，通常表示某一准则、某句格言或某种行动的基本模式，在应景性的诗歌语境中通常表示赞扬或预示不祥"②。当然，在有些情况下，尤其是在即兴的吟唱中，诗人与听众对于一些神话情节的理解，也会根据当时的背景、环境和心情，而不是因循僵化的规定与程式。

其三，从目的论角度看，古希腊诗歌在很大程度上是一种关注道德教化的实用艺术，不仅与社会、政治或城邦生活的现实联系密切，而且与城邦公民的道德行为直接相关。在具体创作中，诗人会描述个人的经历与体验，但在其意识深处，总是将其视作人类的经历与体验予以阐发和表现，其根本目的在于用诗歌的形式，向其他人（尤其是亲朋好友或同道同仁）进行传布、交流、提示和教育。古希腊之所以盛行饮宴或酒会，祭祀庆典活动，各种艺术表演与讲演比赛，等等，都与此实用目的相关。历史地看，希腊文明创造了希腊神话，反过来神话又成就了希腊文明，特别是在文学艺术领域。在古希腊人的记忆与思维中，神话的印迹与功用是根深蒂固与无可取代的，因为神话在他们的传统教育与日常生活中占有重要的位置。通常，荷马与赫西俄德的神话与英雄史诗被用作古希腊人的教科书，而古希腊人也正是借助其诗性内容来表达它们的喜怒哀乐或情思意趣。

---

① Gregory Nagy, "Lyric and Greek Myth", in Roger D. Woodard (ed.), *Greek Mythology*, p. 19.
② Bruno Gentili, *Poetry and Its Public in Ancient Greece* (trans. A. Thomas Cole, Baltimore & London: The Johns Hopkins University Press, 1990), p. 46.

其四，从表现方式上看，古希腊诗歌正像柏拉图所说的那样，是"适用于耳朵听的"艺术，而非像绘画那样是"适用于眼睛看的"艺术。① 这一方面涉及古希腊诗歌历史发展过程中须臾不离的口头吟唱传统。从史诗、抒情诗、酒神赞歌到悲剧和喜剧，都是在乐器、音乐或歌舞的伴奏下，演唱或表演给公众聆听和观看的。在另一方面，这涉及古希腊诗歌的音乐特性，因为音乐与古希腊诗歌从不分家，无论是乐器伴奏、音步使用还是曲调节奏，都与诗歌浑然一体。实际上，古希腊通常用与文艺女神缪斯（Muses）相关的 mousike 来表示文学艺术的总称，同时也以此来表示音乐与文词构成的诗歌。至于诗人的称谓，除了 poiētes 之外，古风时期使用过 aoidos（歌手或歌唱家），古典时期使用过 melopoios（歌曲作家）。总之，从手弹基萨拉琴的荷马开始，途经手弹里拉琴的萨福，再到伴随戏剧演出的歌队，这一切都说明古希腊诗歌的发展始终伴随着"口头表述"（orality）的特征。② 若用时尚的话说，古希腊诗歌可谓一种诗乐歌舞结合的"表演艺术"（performing art），一种表演和吟唱给观众的"公共艺术"（public art）。正是基于这种口头表述或伴乐诵唱的特点，古希腊诗歌的曲调或音乐结构一般被称之为 nomoi（规范形式）。依据有的学者的总结，此规范形式基本分为四种："（1）基萨拉琴曲式（kitharoidikos），即在［基萨拉琴类］弦乐器伴奏下的独唱曲式；（2）风笛式（auloidikos），即在风笛伴奏下的独唱曲式；（3）风笛独奏曲式（auletikos），即用风笛独奏的曲式；（4）基萨拉琴独奏曲式（kitharistikos），即用里拉琴独奏的曲式（也称之为 psile kitharisi）。每一［曲调或音乐结构的］规范形式根据相关准则被赋予各自的名称，这些准则包括起源的地域、节奏的形式、音调的范围或仪式的目的等；与此同时，每一规范形式都有各自的调音或定弦基调。"③ 这一见解，主要来自普罗塔克的音乐理论。再者，从艺术表现形式的生成历史来看，最先出现的是听觉的表现形式（audio or auditory expression），所使用的媒介是声音或音响（voice or sound），从而创构出最原始的声乐与音乐艺术；随后出现的是视觉的表现形式（visual expression），所依据的媒介是涂抹与图画，由此成就了后来的绘画艺术；在后来由于文字的创立与使用，

---

① Plato, *Republic*, 603b (trans. Paul Shorey, Loeb Edition);［古希腊］柏拉图：《理想国》，603b，第401页。
② Bruno Gentili, *Poetry and Its Public in Ancient Greece*, pp. 3-23.
③ Ibid., p. 26.

随之出现了文字的表现形式（verbal expression），所借助的媒介是文字符号与其他相关手段，于是有了日后在文词基础上构成的文学诗歌艺术。古希腊诗歌从口头吟唱到文词配乐，都延续了与音乐歌舞一起诵唱和表演的传统。

其五，从诗歌艺术的内在要求上看，古希腊语词 poiēma，原意为"诗作"或"诗歌"（a poetic work 或 poem），也表示"任何一种制品"（anything made or done）；与此相关的古希腊语词 poiēsis，原意为"诗艺"（the art of poetry）或"诗"（poem），同时也表示一种"制作或创作行为"。特别值得注意的是，poiēma 和 poiēsis 均属名词，其动词原形 poiēo，意思是"制造""创作""造形"或"引发"。据此，常用名词"诗学"（poiēsis 或 poetics）一般包含以下四层意思：（1）制作或创造行为（act of making, creating, forming）；（2）富有诗意的作品或诗歌作品（a poetical work, poem）；（3）诗艺（the art of poetry）；（4）工艺品（a work or piece of workmanship）。

如此看来，古希腊文化中所言的"诗歌"，显示出某些多义特征。概括起来，它一方面表示带有文本性质的诗歌作品，另一方面表示实际参与的创作活动。该项创造活动可以说是一种特殊的动态过程，不只有原作者或诗人（poiētes）参与，而且也有吟诵者（rhapsodos）或表演者（hypocrites）参与，同时也有观众（theaton）或听众（akouousi）不同程度的参与。如果说诗人的参与属于原创（original creation），那么吟诵者的参与可谓再创作（recreation），而观众或听众的参与，大体上是在接受和欣赏时所进行的一种想象性创作活动（imaginative creation）。

譬如，在《伊安篇》（Ion）中，柏拉图借苏格拉底之口，将这一连锁反应式的动态创作过程比作网状结构（dactulios）。首先是受诗神缪斯神力驱使而获灵感的诗人，其次是水平不等的吟诵者或表演者，最后是受到不同感染的观众或听众，等等。[①] 伊安本人是专门擅长吟诵荷马史诗的表演者，在不同规模的诗乐朗诵竞赛中频频获得头奖。他对荷马的入迷和专注，已经到了于沉睡之中一提到荷马便立刻醒来侃侃而谈的程度。当苏格拉底将他比作"将荷马的思想阐述给听众的解释者（hermenea）"时，他自己十分得意地宣称"论及荷马无人能出其右"，同时自诩在吟诵表演中"对荷马史诗的润色加工

[①] Plato, Ion, 535e-536d.

恰到好处、精彩绝伦，荷马史诗学社（Homeridae）授他一顶金冠也当之无愧"。① 在谈到史诗吟诵者对观众情绪反应的影响时，伊安对自己如何激发观众共鸣的技巧甚感得意，他说：吟诵表演具体情节时，需要惟妙惟肖，犹如亲临其境一般。"讲述悲哀的故事时，我眼中泪水盈盈；讲述可怕的故事时，我吓得头发倒立、心惊胆战。……我从台上密切观察观众的反应，发现他们抑或与我一起悲痛不堪，抑或向我投以惊恐万状的眼神，因为都受到故事魔力的深刻感染。"② 可见，吟诵、表演、观看与聆听，均为诗歌这一创作活动的有机组成部分。此时，原作者并不在场，原诗作是相对静态的文本，吟诵者通过自己活灵活现的表演或再创造，灌注新的活力于文本之中，使其转为动态，化为神奇。在艺术表现力的感染下，观众陶醉其中，同史诗里所喜欢与景仰的人物（诸神与英雄）打成一片，想象自己也加入他们的行列，摹仿他们的行为举止，从事他们的丰功伟业，感叹他们的命运成败，体味他们的喜怒哀乐，从而于无形中进入了间接性创作角色。

众所周知，柏拉图谙熟诗歌艺术的魅力与真谛，但基于其道德理想主义与政治工具论的一贯立场，他对待诗歌以及诗人的态度具有两面性，也就是说，既有积极肯定的一面，也有消极否定的一面，总体上是比较矛盾和纠结的。③ 但有一点是明确的，那就是他从本体论的角度将诗歌界定为一种"摹仿艺术"（mimetikos technē）。④ 这里所谓"摹仿"或"模仿"，并非指一般意义上的简单拷贝或机械效仿，而是指参照真实理念与实存物象进行再现加表现的艺术创造活动，其间所"摹仿"的对象与"摹仿"作品之间存在一种特殊的象征关系。但由于柏拉图对待诗歌艺术持有矛盾态度与贬斥心理，因此对这种基于象征关系的创作活动阐述不多。倒是他的学生亚里士多德对此作了积极的回应，并且明确肯定和深化了诗歌艺术的摹仿性及其真理性价值。后者在《诗学》里是这样说的："诗人如同画家或其他造型艺术家一样，是一种摹仿者（mimētēs），他必然要在三种方式中选择一种去摹仿事物，按照事物原有或现有的样子去摹仿，按照事物为人们所说或所想的样子去摹仿，

---

① Plato, *Ion*, 530.
② Ibid., 535e.
③ 王柯平：《〈理想国〉的诗学研究》，第七章"为诗辩护与诗化哲学"。
④ 同上书，第六章"'摹仿论'的喻说与真谛"。

按照事物应当有的样子去摹仿。"① 实际上，真正的诗人是按照第三种方式去摹仿事物。因为，"诗人的职责不在于描写已经发生的事，而在于描写可能发生的事，即按照可然律或必然律是可能发生的事。诗人与历史学家的……真正差别在于历史学家描述已经发生的事，而诗人则描写可能发生的事。故此，诗歌比历史更哲学、更高深：因为诗歌惯于表现具有普遍性的东西，而历史惯于表现具有特殊性的东西。所谓具有普遍性的东西，我这里意指某一类人物按照可然律或必然律在某一场合说些什么话、做些什么事；诗歌在其所描写的人物身上安上姓名，旨在表现的正是这种普遍性"②。这种诗性的普遍性，在理解人性、时代、民族、文化精神、宗教信仰与祭祀制度等方面，具有非同寻常的启发作用，不仅可以形象与直观的方式，从历史角度提供永恒的画面、最好的信息或纯真的素材，而且可以作为特殊的补偿，能够使历史从幸存诗歌中找到自身至为重要的源泉。诚如布克哈特所言，"艺术和诗歌从世界、时间和自然中收集所有普遍有效和人人能够看懂的画面，这些画面是人间唯一持久存在的画面，它们相当于第二次创世，而且是理想化的创世，因为它们全然摆脱了时间性。虽然它们属于尘世，但却是永恒的，而且成为一门适用于所有民族的语言。从这个意义上讲，艺术和诗歌如同哲学一样，是其所处时代的最为重要的标志……因为这些艺术品和诗作中得以流传下去的部分，已经足以让几百年以后的人们借此获得自由，足以让他们受到鼓舞，足以将他们在精神方面联合起来"③。更何况诗歌所采用的艺术手法，远远优越于其他表现方式，故当人们试图通过诗歌去了解相关的世界、历史、民族或人类精神时，定会经受到更为强烈的感染、反应或影响。当然，这需要精心阅读和凝思冥想，唯此方能解悟其中微妙、普遍或具体的意义。倘若机缘巧合，我们在阅读一位已往的作家时，其某行诗句会给我们一种难于言表的灵光或灵思，这灵光或灵思虽然一闪而过，但其无尽的意味与哲理却绵延不绝，很有可能影响我们一生的选择与发展。

---

① Aristotle, *The Poetics*, XXV 1460 b 11-12, in S. H. Butcher, *Aristotle's Theory on Poetry and Fine Art* (London: Macmillan, 1911), p. 97.
② Ibid. IX 5 1451 b 2-4, in S. H. Butcher, *Aristotle's Theory on Poetry and Fine Art*, p. 35.
③ [瑞士] 布克哈特：《世界历史沉思录》，第 55 页。

的确，亚里士多德的诗论，在肯定诗歌价值（特别是认知价值与审美价值）方面，要比其业师柏拉图的学说来得深刻。亚氏认为诗歌所要摹仿的三种事物及其摹仿方式，第一种属于对现实事物的简单而机械的摹仿，第二种属于对神话故事或传奇的摹仿，第三种才是按照可然律或必然律对事物应有的样子所进行的诗性摹仿，这种摹仿是创造性的，艺术性的，甚至是哲理性的和具有普遍性的。也就是说，诗歌的第三种摹仿方式所表现出的真实性或真理性价值，在普遍性的意义上要比现实的个别事物更高。在与历史的比较中，诗歌显然胜出一筹。历史记载已经发生的事情，诗歌则描述可能发生的事情。前者依据的是实然律，记录在一定时空背景或条件下已经发生的某种结果；后者依据的是可然律或必然律，一方面描述的是"在假定的前提或条件下可能发生某种结果"，另一方面描述的是"在已定的前提或条件下按照因果律必然发生某种结果"。① 正因为如此，诗歌比历史更富哲理，更为深刻，更能反映具有普遍性或真理性的东西。可见，要真正理解和欣赏古希腊诗歌，就不能流于表层，限于形式，而要入乎其内，深入分析，要从哲学或规律性的角度去感悟、体会和反思其中的寓意。尤其是在阅读古希腊史诗与悲剧时，更要在仔细研读中"如切如磋"，因为许多关乎神性、人性、人生、命运与正义等道德伦理问题，都在史诗与悲剧中有着深刻而动人的描述和表现。

总体而言，古希腊诗歌的本质特征在于从其发轫之初，它就是公开向听众进行表演的艺术，而非单纯供人阅读的书写文本。这一方面取决于文字尚未普及与书写材料稀有的历史现状，取决于诗歌作为交流沟通之形式与教育民众之媒质的根本职能，取决于城邦政治生活、文化娱乐活动与宗教祭祀庆典的实际需要，同时还取决于诗歌原本具有的即兴创作、伴乐演唱、口口相传等"口头表述"属性。实际上正是由于这些属性，普鲁塔克（Plutarch）将诗歌称作"言说之舞"（speaking dance），因为诗歌在表演过程中既要吟唱也要舞蹈，既涉及听觉也涉及视觉。相应地，西蒙尼德斯（Simonides）将诗歌视为"有声之画"（talking picture），因为诗歌表演正好是用唱词来形象地描绘精美的画面，这同样涉及听觉与视觉两种功能；只不过这里所言的"视觉"

---

① 朱光潜：《西方美学史》，人民文学出版社1979年版，上卷，第73页脚注1。

功能是间接发挥作用，主要依赖于"心灵的眼睛"（mind's eye）或"想象的官能"（faculty of imagination）。总而言之，我个人基本赞同简梯利（Bruno Gentili）的如下结论：

> 在内容、形式和表现方法上，古希腊诗歌与现代诗歌迥然相异。古希腊诗歌在本质上是一种实用艺术（practical art），与社会和政治生活的现实状况以及城邦内诸个体的实际行为密切相关。这种艺术既描写诗人自己对人类生存的体验，也描写他人的同类体验，但绝非是现代意义上的私人诗歌（private poetry）。古希腊诗歌经常从神话那里汲取主题思想，这随即成为叙事诗和戏剧诗的唯一题材，也成为抒情诗中范式化的恒常参照点。古希腊诗歌存在的目的在于传情达意和教化民众，当其为了满足心中的特定群体与特定场合之需而创写出来时，上述目的更加显而易见。这些相关的场合与群体，包括酒会、城邦节庆（kōmos）、男性会社（betairia）、[崇拜爱神阿弗洛狄特与文艺女神缪斯的]女性诗社（thiasos）以及在那里举行的婚前女子入会仪式，等等。此类情况延续不断，诗人采用戏剧性的再现模式与形式，将其搬上舞台。古希腊诗歌与现代诗歌的最大区别在于传布方式（the medium of communication）：古希腊诗歌并非是用于阅读的书写文本，而是在乐器伴奏下要当着听众进行独唱或合唱的表演艺术。①

简梯利得出的上述结论，源自他对古希腊文化与诗歌口述传统、诗与乐、传布模式与形式、酒会诗歌中的爱情表达方式、诗人与资助人和公众、思想活动与社会经济情境等诸多方面的系统研究。他所采用的主要方法，一是注重"解释技能"和"历史重构"的语文学方法，二是注重文化传统和社会习俗的文化人类学方法。在综合运用这些方法的同时，他本人颇为关注"意义社会学"（the sociology of meaning）的作用。他接受了马尔库塞（Herbert Marcuse）的观点，认为艺术所依赖的那种"被传达的文化素材"（the transmitted cultural material），是与现存社会共享的东西。因此，他在解读和评论古希腊诗歌作品

---

① Bruno Gentili, *Poetry and Its Public in Ancient Greece*, p. 3.

时，从共时性与历时性的视域出发，既关注文化心理与语言系统的变化，也关注某些社会组织形式与情境的变化，同时也参照古代城邦的社会政治条件的变化，继而从多个层面来揭示意义变化和解决语义问题。譬如在分析梭伦、西蒙尼德斯、提尔泰奥斯和品达等人描写"德行"（aretē）的诗作时，简梯利一方面从抒情诗的语言特征或表达模式入手，借此凸显其修辞手段与语义内涵；另一方面从城邦共同利益与伦理社会义务着眼，借此昭示人类行动的道德基础与内在冲动的目的性追求。我以为，这样做的主要益处是深化了诗歌的主题并拓展了解释的空间，但其潜在危险则会引导读者偏离诗歌文本而漫游于社会历史文化的广漠之中。限于篇幅，对于如何解读古希腊诗歌的方法问题只能简述至此，现在还是回到先前预设的话题上来。

二　混融型：史诗

史诗是一种古老的诗歌样式，其起源可能与古代的英雄短歌（old heroic lays）有关。产生于古风时期的希腊史诗（epikos 或 epopoiia），属于一种口头传述或吟诵艺术，其伴奏乐器主要是基萨拉琴（kithara 或 kitaroedy）。这是古代一种比较大型的里拉琴，装有 3—12 根弦，垂直放置，用拨子弹奏。吟游诗人携此琴四处游走，出没于村落、宫廷、庙宇和军营等场所，唱诵代代相传的诗篇，其内容主要描述诸神和英雄们的活动与业绩，涉及重大的历史、民族、宗教或传说等主题。

其实，在荷马史诗出现之前的古代希腊，历史性事件与神话式传奇之间的区别难以厘清。在那个口头文学流行的时期，有关古代英雄的故事与神话的传奇已然很多，但随着后来诗人的想象创构与增添内容，这些故事与传奇必然变得更加丰富多彩。特别值得一提的是，特洛伊战争的爆发，正好为古代英雄与神话传奇的交融和传布提供了一个难得的历史背景，同时也为史诗作者提供了一个大显身手的特殊机缘与际遇。

目前，从留存的文献看，希腊史诗的代表诗人是来自爱奥尼亚的盲人荷马和来自希腊中部维奥蒂亚的赫西俄德。荷马史诗大约创作于公元前 8 世纪前后，其代表作品是《伊利亚特》（The Iliad）和《奥德赛》（The Odyssey）。前者记述的是特洛伊战争期间，英雄人物阿喀琉斯为友复仇而英勇作战的故事，其精神的生命力主要体现在斗争的激情与英雄的厄运之中；后者描述英雄人物奥德修斯在战后返乡途中的种种遭遇与杰出智慧，其人物性格焕发出的灵感，彰显出古代贵族的文化与道德。这两部史诗奠定了古希腊教育、文化与宗教的根基，直接影响了古罗马文化与基督教文化的传播以及整个西方人文传统的发展。赫西俄德史诗大约创作于公元前7世纪，现存两部完整作品是《神谱》和《工作与时日》。前者记述的是希腊诸神的历史，由此可以了解诸神之间复杂关系的基本线索；后者描述当时的农民生活，反映出诗人对待生活的哲理态度，表达了诗人对世人行为的洞察理解。这是一幅相对宁静的画面，风格平淡（plain style），充满睿智，看上去就像流淌在田园间的一条小溪。相比之下，荷马史诗风格庄严（lofty style），所反映的古希腊贵族生活烈烈如火，充满战争、仇杀、历险、除魔、斩妖、神恩等伟业与奇遇；所描写的古希腊贵族理想非同凡响，集中地体现在高傲的个性、坚韧的意志、自我的尊严、家族的荣誉以及政治的野心等诸多方面。这一切犹如波涛汹涌的大海，令人震撼而神往，尤其在那个崇拜英雄的时代。值得强调的是，荷马史诗侧重描写古希腊社会上层的生活与理想，而赫西俄德史诗则侧重描写古希腊社会下层的生活与理想，但两者各有千秋，均在古代贵族文明与思想的潜移默化或感召下，从不同的角度创写出分别属于个人的史诗作品，为丰富希腊精神遗产做出了各自应有的贡献。应当看到，正是荷马和赫西俄德这两位史诗作者，为我们创写了诸神的谱系，描述了诸神的形态，赋予他们以适当的名称、职能与力量。也正是这些各显其能的诸神，在原本混沌的宇宙里建立了秩序，这其中包括"自然秩序、社会秩序与道德秩序"。虽然诸神在一定程度上也表现出某些属于"非道德与反社会的行为举止"，但这些行为举止恰恰"表明了现行世界秩序的基础"。①

对于经由史诗所建立的社会和道德秩序，一方面表现为基于英雄、荣誉与德行崇拜的竞争性伦理，另一方面表现为源自神灵人格化和政治化的宗教同一性。就伦理而言，口传史诗是为社会中的特定团体所创作的英雄史谱，

---

① Gerard Naddaf, "Allegory and the Origins of Philosophy", in William Wians (ed.), *Logos and Muthos: Philosophical Essays in Greek Literature* (Albany: Suny Press, 2009), pp. 102-103. Also see Emily Kearns, "Order, Interaction, Authority: Ways of Looking at Greek Religion", in Anton Powell (ed.), *The Greek World* (London/New York: Routledge, 1995), pp. 511-529.

是荣耀其价值观的颂歌。荷马史诗作为古希腊人圣经般的教科书,所描绘的伦理原则对希腊人的道德有着恒久的影响。这种本质上崇尚竞争的伦理,总是鼓励人们"要永远成为世上最勇敢最杰出的人,不可辱没祖先的种族……自豪的世系和出生的血统"①。这显然是把勇敢、杰出的德行与维护家族的荣誉看得比生命还要重要。有人之所以将这种伦理文化视为耻感文化而非罪感文化,是因为他们不仅认同这种维护道德的意识是外在于而非内在于个人的东西,而且认同这种耻感(aidos)是来自一个人在同侪面前身份的丧失。就宗教而论,希腊史诗传统给希腊宗教发展奠定了重要的基础。神灵人格化以及用政治和社会关系话语来表述神灵世界及其秩序的一贯趋向,是从史诗那里获得了连续的动力。希腊宗教所拥有的同一性,在很大程度上来自赫西俄德与荷马所描绘的奥林帕斯众神和其他次要神灵的那些图景。②

相比之下,荷马史诗所描绘和歌颂的主要是神明与英雄,他们具有显贵的身世或家世,其大部分属于亚加亚人(Achaeans)崇拜的对象,因此从中难以找到古希腊传统世界观的相关印迹。但赫西俄德的史诗则不一样,其中的诸神故事显得更为古老,某些诸神行为更为野蛮,传统世界观的线索比比皆是,譬如对金、银、铜、铁以及英雄时代的分类,对正义和不义的区别,对工作与伦理的思考,对真与假的看法,等等。赫西俄德甚至借用缪斯女神之口,道出这样一层真假关系:"我们知道如何讲述看似真实的虚假之事;但

---

① [古希腊]荷马:《伊利亚特》,208 行以下。战场上,在即将与对手提丢斯的儿子展开厮杀之前,被问及身世的格劳科斯回答说:
……希波洛科斯生了我,我来自他的血统,
是他把我送到特洛伊,再三告诫我
要永远成为世上最勇敢最杰出的人,
不可辱没祖先的种族,他们在埃费瑞
和辽阔的吕西亚境内是最高贵的人。
这就是我自豪的世系和我出生的血统。
② [英]奥斯温·默里:《早期希腊》,第 45—46、58—59 页。希腊历史学家希罗多德(Herodotus,484-430/20 BC)就认为希腊人的宗教始于赫西俄德与荷马。他曾断言:"从什么地方一个神产生出来,这些地方是不是一直存在,诸神的外形是怎样的,这一切可以说,是希腊人在不久之前才知道的。因为我认为,赫西俄德与荷马的时代,比之我的时代不会早过四百年;是他们把诸神的家世告知给希腊人,把诸神的名字、尊荣和技艺教给了所有的人,并且说出了诸神的外形。然而,据说比赫西俄德与荷马更老的那些诗人,在我看来,反而是生得比较晚的。"[古希腊]希罗多德:《历史》,第二卷第 53 节,第 134—135 页。

我们也知道如何在自己愿意时讲述真实之事。"① 因此，在伯内特（John Burnet）看来，赫西俄德知道自己属于一个比荷马更靠后和更可悲的时代，知道荷马时代的精神有别于自己所处的时代精神，同时也知道自己在给牧羊人和庄稼汉这一阶层吟唱。他的《神谱》试图将所有关于诸神的故事编织成单一体系，而这一体系对于难以驾驭的神话学来说是至关重要的。与此同时，他的《神谱》代表一种天体演化论（cosmogony），其中有些思想并非他一人所为，而是借自更为古老的传统。但不管怎么说，他提出了两个伟大的天体演化论人物：其一是代表混沌的开奥斯神（Chaos），其二是代表爱欲的爱洛斯神（Eros）。这两尊神灵与赫西俄德的神谱体系没有联系，似乎属于更为古老的推理或思辨层次。混沌观念代表一种描绘万物开端的特殊努力。从词源学上看，混沌并非是指一个无形的混合物，而是指裂开大口的、里面尚无一物的鸿沟。由此可以断定这并非原始人的想法，因为原始人会想当然地认为事物总有某种开端，但不会感到有必要去构造一种万物开端的理念。至于代表爱欲的爱洛斯神，无疑是用来解释生殖冲动的，这种冲动导致了生殖繁衍的整个过程。混沌与爱欲两者显然都是推理或思辨的理念，但在赫西俄德那里却表述得模糊而混乱。倘若这类推理或思辨活动出现在赫西俄德之前，我们可以毫不犹豫地将其与早期奥菲斯教的天体演化论联系起来。② 上述看法由于偏重探讨一种宇宙演化的科学理论，故此断言任何试图"从某种神话观念中探寻爱奥尼亚学派科学起源的做法都是完全错误的"③。

然而，康福德（F. M. Cornford）不赞同上述立场，他认为希腊早期的自然哲学与神话构思的关系更为密切，而与科学理论的关系较为疏远。无论就其灵感还是方法而言，爱奥尼亚学派的自然哲学不仅与我们现在所谓的科学毫无瓜葛，而且对所有实验方法毫无所知。当然，这种哲学也非借用理性对自然进行朴素与即兴反思的产物。实际上，这种哲学是以更为抽象的词语，将宗教提出的世界观置换成世俗形态。由此衍生出来的种种宇宙演化论，直

---

① Hesiod, *Theogony*, 27. 在此处所引的两行诗句中，第一句借自《奥德赛》第 19 章第 203 行。缪斯女神也是赋予荷马以灵感的女神。这意味着赫西俄德也是用六韵步的诗行写作，所使用的是史诗方言。Cf. John Burnet, *Early Greek Philosophy* (London: Adam & Charles Black, 1958), note 4 on p. 5.
② John Burnet, *Early Greek Philosophy* (London: Adam & Charles Black, 1958), pp. 5-7.
③ Jean-Pierre Vernant, *The Origins of Greek Thought* (London: Methuen, 1982), p. 104.

接传承和扩展了创世神话的主题,并针对相同的问题提供了一种答案;与科学不同的是,此类宇宙演化论不是在探寻自然的规律,而像神话一样,它们注重思索秩序如何得以建立以及宇宙如何从混沌中生成等问题。也就是说,爱奥尼亚学派的哲学家们不仅从创世神话中汲取了一种宇宙形象,而且从中借用了一整套概念装置和解释图式,即:在自然(physis)的"要素"背后隐藏着神话系统里的诸多古代神明。① 通过对希腊神话、宗教和哲学的比较研究,康福德的追随者维尔南(Jean-Pierre Vernant)明确表示,赫西俄德的《神谱》与阿纳克西曼德的哲学之间存在密切的应和性或相似性(close correspondences)。前者讲述的是神明辈分,后者描述的是自然过程,都涉及同起源相关的孕育(physein)与生育(genesis)问题。因此,无论这位神话学家与这位自然哲学家之间存在多大差异,两者思想的基本结构则是相同的,都谈到万物生成或源起之时的原初状态,也就是混沌(the chaos)与模糊(the undefined)状态。②

那么,古希腊人又是如何看待这两位史诗作家呢?相关研究结果表明,现实中的赫西俄德虽然在世时就声名远播,但想象中的荷马似乎令古希腊人更加偏爱。在公元前6世纪末,荷马史诗家喻户晓,成为古希腊教育的"经典",甚至被奉为无所不包的"教科书",荷马本人也被尊为全希腊人的"导师"。这一切均取决于荷马史诗自身富有的教育价值。该价值至少来自三个方面:其一,荷马史诗所体现的思想内容,包含着催人奋进的英雄精神,发人深思的道德信仰,令人向往的人类理想,深刻广博的人生知识等等,正好成为教育和塑造心灵的宝贵材料。其二,荷马史诗是文字写成的诗,也是弦上弹奏的乐,诗中的音步韵调与乐中的节奏旋律融为一体,深入人的灵府,萦绕人的心际,似乎也具有"化人也速"的神奇功效。其三,荷马史诗的艺术表现,以巧妙的手法有机地融合了生活中的直接体验与哲学上的抽象思想,从而使自身一方面因充满深刻的凝思遐想而显得"比生活更富哲理"(more philosophical than life),另一方面则因表现出精神性的现实而显得"比哲学更

---

① Jean-Pierre Vernant, *The Origins of Greek Thought* (London: Methuen, 1982), p. 104.
② Ibid., p. 105.

像生活"（more lifelike than philosophy），① 这样便创构出两种互动互补的感人力量——"普遍的意味与直接的魅力"（universal significance and immediate appeal）②。这两种力量所体现出的诗性智慧和审美价值，正好在广义上印证了亚里士多德所推崇的诗性真理及其所遵循的或然律与必然律。另外，也正因为其丰富而独特的教育价值与诗性智慧，我们才有理由认为荷马史诗不仅是"所有希腊高雅文化之根"③，而且是所有希腊英雄精神之源，同时也是整个希腊方式生成与发展的基因库。

那么，柏拉图又是如何看待希腊史诗的呢？他在《理想国》里谈论诗乐时指出，史诗是戏剧与叙事诗的混合形式④，基本上属于摹仿艺术，但在较大程度上更偏重于悲剧的基本特点。同当时希腊与世界其他地区所有既存的诗歌类型相比，史诗是人们迄今所"发现的最佳"（beltiston gignesthai）诗歌表现形式。⑤

柏拉图所言"世界其他地区"的史诗到底有何指涉，我们从其对话全集中无从得知，因为他只是在此语境中以比较的修辞方式简略提及，并未进而言明，我们充其量只能推想到《法礼篇》等对话中所论及的波斯与埃及等地。但就希腊史诗而论，柏拉图认为荷马史诗成就最高，这不仅因为荷马是位"最优秀和最富有神性的诗人"（to aristo kai theiotato ton poiētōn）⑥，是所有诗人中"最伟大的天才"⑦，是"最富有诗意的诗人，是悲剧诗人的领头羊"（poiētikotaton enai kai proton ton tragōdopoion）⑧，而且因为他是"全希腊的教育家"（Hellada pepaideuken）和人们全部生活及其行为举止的导师⑨。

的确，荷马史诗在古希腊学校一直被用作基本教材。古希腊的文化精神与艺术题材也大多源于荷马史诗。柏拉图对这位诗人极为钟爱和景仰，对其

---

① Werner Jaeger, *Paideia*: *The Ideals of Greek Culture* (New York & Oxford: Oxford University Press, 1973), vol. I, p. 37.
② Ibid., p. 36.
③ Ibid., p. 43.
④ Plato, *Republic*, 394c.
⑤ Plato, *Laws*, 658e.
⑥ Plato, *Ion*, 530b.
⑦ Plato, *Laws*, 776e.
⑧ Ibid., 607a.
⑨ Ibid., 606e-607a.

评价也远远超过所有其他希腊诗人。不过，这些肯定性的评价，仅仅是就其史诗的艺术魅力和诗人的天才创造力而言。一旦涉及理想国卫士的教育问题以及宗教规范，柏拉图不得不忍痛割爱，毫不犹豫地把荷马史诗列入审查范围。这一情况看似矛盾，但从柏拉图的伦理化审美原则和政治化实用原则的角度来看，这实际上并不矛盾，与他对悲剧、喜剧和史诗的消极态度一脉相承。所以说，柏拉图对荷马的评价是相对的，而非绝对的，既有肯定，亦有否定。概而言之，其肯定性是将史诗与其他诗歌类型比较的结果，而否定性是出自理想城邦的政治利益与公民道德化教育的考量。换句话说，柏拉图对史诗艺术性的赞赏和肯定，并不等于他对其道德教育价值的赞赏和肯定。正是基于后者，柏拉图一方面对荷马史诗提出了尖锐的批评，主要针对的是数位神祇和英雄人物的不良行为，另一方面提出仔细审查的原则和筛选使用的方法。这一点在《理想国》里有过详细的论述，其中涉及文艺审查制度与适宜选用原则等等。①

亚里士多德的《诗学》主要是比较研究史诗与悲剧的。从他的观点看，史诗具有文体庄严、题材量大、内容丰富、戏剧性强、结构精巧等特点。如他所说：史诗与悲剧的相同之处在于两者都以格律文的形式摹仿严肃的人物，但不同之处在于史诗只用一种格律，只用叙述方式。在长度方面，悲剧尽量将其跨度限制在"太阳运转一周"（the single revolution of the sun）或稍长的时间内，而史诗则无需顾及时间的限制。至于作品成分，有的为两者所共有，有的为悲剧所独有。所以，能辨别悲剧之优劣的人，也能辨别史诗的优劣，因为悲剧具备史诗所具有的全部成分，而史诗则不具有悲剧所具有的全部成分。②

在随后的论述中，亚里士多德做了必要的补充。他认为史诗也使用"穿插"与"突转"等手法，史诗诗人与悲剧诗人一样，也编织戏剧化的情节（dramatikous），着意摹仿或表现一个整体的和完整的行动，即一个有起始、中断和结尾的行动，这样就能给人一种应该由它引发的快感。史诗不像历史那样编排事物。在这方面，荷马真可谓出类拔萃，他没有描述特洛伊战争的

---

① 参阅王柯平：《〈理想国〉的诗学研究》，第三章第五节"适宜的文本与节制的情感"。
② Aristotle, *The Poetics*, V 1449 b 9-20, in S. H. Butcher, *Aristotle's Theory of Poetry and Fine Art*, pp. 21-22；[古希腊] 亚里士多德：《诗学》第5章，第58—59页。

全部过程，而是通过截取一部分和采用穿插等手法，丰富了作品的内容。① 另外，史诗的种类也同悲剧相似，亦可分为简单史诗（ē aplen）、复杂史诗（ē peplegmenen）、性格史诗（ē ēthiken）和苦难史诗（ē pathetiken）。除唱段与戏景之外，史诗的成分与组成悲剧的成分相同。事实上，史诗也描写发现和苦难，其言语和思想也相当精美。荷马最先使用这些成分，而且用得得心应手。他的两部史诗分别体现了上述内容。相比之下，《伊利亚特》虽属简单史诗，但也表现苦难；《奥德赛》虽属复杂史诗，但也展现人物性格。尤其值得称赞的是，在史诗诗人之中，唯有荷马才意识到诗人应该怎么做。他深知诗人应尽量少以自己的身份讲述，因为这不是摹仿者或诗人的作为。相比之下，其他的史诗诗人始终以自己的身份表演，只摹仿个别的人，而且次数有限。但荷马却与众不同，他先用不多的诗行作引子，然后马上以一个男人、一个女人或一个其他角色的身份表演。于是，他笔下的人物无一不具性格。总之，无论是史诗还是悲剧，两者所表现的那些使人惊异或不合情理之事，可以给人以快感；两者所描写的那些不可能发生但却可信的事情，要比可能发生但却不可信的事情更为可取。②

从以上所述可见，古希腊史诗带有一层神性与玄秘的色彩，其口头吟诵者都是非同寻常的漫游艺人。在某种程度上，史诗替代了历史与神谕的一部分，不仅有声有色地表现了一个民族的生活景象，而且活灵活现地证明了这个民族特有的愿望和能力，即以自己独特的形式看待自己和描写自己的愿望和能力。这种能力在史诗吟唱者身上得到最佳体现。③ 另外，史诗在艺术上不只是叙事性的描述，而且也借用戏剧性的手法，是兼有叙事与戏剧两者特点的一种混融型诗歌。柏拉图最先看到这一点，亚里士多德继而补充了这一看法，并且将史诗与悲剧的特点做了扼要的比较，这在一定程度上证实了史诗的承上启下作用，同时也在一定意义上表明了悲剧与史诗的因革关系，即前者对后者的继承、发挥和创新。因此，无论从取材角度还是从艺术角度说，只有了解了希腊史诗，才有可能更好地理解希腊悲剧。

---

① Aristotle, *The Poetics*, XXIII 1459 a 17-37. ［古希腊］亚里士多德：《诗学》第 23 章，第 163 页。
② Ibid., XXIV 1459 b 8-1460 a 25. ［古希腊］亚里士多德：《诗学》，第 24 章。
③ ［瑞士］布克哈特：《世界历史沉思录》，第 64 页。

三　叙事型：抒情诗与酒神赞歌

按理说，古希腊的叙事型诗歌种类有多种，除了抒情诗与酒神赞歌之外，还包括发端于酒神节礼仪所用的抑扬格讽刺诗（iambic poetry），起源于宗教仪式的赞歌（hymns）与颂诗（processional ode），献给新郎新娘的祝婚诗（epithalamion）以及表达感伤怀旧的哀歌（elegy）等。这里仅就其中最具代表性的两个种类予以简释。

首先来看抒情诗。抒情诗的起源与民歌相关，其原始形式多种多样。古希腊的抒情诗（lyrodes poiesei）与抒情诗人（lyrikos）均与里拉琴（lyra）直接相关，抒情诗意指伴随里拉琴的诵唱歌曲，抒情诗人代表弹奏里拉琴和诵唱歌曲的作者。换言之，古希腊的抒情诗是从里拉琴演化而来，在写作和吟唱等方面均与里拉琴结下不解之缘；而抒情诗人既是抒情诗的创作者，也是里拉琴的弹奏者。

里拉琴的发明，最早是与希腊神话人物赫尔姆斯（Hermes）联系在一起。据说，他起先是在椭圆形的空龟壳上牵上琴弦，从此构成音箱的雏形。直至今日，这种原始的里拉琴形式，在希腊南部海域的居民中依然流传使用。有的地区还使用其他动物的胸腔制作里拉琴音箱。① 后来，随着抒情诗形式的不断成熟和乐器种类的多样化发展，抒情诗歌在创作与伴奏方面也出现新的情况。首先，抒情诗务必入乐，其诗句的音节格式安排（arrangement of syllabic patterns）均受音乐节奏的制约，其诗文中的音步均可转化为乐谱。长音节用长音调，短音节用短音调。前者在音程长度上往往是后者的两倍。② 另外，为抒情诗提供音乐伴奏的乐器除了传统的里拉琴外，还有音弦各异、形状不同的基萨拉琴（kithara）和三角形的特里格农琴（trigonon）。③

迄今，现代人总是把古希腊的抒情诗人与公元前 7 世纪前后的古风时期

---

① E. Guhl & W. Koner, *The Greeks: Their Life and Customs* (London: Senate, 1994), p. 201.
② Cf., W. L. West, *Greek Metres*, pp. 21-22.
③ Cf., E. Guhl & W. Koner, *The Greeks: Their Life and Customs*, pp. 201-203. 克瑟拉琴实际上是里拉琴的变种，形状比较接近。相应地，琴弦则由原来的四根，逐渐根据需要而增强到五、六、七根乃至八根之多。

联系在一起。有些人甚至将该时期称之为"抒情时代"（lyric age），以此区别于先前的"史诗时代"（epic age）。古风时期大约终结于公元前5世纪后半期，随后便开启了以雅典为"全希腊学校"的古典时期。于是，不少人认为，"古风时期终结于抒情诗人品达，古典时期发端于悲剧诗人埃斯库罗斯，尽管这两位文学大家大体上属于同时代人"①。但有的学者则否定了这种看法，他们认为抒情诗并非发轫于古风时期，而是与史诗一样古老，其生成时间显然早于古风时期。抒情诗的传统，如同史诗传统一样，均根植于口头传唱的诗歌（oral poetry），这种诗歌在演唱和抒写上结成一种互动关系，与神话和仪式之间的互动关系并行不悖。在口头传唱诗歌里，对抒写作品的演唱是对神话的激活，这种激活在根本上属于仪式问题。即便到了古风时期，抒情诗的艺术创作依然涉及演唱与抒写两个特征，但演唱者或是一个人，或是一群人，这便形成了载歌载舞的歌队，此后被悲剧与喜剧一并吸收在内。②

从文化历史上看，抒情诗的出现主要是因为英雄时代的结束与城邦时代的勃兴所致。相应地，诗歌便从描述英雄世界的史诗转向吟唱共同人性世界的抒情诗。按照耶格尔的观点，抒情诗的成熟与发展，与伊奥利亚的两位诗人萨福和阿尔凯奥斯（Alcaeus, 620？-580？BC）有着直接关系。此前，以西蒙尼德斯（Simonides）与米姆纳摩斯（Mimnermus）为代表的爱奥尼亚诗歌（Ionian poetry），在反映城邦生活乐趣的同时，更多地受到自然哲学的影响与启示，喜好采用一种反思与凝照的基调，热衷于表达伦理理念和讨论道德问题，试图给听众提供一种人生的智慧或哲学。如今，萨福和阿尔凯奥斯为代表的伊奥利亚抒情诗（Aeolian lyric poetry），侧重于表达个体的内心生活与隐秘的情感世界。作为希腊精神生活的一种独特显现，伊奥利亚抒情诗（特别是萨福的杰作）所表达的是一种纯粹的情感与心灵内部的秘密动机。但要注意，古希腊诗人的意识里都隐藏着一种人类的理念与普遍性的感悟。诗中所表达的个人情怀，都意味着人类共有的东西。就萨福而言，她通过自己谱写的爱情之歌、婚礼之歌与饮酒之歌，"把自己最私密、最主观的生活竟然转化为不朽的人性特征，而且丝毫没有减少其直接体验的魅力。在伊奥利亚抒情

---

① Gregory Nagy, "Lyric and Greek Myth", in Roger D. Woodard (ed.), *Greek Mythology*, p. 19.
② Ibid., pp. 19-20. Also see A. B. Lord, *The Singer Resumes the Tale* (ed. M. L. Lord, New York: Ithiaca, 1995).

诗里，人的内心在塑造自身时的这一精妙过程委实非同凡响，其令人惊奇的程度丝毫不亚于同时代小亚细亚古希腊人所创立的哲学与制度化城邦"①。这不仅是因为萨福本人具有人类与城邦社群的意识，而且是因为她那些充满真情实感与男欢女爱的诗意描写，既是女性所感，也是男性所想，这便使得她的诗情活生生地激荡在人心深处。在那里，金童玉女们毫无顾忌地脱下伪装的外衣，直面自己内心世界的柔情蜜意。如此一来，个体的感受便成为人类共同的感受，针对个别女友的告慰便成为针对人类的告慰，个别性似乎也就顺理成章地转化为普遍性。譬如她的诗作《献给爱神》（*To Aphrodite*）、《永逝》（*Forever Dead*）、《花环》（*Garlands*）、《爱女》（*The Daughter*）与《爱的困惑》（*Love's Distraction*），等等，或多或少都具有上述特征。即便像《傍晚》（*Evening*）这首短诗——

> 昏星赫斯普罗斯带回了
> 我们白日里失去的一切，
> 带回了归圈憩息的绵羊和山羊，
> 带回了母亲怀里嗷嗷待哺的婴儿。②

也会让不少读者在温馨、甜美和欢欣的诗意感受中，在黄昏景色与放牧归来的浮想联翩中，悠然地憧憬那种田园牧歌式的简朴生活，在过去、现在与未来到底会出现什么样的不同场景。

与此同时，阿尔凯奥斯及其同道的抒情诗，在描写风花雪月时，"不是把大自然视为一种客观的或审美的景象，而是将其视为像荷马笔下的牧羊人一样，正喜不自胜地从山顶上凝望子夜星空的奇观；他们感到天空与季节的变化，白昼与黑夜的交替，平静与风暴、冬霜与春暖的轮换，均反映出人类心

---

① Werner Jaeger, *Paideia*: *The Ideals of Greek Culture*, p. 131.
② 这首诗的英译文出自 Edwin Arnold 之手，即："Hesperus brings all things back/Which the daylight made us lack/Brings the sheep and goats to rest/Brings the baby to the breast." 这里所列举的其他几首萨福诗作，分别由不同译者译出，详见 George Howe&Gustave A. Harrer（ed. s）, *Greek Literature in Translation* (New York: Harper & Brothers, 1948), pp. 146-149。此处采用直译，与英译比较契合。早先此诗的译名为《暮色》，文字虽稍有出入，但颇有诗味。即："晚星带回了/曙光散布出去的一切，/带回了绵羊，带回了山羊，/带回了牧童到母亲身旁。"水建馥译：《古希腊抒情诗选》，第 114 页。

灵的变化情感，这时的天地也回应和强化着人类表达爱情与哀伤的呐喊"①。简言之，阿尔凯奥斯的抒情诗，虽然描写的是自然季节及其景物的变化特征，但无论是在炎热难耐、干枯焦躁的《夏时》(Summer)，还是在冰天雪地、林海狂吼的《冬季》(Winter)，②他都借助"满天的星斗""四溢的酒杯""微笑的甘露"与"诗人的头脑"，来表达某种坚韧与豁达的心境，自得与超脱的情调，这似乎在深层意义上关系到人生的命运与变数，其诗性效应在一定程度上如同隐含享乐哲学的酒宴之歌一样，虽然表面上高喊"今日有酒须尽欢"，但实际上是想借助酒神式的醉态去湮没或消解人世的种种忧愁与烦恼。这样一来，他的抒情诗不可能是个人体验的表达，而是与其他人或社会存在状态发生关联的产物。要知道，这个社会群体的成员，大多来自朋友圈子，在这里人人都会畅所欲言、开怀尽兴，以便获得个人精神的解脱与情感的自由。

再来看酒神赞歌（dithyrambos）。酒神赞歌属于抒情诗的一种特殊形式，通常是由"诗人自己吟诵的"（he de di'apaggelias autonu tou poiētou）。③ 若在酒神狂欢节（Bacchuesis）上吟唱或伴乐合唱，其内容着意表达对酒神巴库斯（Bacchus）④的感恩与赞美，情感色彩热烈而浓郁；若在欢宴作乐或狂饮的酒会上歌唱，其内容侧重表现个人的情思意趣，风格特征慷慨而激昂。阿尔凯奥斯在一首《饮酒歌》(Drinking Song) 里这样写道：

> 我们为何要等候火把的光照？
> 让我们开怀畅饮在白昼之邀。
> 巨大的酒壶里倾倒出
> 许多深红色的葡萄血液
> 我们一边痛饮，一边歌唱
> 齐声赞美宙斯和塞默勒的爱子

---

① Werner Jaeger, *Paideia: The Ideals of Greek Culture*, p. 132.
② Alcaeus, *Summer*, in George Howe&Gustave A. Harrer (ed. s), *Greek Literature in Translation*, pp. 150-151.
③ Plato, *Republic*, 394c.
④ 即希腊神话中的酒神狄奥尼索斯（Dionysus）的别名。

>   酒神赐予的这些琼浆玉液
>   使我们甜美地忘却各种忧愁，
>   斟满吧，斟满酒杯，一杯又一杯；
>   把所有的大碗都倒满美酒，
>   让我们推杯换盏，喝干酒壶。①

很显然，人们赞美酒神不假，但喜爱喝酒更真。在饮酒时展现自己的豪爽，在歌唱中抒发内心的情怀，既像是宗教节庆仪式，又像是日常生活场景。但不可置疑的是，正是借此机会，通过狂欢痛饮，人们忘却了自己的忧愁，返回到本真的自我，体验到神祇的存在。这无疑反映了古希腊版的饮酒哲学：葡萄美酒碗作杯，消愁解忧人神会。无独有偶，在另外一首采用阿那克里翁诗体的《酒与歌》（*Wine and Song*）里，我们看到类似的意趣与豪情：

>   把荷马的鲁特琴给我带到这里，
>   借此传唱欢欣的快乐（而非战争）；
>   斟满酒杯吧，我会遵守
>   所有一切饮酒的法则，
>   喝酒吧，跳舞啊，弹起里拉琴，
>   吟唱出酒神灵感激发的行行诗句。②

自不待言，古希腊的抒情诗人很多，其中具有代表性的杰出诗人除了萨福和阿尔凯奥斯之外，还有阿纳克雷翁（Anacreon）、西蒙尼德斯与品达等人。柏拉图对史诗与戏剧诗人大都采取批评或谴责的态度，唯独对抒情诗人另眼看待。譬如，在《斐德若篇》和《理想国》中，他称赞萨福"可爱"（kales），表扬阿纳克雷翁和西蒙尼德斯"明智"（sophon）乃至"福运高照"（macarion）。③

---

① Alcaeus, *Drinking Song*, in George Howe&Gustave A. Harrer（ed. s）, *Greek Literature in Translation*, pp. 151-152.
② *Wine and Song*, George Howe&Gustave A. Harrer（ed. s）, *Greek Literature in Translation*, p. 159.
③ Plato, *Phaedrus*, 235c; *Republic*, 335e.

在《法礼篇》中，柏拉图把品达看作"最明智"（sophotate）的诗人，认为这位来自忒拜城邦的诗人所标举的"师法自然"（kata physin）之说，确认了自然法则而非主观意愿，是"非常正确的见解"（orthotata legeis）。① 在其他对话里，柏拉图总是以赞许和肯定的语气，经常谈及品达及其诗作。

不过，柏拉图从理想城邦的建制、前景与公民教育的首要意义出发，对各类诗歌总是抱着有保留的筛选态度，抒情诗也不例外。譬如，在谈到以声乐与合唱歌曲为基本特点的抒情诗时，他断言如果不加检查而让其随便流入城邦，那将会泛滥成灾，出现"黄钟毁弃、瓦釜雷鸣"的恶果，致使法律和理性的地位受到破坏，让煽情的快感和痛感主宰整个城邦（hēdone soi kai lype en te polei basleuseton）。相形之下，柏拉图十分看重"歌颂神和圣人或善人的赞美诗"（hymnous theois kai egcomia tois agathois poiēseos），认为这种诗进入城邦后，因其悦耳动听的音律和积极健康的内容，不仅给人带来快乐的艺术享受，而且有益于城邦有序的执政与人们的生活。② 这里所谓"有序的执政"，主要是就青年卫士以及城邦公民的道德教育和法制意识而言。因为，在柏拉图心目中，听凭艺术魔力的蛊惑而一味放任性情或寻欢作乐，是道德败坏和误国误民的前兆。至于"人们的生活"，那实际上是兼容道德精神与艺术审美平行发展的生活，是理想城邦所竭力追求的美好完整的生活。

尔后，在《法礼篇》中，柏拉图进而强调了上述观点，并且以古埃及模式为参照框架，为用于祭祀和节日庆典活动的歌舞颂诗提出了更为具体的法规律令，譬如要求在年历上表明庆典活动的节日名称、具体日期、诸神尊位、嫡传后代与相关神灵；要求权威人士务必确定祭祀每位神祇所唱的赞美诗，确定各个庆典仪式上所跳的舞蹈；要求全体城邦的公民务必倾城出动，于万神庙前载歌载舞，一起祭奠诸位神祇；要求男女祭师与执法官员可根据宗教或法律所授予的权利，将违法胡演乱唱者排除在节日庆典活动之外，甚至判处其终生亵渎神灵之罪。③ 自不待言，这些规定显然具有道德化与宗教化特征，从根本上讲是遵循了城邦集体利益至上的原则。另一方面，这些规定也为日后宗教赞美诗的定型提供了理论的基础和历史实践的佐证。正是在此类

---

① Plato, *Laws*, 690b.
② Plato, *Republic*, 607a.
③ Plato, *Laws*, 799a-b.

场域，赞美诗不仅用来美化神明，而且用来解释祭礼或说明祭礼制度。不难想象，这些赞美诗也会用来表达人们庆丰、祈福与免灾的愿望及其膜拜诸神的虔敬之情。

需要指出的是，在公元前 7 世纪到公元前 5 世纪，不同形式的抒情诗在雅典十分盛行。除了大规模的宗教祭祀活动之外，抒情诗在会饮场合（sympōsion）上是不可或缺的娱乐内容。这种会饮活动一般在主餐之后开始，主要限于贵族社会圈子。在高朋满座的酒会上，宾主双双自由自在，或高谈阔论，或饮酒作乐，或纵情欢歌。吟唱的歌曲主要是包括哀歌和赞美诗等形式在内的抒情诗。他们轮流吟唱，歌曲自选，有的唱一首祭祀某位神祇的赞美诗，有的唱一首评论城邦生活并提出忠告的抒情诗，有的唱一首哀歌怀念或颂扬某个英雄或朋友，有的则乘着酒兴即席赋诗来表达自己的哀乐之情，有的则借题发挥提出道德规劝，也有的唱些男欢女爱的东西拿朋友开心，或唱些幽默滑稽的东西博得众人一笑……随后，这些狂欢痛饮的客人还闹腾到大街上，边歌边舞，去叩门拜访其他相识。由于吟诗唱歌是酒会的基本娱乐方式之一，因此，富有创造力的诗人会触景生情，临场不断推出新诗，而其他诗人和饮宴客人则吟唱旧诗以作应和。杰出的诗人及其描写的人物对象会因此而博得美名，而酒会也因此成为激发诗歌创作和促进诗歌流传的重要场合。当时的抒情诗人塞奥格尼斯（Theognis）就曾对朋友克尔努斯（Cyrnus）许愿，要以自己的诗歌使对方垂名青史：

> 你的大名将会在每次酒宴上重现，
> 许许多多的人都会把你挂在嘴边，
> 可爱的小伙子们随着中音风琴的伴奏，
> 歌唱你时纷纷展开甜美清亮的歌喉。①

当然，塞奥格尼斯本人也希望自己的诗作能够通过酒会活动传扬开来，甚至流芳百世。在公元前 5 世纪的雅典，在此类以诗以歌会友的酒会上所吟

---

① Cf., M. L. West, *Ancient Greek Music* (Oxford: The Clarence Press, 1992), p. 25. 转引自塞奥格尼斯的诗歌作品。

唱的诗歌很多，其中包括一些经典诗人的作品，如阿尔克曼（Alcman）、阿尔凯奥斯、斯特西克罗斯（Stesichorus）、阿纳克里翁、西蒙尼德斯、福利尼库斯（Phrynichus）、品达等人的诗作，也包括一些原本出于其他目的而撰写的诗歌。① 它们虽与酒会活动内容没有直接关系，但只要是精品佳作，也经常会作为借题发挥的手段予以诵唱，这在某些方面类似于中国古代文人或士大夫之间为了表达个人志趣而经常采用的"献诗"或"和诗"手法，这说明希腊古典时期的抒情诗具有多种功能。有的历史学家发现，这种抒情诗"在社会中发挥了相互差别很大的多重作用：作为集体抒情诗，它服务于宗教；作为社交的艺术，它服务于酒会之类的集会；此外，它可以用来宣布竞技场上的优胜者，还可以用来表达个体主观上的感受，等等。最后，在亚历山大亚城的居民那里，这种抒情诗变成文学创作的一种类型，如同罗马的抒情诗和挽歌一样"。②

还需要提醒的是，抒情诗并非只是借景抒情而从不叙事。实际上，抒情诗如同其他诗歌形式一样，也采用一定的叙事成分，旨在以"事"由来印证"情"生的语境、原因和真切性。在其叙事成分中，有不少内容源自古希腊神话或传奇故事。但在素材取舍与表情达意方面，抒情诗则根据具体语境，用其所需，各擅所长。深受莱辛（Lessing）所著《拉奥孔》（*Laocoön*）的启发，英国学者加登纳（Ernest A. Gardner）特意撰写了《希腊诗人与艺术家》（*Poet and Artist in Greece*）一书，对古希腊诗歌与视觉艺术的表现形式进行了研究，逐一从史诗、赞美诗、抒情诗与戏剧诗的一些作品入手，筛选出一些代表性的叙事内容，并同相关的古希腊陶瓶画进行了对比，以此凸显了象形图式（pictographs）、表意符号（ideographs）与表音系统（phonetic system）的不同表现特征，揭示了视觉与听觉在鉴赏诗歌和图画作品时的不同作用，并且证明了抒情诗与陶瓶画的不同叙事手法。通常，像阿伽门农（Agamemnon）遭到谋杀的传奇，赫拉克勒斯（Heracles）跨海夺牛的故事，忒修斯（Theseus）屡遭磨难的英雄业绩，都是抒情诗喜好使用的素材。除此之外，加登纳还发现，许多其他抒情诗中所包含的叙事或描述片段，可与陶瓶画家

---

① Cf., M. L. West, *Ancient Greek Music* (Oxford: The Clarence Press, 1992), p. 25. 转引自塞奥格尼斯的诗歌作品。
② ［瑞士］布克哈特：《世界历史沉思录》，第64页。

处理此类题材的方式相比。其中最吸引人的内容之一，就是西蒙尼德斯在诗中对达那厄（Danae）传说的描写。其诗中所描写的那只浮动在海上的箱子与藏匿在箱内的人物，同瓶画中所呈现的那只饰有星状的箱子与围绕在箱外的人物，形成了有趣的对照。①

四　戏剧型：悲剧与喜剧

古希腊诗歌的最高成就可以说是悲剧。首创于爱奥尼亚（Ionia）地区的史诗，在希腊文坛与学堂独领风骚近350年之后，雅典诗人以其特有的诗性智慧与文化理想，开创了他们引以为豪的戏剧型诗歌。这种诗歌集中地表现在悲剧与喜剧里，其代表作家有埃斯库罗斯、索福克勒斯、欧里庇得斯和阿里斯托芬。据传，埃斯库罗斯写有悲剧80余部，现存作品有《被缚的普罗米修斯》《阿伽门农》与《波斯人》等7部；索福克勒斯写有剧本123部，传世作品有《俄狄浦斯王》《安提戈涅》与《埃阿斯》等7部；欧里庇得斯写有悲剧九十余部，遗留作品的有《美狄亚》《特洛伊妇女》与《希波吕托斯》等19部；阿里斯托芬写有喜剧44部，幸存作品有《云》《蛙》与《骑士》等8部。

悲剧以其巨大的诗性力量，几乎表达了人类所有的情思意趣与人生的方方面面。在此意义上，或者说在处理宏大题材和表现思想的深度上，在创造性成就与诗歌想象力上，唯有悲剧可与史诗相媲美。似乎可以这样说，曾经诞生于爱奥尼亚地区的史诗天才（如荷马），似乎在雅典所属的阿提卡地区转世了，只不过这些转世的天才（如埃斯库勒斯）所创作出的不是史诗，而是悲剧。

那么，悲剧到底是一门什么样的艺术呢？从词源学上看，意指"悲剧"的古希腊词tragōdia是由tragōs（山羊）与ode（歌）两部分组成，其字面含

---

① Ernest A. Gardner, *Poet and Artist in Greece* (London: Duckworth, 1933), pp. 88-90. 有关达那厄的希腊传说，大体内容如下：阿尔戈斯国王阿克里修斯的女儿达那厄，由于神谕警告阿克里修斯将会被女儿所生下的儿子杀死，他就把达那厄幽禁在一座塔里。主神宙斯化作一阵黄金雨的形式来探访达那厄，结果使她生下了帕尔修斯（Perseus）。后来，这对母子被放进一只木箱，连人带箱被抛入大海，他们漂流到赛瑞福斯岛登岸。帕尔修斯在岛上长大成人，岛上的国王帕里的克特斯垂涎于达那厄的美色，设计让年轻的英雄去猎杀墨杜萨。后来，帕尔修斯救出母亲，将她带回家乡阿尔戈斯。

义是"山羊歌",其实际用意或指"歌队表演时扮演成山羊",或指"歌队演出时围绕着作为祭品的山羊",或指"悲剧比赛的奖品为山羊"。据说,公元前600年左右,希腊半传奇性的柯林斯诗人兼乐师阿里昂(Arion),在创作时采用了tragikos tropos的诗乐形式,后来被视为"酒神赞歌"的雏形,并被悲剧吸收为处理音调的方式,有的说法还将阿里昂尊为悲剧或悲剧性戏剧(drama tes tragōdias)的开创者。历史地看,真正的悲剧最终成熟于雅典。公元前534年,悲剧首次被正式列入狄奥尼索斯祭祀庆典活动的内容。公元前5世纪,以雅典为中心的阿提卡地区,每年要举行三次较为隆重的祭祀庆典活动,这其中就包括戏剧(悲剧与喜剧)比赛。在最具盛名的"城市狄奥尼西亚节"(the City Dionysia),戏剧比赛通常历时三天,于雅典狄奥尼索斯剧场举行,每天上演一位诗人3到4出剧作,据说埃斯库罗斯本人常以连剧参赛。其演出盛况及其重要性(importance)、独特性(uniqueness)与狂野性(wildness)非同一般。在热烈的节庆气氛中,剧场表演的开始,萨提尔(Satyrs)扮演者的出场,各种面具的使用,热情观众的迷狂,几乎使所有参与演出还是参与观赏的人们,都无一例外地竭力去理解和体悟"酒神狄奥尼索斯"所表现或象征的种种精神与意味。①

那么,悲剧到底是如何诞生的呢?尼采对此有过专论,将其归于古典希腊特有的音乐精神与悲观主义的生命意识。这本是一个不错的立论基点,但随后尼采却用日神精神和酒神精神来阐发自己的美学与哲学思想,并借此解释艺术冲动的特征、审美现象的真谛与希腊悲剧的衰变,虽然妙语连珠,多有创见,但其过于臆断的论说方式却超出古典研究的学理边界。② 不过,颇令人生疑但又是值得反思的是,尼采将希腊悲剧的蜕变与衰败归咎于苏格拉底与欧里庇得斯。他认为苏格拉底的伦理学说与理智主义充斥着乐观主义思想。譬如,在论及德行与知识、幸福与德行之间的关系时,苏格拉底试图在两者之间寻求一种平衡,故而坚信"德行即知识"(Virtu est savoir);"人只因无知才会犯错"(On ne pèche que par ignorance);"有德之人是幸福之人"

---

① P. E. Easterling, "A Show for Dionysus", in P. E. Easterling (ed.), *Greek Tragedy* (Cambridge: Cambridge University Press, 1999), pp. 36-53. 另参阅罗念生:《论古希腊戏剧》,见《罗念生全集》第八卷,上海人民出版社2004年版,第5—88页。
② Friedrich Nietzsche, *La naissance de la tragédie* (Paris: Gallimard, 1977).

（L'homme vertueux est l'homme heureux）。在尼采看来，"正是这三种乐观主义的根本形态，导致了悲观主义悲剧的死亡。（Ces trios formes fondamentales de l'optimisme contienents la mort de la tragédie pessimiste）。远在欧里庇得斯之前，这些思想就已经对悲剧产生消解作用。倘若德行就是知识的话，那么，悲剧中有德行的主人翁就必须是辩证学家了。类似这样的伦理思想非但没有取得丝毫的进步，反而变得异乎寻常的平庸和贫乏；结果，司空见惯的是，悲剧中讲求伦理与能言善辩的主人翁，只不过是道德庸俗与附庸风雅的代言人而已"①。相应地，欧里庇得斯的许多剧作也臣服于苏格拉底主义（socratisme）的影响，或者说，苏格拉底的乐观主义辩证思想与伦理学说在欧里庇得斯的剧作中占据了主导地位，这样一来，不仅开启了"一种非常平和的生存视域"，引起"不可忍受的庸俗思想"的泛滥，而且阻滞了悲剧中的"音乐与对话和独白的融合"，最终导致了悲剧这种"音乐剧因缺少音乐而泯灭"（le drame musical est mort d'un manque de musique）。② 总之，尼采认定，聚集了古代艺术之光的音乐剧或希腊悲剧，就在这样的历史文化语境中香消玉殒了。对此，苏格拉底可被视为摧毁者，而欧里庇得斯则是协同犯。

　　公平地说，尼采对早期希腊悲剧的赞赏，超过他对后期悲剧的评价，这主要是基于他对酒神精神和日神精神的思索。由此出发，他对希腊悲剧时代的哲学，一方面表达了由衷的敬意，另一方面发现了多变的样态。他认为希腊哲人所表现出的那种审美的世界观，犹如一种艺术化的生存方式和反复苏醒的游戏冲动。他们就像参与悲剧竞赛的观众那样，在洞透人生的哲学游戏里悠然自得。由此生成的哲学，面对"生成和消逝，建设和破坏，对之不可作任何道德评定，它们永远同样无罪，在这世界上仅仅属于艺术家和孩子的游戏。如同孩子和艺术家在游戏一样，永恒的活火也游戏着，建设着和破坏着，毫无罪恶感——万古岁月以这游戏自娱。它把自己转化成水和土，就像一个孩子在海边堆积沙堆又毁坏沙堆。它不断重新开始这种游戏。它暂时满足了，然后需要又重新抓住了它，就像创作的需要驱动着艺术家一样。不是犯罪的诱力，而是不断重新苏醒的游戏冲动，召唤另外的世界进入了生活。

---

① Friedrich Nietzsche, "Socrate et la Tragédie", in Friedrich Nietzsche, *La naissance de la tragédie*, p. 286.
② Ibid., pp. 286-287.

孩子一时摔开玩具，但很快又无忧无虑地玩了起来。而只要他在建设，他就按照内在秩序合乎规律地进行编结、连接和塑造。只有审美的人才能这样看世界，他从艺术家身上和艺术品的产生过程体会到，'多'的斗争本身如何终究能包含着法则和规律，艺术家如何既以静观的态度凌驾于艺术品之上，又可能动地置身于艺术品之中，必然与游戏、冲突与和谐如何通过交媾而生育出艺术品来"①。在其充满诗意和煽情的表述中，哲学就像悲剧一样，在游戏冲动中四处游荡，时睡时醒，边建边毁，在反反复复中永恒回归，又在永恒回归中反反复复，这固然形象地描绘出希腊哲学动态发展过程中的开放性与创造性，但却因此把坚信流动不已、变化永恒的怀疑论推向极致，从而使任何哲学体系在尼采心目中都成为投射在地面上的一个摇摇晃晃的影子。

  比较而言，在有关希腊悲剧如何诞生的问题上，令人颇为信服的研究结果还是首推亚里士多德的《诗学》。在亚氏看来，悲剧最初是即兴口占的吟唱，主要源自早期那些谱写赞美酒神颂歌（dithyrambos）的作者；悲剧发展缓慢，步步推进，其中每引入一种新的要素，都要来回磨合，在经过许多尝试与变动之后，才确立了各自适宜而自然的形式。譬如，歌队的表演形式、演员人数的增加、诗句的音步变化，等等，都经历了反复的实践和不断地改进。②根据最终成熟的悲剧艺术，亚里士多德所给的定义是："悲剧是对一个严肃、完整、有一定长度的行动的摹仿，它的媒介是各种艺术性装饰的语言，其剧中分开的部分里采用了不同的方式，它的摹仿方式是借助人物的行动，而不是叙述，通过引发怜悯和恐惧使这些情感的到净化。"③ 这里所谓"行动"（praxeos），是指思想（diavoian）、性格（ethos）与选择（proairesis）等因素所驱动的并有目的的实践活动；所谓"艺术性装饰的语言"（hedysmeno logo），是指"包含节奏（rhythmou）、曲调（harmonian）和韵律（melos）"三者组成的语言；所谓"其剧中分开的部分里采用了不同的方式"，是指剧中的某些部分要用格律文（metron），另一些部分则用唱段（melous）；至于那些"部分"，是指构成全剧结构的六个部分，即：情节（mythos）、性格、言

---

① ［德］尼采：《希腊悲剧时代的哲学》，周国平译，商务印书馆1999年版，第70—71页。
② Aristotle, *The Poetics*, IV 1449 a 12-15, in S. H. Butcher, *Aristotle's Theory of Poetry and Fine Art*, p. 19.
③ Aristotle, *The Poetics*, VI 1449 b 24-28, in S. H. Butcher, *Aristotle's Theory of Poetry and Fine Art*, p. 23. 中译文参阅陈中梅译《诗学》，第63页。

语（lexin）、思想、戏景（opsis）与唱段。语言与唱段为悲剧摹仿或表现的媒介，戏景为悲剧摹仿或表现的方式，情节、性格与思想为悲剧摹仿或表现的对象。相比之下，情节由事件（pragmata）构成，此乃悲剧目的（telos tes tragodias），因此最为重要；或者说，在这六个悲剧构成要素的排列顺序中，情节居首，是悲剧的灵魂（psychē tes tragōdias）；性格居次，涉及行动中的人物与其道德目的；思想居三，关乎恰如其分地表述见解的能力；言语居四，涉及文词意义的表达，其美在于清晰而不流于平庸；唱段居五，属于最重要的艺术性装饰；戏景居末，虽能引人注意，甚至会引发恐惧与怜悯之情，但与诗艺关系最疏。① 根据情节结构与性格特征等因素，亚里士多德将悲剧分为四类：复杂剧（hē men peplegmenex）、苦难剧（hē de pathetike）、性格剧（hē de ēthike）与简单剧（hē aple）。② 以此为序排列，最完美的悲剧结构当属复杂剧。③

喜剧与悲剧几乎是在同一时期发展起来的。从词源学上看，表示"喜剧"或"喜剧"的古希腊词 kōmōdia，似乎与早先流行于西西里乡村（kōmai）之间的演唱、阿提卡地区的半戏剧性表演（kōmōs）以及狂欢饮宴活动时的唱歌（aeidein）有关，因此有学者认为 kōmōdia 是由 kōmōs 与 aeidein 二字合成，意思是"狂欢歌舞剧"。④ 这种演唱与表演均具有狂欢戏谑的特点，其祭祀庆典的对象则是酒神巴科斯（Bacchus）或狄奥尼索斯（Dionysius）。一般说来，西西里的麦加拉诗人厄庇卡尔摩斯（Epikharmos, 530? -440 BC）被认为是喜剧的开山鼻祖，据说至少撰写过35部作品，对后来的喜剧诗人影响巨大，这其中就包括阿提卡的雅典诗人阿里斯托芬，后者的作品通常被视为希腊喜剧的最高成就。喜剧同悲剧一样，均成熟于雅典古典时期，于公元前486年被正式列入狄奥尼索斯祭祀庆典活动的比赛项目。

不过，按照亚里士多德在《诗学》里的说法，喜剧源自即兴表演，也就是生殖崇拜活动（ta phallika）中歌队领队的即兴口占或吟唱，这种活动当然

---

① Aristotle, *The Poetics*, VI 1450 a-b.
② Ibid., XVIII 1456a；［古希腊］亚里士多德：《诗学》，第18章，第131页。
③ Ibid., XIII 1452 b 30-32；［古希腊］亚里士多德：《诗学》，第13章，第97页。
④ 罗念生：《论古希腊戏剧》，见《罗念生全集》第八卷，第89—135页。

与酒神狄奥尼索斯有关。① 其典型情景就像阿里斯托芬在剧作《阿卡尔那伊人》241—279 行里所描写的那样：在雅典举行的狄奥尼索斯祭祀庆典活动中，放荡不羁的狂欢人群在领队的带领下，一边簇拥着硕大的男性生殖器模型（huge model phalloi）结队前行，一边同声高唱着言词污秽的歌曲。这种独特而狂野的表现方式，不仅是对桀骜不驯的酒神力量要素的膜拜，而且也是借此放纵狂欢，宣泄内心的情欲，参与或体验神秘的世界。② 另外，喜剧由于偏好摹仿低劣小人的行动，表现滑稽可笑的事物，因此在其发轫之初，不受重视，遭到冷遇。③ 有些早期的喜剧演员（kōmōdos）或喜剧人（kōmōdo-poios），甚至因受人蔑视而被逐出城外，流浪于乡间。④ 由此可见，喜剧的发展过程经历了不少坎坷与辛酸。

对于喜剧的基本特征，亚里士多德是这样总结的："喜剧摹仿的人物比较低一等，但又不是十足的坏人，滑稽只是丑陋的一个分支。滑稽的事物虽包含某些瑕疵或丑陋之处，但却不会给人造成痛苦或带来伤害。现成的例子就是喜剧所用的面具，虽然又丑又怪，但却不会让人看了感到痛苦。"⑤ 这里有两点需要注意：其一，喜剧的批判性或讽刺性，主要体现在嬉笑怒骂的艺术手法与滑稽乖张的艺术表现上。这种艺术形式的诞生固然是出于人的摹仿本性与政治或道德需要，但其存在与发展的确与宽松的社会气氛和自由的民主制度有着直接关系。甚至可以毫不夸张地说，真正具有讽刺和批判锋芒的喜剧，只能在开放而非封闭的社会里才会得以存在和发展。古希腊喜剧所取得的成就，实际上也是雅典黄金时期的民主制度所取得的成就之一。其二，所谓"希腊方式"，主要是指古希腊人的生活方式与思维方式。这种方式具有极大的包容性，其最高的境界是从不同的事物中追求一种适度的平衡，这在一定程度上是由他们所信奉的"中道"理念所决定的。因此，他们不仅在理性

---

① Aristotle, *The Poetics*, IV 1449 a 39-40.
② P. E. Easterling, "A Show for Dionysus", in P. E. Easterling (ed.), *Greek Tragedy*, pp. 48-49. Also see S. G. Cole, "Procession and celebration at the Dionysia", in *Scodel* (1993), pp. 25-38. 在位于希腊 Delos 的狄奥尼索斯神庙两旁，耸立着两尊巨大的男性生殖器石雕，其正面上的浮雕是一只公鸡，其脑袋与脖颈如同生殖器官一样向上直挺。这幅插图见上书第 50 页。
③ Aristotle, *The Poetics*, V 1449 b.
④ Ibid., III 1448 a 35-1448 b.
⑤ Ibid., V 1449 a 31-35.

与情感之间、在快乐与痛苦之间、在城邦与个体之间寻求一种平衡，而且也会在严肃与滑稽之间、赞美与讽刺之间、悲剧与喜剧之间寻求一种平衡。当然，这种平衡不是具体的结构与量度上的，而是内在的心理与感受上的。要知道，他们在日常的政治生活与审美生活中，都有意识地避免走向某种极端，因为走向极端的生活是单调而乏味的。

总体而言，亚里士多德对于戏剧型诗歌（悲剧与喜剧）的评说，虽然包含一定的道德意向，但更多关注的是诗艺特征、创作要领与审美欣赏。相比之下，柏拉图虽然谙悉戏剧型诗歌的艺术魅力及其感染效应，但更多关注的是道德良知的培养与艺术教化的功能。这主要是因为亚里士多德是从艺术角度来分析艺术的规律，柏拉图则是从道德理想主义的立场出发来框定艺术的教育目的。譬如，在《理想国》第十卷里，柏拉图把悲剧归于摹仿性艺术，把悲剧诗人（tragōdias poiētas）视为摹仿者（mimetious），并且义正言辞地断言：悲剧艺术会败坏和腐蚀那些没有抵抗能力且对悲剧真实本质一无所知的听众的心灵。① 因为，在柏拉图个人看来，

（1）悲剧诗人及其剧作仅限于摹仿事物的表象与人物的行为，缺乏有关实在的知识，如同只会临摹床的外形而与真实的床自身相隔两层的画家，距离真理相去甚远，给人以假象（fantasmatos），只能欺骗幼童和傻子。②

（2）在摹仿英雄人物遭遇不幸时，一味描述他们痛不欲生、捶胸顿足的情景，加上情调哀婉的长篇大论，以此引发观众的共鸣，博得人们的同情和怜悯，这样不但使英雄精神黯淡无光，而且使胆小的懦夫心理得以滋长。

（3）悲剧的表现方式往往直接诉诸人的情感而非理智，强化心灵的低劣而非高贵成分，因此使人在恐惧、怜悯和悲伤等消极情感的重压下，于痛哭流涕和不知廉耻中弱化人的精神与斗志，冲淡人的理性和理想。③

---

① Plato, *Republic*, 595b.
② Ibid., 596e-598d.
③ Ibid., 604e-606.

此外，在悲剧中，由于剧情编排和观众心理宣泄所需，比较容易表现那些司空见惯的和鼓噪煽情的一类人物，而且经常利用夸张性的戏剧化手段，极力迎合观众的情绪反应及其低劣的欣赏和理解能力，引导他们膜拜和爱慕剧中所表演的人物。相形之下，悲剧很难刻画出富有智慧、温和、节制、平静与安详等优良品质的理想型人物，从而无法激发人们学习高尚的品行与人格。因此，基于伦理化的审美教育宗旨，悲剧在理想国内的诗乐教育体系中，是没有什么地位可言的。

柏拉图由于只看到乃至夸大悲剧的负面价值（negative values），而无视其特有的"净化作用"（katharsis）与相应的正面价值（positive values），因此一直对悲剧采取了贬斥性态度。但是，到了晚年，他对悲剧的态度有所变通。譬如，在《法礼篇》中，他提出一种"次好城邦"可以接纳的高级悲剧形式。其预设前提是：按照法律的规定，最佳的悲剧，只能戏剧化地描述"高尚和完美的人生"，要有利于教育国民，适合在公众面前表演。这样，才会允许来访的艺术团体在城邦的市民广场上一试身手。否则，就请你们从哪儿来再回到哪儿去，不要在这座充满悲剧写作高手的城邦里班门弄斧，不要在我们的妇女儿童面前高谈阔论。①

那么，柏拉图所谓的"高尚而完美的人生"到底是指什么呢？他本人虽然没有直接言明，但从相关语境中分析，这种人生应当是献身于理智与智慧、追求道德完美的人生；享受这种人生的个体，也必然是胸怀高贵理想而义无反顾的英雄。只有这样的人生和英雄，才是真正的悲剧所要描写的对象。从《辩护篇》（*Apologia Socratous*）、《克里托篇》（*Criton*）和《斐多篇》（*Phaidon*）中看，享有上述人生以及英雄称号的悲剧性人物，正是柏拉图终生难忘的授业恩师苏格拉底。这位"最善良、最有智慧和最为正义的人"（ton tote …aristou kai allos phronimotatou kai diskaiotatou）②，是在追求真理的不懈努力中，度过了光彩独特与坎坷不平的一生。作为战士，他英勇善战，九死一生；作为哲人，他追求真理，充满智慧；作为师长，他坦诚谦虚，从不伪装自己博学多识；作为朋友，他乐善好施，舍身救人于危难之中；作为公民，

---

① Plato, *Laws*, 817a-e.
② Plato, *Phaedo*, 118.

他公正无私,遵守法纪,履行义务;作为个体,他温和安详,在自律中能够驾驭自己的一切情感。像这样一位具有多种美德并且深受人们敬爱的人,所遭受的命运则是极其不公正的。他由于反对和嘲讽当时雅典执政官员的专权行为,被以"莫须有"的罪名判处死刑,饮鸩而亡。其实,他只要稍加妥协退让,很容易得到"宽恕"而生还,但他为了真理和正义,宁愿赴死而不乞生,体现出"笑傲一切悲剧"的诗化悲剧人格。面对冤屈的判决,他在表明自己无罪的同时,以哲人特有的方式来思索和解释死亡的本质及其意义。他几乎以"黑色幽默"(black humour)的方式,把死亡抑或当作在冥界继续探索真理的途径,抑或当作与古代历史英雄的冤魂会面商讨的良机。他认为自己在这方面与众人不同,有其特殊的心得。① 于是,他把死亡进而描写成一种让人羡慕的探险旅行或一项追求正义探索真理的神圣职责。在执行死刑之前,他平静地与朋友诀别,甚至为了免受干扰,他让探监的朋友克里托(Crito)派人将痛哭不已的妻子克森丝碧(Xanthippe)送回家去②,随后一边用手搓着原先戴过铁链的脚脖,一边欣然谈论自己由此而体验到的快感,自鸣得意地认定快感是后于痛感而生的逻辑关系。③ 面对死亡的最后时刻,他从容就义,平静地接过毒药,面不更色手不颤抖,在征得行刑狱卒的同意后,就自己即赴黄泉的幸运之旅向诸神稍做祷告之后,便举起那杯毒药一饮而尽。当送别的朋友再也强忍不住心中的悲痛而放声恸哭时,苏格拉底却异常平静地告诫他们:"你们这些人真奇怪,怎么如此失态!我把女人送走就是为了避免哭哭啼啼,她们如果在这里也不会像你们这样丢人现眼;就我所知,人最好在静默中死去。你们都安静下来,勇敢一些吧!"④ 服毒后的苏格拉底依然不

---

① Plato, *Apology*, 29a-b; 41-42.
② Plato, *Phaedo*, 60a. 当时,苏格拉底刚刚走出监狱,被解去脚镣,见朋友到来,夫人号啕大哭,因此对克里托说:"克里托,让人把她送回家去吧!(Crito, let somebody take her home)"
③ Ibid., 60b-d. 原话是这样说的:"我的朋友,这真是奇妙,似乎就是人们所说的那种快感吧!这一感觉与其相对的痛感的关系太奇妙了!一个人无法同时体验到这两种感觉;假若他追求其一并且得到的话,他必然也会感受到另一种,这就好像两者会聚在同一头脑中似的。我认为,如果伊索想到这一点的话,他一定会编写一则寓言故事,描述痛感与快感如何彼此相互冲突,上帝又如何希望将它们能够彼此和解;如果上帝无法使其和解,那他会把两者的脑袋捆在一起。因此,只要有人感受到其一,也自然会随之感受到其二。就我个人的情况来看,由于腿上戴上脚镣而先生痛感,解开脚镣后,快感则随之而生。"
④ Ibid., 117d-e.

露声色，眼看全身僵硬就要气绝之时，却意想不到地留下这么一句最后遗言："克里托，我们还欠埃斯库拉皮斯一只公鸡。拜托你付钱还他，可别忘了。"①随之，他便闭上了眼睛，永远地睡着了。

凡是认真阅读过上列三篇对话的读者，一般都会不同程度地感受到一种无形的悲剧性震撼体验（tragic shudder）。这种震撼，不仅来自苏格拉底的不幸结局，来自他绝不苟且偷生的尊严，来自他视死如归的人格力量，来自他为了真理和正义而英勇献身的精神，来自他冷静平和而且不失幽默的理智态度，而且来自他在无言沉默之中笑傲一切悲剧的超人意志……如果说，悲剧就是把美好的东西毁灭给人看，那么，上列三篇对话实可谓不是悲剧（艺术样态）的悲剧（内容实质），是哲学化、理智化但又不乏诗意化的悲剧表现形式，或者说，是柏拉图本人所倡导的最佳悲剧形式。因为，哲学家苏格拉底这位悲剧诗人，从他所拥有的智慧、勇敢、自律、冷静、正义等美德的角度看，都堪称享有"高尚而完美的人生"之典范。此外，他不受非理性恐惧与怜悯的干扰，也不为失控的悲恸所动，自始至终都超越了"从容就义难"的关口，在没有英烈的悲情或任何豪言壮语中，平静而欣然地饮鸩而亡。生死离别之际如此潇洒自若，不仅完全符合柏拉图所标举的那种高等悲剧所应刻画的理想人物，而且由此所展示的行为举止与道德情操，也为理想城邦的公民树立了习仿的范型。

事实上，柏拉图所创构的这一悲剧形式，与阿提卡悲剧形式均有一种共同的属性，那就是英雄意识。这种意识的主旨，是通过英雄（如阿喀琉斯）的非凡业绩或英雄式人物（如苏格拉底）的道德行为，来为人类树立杰出的楷模，来激发人类的内在潜力，来联结人与神的亲缘关系，来鼓励人之为人在于成神的理想追求。这种意识的作用，会反映在不同的悲剧表现形式中。事实上，"在希腊悲剧诞生及其消失之前短暂的繁荣年代，它经常以英雄传说为素材来表现人类处境的某些方面，譬如处在要做抉择的十字路口，同他的行为后果进行斗争等等。不过，尽管希腊悲剧从英雄传说中汲取养分，但与英雄崇拜和英雄神话并不在同一个层次上，因为希腊悲剧根据自身的需要对

---

① Plato, *Phaedo*, 118e. 在古希腊传统习俗中，公鸡通常是献给神庙的祭品，用以祈求睡在神庙中的病患者得以康复，故此人们迷信公鸡作为祭品具有祛病之能。苏格拉底在此所言"公鸡"，其隐喻之意或许表示死亡乃是治愈人生病患的疗法。

英雄传统进行了改造。希腊人在这个时期提出了有关人类本身的问题：人在其命运面前的位置；人对其行为的责任（这些行为的起源与后果都是他们不能控制的）；人在选择中包含的各种价值的矛盾性，但人又必须做出选择"①。到了柏拉图那里，苏格拉底成为他心目中难以磨灭的悲剧英雄。若与希腊悲剧中的众多英雄相比，这一历史人物的高尚言行更是具体的，而非模糊的；更是现实的作为，而非神赐的恩典；更是智勇兼备的美德，而非巧言令色的伪善。苏格拉底之死，无疑是悲剧性的；这位知行合一、从容就义的英烈，堪称希腊版"杀身成仁"的典范，为后世殉道士或革命者树立了光辉的样板。

接下来，我们将从悲剧问题转入讨论喜剧。与其早先对待悲剧的方式相比，柏拉图对于喜剧的态度似乎要和缓许多。首先，他本人虽然对吵吵嚷嚷的"搞笑"表示反感②，但他知道喜剧本身就是表现"滑稽笑话的"，这是喜剧艺术的特征所在，只不过要设定理性控制的底线，不可在剧场里放任自流，以免感染观众的品性或习惯。③ 其次，他发现喜剧在伦理美学方面具有可观的教育价值。这主要是基于柏拉图本人所持的一种特殊审视方式，即："如果人们对滑稽可笑的事物（gelota）一无所知，那么也就无法认识严肃认真的东西（spoudata）；就彼此对立的范畴来讲，仅知其一而不知其二是行不通的。"④ 这就是说，假如人们对滑稽可笑的事情具有深刻的认识，那么，他们自然就会更加欣赏严肃认真的东西，同时也会避免幼稚可笑的言行，使自己变得更加成熟和稳健。"正是出于这一原因，我们应当认识滑稽可笑的事物，其目的就是要避免因为无知而在不适当的场合做出荒唐的举动，说出可笑的言论。"⑤ 相应地，人们就会克服那种否定性的"反差"或"乖讹"（incongruity），即介于自以为是和实际情况之间的反差，以免沦为供人调侃取乐的笑柄。在柏拉图看来，一个人之所以滑稽可笑，就是因为对这种反差毫无意识的结果。譬如，他以为自己智慧非凡，但实际上并非如此，甚至是愚蠢至极；或者说，他想象自己比实际形象漂亮，比实际身材要高，比实际体质健壮，比实际行

---

① ［法］维尔南：《希腊人的神话和思想》，第378—380页。
② Plato, *Republic*, 388e.
③ Ibid., 606c.
④ Plato, *Laws*, 816d-e.
⑤ Ibid., 816e.

为道德，并且因此而生活在虚幻的想象中，抑或自命不凡，抑或自欺欺人，抑或盛气凌人……结果成为旁观者的嘲笑对象。① 苏格拉底所擅长的反讽（irony）修辞手段与论辩方式，应该说是富含喜剧因素与效果的。再者，柏拉图深知喜剧在雅典民主生活中所扮演的重要角色，知道诗人与歌队会在剧中表达民众之声，会对城邦的重大政治问题提出批评和建议。因此，他认为喜剧诗人非同一般，他们不仅要在诗艺与音乐上出类拔萃，而且要年过半百，富有政治生活的经验与观察分析能力，同时还要具备优良的品行和受人尊敬的功勋。② 实际上，举凡阅读柏拉图对话的读者，只要细心品鉴文本中的戏剧性手法，尤其是苏格拉底式的冷嘲热讽与幽默诘难，就会发现柏拉图从喜剧艺术中学到了不少东西，并且巧妙地将其运用到他的对话艺术中去了。

当然，柏拉图并未因此而放过喜剧存在的问题。首先，他认为喜剧经常为了追求诙谐与滑稽的效果，在逗人发笑的同时会诱导一些观众去摹仿相关的动作，从而滋生扮演小丑的冲动。这是一种不良的冲动，应当加以消除而非强化。因为，"我们若以摹仿他人取乐，必然也会使自己出洋相"③。其次，喜剧会着意表现笑话，而有些笑话是低级庸俗的，对青少年的教育是有害的。"这些笑话是耻于启齿的，但却令人开怀大笑，乐不可支，从而使人对其卑劣庸俗的属性毫不在乎。这显然是不理智的。在人性中隐藏着一种喜好取乐的因素。这一因素由于人们害怕自己沦为滑稽可笑的小丑而一度为理性所制约。但是，在观看低劣的喜剧时，这一因素会借机释放出来。在剧院里，这一倾向于开心取乐的因素容易得到刺激和强化，结果习惯成自然，使人在不知不觉中于私下扮演起喜剧作者的角色。"④ 不消说，柏拉图是极力反对喜剧利用卑劣笑料来迎合观众的取乐心理的。他的上述批判，也主要是针对低级趣味的庸俗喜剧形式而发的。所谓"私下扮演喜剧作者的角色"，纯属贬抑而非赞辞，其实际内涵是指为了博人一笑而插科打诨或者作怪样、出洋相之类的言行举止。

鉴于喜剧的教育意义及其存在的问题，柏拉图从公民教育的立场出发，

---

① Plato, *Laws*, 816e.
② Ibid., 829c-d.
③ Plato, *Republic*, 606b.
④ Ibid., 606c-d.

后来在《法礼篇》中提出相应的规约。譬如，

（1）担任喜剧表演的演员只能是奴隶或外国佣工，决不允许自由民参与。

（2）男女自由民决不允许摹仿喜剧的演员及其滑稽动作。

（3）喜剧表演务必具有某种新颖性，具有某种启示意义。①

（4）任何喜剧作者不得以语言或滑稽动作来取笑本国的公民。否则，可将其驱赶出城邦或责罚以重金。

（5）允许写作和表演喜剧的人，可以互相取笑，但不可过分，不可当真或者激怒对方。

（6）有关规定，应有专管青少年教育的负责人确立。凡审查通过的喜剧作品，作者本人可以组织公演；否则，作者不仅不能参与演出，而且也不允许奴隶或自由人进行排练。②

需要指出的是，在柏拉图所生活的公元前5—前4世纪，古希腊雅典文化时期的悲剧和喜剧形式，主要是由不同序列的独白、对话、歌队、歌曲和各式舞蹈组成。所有的台词与歌词都讲究押韵或格律，但音步结构（metrical structure）存在一定变化，如常见的抑扬格和扬抑格等二音步结构，抑抑扬格或扬抑扬格等三音步结构，抑抑扬扬格或扬抑抑扬格等四音步结构。在具体表演中，一般采用三种方式：一是没有音乐伴奏的朗诵，二是有音乐伴奏的朗诵，三是歌唱。据此，也可以笼统地将其分为朗诵和演唱两大部分。朗诵部分通常采用几种构成诗行的音步（stichic metres），其中包括抑抑扬格六音步（dactylic hexametre）、抑扬格三音步（iambic trimetre）和扬抑格四音步（trochaic tetrametre）。而演唱部分则一般采用构成诗节的音步（strophic metres），每个诗节通常由两三段（periods）组成，第一段采用六音步或抑扬格三音步；第二、三段采用抑抑扬格或抑扬格科伦音步（dactylic or iambic colon）。所谓科伦音步，是由不超过12音节（syllables）的押韵短语构成。音

---

① Plato, *Republic*, 606c d.
② Ibid., 935e-936a.

乐伴奏多用风笛。悲剧与喜剧在"艺术性装饰语言"或表现方式上的主要差别在于音步结构。也就是说，喜剧的音步或节拍比较简短，为了增强喜剧效果，更多地运用了将12音节（或科伦音步）压缩后所形成的进行曲式的、节奏明快的抑抑扬格四音步（catalectic anapaestic tetrametre）。① 所有这些技巧性的东西，都无一例外地属于亚里士多德所谓的"语言装饰"范畴，但其艺术表现力则是伴随着富有音乐感的节奏、韵律和气氛展示出来的。现如今，古希腊音乐的失传与诗性语言的隔膜，现代人要想全面知解和体验古希腊诗乐的艺术特性，其难度是不言而喻的。

综上所述，古希腊诗歌的历史，可以说是从史诗经由抒情诗与颂诗发展到悲剧和喜剧的历史。所谓叙事型、戏剧型与兼有叙事和戏剧因素的混融型三类诗歌，主要是从艺术表述方式而言的。另外，有的学者在分类时，将史诗归于父权制社会（patriarchal society），将抒情诗归于贵族制社会（aristocratic society），将戏剧归于民主制社会（democratic society），② 这意味着在解读和欣赏古希腊诗歌时，也需要从社会历史形态的角度予以探究。但无论怎么划分，古希腊诗歌中的优秀作品一直都是古希腊人生活中不可或缺的精神养料，而雅典的悲剧与喜剧对于雅典公民来讲，还是调剂精神、情感、心理乃至思维方式的重要手段。最后，若要以最简练的语言来概括古希腊诗歌的总体成就，我倾向于采用更为直观和象征的方式，在这方面，耶格尔的这一形容颇有心得，即：古希腊"史诗与悲剧如同两条巍峨宏大的山脉，连接其间的是绵延不断的山麓小丘"③。事实上，亚里士多德的《诗学》，主要论述和比较的是史诗与悲剧，这在一定意义上也说明上列比喻的合理性。但要看到，连接这两条山脉的不是别的东西，而是相对短小精巧的抒情诗与颂歌等。这便自然形成一种以小衬大的情境，同时也象征一种一脉相承的关系。这里所说的"一脉"，当然不是指物理意义上同一山体的余脉，而是指贯通希腊诗歌传统的文脉。这样，我们在"山麓小丘"上游寻览探寻时，可随机仰观那两条"巍峨宏大的山脉"；在攀登上那两条"山脉"之巅时，可尽兴俯瞰那些蜿蜒不断的"小丘"。如此一来，我们会在相互比照中，欣赏到更为丰富多

---

① M. L. West, *Greek Metre*（Oxford：Clearance Press, 1996）, pp. 77-78.
② George Howe & G. A. Harrer（eds.）, *Greek Literature in Translation*（New York：Harper Brothers, 1948）.
③ Werner Jaeger, *Paideia：The Ideals of Greek Culture*, Vol. 1, p. 241.

彩的景致。

五 雅典剧场文化的成因

如上所述，古希腊戏剧是古希腊艺术的典范，特别是古雅典人引以为豪的成就。但要看到，对于现代人来讲，现存的古希腊剧作是不易理解和欣赏的，这不仅涉及其内容与形式，而且涉及其历史条件与情境。诚如黑格（A. E. Haigh）所言，现代人要想理解和欣赏古希腊戏剧，就需要了解它们得以创作和演出的氛围与限制，需要了解其组织管理过程中的诸多细节，因为"阿提卡剧场在本质上是一社会公共机构（public institution），由此造就了希腊民族生活中最值得关注的要素之一"，同时也形成了"古雅典人的习惯、感受和鉴赏品位"，等等。①

历史上的雅典城邦所辖地区是阿提卡（Attica），雅典为首府，下设10部落。雅典人亦称阿提卡人，所用语言为阿提卡方言。现如今，每谈及雅典剧场，人们首先想到的是可以容纳近20000观众的狄奥尼索斯剧场，② 规模、作用与影响堪称阿提卡剧场的典型代表。每谈及希腊戏剧，人们首先想到的是埃斯库罗斯、索福克勒斯、欧里庇得斯和阿里斯托芬等诗人，他们的创作数量与艺术水平堪称众多雅典诗人的成功典范；每谈及雅典公民的娱乐生活，人们也会自然而然地想到雅典剧场的戏剧比赛和热情观众，那委实是城邦节庆活动的高潮，是雅典人炫耀自己艺术成就的舞台，同时也是雅典人展示民主政治的橱窗。这一切无疑构成了雅典剧场文化的基本内容与特质。在这种文化的熏陶下，戏剧创作繁荣昌盛，剧场观众络绎不绝，一位诗人名下可列出百余部剧作名录，每位公民可登记入场或申请补助观看演出，这在人类历史上确属空前绝后的文化景观。对此，人们或许会问，形成这一景观的原因何在呢？其原因很多。仅从政治与文化社会学角度看，至少涉及如下五个

---

① A. E. Haigh, *The Attic Theatre* (Oxford: The Clarendon Press, 1952), p. iii.
② 据 A. E. Haigh 所言，位于雅典卫城的狄奥尼索斯剧场可容纳20000观众（A. E. Haigh, *The Attic Theatre*, p. 343）。但据现行的百科资料，此剧场大约可容纳15000—17000观众。据我个人现场考察，该剧场依山坡而建，舞台在下方，座位在上方，除了座位数字之外，站在剧场边座四周也可以观看演出，周边站上几千观众似乎不成问题，估计总体可容纳近20000观众。

方面：

首先是制度化。制度化主要是指雅典城邦对每年一度的节庆活动的规定，对戏剧比赛日程与相关仪式的确立，对组织此类活动的重视，对公民参与剧场活动与观看表演的资助，等等。在三大传统祭祀节庆活动中，莱纳亚节（the Lenaea）比较古老，乡村狄奥尼西亚节（the Rural Dionysia）遍布乡村，城市狄奥尼西亚节（the City Dionysia）规模最大。通常，莱纳亚节的组织直接由城邦首位执政官督导，城市狄奥尼西亚节的组织者是每年任命的9位执政官中的一位资深成员，其专用称呼为 the Eponymous。要知道，组织一届城邦节庆所花的气力，几乎等于准备一场城邦战争所花的气力。相关的财力人力，都务必精打细算，配备齐全。为此，节庆组织者要挑选和任命6位执行副官，专门负责实施三位悲剧诗人和三位喜剧人所需歌队的组织与费用。在节庆期间，狄奥尼索斯剧场备受关注，所有活动都不遗余力，从始至终不得松懈，意在给来自雅典或异邦的观众留下深刻印象。这时，雅典俨然成为一个充满仪式表演的城邦。在戏剧开演之前，各种祭祀活动、宗教仪式以及政治仪式都逐一在剧场上演。因此，这些节庆活动不仅具有政治背景，而且已然成为政治前景，旨在展开一场"对全希腊的教育活动"（an education for all Hellas）。① 为此，城邦每年还设立了"剧场基金"（the Theatric Fund），意在接济或补贴那些手头拮据的公民，让他们买票到剧场观看和参与相关的节庆活动，由此进一步扩大了观众的参与度。

其二是参与度。柏拉图曾言，许多人到剧场看戏，如同许多人聚集到一起开会一样，他们在这种场合大呼小叫，鼓掌哄闹，互助声势，致使从众心理增长。② 若从一方面看，这会形成日后柏拉图所批评的那种"剧场政体"（theatrokratia）③，此政体实属政治腐败或民主政体蜕变的结果。但从另一方面看，这恰恰表明剧场文化的兴盛与观众的热情。在雅典施行民主制度时期，雅典公民参与剧场活动或充当观众，首先等于扮演民主制度下的公民角色，或者说，是在展示雅典民主的特性，是在恪尽城邦公民的义务。实际上，能

---

① Paul Cartledge, "'Deep plays': theatre as process in Greek civic life", P. E. Easterling (ed.), *Greek Tragedy*, pp. 18-19.
② Plato, *Republic*, 492 b-c.
③ Plato, *Laws*, 701b.

够参与节庆活动本身，就意味着参与者享有的公民身份。① 这种身份在当时的雅典或其他城邦，都是参政议政的前提条件，也是经济与文化生活的重要保障。当然，出席城邦议会在重大内容上有别于参与剧场活动。但从参与度比较，公元前400年在同时补贴两者的情况下，出席雅典城邦议会的人数约为公民总数的25%，而观看城市狄奥尼西亚节悲剧表演的人数约占公民总数的50%。另外，城邦议会聚集的"主动参与者"不过10位，而每年城市狄奥尼西亚节的主动参与者不下1200人，这其中包括10个部落的参赛歌队与10个酒神赞歌男童合唱团。② 如此看来，在这个特定场合，观众几乎等于城邦，城邦也几乎等于观众了。

其三是竞争意识。古希腊语词 agonia 意指竞争性，而源自 agonia 的英文词 agony 则表示挣扎或创痛。对古希腊人来说，毁灭性的斗争或你死我活的战争，如同奥林匹克大赛上的各类项目一样，实际上都是一种得失所系的竞争或比赛。基于这一观念，古希腊人对待竞赛的态度，如同他们对待斗鸡（cock-fight）的态度，③ 自然而然地被引入到戏剧比赛之中。在我看来，他们在剧场里观看和参与了四重竞争：舞台上剧中人物之间的竞争，演员与歌队之间的竞争，台前台后参赛诗人的竞争，临场观众在推选优秀剧目时的竞争。他们习惯于参与竞争，习惯于从中甄别胜负的能力与机缘，同时也习惯于从中得到自己的乐趣，此乃希腊方式（the Greek way）的一大特点。究其本质，在这种多重竞争的背后，潜藏着一种追求和体验荣誉的渴望。在古希腊人心目中，荣誉是一种内在价值的外在表象。此价值的根源不是别的，而是具有追求杰出、卓越或拔萃意味（significance of excellence）的德行观念（aretē）。德行作为古希腊文化的核心理想，不仅体现在体力与心智上，而且体现在道德与行动中。而竞争与荣誉，无疑与这些方面具有连带关系。

其四是城邦生活。城邦民主生活方式无疑是希腊方式的重要组成部分，其中涉及宗教、政治、经济、社会与文化等诸多要素，观看戏剧表演在很大程度上就关系到这些方面。首先，戏剧表演开幕前的宗教仪式与政治仪式，

---

① Simon Goldhill, "The audience of Athenian tragedy", in P. E. Easterling (ed.), *Greek Tragedy*, pp. 54-55.
② Paul Cartledge, "'Deep plays': theatre as process in Greek civic life", in P. E. Easterling (ed.), *Greek Tragedy*, p. 17.
③ Ibid., pp. 11-13.

譬如酒神狄奥尼索斯雕像的出场与入庙，参赛诗人与公众见面和宣布戏剧内容主题，用公牛牺牲祭祀酒神；出身高贵的女童手捧金篮献祭，列队进行祈祷，敬献相关祭品；军政要人祭酒，举行庆祝欢宴，宣布新公民名单，表彰城邦英雄，奖励杰出公民，展示各地贡品，祭奠城邦烈士，等等。[1] 所有这些仪式化的表演，都与城邦的宗教信仰与政治习俗密切相关。随后，在演出过程中，相关的作品会反映公民的生活情境、城邦的社会问题、个体的道德伦理，甚至还会利用舞台来演练公民行使权利的方式、对待奴隶的适当策略、处理民事的法律程序、判别正误的不同角度、揭露和讽刺现实政治与生活中诸多现象及其人物，等等。这一切已然成为城邦民主生活的重要内容，同时也是公民教育活动的组成部分。因为，代表雅典戏剧艺术的悲剧，"不仅是一种艺术形式，还是一种社会建制。这种建制是城邦通过各种悲剧中形成各种竞争、与其政治和法制建制相平行地建立起来的。城邦在祖名相同的执政官的权威督导下，按照同一城邦内公民大会或法庭采用的制度规范，建立起一种面向所有公民的公开表演，其导演、演员与裁判都由希腊不同部落具备资格的代表来担任。这样，城邦就把自己变成了剧院，在某种意义上，它的主题成了它自身，在公众面前它已将自己戏剧化了"[2]。

其五是教育场所。戏剧表演具有多重效应，其中包括教育功能。节庆期间的剧场，如同雅典的集市广场（agora），在广义上已成为教育场所，即教育雅典公民的场所。其实在当时，"雅典的大部分公民并非接受过多少正规的学校教育，他们在童年时期也只是学到一些识字、算数与音乐欣赏的基本知识而已。对于一般的公民来讲，悲剧表演剧场是他们通过群众集会和公开论辩如何学会积极参与自治的重要部分"[3]。尤其是戏剧里的人物与歌队，在重大问题上总要展开问答与辩驳，这样自然会吸引观众参与评判，从而有助于提高自己的识别能力与行使公民权利的能力。有鉴于此，公民观看戏剧如果说是展示其公民身份与公民素养的话，那么，"雅典悲剧能够激发、质疑和探

---

[1] Simon Goldhill, "The audience of Athenian tragedy", in P. E. Easterling (ed.), *Greek Tragedy*, pp. 55-56.
[2] Jean-Pierre Vernant & Pierre Vidal-Naquet, *Myth and Tragedy in Ancient Greece* (Trans. J. Lloyd, New York: Zone Books, 1988), pp. 32-33. 转引自［瑞典］奈丁格尔：《柏拉图对雅典悲剧的运用和批评》，见张文涛选编：《戏剧诗人柏拉图》，华东师范大学出版社2007年版，第401—402页。
[3] Paul Cartledge, "'Deep plays': theatre as process in Greek civic life", in P. E. Easterling (ed.), *Greek Tragedy*, p. 19.

讨公民意识与城邦意识这一事实，正好证明雅典民主制度所具有的非凡力量与开放性"[1]。因为，悲剧诗人以其特有的敏感性和洞察力，对生命的意义、人生的真谛、命运的无常、社会的问题与道德的准则等领域，皆有深入而广泛的理解与认识，这一切都会自然而然地表现在剧作及其演出中。当然，悲剧的艺术感染力与娱乐性，也是雅典公民接受审美教育以及道德教育的重要环节。悲剧借助神话传奇，以象征的手法对世间百态及不幸遭遇的揭示与再现，譬如描写命运多舛的《俄狄浦斯王》，表现家族冲突的《安提戈涅》，赞美舍己为人的《普罗米修斯》，凸显傲慢性格的《阿伽门农》，反映情仇杀戮的《美狄亚》，等等，所传达给观众的不只是动人的情节故事，更是深刻的人生哲理。这一切尽管是通过舞台表演呈现出来，但却具有令人惊心动魄的直接魅力，同时还具有跨越时空的普遍意味。因此，经过百余年的传播，雅典悲剧在公元前300年前后，已经遍布全希腊各个城邦，其突出地位随后在古希腊—罗马历史上雄霸了600余载。据此，我们可以肯定地说，在雅典城邦的黄金时期，从受众面、影响力、艺术性以及历史地位来看，这一时期的最高艺术成就不是雕刻、绘画、颂诗或黑红陶瓶，而是戏剧，尤其是悲剧，尽管雕刻也被视为艺术史上不可企及的范本。

然而，月盈则亏，水满则溢。曾几何时，繁荣的雅典剧场文化，如同强胜的雅典帝国一样，均未逃脱"盛极而衰"的历史宿命。最终，雅典帝国崩塌，在政治军事上沦为二流城邦；雅典剧场文化蜕变，在吵吵闹闹中酿成"剧场政体"。但这一切并不遮蔽雅典曾有的辉煌，也不折损雅典戏剧自身的成就，自然也不会埋没这份留给世人的伟大艺术遗产了。

六 "剧场政体"的乱象

从蜕变的雅典剧场文化中所滋生的"剧场政体"，不仅是一个文化艺术问题，而且是一个城邦政治问题，均涉及一个逐步演变的历史过程。那么，柏拉图是如何看待这一历史过程的呢？又是如何描述这种"剧场政体"的呢？在《法礼篇》第三卷里，柏拉图对此进行了批评反思。他从该时期的诗乐艺

---

[1] Simon Goldhill, "The audience of Athenian tragedy", P. E. Easterling (ed.), *Greek Tragedy*, p. 67.

术流变入手，继而描述了城邦生活逐步失控的过程，最后揭露了"剧场政体"的种种乱象与弊端。如他所述：

> 如果追溯生活中过分自由（eleutherou lian）的发展根源或开端（archēs），那就要从关于诗乐的法律（nomois peri tēn mousikēn）谈起，这里所说的诗乐是指从前的诗乐。从前，在我们雅典人中间，诗乐分为若干种类和风格，一种是对神的祷祝，叫做颂歌（hymnos）；另一种与此对立，叫做哀歌（thrēnous）；此外一种叫做阿波罗颂歌或派安赞歌（Paiōnes）；还有一种是庆祝狄奥尼索斯诞生的颂歌，叫做酒神颂歌（Dithyrambos）；从前还有另外一种歌，叫做牧歌（nomous），配上里拉琴的调子，也叫做弦歌（kitharōdikous）。这一切都与其他歌调区分得很清楚，不准演奏者把这种诗乐风格与另一种诗乐风格混淆起来。至于作决定的权力，也就是进行裁判和惩处不服从者的那种权力，并非像现在这样用群众的嘶吼、极嘈杂的叫喊或鼓掌叫好等方式表现出来。公众教育的掌管者们坚决要求听众从头至尾屏息静听，男孩们和他们的导师们，乃至一般群众都只能静听，否则就要挨棍棒。这是很好的秩序，听众也乐于服从，从来不敢用叫喊来表示他们的意见。不过，随着时代的推移，诗人们自己却引入庸俗的漫无法纪的革新。他们诚然是些天才，却没有鉴别力，认不出在诗乐中什么才是正当的合法的。于是就像酒神的信徒们一样如醉如癫，听任毫无节制的狂欢支配，不分皂白地把哀歌与颂歌混在一起，把阿波罗颂歌与酒神颂歌混在一起，还在竖琴上摹仿笛音，把一种乐调与另一种乐调杂糅起来，弄得一团糟；他们还狂妄无知地说，诗乐里没有真理，是好是坏，都只能凭听者的快感来判定。他们创造出一些淫靡的作品，又加上一些淫靡的歌词，这样就在群众中养成一种无法无天、胆大妄为的习气，使他们自以为有能力去评判诗乐与歌曲的好坏。这样一来，剧场的听众就由静默变成多言，好品头论足，仿佛他们都有了鉴别诗乐好坏的能力。于是，一种卑劣的剧场政体（theatrokratia tis ponēra）就生长起来，代替了管理诗乐的贵族政体（aristokratias）。如果掌握裁判权的民主政体（dēmokratia）所包括的成员都是些有教养的人，这种习气倒还不至于产生多大害处；但是在诗乐里，就会产生一种

谁都无所不知、漫无法纪的普遍妄想；——自由就接踵而来，人们都自以为知道他们其实并不知道的东西，因此就不再有什么恐惧（aphoboi gar egignonto ōs eidotes）；随着恐惧的消失，无耻也就跟着来了（ē de adeia anaischuntian eneteke）。人们凭一种大胆过分的自由（eleuthepias lian apotetolmēmenēs），鲁莽地拒绝尊重那些比他们高明的人们的意见，这就是卑劣无耻！①

从这段话里我们似乎可以推论出柏拉图的思想逻辑，其中有三点值得注意：其一，"过分自由"源自诗乐法律的败坏。所谓"过分自由"，是指当时雅典人的生活特征；所谓"诗乐法律"，就是"关于诗乐的法律"（nomois peri tēn mousikēn），是指诗乐的曲调旋律或风格特征，柏拉图有意在此使用了既表示法律也表示旋律的双关语 nomois。乍一看来，"过分自由"是城邦政治问题，"诗乐法律"是艺术规则问题，两者似乎没有直接的因果关系。但凡知道雅典民主政体与雅典剧场文化之间特殊关系的人，只要稍加思索，就可看出其中的端倪。"自由"（eleutherou）本是好东西，既可保障人格尊严，又可激发人的创造力，但若"过分"（lian），有悖于"中道"（mesos），那就变成了坏东西。一般说来，"过分自由"（eleutherou lian）不是意味着城邦法律过于松弛，就是意味着民主政体过于腐化，结果导致了城邦生活的失控，公民德行的堕落。究其根由，柏拉图将其归咎于诗乐法律或旋律的混乱与败坏。因为在他看来，将颂歌与哀歌的调式相杂糅，将阿波罗颂歌与酒神颂歌的旋律相混淆，将竖琴与笛子的乐音相同化，就等于破坏了"诗乐的法律"，破坏了诗乐的原有风格及其特定功能，同时也等于混淆了人们的视听，败坏了人们的鉴别力。如此一来，与先前的境况相比，如今的剧场不再那么井然有序了，观众不再那么屏息静听了，评判不再那么有序可循了，取而代之的则是吵闹嘶吼的剧场，鼓掌叫好的观众，随波逐流的评判，一切几乎都无一例外地乱套了。这对于城邦等乎于观众或观众等乎于城邦的雅典来说，还有比这更糟糕的局面吗？如果说先前的诗乐与剧场是有序的，现在的诗乐与剧场是混乱的，那么，柏拉图是否通过诗乐与剧场的蜕变来提醒和告诫人们：先前

---

① Plato, *Laws*, 700a-701b. 另参阅［古希腊］柏拉图：《文艺对话集》，第310—311页。

的民主制度和雅典城邦是有序的，如今的民主制度与雅典城邦是混乱的呢？显然如此。柏拉图之所以要构建"美好城邦"，在一定程度上就是为了比照和匡正雅典社会现存的种种弊端。

也许有人会问，雅典剧场观众的品行到底如何呢？他们在剧场的表现到底达到什么程度呢？现有的研究成果表明，雅典观众非常活跃，表达自己的感受不失时机。在那座狄奥尼索斯剧场，一次能容纳近两万名观众，他们发出的掌声、叫声、吼声、争吵声，等等，足以汇成震耳欲聋、八方回荡的巨响。这从柏拉图的描述中可见一斑。实际上，雅典观众对于自己满意的演员与诗人，会报以热烈的掌声和叫好声；而对于自己不满意的演员或诗人，他们不是嘶叫就是哼哼，或用鞋底敲打前面的石座，会不留情面地将其赶下舞台。偶尔，也有一些愤怒的观众，会把石头扔向舞台。据说，诗人艾斯基尼（Aeschines）曾被嘶叫声赶下舞台，有一次险些被观众扔来的石头砸死。而另一位演技二流的乐师，曾从朋友那里借来一堆石头盖房，许诺自己会用翌年上台表演时"赢得"的石头相还。最可怕的是，如果某一剧作所表现的内容，涉及异教情感或冒犯了雅典人的宗教信仰，那将会招致一场灾难性的骚乱。有一次，埃斯库罗斯试图在自己的悲剧中揭示某些神秘的东西，结果招来观众的攻击，几乎当场丧命，幸好跑得快，躲在狄奥尼索斯神龛后面才逃过此劫。可以说，雅典人对戏剧的热情是没有限度的，是其他任何剧场都无法相比的。诚如一位历史学家所述：他们把公共财政用于节庆活动，他们对舞台的熟悉胜过对军营的熟悉，他们对戏剧诗人的尊敬胜过对将军的尊敬。他们热衷于戏剧比赛的胜利，他们喜欢给获胜者树碑立传。① 不过，在公元前5世纪，雅典人对于艺术、诗乐和戏剧的热情，依然与其品格精神保持协调一致。这一时期不仅是阿提卡戏剧最辉煌的时期，也是雅典政治最强盛的时期。但到了公元前4世纪中叶，诸如此类倾注于各种娱乐的活动，已然演变成一种十足的社会性恶习，消耗掉了他们应有的行军作战能力，结果在伯罗奔尼撒战争中的惨败给斯巴达，把希腊联盟的领导权拱手出让给对方。

其二，无知无畏的诗人滋养出无法无天的观众。"过分自由"导致随意混

---

① A. E. Haigh, *The Attic Theatre*, pp. 343-347.

淆或改动"诗乐的法律",这在一定程度上等于取消了"诗乐的法律",由此便给滥竽充数者以可乘之机,于是便涌现出一些无知无畏的诗人。他们自我膨胀,追名逐利,参赛表演的欲望远远大于实际的创作能力,用一些淫靡之作败坏了公众的趣味,助长了他们"无法无天、胆大妄为的习气"。古希腊人所信奉的格言是"认识你自己"(gnōthi sauton),其目的在于告诫人们应有自知之明和节制之德。举凡像苏格拉底那样自称"我知道自己无知"(ha mē oidaoud'oiomai eidenai)的人,实为有知,等于明智;而那些本来无知但却认为自己有知的人,实属无知,近乎恶习。雅典剧场内的一些观众属于后者。他们胆大妄为,洋相百出——有的不懂装懂,喜好起哄,别人鼓掌就跟着鼓掌,别人叫好就跟着叫好,别人哼哼就跟着哼哼,一句话,别人干什么就跟着干什么;有的自鸣得意,好出风头,别人沉默时他们鼓掌叫好,别人鼓掌时他们不屑一顾,别人哼哼时他却大吹口哨,和着演唱的节拍自得其乐;有的哗众取宠,好走极端,为了满足自己病态的快感,从演出一开始就嘶叫不停,唯一目的就是要把演员赶下舞台;有的甚至自带干粮,无论剧场上演悲剧还是喜剧,他们不看演出,只顾吃喝,饱后犯困,想睡就睡,演出结束后观众退场的嘈杂声也不会把他们从睡梦中惊醒[1]……凡此种种,不一而足,但他们都显得堂而皇之,大言不惭地打着"公民自由"的名号。就是这些人,喜欢在剧场里吵吵闹闹,品头论足,自以为有能力"鉴别诗乐的好坏",结果组成了"卑劣的剧场政体(theatrokratia)","代替了管理诗乐的英才政体(aristokratias)"。

其三,"剧场政体"意味着群氓式民主。按照柏拉图的描述,"剧场政体"事关诗乐的表演、比赛与评判等活动,其发生的根源是"过分自由",其生长的土壤是无知无畏或无法无天的观众,其背后的推手是"无所不知,漫无法纪的普遍妄想",其直接的后果是自以为知(egignonto)与卑劣无耻(ponēra anaischyntia),其习惯的做法是"鲁莽地拒绝尊重那些比他们高明的人的意见(tou beltionos doxan)"。可见,"剧场政体"在其兴起之日,便是"大胆而过分的自由"猖獗之时,这便使剧场失去了应有的秩序,使评判失去了应有的标准,使比赛失去了应有的意义。据相关史料所示,有的参加比赛

---

[1] A. E. Haigh, *The Attic Theatre*, p. 345.

的诗人与演员，会出资雇佣捧场的职业观众或"拉拉队"（employment of the claque）。有一位名叫 Philaporus 的寄生虫，在开始从事演员职业不久，为了急于出名，写信让他的朋友带来一大批支持者，借用他们热烈的掌声来压倒批评一方发出的嘘声。还有一位喜剧诗人，虽然才华平平，但却从著名喜剧诗人米南德（Menader）手里屡屡获奖，这正是雇佣"拉拉队"大力捧场、左右评判所致。①

那么，雅典剧场的观众是否就像柏拉图所描写的那样呢？雅典的戏剧比赛是否经常缺乏公正的评判呢？事实并非如此。在《政治学》（Politika）里，亚里士多德曾把观众分为两类："一类为自由而夙有教化的人们，另一类为工匠、佣工等普通的俚俗听众。竞赛和观摩演奏不但应让第一类听众入场，也应对第二类听众开放，他们正需要息劳解倦。这类听众的灵魂因困于劳作而丧失自然，他们就欢喜倾听偏异的乐调和缓急失常而着色过度的音节。人们凡是趣味相投，但觉兴致洋溢，以为无上快乐；所以，当艺人献技于低级听众之前，就应当允许他们演奏性质较低而合于俚俗的词曲。"② 另外，在《诗学》里，亚里士多德继而指出："有些人把二等的悲剧列入一等。之所以被认为是最好的，是因为观众的弱点所致；诗人被观众的喜恶所左右，为迎合观众的意愿而写作，如此获得的快感并非是真正的悲剧快感。"③ 从以上引述中可以看出如下几点：（1）观众因受教育程度和职业出身不同而被分为雅俗两类。（2）剧场向所有公民开放。（3）俚俗听众的审美偏好影响创作。（4）因观赏趣味相投而感受审美快乐。（5）诗人与演员有意照顾或迎合观众的品位与意愿。（6）评判作品时会受到观众好恶的影响。从语气上看，亚里士多德趋于和缓平实，远不像柏拉图那样激烈刻薄。要知道，瑕不掩瑜，雅典剧场毕竟成就卓著，雅典观众毕竟非同寻常，两者连手孕育了那么多伟大的戏剧诗人和经典作品。对此，黑格的研究结果很值得关注，他认为：

> 就理智水平和识别能力而言，雅典观众或许胜过其他任何聚集在一

---

① A. E. Haigh, *The Attic Theatre*, p. 345.
② ［古希腊］亚里士多德：《政治学》，吴寿彭译，商务印书馆1997年版，VIII 7 1342a 20-28。
③ Aristotle, *Poetics* (*Peri Poiētikēs*), VIII 1453a 7-8, in S. II. Butcher, *Aristotle's Theory of Poetry and Fine Art: With a Critical Text and translation of* The Poetics (London: Macmillan and Co., 1911), pp. 47-49.

起的数量相同的观众。他们思维敏捷，经常得到古人的赞扬，这是受阿提卡气候那种令人精神焕发的影响所致。他们擅长文学艺术，具有独特精微的鉴赏能力，具有清醒而严肃的判断能力，因此会摒弃任何华而不实的表现方式。他们对形式美的魅力感受敏锐，对简洁朴实的风格情有独钟，正因为如此，索福克勒斯才成为最成功的悲剧诗人，一生获得最多的比赛胜利……在舞台上称雄 50 多年。这一令人信服的证据表明：无论怎么说，公元前 5 世纪雅典人的戏剧鉴赏力，总体上要高于一般通俗观众的鉴赏力。①

相形之下，柏拉图为什么要夸大雅典剧场的负面现象呢？为什么要把"剧场政体"与"民主政体"相提并论呢？这其中的部分原因固然与剧场存在的乱象与弊端有关，但其更重要的原因是柏拉图借此来影射雅典民主政体的蜕变，批评雅典公民德行的堕落。剧场的无序状态、观众的无知表现，比赛评判受制于吵吵闹闹的作秀，会使人联想到城邦议会的自由辩论、投票选举、抓阄表决等"民主"做法。在那里，这一切看起来都似乎照章办事，但若有权有势者在背后操纵议题、选举或表决，也像演员或诗人花钱雇佣捧场的职业"拉拉队"那样，议会便与剧场在运作性质上没有什么两样了。此时此际，议会变成了群氓式民主的表演平台，剧场变成了拉拉队主导的娱乐场所。双方只要互换议题予以表决，其结果都是可想而知的：公正被不公正所颠覆，民主被假民主所代替，高明被无知所抛弃，遵纪被违法所蔑视，正因为如此，柏拉图痛斥其为"卑劣无耻！"

所以说，"剧场政体"问题本质上属于城邦政治问题。柏拉图谈论诗乐法律的蜕变，实际上也是在谈论民主政体的蜕变；谈论剧场观众的道德，实际上也是在谈论城邦公民的道德；谈论剧场政体的弊端，实际上也是在谈论城邦政治的弊端。看得出，柏拉图念兹在兹的不是别的，而是城邦的问题，公民的德行及其可能的后果。以下论述可进而证实这一点。

---

① A. E. Haigh, *The Attic Theatre*, pp. 347-348.

七　柏拉图的忧患意识

从对"剧场政体"的描述来看，柏拉图至少担心两件事：一是混淆"诗乐法律"，二是追求"过分自由"，而且在他看来，前者是后者的"发展根源或开端"（archēs）。①

所谓混淆"诗乐法律"，也就是为了标新立异或刺激娱乐，采用一些新花样对诗乐或歌曲的调式、风格进行翻新。这种情况在现代娱乐界司空见惯，在现代人看来也已习以为常，但对生活在古雅典的柏拉图而言则非同寻常。早在《理想国》里，他就指陈了这个问题的危害，认为"让诗乐与体育翻新"，那就等于"违犯了固有的秩序"，会在"不知不觉中败坏"城邦的秩序，会将整个城邦置于莫大的危险之中，因此"应该预先防止。若非城邦根本大法有所变动，诗乐风貌是无论如何也不应改变的"。②

为什么呢？"千里之堤，毁于蚁穴"。柏拉图深谙此理，更清楚从量变到质变的规律。在城邦一般人看来，诗乐歌曲只不过是一种游戏，变变花样也构不成什么危害，但他认为这是一种悄然潜入的"非法行为"（paranomia），它会"一点一点地渗透，悄悄地流入人的性格和习惯，再以逐渐壮大的力量由此流入人与人之间的关系，再由人与人之间的关系肆无忌惮地流向法律和政治制度，最终破坏了公私方面的一切［规定］"。③ 因此，他要求城邦里的"孩子务必参加符合法律精神的游戏"，借此"养成遵守法律的精神"，养成以"守法精神处处支配自己行为的"习惯，从而打下"健康成长"的基础，一旦日后"城邦发生什么变革，他们就会起而恢复固有的秩序"。反之，如果人们从小就参加"不符合法律的游戏"，那他们就会成为"违反法律的孩子"，日后也不可能成为"品行端正的守法公民了"。④

对于这一点，柏拉图在《法礼篇》里强调过不止一次。譬如，除了在抨击"剧场政体"的乱象之前，在谈到"舞蹈和其他诗乐形式"（orchēseis kai

---

① Plato, *Laws*, 700a.
② Plato, *Republic*, 624b-c. 另参阅［古希腊］柏拉图：《理想国》，郭斌和、张竹明译。
③ Ibid., 424d-e.
④ Ibid., 424e-425a.

peri tēn allēn mousikēn)时，他严厉批评了那种"道德败坏"（ponōra）的表演，"追新猎奇"（kaina）的疯狂与"无序无法的品位"（ataktōn hēdonōn），并一再推举古埃及维护趣味和法则持久稳定的传统做法。① 因为，他所担心的那些翻新与违法现象，都是追求"过分自由"的开始和结果，这一切均与公民德行有关，与守法意识有关，同时也与城邦安危有关。由此可见，柏拉图心目中的艺术总是包含着政治，而他心目中的政治也总是包含着艺术。

因此之故，当柏拉图的代言人（雅典人）讲述了"剧场政体"之后，随即又描述了"自由"的其他表现形态，接着以自问自答的形式道破了这番言说的目的，即：为了城邦立法，为了阐明"自由"（eleutheran）、"理智"（noun）和"团结友爱"（philē eautē）三要素的重要意义。② 其实，这三个要素先前已经提及，只不过用词稍有不同，即以 emprona 和 phronēsis 表示"智慧"，用 philian 表示"团结友爱"。③

柏拉图深知，"自由"是民主制度的允诺，也是民主制度的保障。但是，"过分自由"则会导致混乱，影响团结，摒弃智慧，败坏德行，最终伤及国本。"剧场政体"生成的过程，也是"自由"泛滥的过程。上述那些无知无畏的诗人，无法无天的观众，吵闹无序的剧场，排斥贤达的心态，卑劣无耻的鲁莽行为，等等，便是"过分自由"带来的恶果。故此，柏拉图对于"过分自由"问题十分关注，深感担忧，他在抨击了"剧场政体"的乱象与弊端之后，随即指出"过分自由"的下述症候：

> 这种自由将会表现为其他形态。人们起先不想服从权威人士；随后就拒绝听从父母和长辈的告诫；在下一阶段，他们就试图无视法律的权威；在最后阶段，他们就不再尊重誓言、承诺和神明。他们显示出古代故事中提坦巨神的本性或性格（Titanikēn physin），幸亏他们也像众巨神那样归宿相同，都过着苦难无边的可怕生活。④

---

① Plato, *Laws*, 656-657; 659-660.
② Ibid., 701d.
③ Ibid., 693b.
④ Ibid., 701b-d.

在这里,"过分自由"已经蔓延和危及到家庭、法律、道德与宗教等领域。看得出,因"过分自由"而无限膨胀的人,已经无所顾忌,妄自尊大,不仅藐视贤达、父母与长辈,而且藐视法律、誓言、承诺与神明了。结果,他们就像提坦巨神那样受到了惩罚,"过着苦难无边的可怕生活",实可谓天不藏奸,更不佑恶的佐证。柏拉图的这一描述,其口吻既像是庆幸,也像是诅咒,但其用意则无疑是批评与告诫。当然,隐含在字里行间的则是深沉的家国情怀或忧患意识。

柏拉图对"过分自由"的批评与担忧,由来已久。早在《理想国》里,在论及民主政体的蜕变与后果时,他就俨然抨击过类似现象。时隔多年,他在行将辞世的最后日子里,再次集中而深入地揭示了"过分自由"在社会、道德与精神方面的危害性。说到底,他担心雅典的政治体制会把"诸多事情"推向极端,这其中就包括"自由"问题。要知道,柏拉图并不反对"自由"本身,而是反对"过分自由"(eleutherias lian),赞同"适度自由"(eleutherias metriotēta)。因为,在柏拉图看来,"过分自由"会引发"无政府状态"(anarchian)。而"无政府状态"这种"花哨的管理形式",正是民主制度的特征之一,它"以轻薄浮躁的态度践踏所有理想","会不加区别地把一种平等给予一切人,却不管他们是不是平等者"。① 不仅如此,"无政府状态"往往得寸进尺,"不顾一切地过分追求自由",结果"破坏了民主社会的基础,导致了集权政治的需要","成为僭主政治之所以发生的一个健壮有力的好根"。②

更有甚者,"过分自由"与"无政府状态"还会导致公民德行的堕落,毁掉年轻的一代,使其变得游手好闲,懒惰玩忽,没有节制,反以为自己快乐幸福、自由自在、特立独行。到头来,他们心灵中不但没有理想,没有学问,没有事业心,还会把自制、行己有耻、适可而止等美德除空扫净。"当他们在一个灿烂辉煌的花冠游行队伍中走在前头,率领着傲慢、放纵、奢侈、无耻行进时,他们赞不绝口,称傲慢为有礼,放纵为自由,奢侈为慷慨,无耻为勇敢……就是这样蜕化变质为肆无忌惮的小人,沉迷于不必要的无益欲

---

① Plato, *Republic*, 558b-c. 另参阅〔古希腊〕柏拉图:《理想国》,郭斌和、张竹明译。
② Ibid., 562c-563e.

望之中。"①

此外，在一个从自由走向极端的民主城邦，一些坏分子可能趁机而入，当上领导人，他们为了欺骗公众，会投其所好，放任纵容，让其开怀畅饮，烂醉如泥。如果正派的领导人想要稍加约束，整个社会就会指控他们，要求把他们当作寡头分子予以惩办。结果，人事颠倒，角色混乱，当权的不像当权的，老百姓不像老百姓，社会管理一塌糊涂，致使无政府主义泛滥成灾，不仅渗透到家庭生活里面，而且还渗透到动物身上。在家庭里，父亲惧怕儿子，儿子不敬父亲，儿子要与父亲平起平坐，似乎这样他才算是一个自由人。在学校里，教师惧怕学生，学生蔑视教师，年轻人都要充当老资格，喜好分庭抗礼，夸夸其谈。在城邦里，连人畜养的动物也比在其他地方自由许多倍，狗也完全像谚语里所说的那样，"变得像其女主人了"。在大街上，如果你碰上驴马而不让道，这些家伙也习惯于十分自由地到处撞人踢人了。"所有这一切使得这里的公民灵魂变得非常敏感，只要有谁建议要稍加约束，他们就会觉得受不了，就会大发雷霆。最后，他们真的不要任何人管了，连法律也不放在心上，不管成文的还是不成文的。"②

这样的公民，显然不是合格的公民，更不是有德行的公民，而是蛮横无理、恣意妄为的刁民了。这样的官员，显然不是合格的官员，更不是有作为的官员，而是随波逐流、钻营讨巧的昏官了。这样的城邦，显然不是有序的城邦，更不是幸福的城邦，而是法礼弛废、不宜居住的乱邦了。至此地步，民已非民，官已非官，邦已非邦，一盘散沙，天厌敌伐，势必败亡。这正是柏拉图最担心的后果，也是他竭力救赎的动因，同时也是他在《法礼篇》里构想那座"玛格尼西亚城邦"或"次好城邦"时，试图折中民主政体与君主政体的重要理由。

---

① Plato, *Republic*, 560d-561a.
② Ibid., 562b-563e.

第 六 章

从城邦净化说到悲剧净化说

对于古希腊诗哲提出的净化说,人们通常将其与亚里士多德直接联系在一起,甚至将其等同于疏泄怜悯与恐惧之情的悲剧净化说。其实,亚氏所言是受其业师柏拉图的影响,只不过后者的"净化说"更多关注城邦教育与政治问题。

在《法礼篇》第五卷里,柏拉图在描述"次好城邦"的建构之前,先行考虑的是公民的品质及其资格问题,于是提出了"城邦净化"的设想。其实,柏拉图有关"城邦净化"的学说,早在《理想国》里就有相应的论述。总其要旨,此学说的表达方式主要有三种:其一是 diakathairontes…polin①,意指"彻底清洗或彻底净化这座城邦",所针对的是诗乐与文艺在城邦里产生的消极影响或氛围;其二是 kathere ten polin②,意指"净化或清洗这座城邦",所针对的是城邦里存在的政敌与敌对意见;其三是 katharmous poleōs③,意指"城邦净化或清洗",所针对的是城邦社会或公民群体。概而言之,此学说主要涉及三方面的内容:一是净化城邦的诗乐(mousikē),即用审查制度来选用文艺作品,④ 保障施行正确的道德化教育;⑤ 二是净化城邦的政坛与民意(politikois),即用专制方式和政治权术清洗政坛对手,铲除异己,以便实现大权

---

① Plato, *Republic* (trans. Paul Shorey, Loeb Edition), 399e. 另参阅[古希腊]柏拉图:《理想国》,郭斌和、张竹明译。
② Ibid., 567c.
③ Plato, *Laws* (trans. R. G.. Bury, Loeb Edition), 735d. Also see Plato, *The Laws* (trans. Trevor J. Saunders, London: Penguin Books, 1975).
④ 古希腊词 mousike 通常被译为音乐(music),实际上意指诗乐,也代表文学艺术的总称。
⑤ Plato, *Republic*, 399e-401a.

独揽、唯我独尊的政治企图;① 三是净化城邦的公民（polietēs），即用立法程序或规章制度的名义设定标准，试图以优胜劣汰的方式挑选和保留优秀的公民，清除品格有问题的公民。② 在这个问题上，《法礼篇》里的"织网喻"重复了《治国者篇》（Statesman）里的相关说法。以上三种城邦净化学说的最终目的尽管是为了建构"美好城邦"（kallipolis），但其直接目的与具体作用各有侧重，故须借助文艺审查、政治清洗与挑选公民等不同方式予以实现。

研究还发现，"城邦净化"作为一种隐喻，是柏拉图偏好使用的一种修辞手段，其特有的理论意义在一定程度上影响到亚里士多德的相关思考，对后者提出悲剧净化说无疑起到了直接的启示作用。本章通过城邦净化说，试图揭示其对悲剧净化说的相关影响，借以证实这两种学说的因革关系。

一 基于诗乐审查的城邦净化说

在《理想国》第三卷里，柏拉图通过对话中的主角苏格拉底来表述城邦净化的必要性和重要性，在谈论诗乐的曲调与乐器的取舍时这样说：

> 我们在无意之间已经在净化（这个先前所说过的奢侈城邦了，diakathairontespalin hen arti truphan ephamen polin）。那么，就让我们完成这项净化［城邦］的工作吧（kai ta loipa kathairomen）。曲调之后应当考虑节奏。我们不应该追求复杂的和多种多样的节奏，应当考虑什么是有秩序的和勇敢的生活节奏（biou rhythous idein kosmiou te kai andreiou），进而使音步与曲调适合这种生活的文词，而不让这种生活的文词去凑合音步与曲调……美与丑是紧跟着好的节奏与坏的节奏的。与此同时，好的节奏紧跟好的文词，如影随形；坏的节奏紧跟坏的文词，也是如影随形。而好文词、好音调、好风格与好节奏，类乎好的精神状态（eulogia ara kai euarmostia kai eusxmosyne kai eurhythmia euetheia akolouthei），我们借此委婉地使诗乐的风格适合于［表现或孕育］真正善的内心，好的品格与美的智力。相反

---

① Plato, *Republic*, 560e-567c.
② Plato, *Laws*, 735b-736c.

地，坏风格、坏节奏与坏文词，则类乎坏的精神状态（kai he men asxemosyne kai arrhythmia kai anarmostia kakologias kai kakoetheiasadelpha）。①

简要归总起来，柏拉图在此所说的"净化城邦工作"，主要是针对诗乐教育的材料选用问题。他所设定的选用原则，是以有益于心灵（psychē）与精神（ēthos）健康的道德化教育为基准。于是，他先从诗乐的文体入手，限定其"摹仿"的内容，只许其摹仿善美的对象，即"那些勇敢、节制、虔敬、自由的一类人物"，同时严禁其摹仿丑恶的事情或与公民身份不相符合的东西，担心涉世不深的青少年弄假成真，习惯成自然，在连续摹仿丑恶的事物时形成自己的第二天性。② 随之，柏拉图对诗乐的文词或歌词做了规定，要求取缔"哀婉与悲伤的字句"，所唱所说的文词务必是适宜于城邦儿童教育所需要的内容和形式。③ 接着，柏拉图着手"净化"诗乐的曲调，从中删除了伊奥尼亚调、吕底亚调以及混合型吕底亚调，认为这些曲调不是软绵绵的靡靡之音，就是萎靡懒惰的挽歌式调子，故此仅保留多利亚调与弗里其亚调，认为前者可以摹仿战时勇敢的男人，摹仿他们沉着应战、奋不顾身、栉风沐雨、视死如归的英雄精神，而后者则可摹仿和平时期工作的人们，摹仿他们自觉自愿、待人和气、祈祷神明、谦虚谨慎、从善如流的平静心态。这两者一刚一柔、一张一弛，能恰当地摹仿或表现勇敢的气概与节制的美德。④ 再下来，柏拉图依据戴蒙（Damonos）的音乐理论，对构成节奏的几种音步做了些许语焉不详的评述，随即明确提出要选用"好节奏"（eurhythmia），借此摹仿或表现"有秩序和勇敢的生活节奏"，同时要求节奏与音调务必跟随或配合描写这种生活节奏的文词，这似乎表明艺术的形式因素务必服务于艺术的内容。与此同时，柏拉图特意强调了美丑与好坏节奏的形影关系，认为源自"好的精神状态"（euetheia）的"好节奏、好风格、好音调及好文词"，能够激发"好的精神状态"以及孕育"真正善的内心，好的品格与美的智力"。出于强调的目的，柏拉图还特意贬斥了"坏节奏、坏风格、坏音调与坏文词"及其

---

① Plato, *Republic*, 399e-401a.
② Ibid., 395c-d.
③ Ibid., 398d.
④ Ibid., 398e-399c.

与"坏的精神状态"(kakoetheias)或"坏的品格"的连带关系。

说到底,柏拉图深知,上述因素的好坏,取决于诗人的作为。这样,问题就落在诗人以及所有艺术家身上。于是,他以自问自答的方式表达了文艺监督与审查的必要性:

> 我们要不要监督诗人,强迫他们在诗篇里培植良好品格的形象,否则我们宁可不要有什么诗篇?我们要不要同样监督其他艺人,阻止他们不论在绘画或雕刻作品里,还是建筑或任何艺术作品里描绘邪恶、放荡、卑鄙、龌龊的坏精神?哪个艺人若不肯服从,就不让他在我们中间存在下去,否则我们的城邦卫士从小就接触罪恶的形象,耳濡目染,犹如牛羊卧在毒草中咀嚼反刍,近墨者黑,不知不觉之间心灵上便铸成大错了。因此,我们必须寻找一些艺人巨匠,用其大才美德,开辟一条道路,使我们年轻人由此而进,如入健康之乡;眼见耳闻的艺术作品,随处都是;使他们如坐春风如沾化雨,潜移默化,不知不觉之间受到熏陶,从童年时起,就和优美、理智融合为一。①

柏拉图之所以要推行这样的监督与审查方式,并将所有艺术门类包括在内,主要是为了剔除各种"坏精神"与"罪恶形象"的表现形式,保证城邦的儿童接受到"最好的教育"(kallista trapheien)。这种教育的基础,不是别的,而是儿童阶段"至关重要的诗乐训练"(eneka kyriotate en mousike trophē)。② 因为,诗乐可以直入人心,属于以心治心的艺术。一个人幼年时若能接受到好的诗乐教育,那么,好的节奏与好的曲调会侵入其心灵深处,在那里牢牢生根,长大后他会变得温文有礼,心灵会发育得既美且善。因为,他通过善美诗乐的熏陶,会认识其中所表现的"节制、勇敢、大度、高尚等美德以及与此相反的诸邪恶本相",会知道自己该赞赏什么,该厌恶什么,由此养成良好的价值判断能力。不仅如此,"一个具有诗乐文艺教养的人,一方面会在心灵里养育成内在的精神状态之美,而且还会在有形的体态举止上表

---

① Plato, *Republic*, 401b-d.
② Ibid., 401d.

现出一种与之相应和的美。这样一位兼有内善外美的人，才是善于凝神观照的鉴赏家眼里最美的和最可爱的景观（kalliston kai erasmiotaton theama）"。[①]于是，柏拉图呼吁艺术家要承担应有的社会责任与道德责任，要正确运用自己的"大才美德"，通过自己有益而丰富的艺术创作，为年轻人营造一个充满"好的精神状态"、有利于身心茁壮成长的"健康之乡"，使他们在潜移默化中将"优美与理智融合为一"，也就是将审美理想与道德理想有机地融合在一起，以便内化到自己的身心、言行与举止上，从而为自己成为优秀的城邦卫士夯实必要的基础。

那么，本着这一目的，柏拉图又当如何处理古希腊现存的和传统的诗乐作品呢？特别是如何使用一直被古希腊人视为教科书的荷马史诗与赫西俄德的史诗呢？对此，柏拉图宣称，荷马与赫西俄德的史诗尽管是千古绝唱，但不能直接用作教材，不能没有选择地通过家长或学校教师传授给少年儿童，而是需要在实施教育的过程中注意文本的选择和情感表现的尺度。原则上，用作教材的诗乐作品，应当根据教育对象的认知能力适当选择；其中的情感表现，也应遵循道德教育的需要有所取舍。选择文本或教材的基本标准是"适宜"，表现情感的一般尺度是"节制"。前者要求所采用的诗乐作品适合于年轻的城邦卫士所能理解和接受水平，后者要求所表现的情感把握一定的度，不流于放纵泛滥或一味追求过度的感观刺激与快感享乐。

在文本选用问题上，柏拉图坚持认为，好的诗乐教育应有好的开端，而好的开端取决于好的文本或教材。这一方面是因为青少年阶段的心性相对稚嫩、单纯而好奇，摹仿兴致高，最容易受同化；另一方面是因为艺术感染力大，陶情冶性能力强，青少年会由于缺乏辨别能力而受其影响过大，从而会左右其品性人格的定型。那么，青少年既要接受艺术教育，又要排除其消极作用，这一矛盾应当如何解决呢？柏拉图的做法直截了当，那就是从道德理想出发，采用审查制度，选用适合的教材。如他所言：

> 我们首先要审查故事的编者，接受他们编得好的故事，而拒绝那些编得坏的故事。我们鼓励母亲和保姆给孩子们讲那些已经审定的故事，

[①] Plato, *Republic*, 401e-402d.

用这些故事铸造他们的心灵，这比用手去塑造他们的身体还要精心。我们必须抛弃他们现在讲的大多数故事，必须痛加谴责所有丑恶的假故事。①

柏拉图所谓"丑恶的假故事"，纯属一种道德化的夸张说法。我们知道，丑恶与美善对立，假与真彼此相别。但就故事而言，柏氏所言的"丑恶"与"假"，纯属道德评价，而非审美判断，更不是艺术分析。因为，柏拉图力图恪守"神为善因"的道德理想主义假设，极力否定那些"把伟大的神描写得丑恶不堪"的"大多数故事"。为此，他首先否定了赫西俄德的《神谱》，因为该诗把伟大的天神和主神描写得如此疯狂与凶残。② 所施行的这种惨烈的原始"割礼"，即便在今天读来也会让人倒吸一口冷气。这一幕报复性的悲剧，是夫妻反目成仇与母子合谋篡位的结果。③ 类似凶残与诡诈行为的描写不少，譬如，天王惧怕儿女篡位而生吞自己的新生儿女；④ 主神宙斯捆打妻子赫拉，摔打儿子赫菲斯托斯；⑤ 等等。另外，荷马的史诗《伊利亚特》，在许多地方

---

① Plato, *Republic*, 377c-d.
② ［古希腊］赫西俄德：《神谱》，176-189；另参阅 125-202；164-203；453-535。
③ 如赫西俄德在《神谱》中所述："这东西在海上漂流了很长一段时间，忽然一簇白色的浪花从这不朽的肉块周围扩展开去，浪花中诞生了一位少女。起初，她向神圣的库忒拉靠近；尔后，她从那儿来到四面环海的塞浦路斯，成了一位庄重可爱的女神，在她娇美的脚下绿草成茵。由于她是在浪花（'阿佛洛忒'）中诞生的，故此诸神和人类都称她'阿佛洛狄忒'［即'浪花所生的女神'］；由于她到过库忒拉，因此也称'库忒瑞亚'；又因为她出生在波涛滚滚的塞浦路斯，故又称'塞浦洛格尼亚'；又因为她是从男性生殖器产生的，故又名'爱阴茎的'。"（190-203）
④ ［古希腊］赫西俄德：《神谱》，460-494。
⑤ Homer, *The Iliad*, I. 586-594. 按照 Robert Fitzgerald 的英译文，这几行诗歌是以赫菲斯托斯在救援母亲赫拉时以自述的方式描写的。他对母亲说："快向父亲求饶吧，否则他会用闪电把我们击成碎片/您知道他只要想干/他就会用强大的霹雳闪电/把我们震得魂飞魄散……亲爱的母亲，不管您遭受多大的委屈/请您强忍勿言/我不忍心看着您被打得皮开肉绽/我最亲爱的母亲啊/我想帮你，可我真是无能为力/要不然反倒会害了我自己/奥林匹亚的主神宙斯难以抗击/有一次我因为与您合伙/被他抓起我的脚脖一下子扔到天上/我被抛向云端，向上呼呼飞了一个整天/直到太阳落山时我才跌落到地面/我被摔得半死不活/是兰姆诺斯的岛民们/将我这位落难的神祇救起。"(Better make up to Father, or he'll start/his thundering and shake our feast to bits. /You know how he can shock us if he cares to/out of our seats with thundering bolts! …Dear Mother, patience, hold your tongue/no matter how upset you are. I would not/see you battered, dearest. It would hurt me, /and yet I could not help you, not a bit. / The Olympian is difficult to oppose. /One other time I took your part he caught me/around one foot and flung me/into the sky from our tremendous terrace. /I soared all day! Just as the sun dropped down/I dropped down, too, on Lemnos —— nearly dead. /The island people nursed a fallen god." (Cf. Homer, *The Iliad*, I. 586 fr. , trans. Robert Fitzgerald, Oxford: Oxford University Press, 1995)

揭示了诸神之间的明争暗斗、阴谋诡计和冤冤相报等征战杀伐之举。特别是在特洛伊战争期间,诸神参与纷争,各显神通,拉帮结派,相互仇杀,惨绝人寰。①

需要指出的是,柏拉图作为诗人哲学家,并非不知诗歌或神话故事的艺术表现特征,也并非不知文艺作品与道德说教的根本差别。从传统神话的角度看,他本人也明白赫西俄德与荷马对诸神的描述,并非都是"丑恶的假故事",诸神的所有作为也并非都那么公正或磊落。所以,他借苏格拉底之口一再暗示:"即使这些故事是真的,我认为也不应该随便讲给天真单纯的年轻人听。这些故事最好闭口不谈。如果非讲不可的话,也只能许可极少数人听,并须秘密宣誓,先行献牲,然后听讲,而且献的牲还不是一头猪,而是一种难以弄到的庞然大物,为了使能听到这种故事的人尽可能的少。"② 这样昂贵的"门票",自然会将大多数听众挡在门外,实际上是一种变相的"封杀",是审查制度的辅助手段。这种做法自然脱离不开柏拉图的道德理想主义的教育观念。他需要的是正面而积极的诱导式教育,而非因袭传统的娱乐型教育;他所推重的是关乎人格塑造的道德教化,而非单纯猎奇的审美享乐。无疑,他最担心的是传统的神话故事,因为这些故事远远超过了青少年的理解水平,随意讲述这些东西会影响他们的道德情操、宗教观念和英雄意识,会给他们的心灵投下难以磨灭的阴影。一句话,这些东西不适合他们的认知能力,不利于他们的道德教育。所以他特别强调:"荷马所描述的诸神之间的战争等等,作为寓言故事来讲也罢,不作为寓言故事来讲也罢,无论如何不该让它们混进我们的城邦里来。因为年轻人分辨不出什么是寓言故事,什么不是寓

---

① Homer, *The Iliad*, xxi. 385-513. 这段一开始所描述的场面既有你死我活的搏斗,也有幸灾乐祸的观望:"听到母亲赫拉的命令,赫菲斯图斯熄灭了自己的天火/把滚滚浪涛赶回蓝色的渠道/既然克散图斯已经被征服/两位神祇也就不再厮打/赫拉怒不可遏,制止了他们/可是,其余的神灵/吵吵闹闹,气冲霄汉/杀声震天,传遍广野/端坐在奥林匹亚王位上的主神宙斯/看到诸神即将展开厮杀/心里窃喜,笑声哈哈。……"("At this Hephaestus quenched his heavenly fire/and back in its blue channels ran the wave/And now that Xanthus had been overcome/the two gods dropped their combat/Hera, Still/Angry, checked them. Heavy and harsh strife/however, came upon the rest, whose hearts/grew stormy on both sides against each other/Now they attacked in uproar. The broad earth/resounded, and great heaven blared around them/and Zeus, who heard from his Olympian seat/laughed in his heart for joy, seeing the gods/about to meet in strife….")

② Plato, *Republic*, 378a.

言故事。先入为主,早年接受的见解总是根深蒂固不容易更改的。因此,我们要特别注意,为了培养美德,儿童们最初听到的应该是最优美最高尚的故事。"①

那么,柏拉图为何费尽心力、非要采用严格的审查制度与道德标准来选用诗乐文本呢?在他本人看来,适宜的诗乐教育文本,不仅关乎故事的一般内容,而且涉及情感的表现程度。我们知道,举凡文艺作品,其感人动人之处,就在于以特有的艺术方式,充分表现了喜怒哀乐等不同情感。古希腊史诗与悲剧,更是无所顾忌地把情感宣泄推向极致,这不仅让剧中的人物失去情感的节制,而且会由此感染观众,使他们也失去情感的节制。在古希腊诗歌里,无论是神,还是人,或者是半神半人,他们似乎从未囿于日后那些人为的道德约束或伦理规范,而是嬉笑怒骂,自我张扬,率性而行,其多棱镜的人格与多样化的情感,都以本真的姿态和自由的面目,淋漓尽致地展现在读者面前。这其中就包括主神宙斯偷情寻欢的勾当②,战神阿瑞斯与爱神胆大妄为的艳遇③,等等。这一切在提倡道德理性的柏拉图看来,不仅有亵渎神灵之嫌,而且有误导读者、毒害心灵之弊,属于"少儿不宜"一类,自然会遭到他的否定与杜绝。

总之,柏拉图所推崇的这种基于文艺审查制度的城邦净化论,从对诗乐文词、曲调、节奏、风格及其所表现的精神状态的具体要求,到对诗人和各

---

① Plato, *Republic*, 378d-e.
② Homer, *The Iliad*, XIV. 294-348. 英译文中有这么几行:and there Zeus, lord of cloud, saw her arrive. / He gazed at her, and as he gazed desire/ veiled his mind like mist, as in those days/when they had first slipped from their parents' eyes/to bed, to mingle by the hour in love. /…Hera. Come, lie down. We two/ must give ourselves to love—making. Desire/ for girl of goddess in so wild a flood/never came over me!…No lust/as sweet as this for you has ever taken me!…No fear/this act will be observed by god or man,/ I shall enshroud us in such golden cloud. /…At this he took his wife in his embrace,/ and under them earth flowered delicate grass/and clover wet with dew;…
③ Homer, *The Odyssey* (trans. Walter Shewring, Oxford University Press, 1995), VIII. 295 ff. "Come, Father Zeus; Come, all you blessed immortals with him; see what has happened here—no matter for laughter nor yet forbearance. Aphrodite had Zeus for father; because I am lame she never ceases to do me outrage and give her love to destructive Ares, since he is handsome and sound-footed and I am a cripple from my birth; yet for that my two parents are to blame, no one else at all, and I wish they had never begotten me. You will see the pair of lovers now as they lie embracing in my bed; the sight of them makes me sick at heart. Yet I doubt their desire to rest there longer, even a moment longer, fond as they are… his wanton daughter, beauty she has, but no sense of shame."

种艺术家的监督、审查、引导与鼓励,再到对文本选用所设定的种种道德化与宗教性标准,其最终目的就是为了保障城邦的年轻人能够接受到正确的或"最好的教育",唯有如此才算呵护了他们的心灵,为他们能够成为合格的卫士与公民奠定了道德、理智、美学乃至政治素养的基础。

二 意欲排除异己的城邦净化说

在《理想国》第八卷里,柏拉图前后比较了五种城邦政体的优劣特征与转换原因:贵族政体、荣誉政体、寡头政体、民主政体与僭主政体。在民主政体走向极端、因过度自由与无政府状态泛滥而转向僭主政体的关键时期,"年轻人精神空虚,缺乏理想、学问与事业心,其心灵堡垒被狂妄的理论和意见占据,其中应有的德行——如行己有耻感、节制能力、适度有序的消费——被除空扫净(kenosantes kai katherantes)"①。此时的年轻人,失去了正确的道德判断能力,目空一切,为所欲为,"当他们在一个灿烂辉煌的花冠游行的队伍中走在前头,率领着傲慢、放纵、奢侈与无耻行进时,他们赞不绝口,称傲慢为有礼、放纵为自由、奢侈为慷慨、无耻为勇敢。……从那些[日常而有益的]必要欲望中培育出来的年轻人,就是这样蜕化变质为肆无忌惮的小人,沉迷于不必要也无益的欲望之中"②。他们抑或游手好闲、懒惰玩忽,抑或随心所欲、寻欢作乐,抑或心血来潮、朝三暮四,抑或自以为是、不计后果。总之,"他们的生活没有秩序,没有节制,但却自以为其生活方式是快乐的,自由的,幸福的,并且要把它进行到底"③。

在这样一个过度民主或极端自由的社会,风气败坏,道德无存,一切恶行与乱象都以民主的名义层出不穷,由此破坏了民主社会的基础,导致了集权政治的需要。因为,"一个民主城邦由于渴望自由,有可能让一些坏分子当上领导人,民众受到他们的欺骗,饮酒无度,烂醉如泥。如果正派的领导人想要稍加约束,不是过分放纵,这个社会就要起来指控他们,将他们叫做寡

---

① Plato, *Republic*, 560e.
② Ibid., 561a。
③ Ibid., 561c-e。

头分子，要求加以惩办"①。于是，一切均遭颠覆，领导者与被领导者、父与子、师与生、老与少、主与仆等关系，都被颠倒或扭曲了，一切都陷入无序混乱之中。"这便形成僭主制度发生的根基，一个健壮有力的根基。"② 从而应了"物极必反"的老话。极端的民主与自由，有可能导致极端的专制与奴役。因为，吵吵嚷嚷的、叽叽喳喳的民主办事方式，有可能让一部分巧言令色的人钻了空子，把持了讲演的话语权力，不让别人开口讲话，结果等于造成更甚的话语强暴与权利专断现象。这时，"人民领袖的所作所为，就是要控制轻信的民众，不可抑制地要使人流血；他诬告别人，使人法庭受审，谋害人命，罪恶地舔尝同胞的血液；或将人流放域外，或判人死刑，或取消债款，或分人土地。最后，这种人或自己被敌人杀掉，或由人变成了豺狼，成为僭主"。③

通常，僭主会遭遇政敌与造反，或被对手整垮而放逐国外，或被人民驱逐或杀掉，或被秘密团体绑架或暗杀。有鉴于此，诚惶诚恐的僭主，一旦声名狼藉，失去民众拥护，就会挖空心思，建立一支卫队来保护自己。在此情况下，他的"净化城邦"（kathere ten polin）④ 计划就会浮出水面。从惯用的手段看，这种"净化"无异于政治"清洗"，其要点如下：

（1）借机挑起战争，好让民众需要一个领袖，使他们在忙于参战或谋生过程中，无暇去造反或推翻当权者。

（2）热衷阴谋诡计，竭力排除异己，把思想自由的人与不愿服从其统治的人，寻机送到敌人手里，达到借刀杀人的目的。

（3）清除政坛盟友，企图独霸一方，将那些帮助他取得政权并与其共掌大权的人，只要他们敢提不同意见，不管他们是否有用，不管他们是敌是友，都一个不留地加以铲除。⑤

---

① Plato, *Republic*, 562d.
② Ibid., 563e.
③ Ibid., 565e-566a.
④ Ibid., 567c.
⑤ Ibid., 566e-567c.

在这里，柏拉图正话反说，将这种政治"清除"方式称之为"美妙的清除"（kalon katharmon）。因为，独裁僭主在玩弄"兔死狗烹"的权力把戏时，看得准，下手狠，会把最勇敢、最有气量、最有智慧的同仁逐一清除，不惜使自己沦为背信弃义的"孤家寡人"。因为，僭主的这种清洗方式，到头来所清除的是好人与干才，所保留的是坏人或庸才。[①] 如此一来，僭主便将城邦里最好的要素全给清除或"净化"了，这对城邦建设与发展而言犹如釜底抽薪，必然会激起民众的反对。然而，民众的反对越是强烈，僭主就越是想要维护自己的地位与权力，于是借机不断扩充自己的卫队，将其视为自己绝对可靠的工具。在高压与恐吓之下，僭主所需要的赞美与支持均来自无德行不正派的人，或者来自一些唯利是图的被雇佣者，因为有德行的正派人士都会无一例外地厌恶独裁的僭主。

值得指出的是，柏拉图以讥讽的语调所描述的这种"美妙的清除"，其手段之阴狠，使人不由联想到封建专制集权下的"清君侧"或政治独裁制度里的"大清洗"。在人类历史上，一些当权者之所以一再重演这类政治惨剧或闹剧，一方面固然是相关制度所导致的结果，另一方面则与权力自身的腐败性和嗜权者的野心膨胀密不可分。如果说前者属于制度的弱点，那么后者则属于人性的弱点。但人性的弱点通常是在制度弱点的侵蚀或放纵下滋生和泛滥的。历史实践与教训经常告诫我们，制度好，可以在很大程度上使不少坏人变好；制度坏，可以在很大意义上使一些好人变坏。所谓"制度好"，一般来说就是社会制度公平公正，监督系统严格有效，行政官员清廉精干，这样会使人遵守公共法则并养成公德意识，甚至还会培养和强化人的良知与自我节制的美德。所谓"制度坏"，一般来说就是社会制度缺乏公平公正，监督系统形同虚设，行政官员贪污腐化，政府或当权者只有颁布法令规章的权力，但却没有真正实施的能力，从而使人不会真正遵纪守法，养成公德意识，反倒会败坏人的基本良知，结果养成唯利是图、损公肥私、阳奉阴违、妄自尊大、不知廉耻等毛病。

柏拉图笔下的民主制度，之所以乱象丛生、黑白颠倒，最终转入僭主制度，这绝非"从大乱走向大治"的结果，也不是"人心思静"的政治权宜之

---

① Plato, *Republic*, 567c.

计，而是民主制度腐败堕落、走向极端的结果，致使少数权谋分子乘机操纵民意，篡夺国家权力，最终使民主为极端的民主所摧毁，自由为过度的自由所奴役，民众为少数的独裁者所控制。这种"极端"与"过度"现象，实际上违背了古代希腊所推崇的"中道"（mesos）思想，落入民主与自由"太多"而管理与制约"太少"的两端，于是让两者均无一例外地沦为有悖于"德行"（aretē）的"恶行"（kakos），这自然会把整个社会推入僭主制度或专制独裁的泥沼。基于这一制度转换的政治生态，我们也许会产生如下联想：在一个像雅典这样的具有民主传统的社会尚且如此，那么，在一个没有民主传统的其他社会将会出现怎样的局面呢？

顺便提及，柏拉图对民主制度腐败现象的反感与批判，在一定程度上是在影射伯罗奔尼撒战争前后的雅典社会乱象。而这一沉痛的历史记忆，促使他本人力图从理论上建构一个"美好城邦"（kallipolis），也就是他后来倾力十年而创设的"理想国"，一座以"哲王"来治理、以"卫士"来辅佐的"理想国"。这一国度所采用的政治制度，是一种信奉"人治"的"最佳政体"，类似于后来所说的"贵族政体"。因此之故，以卡尔·波普尔（Karl Popper）为代表的一些现代学者，根据柏拉图批判雅典民主的某些言论，认为柏拉图鄙视民主制度，抵制"自由思想"，反对"政治变革"，"背叛苏格拉底"，赞赏"斯巴达式的君主政体"，同情"部落制度的陈旧价值"，其治国思想具有"寡头政体的倾向"，其政治计划具有"极权主义特性"，其"社会学诊断"虽然出类拔萃，但其推荐的社会疗法要比试图克服的社会弊病更为糟糕，因此断然将柏拉图视为"极权主义的党派政客"（totalitarian party-politician）和"开放社会"（the open society）的敌人之一。[①] 但若根据历史语境与文本分析来解读，我们会发现柏拉图对待民主制度的相关言论与态度，并非是敌对的或消极的。因为，在《理想国》里，他对民主政体的批评，是针对腐败的民主政体，而非健康的民主政体。另外，当柏拉图到了晚年，他深切体认到自己所构想的"美好城邦"实际上无法建立，于是竭尽余力撰写

[①] Karl Popper, *The Open Society and Its Enemies: The Spell of Plato* (London & New York: Routledge, 2005), pp. 181-184, 208-214.

了《法礼篇》一书，试图从"人治"走向"法治"，从"理想"走向"现实"，从"理论"走向"实践"。由此所构建的"次好城邦"或"克里特城邦"，在政治与社会制度的设计上返回到民主政体，只不过基于原有的理想范式，在民主政体中添加了开明的"君主政体"或"寡头政体"的积极要素。这一变化虽然没有完全抛却自己的政治理想，但却在走向现实的理想中凸显出政治功利主义或实用主义的色彩。

三 旨在挑选公民的城邦净化说

从中年到晚年，从描绘《理想国》到撰写《法礼篇》，柏拉图基于自己对雅典城邦政治生活的观察与三访舒拉古的切身经历，其政治智慧与世态洞识已进明达老道之境，其思路也彰显出一种从理论到实践、从理想到现实的发展态势。但要看到，在其深层意识中，乌托邦蓝图依然挥之不去，每论及城邦政治与社会管理，他都能从自己的思想库存中，信手拈来相关的参照框架、实践策略与施行方法等。相比之下，《理想国》试图创构"第一美好城邦"（the first kallipolis）或"最好城邦"（the best city-state），而《法礼篇》则意在建设"第二美好城邦"（the second kallipolis）或"次好城邦"（the second best city-state）。为此，柏拉图对城邦公民素养的优劣十分重视，提议建立相关规定，用于挑选公民，剔除不良分子，净化城邦结构，为建立"次好城邦"扫清潜在障碍，创造有利条件。

在《法礼篇》第五卷里，柏拉图以喻说的方式指出：

> 任何负责看护一个牧群的人，无论是牧羊人、牧牛人或牧马人，都无一例外地先展开适当的清理、再开始护理这个特定的牧群：他先是清理出羸弱低劣的畜类，将其赶往别的牧群，只留下健壮的原种以便畜养。他知道，如果不加清理的话，就会招致无穷无尽的麻烦来畜养这些久病不治、本性退化和无法繁殖的牲畜。故此，他需要清除牧群中有毛病的牲畜，以免它们传播疾病，影响其他健壮无病的牲畜。这种良莠不分的畜养方式对低等动物来讲不甚要紧，但对于为人立法者来说就至关重要了，以下所言只是举例说明而已。针对这种城邦清理或净化工作（kat-

harmous poleōs），立法者在确定和解释适宜的举措时一定要考虑周全。譬如，可采取几种方式，其中有的温和，有的严厉；如果立法者是一位僭主（tyrannos）的话，他就会以严厉的方式净化城邦，因为最严厉的方式就是最好的方式（osai chalepai t'eisi kai aristai）。但若立法者意在建立没有独裁势力的新社会与新法律，那他就需要实施最为温和的净化措施，他会非常满足于由此取得的有限成就。就像烈性的猛药一样，严厉的净化方式是一件痛苦的事情，涉及结合使用审判与惩戒（dike meta timorias）两种手段的处罚制度，这种处罚制度最终还会采用死刑和流放等手段，借此来清除那些不可救药的、对城邦危害巨大的主犯。而我们则要采取比较温和的净化方式……从理论而非实践的层面上看，我们假定已经招募到公民，并要求其纯净性（katharotes）得到我们的认可。在一个适当时期内，我们通过提供各种机会让他们归附，随后淘汰掉那些糟糕的候选者，我们拒绝接受他们申请进入和成为这个城邦的公民，但却以尽可能好的礼遇来欢迎那些优秀的候选者。①

就上述内容来看，柏拉图借用雅典来客之口，以牧羊人养畜为例，通过分析清理劣等牲畜的必要性，进而说明净化城邦的治人方略。所谓净化城邦，实际上就是剔除公民群体中的不良与不法分子，选用其中优良的成员，此乃城邦管理的要务之一。虽说净化城邦的方式有数种，但柏拉图仅列出其中两种，并且断言城邦的立法者若是"僭主"，也就是具有实施独裁统治的权力与权威，就会采用严厉的净化方式，因为"最严厉的方式就是最好的方式"。该方式主要有赖于"审判与惩戒"等做法，同时也会在极端情况下处以"死刑与流放"等责罚。这显然不是一般意义上的"严厉"，而是实实在在的"严酷"了。

人类文明发展至今，尽管可以接受相对的"严厉"，但却难以容忍这种"严酷"。因此在这里，现代读者也许会认为柏拉图欣赏这种僭主的作为或僭主制度的强权，凭此一点便可将柏拉图推向"开放社会之敌"的行列。但实际情况会是这样吗？非也。我们不可否认，在人类政治实践史上，唯有僭主、

---

① Plato, *Laws*, 735b-736c.

独裁者或极权社会的首脑才会拥有无上的权力或权威，也唯有他们才会断然采取自认为最有效的手段来解决相关的问题。当然，他们的决策如若得当，就会取得可观的效果；如若失误，必将导致莫大的灾难。在这一点上，经过雅典政变与舒拉古历险的柏拉图，无疑再清楚不过了。但他作为一位政治工具论者，并非是从政体或制度角度来论证净化城邦方式的优劣取舍，而更多的是从实际效应的立场来谈论净化城邦方式的预期结果。即便如此，他并没有推崇严厉的做法，而是倡导温和的方式。这种温和的方式甚至胜过原先那种温和的方式。原先的方式是为了解决食品短缺问题而对特权阶层采用的"劫富济贫"策略，即把富人的财物用来救济穷人，然后以"尽可能最友善的方式"将打劫后的富人送往"殖民地"。在采用这一行动时，立法者务必审时度势，不可随意妄为。现如今，柏拉图先是假定城邦尚未建立，但已开始招募公民，于是设定道德标准和验证时间，以便淘汰那些不符合要求的"糟糕候选者"，选用那些符合要求的"优秀候选者"。这种更为温和的净化方式，看起来无可指责，做起来心安理得，但这只是理论假设，而非具体实践。因为，每个现有的或要建的城邦，都希望保留或得到优秀的公民，这就要看谁能以优厚的条件与良好的秩序，吸引住或吸引到这些符合要求的良民了。有鉴于此，我们不能不感叹柏拉图的这一设想，迄今仍会令人反思当今世界久盛不衰的跨国移民现象。

另外，柏拉图所说的"纯净性"（katharotes），在词源上与动词和名词所意指的"净化""净化过程"与"净化作用"（kathairo, kathairetai, katharmos, katharisis），均属同一词根，在语义上都表示要洗涤或协调对象，使其变得纯粹、清净、明亮起来。"纯净性"是"净化"的结果。当然，这种"纯净性"不是绝对的，而是相对的；不是确然的，而是或然的。因为，在柏拉图看来，现实城邦里的公民成分复杂多样，如同汇集在同一湖泊里的水系，有的源于清泉，有的发自山洪，两者混融一体，需要进行净化。为此，一部分需要予以疏泄，一部分需要导入流渠，这样才能在相对意义上使湖水纯净起来。那么，在一汪湖水中，这两个部分到底应当如何区分呢？怎样才能以明断而正确的方式加以治理呢？这必然涉及"合宜的净化"（prosekonta katharmos）问题。而这一问题，无疑是一难题，一个古往今来、古今中外所面临的难题。

这里值得提醒的是，柏拉图在《法礼篇》里所论的城邦净化问题，纯属一种比喻的说法，其真实用意是要挑选公民，建立新的"城邦组织"（politeias），编织牢固的"城邦之网"（plegma）。如他所说：

> 这就像编织一个网或其他织品，不可能用同样的材料来制作经线与纬线，用于经线的材料质量一定要好，要结实且有韧性，要耐捻耐搓，而纬线可以比较柔软，具有适当的柔顺性。由此来看，我们务必对公民做出类似的区别。在各自接受足够和适当的教育考试之后，有的要安排担任城邦里的高级职务，而有的则安排担任低级职务。①

以选材织网来比喻选择公民和构建城邦的社会结构，这是柏拉图的又一新创。可以想象，在柏拉图那个时代，编织或纺织是雅典居民为了满足生活需要的一项重要劳作，也是人们十分熟悉的一种技艺。柏拉图所用的"织网喻"，在经验感知上具有直观的画面感与形象性，这无疑会加强修辞的感染力和论证的说服力。只不过《法礼篇》的喻说显得过于简略，其中所说的"经线"与"纬线"应选的"材料"，虽然暗指两类公民及其相关德行，但语焉不详，故需参照《治国者篇》里的相关描述。

众所周知，无论从作品年代顺序还是从政治哲学上看，《治国者篇》介于《理想国》和《法礼篇》之间，在理论思想上具有承上启下的桥梁作用。仅就"织网喻"而言，柏拉图在《治国者篇》里论述"纯正的治国之才"（phusin alethos politike）时，三番五次地运用了这一喻说来图示治理城邦的基本方略，而且为了凸显该喻说象征的庄严与高贵之义，有时称其为"国王似的编织过程"（basiliken sumplekousa），有时称其为"政治家活动的网络"（sumplaken politikes praxeos），有时称其为可将城邦全体居民"联结一起的织品"（suneche touto to plegamati）。② 当然，这其中最引人注目的部分，在于柏

---

① Plato, *Laws*, 734e-735a.
② Plato, *Statesman* (*Politikos*, trans. Harold N. Fowler, London: William Heinemann, 1925), 287-290, 303-305, 308-311. Also see the translation by A. E. Taylor, in Plato, *The Collected Dialogues* (ed. Edith Hamilton & Huntington Cairns, New Jersey: Princeton University Press, 1989).

拉图借此一语道破了选择公民对管理城邦的必要性和重要性，他说：

> 任何基于混合材料的实用科学（epistemon pragma），为了制造某种产品，哪怕是最不重要的产品，总要特意选择所需的材料，而不会将优质材料与劣质材料混为一体吧？任何一种科学，不管使用什么样的材料，总要尽可能地拒绝劣质材料，使用优质而适当的材料吧？材料或同或异，但必须是上乘材料，这样一来才能保证科学地将其综合起来制造一件产品，将其打造成一种适合特定功能的结构。
>
> 同理，我们所关注的纯正治国之才，不能不加选择地组建一座好人与坏人杂居的城邦吧？显然，它首先需要借助游戏来考验青少年的品性。通过首次考验之后，就需要安排称职的教育家来培养他们学会某种为城邦服务的技能，而且要经常地指导和监督他们的所作所为。这就像是一个编织过程，经常要在其每一个阶段，密切监督那些从事准备材料的官员，要求他们每人务必尽职尽责，做好辅助工作，保证织品所用材料的质量。
>
> 真正的政治家就是用此方式并根据教育法来培养和教育青少年的。他自己拥有指导的能力。他所允许的唯一培养形式，就是要求教育家培养出的学子品格，均适合他完成编织城邦之网这项任务。他要求教育家鼓励青少年参与这类活动而非其他活动。有些学子能够养成勇敢和节制（andreiou kai sophronos）的德行，而有的学子则会养成其他德行倾向，于是会受到邪恶本性的驱使，抑或变得不信神明，抑或变得傲慢粗暴，抑或变得无视公正。对于这类人，国王要么将其逐出城邦，要么将其判处死刑，要么剥夺其最为重要的公民权利，将其流放外邦。①

显然，政治家与教育家结为一种密切的合作关系或共谋关系。他们培养和选择良民的过程，也是淘汰和判处"不法分子"的过程。从道德角度看，那些幸运的"选民"主要分为两类：一类具有勇敢的品质或德行，另一类具

---

① Plato, *Statesman*, 308c-e.

有节制的品质或德行。比较而言，前者会成为杰出的战士，有利于沙场征战、保家卫国；后者会成为严谨的职员，有利于维护和平、处理事务。据"织网喻"所述，这两类公民由于自身的品格特性，分别构成织品中所需的"经线"和"纬线"。

那么，在理想的"城邦之网"中，"经线"与"纬线"品质的具体要求及其组合方式又是怎样的呢？柏拉图对此是如何设定和阐述的呢？概括起来，主要有如下几点：

其一，"经线"品质需要结实而坚韧，如同战士品质需要勇敢而无畏一样；"纬线"品质需要柔软而柔顺，如同职员品质需要节制而平和一样。在一定场合，勇敢的德行代表"紧张与活泼"或"敏捷与速度"，节制的德行代表"温和与沉静"或"缓慢与迟钝"。如果前者不合情理地走向"过度"，那就会变得"粗暴或疯狂"；如果后者不合情理地走向"过度"，那就会变得"懦弱或懒惰"。这两类德行由此导致的秉性，将会相互对立，彼此难容，甚至发生冲突。因为，人们对自己的处境所做出的反应或所采取的行动，总是依据与其秉性相近的程度和关系而定。①

其二，勇敢与节制作为两种德行或品性，各自有其特殊的用场，都是城邦组织或社会结构所需的重要成分。一般说来，举凡节制德行突出的人，总会支持"和平与安宁"，倾向于保持自我和关注自己的事情。他们会依据同样的原则对待自己的同胞，制定对外政策，竭力与外邦和平共处。但他们若在错误的时代迷恋于和平的热情，他们就会持续执行对外和平政策，不仅使自己变得厌战，而且也使年轻人变得厌战。这样，一旦遭遇强敌入侵，他们就无法抵抗，全线溃败，结果失去自由，沦为奴隶。相反，举凡勇敢德行显著的人，总会咄咄逼人，甚至好战成性，将其他城邦拖入战争，组织他们全面进攻强大的敌国。其结果不外乎两种：抑或将他们的国家毁灭，抑或像绥靖派那样，使自己的国家屈服于敌国。

其三，如何解决上列问题呢？那就要实施正确的教育，借此将勇敢和节制这两个彼此相对而互补的德行，予以有机而和谐的综合。这一过程如同编

---

① Plato, *Statesman*, 306b-307d.

织或焊接一样，要将两者科学地结为一体，创造出某种良好而高尚的人格品性。这便是"真正政治家"的使命所在。他如同一个"优秀的立法者"（agathon nomotheten），以"人性联结"辅助"神性联结"的方式，让充满勇气与活力的心灵变得温和起来，成为公正城邦的自愿成员；如果这种心灵拒绝接受这一礼物，它就会堕落为凶蛮的野兽。相应地，要让充满节制的心灵变得真正审慎起来，足以行使自己的公共职责。否则，这种心灵就会因为迂腐而遭到谴责。

其四，何以实现这种结合呢？不用说，坏人与坏人结合或好人与坏人结合，就像劣质经线与劣质纬线结合或优质经线与劣质纬线结合来编织一样，其结果都不好也不长久。按照柏拉图的设想，这需要通过互补型的联姻来促成两种德行的合理融合，需要在挑选彼此的配偶时，依据各自德行的类型来合理匹配，也就是要以相反相成的原则来实现德行互补的目标，即：勇敢类选择节制类，节制类选择勇敢类，从而有机会孕育出德行中和的后代。因此同时，"政治家"要采用公共荣誉等有效手段，鼓励和引导公民在内心深处吸取这两种互补的德行，不要使两者彼此分离或相互冲突。这样一来，他就会编织出一张以刚为经、以柔为纬、"密实光鲜的城邦之网"。[①]

最后，当这位"国王似的编织高手"（basilikes xunuphansios）或"政治家"完成这项任务之后，就等于他从两种不同德行类型中培养出刚柔相济的人格，这样就可以委托他们担任城邦内的各种职务，而他们之间也会相互协作互助。如果条件成熟，他需要选择一位继承者时，他会考虑两种德行兼备的人；如果需要选择几位执政官时，他会考虑既包括节制型也包括勇敢型的人。因为，这两者具有很强的互补性。大体说来，节制型执政官比较审慎、公平，但不够敏锐，也缺乏追求高效率的动力；勇敢型执政官不够审慎、公平，但却不乏大刀阔斧的办事动力。至此，具有勇敢德行的无畏者和具有节制德行的温和者，结合成一种有机统一的品格，这如同结实坚韧的经线与柔和柔顺的纬线，编织出一块最为精美的织品。前者会"凭借相互协作与友爱纽带，将两类德行的生活带入到真正的友爱关系之中"，后者则会"把居住在

[①] Plato, *Statesman*, 308-311a.

城邦里的民众，紧密地联络在坚实的网状结构里面"。此时，"这位国王似的编织高手会继续守护着这张网络，以此造福于这座快乐的城邦"（eudaimoni prosekei gignesthai polei）。"①

很显然，柏拉图对于构建"快乐或幸福城邦"（eudaimoni polei）的梦想，似乎一直保持着积极的乐观主义态度。甚至在其遗作《法礼篇》的结尾，他依然乐观如斯，认为只要选人得当、教育得法、路线正确，建立一座"次好城邦"是完全可能的。如他所言："倘若我们审慎地选择了所需人员，适当地教育了他们（andres akribos eklechthosi, paideuthosi te prosekontos），并在培训之后让他们入住卫城，担任卫士，成为我们从未见过的杰出卫士，那么，我们就会让此前谈论的那一梦想成为现实，就会绘制出一幅理性与头脑合作无间的图画。"② 这里所谓的"梦想"（oneiratos），就是指新构想的"玛格尼西亚城邦"（Magneton polin）；这里所谓的"图画"（eikona），就是指不同德行和阶层的城邦公民彼此合作。在柏拉图心目中，依据这两者便可"拯救整个城邦"（sozein ten polin）。③

这里，我们不禁要问，面对复杂的人性与多变的人格，如何才能编织出那张精美的"城邦之网"呢？如何才能选择和培养出所需的公民品质呢？如何才能构建和保障一座"快乐或幸福的城邦"呢？如何才能使美好的"图画"成为现实的生活呢？的确，人类为了追求理想的社会与幸福的生活，上下求索，不乏梦想。然而，类似的梦想从柏拉图的《理想国》持续到《法礼篇》，随之绵延到奥古斯丁的《上帝之城》（The City of God）与莫尔的《乌托邦》（Utopia），但最终都在纷纷扰扰的现实世界里化为碎片。其实，柏拉图在晚年也深知构建"美好城邦"的难度，他曾这样坦言："无论你用何种方式去组建一个城邦，此事总会遇到麻烦与风险。"④ 这种"麻烦与风险"始终存在，但值得称道的是，柏拉图矢志不改，不断探索，为此付出一生辛劳，奉献给人类两幅图景——《理想国》与《法礼篇》。时至今日，即便地球上

---

① Plato, *Statesman*, 310e-311c.
② Plato, *Laws*, 969b-c.
③ Ibid., 965a.
④ Ibid., 736b.

从未建成理想中的家园，但柏拉图却在人类的心目中竖起两座"美好城邦"：其一是哲人王道的国度，其二是法治善政的社会。此两者不仅为"一边哭啼一边追求"的人类提供了精神上的栖息之地，而且为努力完善社会管理制度的人们提供了诸多的灵感与启示。

四 疏泄怜悯与恐惧的悲剧净化说

古希腊城邦（polis）是国家概念形成的最初样板。从本质与功能上看，城邦可以说是希腊文化古典形态的缩影，要比其他任何事物更能表达古希腊理想。经过历史的发展，结构成熟而完备的雅典城邦，不仅是雅典人政治或社会的生活中心，而且是其理智与精神生活的重要场所。柏拉图对建构"美好城邦"的不懈努力，也显然反映在他的城邦净化学说之中。

迄今，中外学界对柏拉图城邦净化说的专论颇为鲜见，但对亚里士多德悲剧净化说（the tragic katharsis）的阐释却不计其数，其中较有代表性和系统性的论作包括伯内斯（Jacob Bernays）的《亚里士多德戏剧学说两论》（*Zwei Abhandlungen über die Aristotelische Theorie des Drama*, 1857, rep. 1880），布切（S. H. Butcher）的《亚里士多德论诗歌与美术》（*Aristotle's Theory of Poetry and Fine Art*, 1895, rep. 1911），卢卡斯（F. L. Lucas）的《论悲剧：与亚里士多德诗学相关的严肃戏剧》（*Tragedy: Serious Drama in Relation to Aristotle's Poetics*, 1957），埃尔斯（Gerald Else）的《亚里士多德〈诗学〉专论》（*Aristotle's Poetics: The Argument*, 1963）与豪利威尔（Stephen Halliwell）的《亚里士多德诗学》（*Aristotle's Poetics*, 1998）等，至于影响较大的其他论文，更是不胜枚举。

那么，亚里士多德是怎样论述悲剧净化问题的呢？在《诗学》第6章里，他对悲剧做出如下界定：

> 悲剧是对一个严肃、完整、有一定长度的行动的摹仿（estin oun tragodia mimesis praxeos spoudaias kai teleias megethos echouses），使用的是经过艺术性装饰的语言，采纳了构成剧中各部分的几种方式，凭借的是人物的行动形式而非叙述形式，通过怜悯与恐惧（di eleou kai phobon）使

这些情感得到疏泄或净化（perainousa ten ton toiouton pathematon katharsin）。① 所谓"经过艺术性装饰的语言"，是指包含节奏、曲调和唱段的语言；所谓"构成剧中各个部分的几种方式"，是指剧中的某些部分仅使用格律文，而其他部分则借助唱段。②

在《诗学》的其余章节里，亚里士多德对悲剧所摹仿"行动"、所使用的"语言"、所采纳的"方式"、所借助的"形式"等要素，连同构成悲剧的

---

① 对于这一说法，近年来在学界演化为 *katharsis*-clause 问题。这一问题分为两个方面：一是关乎"怜悯与恐惧"这两种情感的出处，亦如本文所述；一是涉及这一从句是否属于"衍文"（a possible interpolation or inserted statement）的争论。就后者言，认为"*katharsis*"不应归入亚氏悲剧界说或不应存于 1449b28 的代表人物包括 M. D. Petruševski（'Παθηματων καθαρσιν ou boen πραγματων συστασιν?'［'Παθηματων'，*Ziva antika*，4（1954），237-244］，A. Freire，*A catarse em Aristóteles*［Catarse］，2nd edn. Braga，1996；1st edn. 1982），Gregory Scott，'Purging the *Poetics*'［'Purging'］，*Oxford Studies in Ancient Philosophy*，25［2003］，233-263），Claude William Veloso，'Aristotle's Poetics without *Katharsis*，Fear or Pity'，*Oxford Studies in Ancient Philosophy*，33［2007］，255-284）。M. D. Petruševski 认为文中的短语 παθηματων καθαρσιν（予以净化的情感）理应矫正为 πραγματων συστασιν（对事件的安排），原因是前五章未曾谈及"予以净化这些情感"，在此处界定最佳悲剧甚显唐突，与整个论证结构不相符合，故属于"错写"而需予以更正，以便使整个论证合乎情理。基于某些相似的原因，Gregory Scott 继而建议将 *katharsis* - clause 要不予以删除，要不用括弧悬疑起来，这样便可使这段有关悲剧的界说在意义上得以贯通。用他的话说，"The exegetical epic of trying to wedge the *katharsis* clause consistently into the Poetics in general and chapter 6 in particular can be brought to its own, proper denouement. The whole clause should be purged—or at least bracketed as spurious—which would not only help purify the definition of tragedy but also clarify Aristotle's aesthetics."（Gregory Scott，'Purging the Poetics'［'Purging'］，*Oxford Studies in Ancient Philosophy*，25［2003］，p. 262.）。Claude William Veloso 所持观点与 Gregory Scott 相类似，也认为 *katharsis* - clause 用意重叠，与语境不符，属于"衍文"，也建议将其删除。用他的话说，"Whoever the author of this gloss may be, we can now at last purify the Poetics and, without fear or pity, read Aristotle's definition of tragedy without 'purification', 'fear', or 'pity'"（Claude William Veloso，'Aristotle's Poetics without Katharsis, Fear or Pity'，*Oxford Studies in Ancient Philosophy*，33［2007］，p. 282）。不过，Claude William Veloso 也意识到《诗学》属于残篇，现存内容并不完整，亚氏在完整的原文里到底如何讲述悲剧的心理效应以及如何界定最佳悲剧，目前尚无文字证明，因此留下活口，不便断然决定。诚如他本人所说："我们不能确定，但我们可以假设。"（"The hypothesis of a first state of the gloss reading πραγματων［or παθηματων］συστασιν, 'arrangement of events', has advantages in that the insertion of *katharsis* becomes more plausible. The Poetics has no room for *katharsis* even in a gloss, unless the interpolator is expressing a personal idea or one heard elsewhere. In this case everything is possible, even reading of manuscript A. But if this interpolator had in mind the idea of a 'tragic catharsis of passions', and if he did not invent it, where could he have possibly found it? And whose invention was it? Needless to say, we cannot be certain, but we can hypothesize." Ibid., p. 281）

② Aristotle，*The Poetics*，VI. 1449 b21-31，in S. H. Butcher，*Aristotle's Theory of Poetry and Fine Art*：*With a Critical Text and Translation of The Poetics*（London. MacMillan, 1911）. 另参阅［古希腊］亚里士多德：《诗学》，第 63 页。

"六个决定性成分",都做过具体的阐述,甚至对于构成"行动"或"情节组合"的严肃性、完整性和适当长度,均结合人物、性格、境遇、试点和地点等因素,提出了相对明确的规定。也就是说,举凡涉及悲剧结构要求与创作技艺的,亚里士多德都有比较详细的说明,但对于悲剧效应产生的过程与结果,对于悲剧如何"通过怜悯与恐惧"而"使这些情感得到疏泄或净化"的问题,他却一笔带过,语焉不详。有趣的是,在《政治学》里,他曾这样说过:"这里所谓的净化(katharsis)到底是何意思,我们现在只能概而言之,随后我们会在诗论里对其加以更为清楚的解释(eroumen saphesteron)。"① 这里提到的"诗论",很可能是指其后撰写的《诗学》。但令人遗憾的是,《诗学》部分内容佚失,让读者无缘看到他对"净化"问题"更为清楚的解释",因此不得不返回到《政治学》里搜寻相关的说法。在这里,亚里士多德论及音乐,按功能将其分为三类:一类音乐适用于教育民众,另一类音乐适用于消遣或审美(因为它可松弛人的神经或给人以美的享受),还有一类音乐可以像药物和疗法一样,对人起到导泻与调理的功用。每个人都难免会受到怜悯、恐惧等情感的影响,其中有些人特别容易产生这些感受。动感强烈的音乐可以引发某些人的宗教狂热,当狂热的情感高潮像急风暴雨般一扫而过后,人们的心情就会趋于平静,就像病人得到治疗和净化一样。有鉴于此,通过心灵与音乐的撞击,无论是受到怜悯、恐惧或其他情感侵扰的人,还是在不同程度上受这些情感影响的人,都会感受到一种轻松和愉快的感觉,都会从具有净化功能的音乐中体验到一种无害的快感。② 值得注意的是,亚里士多德在此使用了原本意指"导泻"的医学术语 katharsis,旨在表示情感的"疏泄"或"净化"效应。另外,他还明确指出,这种伴随净化功能的体验与感受,是一种纵情音乐(orgiastic music)所引发的体验与感受。我们知道,在古希腊,音乐与诗歌和舞蹈三位一体,不可分离,由歌队与演员所表演的悲剧诗更是如此。音乐直入灵府,感染力强,用途颇广,不仅用于战时以鼓舞士气,用于平时以陶情冶性,而且还用于宗教祭祀以培养虔敬之心,用于审美娱乐以调节精神生活。因此,音乐在"悲剧净化"(tragic katharsis)

---

① Aristotle, *Politics*, VIII, 1341 b 39 (Oxford: Oxford University Press, 1950). Also see Aristotle, *Politics* (trans. Benjamin Jowett, New York: Dover Publications, 2000).
② Ibid., 1342 a 5-11.

过程中发挥着重要作用，其程度丝毫不亚于悲剧结构中的另外两大要素——情节与人物。

根据亚里士多德的说法，悲剧是对"行动"的摹仿，情节是对"事件"的安排。不难想象，戏剧舞台上由情节所再现的严肃或庄严、惊人或震撼、苦难遭遇或可怕命运等成分，均会在观众心理上产生某种联想或想象作用，会使他们联想到自己或他人的现实经历，同时也会使他们开始担心剧中人物的处境与结局，这样的恻隐之心与担惊受怕的感受就会引发"怜悯与恐惧"之情。与此同时，悲剧所描写的人物形象（ēthē），按照亚里士多德所设定的要求，务必行为高尚但非纯朴无辜，其苦难遭遇与过度惩罚理应出乎观众的预料。于是，他们不完善的人格与可能的过失，他们与普通人的亲和力和共同性，或者说，他们十足的人性与人情，都会让观众拉近与对方的距离，将对方的不幸视为自己的不幸，由此产生同情或怜悯。而怜悯又伴随着恐惧，两者密不可分。一般说来，设身处地地为剧中人物着想或推己及人的感受方式，必然会导致内在的心理恐惧或烦乱不安，甚至由此担心自己、他人以及人类所面临的类似困境，这便在潜在意义上涉及一种应和关系（correspondence link）。一般来讲，此类关系基于一种经历相似（experience resemblance）或人物相似（character resemblance）现象，不仅会激发，而且还会强化"怜悯与恐惧"等情感。但要看到，悲剧音乐、情节与人物三者能否引发或"净化"这些情感，还需满足至少两个条件，即：悲剧诗人创构情节的艺术技巧和观众欣赏剧情的审美能力。在古代雅典，这两个条件似乎不成问题。要知道，正是悲剧诗人的创造天赋与雅典公民的审美素养，成就了历史上最为辉煌的希腊悲剧艺术。

那么，亚里士多德又是如何阐释"怜悯与恐惧"的呢？在《诗学》第9节与14节里，他分别指出：

> 悲剧不仅摹仿某一完整的行动，而且摹仿令人恐惧和怜悯的事件（epei de oumonon teleias esti ptaxeōs hē mimēsis alla kai phoberōn kai eleeinōn）。当这些事件令人感到震惊时，就更能产生那种［令人恐惧与怜悯的］效果。与此同时，这些事件由于遵从因果关系，故使上述效果得以强化或提高。因此，悲剧［通过表现这些事件］所引发的奇妙作用，

大于这些事件自行发生或偶然发生所产生的效果。①

恐惧与怜悯有时出自演员的扮相，有时出自事件的安排。而后者是一种比较好的方式，且能显示出诗人的才华。情节应当这样安排：人们毋需观看演出，只要听到事件的发展，就会对事件产生的结局感到恐惧和怜悯。只要有人听到《俄狄浦斯王》的故事，就会同样产生这种感受……人们不应当从悲剧中获取各种各样的快感，而只应当获取悲剧所特有的那种快感。既然诗人必须通过摹仿来产生来自怜悯与恐惧的快感，显然，这种效果必定蕴含在事件之中。

现在我们讨论一下什么样的事件显得使人恐惧，什么样的事件显得使人怜悯。这种事件必然发生在亲朋之间、宿敌之间、或既非亲朋又非宿敌之间的行动中。如果是宿敌对宿敌，除了能让人感到罹难者所遭受的惨痛之外，无论是行动还是意图，都不能使人怜悯。如果双方既非亲朋又非宿敌，效果同样如此。如果这些苦难发生于亲朋之间，如兄弟对兄弟，儿子对父亲，母亲对儿子，儿子对母亲进行戕杀或企图进行戕杀，或做其他类似之事，这些正是诗人应当追求［表现］的东西。②

由此可见，悲剧中的"恐惧与怜悯"这两种感受，主要是有"事件的安排"或"事件产生的结局"引起的。这类"事件"之所以"令人恐惧"（phoberōn）或"令人怜悯"（eleeinōn），一方面是因为它属性"惨痛"，涉及相互"戕杀"这种毁灭性的"苦难"；另一方面是因为它发生在亲朋之间的行动中，而非发生在"宿敌之间、或既非亲朋又非宿敌之间的行动中"。在这方面，索福克勒斯的悲剧作品《俄狄浦斯王》与欧里庇得斯的悲剧作品《美狄亚》堪称范例。至于"悲剧特有的那种快感"，我们从亚氏的上述言说中仅能确认一点，即：那种快感是"通过摹仿来产生来自恐惧与怜悯的快感"。这里所谓"摹仿"，显然是舞台"演出"，是艺术的"再现加表现"，肯定不是"直接现实"（immediate reality），不是在现实生活中已经发生或即将发生的"事件"（令人"恐惧与怜悯"的"苦难""事件"）或"行动"（亲朋之

---

① Aristotle, *The Poetics of Aristotle* (trans. S. H. Butcher, London: Macmillan, 1922), IX 1452a11-15.
② Ibid., 1453b 1-23. 另参阅亚里士多德：《论诗》，崔延强译，中国人民大学出版社1994年版。

间相互戕杀的"惨痛""行动")。不过,这种"摹仿"又如何能够给人以"快感"呢?要理解这一点,还需要参照亚氏在《尼各马科伦理学》里的相关说法:

> 例如,一个人恐惧、勇敢、欲求、愤怒和怜悯,总之,他感到痛苦和快乐,这[种感受]可以多,也可以少,可这两者都是不好的。而是要在应该的时间,应该的境况,应该的关系,应该的目的,以应该的方式,这就是要在中间,这是最好的,它属于德性。在行为中,同样存在过度、不及和中间。德性是关于感受和行为的,在这里过度和不及产生失误,而中间就会获得并受到称赞……对于我们来说,德性作为中道,是一种具有选择能力的品质,受到理性的规定。中道在过度与不及之间……在感受和行为中都有不及和超越应有的限度,德性则寻求和选取中间。所以,不论就实体而论,还是就其所是的原理而论,德性就是中间性(mesotēs),中道就是最高的善(to ariston)和极端的美(to eu akrotēs)。①

在这里,亚氏从伦理"德性"的角度,提出了"中道"或"中间性"原则。这一原则正是古希腊人一再推崇和努力践履的"适度"或"正确性"原则。举凡"过度"与"不及"(过犹不及)的感受与行为,在亚氏看来都是有悖于德性的,都是不好的,甚至是危险的。而符合"适度"原则的感受与行为,也就是既不多也不少的感受与行为,则是"最高的善和极端的美"。所谓"最高的善",就是最好或最佳状态;所谓"极端的美",就是极其适度或恰当的状态。仅就"恐惧与怜悯"这两种感受而言,唯有通过"摹仿"符合悲剧艺术要求的"事件"或"行动",使它们得以适宜的"疏泄"或"净化",从而既不多也不少,达到"适度"的状态,符合"中道"的要求,接受"理性的规定",就可转化为"最高的善和极端的美",这样也就随之成为可以获取的"悲剧特有的那种快感"了。事实上,按照通常的理解,这种快

---

① [古希腊]亚里士多德:《尼各马科伦理学》,苗力田译,中国人民大学出版社1994年版,Ⅱ.6.1106b 16-1107a6。Also see Aristotle, *Nicomachean Ethics* (trans. H. Rackham, Cambridge, Mass.: Harvard University Press, 1934), Ⅱ.vi. 11-17.

感可以说是"恐惧与怜悯"得到适度的"疏泄"或"净化"之后所产生的一种释放感或轻松感。

那么,"恐惧与怜悯"这两种情感到底是如何界定的呢?到底具有怎样的本质特性呢?它们彼此之间的关系又当如何看待呢?对此,亚里士多德在《修辞学》里曾这样描述:怜悯(eleos)与恐惧(phobos)均属于一种痛感(lypetis)。具体地说,恐惧是"一种痛苦感或紊乱失常感,源自迫在眉睫的恶行所给人的印象,这一恶行在本性上是毁灭性的或令人痛苦的"[1]。譬如说,一种预想不到的恶行出现在眼前,无论它是观众在现实生活中所感受或联想到的,还是观众在舞台上直接看到的,或者说是即将降临到悲剧人物头上的,都会使人受到某种惊吓。此时此刻,这种惊吓会涉及在场的观众与舞台上的演员,也会涉及不在场的但却处在联想或想象中的他人,由此产生的交互影响作用或情感相似现象(emotional resemblance),在一定意义上对人类来说具有某种普遍性。于是,作为个体存在的人物的经历,俨然成了作为总体存在的人类的经历;担心剧中人物饱受磨难的恐惧,也会成为担心人生残酷无情、人类命运变幻无常的恐惧。这便是悲剧情节与人物的严肃性、深刻性与普遍性之所在。

再者,"怜悯"也是一种"痛感",在本质上是"一种面对某位不应得到毁灭或惩罚之人在遭遇令人痛苦的恶行时所产生的痛感,这种恶行正是那种怜悯者可能预料会发生在自己或朋友身上的恶行,而且还是那种看来随即就要发生的恶行"[2]。然而,由于相关对象与我们十分贴近,致使他们受难仿佛成为我们自己受难,结果便让怜悯在此时转化为恐惧。[3] 这就是说,我们在类似的情景下怜悯他人时,会为自己可能遇到类似情景而感到恐惧或担忧。[4] 相应地,感受不到恐惧的人,也感受不到怜悯。[5] 反之,极度恐惧之人,犹如自认为极度幸福的人,以及彻底绝望的人一样,也都感受不到怜悯;但凡他们看到那些令人哀伤且具毁灭性或破坏性的迫近之事,极度恐惧之人因无法承

---

[1] Aristotle, *Rhetoric*, ii. 5. 1382 a 21.
[2] Ibid., ii. 8. 1385 b 13.
[3] Ibid., ii. 8. 1386 a 17.
[4] Ibid., ii. 8. 1386 a 27.
[5] Ibid., ii. 8. 1385 b 19.

受而吓得要死，自认为极度幸福之人与那些没有体尝过暴虐或灾难之人会因从未遭难而不为所动，而彻底绝望之人则会因饱受创痛而麻木不仁，他们分别都在很大程度上丧失了感受怜悯的能力和品性。另外，人们怜悯自己认识的人是有条件的，其条件就是这些人不能跟自己的关系太近，因为在那种情况下他们会觉得自己在遭受不幸一样。据说，当自己的儿子被带去处死时，阿马西斯并没有哭，而当他看到自己的朋友相认行乞时，却忍不住落了泪；因为，前一种情况是令人恐惧的，后一种情况则是令人怜悯的。令人恐惧之事不同于令人怜悯之事，它会赶走怜悯之情，会引发与怜悯相反的情感。不过，令人恐惧之事的迫近，也会唤起怜悯之情……总之，凡是在自己身上发生的令人恐惧之事，若发生在其他人身上就会令人怜悯。①

由此可见，"怜悯与恐惧"在严格意义上虽有不同，但却是两种"相互关联的感受"（correlated feelings）。② 若从心理学角度看，恐惧是一种情感，怜悯也是一种情感，后者从前者之中获得自身的意义。若从本质上讲，怜悯的基础是一种自尊的本能，源自类似的苦难会发生在我们自己身上的那种感受，这其中包含一种潜在的恐惧。③ 这就是说，如果我们处在被怜悯对象的位置上，就会出于自我保护的本能，为自己感到担心或恐惧。不过，或然恐惧也许永远不会成为已然恐惧，这便使怜悯的力量不会因此遭到削弱。那种以秘而不宣的方式推己及人而引起的怜悯之情，显然有别于现代人所说的那种无私地同情他人遭难的恻隐之心（compassion）。④ 这主要是因为前者表现出想象性的移情作用，而后者却体现出"慈悲为怀"或"博爱"的宗教精神。当然，在现实生活中，怜悯或同情的程度不同，其自身性质自然有别。譬如，有采取行动、救助他人的有用怜悯（useful pity），有仅限于感受而未采取行动的无用怜悯（useless pity），也有居高临下、装模作样的虚假怜悯（pretentious or hypocritical pity），等等。这些均与古希腊时期所说的悲剧性"怜悯"相去甚远。

---

① Aristotle, *Rhetoric*, ii. 8. 1385b 19-1386b 6. 另参阅［古希腊］亚里士多德：《修辞术》，颜一译，中国人民大学出版社 1994 年版。
② S. H. Butcher, *Aristotle's Theory of Poetry and Fine Art: With a Critical Text and Translation of The Poetics* (London: MacMillan, 1911), p. 256.
③ Ibid., p. 257.
④ Ibid., pp. 257-258.

这里，仅就悲剧而言，它以典型的方式和高度集中的力量，表现出诗艺的精神功能和审美效应。其情节、人物与音乐所体现的崇高精神与揭示的人类命运，均具有某种普遍价值或普遍意义。其引发的"怜悯与恐惧"，借助悲剧特有的表现方式也成为普遍化的情感。这两种情感所夹杂的不纯净因素（impure element），经过悲剧高潮的净化或洗涤之后，继而转化为高贵的情感满足（noble emotional satisfaction）。在此意义上，"悲剧净化"也可以说是一个去除杂质的精炼过程，它会洗刷或清理掉潜藏在"怜悯与恐惧"之中的痛感（pain）。这种痛感只有在遇到真实的悲剧情景时，才会被激发出来并随之被疏泄出去。总之，悲剧净化不仅涉及情感消除的理念，而且涉及净化被疏泄情感的理念。①

值得注意的是，埃尔斯在亚氏《诗学》的悲剧界说中发现，许多古典学者在翻译下列从句（di eleou kai phobou peraivousa ten ton toioiton pathematon katharsin）里的这一短语——ton toioiton pathematon 时，将其等同于"这些[怜悯与恐惧]情感"，并且认定"这些情感"是悲剧所摹仿的可怕情节与人物遭遇在观众身上所产生的效应。如此一来，这一从句就被解释为悲剧"通过[在观众身上引起的]怜悯与恐惧而使这些情感得以清除[或疏泄]"。②埃尔斯本人不同意这种译释，他认为这等于规定了悲剧的特性，限定了悲剧的作用；也就是说，这样会把"怜悯与恐惧"视为悲剧所能引发的仅有的两种情感，从而断然否定悲剧还会引发其他"诸如此类的"情感（other "such" emotions）。③应该看到，悲剧是一门表现多种苦难的复杂艺术，通常会引发多种悲剧情感（tragic emotions），至于此前那种将悲剧情感仅限于"怜悯与恐惧"的论断，是难以令人信服的。

另外，埃尔斯还认为，如果上述从句中的短语意指"[悲剧所摹仿或表现的]诸种事件或情节"而非"这些[怜悯与恐惧]情感"，那么，katharsis一词必然意指某种净化作用（purification）而非清除作用（purgation），因为

---

① S. H. Butcher, *Aristotle's Theory of Poetry and Fine Art: With a Critical Text and Translation of The Poetics*, pp. 266-269.
② Gerald Else, *Aristotle's Poetics: The Argument* (Cambridge: Harvard University Press, 1963), pp. 226-227.
③ Ibid., p. 228.

这些事件或情节是不能从悲剧中清除出去的。① 要不然，悲剧本身的结构也就荡然无存了。有鉴于此，埃尔斯一方面将从句中表示"达成［某种目的］或促成［某一事情］"的 perainousa 一词，与表示"摹仿、再现与表现"的 mimesis 一词联系起来，另一方面仔细考察了 pathematon 一词在《诗学》第 11 章与第 14 章中的具体用意，认为该词从上下文关系来看是表示"正在发生的那些事件而非引发的那些情感"。随后，他归纳说：到底是什么"促成了"悲剧过程中的净化作用呢？不是作为一组语词的戏文，也不是剧场里的戏文演出，而是悲剧本就如此的摹仿过程（process of imitation）。悲剧摹仿行动，其自身就是行动。据亚里士多德所析，这一行动是由情节再现出来的，而情节就是对行动的摹仿。情节应该说是悲剧的运行原则与灵魂（archē kai oion psychē）。于是，净化作用是通过悲剧情节或"一连串事件的结构"（the structure of events）得以实现的，而该情节或结构则是诗人自己对悲剧作出的不可或缺的贡献。在此意义上便可推导出如下论断：净化作用（purification）是一过程而非结果，该过程是靠悲剧诗人通过自己创作的"一连串事件的结构"得以推进的。在这方面，有些悲剧成就卓著，有些悲剧成就较差，有些悲剧则无成就可言。如果 katharsis 有赖于诗人的构建活动的话，那它就不再是标准的结果，不再是任何被称为"悲剧"的戏剧可以自动获得的东西……倘若我们探讨这一问题的方法是正确的，那么，katharsis 反而是悲剧情节结构的一种功能（a function of the structure of the plot）。② 具体而言，埃尔斯等人将 katharsis 视为悲剧诗作中的一个内在而客观的特征（an internal and objectivefeature of the poetic work itself），认为这一特征不是情感上的，而是结构上的或戏剧性的（structural or dramatic）。这就是说，katharsis 作为一种悲剧艺术功能，是贯穿或落实在写作过程之中的，抑或是用来"编排可悲的与可怕的素材"（ordering of pitiable and terrible material），抑或是"通过观众的怜悯与恐惧之情来编排戏剧的素材"（the material of the play is ordered through

---

① S. H. Butcher, *Aristotle's Theory of Poetry and Fine Art: With a Critical Text and Translation of The Poetics*, p. 231.
② Ibid., pp. 230-232.

the audience's pity and fear)。①

值得一提的是，结构功能论者的说法虽然新颖，但却比较松散，而且也只是彰显了 katharsis 的一个方面。根据古典学者的相关解释，katharsis 体现在多个方面，豪利威尔（Stephen Halliwell）将其归纳为六个；除了上述方面之外，另外五个方面如下所述：（1）道德主义者认为，悲剧凭借正反两种范例，在教育观众约束自己情感的同时，也教育观众克制由情感引起的过失。正是通过 katharsis，观众得以学会如何规避可能导致苦难与悲剧的那些情感。如此一来，katharsis 与直接说教几乎是同义词，这样就会忽视顺势疗法的因素，会夸大恐惧的作用。结果，那些通过 katharsis 而被清除的情感，与其说是怜悯与恐惧，毋宁说是愤怒（anger）、仇恨（hate）、妒忌（envy）与野心（ambition）。②（2）情感教育论者认为，katharsis 有助于人们获得情感的坚韧性（emotional fortitude），悲剧展现给观众的是他人更大的苦难，这将有助于人们在生活中减少对怜悯与恐惧的敏感性，有助于人们学会适应和更好地忍受不幸的遭遇，在此意义上，悲剧体验就是"一种针对不幸遭遇的演练活动"（une sorte d'apprentissage du Malheur）。③（3）注重适度原则者认为，亚里士多德的悲剧净化说与其所论的适度原则（the principle of the mean）有关，katharsis 本身并非一种单纯或恒定的情感递减过程，而是一种心理调适或平衡过程（process of psychologicalattunement or balance），它有助于提高感受能力欠缺者的感受能力，通过悲剧所激发的怜悯与恐惧之情，使人习惯于以适当的方式和适当的程度来感受这些悲剧情感。④（4）强调情感宣泄者认为，katharsis 是一种情感宣泄过程（a process of emotional outlet），所宣泄的是那些受压抑的或过度的情感。于是，净化作用被视为一种无害的愉悦手段（a harmlessly pleasurable means），katharsis 过程被视为一种病理学现象（a pathological phenomenon），借此凸显了亚里士多德在《政治学》里对净化问题所做的说明，论述了有关导泻作用的医学性喻说（medical analogy），强调了悲剧

---

① S. H. Butcher, *Aristotle's Theory of Poetry and Fine Art: With a Critical Text and Translation of The Poetics*, p. 356.
② Stephen Halliwell, *Aristotle's Poetics* (London: Duckworth, 1998), pp. 350-351.
③ Ibid., pp. 351-352.
④ Ibid., pp. 352-353.

净化的理疗性或准理疗性缓解作用,但却不再追问悲剧体验中的道德向度。①（5）推举理智论者认为,悲剧净化虽然是一个事关情感经验的问题,但悲剧情感的产生与否却取决于观众对戏剧情节的认知判断（cognitive judgments aboutthe dramatic action）。故此,理智因素是决定悲剧净化作用的重要基础;更何况悲剧作为一种摹仿艺术,观众对于摹仿活动的认知经验（cognitive experienceof mimesis）,对于净化过程而言是至关重要的;尤其是"怜悯与恐惧"的情感生成,在很大程度上有赖于理智的认知能力。②

行文至此,我们可以参照相关的阐释与论证,从词源与语义上将"净化"（katharsis）一词的基本含义简要地归总如下:其一是医学或医疗上的导泻（medical katharsis）,即用泻药使身体中的多余或有害部分排泄出来;其二是宗教上的驱邪（religious lustration）,即用宗教仪式来达到驱邪或赎罪的目的;其三是情感上的疏泄（emotional purgation）,即用同质性的情感来疏泄相应的情感;其四是道德上的净化（moral purification）,即用顺势疗法（homoeopathy）来净化过度的或有害的情感与欲望。

在亚里士多德的悲剧净化说（doctrine of the tragic katharsis）里,所谓"净化"是一隐喻,表示悲剧意义上的情感宣泄与净化过程。该过程主要涉及三个向度,一是凭借悲剧激起的怜悯与恐惧,顺势促发观众内在的情感宣泄（emotional purgation）,二是凭借这种情感宣泄,使人获得心理解脱（psychological relief）或审美满足（aesthetic satisfaction）,三是通过悲剧所表现的崇高理想与伦理德性及其精神效应,使人获得道德净化（moral purification）或道德意义上的心灵净化。此三者主要通过悲剧情节、人物与音乐的综合形式予以实现。

需要指出的是,上述三个向度彼此关联密切,须臾不离,因为"审美"（aesthetic）的本意关乎情感与知觉两个方面,可以说是借助知觉与感悟能力的情感体验。在逻辑关系上,审美满足由于自身的双重特性——情感性与精神性,一方面上承情感宣泄,由此获得审美的快感,另一方面下启道德净化,由此获得精神的升华。在演出与观众都符合相关条件的理想情况下,悲剧通

---

① Stephen Halliwell, *Aristotle's Poetics*, pp. 353-354.
② Ibid., pp. 354-355.

过情节、人物与音乐的综合性感染力量，先是引发观众的怜悯与恐惧等情感，继而使其在宣泄这些情感之后或在宣泄的过程中，从心理上得到相应的解脱或释怀。这其中涉及"医学或医疗导泻"这一隐喻中所潜含的顺势疗法，即用以情化情的方法，借助"怜悯与恐惧"使可怕担忧的焦虑得以平复，使烦乱不安的心态得以平静，使怒不可遏的情绪得以缓解，从而体验到一种轻松而无害的快感，获得我们所说的那种审美满足，同时还有可能在悲剧（英雄与道德）精神的感召下，洗清思想与欲求中的杂质，获得道德上的净化或升华。这一点也着实呼应了亚里士多德对悲剧的基本定义，即："悲剧是对一种庄严行动的摹仿（estin oun tragōdia mimēsis praxeōs spoudaias）。"① 此类摹仿不仅会产生情感与审美价值，也会产生教育与道德价值。

五　净化说的思想渊源与影响因素

在西方诗学史上，悲剧净化说一直被视为亚里士多德的独特创见。但从笔者最近的研究结果来看，此说的思想渊源及其所受影响主要来自柏拉图。众所周知，柏拉图与亚里士多德是师生关系。亚里士多德于公元前367年从马其顿移居雅典，17岁进入柏拉图的学园开始学习和研究，作为柏拉图的弟子和同事长达20年之久，参与了"柏拉图哲学研究日程中的大部分活动，他的教学活动经常是对柏拉图学说的修正而非否定。这两位哲学家共有的哲学思想，要比分离他们的问题更为重要"②。从两人亦师亦友的多年交往来看，彼此间的思想交流及其影响，实属自然而然之事。譬如，从亚里士多德《政治学》里所言的"理想城邦""优良城邦""政体类别""幸福生活""教育原则"

---

① Aristotle, *The Poetics*, VI. 1449b24.
② ［英］安东尼·肯尼：《牛津西方哲学史》第一卷《古代哲学》，王柯平译，吉林出版集团2010年版，第79页。根据肯尼的研究，柏拉图后期的许多对话撰写于最后的二十余年，其中一些论点，可能反映了亚里士多德在论辩中所作的贡献。亚里士多德最初是以对话形式写作，在内容上深受柏拉图的影响，其佚失的柏拉图式对话作品包括《优台谟篇》（*Eudemus*）和《劝导篇》（*Protrepticus*），所论述的灵魂概念与灵与肉的融合观点，都明显地折射出柏拉图在《斐多篇》等对话里提出的相关学说。不过作为一位追求真理和善于独立思考的哲学家，他在雅典学园研究期间，就已经与柏拉图的理念论保持一定距离，随后放弃了对话形式，采用了论证形式，在《后分析篇》里彻底放弃了理念，蔑称其为"微不足道的谎言"（tarradiddle）（1.22.83a 33），并在《形而上学》里严肃地指出，理念论未能解决其意在解决的问题。参阅肯尼：《古代哲学》中译本，第75—80页。

与"青年训练"等内容中，不难发现柏拉图《理想国》与《法礼篇》里的思想印迹；① 从亚里士多德《诗学》里所言的"神话""技艺""摹仿"与"悲剧净化"等理论中，可以看出柏拉图《理想国》与《法礼篇》里相关学说的影响。

那么，仅就"悲剧净化说"而论，柏拉图的影响主要体现在哪些方面呢？或者说，柏拉图的城邦净化说对亚里士多德的悲剧净化说有何启示呢？基于他们两人交往的历史与净化学说的内涵外延，可以认定柏拉图至少在五个方面会对亚里士多德产生直接或间接的影响。

其一，柏拉图在讨论城邦净化的不同方式时，反复使用意指"净化""疏泄""宣泄""涤除"或"导泻"等不同变位形式的动词与名词，譬如

---

① 亚里士多德深受柏拉图思想的影响，他所著的《政治学》更是从《法礼篇》里受惠良多。英国政治学家和历史学家巴克（Sir Ernest Barker）曾将亚里士多德的《政治学》从希腊文翻译成英文，他在所著的《希腊政治理论：柏拉图及其前人》（*Greek Political Theory: Plato and His Predecessors*, New York: Methuen & Co., 1979）里列入一篇注解，专论"亚里士多德对《法礼篇》的借鉴"。他根据自己的研究结果指出："《政治学》作者对《法礼篇》作者的全面参照令每个同时读过这两本书的人印象深刻。生于公元前384年左右、大约在公元前367年以学生身份来到雅典的亚里士多德，必定受到了撰写《法礼篇》时的柏拉图影响。《政治学》与《法礼篇》的相似之处甚多。（1）亚里士多德重复了柏拉图关于法律的至高权威的概念，他还把统治者成为'法律的护卫者'和法律的'仆人'（《政治学》，1287a21）。（2）《政治学》的著名篇章，即亚里士多德在其中断言没有国家及其法律的人非神即兽的那一段（《政治学》，1253a25-39），在思想和表现形式上都特别像《法礼篇》里的一段妙文（《法礼篇》，874e-875d，另参阅776a）。这看起来几乎像是亚里士多德在照着《法礼篇》的段落写作。（3）在描述从家庭到国家的演变以及早期国家的父权制度特征时，（《政治学》，1252b16-27），亚里士多德遵循了柏拉图《法礼篇》卷三（680b-e）的相同线索；……（4）亚里士多德重复了柏拉图认为战争是为了和平、而不像斯巴达人那样以战争自身为目的的论断（比较《政治学》卷七章二—章三和《法礼篇》卷一626a-630c）。（5）亚里士多德在《论理学》和《政治学》卷七论述教育的章节里，对驯化的强调与《法礼篇》卷二（653）的相关论述类似。（6）混合政体的理论，以及把斯巴达作为该政体的典型的进行的参照，在《政治学》和《法礼篇》里都是一样的。（7）亚里士多德在《政治学》卷一中关于农业的重要性、关于零售业和利益的观点，几乎等同于《法礼篇》卷八之末和卷十一开篇详尽论述过的那些观点。……（8）最后，亚里士多德在其中构建理想国家的《政治学》卷七和卷八，与《法礼篇》里的相应段落之间的相似之处多不胜举。奇怪而有启发性的一点是，当亚里士多德描绘他心中最佳时，他应当是在复制柏拉图的次好状态。我已经收集了多于一打的例子……由此得出的结论是：尽管亚里士多德在《政治学》卷二开篇同时批评了《理想国》和《法礼篇》（对前者的批评较详细，对后者的批评则不那么详细），但他实际上对《法礼篇》要感兴趣得多；尽管他借鉴《法礼篇》的主要是他的一般政治理论，但他从《法礼篇》受惠最多的却是他对理想城邦的刻画。如果说亚里士多德写了《政治学》，并在此范畴之内以及他自己的哲学框架之内安排了内容，那么，正是柏拉图为其提供了大部分内容。就像《英国大宪章》里的内容一样，《政治学》里的内容几乎没有全新的东西。这两者都无意求新，都意在把先前的成就系统化。"［英］巴克：《希腊政治理论：柏拉图及其前人》，第530—533页。

kathērē, diakathairontai, diakathairontēs, kathairomen, kathairontēs, katharmous, katharmou, 等等，这势必会引起亚里士多德的关注。他作为柏拉图所主持的对话讨论的直接参与者，必然会提出自己的看法，会继续反思这一问题。另外，当柏拉图提出以诗乐审查为手段来净化城邦（教育）时，其中就包括对史诗、悲剧诗和喜剧诗的批评和排斥，这会让亚里士多德从中看到诗乐审查与净化的利弊，为他日后替诗（特别是悲剧诗）正名提供了重要契机，同时也为他日后采用"反其道而为之"的思索理路奠定了基础。

其二，"城邦净化"是一隐喻，"悲剧净化"更是如此。不过，亚里士多德所借用的"医学或医疗导泻"（medical katharsis）这一隐喻，并非他自己首创，而是出自柏拉图的手笔。在其对话中，柏拉图数次从医学角度谈到"导泻"的隐喻意义——"净化"作用。譬如，在《克拉底鲁篇》里，在论及人的和谐与身心问题时，柏拉图指出：医生与占卜者会采用导泻与净化（ē katharsis kai oi katharmoi）的手法，凭借药物或巫术、凭借清洗方式或驱邪去垢的净水，来实现同一目标，让人的身心得以净化。① 在《智者篇》里，在探讨身体清洗或净化方式时，柏拉图举出两种常见的做法：一种是对身体内部的净化，一种是对身体外部的清洗；前者用的是医学与体操艺术，后者用的是搓澡技术。② 这里，以医学方式对身体内部进行净化，也就是医疗上的导泻，其目的就像体操的作用一样，是为了发汗排毒和保持健康。其实，在古代医学里，导泻是一种净化手段（a means of purification），有时也采用抽血或放血疗法，借此排泄体内血液的毒素，使其得以净化。③ 至于那种以搓澡方式对身体外部进行清洗的做法，只是为了涤除污垢，保持清洁，以便参与宗教仪式或社交互动。随后，也是在《智者篇》里，柏拉图直接以导泻的必要性来说明这一道理：饮食对身体的益处有赖于清除体内杂物的干扰；同时借此类比得出如下结论：用知识来净化心灵的效果取决于清除干扰知识的偏见，这样才能把握知之为知之的真谛。④ 在《蒂迈欧篇》里，柏拉图在讨论如何

---

① Plato, *Cratylus* 405a, in Plato, *Complete Works* (ed. John M. Cooper, Indianapolis: Hackett Publishing Company, 1997).
② Plato, *Sophist*, 226d-227a, in Plato, *Complete Works*.
③ E. E. Sikes, *The Greek View of Poetry* (London: Methuen, 1931), p. 119.
④ Ibid., 230bc-d.

净化和协调身体时，列举出三种方式：最好是体操练习；其次是颠簸运动；再次是导泻疗法（pharmakeutikē katharsis），这种疗法只有在万不得已时方可采用。① 在《斐多篇》里，柏拉图在分析德性的功用时强调，真正的理想，无论是节制、廉正、果敢还是智慧，都会对所有情感产生净化作用。那些指导宗教仪式的人或许距此目标不远，他们声称进入冥府的糊涂人与未入教者将会陷进泥潭，而进入冥府的明白人与净化者将会与神为邻，这一学说潜含一种寓意（allegorical meaning）。② 该寓意不是别的，而是指如何过上正当的哲学生活，借此培养真正的德性，以此净化人的情感，使其转向宗教境界。在抨击排除异己的僭主时，柏拉图不惮其烦地强调了医疗导泻或净化的积极功效，借此反衬僭主式政治清洗的破坏作用。如他所说：僭主的这种清除方式，迥然不同于医生对人体进行的清除。前者清除的是好人与干才，保留的是坏人或庸才；而后者清除的是最坏的东西，保留的是最好的东西。③ 柏拉图的以上所言，都与医疗导泻的隐喻所指有关。反复使用这种表达方式，也说明柏拉图对其修辞效果颇为重视和偏好。长时间的耳濡目染，其特定的理论意义自然会促使亚里士多德"借船渡海"，引发他对净化问题与悲剧功能的关联性思考（correlative thinking），从而为悲剧净化说的缘起埋下了伏笔，为其诗学理论的拓展开启了方便之门。

其三，亚里士多德的"悲剧净化说"主要涉及"怜悯与恐惧"（di eleou kai phobon）两种情感，柏拉图在论及悲剧对观众的感染力时，也先后列举出怜悯、苦乐、愤怒与赞美等多种情感反应。如他所说：

> 舞台演出时诗人是在满足和迎合我们心灵的那个（在我们自己遭到不幸时被强行压抑的）本性渴望痛哭流涕以求发泄的部分。而我们天性最优秀的那个部分，因未能受到理性甚或习惯应有的教育，放松了对哭诉的监督。理由是：它是在看别人的苦难，而赞美和怜悯别人——一个宣扬自己的美德而又表演出极其苦痛的人——是没什么可耻的。此外，它认为自己得到这个快乐全然是好事，它是一定不会同意因反对全部的

---

① Plato, *Timaeus*, 89b-c, in Plato, *Complete Works*.
② Plato, *Phaedo*, 69c, in Plato, *Complete Works*.
③ Plato, *Republic*, 567c.

诗歌而让这种快乐一起失去的。因为没有多少人能想到，替别人设身处地的感受将不可避免地影响我们为自己的感受，在那种场合养肥了的怜悯之情，到了我们自己受苦时就不容易被制服了……爱情和愤怒，以及心灵的其他各种欲望和苦乐——我们说它们是和我们的一切行动同在的——诗歌在摹仿这些情感时对我们所起的作用也是这样的。在我们应当让这些情感干枯而死时，诗歌却给它们浇水施肥。在我们应当统治它们、以便可以生活得更美好更幸福而不是更坏更可悲时，诗歌却让它们确立起了对我们的统治。①

在这段话里，柏拉图首先谈到心灵的两个部分，一个是"以求发泄的部分"，也就是情感部分；一个是"天性最优秀的部分"，也就是理性部分。悲剧所引发的怜悯、赞美、爱情、愤怒以及各种欲望和苦乐，无形中放纵了情感部分的发泄欲望，同时也放松了理性部分的监督作用，结果造成心灵失衡、人为情役的现象，最终让热衷言情的诗歌占据支配地位，使人的幸福快乐受到损害。由此看来，悲剧在柏拉图眼里的确具有强大的引情或煽情作用，但对人的心灵与生活几乎是有害无益。因此，他试图限制诗歌，反对用诗歌来浇灌和养肥那些本应"干枯而死的情感"，同时建议人们采取行动，回归理性，主导诗歌，成为自己的主人。有鉴于此，柏拉图对悲剧效应的上述理论，基本上属于一种"悲剧移情说"（tragic empathy），其对悲剧所抱的否定态度与抵制倾向，或许正好为亚里士多德提供了反拨或补正之机，因为后者恰恰是从肯定的立场出发，去论述悲剧净化的积极作用的。但就悲剧所引发的情感多样性而论，亚里士多德非但没有走出柏拉图所划定的范围，反而采用了"化繁为简"的方式，将情感主要归结为"怜悯与恐惧"两种，这虽然具有一定的代表性，但却无法涵盖悲剧引发多种情感反应的事实。

其四，亚里士多德的悲剧净化说，强调人们在观看悲剧时会在自己身上引发恐惧与怜悯的情感，同时又在个人的体验过程中将其予以宣泄，继而使自己的心理得到净化并由此获得某种满足感或审美感。另外，能在自己身上引发出来的"恐惧与怜悯"两种情感，一般来说是自己内心潜在的而无意识

---

① Plato, *Republic*, 606a-d

的东西,是受到相关经历刺激后积淀下来的遗存"迹象",悲剧中所表现的可怕事件与可悲结局等于"诱因"。在特定场合与心态下,两相作用就会出现上述情景。对于这种心理现象,柏拉图亦有觉察,在描述如何看护幼儿的方法时,他这样写道:

> 采用摇篮的做法使幼儿安静下来进入梦乡是相当有效的,这不仅得到保姆的认可,而且得到精神狂乱（Korubantōn）医治者的认可。于是,母亲在看护困闹不睡的幼儿时,想用温和的抚爱哄其入眠,但她往往采用摇动而非安静的方式,会在怀里来回地摇动小孩;与此同时,她还低声哼唱,而非悄不做声;这样就能使小孩逐渐迷糊起来,就像参加疯狂酒神的崇拜者一样,能帮他们解除困扰的灵丹妙药就是让他们狂歌乱舞。这两种情感都是恐惧所致,出现恐惧是因为心灵条件差。所以,每当有人采用外部的摇晃来对付这些情感时,外在的运动在力量上压倒了内在的恐惧与狂热引起的运动,这样就会导致显而易见的心灵宁静,能够停止剧烈难受的心悸感受,上述两种情况都是如此。由此便产生了令人非常满意的结果:摇晃使困闹的幼儿睡着了;歌舞使狂热的酒神崇拜者清醒了。①

有人将上述做法称之为"对抗疗法"（allopathy）,近乎于"以毒攻毒"。这在一定程度上,同那种用悲剧表现可怕事件来引发和疏泻"恐惧与怜悯"情感的手法似有异曲同工之妙。亚里士多德谙悉业师柏拉图的著作及其思想,占有"近水楼台先得月"的特殊机缘,从中得到启发应是顺理成章、不言自明之事。

其五,在诗学与政治学等思想领域,亚里士多德主要是以柏拉图为参照与前提,不仅"照着讲",而且"接着讲"。论及悲剧诗,亚里士多德更是采取了"反着讲"的策略,借此反驳柏拉图对诗歌与悲剧诗的抨击,补正对方的理论偏差,推出自己的理论新说。有不少西方学者也认同这一关系。譬如,卢卡斯（F. L. Lucas）就曾断言:虽然亚里士多德没有提及柏拉图的名字,但

---

① Plato, *Laws*, 790c-791b.

他的悲剧净化说却是以柏拉图的相关学说为前提，是在为自己有别于业师的观点进行辩护。① 豪利威尔也曾指出：我们可以温和的方式确认这一前提：亚里士多德式的净化说在一定程度上回应了柏拉图反对悲剧心理效用的立场。如果此说正确，那么净化一说不只是为了展现悲剧情感体验的意图，而且也是为了表示对这一体验结果的看法。但我们不要以为这是理所当然之事，而要慎重地考察这一假设是否证据确凿。不论怎样，我们至少也要承认亚氏的净化说旨在驳斥柏拉图对悲剧的指责，同时也要看到整部《诗学》显然接受了下述观点：激发情感是诗人艺术的合理目的与效果。因此，对悲剧界定概念的解释，不仅有必要研究有关 katharsis 一词的早期用法，而且有必要关注古希腊思想家在更广意义上对音乐和语言魅力的论述，其中有些相关的重要证据或预见，就见诸柏拉图的对话。② 这些证据或预见，从柏拉图的上述论说中就可以看出不少端倪。此外，对悲剧净化说的深入解析，还有必要超出亚里士多德的《诗学》文本及其思想之外，尝试开创一个具有理论关联性的更大视野。

六　理论进程与批评反思

历史地看，悲剧净化说是一个继往开来的理论传承与推进过程。这一过程在总体上至少涉及四种彼此关联的形态与阶段：首先是毕达哥拉斯学派的净化说（the Pythagorean katharsis）。依据亚里士多德的学生的相关引述，毕达哥拉斯曾经表示："医疗用于身体导泻，音乐用于心灵净化。"③ 这一说法见于阿里司托森（Aristoxenus）的残篇④，可以说是使用"净化"概念的一个"重要先例"（important precedent）。这种通过音乐所产生的"宗教（或巫术）

---

① F. L. Lucas, *Tragedy: Serious Drama in Relation to Aristotle's* Poetics (London: The Hogarth Press, 1957), pp. 53-57.
② Stephen Halliwell, *Aristotle's Poetics* (London: Duckworth, 1998), pp. 184-185.
③ F. L. Lucas, *Tragedy: Serious Drama in Relation to Aristotle's* Poetics, p. 40.
④ Aristoxenus fr. 26 Wehrli (1945): Wehrli 54f. regards Pythagorean *katharsis* as magical in origin. Cf. Aristoxenus fr. 117 with Wehrli 84. On Aristoxenus'reliability as a source for Pythagoreanism see G. Kirk et al., *The Presocratic Philosophers*, 2nd ed. (Cambridge 1983), 223f…Since Pythagorean practice seems to be allopathic, not homoeopathic, it would be wrong to argue for too close a link with Aristotle. This note is providedin Stephen Halliwell, *Aristotle's Poetics* (London: Duckworth, 1998), p. 187.

式宣泄或净化作用",与亚里士多德在《政治学》里的相关论述颇为接近。① 接下来便是希波克拉底学派的疏泄说(the Hippocratic katharsis)。这种疏泄说主要涉及人体自我调节的自然疏泄法(the natural katharsis)与人为的医学理疗疏泄法(the medical katharsis),其主要目的是在维持生理平衡的基础上促进健康状况与医疗身体疾病。相关的研究成果表明,在《希波克拉底全集》(*The Hippocratic Corpus*)中,关于疏泄说的描述和案例记载较多,通常是从病理学角度出发,根据临床经验和观察,重在分析和说明疏泄作用与身体结构的关系,疏泄在治疗中的正负效应,疏泄与过度疏泄的局限与危险,疏泄的语义学场域,疏泄的认识论等问题。② 再下来就是柏拉图的净化说(the Platonic katharsis),也就是关乎城邦净化与身心净化的相关理论,但其目的在于强化城邦的道德教育、政治警惕与理想追求,以期建构柏拉图心目中的美好城邦,因此可将其称之为城邦净化说(the city-state katharsis)。最后则是亚里士多德的净化说(the Aristotelian katharsis)。此说主要基于艺术或审美心理学的立场,阐述悲剧通过情节、人物与音乐的综合魅力与感染作用,引发观众的怜悯与恐惧等情感,随之以类似顺势疗法的方式疏泄这些情感,进而达到以审美满足与道德升华为理想效应的悲剧净化目的,故此可以将其等同于悲剧净化说(the tragic katharsis)。相比之下,毕达哥拉斯学派的净化说,论述简略,资料缺乏,仅能视为开创性的理论引言,或多或少地隐含或反映在后来的净化理论之中。希波克拉底学派的疏泄法侧重探讨如何采用适宜的疏泄法来维持人体的有序本性(well-ordered physis),对于认识人体性质和理解这一任务具有重要意义,但并未明确论及人心本身(psychē)的净化问题。③ 不过,希波克拉底学派在当时频繁使用名词 katharsis、动词 kathairein 和形容词 katharos、kathartērios、kathartikōs,估计会对柏拉图产生一定影响,促使他将其作为一种隐喻挪用到自己的哲学对话之中。柏拉图式的净化说主要是在

---

① Stephen Halliwell, *Aristotle's Poetics*, p. 187.
② Heinrich von Staden, "Purity, Purification, and Katharsis in Hippocratic Medicine", in Herausgegeben von Martin Vöhler und Bernd Seidensticker (ed. s), *Katharsiskonzeptionen vor Aristoteles*: *Zum kulturellen Hintergrund des Tragödiensatzes* (Berlin: Walter de Gruyter, 2007), pp. 22-35.
③ Heinrich von Staden, "Purity, Purification, and Katharsis in Hippocratic Medicine", in Herausgegeben von Martin Vöhler und Bernd Seidensticker (ed. s), *Katharsiskonzeptionen vor Aristoteles*: *Zum kulturellen Hintergrund des Tragödiensatzes*, pp. 51, 41.

《理想国》与《法礼篇》里提出的。其主题与目的在于讨论理想城邦与法治城邦的教育和管理艺术，这样必然使其净化学说作为一种辅助性的补充手段，完全被纳入道德教育与城邦政治的视野之内，结果间离了此说与艺术的密切关系。亚里士多德式的净化说是在《诗学》与《政治学》里提出的。虽然《诗学》部分内容佚失，无法看到其全部论述，但亚氏立足于艺术的角度，紧扣悲剧创造规律与观众审美心理变化的主题，以积极的分析态度和理论洞察，得出了更为科学和深刻的结论，确立了趋于合理的新说，印证了这一承前启后的理论深化过程。

相比之下，柏拉图的城邦净化说是基于建构"美好城邦"的政治或社会理想，因此，无论是推举文艺审查制度，还是批判僭主排除异己，或是设立选择公民之法，均是从道德理想主义与政治工具论的角度出发，为的是维护"美好城邦"这幅乌托邦图景的理论纯粹性与观赏性。而亚里士多德的悲剧净化说，则是以匡正柏拉图抨击诗歌的论说为己任，与业师的悲剧移情说背道而驰，从艺术与审美的角度解释了悲剧的积极功能。在《理想国》第十卷里，柏拉图在批评荷马史诗时特意感叹说：吾爱荷马，更爱真理。① 如今，亚里士多德在批评柏拉图的理念说时也曾感叹说：吾爱吾师，更爱真理。② 但在这里，亚里士多德并未像其业师柏拉图那样直接点名批评荷马，而是以承前启后的做法，在以柏拉图诗学思想为理论前提的反思过程中，践履了"接着讲"以及"反着讲"的学术使命，立足于艺术自身的本质特征，真正推动了悲剧理论的发展与深化。

---

① Plato, *Republic* 595c. 柏拉图的这一说法属于意译概要，其希腊原文是 *all'ou gar pro ge tēs alētheias timēteos anēr*，可直译为"然而，尽管如此，我们不可尊重个人胜过尊重真理"。此言的上下文是："我从年少时起就无比地敬爱荷马，因为他一直是希腊人的第一位教师和所有悲剧之美的先导。然而，尽管如此，我们不可尊重个人胜过尊重真理。"柏拉图在《斐多篇》里，也讲过类似言论，即："你若按我所说，你就会少思念苏格拉底，多思念真理（*smikron phrontisantes Sōkratous, tēs de alētheias poliu mallon*）。你若认为我所言属实，那你就认同；否则，就尽力表示反驳。" Plato, *Phaedo*, 90c.
② 亚里士多德的这一说法十分流行，也属于意译概要，出自《尼各马科伦理学》（1096a16），其希腊原文为 *amphoin gar ontoin philoin hosion protiman tēn alētheian*，直译为"两者都是我们所珍爱的，但我们更尊重真理"。这句话的上下文是："最好对普遍先加讨论，看看争议到底在哪里。尽管这种讨论有点令人为难。因为形式说［即柏拉图的理念说或理式说——引者注］是我们所敬爱的人提出来的。……特别是作为一个哲学家，为了维护真理就得牺牲个人的东西。两者都是我们所珍爱的，但人的责任却要我们更尊重真理。"参阅［古希腊］亚里士多德：《尼各马科伦理学》，1096a13-17.

不过，悲剧理论的上述进展，并不等于整个净化问题（the whole katharsis problem）的彻底解决。事实上，这一进展反倒引出更多的质疑。譬如说，基于古典文本研究的诸多评注能否真正说明悲剧净化的本质呢？悲剧情感为何只限于"怜悯与恐惧"两种？悲剧还会引发别的情感吗？古希腊观众到底会"怜悯与恐惧"什么？……所有这些质疑，不仅是值得进一步反思的悲剧理论问题，而且也是有助于澄清悲剧净化说内在矛盾的重要切入点。但要看到，这些问题都是彼此关联和相互释证的，研究者不可偏于一隅而不论其他。卢卡斯就曾直言不讳地指出：悲剧净化说既饶有兴趣也包含某些真理，但远非制造神秘的文艺批评所宣扬的那样深刻。人们若在某个新型的乌托邦政府面前为戏剧艺术申辩时，任何过多依赖净化学说的做法都是不明智的。① 这一说法不无道理。在我看来，对上列问题的研究，在方法上既不可"画地为牢"，也不应"随波逐流"，更不能"本末倒置"。这就是说，基于古典文本研究的诸多评注尽管不足以说明悲剧净化的本质，但要想真正揭示这一问题的本质特征与内在联系，还必须以古典学的评注方式与文本分析为基点，进而采用多种视角，拓展相关研究范围，譬如把古希腊人的生命观、艺术观、危机感以及悲剧的情感效果和审美心理等方面包括在内，以便在相互参证中进行深度的挖掘和剖析。

首先，在希腊人的生命观念里，人生一直饱受精神与肉身之间内在冲突的煎熬，因此面临如何缓解人的种种情感（the passions）问题。按照禁欲主义或道德主义的观点，人应"凭借节欲来抑制情感"（subdue them by abstinence），这也正是柏拉图与斯多亚学派坚守的立场。对此，古希腊人不以为然，他们崇尚理性，但不忽略感性，更倾向于"凭借合理的纵情来控制情感"（Govern them by reasonable indulgence），这也正是亚里士多德倡导的做法。于是，古希腊人既爱戴象征理智约束与静观世界的日神阿波罗（Apollo），也敬奉象征纵情躁动与情感世界的酒神狄奥尼索斯。这两种代表人生与艺术的冲动，都不约而同地融合在希腊人的生命意识和审美意识之中。用尼采的话说，"希腊人知道并且感觉到生存的恐怖和可怕……为了能够活下去，他们出于至深的必要不得不创造这些神祇。我们也许可以如此设想这一过程：从原始的

---

① F. L. Lucas, *Tragedy: Serious Drama in Relation to Aristotle's Poetics*, p. 53.

泰坦诸神的恐怖秩序,通过日神的美的冲动,逐渐过渡而发展成奥林匹亚斯诸神的快乐秩序,这就像玫瑰花从有刺的灌木里生长开放一样。这个民族如此敏感,其欲望如此热烈,如此特别易感痛苦,如果人生不是被一种更高的光芒所普照,在其众神身上显示给他们,他们能有什么其他办法来忍受这人生呢?"① 因此,在希腊人的生命意识里,理性的静观总是伴随着野性的冲动,深沉内在的快乐总是交汇着深沉内在的痛苦,日神冲动总是牵挂着酒神冲动。这两个原本敌对的原则彼此衔接,在不断新生中相互提高,彼此补充,最终在很大程度上支配了希腊人的民族本性,同时也铸就了希腊人的生命观念。因此,他们在行为方式与价值判断方面,比较看重两极之间的平衡作用与良好感觉,惯于尊奉具有调和色彩或中道特征的"适度原则"(principle of mesos),倾向于追求一种"既不太多,也不太少"的、符合克己自律德行的境界。在这种看似矛盾或冲突的生存状态中,他们不惜采用"为了打鬼,救助钟馗"(casting out devils by Beelzebub)的秘诀,在两极冲动的游戏中奋力捕捉安身立命的可能契机。

其次,从柏拉图的艺术观来看,诗乐是坏艺术,既不能培养理智,也不能教人真理,反倒滋养和浇灌那些本该像野草一样全然枯死的种种情感;悲剧也是坏艺术,不仅使人动情伤感,而且使人在恸哭中失去理智,还使那些模仿各种人物角色的悲剧演员最终搞乱自己的心智,毁掉自身的性格。对此,亚里士多德并不认同,而是以不点名的方式予以反驳。譬如,当柏拉图基于理智主义而标举哲学的价值时,亚里士多德则宣称诗比历史更富哲理,更为严肃;当柏拉图认定诗通过描述冥界的可怕景象而使人胆怯时,亚里士多德则坚信诗有助于疏泄人的恐惧之情;当柏拉图担心诗因刺激情感而使人变得疯狂失控时,亚里士多德则认为诗通过情感的周期性发泄反倒使人不那么情绪化。总之,亚里士多德诉诸情感的论说(argument ad hominem),一方面表明了自己与柏拉图相对立的艺术观念,另一方面也为悲剧的诗性功能进行了巧妙的申辩。实际上,这种倡导"以情化情"的艺术思想,更符合古希腊人的生活方式与审美趣味。要知道,他们习惯于借助日神冲动与酒神冲动来创构自己的艺术世界,习惯于在想象中直观两种不同但却互补的审美现象;即

---

① [德]尼采:《悲剧的诞生》,周国平译,二联书店1986年版,第11—13页。

在理智的静观中欣赏梦境中美的形象和快乐的智慧，或在感性的知觉中体悟醉境中丑的形象与痛苦的智慧。因为，这两者都有助于他们将命运难测、充满张力的生活调整到可以承受的程度。在此意义上，尼采的下述说法很值得关注，即："对于这个艺术世界的真正创造者来说，我们已然是艺术的画像与投影，我们的最高尊严就在于我们作为艺术作品的意义之中——因为只有作为审美现象（phénomène esthétique），生存和世界才会证明自身是永远有理由的（éternellement se justifient）。……只有当天才在艺术创造活动中与这位世界的原初艺术家混同一体，他对艺术的永恒本质才会略有所知。在这种状态中，他就像神话故事中的那幅忐忑不安的画像（cette inquiétante image du conte），能够以奇异的方式转动自身的眼珠来审视自己。这时，他既是主体，又是客体，既是诗人和演员，又是观众。"① 当然，这段引述中的主语代词"我们"与"他"，都需要置换成生活在古典时期的"希腊人"。不难想象，在环境恶劣、战事频仍和命运多舛的生存重压下，这些"希腊人"面对种种严酷的挑战时，会发现人类生存与艺术世界只有作为象征日神和酒神这两种精神的审美现象，才是永远有理由的，有意义和有价值的。在此条件下，人生虽然不易，但却值得一过；艺术虽然虚幻，但却不可或缺。于是，从两者生成与创化的机制来看，似乎构成了某种彼此依赖、互为因果的特殊关系。

再者，从希腊观众的危机感来看，他们在观看悲剧时可能会"怜悯"什么呢？有的学者认为，甲怜悯乙是有一定原因或条件的。一般说来，甲怜悯乙抑或是因为甲认识这位遭遇不幸且与自己亲近的乙，抑或是因为甲假定发生在乙身上的不幸也会发生在甲的身上或甲的某个朋友身上。② 但也有学者认为，所谓"怜悯"，更多的是"怜悯自己"（pity for oneself），此乃亚里士多德对柏拉图批评诗人的一种回应。③ 在柏拉图看来，诗人创写的那些言辞雄辩的哀歌，会摧垮人的刚毅品质，而这些人在现实生活中原本刚毅并能够承受丧子之痛。然而，亚里士多德反倒认为，悲剧激发的情感效应有助于疏

---

① Friedrich Nietzsche, *La naissance de la tragédie* (traduit Michel Haar et al, Paris: Gallimard, 1977), p. 47. 另参阅［德］尼采：《悲剧的诞生》，第21页。
② Jonathan Barnes, "Rhetoric and Poetics", Jonathan Barnes (ed.), *The Cambridge Companion to Aristotle* (Cambridge: Cambridge University Press, 1999), p. 278.
③ F. L. Lucas, *Tragedy: Serious Drama in Relation to Aristotle's Poetics*, p. 41.

泄积蓄过多的情感，悲剧本身也会告诫观众不要为其生活处境过多地伤悲或自怜。

那么，古希腊的悲剧观众又会"恐惧"什么呢？有的学者认为，"恐惧"作为一种情感反应，一般表现为三种：一是对舞台上表演的可怕事件感到恐惧，二是对悲剧人物产生同情性恐惧，三是对残酷的生活处境和无情的人类命运感到恐惧。比较而言，古希腊的悲剧观众在自由宣泄情感的过程中，主要是想缓解或涤除第三种恐惧。尤其对雅典人来讲，当他们站在卫城之上环视四周时，常常会发现他们处在严峻的生存环境之中：在其西部，撒罗尼克海湾环绕着敌视雅典的柯林斯要塞；在其北部，连绵起伏的帕内斯山区居住着敌视雅典的皮奥夏人。在地理上，卫城完全暴露在敌人的眼前。此情此景，雅典人难免心存忧患，悲从中来。不单如此，他们虽然充满活力，但从不乐观，深层意识中的悲观主义思想时时萦绕心际，驱使他们在抱怨生命的同时赞美死亡，在其气势恢弘的文学中不难找到诸如此类的论调与寓意：①"没有一个人是快乐的，太阳底下所有的人都是不快乐的"（梭伦）；"生命只是一个影子的梦想……时间不怀好意地笼罩在人类的头顶上"（品达）；"生命是琐屑、无力、短暂的，背负着巨大的悲痛一晃而过"（安提丰）；"整个一生总是苦难占据上风"（菲利蒙）；"没有痛苦的一天就是至福，我们到底是什么？我们是用什么材料做成的？"（索塔德）；"人是什么？一块软弱的墓碑，

---

① ［瑞士］布克哈特：《希腊人和希腊文明》，第159—163页。有关古希腊人的悲观主义人生观念，这里不妨将布克哈特所引的两段话较为完整地转引于此。首先是梭伦的辩说："在人的一般70年的生命过程中，一共有26250天，没有两天是完全一样的，只有在事先知道了这些人世沉浮的结果之后，才能讨论什么是幸福；但对人来说，一切都是偶然的；很多人刚刚从神那里得到了好的生活，就被无情地毁掉了。"（［瑞士］布克哈特：《希腊人和希腊文明》，第159页）其次是索福克勒斯的叹喟：
  不出生是最好的，在一切都经过考量之后，
  当一个人睁开眼睛看到日光的时候，
  接下来最好的行动，就是回到
  他来的那个地方，越快越好。
  当青年时代带着它的那些荒唐事远去的时候，
  所有的苦痛也就开始找上门来，
  嫉妒，对质，冲突，战斗，流血，
  最后，衰老早在那里等候，把他包围，
  羞辱，争吵，
  敌意，疾病和虚弱
  是所有邪恶中最糟糕的。（［瑞士］布克哈特：《希腊人和希腊文明》，第161页）

时间的牺牲品,命运的玩物,倒霉的影子,有时受到嫉妒的折磨,有时受到厄运的捉弄,剩下的便是黏液和胆汁"(亚里士多德);因此,"人最好的事情就是没有出生,其次是刚一出生就即刻死掉"(狄奥格尼斯);或者说,"不出生是最好的,在一切都经过考量之后,当一个人睁开眼睛看到日光的时候,接下来最好的行动,就是回到他来的那个地方,越快越好"(索福克勒斯)……总之,不活比活着要好;神赐的最佳礼物就是英年早逝;人在遭受最坏的磨难之前去世是令人羡慕的;等等。上列悲观主义言论,在根本上或许受到阿那克西曼德的影响,后者断言:"万物生于何处,则必按照必然性毁于何处;因为它们必遵循时间的秩序而支付罚金,为其非公义性而受审判。"[1] 这就是说,凡是已经生成的,必定重归于消灭,无论是人的生命还是其他任何东西,与永恒的时间相比都是短暂易逝的,在时间的秩序面前都是难逃相应惩罚的,按照公义性的原则都是要接受最后审判的。对此箴言,尼采视其为"铭刻在希腊哲学界石上的神谕"[2],我们则可视其为希腊悲观主义思想发展的基质。因此,我们有理由认为,雅典人对人生与世界所持的悲观态度,必然伴随着某种特有的悲剧意识。他们虽然可能以达观或游戏的态度看待一切,但在与命运的博弈中,也必然会感受到深切的痛苦或失落。似乎可以设想,当他们在剧场里观看《俄狄浦斯王》这样的悲剧时,若一旦联想到自身的困境与潜在的危机,他们抑或会心生恐惧或怜悯之情,抑或会萌发超然或悲凉之感。但无论是出现哪一种情境,这其中都或多或少地隐含着希腊人那种挥之不去的悲剧情结(tragic complex)。

---

[1] 此段译文引自尼采的《希腊悲剧时代的哲学》,译者为周国平。我在这里将"事物"改为"万物",借以包含天地之间的万事万物,其中自然也包括人类。海德格尔专门就此段箴言撰写过一篇论文,题为《阿那克西曼德之箴言》。在此文开篇,他引用了尼采的德语译文,其出处也是尼采于1873年所著的《希腊悲剧时代的哲学》;随后又对比了第尔斯的德语译文,其出处是第尔斯于1903年所编的《前苏格拉底残篇》。中文译者孙周兴,据前者将其译为:"万物由它产生,也必复归于它,都是按照必然性;因为按照时间的程序,它们必然受到惩罚并且为其不正义而受审判。"据后者将其译为:"但万物由它产生,毁灭后又复归于它,这都是按照必然性;因为它们按照固定的时间为其不正义受到惩罚并相互补偿。"参阅〔德〕海德格尔:《阿那克西曼德之箴言》,见《林中路》,第328—329页。随后,海德格尔基于自己的"存在"论哲学立场,对此箴言予加以独特论证,并试图重新予以翻译,但由于脱离了古希腊的历史文化语境,其释证十分费解,并不成功,令人难以认同。
[2] 〔德〕尼采:《希腊悲剧时代的哲学》,第40—41页。

另外，从悲剧的情感效果来看，"怜悯与恐惧"之外还会有其他情感。卢卡斯坚持认为：亚里士多德并未说过"凭借怜悯与恐惧而引致这些情感的缓解"（by pity and fear producing the relief of these emotions），而是说过"缓解诸如此类的情感"（relief of such emotions）。① 这与埃尔斯的上述观点十分接近。那么，悲剧到底会引发其他什么情感呢？卢卡斯这样断言：悲剧在观众身上会引发同情与反感（sympathy and repugnance）、欢愉与愤懑（delight and indignation）、赞叹与鄙视（admiration and contempt）、伤感与责备（grief and blame），等等。不过，亚里士多德或许认为这些情感不如"怜悯与恐惧"来得那么重要和强烈。② 其实，我们不难设想，当亚里士多德有意凸显"怜悯与恐惧"这两种悲剧情感时，并不意味着他完全忽视了其他悲剧情感的存在，而只是择其要点而论罢了。至于这些悲剧情感之间的关系与作用，卢卡斯做过这样一个比喻：一个人的情感能量犹如水库里的蓄水，当水位高出临界点时就需要外泄，否则就会产生危险的后果。有鉴于此，一个人在观看和欣赏悲剧的过程中，有必要让过多的情感顺着同情性焦虑与怜悯（sympathetic anxiety and pity）这两条管道疏泄出去，从而降低唯情论的水平或情感的强度。③ 在我看来，这一解释具有相当的合理性。通过疏泄作用使情感能量趋于适度，这对于人的身心健康是有益的和必要的，也符合亚里士多德乃至古希腊人所标举的"适度"原则。要知道，"乐极而生悲"，"哀大而心死"，人的情感能量虽有正负之分，但都不可过度，否则就影响健康、殃及人生。另外，观众由不同的个体组成，对于悲剧的情感反应，既有某种共同性，也有一定差异性，由此形成悲剧体验的多样性。如果说"怜悯与恐惧"代表情感反应的共同性，那么，"其他诸如此类的情感"则代表情感反应的差异性。在很多情况下，悲壮离奇的情节会使人产生兴奋之感，罪有应得的惩罚会使人产生欣快之感，剧中所爱对象饱受磨难或惨遭不幸会使人产生哀伤之感，假借悲剧性的苦难来惩罚自我想象中的敌手会使人产生一种不可告人的幸灾乐祸之感，凡此种种，不一而足。所有这些不同的情感反应，通常源自不同观众的不同经验、不同理解、不同判断或不同文化心理结构。

---

① F. L. Lucas, *Tragedy*: *Serious Drama in Relation to Aristotle's* Poetics, p. 43.
② Ibid., pp. 43-44.
③ Ibid.

还需指出的是，这种对过度情感的宣泄、缓解与净化，对剧中人物遭遇的同情、鉴赏与反应，对悲剧情节结构的感知、理解与评判，在古希腊人那里不仅具有病理学意义，而且涉及心理、道德与认知功能。这一切显然与亚里士多德所关注的审美、道德和哲学心理学有关。在豪利威尔看来，借由悲剧净化活动所引致的审美、道德与认知经验，会使强烈情感与认知洞见融合起来，促成一种"情感性理解"（emotional understanding），其附带的价值与益处会把痛感体验转化为快感体验。① 要知道，亚里士多德既看重悲剧中的情节意义，也看重其中的诗乐魔力，同时还看重如何欣赏悲剧的特殊作用与有效方法，尤其关注悲剧情感在审美体验和道德体验的相互融合中，是如何与伦理判断及其理解进入和谐境界的。诚如豪利威尔所推测的那样，亚里士多德通过对悲剧艺术的研究与分析，

> 可能指望其学生在滋生希腊式敏感力的更大策源地里，也就是在关乎心灵转型的、诗乐体验的"狂喜"领域里，能够鉴赏表达净化的词汇所产生的反响。他兴许指望其学生能够发觉他自己对希腊式敏感力的情感意味不仅了然于胸，且持开放态度。然而，他兴许也指望其学生能够欣赏到他自己所倡导的哲学心理学，是如何要求情感与伦理判断及其理解达成和谐的。他在《诗学》的悲剧理论里，运用净化这一名称，意指上述和谐目的是在审美与道德两个向度彼此融合的体验中得以实现的。②

最后，从悲剧心理学的角度来看，悲剧净化并非纯然的情感宣泄、心灵净化或道德升华，而是相关情感或"情绪的缓和"。按照朱光潜的说法，怜悯表现爱和同情，所以是快乐的，又由于含有惋惜之感，所以是痛苦的。恐惧能刺激和振奋我们，所以是快乐的，但由于源自危险之感，所以又是痛苦的。悲剧能使人感受到怜悯和恐惧这两种情绪中所包含的痛苦。涤除了痛感的纯怜悯和纯恐惧，是站不住脚的概念，因为怜悯和恐惧若没有痛感，也就不成其为怜悯和恐惧了。正是痛感成分使悲剧经验具有特殊的生气和刺激性。但

---

① Stephen Halliwell, *Between Ecstasy and Truth: Interpretations of Greek Poetics from Homer to Longinus* (Oxfrod: Oxford University Press, 2011), pp. 236, 256.
② Ibid., p. 260.

是，悲剧中的痛感并非始终存在或一成不变。鉴于任何不受阻碍的活动都会产生快感，所以痛苦一旦在筋肉活动或某种艺术形式中得到自由表现，本身也就会成为快感的来源。例如，人在悲哀的时候，如果大哭一场，就可以大为缓和而感觉愉快。由此可见，无论快乐或痛苦，只要该情绪得到表现，便可使附丽于情绪的能量得到发泄或缓和。在这里，情绪的表现类乎情绪的缓和。当怜悯和恐惧在悲剧中得到表现并被观众感觉到时，附丽于这两种情绪的能量就得到宣泄，从而将痛感转化为快感，进一步增强了悲剧中积极快感的力量。因此，悲剧特有的快感是一种混合情感，既包含怜悯和恐惧中的积极快感，也包含艺术中的积极快感，同时还包含怜悯和恐惧中从痛感转化而成的快感。这后一种由痛感转化而成的快感，正是情绪缓和与情绪表现的结果，也是亚里士多德所谓悲剧净化的结果。①

说到底，悲剧是一种复杂、奇妙而深刻的艺术。依照我们目前的理解，古希腊人的生命观、艺术观、危机感、文化情结与审美心理，均以直接或间接的方式，不同程度地折射或表现在古希腊悲剧之中。如今，当我们跨越历史的时空，再去阅读或观赏这些悲剧作品及其演出时，我们会产生什么样的反应呢？会做出什么样的评判呢？会获得什么样的感悟呢？这很难说。或许，圣奥古斯丁（St. Augustine）的下述悲剧观，会给予我们某种启示。他说：

> 人们愿意看自己不愿遭遇的悲惨故事并为此感到伤心，这究竟是为了什么？一个人愿意从看戏引起悲痛，而这悲痛就作为他的乐趣。这岂非一种可怜的变态？一个人越是不能摆脱这些快感，越是容易被它感动。一个人自身受苦，人们说他不幸；如果同情别人的痛苦，便说他有恻隐之心。但对于虚构的戏剧，恻隐之心究竟是什么？戏剧并不鼓励观众帮助别人，不过引逗观众的伤心；观众越感到伤心，剧作家越能感受到赞赏。如果看了历史上的或竟是捕风捉影的悲剧而还不动情，那就败兴出场，批评指摘；假如能感到回肠荡气，便看得津津有味，自觉高兴。于是可见，人们喜欢的是眼泪和悲伤。但谁都要快乐，谁也不愿受苦，却愿意同情别人的痛苦；同情必然带来悲苦的情味。那么是否仅仅由于这

---

① 朱光潜：《悲剧心理学》，张隆溪译，人民文学出版社1985年版，第258—259页。

一原因而甘愿伤心呢?①

对于这段话里提出的一连串疑问,我相信每一位敏感、睿智和具有审美眼光的悲剧观众,都会在各自的内心深处做出真诚的反思与回应的。当然,我们也可以换一个角度,即从强调悲剧情感的审美体验与悲天悯人的道德评判转向凝照悲剧精神的哲学思考。这样一来,我们不再困扰于苦中作乐或悲中寻欢的自责意识或诡异心态,也不再纠缠于意在疏泄或净化"怜悯与恐惧"等诸如此类的悲剧情感,同时也不再局限于对人物结局或惩罚结果的期待性道德关切,而是更多地专注于悲剧自身所表现的哲理价值(philosophical value),这种价值不是来自逻辑严密的哲学阐释,而是来自直觉敏悟的诗性智慧,它在扩充我们生活经验或生命体验的同时,还会振奋我们的精神,激发我们的灵思,强化我们的活力,磨砺我们的意志,深化我们对人生苦难、命运无常及其玄秘奥理的感悟与觉解。最终,我们虽然在观赏悲剧的过程中惊愕不已,但当我们看完结局或走出剧场时,却会从中获得一种如释重负的胜利感(a sense of triumph),一种超越痛苦、看破生死、笑傲一切悲剧的胜利感。唯有在这种感受中,我们发现人才是自由的,生命才是本真的,"此在"(Dasein)才是充满诗意的。

---

① [古罗马]奥古斯丁:《忏悔录》,周士良译,商务印书馆1987年版,卷三,第37页。

第 七 章
心灵教育神话与诗性智慧

柏拉图的对话作品与书写方式，既构成了他的哲学园地，也构成了他的文学园地。因此，柏拉图本人享有不同的称谓，如哲学家、诗人哲学家、剧作家与神话作者（myth maker）等。的确，在柏拉图的对话文本中，经常会读到诸多穿插其中的"故事"或"神话"（mythos），其篇幅或长或短，其形式多种多样。

譬如，在《理想国》第十卷里，柏拉图讲述了"厄尔神话"。对于此则"神话"，国内外研究者众，有的学者从末世论角度阐释，视其为"最后审判神话"；也有的从哲学角度分析，视其为"哲学神话"。在《法礼篇》第十卷里，柏拉图讲述了另一则事关宗教信仰的"神话"，可据其用意称之为"劝诫神话"（myth of exhortation），其中关于灵魂审判与轮回的描述，自然使人想起"厄尔神话"里的相关说法。比较而言，对于"劝诫神话"，国内外研究者寡，有的学者从末世论角度解读，也有的学者从典狱学角度分析，分别强调其"因果报应"与"精神劝导"等不同作用。如若从柏拉图的教育哲学角度来看，我认为这两则"神话"都关乎"人文化成"的道德功能与追求，均旨在感化人的心灵，范导人的行为，增进人的道德修养，提升人的精神生活。故此，我个人倾向于从目的论角度将它们都看作"心灵教育神话"（psycho-paideia mythoi）。这类神话内涵神性、诗性与哲理性等三重维度，意在塑造人的心灵，启发人的理智，培养人的德行，落实"人之为人，在于像神"的道德理想，引致"人向神生成"的精神追求。无论从柏拉图的"心灵三分说"[①]来

---

① Plato, *Republic*, 436-445.

看，还是从亚里士多德的"生命本原论"[①] 来讲，心灵教育都是至关重要的，可以说是柏拉图所谓的"正确教育"的核心所在。因为，心灵教育不仅直接关系到人的知觉、情感、精神、理智、想象与行为等活动方式，而且直接关系到人力的成长、人格的发展、人性的完满与人生的价值，等等。实际上，在柏拉图的意识中，"正确教育"的最终目的，就是通过以美启智、以美养善与爱智求真的可能途径，实现人的"心灵转向"，也就是引导人从羸弱走向壮实，从蒙昧走向明智，从无德走向有德，从缺憾走向完善，从人性走向神性。概言之，在"人之为人"的问题上，柏拉图试图利用有效的教育方式，使人在有限的时空背景中，让其生命之花卓异地绽放和呈现。

值得注意的是，柏拉图笔下的神话所体现出的诗性智慧，主要是借助传奇故事或形象比喻的灵思特质（quality of visional thinking），以象征方式来表达某种经验性的告诫、道德性的劝谕、哲理性的提示或事物内在的本质，在效果上要比抽象的思辨或逻辑的推理更为鲜活，更为直观，更有感染力。因为，神话不仅有助于深化和强化所讨论的相关主题，而且有助于解释和彰显所涉及的理论思辨，同时还会在激烈的论辩过程中起到一种戏剧性的"话语转向"作用。神话的这些特殊效应，在柏拉图的哲学中表现得尤为突出。本章所论旨在释证上述推断。

一 神话的功用与哲学的起源

谈到神话，我们现代人难免会产生些许困惑，抑或将其同某些远古的神祇与英雄的传奇故事联系在一起，抑或将其与原始而神秘的习俗、信仰或崇拜活动联系在一起，抑或将其与费解的、虚构的或前逻辑性的话语形式或叙事方式联系在一起，等等。虽然我们依然或多或少地保留着某种"神话制作意识"（myth-making consciousness），喜欢在奇异的自然景观或神秘的自然现象中构想出某些富有神话意味的东西，但我们毕竟运用的是审美化的诗性加理性的思维方式，更不用说那种出于经济利益驱动的功利性和实用性思

[①] ［古希腊］亚里士多德：《论灵魂》，秦典华译，402a-412b，见苗力田主编：《亚里士多德全集》，第3卷。

想策略了。

那么，神话到底有哪些基本特征呢？我们应当如何解读或感悟神话呢？对此，在研究古代神话的学者之中，有的认为"古代人的神话是人类精神最深刻的成就之一，是天才的创作智慧所产生的充满灵感之作"；有的认为"古老的神话同仪礼和仪典紧密相关，无非是'有声的仪礼'"；有的认为"古老神话最初具有所谓的释源功能，无非是一种纯属虚构的叙述，旨在阐释世界的本质，人的境遇，当时的习俗、信仰和举措的缘起，神圣处所和显赫人物的由来"；有的则认为"神话平淡无味，纯属信仰范畴的故事，因其理智与精神内涵而令人不堪卒读"[1]。无疑，这些大相径庭的看法都有各自的理由。但无论持有哪一种看法，我们都务必承认如下事实：当久远的历史时空阻断了现代人与古老神话的情感、知性和精神纽带之后，要真正理解神话的表达形式和思想内涵，绝非一件易事。也许，某些基于原始诗歌、文学史料、题材、典故与文化的实证研究，能给人提供富有启发意义的观察视角。譬如，伯拉（C. M. Bowra）在比较原始诗歌与神话的相互关系中发现：

> 神话讲述的故事不是为了娱乐原始先民，而是为了开导他们，也就是向他们讲明那些令其困惑不解的事情。讲给原始先民的故事，试图通过提供一种历史上先前发生的或平行发生的题材，来说明那些令人费解的事情。某事之所以发生在目前，是因为与此相似之事曾发生在以前，或者发生在熟悉的时间计划之外。在那个没有科学与科学观的世界里，神话凭借自身与那些多多少少可以理解的故事之关联，至少会使上列现象变得不那么难于理解了。在原始社会，神话不仅行使着宇宙论、神学、历史与科学的职责，而且还行使着一系列与天气变化、季节回归、繁殖周期、生长衰老等现象相关的职责。通常，我们之所以难以理解原始神话，一方面是因为我们从其所假定的种种关联中看不出有何意义，另一方面是因为我们从其所表达的那些情感或视觉联想（emotional or visual associations）中看不出有何连贯性。这些神话无法依据理性的解释精神予以理解，因为它们诉诸人性中的半意识或无意识因素。要想把握这些

---

[1] ［美］克雷默主编：《世界古代神话》，魏庆征译，华夏出版社1989年版，第Ⅲ页。

神话的关联意义，我们务必不要从逻辑上去思索其因果关系，而是要努力捕捉其情调、氛围或心境，其间，富有个性的意象或形象可表示一切，会对其引发的所有回响、含义与联想产生充分的影响。①

再如，冉库（Jaccourt）与弗兰克（Manfred Frank）在研究文学与神话的内在关系中发现：

> 我们的哲思、诗歌与戏剧作品等一切种类的文学作品，都不断暗引着神话故事……神话故事是艺术遗产，从这个源泉里诞生了灵慧的理念、欢快的想象、有趣的主题、寓意、象征，它们对神话故事或多或少的正确运用，是品味与才华的明确标志。
>
> 这一赞美当然并不意味着原封不动地接受神话故事。神话的主题、母题和人物所起的作用，可以比作令人舒适的宝藏室，或者是让人为了构造情节而尽情取用的文学典故资料库；它们当然要求得到解释和符合理性的使用，因为它们自身是非理性的，在最好的状态下是对理性的感官化。②

不难看出，上述两则论断旨在探讨和归纳神话的功用与价值。相比之下，前一论断主要是从文化心理学与人类学的角度出发，要求现代人在解读神话时，务必抛开那种习以为常的、注重因果关系的逻辑推理方式，而是从原始先民认识周围世界和安排自身生活及劳动的方式出发，去感悟和揭示神话的诸多职责及其关联意义。后一论断主要是从文学发展史的立场出发，将文学作品的题材、哲理、想象与趣味等要素与神话自身的相应特点联系了起来，认为内容丰富的神话是文学艺术的"宝藏室"或"资料库"，为后者的生成与发展奠定了必要的基础，创造了有利的条件，提供了取之不尽的宝贵资源。

---

① C. M. Bowra, *Primitive Song* (New York: The World Publishing Company, 1962), pp. 217-218.
② ［德］弗兰克：《浪漫派的将来之神——新神话学讲稿》，李双志译，华东师范大学出版社2011年版，第141页。

我们知道，在不同的文化系统中，神话包含着广泛的内容，譬如诸神故事、英雄传奇、民间童话、集体象征物、自然物比喻、神性行为规范、世界起源、人类或家族演变、善恶意识形态、传统习俗惯例、往世来历、现世作为与来世报应，等等。更何况，神话的言说是生动而沉奥的，其丰富的寓意、奇妙的象征和耐人寻味的哲理，等等，都蕴含在多义有机的语境之中。因此，从渊源和效果史上可以这样断言：作为"宝藏室"和"资料库"的神话有多丰富，与其相关的文学与哲学就有多丰富。不仅如此，神话虽然是虚构的或想象的产物，或按维柯（Giambattista Vico）的说法，是源于"逻各斯沉默不语"之时代的幻想，但是，其综合性的想象力和多层次的思想性，一方面将理智或理性所解析的东西汇集起来，开启了一种抽象思维无法企及的世界视野；另一方面创设了一种灵慧和启蒙的迷人契机，借此与人类的思想、道德乃至生存意义构成了隐秘的联系。也就是说，神话借用这一方式，将抽象的东西直觉化了，将理性的东西感官化了。因此，在有些学者看来，神话正是基于上述作用带来一种特有维度，"这种维度对人类精神来说是本质性的，而且是理性难以望其项背的：人与自然的统一，正如'两者都位列其中的正当秩序那样：神话赋予意义的功能，第一次与［理性的］解释功能并列'"①。

我想，神话的上述特征与解悟方式，也会作为某种参照用来审视古希腊神话。事实上，古希腊神话中的人物是神人共在，其中诸多往昔的英雄和伟人，不是半神半人，就是神与人之间的中介，他们抑或代表人类美德与行为的楷模，抑或通过自己的丰功伟业与英雄事迹来体现神性化的超自然力量。有关这些人物的状貌、局部关联及其影响范围所引致的总体概念和人物之间的相互关联，往往成为民间信仰不可或缺的内容，其中涉及地区崇拜的那些传说，实际上属于艺术，即诗歌和造型艺术。虽然艺术并不附属于崇拜，也不受制于信仰，但却从崇拜和信仰中汲取人物形象以及他们之间的某些关联。总之，按照詹姆森的看法，神话中的共同领地，在很大程度上是艺术扩展的结果。②

---

① ［德］弗兰克：《浪漫派的将来之神——新神话学讲稿》，第138页。另参阅 Hans Poser (ed.), *Philosophie und Mythos: Ein Kolloquium* (Berlin-New York, 1979), p. 143.
② 詹姆森：《古希腊神话》，见［美］克雷默主编：《世界古代神话》，第201-202页。

但就柏拉图对话作品中的神话而言，无论在其解读还是在其用法上，所涉及的情况显然要比传统神话复杂得多。我们知道，一般汉译为"神话"的希腊语词 mythos 有多种含义。譬如，在荷马那里，mythos 意指"语词"（word）或"言语"（speech），最初与 logos 的原义没有什么区别；在赫西俄德那里，mythos 意指"演说"或"讲话"（public speech）；在伊索那里，mythos 意指"寓言"（fable）或"故事"（story）；在柏拉图那里，mythos 意指"交谈"（conversation）、"说法"（saying）、"传说"（tale, narrative）或"虚构之事"（fiction）；在亚里士多德那里，mythos 意指"喜剧或悲剧的情节"（plot of a comedy or tragedy）。①

随着语义或能指的不断扩展，mythos 的含义和用法变得日益丰富和深刻起来。这在很大程度上与希腊文化的发展特点以及希腊人对待神话的态度密切相关。要知道，古希腊人是一个极其喜爱和极力保护其神话的民族，他们努力使希腊神话成为其生存理想的基础。在此过程中，希腊神话的范围逐步扩大，将诸多内涵包裹在其精致和闪亮的面纱之中，这其中包括对大地和宇宙的看法，对宗教信仰的感悟，对世界的无意识观察，同时也包括从生活中得出的经验，等等。② 这样一来，神话在内容或旨意上，自然而然地吸纳并融入了关乎人类生存和世界本原的思想与智慧。

在希腊文化传统中不难发现，意指"神话"的 mythos，通常与"诗歌"（poiēma）联系在一起，因为诗歌这一口头文学形式所吟唱的主要题材是神话或传奇；另外，意指"智慧"的 sophia，通常与"哲学"（philosophia）联系在一起，因为哲学这门爱智之学所探讨的主要内容是智慧或真知。实际上，神话作为一种流行的言说或叙事方式，是经由诗歌这一旨在表情达意的媒介，逐步渗透到重在思辨说理的哲学之中。这其间最根本的内在关联点在于：神话的故事内容通常包含超自然的存在与因素，其内旨趣十分神奇，会使人感到惊奇（thaumazein），而哲学作为爱智之学，旨在发现这种"惊奇"的意义或真相，由此会引发好奇之心与学问精神。对于这层关系，柏拉图非常重视，

---

① Henry G. Liddell & Robert Scott (compiled), *A Greek-English Lexicon* (Oxford: Clarendon Press, 1961), pp. 1150-1151.
② ［瑞士］布克哈特：《希腊人和希腊文明》，第60页。

并在《泰阿泰德篇》(*Theaetetus*)里断言:"惊奇"(thauma)或"因惊奇而思索"(thaumazō)这类经验,既是"哲学的起源",也是"哲学家的特点"。① 这也就是说,在词源意义上与"惊讶"和"惊叹"密切相关的"惊奇"或"因惊奇而思索"这一活动,堪称哲学家之为哲学家的真正标志。因为,由此引发的追问,是无休无止的;由此引发的争论,是此消彼长的;由此推演的意义,是绵延不绝的,甚至会结为一个探讨意义之意义的动态扬弃过程。而在苏格拉底眼里,真正的哲学家就应具备揭开谜团、刨根问底的兴致和能耐,应在持续不断的诘难和思索中保持永不满足现有答案的强烈意识。这不仅是为了催生新的思想,更是为了探求新的真理。所以说,如果认为哲学就发轫于"惊奇"或"因惊奇而思索"的话,那么,哲学这门爱智求真之学就似乎没有终结的可能,因为由"惊奇"所产生的效果与思想总是难以确定的,这便为哲学家提供了"上下求索"的无限空间。这也正如维尔南所言,神话固有的精妙内涵及其令人惊奇的特质,会促成一种态度的转化,即从沉默的敬畏转向好奇、追问与论证。这种转化继而会引发诸多结果,其中解释性的话语会将隐秘的东西昭示在公众面前,就像法律条例的书写会让每位公民平等享用共同的利益那样。也就是说,通过公开讨论、争论或辩论,城邦政治的游戏规则会成为理智思想游戏的规则,借此会形成共同的信念或信仰,同时会确立一种新的真理观。这样一来,真理会成为开放的真理,会成为人人均可认识的对象,会成为凭借自身解释力量来论证自身的东西。②

历史地看,先有神话,后有哲学,哲学的起源可追溯到神话与宗教。实际上,早期希腊哲学的主要概念与范畴,一方面来自希腊神话,譬如天空(ouranos)、大地(gaia)、海洋(pontos)、混沌(chaos)、宇宙(cosmos)、爱(erōs)与争(neikos),等等,另一方面来自希腊宗教,譬如"神"(theos)、"心灵"(psychē)、"命运"(moira)与"法则"(nomos),等等。鉴于宗教用于表达自身的手段是"诗性符号"(poetic symbols)与"神话人物"(mystical personalities),加之其信仰或膜拜的对象主要是"奥林帕斯诸

---

① Plato, *Teaetetus*, 155d, in Plato, *Complete Works* (ed. s, John M. Cooper and D. S. Hutchinson, Indianapolis/Cambridge: Hackett Publishing Company, 1997).
② Jean-Pierre Vernant, *Myth and Thought among the Greeks* (New York: Zone Books, 2006), pp. 404-405.

神"和"狄奥尼索斯酒神"两大谱系,因此它与神话在实质意义上属于一枚硬币的两面。尽管哲学在当时偏好采用抽象的语言和思维模式来探讨因果与实在等问题,并且试图以更为清晰与明确的方式来界定这些问题,但哲学始终同神话精神和宗教传统密不可分。因此,哲学与宗教和神话的外在差别,遮盖不住彼此之间"内在的实质性亲和关系"(inward and substantial affinity),它们在表达有关"自然生命和人生"(the life of nature and the life of man)的感受时,都隐含在"神话学的那些未经缜密推理的直觉感知之中"(the unreasoned intuitions of mythology)。[①] 正是在此内质意义上,古希腊哲学也被视为"一种经过改造和升华了的神话学"(a reformed and sublimated mythology)[②]。

相关研究发现,神话在讲述宇宙起源时,歌颂的是宙斯的荣耀,这位主神在各种神力之间建立并维持着一种等级秩序。而米利都学派的哲人们,则要在这些故事的背后探询各种元素所依据的永恒原则。在他们看来,这些元素构成宇宙的结构,这一原则达成正义的平衡。诚然,他们保留了古老神话的某些基本观点,如世界由一产生的太初混沌状态等;另外,他们还像泰勒斯那样,继续论证"万物皆为神"的旧有假定。但是,在他们的解释模式中,并没有引入任何超自然的存在。在他们的实证理性中,自然已经渗入到一切实在领域,任何存在物和创造物都处于自然之中;就像我们每天都能看到的那样,自然的力量体现于其永恒性及其表现出的多样性中,它代替了过去的神明。换言之,自然因具有生命的力量且包含秩序的本原,其本身便具有神明的一切特征。另外,哲学所强调的真实存在,并非神话中的超自然物的继承者。哲学借助理性来探讨真正的知识,演绎所应遵循的规则,结果便把神话以及宗教中的神秘事物公开化了。在此过程中,哲学不再把这类神秘事物视为不可言说的幻象,而是将其变成公开讨论的对象了。通过自由探讨、论辩与讲授等活动,哲学最终将神秘的理论转变成一种旨在为所有人分享的知

[①] F. M. Cornford, *From Religion to Philosophy* (New York: Harper Torchbooks, 1957), pp. v-vii.
[②] W. K. C. Guthrie, "Memoir", in F. M. Cornford, *The Unwritten Philosophy and Other Essays* (Cambridge: Cambridge University Press, 1950), p. x.

识了。①

可见，哲学的诞生应和着两大精神变革：其一是以米利都学派为代表的实证思维的出现，它排除了所有超自然的形式，拒斥神话在自然现象与神力因素之间构建的内在契合关系；其二是以埃利亚学派为代表的抽象思维的勃兴，它剥去了实在中借自神话的变化之力，否认了对立实在相联合的古老图景，力图提出明确的单一本原理论。② 就哲学与神话以及宗教之间的关系而言，神话在宗教中所表达的是根本性的真理，在信众眼里可谓真正的知识和实在性的典范，但在哲学或理性思维中则情况相反，神话只是真理的图像，所讲述的故事（譬如创世记）只是对永恒不变的存在模式的简单仿效。相比之下，神话描述的对象是可能的或信仰的领域，这与确定的科学是对立的。为了与神话相符，哲学把实在分解为模式和图像，这无异于把神话贬低到图像的层次上。③ 譬如，当柏拉图以哲学的方式来描述世界的生成、秩序、灵魂与理智时，时常会借用神话所提供的创世故事与神明的非凡作为来描述这一过程。为此，他不惜将世界看作一个神明特别眷顾的对象，这个对象在其

---

① ［法］维尔南：《希腊人的神话和思想》，第418—423页。关于希腊哲学的起源问题，还可以参阅该书中译本第416—417页。作者从词源学考察，发现在公元前6世纪还没有"哲学""哲学家"等词语。根据目前的了解，philosophos（爱智者或哲学家）一词，首次出现在公元前5世纪初赫拉克里特的一段残篇中。事实上，直到柏拉图和亚里士多德那里，这些词语才获得自己的"公民权"——具有明确的、技术性的、在某些方面甚至是论战性的意义。要确认"哲学家"的身份，应该而且应当更多地与他们的先辈联系起来，借以考察他们之间的差距；将自己的研究范围局限于探索自然的"物理学家"——如我们提到的米利都学派——并不能称为哲学家；同样，在公元前6世纪和公元前5世纪期间，人们所称谓的 sophos（贤哲，如希腊七贤，泰勒斯也位列其中）或 sophistēs（智者，诡辩论者）也不是 philosophos（哲学家）；ophistēs 是长于演说的雄辩家，被认为是博学者，他们在公元前5世纪声名显赫。后来，柏拉图为了通过对比来进一步明确哲学的地位，便把他们称为真正哲学的陪衬。Physiologos（自然学家）、sophos（贤哲）、sophistēs（智者），如果我们相信柏拉图的话，还有 mythologyos（讲述神话寓言与有关贤惠妻子等故事的人），所有这些称号都适用于泰勒斯。这时，确定的并且制度化的哲学，以学校（如柏拉图的学园与亚里士多德的吕克昂学园）的建立为标志，人们就是在这些学校里讲授哲学的形成过程。在这种哲学看来，泰勒斯开启了米利都学派所从事的研究，不过他本人并没有由此跨入哲学这座新的殿堂。但是，不管这其中的差异是如何显著，该差异并不排除思想上的亲缘关系。亚里士多德在谈论"古代"思想家、也就是那些"从前"的人物时，便摒弃了他们的"唯物主义"，但他也评论说，泰勒斯可以当之无愧地被称为"哲学的启蒙者"。

② 转引自［法］维尔南：《希腊人的神话和思想》，第395页。另参阅 F. M. Cornford, *Principium Sapientiae*: The Origins of Greek Philosophical Thought (London: 1952); *From Religion to Philosophy*: A Study in the Origins of Western Speculation (New York: Harper Torchbooks, 1957, 1st edition 1912)。

③ ［法］维尔南：《希腊人的神话和思想》，第395页注1。

笔下成为"一个由上苍真正赋予灵魂与理智的活物"（a living creature truly endowedwith soul and intelligence by the providence of God）。① 实际上，希腊哲学正是这样在同神话与宗教的博弈中，得以孕育和发展起来的。但其真正的生成与成熟，无疑有赖于理性思维。这种理性思维，在米利都学派那里主要表现为研究自然概念的实证思维，而在埃利亚学派那里则主要表现为阐述永恒存在理论的抽象思维，这两者均与希腊传统神话发生决裂。其后，依然是依靠理性的力量，这两种学派及其思维方式互相碰撞，彼此促进，辩证运动，最终孕育了希腊哲学历史的发展，使哲学获得了自己的合理身份（legitimate identification），成为探索宇宙人生要义的爱智求真之学。

二 爱神话者与爱智慧者

在诗与哲学之争的古希腊时期，神话与哲学的互动关系以其特有的方式进而凸显出来。譬如，在哲学论说过程中，以独特的方式挪用关联性强的神话故事，通常可使哲学话语更富艺术感染力和论证的有效性，可使读者在思辨语言的枯燥抽象之处品味鲜活灵动的诗性喻说，继而从中迁想妙得或体悟反思其中玄奥的哲理意味。故此，亚里士多德坦言，"我支配的时间越多，我越欣赏神话"②。同时他进而断言："爱神话者（philomythos）类似于爱智慧者（philosophos）。"③ 或者说，神话爱好者类似于智慧爱好者或哲学家。在这里，"类似于"的表述方式，并未将"爱神话者"与"爱智慧者"绝对等同起来。这意味着"爱神话者"可能由于不同原因与目的而有多种类别。但可以肯定地说，其中有一类"爱神话者"与"爱智慧者"没有什么两样。就这一点而论，它完全适用于柏拉图的哲学论说方式。因为，柏拉图本人既是一位"爱神话者"（诗人），也是一位"爱智慧者"（哲学家）。作为"爱神话者"，他在讲述神话的同时也改编和创写神话；作为"爱智慧者"，他在思辨

---

① Plato, *Timaeus*, 29a-30c. Cf. Plato, *The Collected Dialogues* (ed. Edith Hamilton and Huntington Cairns, New Jersey: Princeton University Press, 1996).
② Aristotle, *On Elocution*, 144 = Aristotle, fr. 15, Plezia; cf. *Metaphysics*, 982b18. 转引自［法］芬利（M. I. Finley）主编：《希腊的遗产》，张强等译，上海人民出版社2004年版，第339—340页。
③ Aristotle, *Metaphysics*, trans. Richard Hope, New York: Columbia University Press, 1952, I. 982b 18-19.

论证的过程中穿插了大量神话。

事实上，在柏拉图那里，神话已然被哲学化了；或者说，神话在柏拉图的哲学中被理性化了。在这位哲人的笔下，神话焕然一新，成为一种特殊的话语形式，一种协助人们理解自身存在和周围世界的话语形式。在其戏剧化的对话哲学语境中，当神话与逻各斯在其中各显其能时，天、地、神、人都以不同的角色登上交互作用的宇宙舞台，叙述与论证、幻象与真实、灵魂与肉身、德行与业报、选择与命运、可见与不可见、过去、现在与未来等要素，纷至沓来，嬗递演变，循环往复，构成一幅蔚为壮观的诗化与知性图景，呈现出柏拉图哲学特有的神话—逻辑形式。正是基于这种交相作用的互补形式，神话所衍生的叙事文本，"通过陌生叙述者之口，将所有这些戏剧化的情节贯串起来，并借由某个特征的形态，意使所有不可见的存在显得彰明较著起来"[1]。与此同时，逻辑的思辨性反思在灵魂内部的对话中挖掘出概念的深度，通过神话自我映照的形式折射出形形色色的现世行为，这一方面展示出柏拉图认知理论的诗性特征，另一方面强化了柏拉图道德说教的感染力度。要知道，理性化或逻辑化的哲学论说，通常是少数专业人士喜欢品嚼的佳肴，但对普通听众来说则会成为难以下咽的食品；如若通过生动的神话将其予以诗性化或形象化，这对于双方来说都有可能成为欣然享用的美味。不难看出，柏拉图深谙此理，并且身体力行，其哲学的突出特点就是善于交替使用代表神话的秘索斯和代表逻辑或理性的逻各斯。亦如克洛提（Kevin Crotty）所言，当柏拉图不满理性思想家惯于将周围世界描述成单纯的物质场所时，他就想用秘索斯来修正逻各斯（to correct logos with muthos）；而当他试图剔除以往流传故事中所包含的那些犯忌与误导的成分时，他就想用逻各斯来修正秘索斯（to correct muthos with logos）。这恰好说明柏拉图本人与自身文化传统的关系是复杂和变动的。[2]

据统计，在柏拉图的对话作品中，mythos 的使用频率高达 87 次。其中 42 次涉及古希腊传统神话的相关内容，譬如《理想国》里的"戒指喻"；[3] 另有

---

[1] ［法］让-弗朗索瓦·马特：《论柏拉图》，张竝译，华东师范大学出版社 2008 年版，第 122 页。

[2] Kevin Crotty, *The Philosopher's Song: The Poets' Influence on Plato* (Lanham et al: Lexington Books, 2011), pp. 219-230.

[3] Plato, *Republic*, 359d-360b.

27 次涉及柏拉图自己创写的神话，譬如《理想国》里的"洞穴神话"与《蒂迈欧篇》里的"亚特兰蒂神话"；① 其余 18 次涉及混合型神话，关乎哲学理论、修辞艺术与立法导言等内容，见诸《蒂迈欧篇》②，《智者篇》③，《泰阿泰德篇》④ 和《法礼篇》⑤ 等。不过，mythos 并非是柏拉图所用的唯一标签，有时他还用 akoē 或 phēmē 等词，来表示与 mythos 指涉类同的"故事""传说""报道"以及"谣传"，等等。⑥

颇为有趣的是，柏拉图时常会有意模糊哲学与神话之间的区别，譬如将《理想国》里根据哲学构想的"美好城邦"称之为"神话"⑦，认为这种城邦会在天上建成一种"范型"，凡是看见它的人都想居住在那里。⑧ 后来在《法礼篇》第十二卷里，柏拉图依然念念不忘这一"神话"，再次以充满神话叙事色彩的口吻，断言这座"美好城邦"是神明子孙们快乐生活的福地，是构建"次好城邦"理应参照的模式。⑨ 与此同时，柏拉图出于描述和批判、交流和劝谕等目的，试图在话语的总体意义上将逻各斯（logos）和密索斯或神话（mythos）予以语义同化处理，但他谙悉神话自身的两个不足之处：其一，神话属于非证伪性话语，经常会与虚假的话语相混淆。其二，神话是一种叙事性话语，其构成要素呈现为偶然组合，与内在结构呈现为必然组合的论证性话语相对立。⑩ 这就是说，神话与逻各斯终究不同，两者的主要差别就在于此：神话既无关真伪，也不加论证，所叙述的事件或时空都是人们无法直接或间接经历的过去，只能借助想象与联想等方式去感悟其指称的有效性；逻各斯既要分别真伪，也要进行论证，所阐释的对象或观点均来自理性世界或感性世界，人们通过理性和感官能力便可辨析其指称的合理性。

---

① Plato, *Timaeus*, 24e-25d.
② Ibid., 29d, 59c, 68d.
③ Plato, *Sophist*, 242c.
④ Plato, *Teaetetus*, 156c, 164d.
⑤ Plato, *Laws*, 790c, 812a, 841c.
⑥ Catalin Partenie (ed.), *Plato's Myths* (Cambridge: Cambridge University Press, 2009), pp.1-2.
⑦ Plato, *Republic*, 376d.
⑧ Ibid., 592b.
⑨ Plato, *Laws*, 739b.
⑩ ［法］布里松：《柏拉图的神话观》，卓新贤译，见张文涛选编：《神话诗人柏拉图》，华夏出版社 2010 年版，第 33—41 页。

那么，柏拉图既知神话有此不足，为何从未弃之不用呢？这恐怕是神话的流行性和哲学表述手段的局限性所致。要知道，在柏拉图所生活的年代，神话作为"口头传统"的重要组成部分，其效用和地位如同诗歌一样，依然是一种颇为流行的特殊话语形式。面对诗歌与哲学之争的历史现实，哲学家借用诗歌的韵律和神话的内容来表述自己的理论学说，应当说是一种补充、丰富和强化哲学表述方式的有效手段。诚如康福德所言，在公元前5世纪的雅典社会，表述手段远远不能满足抽象思辨的诸多需要。哲学散文仍处在"牙牙学语的幼儿阶段"（lisping infancy）。此时，含义深远的思想一直徘徊在没有定型状态中，萦绕在思想家活跃的头脑里，由于缺乏一套有效的表述手段，他们也只能把捉住这些思想意义的只言片语而已。① 有鉴于此，柏拉图为了有效地表述自己的思想，开创性地书写了自己的对话哲学，在论证说理中不仅兼容了科学与神话两大传统，而且还保留了"口头传统"的某些交流与言说特征。

但要看到，柏拉图终究是一位喜爱神话但更爱智慧的哲学家，他对于原有神话的态度并非连贯一致，而是相互矛盾。通常，他主要根据自己设定的神为善因、英雄垂范等宗教与伦理原则，来评判和对待这些神话。如果他发现有的神话符合这些原则，并且有益于青少年的情感和道德教育，他就会积极地予以肯定和巧妙地加以借用；反之，他就会酌情进行删改或断然予以查禁。类似做法也被顺理成章地移用到诗乐舞蹈与悲剧喜剧的审查之上。究其根由，实乃柏拉图的道德诗学与政治哲学之目的论追求使然。

三 神话的新生与分类

在柏拉图时代，代表神话故事的秘索斯（mythos）与意指哲学话语的逻各斯（logos）在名义上虽已分道扬镳，但实旨上并无楚汉之隔。那么，此时的神话到底表现为何种形态呢？柏拉图又是如何看待和使用这种神话的呢？一些研究希腊文化的古典学者发现，这一时期的神话对希腊人而言，已然展

---

① F. M. Cornford, *The Unwritten Philosophy and Other Essays* (Cambridge: Cambridge University Press, 1950), p. vii.

现出一种全新的图景，不再像人们通常所设想的那样，指的是一种描写诸神与英雄的传说，一种特殊的文学体裁、故事类型或叙事方式。相反，此时的神话已然摧毁了这些类别之间的边界。其变化多端的形式，非常适合容纳最多样化的现实需求，不仅包括诸神谱系、宇宙起源和英雄颂歌，同时还包括寓言、家谱、贞女故事、道德寓意剧、成语、传统俗话。如此一来，这神话如同一个堆放杂物的储仓，表面结构上的精确性已经变得日益模糊，仅从其使用的标签与所指的轮廓中已经无法抽取其真实身份，但其重要性与广泛性却大大增加，从而在传统文明内部，在集体生活的智力结构与精神层面的组成部分中，都起着不可忽视的作用。但要看到，此时神话的标志，每次都是对其所述内容的一种躲避或间离。神话作为一种实存的话语，作为逻各斯的反面或衬托，不仅讲述诸神与英雄的传说，也讲述历史家的故事，同时也融入到哲学家的作品之中。"特别是在柏拉图那里，所有不包括在教训故事、说理讲演与严谨阐释中的一切，都可以集合在一种'神话'之中，它们因成分众多而显得混杂，然而又很统一。这一拼凑物的多种因素同样属于'道听途说'，属于耳闻口传；所有这一切都贯穿在一种口头传统的线索中，后者要求人类的集体记忆认真地将其保留下来，使其一代接着一代地流传下去。这就如同被柏拉图称为流言（phēmē）的东西，在其流传与维持的过程中，经由听闻和复述的渠道得以散布到整个社会机体之中。"①

应当看到，以上有关神话的说法，是就其整个存在形态而论，虽然略显笼统，但也不乏实情。若就柏拉图笔下的神话而论，似乎可以更加具体一些。对此，有的学者根据相关内容将其分为三类：第一类是内容上虽有变动但依然可辨的传统神话。在柏拉图的全部对话文本中，共涉及传统希腊神话人物名称 260 个，相关内容大多是点到为止，为其所用。第二类是借用传统神话人物与主题但由柏拉图自己创构的神话。在使用过程中，柏拉图将自己的想象力与传统神话学主题融为一体，有时到了难以区别的程度。第三类是柏拉图用来表示自己或他人哲学学说的神话，实则为隐喻性用法，旨在表示相关哲学学说在某种程度上是"非论辩性的"。②

---

① ［法］韦尔南：《神话与政治之间》，余中先译，三联书店 2001 年版，第 340—341 页。
② Catalin Partenie (ed.), *Plato's Myths*, pp. 2-4.

也有的学者根据其基本功能,将柏拉图的神话分为传统类、教育类和哲学类。传统类神话(traditional myths)所占比例最大,主要是诗人、妇女与其他说书人讲的故事。教育类神话(educational myths)主要是由诗人或哲学家创写的故事,其目的是对民众进行道德教育而非思想训练。哲学类神话(philosophical myths)大多是对心灵、写作与宇宙历史的理论探索,有的在一定程度上类似于"某种如何取悦诸神的哲学宣传"。相比之下,要具体界定哲学类神话是相当困难的。譬如在柏拉图的中期对话作品中,所用的神话在基本宗旨上是"规劝性的"(protreptic)。其作用不仅影响到参与对话的哲学家,同时也影响到阅读对话的读者。另外,其引发诘难的特质,也使其有别于那些旨在教导非哲学家的教育类神话。但所有这些并不能改变这一事实:"仅凭内容来界定柏拉图式的神话是会产生相反效果的,因为这会将其运用范围限定在戏剧性对话世界里的思想层面,同时也会剥夺神话自身从事元哲学评述的能力。"①

当然,从柏拉图所用神话的构成方式及其基本特点来看,我个人倾向于将其分为如下三类:其一是"创构型神话"(created myths),即用"神话"这一名称,实际是指柏拉图自己编撰的故事或喻说。其二是"转换型神话"(transformed myths),即从不同的神话或故事资源里摘取一些内容,再根据对话与论证语境的实际需要加以改造。其三是"传统型神话"(traditional myths),即从希腊或其他传统神话资源中直接引用的传奇故事。鉴于古希腊神话与诗歌的口述传统,柏拉图在引述这类"神话"时,或点明原来作者,或不讲具体来源。但无论采用哪一种方式,柏拉图对神话的运用都是创造性的和哲理化的,不再是"前哲学"式的借船渡海,而是"后哲学"式的论证需要;② 不再是修辞学意义上的装饰手段,而是哲学语境中的有意阐发。

大体说来,柏拉图创构、改写和引用神话的目的要因有三:一是"实用原因"(practical reason),旨在利用神话这一手段,达到说服、劝导或教诲民

---

① Kathryn Morgan, *Myth and Philosophy from the Presocratics to Plato* (Cambridge: CambridgeUniversity Press, 2000), pp. 162-164.
② "后哲学"(post-philosophical)一说与"前哲学"(pre-philosophical)一说是相对而言,一般意指哲学作为一门爱智之学在希腊古典时期确立其相对独立的学科地位之后,此阶段的哲学文本不再借用诗歌的韵文形式进行写作。

众的目的，二是"哲学原因"（philosophical reason），旨在帮助民众超越自身的理智限度，提升自身的认知能力，使自己在无法掌握哲学真理的情况下，间接地借助虚构的神话叙事来感悟那些接近真理或实在的知识与价值。① 三是"承传原因"（transmissive reason），旨在继承、保存和传布希腊神话传统的同时，利用人们喜闻乐见和生动鲜活的书写方式，将神话的启示作用与理论的思辨特征有机地整合在一起，借以丰富风格独创的对话形式，进而激活相对抽象的哲学话语。所有这些原因，实际上都是柏拉图推行其道德修养和哲学教育的重要组成部分。在这方面，他笔下的"厄尔神话"堪称范例。该神话所蕴含的哲学启示，无论从灵魂教育还是诗性智慧的角度来看，都是相当耐人寻味的。

四 厄尔神话的要旨

按照道德主义的观点，柏拉图《理想国》的主题之一关乎人格教育或灵魂教育。有趣的是，这篇对话文本以哲学论证为框架，借助一系列神话故事或喻说方式来探讨和解决灵魂的诸多问题。就其总体结构而言，这一系列神话故事中主要有三个起着承上启下的串联作用：首先是以戒指喻为先导，解释人类灵魂易受不义症因感染的脆弱本性；随之是以灵魂三分说为中介，进而昭示理性、激情与欲望等灵魂三要素的互动特征及其可能后果；最后是以厄尔神话为结尾，旨在展现亡灵在冥界的不同经历及其对现世人生的潜在影响。

据该故事所述，厄洛斯（Heros——英译为 Er）是一位潘菲里亚种族的勇士，在一次战斗中阵亡后魂游冥界，在那里见证了不同亡灵所得到的种种报应，待他自己的尸体于第 12 天从火葬堆上复活后，便向世人讲述了自己在冥界的所见所闻。整个故事关乎两类亡灵的报应：一类是正义者，另一类是不义者。正义者因为在世时的德性行为而得到奖励，沿着向上的道路进入天国，在那里享受千年的锦衣玉食；不义者因为在世时的罪恶而遭到惩罚，沿着向

---

① Catalina Partinie (ed.), "Preface", in Plato, *Selected Myths* (Oxford: Oxford University Press, 2008), pp. xviii-xiv.

下的道路走向地狱，在那里遭受千年的痛苦磨难。随后，他们从四个甬道往来出入，或入地狱，或升天堂，或从天上下来，或从地下冒出。依照神定的天条，对不义者亡灵的惩罚，是其在世时所作恶事的十倍；对正义者亡灵的补偿，是其在世时所作善事的十倍。对于罪恶深重者的惩罚还要加倍，在其亡灵遭受千年磨难之后，还要重新将其打回地狱，再次经历千年磨难。所有得到奖励或惩罚的亡灵，到头来都要聚集在一片草场上住满七天，第八天再动身上路，奔赴选择新生之地。途中，他们要经过贯通天地、虹彩流溢的旋转纺锤，观看命运的必然规定与运作形式。最终，这些亡灵来到命运女神面前，一位神使出来指挥他们列队排序，然后再从命运三女神之一拉赫西斯膝上抓起一把阄和各种生活模式，登上高台宣布神意："诸位存活一日的灵魂们，你们即将开始选择包含死亡的另一轮新生了。不是神决定你们的命运，是你们自己选择命运。谁拈到第一号阄，谁就第一个挑选自己将来必须度过的生活。德性任人自取。每个人将来有多少德性，全看他对其重视的程度。过错由选择者自负，与神无关……即使最后选择也没有关系，只要他的选择是明智的，他的生活是努力的，就仍然有机会选到他满意的生活。愿第一个选择者审慎对待，最后一个选择者不要灰心。"说完，神使把手中的阄撒到他们之间，每个灵魂就近拾起一阄，看清上面的号码。厄洛斯除外，神不让他参与。接着，神使把生活模式摊放在他们面前的地上，数目比在场人数多出许多。生活模式多种多样，有各种动物和各种人的生活。荣誉或辱没、富贵或贫穷、健康或疾病、美貌或丑陋、勇武或胆怯、僭主或乞丐、幸运或祸端，凡此种种，穿插搭配，供人选择。抓到第一号阄的人，前世生活循规蹈矩，依据风俗习惯行善，其亡灵得到补偿，在天上走了一趟，没有吃过任何苦头，欣喜之余，忘乎神使的告诫，出于一时的愚蠢和贪婪，竟未全面考察，就贸然挑选了一个最大僭主的生活模式。虽然他在来世会享有尊贵和权力，但却要遭受吃掉自己孩子等可怕的命运。等他静下心来加以细想，立刻后悔莫及，于是捶胸顿足、号啕痛哭，怨天尤人，责怪命运和神的捉弄，唯独不省察自己的过错……在其他灵魂的选择中，他们或汲取自己前生的教训，或深受前生习性的影响，或退而求其次，追求安宁的生活；或愤而发愿，伺机一雪前耻。于是，有人变成动物的，有动物变成人的，也有一种动物变成另一种动物的。不义者变成野性的动物，正义者变成温驯的动物……总之，当所有灵魂按照号码次序选定了自己来世的生活后，他们列队走到决定命运的女神拉赫西斯面前，由她给每个灵魂安排一个监护神，以便引领他们完成自己的选择，度过自己命定的一生。监护神首先把灵魂引领到纺生命之线的女神克洛索处，在她手下方旋转的纺锤中核准了他们各自的选择，从而使其命运之线不可更改。随后，这些灵魂头也不回地从决定命运的女神宝座下走过，继而来到意指"忘川"的勒塞河畔，在喝了规定数量的水后，他们便忘却一切，呼呼大睡。到了半夜，听到雷声隆隆，天摇地动，所有灵魂全被突然抛起，犹如流星四射，向各方散去重新投生。①

在这个神气拂拂的厄尔神话里，天上与地下、现世与来世、生与死、善与恶、奖励与惩罚等对立的范畴，即是相互分离的，又是彼此联系的，主要基于善有善报、恶有恶报的因果关系。在叙述过程中，对话交谈的双方不时脱离线型的叙事结构，就像切换电影镜头一样，不失时机地插播自己的哲学立场，加进一些范导性的道德告诫，其要点可归纳如下：

（1）人的命运是自己选择的结果，命运女神只是提供选择的机会和监督执行而已。这便涉及某种自由意志及其内在的道德意识。

（2）灵魂的状况是没有选择的，人人都一样，但选择不同的生活模式，必然会决定人的不同性格与业报差异。

（3）"美德任人自取"。既然生活由自己选择，命运可以掌握在自己手里，这就需要重视德性教育或道德修养，需要认真地寻师访友，敬请他们指导你如何辨别善的生活与恶的生活，以便做出明智的选择，避免愚昧与贪婪的迷惑。

（4）善的生活就是正义的生活，恶的生活就是不正义的生活。这与《理想国》开篇提出的"正义就是善德和幸福"之说彼此呼应、前后一贯。

（5）灵魂不死，能忍受一切恶和善。亡灵可以承受生灵的前世修行，抑或因善得福，成倍地享受天上的锦衣玉食；抑或因恶获罪，成倍地遭受地狱的惩罚磨难。故此，个人只有志存高尚，积极上进，追求公正和智慧，才能赢得自己和诸神的爱，才能在现世和来世得到善报。

---

① Plato, *Republic* (trans. Pau Shorey, Cambridge/London: Harvard University Press, Loeb Classical Library, rep., 1994), 617a-621b. 该故事转述于本书第八章第三部分"上天或入地的灵喻"里。另参阅[古希腊]柏拉图：《理想国》，郭斌和、张竹明译。

（6）灵魂不朽在积极意义上象征一条永恒有效的正义原则，涉及来世果报和内心状况。其意义与作用旨在引导人们由低而高地不断追求道德的完善。

上述这一切道德训诫，虽是针对游走冥界的亡灵，实是针对活在世上的众生，其要旨在于鼓励人们注重现世修为，坚持向善求美，不断完善自我，认真学习哲学，努力掌握智慧，以期确保死后的幸福回报和来世的明智选择。而最后一点，容易使人联想到康德的如下说辞：

> 人对全善的追求，唯有将灵魂不朽假设为纯粹实践理性的一个条件时才是可能的。而这一假设与道德法则的联系密不可分。要不然，道德法则本身就会完全降低其神性特征。①

仅就厄尔神话而论，柏拉图并非像诗人那样，纯粹以感性审美的方式直陈故事的发展或戏剧性地对其进行转呈开合，而是自然有序地将其纳入自己的哲学论说框架之中。譬如，开讲之前，柏拉图就借苏格拉底之口表明，这是"关于两种人的一个故事"，涉及正义者与不义者死后得到的"全部报应"。② 这一基调，近乎结论，从头到尾，一以贯之。在讲述过程中，他随时评点、随时告诫。当那些亡灵将要重新选择来生时，他特意挑明其中潜藏的危险，奉劝人们要首先重视"寻师访友"，以便学会辨别善恶两种生活，立志选取最善的生活，永远恪守中正之道，避免走向两个极端。③ 随后，当拈得第一号阄的灵魂选择失误时，苏格拉底从祸福相随的辩证角度分析了其中的缘由，进而又提出认真学习哲学与重视追求智慧的忠告，认为只有这样才会终生受用，得到幸福，死后也会走上一条"平坦的天国之路，而非一条崎岖的地下之路"④。讲述至此，他言犹未尽，不失时机地告诫人们：要想救助灵魂，要想安渡忘川，就必须坚持走向上的路，追求正义和智慧。这样才有可能在今生来世"诸事顺遂"。⑤ 自始至终，柏拉图依旧把"学习哲学"与"追

---

① Immanuel Kant, *Critique of Practical Reason* (ed. & trans. Lewis White Beck, London: Macmillan Publishing Company, 1993), p. 129.
② Plato, *Republic*, 614a.
③ Ibid., 618c-619a.
④ Ibid., 619d-e.
⑤ Ibid., 621d.

求智慧"视作救助灵魂的最佳途径,通往天堂的"向上之路","诸事顺遂"的可靠保障。当然,所谓"诸事顺遂",在此意味着凡事做得漂亮,一切选择合乎情理。唯有如此,德性才会发扬光大,幸福才会伴你前行。这就是柏拉图着力想要传布于世的人生哲理。

五 深层喻指解析

厄尔神话所呈现出的是一幅最后审判的末世论图景。在四个甬道交错出入的天堂与地狱之间,象征常绿与新生的草场位于中心,分为正义与不义的两类灵魂穿梭其中,代表赫尔墨斯的神使往来引领,喻示宇宙世界道德法则的纺锤贯通天地,决定万物命运的神灵位列上方,由此构成天、地、神、人的有序空间,其中天地相对、神人交织,显得"天网恢恢,疏而不漏"。总体而言,这一神话容易使人联想到《斐多篇》(*Phaedo*)和《高尔吉亚篇》(*Gorgias*)① 中的另外两则神话,此三者在结构上的相似之处,"正好体现在天、地、神、人和正义这五位一体的形象上,其中正义又是其他四个元素的关节点"②。不过,《斐多篇》里四河一湖神话及其五级灵魂划分③,虽然细致而生动,但稍显繁杂且冗奥,需要认真厘清方能解读其中寓意。《高尔吉亚篇》中的宙斯三子会审灵魂神话④,虽然侧重灵魂判罚的合理性,但身居克里特岛的三个审判者在地缘意义上"存在某种不平衡关系",而且正义的地形图也"明显倾向于天上与东方"。⑤ 相比之下,《理想国》篇末所述的厄尔神话,显得更为周圆而成熟,因为它兼有前两者之长,一方面生动简明,天地神人和正义等五元素各得其位,清晰易辨;另一方面中正无偏,在引入"学习哲学"(philosophoi)这一重要向度的同时,强调了责任与态度的必要性,凸显了正义与智慧的重要性。

---

① 除《理想国》单行本之外,本文所涉及的柏拉图其他对话文本,如《斐多篇》《高尔吉亚篇》和《斐德罗篇》(*Phaedrus*)等,均参阅《柏拉图全集》(Plato, *Complete Works*, ed. John M. Cooper & D. S. Hutchinson, Indianapolis & Cambridge: Hackett Publishing Company, 1997)。
② [法] 马特:《柏拉图与神话之镜》,吴雅凌译,华东师范大学出版社2008年版,第186页。
③ Plato, *Phaedo*, 113a-114c.
④ Plato, *Gorgias*, 523a-524b.
⑤ [法] 马特:《柏拉图与神话之镜》,第171页。

很显然，厄尔神话中所列举的"误选"僭主生活模式一例①，不是非此即彼的简单旁证，而是富有哲理的辩证告诫。这个前生在风俗习惯引导下行为端正、死后得到奖励的亡灵，等他从天上享受过千年福祉之后，在选择来世生活时因愚蠢和贪婪而犯下严重过错，结果得不偿失，来生悲苦，但他不能自省，反而埋怨他者。究其直接原因，主要是缺乏审慎的态度，是没有全面考察所要选择的整个生活模式所致；但若究其深层原因，则主要是缺乏真正的智慧，是前生没有认真地"学习哲学"或"追求智慧"的结果。② 另外，辩证地看，大多数来自天上的人，没有吃过苦头，未曾接受教训，容易得意忘形，易受表面荣华富贵的诱惑。反之，那些来自地下的灵魂，不但自己受过苦，而且见过别人受过苦，因此更为审慎，不会草率选择。这便是灵魂善恶与人生祸福出现互换的主因之一。

这则神话中有关灵魂转世信仰，见诸于奥菲斯教的口述传统与毕达哥拉斯学派的学说之中。③ 用摩根的话说，这在奥秘意义上体现出"奥菲斯教派—毕达哥拉斯学派的聚合关系"。④ 不过，柏拉图出于哲学论证的实际需要和灵魂教育的目的性追求，将厄尔神话与象征必然性的命运女神和体现宇宙道德律令的纺锤有机地缝合在一起。如此一来，人与神、世间与冥界、此生与来生彼此联动，借以佐证灵魂不死之说。值得注意的是，喻示最后审判的厄尔神话，出现在《理想国》的篇尾；同样，具有类似寓意的四河一湖神话和宙斯三子会审灵魂神话，也分别出现在《斐多篇》和《高尔吉亚篇》的末端。这一现象似乎表明，相关的论证性或思辨性对话已然陷入不可逾越的绝境（the impasse），苏格拉底已然无法引导对话参与者继续前行，抽象的逻辑推理或逻各斯（logos）话语形式再次显得无能为力，于是就转而借用富有诗性喻说和有机多义潜能的神话（mythos）来结束对话，以期将人们引向玄奥而沉静的凝思。当然，这绝非权宜之计，而是有意为之。

实际上，在许多富有戏剧性的对话场合，柏拉图总是借助神话故事来修

---

① Plato, *Republic*, 619b-d.
② Ibid., 619d.
③ Bowra, *The Greek Experience* (London: Phoenix, 1957). pp. 120-122；[英] 肯尼：《牛津西方哲学史》第一卷《古代哲学》，第273—276页。
④ Michael L. Morgan, "Plato and Greek Religion", in Richard Kraut (ed.), *The Cambridge Companion to Plato* (Cambridge: Cambridge University Press, 1999), pp. 236.

正或彰显自己的哲学论点，用神话故事的多层意蕴来深化或拓展自己的思想学说。正是在此意义上，柏拉图成功地把爱神话与爱智慧有机地结合在一起，把神话学与哲学互补性地嫁接在一起，把诗性与理性贯通性地融会在一起，因此被奉为最具有神话创造力和诗性智慧的哲学家。我们甚至还可以反转通常的评述次序，"不把柏拉图说成是热衷于希腊文化之传统神话的哲学家，而要将他说成是热衷于创造旨在抵消旧神话魅力的新神话的哲学家"①。这里所论的厄尔神话，正是柏拉图在采集奥菲斯教相关传说的基础上，予以改造和创新的突出范例之一。在柏拉图的对话文本中，这方面的实例很多。譬如在《理想国》里，他将黄金、白银、青铜、英雄和黑铁等五个种族的古代传说②，创造性地改写为金银铜铁等四类人，进而使其演变为与灵魂三分说相呼应的城邦三阶层；在《高尔吉亚篇》里，他将地狱里有五条河流的神话传说③，为我所用地改写为四河一湖，借以表示河流位置的四分结构和围绕中心的宇宙整体形象。这种改造与挪用，虽然在一定程度上消解了希腊传统神话固有的魅力，同时也置换了原有的叙述结构，但却取得旧瓶装新酒的奇妙效果，赋予新神话以新的意义和启示，使其顺势与哲学语境中的理论思想轨道自然对接，借此构建了希腊神话中的"家族相似性"，并在保留玄妙、神秘、未知与半人半神等传统神话特征的同时，于深层意义上融入了道德哲学的主干基因。

值得指出的是，柏拉图笔下的厄尔神话，蕴含着一种基于推理的论证，表达了一种原逻辑的直觉，揭示了人类灵魂的本性。为了凸显这个故事，柏拉图有意将其置于哲学语境之中，借以引导读者重新思索今生的修为与德性，亡灵的安置与境遇，来世的选择与命运，等等。为了特意强化这种思索效应，柏拉图只有在自认为合适的时候，"才把对德性的奖励纳入对话之中。这样一来，末世论与其说是搅乱论证之水的一种信仰，不如说是在哲学世界观里获得了一个明确的地位"④。

---

① Diskin Clay, "Plato Philomyth," in Roger D. Woodard (ed.), *The Cambridge Companion to Greek Mythology* (Cambridge: Cambridge University Press, 2007), p. 211.
② ［古希腊］赫西俄德：《工作与时日》，第 110—199 行。
③ ［古希腊］荷马：《奥德赛》，王焕生译，人民文学出版社 2005 年版，第 10 卷第 505—517 行。
④ Kathryn Morgan, *Myth and Philosophy from the Presocratics to Plato* (Cambridge: Cambridge University Press, 2000), p. 210.

另外，人们在厄尔神话里还会发现一种理性的宇宙秩序，这种秩序主要体现在象征命运必然性的纺锤之中。在人的亡灵进入冥界之后，护佑性补偿或赎罪式惩罚都是来生来世因果报应的组成部分，都取决于今生今世所积累的德性或罪恶的多寡。这便将行善者与作恶者安置在截然不同的生活境遇里，旨在鼓励行善者要一如既往地行善积德，同时警告作恶者要竭力消除自己的坏行恶德。重要的是，前世的德性不足以确保个人的永恒救赎；即便灵魂得到奖励，在天上走过一趟，可到了选择来世新生的紧要时刻，这一点并不能为其提供任何额外的助益。每个人在选择轮回时，都必须谨慎小心，因为这关乎来世的祸福。任何正确的选择，都更多地取决于灵魂拥有的智慧，而不是有赖于单纯德性的实践。因为，"对于哲学家之外的所有其他人而言，总是命运多变，福祸相随。厄尔神话则将所有责任交付个人，要他们为自己的境遇各负其责，同时还教导他们只存在无知，不存在罪孽"①。需要指出的是，罪孽委实存在，导致罪孽的根由很多，而无知就属其中之一。按照柏拉图的立场，要摆脱罪孽，就得首先克服无知。而克服无知的有效方式，就在于诚心正意地爱智求真。

再者，厄尔神话的根基是灵魂转生论（the doctrine of metempsychosis）。按照希罗多德的说法，此论很有可能来自东方。其源头可以追溯到小亚细亚、波斯湾、中东乃至远东。② 不管其具体出处何在，这则神话对那些了解佛教的读者而言，会使他们自然而然地解读出业报轮回说（doctrines of Karma and Samsara）的思想印迹。在佛教的描述中，业报（karma）是指依善恶业因而引发的报应。业有身业、口业与意业三类。由言论和行动表现出来的显而易见之业，称为表业（Vijnapti）；由潜在思想和隐性言行构成的不易觉察之业，称为无表业（Avijnapti）。所有业均分为善、不善、非善非不善三种。凡业发生后，永不消除，世代相传，由此奠定了善恶报应的因果依据。至于"轮回"（Samsara），则涉及"六道"，包括天、人、地狱、阿修罗、饿鬼、畜生。所有众生各依其善恶业因，在"六道"中生死相续，升沉不定，犹如车轮常转，故称"六道轮回"。不过，厄尔神话中的灵魂转世论，虽在扬善惩恶的道德原

---

① Allan Bloom, *The Republic of Plato* (New York: Basic Books, 1968), p. 436.
② Bernard Bosanquet, *A Companion to Plato's* Republic (London: Thoemmes Press, rep., 1999), p. 411.

则上与佛教的业报轮回说类似，但也存在根本性的差异。其差异在于前者的业报，其有效性仅限一次，来世便可阻断；而后者的业报，永无休止，来世依然承袭。相应地，前者给选择新的人生留下空间，让自由意志和哲学智慧可以发挥重要作用，而后者则不提供这种可能。

六 救助灵魂的三种途径

无论是用文学或哲学、神话学或人类学的方法来解读厄尔神话，都会从不同角度开显出其中的道德哲学意味。譬如，有的学者将其划归"最后审判神话"，借此分析天堂地狱的十字形结构与宇宙世界的道德法则；① 有的学者将其列入"哲理性神话"，旨在揭示其在哲学语境中的道德规劝作用，进而彰显其协助人们感悟人生真谛以及反思哲学话语地位的理智力量。② 其实，从目的论上看，我认为厄尔神话更像是一则"灵魂教育神话"（psycho-paideia mythos），主旨在于救助人的灵魂，使其免受尘世恶俗的玷污。我们从中不难发现，诸多亡灵的境遇好坏，均折映出不同的众生之相。在那里，所谓生死之别，阴阳之隔，包括天地神人之分，都隐含一定的相关性，彼此之间通过正义原则这一衡量尺度，可望构成某种秩序上的应和性或一致性。当然，其中所关注的焦点，是灵魂的救助问题，这与贯通《理想国》全篇的灵魂教育主题是完全一致的。

前贤曾言：人性之木弯弯曲曲，从未造出笔直之物。③ 这就是说，人性中固有的本能、私欲及杂念，很难完全消除或净化，因此也就难以从中培养出公正无偏的德性。从柏拉图对世道人心的观察以及对正义者与不义者的某些心理描述来看④，世事难料，人心难治，教育的根本任务就是治心，就是让人明心见性，弃恶向善。因此，在他那里，人性之木可以置换为人心之木，其本质形态也是弯弯曲曲，难以造出笔直之物。不过，柏拉图总是出于救赎人

---

① ［法］马特：《柏拉图与神话之镜》，第179—184页。
② Kathryn Morgan, *Myth and Philosophy from the Presocratics to Plato* (Cambridge: Cambridge University Press, 2000), pp.164, 208-210.
③ 有的学者认为此乃伯林引用康德之言，其英译文为："Out of the crooked timber of human nature, nothing straight is ever made."
④ Plato, *Republic*, 359-360, 588-589.

心以及匡正世风的特殊使命感，坚持从道德哲学的立场出发，不惮其烦地呼吁或提醒人们照看好自己的灵魂，使其保持纯真，免受污染。譬如，在讲述完厄尔神话之后，也就是在《理想国》行将结束之前，他借苏格拉底之口发出如此深情的忠告："格劳孔啊，这个故事就这样保存了下来，没有亡佚。如果我们相信它，它就能救助我们，我们就能安全地渡过勒塞之河，而不在这个世界上玷污了我们的灵魂。"①

那么，灵魂是如何得以救助的呢？或者说，厄尔神话所提供的救助途径是什么呢？从初步的分析来看，灵魂救助的可能途径主要有三：一是"天国之路"，二是"地下之路"，三是"哲学之路"。辩证地看，此三者并非彼此孤立，而是相互联系，需要通过逐一认识和比较，方能洞察各自的利弊。

"天国之路"平坦通达，以天赐的锦衣玉食来补偿美德善行，借此激励人们诚心向善，修养德性，护佑亡灵，祈福来生。与此相反，"地下之路"崎岖坎坷，以地狱里严酷的惩罪罚恶为手段，惊魂慑魄，极尽警示之能，借此规劝人们改邪归正，抛却逃脱罪责与惩罚的侥幸心理。这两种途径，尽管是以正义与不义为衡量尺度，试图在人心、人世与宇宙里确立相应一致的道德法则，但在总体上是依据业报轮回的思想，将天堂与地狱奉为惩恶扬善的两极，借此规导人们确立"善有善报，恶有恶报"的道德理念，注重此世今生的道德修为，确保死后来世的因果报应，体悟"苦海无边，回头是岸"的自我救赎之道。但是，当正义与不义两类灵魂或从天上下来，或从地下冒出，都聚集在象征宇宙中心和常绿重生的草场时，他们都面临重新选择生活模式的平等际遇。此时，节制或审慎的德性显得尤为重要。那些享受过锦衣玉食、自天而降的来客，或许会忘乎所以，自以为是，匆忙中做出草率的选择，导致自己来世命运多舛；而那些遭受或目睹过残酷磨难的地下来客，或许会小心翼翼，谨言慎行，在认真权衡利弊时做出更为合理的选择，使自己的来世柳暗花明。就前者而言，天国恩赐虽然合乎情理，但有可能造成"好事太过，必为坏事"的负面结果。就后者而论，地狱惩戒尽管狞厉可怖，但有可能产生"因祸得福"的积极效应。

正是在上述这种天地相分、各有利弊的矛盾语境中，柏拉图转而标举爱

---

① Plato, *Republic*, 621b-c.

智养德的"哲学之路"。为此,他郑重地告诫说:"凡是在人间能忠实地追求智慧(hygios philosophoi),拈阄时又不是拈得最后一号的话……这样的人不仅今生今世可以期望得到快乐,死后以及再回到人间来时走的也是一条平坦的天国之路,而不是一条崎岖的地下之路。"① 所谓 hygios philosophoi, 英译为 a man loved wisdom sanely。② 也就是说,此人在活着时,务必真心诚意地研习哲学,务必合情合理地养育智慧。这实际上是通往天堂的"向上之路"(tes ano hodou)③,是基于人生命运的必然性规定要求,而非基于拈阄抓号之类的偶然性附加条件,因为这种附加条件往往会把心存侥幸的选择者置于危险之境。

要知道,在柏拉图的心目中,人们只有认真地学习哲学、诚心地追求智慧,不失时机地聆听导师朋友的教诲,认识生活的真谛与德性的价值,才会获取真知,修养美德,持守善行,布施正义,不仅此生今世会幸福快乐,而且死后来世也会得到善报,最终使灵魂在安渡忘川、免受恶俗污染的同时,还能赢得"自己的爱和神的爱",④ 并在生前死后"诸事顺遂"⑤。一般说来,"自己的爱"使人珍爱生活,修德向善,欣然而乐;"神的爱"使人保持虔敬之心,赢得神明佑护与恩赐,进入神人相和的至福境界。而所谓"诸事顺遂"(eu prottomen),则表示"做得好,活得好"(fare well and live well),意味着万事如意,无愧我心。这说明"哲学之路",也就是柏拉图所说的那条"向上之路",⑥ 是通过"追求正义和智慧",养成审慎与明断的美德,上可连接"天国之路",下可摆脱"地下之路",凭借不懈的努力,既能争取前者之利,亦会排除后者之弊,从而恪守"中正无偏"的明智之道。

实际上,柏拉图在《斐德罗篇》里,将爱智求真这条哲学之路,一方面比作爱慕至真至美的向上之路,另一方面视为影响来世转生的裁决之路。凭借前者,人们可以获得精神爱欲的满足;通过后者,灵魂可以获得优先托生

---

① Plato, *Republic*, 619e.
② Cf. Paul Shorey's translation. Plato, *Republic* (trans. Paul Shorey, Cambridge/London: Harvard University Press, Loeb Classical Library, rep., 1994).
③ Ibid., 621c. Paul Shorey 将其译为"the upward way"。
④ Ibid., 621c.
⑤ Ibid., 621d.
⑥ Ibid., 621c.

的特权。也就是说，沿着向上之路随神同行的灵魂，将见到事物本体，会长满羽翼，周天飞行，在下一轮回中不受伤害，若能常保这一状态，就会永远不受伤害；而那些不顺随神的灵魂，看不到事物本体，反受昏沉和罪恶的拖累，结果遭受不幸，失去上天羽翼，最终降落在地。于是，按照一种定律与其认识真理的多寡，将灵魂分为九等人的种子，第一流投生为爱智慧者、爱美者、诗神或爱神的顶礼者；第二流投生为守法的君主或好战的统帅；第三流投生为政治家、经济家或财政家；第四流投生为体育爱好者或以治疗身体为业者；第五流投生为预言家或掌管宗教礼仪者；第六流投生为诗人或其他摹仿艺术家；第七流投生为工人或农民；第八流投生为诡辩家或蛊惑家；第九流投生为僭主。不过，在这九等灵魂之中，依据正义原则生活者以后可以升级，不依据正义原则生活者以后就得降级。万年之后回到原来的出发点，唯有爱智求真的哲学家的灵魂，可以恢复其羽翼，再次高飞远举，因为他们以理智和真知不断滋养自己。而其他一切灵魂，则要接受最后审判，依据奖惩结果或上天或入地，千年后再回来选择新一轮生活。[1]

值得指出的是，"哲学之路"或"向上之路"所追求的"正义和智慧"（dikaiosynen meta phroneseos），实属修为向善的重要基石，救助灵魂的不二法门。尤其是"正义"，堪称众德之首，是所有其他德性（如智慧或明达、勇敢或果断、节制或审慎）的综合结果。按照古希腊的传统，任何德性（arete）的培养都具有双重特点。它在个体层面上意味着训练（askesis），可使人通过灵魂的净化而得到救赎；它在城邦层面上意味着教育（paideia），可让最有资格的公民按照正义原则行使主权。[2] 究其本质，这种"训练"，侧重提升的是道德实践中的个人修为，主要以公正不偏与正义原则为基本导向；这种"教育"，侧重培养的是参与城邦管理的公民职责，主要以城邦伦理与共同福祉为参照对象。在柏拉图的设想中，举凡在这两方面取得最高成就的大德大贤之士，有望担当大任，主持国政，成为内外双修、文武兼备、明智审慎、廉洁奉公的"哲人王"（philosopher-king）。

---

[1] Plato, *Phaedrus*, 248c-249c.
[2] ［法］维尔南：《希腊人的神话和思想》，第141页。

七　诗性智慧的特征与效用

从厄尔神话的叙事手法来看，戏剧性的情节编排与穿插其中的哲理性的论说相映成趣，使得一般读者在欣赏故事和反思其寓意的过程中，通常会在感性审美的情致驱动下，把那些言之凿凿的说教当作不可或缺的点评或顺势接纳的定理。这种同哲学推论相结合的艺术表现手法，经常在对话进入关键的时刻加以运用，从而将人导向审美的体验和玄奥的遐想，亦如康德所说的那样，使人的"想象力"和"知性"这两种"认识能力进入自由的游戏状态"。① 此类游戏状态，既是直觉的、美学的，也是理智的、哲学的，而且也是和谐的、愉悦的。

柏拉图采用这种手法，意在通过神话的隐喻功能，进而推动自己的哲学思考。这种思考具有显著的"诗性智慧"（poetic wisdom）特征，在很大程度上基于对神话或诗的哲学式复写，由此创构出玄秘的意象和戏剧性效果，用于表达和传布那些言不尽意的哲理。正是借助这种诗性智慧，柏拉图驾轻就熟，从希腊文学与神话（包括口述文学传统中的道听途说）中选取自己所需的素材，然后依据哲学论说的需要，创造性地加以挪用，将灵动鲜活的诗性配料（poetic ingredients）或审美元素注入自己的哲学话语之中。这也从另一个侧面表明，柏拉图珍视古希腊教育的传统遗产与历史背景，于是面对他臆想中的雅典读者，有意采纳了一条符合交谈伦理的效应原则，让自己的言说风格与修辞技艺适应于当时的公众阅读习惯与社会文化环境。当然，这一做法并非单纯为了迎合公众趣味的权宜之计，而是其哲学思想中必不可少的组成部分。从神话故事在其哲学中所起的作用而言，这种富有诗性智慧的艺术表现方式已然成为柏拉图独有的哲学思维模式。该模式有益于营造一种引人入胜的氛围或场景，一方面促成有效的沟通，另一方面唤起重新的思考，因为喻说性的描述加上逻辑性的推论，在语义学上会相互补充，由此构建的有机语境特性（organic contextuality），有助于打破语言的局限，引发多义性的

---

① Immanuel Kant, *Critique of the Power of Judgment* (ed. & trans. Paul Guyer and Eric Matthews, Cambridge: Cambridge University Press, 2000), 5: 217-218.

解释与外延性的感想。在这一点上，那种认为柏拉图哲学的价值在于"已能摆脱以神话方式表达出的'真理'"之说①，显然低估了柏拉图的哲学运思方式及其表达"真理"的方式，所得出的那种非此即彼之论，意在把哲学与神话两种表达方式截然分开，那样难免会生些许过于简化之嫌。这主要是因为评说者未能充分认识到如下事实：柏拉图的诗性智慧是其哲学思维活动的典型特性之一。在此基础上形成的表述手法，一方面依据适宜原则借助诗歌来实现灵魂教育的重要目标，另一方面采取哲学方式来复写或创构神话故事以便凸显其相关论点。

不过，从厄尔神话来审视柏拉图的诗性智慧，人们也许想要知道基于诗性智慧的对话哲学到底有何效用？或者说，到底会对读者的心理与意识产生什么样的启迪或影响？初步看来，下述几点值得注意：

其一，柏拉图式的故事讲述方式，与古希腊荷马史诗所承袭下来的口述传统是相互应和的。就像原初流传的口头文学一样，这种讲述方式可将重要的理论学说纳入特殊的语境或故事情节，便于人们记忆、复述、交流与反思。在《理想国》这篇对话里，这种功能不只囿于厄尔神话，而且见于诸多其他喻说，譬如戒指喻、线喻、日喻、洞喻、镜喻、猎犬喻、船长喻、灵魂变形喻，等等。究其本质，这种功能与诗的功能无疑是一致的。有鉴于此，举凡阅读过《理想国》或柏拉图其他对话的一般读者，数年后依然能够回想起那些生动的神话故事或寓言喻说。这就如同在某一时段相继聆听过同一级别的一位诗人与一位哲学家同台讲演的普通民众，许多年后若回忆起此事，大多会想起那位诗人而忘记那位哲学家。

其二，柏拉图注重话语形式转向的戏剧性效果。故此，每当对话进入到需要提出某种结论或界说之际，其话语形式便发生转向，从思辨推理的哲学话语形式转向感性玄秘的诗性话语形式。这一转向所产生的戏剧效果及其轻松气氛，在以象征的方式表达意向的同时，借助宗教信仰或习俗信念激发人情并感化灵魂。这样一来，自然会引导人们暂时悬置其逻辑性的追问方式，转而趋向玄秘性的灵思体验。基于后者，人们可能会不假思索地接受那些看

---

① 维尔南认为："对于柏拉图，哲学已把神话赶下了王位并取而代之，但是，如果说哲学有价值的话，那是因为它已能摆脱以神话方式表达出的'真理'。"见［法］维尔南：《希腊人的神话和思想》，第157页。

似合情合理的道德教诲。因为，神话故事本身的历史传承性所隐含的神性智慧与共通感，会有意无意地唤起人们的神话制作意识；在此语境与心态中，插入相关的论说或告诫，一般会顺势而为地越过头脑中由理性把持的思维阈限，得到人们的普遍认同。这种现象，在相当程度上取决于神话成分的特殊功效。这种成分虽然有失精确，但却重要而广泛，通常"在传统文明的内部，在所有构成集体生活智力结构和精神层面的东西中，它都起着作用，以求构建、分类、系统化、消化和设立一种共同的思想，一种共同的学问"①。也就是说，处于口述传统文化中的神话，已然成为一种特殊的言说形式，其中的故事与思想，"通过一代代口头流传下来的叙事形成了一种集体的知，一种同时构成被视为真理的文化的框架和内容的知"②。因此，人们在聆听的过程中，会自觉或不自觉地，甚至不假思索地予以认可或接受。

其三，柏拉图认为"神话是混合着真理的虚构"③。他作为一位诗人哲学家，在批评摹仿诗（mimetic poetry）及其消极作用的同时，凭借诗性智慧创构了自己独有的哲理诗（philosophical poetry），借此将神话与哲学、情感与理智、审美与道德尽可能有机地融为一体，从而使基于神话的希腊历史文化传统在他的哲学与宗教思想中得到新生。为了实现这一目的，他一边尊重源自希腊神话的宗教信仰（如奥菲斯教），一边根据哲学论证的需要对其灵活地加以改动；出于同样的理由，他一边保持对诸神及其神圣智慧的虔敬，一边大胆地将其借用过来强化自己的论说效度与哲学立场。所有这一切既符合公众的理解能力，同时又会吸引爱智慧者进而思索，即借助种种宗教影响与诗性喻说，去不断思索人类本性、人生状态以及生生死死这样的重大问题。当然，这一思索过程，不仅是探寻智慧的过程，同时也是促进个人修为的过程。而且从效果上看，借助改良后的神话，有益于那些未专门从事哲学研究的雅典公民学到"有关神圣的东西"，有益于"在神话基础上建构城邦生活"。④

其四，根据维柯的说法，神话在古代作为一种特殊的"真实叙事方式"

---

① ［法］维尔南：《神话与政治之间》，第341—342页。
② ［法］韦尔南：《古希腊的神话与宗教》，杜小真译，三联书店2001年版，第91页。
③ Plato, *Republic*, 377a.
④ ［德］艾德尔斯坦：《神话在柏拉图哲学中的作用》，董赟、胥瑾译，见张文涛选编：《神话诗人柏拉图》，第59页。

（vera narration），与寓言（fabula）一词的含义相关联。在人类历史的最早阶段，诸多寓言构成了首部"氏族部落的神圣法律"，奠定了一种永恒不变的表达方式。① 因此之故，历史上传承下来的神话或寓言，不仅包含约定俗成的意味，而且具有观念形态的影响。其所再现的诸神活动、力量和意志等，通常会在人类的内心唤起惊奇与畏惧之情。早期，这种惊奇与畏惧之情，正是道德或伦理的原初起源。由此产生的崇拜和恐惧之感，会使人类出于自我保存或自我保护的目的而变得小心翼翼，谨言慎行。从厄尔神话中可以看出，这位英雄的游魂所经历的那些耸人听闻的事件和景象，似乎包含一种特殊的意向，意在激发人们的自我意识，劝导人们努力"认识你自己"（gnothi sauton），也就是说，要求人们认识自己的本质、德性、灵魂、心态、行为、命运以及局限，等等。一句话，它试图将人们导入正确的轨道，引向正义的生活。实际上是在发挥神话固有的"令人敬畏的功效"，以"劝谕的方式使大多数人规范自己的行为"。②

其五，在厄尔神话里，柏拉图凭借其诗性智慧，以奇诡的想象，"笼天地于形内，挫万物于笔端"（陆机），勾画出一幅具有永恒秩序和富有诗情画意的宇宙图景，其中的构成元素，气势雄浑，光怪陆离，包括贯通天地的光柱，巨大的挂钩，旋转的纺锤，变动的球面，流光溢彩的碗形圆拱，歌声妙曼的海女歌妖，八音共鸣的和谐乐调，象征过去、现在与未来的命运三女神，等等。在这幅图景里，柏拉图以转喻的修辞方式，以八个碗形圆拱的大小及其里外组合的顺序，从外向内地将其与恒星、土星、木星、火星、水星、金星、太阳和月亮对应起来，由此构成有机互动与小中见大的微缩直观型宇宙整体。与此同时，柏拉图还通过日月星辰的不同运行轨道和命运三女神的安排规定，将灵魂重新选择的新生模式或各自命运纳入其旋转的纺锤之中，从而使一切显得那么神圣、庄严、玄奥、壮美，充满不可逆转的绝对必然性。

另外，在那八个碗形圆拱的边口处，八位亭亭玉立的海女歌妖，只需各发一音便可组成宇宙和谐的乐章。这个令人生无限遐想的华美场景，也反映出柏拉图善于移花接木、为我所用的创新能力。我们知道，在荷马那里，这

---

① Vico, *The First New Science* (ed. and trans. Leon Pompa, Cambridge: Cambridge University Press, 2002), pp. 149-150.
② ［法］布里松：《柏拉图的神话观》，见张文涛选编：《神话诗人柏拉图》，第42页。

些海女歌妖原属史诗中所描述的女仙，她们预知所要发生的一切，她们用优美的歌声诱惑那些海员走向死亡。① 而在毕达哥拉斯那里，这些海女歌妖扮演一种不同的角色。她们负责协调宇宙的乐音，使天体运动发出的音调彼此和谐。

简言之，在厄尔神话的诗性语境里，柏拉图象征性地表达了必然与命运的合一法则。当他将这一法则运用于人类生存状态之时，他有意强化了命运的绝对必然性，从道德意义上将新生活的选择权限定为一次，从而未给重新调整的想法与做法留下任何余地。然而，现实的人生总是伴随着各种可能的选择与变量，因为人非圣贤，孰能无过，均有可能在悔恨初次盲目的选择之际，着实希望合理的变动会更好一些。

总之，柏拉图对厄尔神话的创造性挪用，实际上是出于哲学论说的需要，或者说是"以哲学的方式对诗重新加以编排"②，由此创构出其独特的哲理诗或诗性哲学（poetic philosophy）。当然，从厄尔神话里，我们甚至也会把这则神话视为精神与道德上的一种心理考验，以此验证人类因其德性与行为而面对因果报应或重新选择之时，其灵魂的或然性会是什么，其灵魂的可塑性会有多大，或者说，我们自己通过反省自查会从中得到什么样的道德启示。这种效应如同镜鉴效应，是读者进行自我审视、自我评判和自我省察的过程。其中的体验或感悟方式，类似于列维－布留尔所说的那种在前逻辑思维状态中生发的想象的"互渗"（participation）现象，其组成部分包含着情感的和运动的因素。③ 在这里，"互渗"现象不是发生在人与物之间，而是发生在读者主体与神话客体之间；由此上达"集体表象"和"同一"的境界，使人的感应如真如幻、如梦如醒，借此领略天国的美妙，地狱的恐怖，善恶的报应，生活的方式，选择的智慧，等等。当然，在上述过程中，人们一般会认为是诗性形象在起诱惑性与震慑性的教化作用，而实际上在这个特定的哲学语境里，道德概念正好包含在那些形象之中，两者不可分割，协同作用。如果因

---

① ［古希腊］荷马：《奥德赛》，第 12 卷，第 165—200 行。
② Stephen Halliwell, "The Life-and-Death Journey of the Soul: Interpreting the Myth of Er", in G. R. F. Ferrari (ed.), The Cambridge Companion to Plato's Republic (Cambridge: Cambridge University Press, 2007), p. 448.
③ ［法］列维－布留尔：《原始思维》，丁由译，商务印书馆 1987 年版，第 69—73 页。

循这一路，我们发现列维-斯特劳斯用"具体性思维"和"抽象性思维"这一对概念，进一步强化了列维-布留尔提出的"前逻辑思维"与"逻辑思维"这一对概念，继而确证了这两种思维方式并行不悖和互动互补的特点。在此基础上，我们完全有理由将柏拉图使用神话的方式及其效用，视为一种"理智的修补术"（bricolage intellectuel）。与这种"修补术"具有等同关联的神话思考，正像技术层面上的"修补术"一样，可以在理智层面上顺势而为，获得出色的、意想不到的结果，同时又可在艺术层面上利用神话的诗意性，引起人们更多的关注，产生更多的意指作用（signification）。[1] 我们可以猜测，柏拉图的用意也许就在于此。他试图借助这种神话及其哲学语境，引发或促使读者反思其中所提出的道德人生问题。对于这些问题，举凡任何一位想要认真生活的人，都有可能继续思索或深入追问。故此，柏拉图所推崇的"哲学之路"，也就是追求"正义和智慧"或希冀"诸事顺遂"的"向上之路"；即便是从充满诱惑、盲目与浮躁的当今社会生活现实来看，这一条路依然具有一定的借鉴价值或启示意义。

八　劝诫神话的由来与要义

古希腊文版《法礼篇》（Nomoi）以"神"（theos）为开篇第一字，随后关于"神"或"诸神"存在及其德性的讨论随处可见。譬如，在第一卷开头，主神宙斯就被尊为克里特城邦法律的创立者，传说中的"宙斯洞"随即成为三位资深立法家决意拜访的目的地。[2] 继而在第四卷里，柏拉图通过克罗诺斯神话（the Myth of Kronos）表明了神性与人性的差别。主神宙斯之父克罗诺斯的神性，不仅代表纯粹理性努斯（Nous），而且象征黄金时代的幸福法则；相比之下，人性则不具备管理人类事务的能力，因为人若掌握主宰一切的权力，就会自我膨胀，充满"傲慢与不义"（hubreōs te kai adikias）。出于爱怜之心，神特意安排神灵主管人类，使其过上幸福和平的生活，这就如同安排牛倌看护牛群、羊倌看护羊群一样，总是让较高一级的种类去管理较低

---

[1] ［法］列维-斯特劳斯：《野性的思维》，李幼蒸译，商务印书馆1987年版，第22—27页。
[2] Plato, *Laws*, 624-625b.

一级的种类。因为，诸神所制定的优良法礼，是建立在公正原则的基础之上，是人类制定最佳法礼的样板。① 另外，神掌握着万物的开端、中间与结局，完成了自然法则运行的轨道，遵从神意就是正义（Dikē）。正义一方面福佑那些顺从神意且行为谦恭之人，另一方面却惩罚那些放弃神法（theou nomou）和傲慢无礼之人。前者生活幸福而美满，后者毁掉自己及家园。② 与此同时，柏拉图还引用古希腊谚语——"若按尺度衡量，总是物以类聚"，借此表明"神在最高程度上是衡量万物的尺度"（ho theos hēmin pantōn chrēmatōn metron an eiē malista），远远高于某些自以为是的人类。凡是具有节制德行之人，必然尊重这一尺度，必然像神一样明智，在敬神的过程中得到福佑，成为心灵纯洁高尚的善人，否则就将走向反面，沦为心灵不纯不善的恶徒。③

随后在第五卷里，柏拉图郑重宣布，每个人务必尊重三种对象：第一是"神明"（theous），其次是自己的"心灵"（psychē），再者是自己的"身体"（sōma）。④ 对于如何尊重自己的"心灵"和"身体"，柏拉图提出了心灵优先的具体要求，但对于如何尊重"神明"，他只是抽象肯定，强调其首要性，未作具体规定。不过，随着对话的深入展开，这一维度也逐渐呈现出来，神人关系也愈加明晰可辨。于是，在第七卷里，柏拉图以神为参照论述人的生成，他断言人的"正当生活"（orthon bion）不是倾力追求快感，也不是完全躲避痛感，而是让自己成为"像神一样的人"（esesthai theion）。⑤ 因为，一个人若想具备管好人类事物的能力，就必须像神、神灵或英雄那样具有知识

---

① Plato, *Laws*, 713. 关于克洛诺斯时代的黄金种族的生活景象，赫西俄德是这样描述的："首先，奥林波斯山上不朽的诸神创造了一个黄金种族的人类。这些凡人生活在克洛诺斯时代，那时他是天上的国王。人们象神灵那样生活着，没有内心的悲伤，没有劳累和忧愁。他们不会可怜地衰老，手脚永远一样有劲；除了远离所有的不幸，他们还享受筵宴的快乐。他们的死亡就象熟睡一样安详，他们拥有一切美好的东西。肥沃的土地自动慷慨地出产吃不完的果实。他们和平轻松地生活在富有的土地上。羊群随处可见，幸福的神灵眷爱着他们。自从这个种族被大地埋葬之后，他们被称为大地上的神灵。他们无害、善良，是凡人的守护者。他们身披云雾漫游于大地各处，注视着人类的公正和邪恶的行为。他们是财富的赐予者，因为它们也获得了这种国王的权利。"参阅［古希腊］赫西俄德：《工作与时日》，第109—124行。关于主神宙斯之父王克罗诺斯，可参阅［古希腊］赫西俄德：《神谱》，第465—490行。
② Plato, *Laws*, 716a-b.
③ Ibid., 716b-d.
④ Ibid., 726.
⑤ Ibid., 792c-d.

和修为，就必须在掌握数学原理的同时，熟悉日月星辰的运行轨道，等等。①由此可见，神性除了与理性和正义等同之外，还与数学和天文学知识密不可分。相应地，人性若想接近或成为神性，就需要充分利用神所赐予的理性，修养节制德行，遵守正义原则，精通数学与天文学等非同寻常的知识科目，使自己成为一个有德有识的明智之士。

到了第十卷，尊重"神明"的问题再次提出，柏拉图从法制教育与道德劝诫的角度予以阐明。在这里，他从五种违法行为与惩处原则谈起，认为"在年轻人傲慢无礼的行为中"（tōn neōn akolasiai te kai hubreis），"最为严重的"行为就是冒犯"公共和神圣的对象"（dēmosia kai agia）；其次是冒犯私人的圣物或坟墓；继而是冒犯自己的父母；再者是冒犯城邦的执政官；最后是冒犯个人的公民权利。② 在古希腊人的意识中，"最为严重的"行为是指非常过分并会触发神怒的行为。他们所抨击的 hubreis 行为，既表示"傲慢无礼"，也表示"粗暴违法"，通常将其与动物性的狂暴行动和严重的不义之举等同视之。他们所指控的冒犯"公共和神圣的对象"行为，既包括盗窃神庙的财物，也表示不敬神明的言行。按照"次好城邦"的法律，这类言行都要根据犯罪动机和程度轻重受到相应惩处。因为，依法信神和敬神是城邦的一件大事，所有公民都不得丝毫马虎或怠慢。但是，如今怀疑主义有所抬头，一些年轻人受其蛊惑，导致了宗教信仰危机。究其原因，主要有三：

[他们]相信（1）诸神不存在；或者（2）诸神虽然存在，但对人类漠不关心；或者（3）诸神会受到祭祀和祭品的影响，容易被人收买。③

在柏拉图那个时代，上列对神不敬的理由，可被视为"异端邪说"。这类"异端邪说"的出现，除了受其蛊惑者"傲慢无礼"（hubreōs）和"不敬神

---

① Plato, *Laws*, 818b-d.
② Ibid., 884-885a.
③ Ibid., 885b.

明"（asebēsai）等行径之外①，还涉及另外两个主因：一是违背了古老神谱（theogonian）中的传统说辞。这些说辞涉及诸神及其相互关系（legontes peri theōn），本应"以对诸神最为虔敬的方式传诵给人们"（hopē theoisi philon legesthō tautē），但如今却被一些自以为是的年轻人抛诸脑后。② 二是接受了自然哲学家的唯物主义宇宙观念。这类观念取代了原先神造宇宙万物的思想，将日月星辰不再尊为"神明的作品"（hōs theous kai theia onta），而是将其视为"土石块状的客体"（hōs gēn te kai lithous onta）。这在直接与间接意义上表明诸神的创造能力有限，故此"没有能力关照人类事务"（ouden tōn anthrōpeiōn pragmatōn phrontizein dunamena）。③ 这些朴素的科学观点与理论假设，在柏拉图看来是不能接受和"极其危险的"（chalepōteron），不啻因为它们会搅乱普通民众的思想，而且还会破坏传统宗教的信仰，进而导致某些不敬神明的异端行为。针对这一问题，柏拉图认为需做两件要事：一是设法改变"不敬神明者"（asebesin anthrōpois）的异端意识，规导他们敬畏神明（tōn de eis phobon trepsaimen），最终使其改弦易辙、回归正统；二是论证诸神的存在与善德，认定诸神要比人类更尊重正义（hōs theoi t'eisi kai agathoi, dikēn timōntes diapherontōs anthrōpōn）。④ 相形之下，前者为果（目的），后者为因（手段），由此构成一种先因后果的逻辑关系。

那么，如何才能确立这一逻辑关系呢？柏拉图认为仅靠硬性的律令不行，还需采用软性的"劝诫"（peithō）。这种"劝诫"一方面有赖于法典序言里的说教"言辞"（hō logos），另一方面则有赖于耳濡目染的传统"神话"（tois mythois）。⑤ 所谓说教"言辞"，主要是指用于说服教育的劝导言论；所

---

① Plato, *Laws*, 884-885b, 886b-e, 888d.
② Ibid., 886b-d.
③ Ibid., 886d-e. 在古希腊，留基波与德谟克利特等原子论者就持这类观点。譬如，在论及世界的构成时，德谟克利特就认为"存在物永远运动在虚空中，世界的数目无限，大小不同。在某些世界中没有太阳和月亮；在另一些世界中太阳和月亮比我们这个世界的要大；还有一些世界中的太阳和月亮在数量上多余我们的这个世界。世界间的距离是不相等的。某些区域的世界多一些，某些区域则少些；某些正在增大，某些已臻顶点，某些则正在减小，在某些区域，世界在生成，在其他区域则正在灭亡。它们由于互相撞击而毁灭。还有些世界没有动物、植物或任何潮湿的事物"。（KRS 565）参阅苗力田主编：《古希腊哲学》，中国人民大学出版社1992年版，第164页。
④ Ibid., 887a-c.
⑤ Ibid., 887a-d.

谓传统"神话",主要是指摇篮曲或祭祀祷告中经常聆听到的神话故事,因其以"劝诫"为目的,故称其为"劝诫神话"。

事实上,在《法礼篇》第十卷有关宗教信仰问题的讨论中,作为柏拉图思想代理的"雅典人"振振有词,信心十足地声称:对于这类对神不敬的傲慢之徒,首先要采取耐心细致的"劝导",而不是采用法律的铁拳加以简单处置;要在法典序言里阐明渎神行为的危害,并对当事人进行说服教育工作。① 为了示范,他提议敬神一方与不敬神一方不要剑拔弩张,而要平心静气,立法者最好先用一套温存而甜美的说辞来平息彼此的怒火,譬如这样相劝:

> 我说,老弟啊,你还年轻,随着时间的推移,你会采用与你现在的意见截然不同的意见。为什么不能等一等,然后再决定这些重要的事情呢?你的决定太过草率了!目前最重要的事情,就是获得有关诸神的正确理念,过上美好的生活——要不然,你就会过上糟糕的生活。针对这一利害关系,我首先想要提出至关紧要和不可辩驳的一点。这就是:你不是独一无二的人。你和你的朋友不是率先持有这些有关诸神意见的人。这种意见是这个世界无法摆脱的一种病症,患有此病的人此时是这一副样子,彼时又是另一副样子。我遇到过许许多多这样的人,实话告诉你吧,他们在早年确信诸神不存在,但上了年岁之后,他们中间就没有一个人再固守原来的信念了。不过,的确还是有人(但不多)依然保持这一印象:尽管诸神存在,但他们对人类事务漠不关心;要不就是诸神虽然不是那么在乎人类,但却容易被祈祷和祭品所收买。听我一句劝吧:如果等你收集到来自各个方面的信息,尤其是来自立法者的信息,那你就会真正了解这一情况,就会明白什么理论代表真理。与此同时,不要贸然在涉及神明的地方做出对神不敬的言行。要知道,无论现在还是将来,城邦的立法者会努力启发你认清这些问题。②

---

① Plato, *Laws*, 890c-d.
② Ibid., 888b-d.

显然，这一劝诫口吻平静和缓，动之以情，晓之以理，旨在提醒和感化那些对诸神的存在及其作为表示疑虑的异教徒们。但要看到，这种口吻居高临下，不容辩驳，在有罪推定的前提下，试图说服对方放弃异端，借机浪子回头。为了趁热打铁，这位侃侃而谈的"雅典人"先是列举出异教哲学的一些理论学说，譬如"自然与变化"理论，随之从法律和道德角度对其逐条予以批驳，然后认定这些理论都是"有害学说"，会"毁掉年轻一代"，无论他们"是在城邦里还是在家庭里"。① 接着，这位"雅典人"借助不同"神话"中的相关因素，将其与诸神存在与性善正义的言论杂糅一起，穿插论述，大谈"心灵"的"本性和力量"，将其视为"原先的创造"②，"自动的运动"③，"万物的原因"，"善与恶、美与丑、正义与不义的原因"，"推动和主宰所有被推动之物以及日月星辰"的力量。④ 这实际上是用这种"心灵"的特征来喻示神的本性，以此表明神的存在及其所为。与此同时，他还列举出家庭与社会各界敬神祭神的各种方式，指陈了那些青年人渎神行为的无知与恶行。当他确信这些异教徒们已被说服时，为了再推其一把，让他们彻底放弃那些不敬神明的错误观念和言行，便搬出这套带有神秘咒语色彩的"劝诫神话"：

> 宇宙的监督者将一切安排得井井有条，确保整体的安全与德行，确保每个部分根据各自不同的能力，尽到适合各自应尽的义务。这些部分，从大到小，从主动到被动，都被分别置于主宰力量的控制之下，这些力量使宇宙的最小组成部分得以完善。听着，你这位有悖常情的伙计，你就是其中一个部分，一个永远要面向整体的微粒，已然忘却这一事实：所有创生都因此而存在：每个幸福的存在物都属于宇宙的生命，而非为你而存在。因为，每位医生和艺匠都是为了所有人而工作；他让每一部分尽职尽责是为了共同的利益，是部分为了整体，而非整体为了部分。

---

① Plato, *Laws*, 890b.
② Ibid., 892a.
③ Ibid., 896a.
④ Ibid., 896e.

然而，你却牢骚满腹，怨天尤人，不知道如何运用你所生成的力量，使得与你相关的东西变得既对整体最为有益，也对你自己最为有益。鉴于心灵总是与身体合在一起，有时同这个身体结合，有时同另一个身体结合，而且通过自身或另一心灵发生各种变化，对于这位具有神性的游戏者来说，其唯一的职能就是依据适得其所的原则，将其变得更好的品性安置在更好的地方，将其变得更坏的品性安排到更坏的地方，如此一来就锁定了各自的命运。……

我们的王者发现，（1）所有行动都涉及心灵，其中既有许多德行，也有许多恶行；（2）一旦身心结合，虽然不像法定的诸神那样永恒存在，但也永不可灭（因为一旦毁灭掉这两个构成因素中的一个，任何活的存在物都不会被创造出来了）；（3）心灵中好的成分自然是有益的，而坏的成分当然是有害的。看到这一点，我们的王者就会把宇宙中的各个组成部分安排妥当，以最容易和最有效的方式确保德行取得胜利，确保恶行遭到失败。为了实现这一宏大目的，我们的王者就会让每一个心灵都各得其所，配得上其品性的变化。但他却让个人的意志行为来决定这些变化的方向。你要明白，我们每个人对特定境况做出的反应，都几乎无一例外地取决于我们的欲望和心态。

因此之故，所有包含心灵的事物都会变化，其变化的起因存在于自身；当它们变化时，它们按照命运的法则与规律运动。品性中的变化如果较小而不重要，空间里就会出现较小的水平运动；如果这种变化巨大而且不义，那就会把心灵驱向通往地下深处的路上，人们给这个地方取名为冥府（Hades）或其他有关名称，以此来惊扰和震慑他们的心灵，不管他们是活着还是死后。一个心灵由于自身的意志行为抑或受到社会交往的巨大影响，抑或变得恶行满盈，抑或变得德行四溢。如果心灵与神性德行为伴，就会使其变得特别有神性，就会使其位置发生特殊变化，就会在神圣道路的引导下走向某个更好的地方。反之，与此对立的特性就会把心灵送往与此对立的地方。我的老弟啊，年轻人，你尽管相信诸神对你漠不关心，可你逃不出这种结果。"这就是居住在奥林匹亚山的诸神做出的判决"——你若变得更坏，你就加入更坏的心灵；你若变得更好，你就加入更好的心灵，你活着如此，死后照样，你的经历与作为都是一报还一报。从诸神的这一判决来看，无论是你还是其他倒霉的人，都不敢吹嘘自己已经逃脱这一判决。诸神对此判决结果极其重视，每个人都要绝对慎重地对待这一判决。因为，这一判决永远不会放过你——即使你微小得可以落入地下深处还是飞上天庭高处，即使你被带进冥府之中还是被送往更加野蛮的去处。你即使由小变大，只要行为不轨，情况也是如此。①

以上劝诫被置于宇宙监督与万物创生的背景之中，其中所描述的这三组关系——即部分与整体、有益与有害、心灵与身体的关系，不仅是规律性的设定，也是道德化的要求。人的德行修为，就是在正确处理这三组关系中得以培养和提升的。与此同时，所对比的另外四种情况——即品性与心灵的匹配，德行与恶行的报应，生前与死后的惩处，变小与变大的结果，都要遵守命运法则的安排，谁都无法改变或逃脱，因为这是"诸神做出的判决"，是诸神恪守公正原则的明证。要知道，在荷马史诗《奥德赛》里②，这一判决不只适用于人类，而且适用于诸神。这就像一张看不见的天网，笼罩着天地神人、宇宙万物，其必然性是确定无疑的，是任何祭品和祈祷都无法改变的。总体而论，这种基于"善有善报、恶有恶报"的末世论业报方式，只有原则，没有细节，颇显模糊，这种大而化之的论说，或许是柏拉图有意为之，以期免受任何一种死后生活特定观念的限制。不过，只要将这个劝诫神话中的抽象原则与厄尔神话中的相关细节加以比照，就不难发现两者之间秘而不宣的互补关系。

需要指出的是，柏拉图所讲述的"劝诫神话"，在一定程度上代表其哲学神学的重要内容。他借此阐明诸神存在、诸神善良与诸神公正的"真相"，将依法信神敬神视为善德善行的缘由，将违法冒犯神明视为恶德恶行的起因，这一方面是为了强化城邦的宗教信仰，从精神上拯救那些愚钝傲慢、亵渎神明的年轻人，另一方面也是为了凸显理性和知识的价值，从品质上培养出一批"同气相求"（tō homoiō to homoion onti metriō）的"完善公民"（politēn

---

① Plato, *Laws*, 903b-905b.
② Homer, *The Odyssey* (trans. Walter Shewring, Oxford: Oxford University Press, 1980), XIX, 43.

teleon），① 最终使他们通过德行修为和科学研究成为"像神一样的人"，不仅可以管好"人类的事务"，而且可以过上"正当的生活"，由此建立起一座不朽的"次好城邦"。

九　反驳异教哲学的策略

认清了柏拉图的这一用意，我们就不难理解《法礼篇》第十卷专门论述内含伦理与哲理的神学问题了。其中原因不只是立法程序的需要或先后次序的排列，更多则是"尊重神明"遇到了前所未有的挑战。这种挑战来自异教哲学的学说及其可能造成的思想混乱和道德危害。为了应对这一挑战，柏拉图从否定性和肯定性两种立场出发，分别采用了弱化式与强化式三步论策略。

1. 弱化式三步论

要而言之，异教哲学的追捧者是一伙年轻人，他们不仅做出"对神不敬的行为"，而且说出"目无法纪的言语"，他们不是声称"诸神不存在"，就是认为"诸神虽然存在，但对人类漠不关心"，或者断言"诸神会受到祭祀和祭品的影响，容易被人收买"。② 这些怀疑诸神的言论，按照当时城邦的宗教法律，可以说是"大逆不道"。

在梅休（Robert Mayhew）看来，上述三种信念分别代表三种思想倾向：其一是无神论（atheism），不相信或否定诸神存在，这其中兴许包含不可知论的成分。其二是自然神论（deism），虽然相信诸神的存在，但认为诸神创造世界后不再干涉世界，任由世间万物按照自然规律运动，因此也就不再关心人类及其事务了。其三是传统有神论（traditional theism），虽然相信诸神存在，但却认为诸神会被祭品和祈祷所左右，故此不能恪守公正原则。这实际上涉及古希腊一些人的看法，《理想国》里的克法鲁斯（Kephalus）就是一个

---

① Plato, *Laws*, 716c, 644a
② Ibid., 885b.

范例。① 相比之下，第三种情况的危害性最大，这不仅是因为它具有传统性，而且是因为它富有蛊惑性，故此是柏拉图亟待解决的最大难题。

为此，柏拉图针对信奉这类学说的异教徒，特意从否定性立场出发，采取了弱化式三步论形式。首先是否定诸神的存在，这是最大胆、最强势的论点。这一论点如果得以成立，其余两个也就尽在不言之中。但面对传统宗教信仰的强大势力与广大信众，他们或许明白此论点难以立足。要知道，古希腊城邦虽然没有严格意义上的教会建制，但宗教因素无处不在，宗教信仰十分普遍。无论是平凡琐事还是重大要事，是私人圈子还是公共生活，宗教因素与宗教信仰都会渗透其中。据说，当来访的宾客看到赫拉克里特正在炉灶边烤火取暖时，他们都在大门口停住了脚步。这在亚里士多德看来，就像对星象和天象的观察那样，对最卑微事物的研究也不会没有高贵的尊严，因此他认为，赫拉克里特若想邀请这些宾客入门，那就应当直接告诉他们："这里头［在厨房的炉灶中］也有神明。"② 实际上，在古希腊人的心目中，神圣与世俗、神灵与凡人之间，不存在截然分开的"楚河汉界"，人与神之间的距离虽然难以跨越，但并不排斥两者之间保持某种形式的亲缘关系与互爱关系。古希腊人习惯于将自己的祖先与自己崇拜的神明联系在一起，并且真诚地相信，人服从于神，犹如奴仆服从于主人；反之，神也会关照人。更有趣的是，不少希腊神灵的名称均具有某种心理学特点，因为希腊人把各种情感（譬如

---

① Robert Mayhew, *Plato: Laws* 10 (Oxford: Clarendon Press, 2008), p. 58. Also see Robert Mayhew, "The theology of the *Laws*", in Christopher Bobonich (ed.), *Plato's Laws: A Critical Guide* (Cambridge: CambridgeUniversity Press, 2010), p. 204. 关于克法鲁斯的宗教态度与善恶意识，可参阅柏拉图：《理想国》，330d-331d："当一个人面对死亡的想法时，其脑海中就会出现从前未曾困扰过他的种种焦虑。对于那些关于冥界和今世恶行来世要遭报应的神话故事，他过去一笑了之，但如今却让他提心吊胆，担心确有其事。这抑或是因为年老体弱所致，抑或是因为他老之将死所致，他对此有了某种更为明确的感知，他忧心忡忡，开始回顾和关注自己是否冤枉过任何人。举凡一生中多行不义或恶行累累的人，经常会在夜里惊醒，感到惶恐不安，就像作噩梦的小孩一样，其生活充满种种凶兆。……品达诗曰：'甜美的希望/引导着人们蹉跎的目的/走在他的身旁/怡悦他的心房/慰藉他的暮年。'这些诗行真是妙不可言！正是因此我才认为财富有其价值，这种价值兴许不是对每人有用，而是对良善之士有用。因为，财富可在很大程度上增强一个人的能力，使其规避无意的欺诈或谎言，使其在此事之前不用担心没有对神献上祭品或没有偿还某人的债务。金钱还有许多别的用途，但我认为上述所言对于一个理智的人来讲，无疑是最起码的认识。"Also see Plato, *Republic*, 330d-331d.

② ［古希腊］亚里士多德：《动物篇》（I, 5, 645a）。转引自［法］韦尔南：《神话与政治之间》，第195页。

爱、羞耻、恐惧、心态、智力、狂乱、发狂，等等）都列为神灵。众多诸如此类的心理现象，似乎都可以尊为拜膜的对象。从宗教思想方面看，这些现象具有神圣的力量，但人们内心体验其存在时，它们便超越了人类自身。这种习俗传统加上宗教意识，必然会强化希腊人对神的虔敬态度。不可否认，这种态度也"包含一种迷信者的强迫性忧虑所充满的敬畏因素，由此表现出一种完全不同的面貌。通过与神明建立接触，通过使神明以某种方式出现在凡人中间，或者说通过对神明的崇拜，从而把一个由美丽、无偿与和谐一致所构成的新维度，引入到众人的生活之中。于是，人们以节庆时的游行、歌颂、舞蹈、合唱、竞技、游戏，还有共同享用祭祀牺牲之肉的宴会，来赞美神明。在向不朽的神明奉献其应得的尊严时，节庆礼仪对那些终有一死的凡人来说，表现得就如他们生命时日的装饰，借此装饰赋予他们以美惠、欢快与协和，为他们点缀一片其中照耀着一缕神圣华彩的光辉"[1]。

慑于宗教因素与宗教信仰的普遍影响，这些怀疑者显然难以与之抗争，于是退而求其次，假定诸神存在，但认为诸神并不关心人类。这样，人类若遇到天灾人祸、疾病困苦或疑难问题，都无需求助于诸神，因为祈求毫无用处，人只能依赖于自己，这就成了不敬诸神的理由。实际上，这等于抽象地肯定了诸神的存在，具体地否定了诸神的地位，显然是为了自身利益而采用的一种实用主义立场。随之，他们退而再求其次，一方面肯定了诸神的存在，也接受了诸神关心人类的说法，但认为诸神容易被人用祷告和祭品予以收买。

如此一来，至少会导致下述三种结果：

其一，诸神一直被尊为"善因"和"完美"的样板，如此收受"贿赂"而被人收买，说明其道德存在问题，由此会失去其"善因"和"完美"样板的高尚地位。

其二，诸神如果被人收买，那他们就会为收买者服务，这样就会堕入可能徇私舞弊的轨道。如此一来，无论是诸神做出的判决，还是诸神发布的神谕，其公正性和可信度都是令人怀疑的，这也等于构成了可以不敬诸神的另一理由。

其三，诸神一旦被人收买，就有可能抛弃正义，不可能无私无偏，因此

---

[1] ［法］韦尔南：《神话与政治之间》，第193页。

再也无法作为衡量万物的尺度。在此情况下，连诸神都可以收买的人，似乎也就无所不能了，就成为衡量万物的尺度了。

结果，似乎应验了这样一种传统说法："有钱能使鬼推磨。"当然，这里可将其换为另一种说法："收买能使神推磨。"更严重的是：凡是有人的地方，什么案子都做得出来。这样一来，从至上神谕到城邦法律再到人伦道德，都有可能遭到有权有势但目无法纪者的冲击或败坏。这对柏拉图所建构的"次好城邦"来讲，对于将要居住在这里的公民来讲，无疑是巨大的潜在危害。

继上述三步论之外，异教哲学在宣扬无神生活的过程中，还提出一些其他相关论说。譬如，

（1）世界上最伟大、最美好的事物是自然和变化的产物，相比之下，艺术的创造物是微不足道的。自然的作品宏大而原始，为艺术构造的次要作品提供了现成的本源。

（2）火、水、土、气的存在，归功于自然和变化，而不能归功于艺术；正是凭借这些完全没有生命的实体，也就是自然和变化，才生产出日月星辰这些第二位的天体。

（3）这些无生命的实体随心所欲地运动，各自都受到自身内在属性的推动，并借助冷热、干湿、软硬和其他随意组合的东西，继而在它们相互混合时组成了各种各样的混合物。这一过程就是所有天体和万物诞生的过程，由此建立的四季生成了所有植物和动物。

（4）生成这一切的原因既不是理智规划，也不是某个神明，更不是艺术，而是自然和变化。艺术只不过是这些动物从事脑力劳动的产儿，是终有一死之物的终有一死之子。艺术是后来才出现的，艺术所造之物都是一些不真实的、五花八门的、娱乐性的琐碎玩意儿。假如有什么技巧能够造出有价值的东西，那一定是与自然合作的结果，医学、农耕与体操训练就是如此。

（5）诸神是人为的概念，与自然中的任何东西都不应和，完全是法律虚构的结果，会随着习俗惯例的不同而不同。

（6）根据自然确立的德行，不同于根据法礼确立的德行，正义本身没有一个天然的准则，人们经常会在道德准则上争来吵去，经常会改变

这些准则，因为这些东西都是人为的结果。①

在柏拉图看来，所有这些理论都是臆想出来的有害学说（pernicious doctrines），是在年轻人中间引起对神不敬言行的根源。为此，他从典狱学的立场出发，运用了宇宙论和末世论的某些观点，采用了温和的说服与劝诫方式，试图在耐心教育年轻人的同时，逐一反驳了这些"异端邪说"。

2. 强化式三步论

柏拉图反驳上述异教学说，实际上也是批评某一哲学流派。到底是哪一流派？涉及哪些哲学家？我们不得而知。但有两点可以断定：其一，这类学说先前已经存在，并非新鲜货色。柏拉图通过"雅典人"之口宣称：他曾经遇到过许多这样的人，早年轻信这些学说，但上了年岁之后，又改变了原来的信念，相信诸神存在了。② 其二，年轻人容易偏听偏信，喜欢标新立异，显摆自己与众不同。但是，他们不是哲学家，易受异教学说的蛊惑，是想借此摆脱相关约束，追求"过分自由"，满足自己的欲求。

有鉴于此，柏拉图的反驳论证，与其说是重在哲学，不如说是重在教育。更何况在《法礼篇》这部对话的三位参与者中，除了那位雅典人之外，其余两位斯巴达人基本上不懂哲学（也不懂诗乐），根本没有讨论哲学的氛围和条件。这一点与《理想国》里讨论哲学的场域迥然有别。于是，柏拉图针对不敬神明的弱化式三步论，从肯定性立场出发，采用了强化式三步论策略：先从诸神存在的常识开始，继而论证诸神与人类的特殊关系，最后表明诸神始终恪守公正的道德立场。

第一步：在反驳"诸神不存在"这一意见时，柏拉图没有让"雅典人"开口，而是让"克里特人克莱尼亚"予以回应："嗨，只要看看大地，太阳和整个宇宙；只要看看春夏秋冬四季的轮换和一年十二月份的安排；那就够了！你知道所有希腊人和外邦人，都一致认同诸神的存在。"③ 这显然是一种传统而朴素的宗教观念，但对当时的一般民众来讲，足以让他们"心服口服"

---

① Plato, *Laws*, 889a-890b.
② Ibid., 888b.
③ Ibid., 886a.

了。但柏拉图并没有停留在此,而是让"雅典人"开始反驳。在这里,他首先将异教学说归于"无知",随后抨击了雅典神学的陈词滥调,列举了无知者将日月星辰看作土块石块的幼稚言论,接着发表了一篇劝导性的演说,期望年轻人不要执迷不悟,试图把万物的生成归于人工的艺术和设计,断言政府和立法之类事物与自然毫无关系。① 接下来,在论述宇宙的生成和造物主的作为过程中,他驳斥了"万物生于自然与变化说",提出了"心灵造物说"。他指出,把宏大和原始的作品与创造归功于"自然与变化",完全是错误和无知之举。要知道,心灵才是最先的创造物之一,心灵的诞生远在所有自然万物之前,心灵才是其他事物变化的主要起源,自然只是原始物质被创造出来的过程。如果心灵被证明是首要的元素,而不是火或气,那么,心灵才可以说是真正意义上的"自然"存在。如果你证明心灵先于躯体而不是相反,那么情形必定如此。② 再说,引起各种奇妙变化现象的是运动。这是万物产生的条件。当不断获得增加的第一本原到达第二阶段、然后从第二阶段达到第三阶段时,就产生了感官可以知觉的事物。每个事物就是经过这样的变化过程产生的。如果该事物保持不变,那它就是真实存在;如果其本质状态发生变化,那它就被完全摧毁。这一切都与运动有关。而运动主要有两类:一类是能运动但不能自我运动的运动,另一类是既能自我运动也能运动他物的运动。比较而言,后一类运动对万物生成更具本原意义。而心灵能够自我运动,也能运动他物,这其中包括日月星辰。这样的心灵是神性的,是最完善的,是万物的起因,是宇宙的主宰。一句话,按照自然的规定,心灵先于物体。物体是第二位的、后生的;心灵是统治者,物体是被统治者,这是最真实最完善的真理。③ 如此一来,"自然"是事物创生的过程,"变化"是运动引起的现象。而真正创造事物的是"心灵",是"既能自我运动也能运动他物的""心灵"。只有这个最完善的和先于物体的"心灵",才是创生万物和主宰宇宙的主要力量。

第二步:就行为而言,世上共有两类:一是神明的,二是人类的。人们都认为,诸神是不朽的,至善的;而人类是终有一死的,决非至善的。在我

---

① Plato, *Laws*, 889.
② Ibid., 892a-b.
③ Ibid., 893d-897d.

们人类中间，存在许多毛病，譬如，因怯懦而生懒散，因懒惰和自我放纵而生怠惰。所有这些毛病，经常会使人类顾此失彼，忽视许多事情。但诸神万事不惧，毫无怯懦，因此也就没有人类的这些毛病。他们既不会因为怠惰而懒散，也不会因为怯懦或自我放纵而忽视任何事情。要知道，人类在所有动物中是最惧怕诸神的。他们如同整个宇宙一样，都为诸神所拥有。这样一来，诸神怎么能够忽视人类呢？怎么能对人类漠不关心呢？很显然，这一论断旨在反驳异教哲学的第二个论点——"诸神虽然存在，但对人类漠不关心。"

第三步：柏拉图利用末世论的观点，进一步提出忠告和劝诫，并将其包裹在"神话"的特殊氛围之中。他先从"宇宙监督者"的安排谈起，将部分与整体的关系从宇宙延展到社会，目的在于引导人们恪尽职守，服从共同利益；他继而从身心的关系出发，突出品性的发展变化和德行修为，将业报的权力委托给"神性游戏者"，让其依据"适得其所"的原则，将变得更好的品性安置到更好的地方，将变得更坏的品性安排到更坏的地方，由此锁定每个人的命运。[①] 随之，柏拉图讲述了德行与恶行的报应，特意强调宇宙监督人不会放过所有人，不会忽视所有德行与恶行，而是"疏而不漏"，恪守职责，采用"最容易和最有效的方式，确保德行取得胜利，确保恶行遭到失败"。[②] 最后，柏拉图搬出了"诸神做出的判决"。这一判决基于业报轮回法则，不仅公正无私，而且普遍适用。其基本尺度就是："你若变得更坏，你就加入更坏的心灵；你若变得更好，你就加入更好的心灵，你活着如此，死后照样，你的经历与作为都是一报还一报。"[③] 无论你化为微尘还是化为巨人，无论你上天，还是入地，无论是善报，还是恶报，你都逃不出这一判决。这就是说，诸神执法如山，不徇私情，更不会为一套赞美的祷告或几件精美的祭品所收买。

相比于异教哲学那种退而求其次的弱化式三步论，柏拉图所采取的则是步步紧逼、滔滔雄辩的强化式三步论。因为，他非常担心"这种没有宗教信

---

① Plato, *Laws*, 903.
② Ibid., 904a-b.
③ Ibid., 904c-905b.

仰的不良气氛（the miasma of infidelity）散布到自己的城邦"①。他知道那样会搅乱传统的虔敬信念，影响民众的精神生活，甚至威胁城邦的安定团结。所以在整个第十卷里，他充分利用自己的辩才，软硬兼施，不遗余力地予以驳斥，为的是维护他所热衷的宗教类型。从当时的历史语境来看，他的所作所为不仅符合传统宗教的信条或基本教义，也符合"次好城邦"的政治和道德要求。于是，他有意将典狱学、宇宙论和末世论交汇起来，借助法定的判罚条款，在有罪推定的前提下反驳异教哲学的学说，无疑是占了上风。但如果从现代的科学角度看，这里所采用的强辩方式是显而易见的。在此意义上，现代读者恐怕很难从柏拉图那里强求或期待得到更多的东西。

　　事实上，无论上述哪一种反驳方式，终究只是一种"劝诫"的手段而已。它虽然在理论假设中按照自定的逻辑顺利展开，但在现实博弈中是否会取得预期的效果呢？恐怕没有那么容易。因为，柏拉图清楚，人类心灵之中既有诸神（theōn），也有群魔（daimonōn）。也就是说，人心复杂，善恶并存，或因邪恶、傲慢和愚蠢而自毁，或因正义、节制和智慧而自救。更何况有些人心怀恶念，本性蛮横，为取不义之财，惯用谄媚和祈求的言辞去迷惑和拉拢城邦的护卫者（phulakōn），让他们相信收取贿赂而不会受到严厉惩罚。在这种"不义"（adikian）恶行的蔓延过程之中，有些人就会变得愈加胆大妄为，试图在诸神身上如法炮制，认为诸神只要接受不义的祭品和百般的奉承，也会宽恕这些不义之人及其不义之举。就好像野狼收买牧羊狗一样，只要野狼将其猎物分给牧羊狗一小部分，牧羊狗就会因此息怒并保持沉默，让野狼任意捕杀羊群。尽管如此，柏拉图依然坚信神比人高明，"诸神是最伟大的护卫者"（pantōn phulakōn eisi megistoi theoi），远远胜过任何其他伟大之物，不仅善于保护人类，而且洞察秋毫，严肃认真，永远不会背弃正义，永远不会被不义之徒收买。倘若有人敢冒天下之大不韪，依旧散布亵渎神明的言论，柏拉图在关键之时必将拿出"杀手锏"，从而放弃劝诫，转向惩罚，采用严酷的律条来判罚各种"异端邪说"，不是将不敬神明的冒犯者打入牢狱，就是将屡教不改的异教徒判处死刑。这样一来，柏拉图所构想的"次好城邦"，势必会失

---

① Theodor Gomperz, *Greek Thinkers: A History of Ancient Philosophy* (trans. G. G. Berry, Bristol: Thoemmes Press, 1996), Vol. III, p. 255.

去宗教信仰自由，在精神意义上成为"一个封闭的社会"（a closed society）。

另外，为了支持上述立场，还需要指出下列事实：柏拉图基于自己的宗教神学立场，出于维系城邦宗教信仰的目的，不惜利用神话传说与宇宙学说来力陈劝诫的必要性、重要性乃至方法论。然而，一旦劝诫失效，他毅然而然地求助于严苛的惩戒。这亦如他先前借助两种医生喻说所示，立法与执法的前提是凸显法治教育的序言，这样有益于消解法律制裁的严酷性或悲剧性。但在柏拉图的实际论述中，这种序言的修辞艺术性及其教化作用远远不及具体律条的严苛规定性及其威慑作用，此两者之间的差距之大委实超出人们的预想或期待。那么，其效应到底何在？这便是下文所要讨论的问题。

十 末世论的劝诫方式与效应

卡西尔（Ernest Cassirer）认为，神话具有两面性，呈现出一种双重性的概念和感觉结构；神话并非一堆杂乱无章的思想理念，而是有赖于一种特定的感觉模式。如果神话不以不同的方式感知世界，那它就不能以自身特有的方式来判断或解释这个世界了。为了理解神话思想的特性，我们务必返回到神话知觉的更深一层（deeper stratum of mythical perception）。[①] 按照我目前的理解，神话的双重结构应当是交叉互动的关系。但为了便于说明，我们不妨将神话的"概念结构"（conceptual structure）视为表现"神话思想"（mythical thought）的实质内容，其主要作用是通过某些概念来呈现其赋予意义的功能，同时借助理性认识来演示其解释性功能；另外，我们也可将神话的"知觉结构"（perceptual structure）视为激活"神话知觉"（mythical perception）的描述方式，其主要作用是通过神话想象虚构一些离奇的情节或感官化现象，借此激发人的情感性反应和因果性联想，使人能够直觉性地感悟神话所要表达的情调、氛围、心境、思想观念或道德教诲。就柏拉图的劝诫神话而论，其"概念结构"主要体现在敬神还是不敬神的概念说理上，其"感觉结构"主要包含在事关因果报应的神秘描述中，由此引发的"喜、怒、哀、乐、惊、恐、悲"等不同情感反应，将有助于劝导人们维护传统宗教信仰和保持对神灵的虔敬之心。

[①] Ernest Cassirer, *An Essay on Man* (New Haven & London: Yale University Press, 1975), p. 76.

不过，要想进一步理解柏拉图的劝诫神话的特点及其效应，还需返回到"神话知觉的更深一层"。这里所谓的"更深一层"，一方面与人们解读神话的传统态度有关，另一方面与神话自身的意义指涉性有关。比较而言，"传统态度"有助于理解神话的社会功能及其伦理实用功能，因为它假定所有神话都借助象征化或符号化的话语形式，经由社会主体与神话所赋予的意义"制造出一个社会秩序的表象，从而为个人也为社会的生活提供目的论的确证，其方式就是为文化上得到认可的需求准备好机制化的额外赠与"①。这一"额外赠与"不仅仅是指社会成员相互之间的彼此认同、接纳与容忍，而且是指他们相互之间的感觉相似性与团体凝聚力，这无疑具有维护社会稳定与提供精神抚慰的实际功效。至于后者，也就是神话"更深一层"的意义指涉性，这在一定程度上是通过"回溯到一个社会上不可侵犯的事物"或神圣的事物而使神话中的事件得以确立。正是"通过这种回溯，语言就有了各自独特的世界观和独特的价值选择。谢林曾尝试将这一点概述为'语言本身只是褪色了的神话学，在语言中只是在抽象的、形式化的差异中保存了那些神话学中尚还生动而具体的成分'"②。不消说，这些"尚还生动而具体的成分"，既然会保存在普通语言的上述差异中，那自然也会保存在神话语言的特殊表述中，因为后者主要有赖于象征化的比喻、隐喻和寓意等修辞形式。在柏拉图的劝诫神话里，无论就其"传统态度"而言，还是就其"意义指涉性"而论，两者似乎都与末世论（eschatology）这一传统习俗和古代宗教意识密切相关。

我们知道，末世论是基督教神学研究的课题之一，其发展历史更为久远，早期就同古代神秘教派（如奥菲斯教）所信奉的灵魂不死说相关联。一般说来，末世论主要关注的是人死后的可能结局与世界末日后的可能境况。在《法礼篇》的这则劝诫神话里，柏拉图借用末世论的话语方式，旨在劝导轻信异教学说的年轻人"改邪归正"，放弃错误的意见和不敬的言行。不难看出，柏拉图在这里反驳的是异教哲学的肤浅学说，面对的是傲慢无知的年轻人，同时也涉及并不在场的城邦民众。无论是对这些年轻人进行劝导，还是对那些普通民众进行教育，这种末世论的论说方式都是颇有成效的，因为它与传统的宗教观

---

① ［德］弗兰克：《浪漫派的将来之神——新神话学讲稿》，第126页。
② 同上书，第125页。

念和流行的道德准则密切相关。对于古代的普通民众来讲，由于受到原始宗教（如奥菲斯教）与神话传奇的影响，他们大多都有某种潜在意愿或好奇心理，希望知道个人死后的下落和境遇。因此，为了满足他们的精神需要，末世论享有巨大的发挥空间。有鉴于此，柏拉图"因材施教"，特意为之，借用了事半功倍的末世论劝诫方式，因为他深谙纯粹哲学的论说方式，肯定是"曲高和寡"，收效甚微。

再者，末世论所依据的因果报应法则，根置于古希腊人的传统习俗和宗教意识之中，神话史诗所描写的冥界景象（Hades）、奥菲斯教所信奉的"魂灵生活"、阿提卡戏剧所表现的"死后善报恶罚"，等等，使公元前5世纪以后的大多数希腊人在相信"来世"（future life）因果报应的同时，也在自己的日常言行和道德修养上表现得愈加审慎。[1] 这就是说，因果报应法则本身包含着一个社会群体所认同的和神化了的伦理行为规范。这类规范如同一条看不见的精神纽带，在意识上将同一群体中的社会成员紧紧地联系在一起。对于任何一位成员来讲，你若接受和践行这些规范，你就会得到社会群体的接纳，你就会享有社会归属感；相反，你若拒斥或反叛这些规范，你就会被社会群体抛离，你就会遭受某种孤立感。在传统意义上，生活在古代城邦社会里的人们，正是凭借这些规范来匡正相关成员的行为和思想，同时以此来维系社会的稳定和提供精神的抚慰。更何况在一座"小国寡民"的城邦里，少数成员的"离经叛道"，充其量只不过是"池塘里泛起的几道涟漪"，但在整个城邦看来却几近于"来势凶猛的风潮"了。在此意义上看待他们的审慎，也许是合乎情理的。

值得注意的是，宗教的本质对古希腊人来讲并非是一连串教义，而是一系列公共仪式，这类仪式既是强化其信仰的手段，也是激发其正当行为的手段。在此意义上，宗教与道德规范和城邦制度紧密地联系在一起，信仰宗教虽然是一种精神寄托，但更像是一种"社会职责"（social duty）。[2] 这种"社会职责"的真正目的在于通过宗教仪式来加强城邦公民之间的凝聚力，最终使城邦成为一个政治、经济、文化、道德或精神的共同体。实际上，作为宗教崇拜的神明，无论是雅典娜还是宙斯，都被分别尊为"城邦保护神"（ē

---

[1] F. R. Earp, *The Way of the Greeks* (Oxford: Oxford University Press, 1930), pp. 106-113.
[2] Ibid., pp. 122-123.

Polias 或 ō Polieus），其封号与"城邦"（polis）融为一体，既是"将城邦人格化或外化"（personification or projection of the city）的标志，也是代表城邦真实力量的象征。① 于是，信仰本城邦的宗教或尊奉本城邦的神明，自然演化为该城邦的一种"共同崇拜"（common worship），人们通常以此表达人们对城邦本身的热爱和忠诚，而城邦当局也通常利用这一集体行为，在公民之间培养一种相互依赖和友爱互助的同胞情谊或家国情怀。这等于说，古代人的宗教信仰或观念，不仅是城邦社会发生与组织力量的重要基石，而且是城邦制度获得其原则、准则、习俗或行政权的主要根源。一旦宗教信仰发生变化，城邦宗教就会面临危机，由此削弱城邦精神支柱，最终导致城邦制度的衰亡。后来的历史发展结果及其研究也恰恰证明了这一点。② 柏拉图之所以如此重视

---

① Gilbert Murray, *Four Stages of Greek Religion* (New York: Columbia University Press, 1912), pp. 90-91.
② ［法］库朗热：《古代城邦——古希腊罗马祭祀、权利和政制研究》，谭立铸等译，华东师范大学出版社2006年版，参阅该书导言，卷三第二章（新的宗教信仰），第三章（城邦的形成），卷五（城邦制度的消失）。库朗热认为："通过对信仰和礼法的比较可知，存在着某种原始宗教，它是奠定希腊、罗马家庭，确定婚姻及父权，制定亲疏关系，形成财产权及继承权的基石。这个宗教，从家庭出发向外推广而组织起更大的诸如城邦社会，也就是说，它是以治理家庭的方式来治理城邦的。古代制度由宗教信念导出，就像古代的私有权利由宗教信念而来的那样。正是从宗教信念中，城邦获得了它的原则、准则、习俗、行政权。但古代信仰随后逐渐变化或衰落；私有权利及政治制度亦随之而变更。革命风起云涌，社会亦随思想的变化而变化。"（第3页）
"从雅典谨慎地保存下来的这些极珍贵的传统记忆来看，似乎有两种明显的真相：第一，城邦原是一种联合体，它由早于它的团体组成；第二，社会进展与宗教扩大是同时性的。虽不能说是宗教的进步促成了社会的进步，但可以肯定的是，此二者同时发生，互相促进。
古代民族建立正式社会的巨大困难，由此可想而知。古人之间彼此是那么的不同，那么的自由与散漫，在他们之间建立社会关系殊非易事。欲赋予它们某种共同的准则，在他们中间建立权威，使他们服从，令他们以理性取代情感，以公共理性取代个人动机，那必得有某种比自然力量更强大的力量，某种比私利更值得尊重的利益，某种比哲学理论更确定的认识，某种比契约更牢固的共识，这种东西须是在人心中根深蒂固的。
那就是信仰。没有什么比信仰更能影响心灵的了。信仰是我们思想的产物，但我们不能随心所欲地处置它。它是我们的作品，对此我们并不知道。它出自于人，而我们却以它为神。它是我们自身力量的反映，但它却比我们更有威力。它在我们内，须臾不离，时刻主使着我们。它要我们服从，我们就服从；它说你应当做，我们就照办。人固然可以降服自然，但却总是他思想的奴隶。
古代信仰要人敬拜他的祖先，对祖先的祭祀将全家人聚集于祭坛旁。由此而有了最原始的宗教，最原始的祷辞，最原始的义务观念与最原始的道德。由此而生所有权、继承权的秩序。由此而立个人权利及家庭组织。后来信仰扩大，社会也跟着发展。当人渐渐感到有一位大众的神存在，他们也就渐渐感到了联合的必要。家庭的组织原则，次第地延行于胞族、部落、城邦中。
让我们注意一下人类的进程。起初只有家庭，它们各自为政，这时候他们只知有家神（*theoi patreōoi*, dii gentiles）。在家之上复有胞族，新胞族之神（*theos phratrios*, Juno curialis）。后有部落，及部落之神（*theos phulios*）。最末才有城邦，及城邦的保护神（*theos polieus*, penates publici）。这就是信仰的等级和社会的等级。在古代人那里，宗教观念是社会发生与组织的力量。

宗教信仰，显然深知其中的深层意义与利害关系。

另外，柏拉图的这则劝诫神话，虽然在字面上谈论的是敬不敬神的问题，

（续上页）据印度、希腊和伊特鲁利亚的传说，是神将社会的法律传授给了人。这种神话传说包含着一定的真理。社会法律是神的作为，但这个有力而慈悲的神，不过是人类自身的信仰而已。"（第120—121页）

总之，库朗热认为，"上古宗教首先建立了家庭，然后建立了城邦；它首先制定的是个人的权利及氏族的政府，然后制订了民法及城邦政府。城邦与宗教密切相关，城邦出自宗教，并与之合若符节。因此在最初的城邦中，政治制度与宗教制度并没有根本的分别，在那里，节日即是祭祀典礼；法律即是神圣的祷辞；君主和执政官即是祭司。所以在那时，并没有什么个人自由可言，个人在精神上无法脱离城邦的全权。所以那时城邦只限于一城一地，总不能超过城邦神最初所圈定的城垣。每个城邦不只在政治上独立自主，而且各有自己的祭典和法典。宗教、法令、政府都属于每个城邦私有。城邦是唯一的力量所在，没有什么东西能够置身外，无论是城邦的统一还是个人的自由，都不能超越它。……源自希腊和意大利的｛城邦｝政治制度的崩溃，主要的原因有两个方面：一方面是敬神和知识的原因，一方面是物质的原因。前者在于信仰的改变，后者在于罗马人的征服。两种原因发生于同时，都在公元前的五个世纪内发展和完成。"（第329页）

"……如果古代的城邦思想没有日暮途穷，那么罗马人的征服就不会来得如此容易；相反，如果罗马人的征服没有给城邦制度带来最后的打击，那么这种制度也不至于被颠覆得如此之快。

在制度、风俗、信仰和法律都发生变化之际，爱国情感亦发生了本质上的变化，这事对罗马的发展产生了巨大的作用。我们前边已说过，爱国情感在最初时候的意义何在，它属于宗教的一部分。爱国实际上是爱城邦的保佑神，因为城邦里有他们的邦火、节日、祷告、圣曲。在城邦之外既无神可奉，亦无祭可行。爱国情感实际上是一种宗教信仰及宗教情感，所以在祭司阶级被赶出政治权力之后，这种爱国主义情感便与其他的古老信仰一道失落了。当然，对城邦的爱并未完全泯灭，但它有了自己的新形式。

从此以后，爱城邦不再是因为宗教与神，而是因为城邦的法律、制度及民众所享受的权利和安全。……

这种新的爱国主义在后果上与古代的爱国主义不同。由于人的心思不再关注邦火、保佑神或圣地，而关注制度与法律，又由于城邦政府三十年河东三十年河西，制度及法律时常变化，所以，爱国主义也就变动不居，随着环境与政府的不同而起伏变化。人们爱国，实际上是爱现行的政治制度；那些认为法律邪恶的人，当然无心恋国了。

城邦式的爱国主义逐渐在人心中衰弱而至消亡。从此，个人的见解比国家更为重要，所属党派的胜利比城邦的兴盛及光荣更可贵。如果人们在本邦找不到自己喜欢的制度，他宁愿到一个制度更好的他邦去。于是，自愿的迁徙越来越多，人们不再那么畏惧被逐了。远离邦火，找不到圣水，但这又有何关系呢？人们不再对保护神念念不忘，渐渐地习惯于没有祖国的生活了。（第342—343页）

……这就是那些陆续地为罗马人所征服的民族的结果。与城邦失陷的还有其他一切，首先是宗教，接着是政府，最终是个人的权利。"（第352页）

而在实质上谈论的依然是心灵教育的问题。神学的立场,末世论的观点,神话学的氛围,都有助于赋予这种教育某种神授的合法性。这不只是为了引起听众的注意,给其留下深刻的印象,更是为了强化其自觉的宗教虔敬意识。柏拉图之所以不惮其烦地耐心劝导,也就是为了达到这一目的。在先前的论说中,柏拉图假借"雅典人"之口,道出了自己的心声:

> 一位立法者,若从年轻人的利益考虑,就会有足够的魄力对他们使用谎言。他会借助一个更加有用的谎言,更为有效地让每个人在做任何事情时都自觉自愿地、毫无压力地去实践公正原则。譬如,给他们讲那个关于赛多尼的神话故事(Sidōnion mythologēma),虽然其情节令人难以置信,但却足以让人深信不疑,这类似的神话故事有成千上万。种下龙牙,生出战士,相互残杀。这一范例向立法者表明:年轻人的心灵是可以说服的。立法者只要试一试就会明白。但他务必要考虑一件事情,那就是什么信念对城邦最为有利。①

其实,任何神话,都是虚构的故事,也可以说是谎言。柏拉图在《理想国》里所说的那种"高贵的谎言",正是从赫西俄德的史诗《神谱》里转换而来,用其说明社会分层的合法性。至于本章所论的两则神话,也属于谎言之列,但在柏拉图看来,其作用是有利于城邦公民教育的。基于这种实用主义立场,柏拉图坚信:只要对城邦有利,有用的谎言不可或缺。事实上,他本人既是这样说的,也是这样做的。这里所讲述的赛多尼神话,意在凸显欲望泛滥滋生的恶果,佐证邪恶生于无度的真理。柏拉图以此警示人们:凡事要三思而后行,要辨明利害关系,不可恣意妄为,只想对自己有利的事情,不顾由此引发的灾害。譬如,"种下龙牙",原本指望养育出强大的帮手,岂料事与愿违,反倒培植出相互残杀的恶棍。

顺便提及,《法礼篇》里的这则劝诫神话,会使人联想起《蒂迈欧篇》里的另一则末世论神话,其大意是:造物主创造出诸多心灵与诸神后,随后将这些心灵交付给诸神,由诸神为心灵建构身体。这些心灵得知,如果各自

---

① Plato, *Laws*, 663d-664a.

能够控制住快乐与痛苦的欲望，它就会返回原先属于自己家园的星球，在那里过上幸福愉快的生活。如果它控制不住自己的那些欲望，它在第二轮转世时，就会托生为女人。在此状态中，如果它继续放荡不羁，不能断绝自己的罪恶，那它在下一轮转世时，就会托生为野兽形状。这种转变无休无止，麻烦也会连续不断，除非它服从理性的主宰，能够克服转世赋形给它带来的各种困扰，也就是克服后来归附于它的那些由水、火、土、气构成的动荡的、不合理的沉重累赘，这样才会返回到最初那种较好的状态。①

由此看来，与《理想国》里的"厄尔神话"相比，《法礼篇》与《蒂迈欧篇》里的同类神话有所不同，这主要是因为柏拉图已然改变了他对死后生活的观念。实际上，他放弃了早先那些内容多彩多姿的神话学末世论，取而代之的则是"科学性末世论"（scientific eschatology），不仅没有以往那些同类神话的神话学装饰，也没有具体的神话学细节，而是将相关的末世论思想略加虚饰，包含在富有神秘色彩的母题之中。② 另外，《法礼篇》与《蒂迈欧篇》里的这两则神话，在内容和形式上并行不悖，所表达的末世论思想，与其说是强调审判，不如说是重视轮回，故此可以称其为"非人格化末世论"（impersonal eschatology）。桑德斯（Trevor Saunders）就此列出四个相关条件：

（1）在《法礼篇》的这则劝诫神话中，有一段话对比了两种理论，其中一种理论允许变化以无限的方式发生，另一种理论只允许变化以有限的方式发生。依据后一种理论，宇宙的主宰就会"轻而易举"地将每个心灵安排到指定的地点。

（2）这后一种理论被认为是一种较好的理论，涉及《蒂迈欧篇》里的四根说（the four-element theory），也就是关于水、火、气、土的性质、作用以及世界生成过程中的必然性学说。③

---

① Plato, *Timaeus*, 41b-42d. [trans. Donald J. Zeyl, in John M. Cooper (ed.), Plato, *Complete Dialogues*, Indianapolis & Cambridge: Hackett Publishing Company, 1997].
② Trevor Saunders, 'Penology and Eschatology in Plato's *Timaeus* and *Laws*', in *Classical Quarterly* (n. s. 23. 2: 232-44), p. 234.
③ Plato, *Timaeus*, 47e-53b. [trans. Donald J. Zeyl, in John M. Cooper (ed.), Plato, *Complete Dialogues*, Indianapolis & Cambridge: Hackett Publishing Company, 1997]. 另参阅苗力田主编：《古希腊哲学》，第386—391页。

(3)《蒂迈欧篇》里所包含的非人格化末世论,与四根说密切相关。

(4)《法礼篇》里的劝诫神话,包含这种非人格化末世论要素。①

对此,有的学者提出异议。譬如,帕特尼(Catalin Partenie)就曾指出:蒂迈欧并没有将其四根说与末世论直接联系在一起,而只是承认四根在宇宙中各有自己的领域,而且每个心灵只要行为端正、生活得好,就会返回到原先属于各自家园的星球。另外,在《蒂迈欧篇》的那则神话里,心灵在宇宙中的居所主要分为四个,而这一思想在《法礼篇》这则劝诫神话的地形学里找不到任何踪影。②

我以为,"非人格化末世论"与"科学性末世论"几近同义反复,并无本质差别,均以客观而不偏为鹄的。此两者之所以更多地依赖轮回而非审判,正是因为客观而不偏的状况通常只会出现在轮回中,而非审判中。要知道,轮回这一法则是根据业报法则命定的,未掺杂徇私舞弊或徇情枉法等问题,更像是一条不受个人情感或偏见影响的、一视同仁的客观性"天理"。柏拉图借用这一"天理",向世人证明"诸神所做的判决"是公正无偏的,诸神是不会"被人收买的"。所有这一切,均基于神正论(theodicy)的立场,都旨在维护宗教信仰的正统地位,全属于"劝诫神话"着力追求的终极目标。

不可否认,在柏拉图的那个时代,神明的地位开始动摇,神性的光辉开始消隐,人性的觉醒已然开启,随之而来的是人欲的膨胀与人心的迷乱。但在当时的文化语境与历史条件下,大众对于神灵的敬畏和膜拜依然风行,只是或多或少地夹杂着人类的情怀与思绪。这种神性与人性相互纠缠不清的状况,会让我们想起荷尔德林的下列诗句——

> ……虽然诸神存在,
> 却超拔于顶端云霄的另一世界中。
> 它们在那里无休无止地运作,似乎很少关注

---

① Trevor Saunders, "Penology and Eschatology in plato's *Timaeus* and *Laws*", pp. 234ff.
② Richard Stanley, "Myth and Eschatology in the *Laws*", in Catalin Partenie (ed.), *Plato's Myths* (Cambridge: Cambridge University Press, 2009), pp. 193-194.

我们生存与否，其实天神多么垂顾我们。
因为，一个脆弱的容器并非总能把它们盛装，
只是偶尔，人能承受全部神性。
于是生活就是对诸神的梦想。但迷乱
就像微睡一样有益，困顿和黑夜使人强壮，
直至英雄在铁制的摇篮里茁壮成长，
心灵一如往常，具有类似天神的力量.
然后诸神隆隆而来。这期间我常常觉得
沉睡更佳，胜于这样孤独无伴，
胜于这样苦苦期待，而我又能做什么说什么
我全然不知，在贫困时代里诗人何为？
但是你说，他们就像酒神的神圣祭司，
在神圣的黑夜里迁徙，浪迹各方。①

看得出，荷尔德林的所作所为，在精神向度上亦如柏拉图的所作所为。后者一生爱智，上下求索，栉风沐雨，"浪迹各方"，从早年游学欧亚，到三访舒拉古，再到晚年的"克里特之行"，他一直运用富有诗性与哲理的语言和对话，在尽力推行正确教育理念的过程中，积极传布神正论的宗教伦理思想，试图以此来克服人性的弱点，救赎人类的过失，重塑人类的心灵，育养公民的德性，构建美好的城邦。

十一 心灵的别异与教育

古希腊人的"心灵""灵魂"或"心魂"（psychē）观念，在他们的生命意识与精神生活中占有重要的位置，远非现代心理学或宗教社会学所理解的那样。根据古希腊文化研究学者得出的一些结论，与"心灵"问题相关的下述几点颇值得关注：

---

① 转引自［德］海德格尔：《荷尔德林诗的阐释》，孙周兴译，商务印书馆2000年版，第53—54页。

（1）心灵与自然（physis）相关。"自然"是生命和运动的力量，具有创化与生育的功能。人类的"心灵"或"灵魂"是"自然"的一部分，是被加工过的元素材料。神明是自然的根基，这其中虽然不存在具体形式，但却是取之不竭、不断运动的实体。有鉴于此，"自然的"世界也是"充满神灵"的世界，而人类的"灵魂"，也是可以呼吸与四处游走的实体。

（2）心灵与神灵结合。古希腊人认为，在他们全身心祭祀神灵的节庆活动中，尤其是在为酒神狄奥尼索斯举行的节日狂欢中，可以使"心灵"与"肉体"分离，达到"心灵"与神灵的结合。在此意义上，"心灵"类似于神灵，具有超凡的本领，可以随意离开肉体，或下到地狱，或上达天庭，或在空中漫游，甚至可以穿行于同人们相隔千里的时空之中。当"灵魂"外出时，人体就躺在地上，犹如一具沉睡的蜡像，但"灵魂"又可随时返回到人体之中。这其中的一些细节具有萨满教的某些特征。

（3）"心灵"与"肉体"对立。在本质上，"心灵"与"肉体"是对立的，二分的，彼此排斥的。正是通过这种关系，"心灵"取得了自身的客观性及其存在形式。它附身于肉体，就如同进入一座监狱，被埋进一座坟墓，只有当它游走或离开肉体后，才算是获得解放，才成为自由存在。不过，类乎神灵的"心灵"，并不能表达人类主体的独特个性，它自身的宿命与不朽，使得它超越和忽略了个体性。在奥菲斯教义与毕达哥拉斯学派看来，"心灵"或"灵魂"的这一特征，使它可以托生或轮回于不同的动物种类与生命形式中。

（4）"心灵"的超自然性与可控性。人的"心灵"是与尘世生命不同的因素，是来自别处的漂泊不定的存在。人类那种完全属于内省性质的精神体验，首先是以发现人体内神秘的超自然力量（灵魂）为前提的。据说，古代的占卜祭司（demiourgoi）通过苦修、凝思、记忆与呼吸等精神性训练，可以控制住"灵魂"。他们声称可将分散在人体全身的灵魂力量重新聚集起来，可以随意把灵魂从肉体中分离开来，可以对灵魂实行隔离与集合，可以将其送回故国，使其重降凡间，在与躯体结合之前在故国恢复神圣的本性。由此看来，灵魂不再是荷马笔下一缕飘忽的青烟，不再是从人的临终气息中呼出的没有生气和力量的幽灵，而是占据活人心脏的力量。人既然可以控制住灵魂，那他也有责任培育、净化和解放灵魂。相应地，灵魂附体之后，也须设法与人体协调起来，并作为人体外的实体之"副本"内在于人体内。当灵魂成为人的一部分后，就具有了新的特性，需要通过严格的精神修炼来获取并不断加深这一特性。灵魂是客观的实在，又是主体内在的体验，由此构成了可使内心世界客观化与具体化的首要条件，这正是我们意识不断建构和发展的起点。①

就本章关注的范围而言，从《理想国》到《法礼篇》，"心灵"（psychē）一直是柏拉图讨论的重要议题。事实上，在本章所分析的两则神话里，"心灵教育"（psycho-paideia）一直是柏拉图思索的主要对象。他试图通过真诚的哲学训练与神学劝诫，引导人们培育、净化、协调乃至控制自己的心灵，尽力使自己拥有一颗美善、和谐与充满德性的心灵。从以上相关的论述中，我们发现"心灵"这一概念，在柏拉图设定的不同语境中扮演着不同角色。根据我的理解，可将其分为三类：宇宙心灵（kosmon psychē）、人类心灵（anthrōpon psychē）与动物心灵（zōon psychē）。

所谓"宇宙心灵"，也就是柏拉图所说的"宇宙的主宰"或"万物的主因"。它不仅是"自动的"，而且是"动他的"；不仅是"首要的"，而且是"最好的"。这些特征使其有别于其他普通心灵。不过，这"宇宙心灵"并非是宇宙生成的原初动力，而是宇宙中"最先的创造物之一"。这就是说，在"宇宙心灵"之前，还有一个先于心灵而存在的、更为本源的"造物主"（demiurge）。这"造物主"如同自本自根的"一"（the One），在创造"宇宙心灵"的同时，还创造了其他实体。其后，"宇宙心灵"作为一种"既能自

---

① 参阅［法］维尔南：《希腊人的神话和思想》，第381—401页；Louis Gernet, "L'anthropologie dans la religion grecque", in *Anthropologie religiouse*, Supplémen à *Numen*, vol. 2, 1955; M. Detienne, *La notion de Daimon dans le Pythagorisme ancien* (Paris, 1963), pp. 69-85; T. B. L. Webster, "Some psychological terms in Greek tragedy", in *Journal of Hellenic Studies*, 1957, pp. 149-154; Bruno Snell, *The Discovery of the Mind* (Oxford: Clarendon Press, 1958); F. M. Cornford, *The Orgins of Greek Philosophical Thought* (London: 1952); E. R. Dodds, *The Greeks and the Irrational* (Los Angeles: University of California Press, 1951), p. 140 ff.; R. Onians, *The Origins of European Thought about the Body, the Mind, the Soul, Time and Fate* (Cambridge: Cambridge Uiversity Press, 1951); Bremmer, Jan. N., *The Early Greek Concept of the Sou* (New Jersey: Princeton University Press, 1983).

我运动也能运动他物的运动",创化了日月星辰与万物,从而衍生出世界上的"多"(the Many)。至于与"心灵"同时被创造出来的最先出现的其他实体,柏拉图在这里并未提及,这便给后来的普罗提诺(Plotinus,206-270 AD)留下了发挥的余地。

在普罗提诺提出的"三位一体说"中,心灵(或灵魂)居于第三位,前两位分别是"太一"与"努斯"(nous)。"太一"就是上帝,是无限的,无所不包的,无因自成的初始因,从中产生一切,流射一切。虽然宇宙来自上帝,但上帝并没有创造宇宙,因为创造含有意识、意志或限定的意思。宇宙是出自上帝的流射物。上帝如同无限的喷泉,从中涌出流水,绵绵不断。上帝犹如太阳,从中辐射光芒,但却无损于太阳。距太阳越远,离黑暗或物质就越近。这种依靠流射来创造物质的过程,由于距离的延展或拉长,便成为一个从完善到不完善的阶梯式堕落过程。"努斯"作为纯粹思想或精神,按其本性来说是永远在活动中,向着它和围绕它的运动,就是心灵或灵魂的运动。关于这两者的关系,普罗提诺是这样描述的:"灵魂,观察努斯的灵魂,凭借努斯而直观上帝,这便是毫无罪恶的幸福的神的生活。"[①] 值得注意的是,灵魂虽然低于努斯或纯粹思想,但却是一切生物的创造者,创造了日月星辰和整个可见世界。这便使灵魂具有了双重性:一种是趋向"努斯"或纯粹思想,另一种是趋向感官世界。处于前一种情况,它作为思想而活动,沉思纯粹观念;处于后一种情况,它有欲望,不得不给物质以秩序。前者为世界灵魂,后者为自然。当灵魂凝视尘世,向下运动,趋向肉体时,不仅堕落了,而且受到肉体束缚。[②] 普罗提诺的上述论说,虽然在表述上比柏拉图的相关论说略显清楚一些,但由于他把灵魂或心灵完全纳入了三位一体的神学范畴,结果进一步加深了其神秘主义色彩。

若与"宇宙心灵"的普遍性相比,"人类心灵"与"动物心灵"具有特殊性,这种特殊性主要体现在个体的人或动物身上。根据柏拉图的观点,所

---

① 转引自[德]黑格尔:《哲学史讲演录》,贺麟、王太庆译,商务印书馆1996年版,第三卷,第200页。
② [美]梯利:《西方哲学史》,葛力译,商务印书馆2001年版,第137—140页;[英]罗素:《西方哲学史》,何兆武、李约瑟译,商务印书馆1986年版,第366—370页;[德]黑格尔:《哲学史讲演录》,第三卷,第196—205页。

有行动都涉及心灵，其中有许多德行，也有许多恶行。心灵中好的成分自然是有益的，而坏的成分自然是有害的。宇宙的监督者会把宇宙中的各个组成部分安排妥当，严格遵照业报法则，一方面确保德行取胜，得到善报，另一方面确保恶行失败，遭到恶报。为此，他确保每一个心灵都各得其所，配得上其品性的变化。① 这就是说，如果一个人向善求美，心灵就会变好，其品性亦然，其德行就多，在轮回转世时，按照业报法则，在得到应得的善报之后，其心灵依然会被赋予人类形体，下辈子继续过着人的生活。如果一个人喜恶好丑，心灵就会变坏，其品性亦然，其恶行就多，在轮回转世时，按照业报法则，在遭到应得的恶报之后，其心灵将被赋予动物形体，下辈子不得不去过动物的生活。在此意义上，"人类心灵"与"动物心灵"是彼此互换的，其本质区别在于前者是善报的结果，后者是恶报的产物。不过，一旦心灵被托生为新的形体，只要一生向善修德，再次轮回转世时，就会根据业报法则获得新的形体，过上新的生活，也就是从动物形又转入人形，由动物的生活又转入人的生活。

那么，一个人的心灵变好或变坏，是由什么决定的呢？柏拉图认为，这取决于个人的"意志行为"，取决于个人的"欲望和心态"。② 其实，这两类因素是同一硬币的两面，都涉及向善求美或喜恶好丑的心理取向和实际行为。正是出于这一根由，柏拉图一再强调心灵教育的重要意义，认为人们应该从儿童阶段开始，接受"正确的教育"，特别是接受正确的诗乐和体操教育，以期养成"爱其所应爱，恶其所应恶"的良好习惯，为日后的德行发展打下坚实的基础。因为，德行不仅影响一个人的现世，还会影响一个人的来世。

在柏拉图心目中，一个人到底需要培养哪些德行呢？这在前文讨论公民德行时已经讲过，主要包括节制、智慧、勇敢与正义等四种德行。一般说来，只要遵循适度原则，节制会使人审慎平和，智慧会使人理智明断，勇敢会使人刚健有为，正义会使人幸福快乐。举凡具备这四种德行之人，就会过上节制、智慧、勇敢和正义的生活。举凡过上这类生活的人，他不仅是幸福的和完善的，其心灵也是美好的和神性的。至此，他可以说是取得了凡人力所能

---

① Plato, *Laws*, 904a-b.
② Ibid.

及的最高成就，也就是上升到人之为人的完善境界。

十二　人向神生成

人之为人的问题，是柏拉图道德哲学的重要关切之一。从《理想国》到《法礼篇》，柏拉图一方面在创构理想而有效的城邦政体与管理模式，另一方面在探讨合格公民的资质与德性。值得注意的是，无论是"美好城邦"还是"次好城邦"，都是由具有神性的居住者组建的，或者说是仅供合格的居住者享用的。当柏拉图试图在人间推行这一范型时，他依据"城邦净化说"的理论，抑或从道德化的"正确教育"入手，抑或从"挑选公民"的资格要求入手，借此培养"完善的公民"，以便为理想城邦的建构与管理奠定尽可能良好的基础。① 从这里可以看出，柏拉图是从"美好城邦"与"完善公民"的匹配原则出发，对公民教育与公民资格提出了非凡的标准，设立了"人应像神"（anthrōpōhomoiousthaitheō）② 的追求目标。根据柏拉图的思路，这里所说的"人"，是指"渴望正义"（prothumeisthaidikaios）和"践履德性"（epitēdeuōnaretēn）之人；这里所谓"像神"，作为一种比喻，意指人在德行修为和自我超越方面"与神相似"（to be like god）或"向神生成"（to becomedivine of the human）；这里所设的目标，乃是人作为人所应追求与可能取得的最高成就，由此可推导出"人之为人，在于像神"（To be man as man is to become god-like）这一关乎城邦公民德行及其发展的理论话题。

1. 三重理据

在古希腊文化中，虽然存在人喜好认同和尊奉神祖的传统，也流行人与神相会与交往的传奇，但是，人与神终究有别，其本质差异在于人会死而神不朽，人有缺憾而神则尽善。那么，在柏拉图设定"人向神生成"这一追求目标时，其主要理据或逻辑前提是什么呢？

---

① 王柯平：《柏拉图的城邦净化说》，见《世界哲学》2012 年第 2 期。
② Plato, *Republic*, 613a-b. 另外，柏拉图在《理想国》第二卷（383c）结尾处论及青年教育时指出，要采取适当的教育方式，"在人性许可的范围内，使城邦护卫者既要成为敬ав神明的人，也要成为像神明一样的人（eimellousinhēminoiphulakestheosebeiste kai theioigignesthai, kath' hosonanthrōpōepipleistonoionte.）"。

笔者认为其主要理据有三：一是神为善因说，二是神赐理性说，三是灵魂不朽说。首先，就神为善因说而论，柏拉图认为"神是善的"（ho theosepeidēagathos），"是善的唯一原因"，但"不是一切事物的原因"（mēpantōnaition ton theonallatōnagathōn）；① 神的所作所为，都是"正义的好事"（dikaiate kai agatha），可使受惩罚者从中得到益处；② "神和属于神的一切事物，都肯定处于尽可能好的状态下"；③ 神是真实不变的，对于任何本质上虚假的东西，神与人都深恶痛绝。④ 然而，无论从希腊史诗与诸神谱系的相关描写来看，还是从柏拉图对这些描写的严厉批评来看，某些神祇所表现出的那些钩心斗角、偷情骗色与杀伐暴戾等行为，并非就是"正义的好事"，并非就符合善德的要求。但柏拉图从道德化教育的理想原则出发，或者说是从城邦护卫者的健康成长考虑，特意将神美化为善的原因，确立为正义的化身。这不仅是为了给受教育的青年人树立学习效仿的楷模，也是为了调动他们的宗教虔敬意识，借此强化人向神生成的合理性与必要性。

再就神赐理性说而言，柏拉图认为人是理性（nous）的存在，而这理性是神赐予人类的特殊礼物。人凭借理性的天赋，一方面可以透过现象（可视世界或外在世界）认识实在（可知世界或理念世界），由此获得真正知识与道德智慧，借此发现和把握绝对的真、绝对的善和绝对的美；另一方面，人可以不断完善和超越自我，使自己插上理智的翅膀，追求正义，超凡入圣，从世间飞到天堂，从冥界升至神殿。这样一来，人就具有了向神生成的潜质，也就是有能力向神学习，与神思齐，与神相似了。⑤ 即便柏拉图因为人性的弱点而轻视人间事务，继而将人视为"神的玩偶"，⑥ 但人的优越之处依然存在，那就是人与神为伴，近水楼台，可以充分利用理性这条金线，在神的指导下学会如何遵纪守法，如何妥善管理自己的事务，成为自己真正的主人。

---

① Plato, *Republic*, 379c-d, 380c-d.
② Ibid., 380a-b.
③ Ibid., 381a-b.
④ Ibid., 382c-d.
⑤ Ibid., 521c, 611e; *Phaedrus*, 249 c-e, 252c-253e.
⑥ Plato, *Laws*, 644d-645c. Also see Plato, *The Laws* (trans. Trevor T. Saunders, London: Penguin Books, 1975).

至于灵魂不朽说，柏拉图上承奥菲斯教派与毕达哥拉斯学派的传统，认定灵魂不灭，永恒轮回，可独立于肉体，据德性高低而转换外形，抑或存在于人间与（动植）物界，抑或游走于冥府与神界。① 尤其是纯粹的、正义的和富有美德的灵魂，因具有牢不可破、恒久不变、自相一致和超感觉存在等特征而与神相似。② 如此一来，在人神彼此相似与时间永恒绵延的维度上，灵魂不朽说为"人向神生成"提供了必要条件。这一条件，对于向善而生者与向恶而生者，具有同样的适用性。因为，按照末世论的最后审判结果，根据惩恶扬善的法则与灵魂转世的规定，人们都有了再次或重新选择人生的可能。就像柏拉图在"厄尔神话"中描述的那样，在经历了上天入地的因果报应之后，正义与不义的灵魂相聚于象征新生的草地，可依据自身的经验体认与价值判断来选择新的生活了。③ 无疑，这对于向善而生继而追求完善者是一种机遇，对于向恶而生但想弃恶从善者也是一种机遇。但要看到，相对于灵魂不朽说的理据，神赐理性论的理据显得更为根本。因为，"理性是灵魂的舵手，可看清与觉解所有真知"。④ 另外，灵魂中的理性部分，作为智慧的爱慕者，会渴求所有那些与神明和永恒存在最为亲近的东西，会知道源自神明的东西是最有益于人类的东西，当然也明白践行德性才有可能使人向神生成这一基本道理。⑤

2. 参照范型

那么，在世俗生活中，人向神生成有没有可供参照的范型呢？答案是肯定的。概而言之，柏拉图为此设定的主要范型，包括视死如归的"哲学家"（《斐多篇》），睿智精明的"治邦者"（《治邦者篇》），大公无私的"哲人王"（《理想国》）与德行卓越的"完善公民"（《法礼篇》）。相比之下，后两者更具代表性。

譬如，在《理想国》里，柏拉图将"哲人王"视为美善兼备的化身，以

---

① Plato, *Phaedo*, 69c-d, 71e, 105e-107a.
② Ibid., 80a-d.
③ Plato, *Republic*, 617a-621b. 另参阅王柯平：《厄洛斯神话的哲学启示》，见《哲学研究》2011 年第 1 期。
④ Plato, *Phaedrus*, 247b-e.
⑤ Plato, *Republic*, 611e-613b.

哲治邦的高手，人之为人的表率。在他看来，人之为人的最高成就，要么成为"哲人王"管理好城邦，要么听从"哲人王"服务于城邦，要么求教于"哲学家"习得智慧，借此使心灵得以和谐，最终过上公正而有尊严、幸福而有节制的生活。在《法礼篇》里，柏拉图则以"完善公民"为参照样板，推行重视公民德行和依法治邦的"正确教育"。在他眼里，"完善的公民"果敢而自律，理智而健康，遵纪而守法。为此，他构想出一套神性的法礼，附加上说服劝诫的绪论，试图用来确立人们自觉的法纪意识和社会责任感，为"次好城邦"培养合格而有为的公民。说到底，在人之为人的目的论范畴里，柏拉图所提出的相关思想与理路，始终脱离不开他所笃信的教育决定论（educational determinism）。

当然，单凭给"法礼"披上神性的外衣，虽然意在强调立法的神圣性和合理性，但终究不足以引导人们"向神生成"。作为补充条件，《法礼篇》里的雅典人就此提出两大告诫，其一关乎神的本性特征，其二涉及神的衡量尺度。就前者言，神掌管万物的开端、中间与终结这一全程，依据本性自动的运转方式，沿着正道实现自己的目的。公正总是伴随其左右，随时惩治那些放弃神性法礼之徒。举凡想要生活幸福的人，就会满怀喜悦地追随正义和秩序。举凡自我膨胀、傲慢狂狷或财大气粗之人，虽然身材俊美且血气方刚，但缺乏理智，心怀暴戾，自以为是，拒斥他人的管理，反倒要统治他人，因此孤立无援，被神抛弃。[①] 就后者论，追随神明与神所青睐的行为，是符合衡量尺度的，一般说来就是符合"同气相求，同类相敬"之原则的，但却不符合衡量尺度的对象，不仅彼此之间互不相敬，而且也不被衡量尺度的对象所容纳。对人而言，神是衡量万物的尺度，而人与神相差甚远。举凡想要赢得神明青睐之人，务必尽其所能地向神生成。在人中间，具有自律或节制德性之人，最受神明青睐，因为他与神相似。反之，举凡没有自律或节制德性之人，不仅与神迥然有别，而且属于不义之徒。[②] 可见，柏拉图所言的"向神生成"之说，实属人文化成的最高准则。换言之，若从人之为人的道德境界与培养贤明护法者的立场来看，"人向神生成"的论点，实为引导公民德行和

---

① Plato, *Laws*, 713e-716b.
② Ibid., 716c-d.

维系城邦秩序的伦理神学。

有鉴于此，在《法礼篇》行将结束时，柏拉图特意提醒"每位凡人"（thnētōnanthrōpōn）务必把握两样东西：一是先于万物而生并且统治所有肉体的不朽"灵魂"（psychē），二是控制日月星辰轨道和精通数学天文等科学的"理性"（nous）。在此基础上，"每位凡人"务必洞察音乐理论的内在联系，和谐地将其应用于城邦伦理制度和法则，合理地解释应当给与合理解释的所有对象。只有这样，他才能成为合格的城邦执政官，才能实施城邦所需的教育计划，才能完成保护和拯救城邦的特殊使命。[1] 这里所言的"心灵"与"理性"，既与凡人有关，也与神明有涉。这不仅是因为凡人具有神明所赋予的理性能力，而且是因为"理性乃柏拉图所论主神的候选者"（Reason as a candidate for Plato's chief god）。[2] 鉴于理性在柏拉图神学中的特殊地位，无论是通过厄尔神话所倡导的研习哲学来教育和救助人的心灵，还是通过劝诫神话所推行的宗教信仰来净化和升华人的灵魂，都会不约而同地诉诸理性自身的认识能力、判断能力、制欲能力以及协调心灵各个部分的主导能力。

总之，柏拉图既重视心灵的主导性与不朽性，也强调心灵的优先性与创构性。前者大多体现在德行教育、人格培养和哲学训练等方面，后者大多反映在宇宙创化、天体演变和万物生成等领域。这两者往往通过神话的意义和哲学的推理产生互动作用，结果使人类的价值观念和道德生命同宇宙结构和世界起源发生了密切联系。我们由此可以想象人类在世界中所处的地位，同时也可以推测世界在人心中显现的图景。这正是柏拉图的神话哲学有意为作的基本效应之一。有的学者甚至断言："柏拉图终其一生，都在竭力证明一种人力所及的秩序就铭刻在宇宙的结构之中。从柏拉图的视野来看，神话的哲学意味就在于假定人类的价值观念塑造了世界的起源，同时又借此将人类的道德生命置于宇宙之中。"[3] 这似乎在告诉我们，是人类的认识能力决定了世界在其意识中的可能图景（秩序与起源），是宇宙的广袤无限提升了人类道德生命的上达境界（完善与超越）。但要看到，在这一切的背后，那位冥冥之中

---

[1] Plato, *Laws*, 937d-938b.
[2] Robert Mayhew, "The theology of the Laws", in Christopher Bobonich (ed.), *Plato's Laws: A Critical Guide*, p. 216.
[3] Kevin Crotty, *The Philosopher's Song: The Poets' Influence on Plato*, p. 219.

的无形创造者，才是柏拉图推崇的宇宙本体，才是衡量万物的尺度。此外，他这种用神来左右人、用宗教来主导道德教育的浪漫想法，在当时的城邦政治与宗教文化中或许会产生一定程度的影响，但从长远的历史角度看，这种想法的效度是令人怀疑的，且不论它是否会导致唯神论的武断或原教旨主义的危险（这让人联想起苏格拉底的死刑案），但肯定会在现实生活中难以付诸实施，最终流于玄秘、动人或空泛的修辞。

3. 可能途径

在人向神生成的过程中，柏拉图不仅要求人追随和习仿神的言行，而且要求人应成为神一样完美的存在，这实际上是为人的完善设定了理想的模本。对此，柏拉图心存希冀，反复劝诫人应踏上向神生成的"正途"。这一"正途"不是别的，而是爱智求真的哲学之途。

对于哲学之途的论述，见于柏拉图的多篇对话之中。譬如，在《斐多篇》里，柏拉图认为真正的哲学家会通过自身的道德修养和哲学智慧，在探索什么是纯粹、永恒、不朽与不变的知识过程中，最终摆脱身体的牢笼，超越世俗的困扰，其死后的灵魂会抵达神明居住之地，那里长满奇花异草，海陆色彩斑斓，仙境美不胜收，可与诸神谈玄论道，欢度余下的幸福时光。① 在《理想国》里，柏拉图认为哲学家凭借与神明和理式的密切交往，就会洞识宇宙秩序，获得非凡智慧，继而成为神明，成为"和谐与神性的存在"（omilōnkosmioste kai theios）；人若效仿哲学家的所作所为，终究会在"在神性灵感"（theiasepipnoias）的感召或引导下，"真诚地热爱真正的哲学"（alēthinēsphilosophiasalēthinos），由此也会获得智慧，成为神明，从而能够轻松驾驭城邦的管理事务。② 在《斐德若篇》里，柏拉图认为投生之前的灵魂若是纯净的，若目睹过理式或真相，日后作为哲学家就能回忆起来，就会放弃对人间功名利禄的追逐，反而会跟随神明去周游天堂，一任逍遥。③ 另外，那驾插翅能飞的马车形象，借用了荷马史诗中的故事，其上达天庭的飞升行动至少具有三重功能：其一，喻示出灵魂三部分虽然运作于灵魂之内，但却

---

① Plato, *Phaedo*, 79d-81a, 109a-111a.
② Plato, *Republic*, 500c-d, 519c ff.
③ Plato, *Phaedrus*, 249c-250c.

统一在宇宙之中；其二，强化了人与神之间的共通性；其三，揭示了灵魂、世界与各种至高理式或原型之间的共通性。① 借此，灵魂的运转方向被引向天堂，人类的认知过程被引向理式，人之为人的最高追求被引向神性。另在《泰阿泰德篇》（Theaetetus）里，我们发现柏拉图有过这样的明示：坏事无法摧毁，因其总与善事相对立而存在。坏事也无法在诸神之间赢得地位，而是必然困扰人性与人世。因此之故，人务必尽快逃离这种那个困境，以便尽其可能地向神生成；这样不仅会使人变得公正与虔敬，而且会使人充满智慧与德性，要不然就会轮回于人世，遭受苦难、愚蠢与不公。②

如此看来，柏拉图所推崇的"人向神生成"这一观念，除了具有道德说教的用意之外，是否想要消除人神之间的界标，让人"羽化成仙"，逃离俗世，像沉迷于理智沉思的哲学家那样，看破红尘，拔出俗流，矢志追求自由自在的精神生活呢？在一定程度上，柏拉图确有这一意愿。譬如，他在《理想国》里就有如下表白：

> 对于一个全身心关注什么是存在这一问题的人来说，他既无暇顾及人类的事务，也无暇同人类相争，更无暇心生嫉妒与恶意。他只会专心致志于那些安排井然有序的对象，这些对象永恒不变，既不会让其他对象蒙冤出错，也不会因其他对象而使自己蒙冤出错；它们根据理性设计，都是如此和谐有序。这些和谐有序的对象，正是他尽可能竭力摹仿与效尤的对象。……哲学家若与神性与和谐有序的对象为伴，他事实上就会成为神性与和谐有序的，任何一个人也都有这种可能。③

这里谈及的那位"关注什么是存在"的人，正是柏拉图推崇备至的"哲学家"（ho philosophos）。这种"哲学家"心系形而上的存在本质与宇宙的和谐秩序，轻视形而下的人类事务与俗世的你争我夺，故此竭力摹仿和向往永恒不变的实体，试想成为"和谐与神性的存在"。然而，若从柏拉图的整个政治理论或城邦构想来看，这种"哲学家"也并非那么处世超然，"不食人间

---

① ［法］让-弗朗索瓦·马特：《论柏拉图》，第 37—38 页。
② Plato, *Teaetetus*, 176a-177a.
③ Plato, *Republic*, 500c-d.

烟火",而是肩负着特殊的政治任务或现实使命。要知道,柏拉图竭其一生,旨在建构理想城邦。他之所以将"人之为人,在于像神"奉为最高追求,其目的不是让人为了"像神"而"像神",而是为了让人成为精干明智的贤达才俊,继而完善城邦管理的艺术,实现美好城邦的理想。从相关陈述来看,柏拉图所一再推崇的那种"哲学家",不仅是因其"神性灵感"与"真诚爱智"等非凡特质而成为人所学习的样板,更是因其借助这些特质出任行政要职,有望赢得广泛支持,最终会使城邦、政体与人民变得尽善尽美。[①]

为此,柏拉图不仅将美善等同,而且以善统美,将善自体奉为一切善、一切美乃至一切真的原因或根源,认为人之为人的过程就是追求美善兼备、爱智求真或真实存在的过程。作为此过程里的一种驱动力,柏拉图特意将神视为善因,视为衡量万物的尺度,试图以此来范导人的精神追求和现实德行。这样一来,人生的旅程就被柏拉图纳入一种自我完善的朝圣活动(pilgrimage),也就是一种与真正的哲学家相类似的爱智求真活动。如其所述:"追求真实存在是真正爱智者或哲学家的天性;他不会停留在意见所能达到的多样的个别事物上,他会急促追求,爱的锋芒不会变钝,爱的热情不会降低,直至他心灵中的那个能把握真实的,即与真实相亲近的部分接触到了每一事物真正的实体,并且通过心灵的这个部分与事物真实的接近、交合,生出了理性和真理,他才有了真知,才真实地活着成长着;到那时,也只有到那时,他才停止自己艰苦的追求过程。"[②] 凡人到此境界,才可以说是"功德完满",真善美兼备,实现了人之为人的终极目标。

以上便是柏拉图对人之为人的积极看法和至高要求。实际上,在对人的问题上,柏拉图并非总是如此乐观,而是时常流露出悲观情绪。他之所以蔑视人类事务和规避俗世纷争,之所以对人类管理自身事务从不看好,就是因为他对人性的弱点了解甚深,并对此持消极态度。但要看到,他对教育的功能却持乐观态度,坚信"正确的教育"会改善人性,会培养德行,会成就事业。而他所谓的"教育",既包括人性教育(human education),也包括神性教育(divine education)。前者侧重诗乐、体操、科学、哲学、道德和法律教

---

① Plato, *Republic*, 499c-d.
② Ibid., 490b.

育，后者侧重宗教、精神或形而上的超道德教育。从目的论上看，这两种教育可谓殊途同归，旨在引导人们超越自身的局限，克服人性固有的弱点，追求道德人格的完善，最终使人能像神一样智慧、公正与明断，从而能有效地治国理政，管好人类事务，成为杰出的城邦护法者。

4. 实际用意

最后，需要澄清的是，柏拉图对人向神生成的论述，其实际用意关乎公民道德修为以及城邦政治专长。要搞清这一用意，需要至少回答神对人到底意味着什么、神性到底有何作用等问题。

实际上，这些问题在柏拉图的后期对话中均有论及。在他看来，神即理智（nous），等于智慧（sophia）。这理智亦可称为理性，它作为神赐予人的特殊礼物，既是心灵中最高的德性，也是宇宙中秩序的原因。譬如，在《蒂迈欧篇》（*Timaeus*）里，最高的神被等同于宇宙的创造者（dēmiourgos），意在创造出尽可能与其相像的人物，使其协力战胜混乱，为世界建立秩序。为此，这位创造者将理智灌注于灵魂，将灵魂安置于身体，继而通过世界灵魂的能动作用，使理智有条不紊地管理这个感性而多变的现象界。个体的灵魂代表着肉身部分的直线运动，会搅乱不朽部分的理智的循环运动；而不朽的灵魂则通过节制肉身及其情欲，恢复了自身的原有效力，专心致志地求知爱智。如果人能修正头脑中固有的万物运行轨道，能够通过理解力掌握宇宙的和谐与运转规律，能够完成效仿神明的过程，那就算是过上了神所赐予人类的最好生活。否则，就会沦落为低档的生命形式，譬如鸟、蛇、鱼等等，如此不断轮回，唯有重新找回原初理智，才能跳出这种轮回之苦。①

在《斐里布篇》（*Philebus*）里，神与理智同一，旨在将有限与无限两者结合起来，以此创构出和谐而均衡的事物，譬如最完美的音乐形式，回环往复的春夏秋冬，身体的健康，灵魂的德性等等。② 这里所言的"理智"，通常具有四个向度：一是作为充足的原因，引发出最好的事物；③ 二是理智如神，

---

① Plato, *Timaeus*, 28a, 29e-30a, 42a-43b, 86b-90d, 92c.
② Plato, *Philebus*, 25d-26b.
③ Ibid., 26e, 27b, 28d-e, 30d-e.

永远主宰宇宙，包括天地万物；① 三是理智在主宰整个宇宙的同时，用其一小部分就可以创造出健康与其他诸多形态的秩序，抵制各种十分诱人的快感，确保对人真正有益的东西，判断善自体到底是什么；② 四是象征神的理智等于实践智慧（phronēsis），柏拉图将这两者当作同义词使用，犹如一枚奖章的两面。③

在《会饮篇》里，柏拉图不惮其烦地论证"美的阶梯"，力图将人从个别的形体美引向共同的形体美，继而不断修为和追求，从心灵的道德美经由社会的制度美上达理智的知识美，最后在豁然开朗的凝神观照中，把握住美之为美的理式，进入到贯通一切学问和获得精神自由的形上境界。在这里，"美的阶梯"是引人向上攀登的，是从感性直观上达理智直观的台阶，如同从地面上达天国的云梯，类似上述那种"朝圣活动"或自我完善过程。为了引领人们登上这一阶梯，柏拉图将"美"作为一个统摄一切的概念，不仅将道德意义上的善说成美，而且将理智意义上的真说成美，同时还把美加以神性化了。如果我们把形体美看作生命的象征、把美自体看作美的理式的话，那么，我们就会在这两者之间隐隐约约地感受到一种"人向神生成"的修炼过程。这一过程诚如罗森所述："生命与理式之间的桥梁，在《会饮篇》里表现为美的主题，美的力量不仅持存于生存之迁流（flux）中，而且是人类生存之永恒的原因；就此而论，美被视为神（性）在人和宇宙中的直接在场。美自身又能闪耀发光，而且光照他物，这样的意义几乎等同于'神'了。"④

相比之下，最为直接明了的人神关系描述，见诸于柏拉图最后的对话《法礼篇》中。在此，理智被等同于最高的神，是引导灵魂向善的根本力量，⑤ 同时也是建立整个宇宙秩序的大师；⑥ 相应地，人被视为神所关照的财产；⑦ 通晓天文学的人知道天体运转与秩序是灵魂与理智安排的结果；⑧ "人

---

① Plato, *Philebus*, 28a-30d.
② Ibid., 30a-c, 64a.
③ Ibid., 28a, 59d, 66b. Also see John M. Armstrong, "After the Ascent: Plato on Becoming like God", in *Oxford Studies in Ancient Philosophy*, 26 (2004), 175.
④ [美] 罗森：《柏拉图的〈会饮〉》，杨俊杰译，华东师范大学出版社2011年版，第239页。
⑤ Plato, *Laws*, 897b.
⑥ Ibid., 966d-e.
⑦ Ibid., 902b.
⑧ Ibid., 967a-b.

向神生成"被视为人之为人所追求的目标,但这类人务必断绝通过追求快感或享乐来逃避痛苦的念想;① 举凡被推举出任城邦护法者的人,如果未完成向神生成的过程或对神的存在与本性知之甚少,那是没有资格担当此等重任的;② 这些候选者务必谙悉德性、善与美的事物,能够证明其中一与多的内在关系,能够洞察复杂和严肃事物的真相,并且能够知行合一,言必信而行必果。③ 也就是说,合格的护法者在完成向神生成的过程之后,能够利用神赐予的理智或智慧,掌握最高的认识对象,精通如何应用和解释这些知识的技艺,依据德、善、美的真相或真理勤而行之,在城邦生活与社会实践中表现出与神相像的超凡理解力、判断力和领导力。他们在反对个人与城邦不义的斗争中,能够与神明和神灵协同作战。因为,神与理智同一,神与正义共在,向神生成就是习得智慧,追随神明就是追求正义,与神同在就是养护德性,就是免除感性快乐的腐蚀。

根据柏拉图的思路可以推知,人应当向神生成,因为人若像神或与神相似,人就会成为充足的原因,而神则是典型的充足原因。如果此言有理,我们会在人神之间的关系中发现,人是通过模仿神明而向神生成的。到头来,人若像神,那么人就成为神的代理,成为变化之世界的充足原因。人若不像神,那么人在创立世界秩序与自身秩序时,至少会诉诸一定的理智而采取某种有效的行为。要知道,人在模仿神明或向神生成的过程中,不仅是为了掌握人心灵中的善、美或均衡等特征,而且是为了确立和维系着变化世界中的秩序。因此之故,人无需竭力逃离这个世界,而是要设法认识和整顿这个世界。诚如《斐多篇》《斐里布篇》《理想国》和《法礼篇》里所描述的那样,人向代表理智的神生成,旨在认知理式自身,而理式则代表认识这个世界本真的不二法门;人将由此获得的知识与才智,继而可以应用于这个变化的世界,借此创建和谐的秩序,融会有限与无限的混合物。④ 无疑,这个"变化的世界",既是感性的与可见的,也是世俗的和现实的,也就是外在的现象世界与人居的城邦社会。而这个创建者,自然是一位既有理智且有德行、既秉

---

① Plato, *Laws*, 792d.
② Ibid., 966c-d.
③ Ibid., 965c-966b.
④ John M. Armstrong, "After the Ascent: Plato on Becoming like God", pp. 175-176.

持正义又兼得贤明的"艺匠"或"治邦者"。

行文至此，我们可以得出的结论便是："人向神生成"这一命题的真正意图，与其说是要改变人自己的身份，不如说是要克服人自身的弱点，也就是要求人以神为衡量尺度或理想范型，不断提升自身的理智水平与判断能力，不断完善自己的道德行为和巩固自身的卓越德性，最终使自己成为明智、公正、自律和幸福的人。换言之，"人之为人，在于像神"这一命题，其终极目的事关人性的完善境界与人格的完满实现，这其中虽然包含着祭祀敬神的宗教规范要求，但在根本上宣扬的是爱智求真的哲学教育理念。因此，与其将这一命题视为柏拉图的人类学神学观，不如将其视为柏拉图的道德哲学观。另外，鉴于古希腊的神话传统与古希腊人喜爱神话的心理，人与神总是彼此关联，人抑或奉神灵为城邦保护神，抑或拜神灵为家族先祖，抑或敬半身半人为英雄，等等。在此类传统习俗中，当神的行为表现出人格化的特征时，必然也会引致人的行为表现出神性化的倾向。故此，人通常被视为存留在俗世的后裔，假定自己中间只有具有美善德行的灵魂才有可能重新升上天国，这便引致出"神向人生成"（becoming human of the divine）与"人向神生成"（becoming divine of the human）的双向态势。据此，"人便能感觉到自己与世界合一……希望通过向神生成而使自己认识这个世界，确定地感受这个世界，安全地栖居在这个世界。在这个以神话谱系为导向的世界里，人也会感到自己能够处理具有各种属性的善恶问题，能够通过净化、巫术与魔咒来确立不同的神性或祛除人间的恶行。人正是这样才与世界合一的"①。再者，在"人向神生成"与"神向人生成"的双重意义上，我们自然就会理解赫拉克利特的这番谜语般的说辞了，即："死者是不死者，不死者是死者；方生方死，方死方生。"② 从最终结果看，完成"向神生成"之人，自然是有神性和有智慧之人。这如同赫拉克利特所言："智慧者乃是唯一以宙斯之名被称谓的人"，③也就是人世间因思想与精神而享有不朽之名的存在者。

值得一提的是，上述中有关人向神生成的实际用意，在亚里士多德那里

---

① Alexander S. Kohanski, *The Greek Mode of Thought in Western Philosophy* (Rutherford: Associated University Presses, 1984), p. 19.
② Heraclitus, fr. 67, in John Burnet, *Early Greek Philosophy* (New York: Meridian Books, 1964), p. 138.
③ Heraclitus, fr. 65, in John Burnet, *Early Greek Philosophy*, p. 138.

也可找到相应的佐证。在论及具有英雄与神性品质的"超人德性"（huperhēmasaretē）时，亚里士多德将其与"超凡德性"（aretēshyperbolēn）等同视之，认为这是人类追求的至高德性。人正是因为拥有此类"超凡德性而成为神"（anthrōpōnginontaitheoi di aretēshyperbolēn）。① 这里所谓的"神"（theoi），并非传奇中的神，而是具有神性的人，是自身德性超凡和贤明卓越之人，是善用理智这一高尚部分而从事沉思活动之人。这种人的生活凭借"理智"（nous），怀抱"高尚和神圣"（kalōn kai theiō），具有"神性特征"（to theiotaton），由此步入"至福"（teleiaeudaimonia）的境界。然而，此类人极其稀少，唯有明智的"哲学家"最有资格成为这类人，这不仅是因为他拥有非同寻常的哲学智慧与伦理德性，而且是因为他最好地运用了理智或理性这一心灵中最高尚或最神圣的部分，故他进行理智沉思之时，就等于过着高于人的、像神一般的生活。换言之，他不是作为人而过这种生活，而是作为我们之中的神。按照亚里士多德的说法，"如若理智对于人来说就是神的话，那么符合理智的生活相对于人的生活来说就是神的生活（eidētheion ho nous pros ton anthrōpon, kai ho kata touton bios theios pros ton anthrōpinonbion.）"②。显然，凭借理智而从事沉思的哲学家，就享受着这样一种生活。

应当看到，哲学家所表现出的这种最好地运用理智或理性的特质，对人之为人或人向神生成而言确是一个极其重要的前提。具有这一特质的人，也就是西塞罗所说的那种"具有合理使用理性之能力的人"，在现实人间委实少之又少。实际上，西塞罗对于理性职能持有怀疑论辩证立场，认为在芸芸众生之中，只有少数人是用理性行善的，而多数人是用理性作恶的。更为糟糕的是，少数善用理性的人，经常被那些比比皆是的滥用理性之人所摧毁。结果，神赋予人类的理性天赋，在诸多情况下非但没有使得更多的人变善，反倒促使他们堕落。于是，人们会抱怨说：诸神原本出于好意将理性赋予人类，但人类违背神意，反而滥用这一恩赐进行伤害和欺骗。早知如此，那还不如

---

① Aristotle, Nicomachean Ethics (trans. H. Rackham, Cambridge, Mass. & London: HarvardUniversity Press, 1934), VII. i. 1-2. 另参阅［古希腊］亚里士多德：《尼各马科伦理学》，苗力田译，中国人民大学出版社1997年版，第七卷1. 1145a19-28。
② Aristotle, Nicomachean Ethics, X. vii. 1-8; X. viii. 7-10. 另参阅［古希腊］亚里士多德：《尼各马科伦理学》，第十卷7. 1177a14-1178a10, 8. 1178b7-32。

完全没有这种天赋。① 有趣的是，在这种抱怨的背后，西塞罗强调指出，当人类用建造神龛的方式向诸神寻求理性、信仰与美德时，殊不知只有在人类自己身上才能找到这些东西；当人类向诸神寻求好运时，还不如向自己寻求智慧；当人类将所有善行归于诸神的仁慈时，还不如努力育养和持守自身的良知。因为，一旦人类丧失良知，其周围的一切都会崩溃。② 显然，西塞罗此言的目的是想从神转向人，从外转向内，从祈求转向修为。据此，人们似乎可以期待善用理性的行善者，也会善用理性来惩治滥用理性的作恶者；期待具有良知的贤达，也会在拯救自己的同时拯救这个灾难重重的世界。自不待言，在西塞罗那里，此类惩恶扬善之人或具有良知的贤达，若非德智杰出的哲学家，就是秉公明断的执政官。这一思路虽与柏拉图不同，但不乏异曲同工之处。

综上所述，柏拉图从建构理想城邦和推动公民教育的目的出发，借助"神为善因""神赐理性"与"灵魂不朽"等学说，积极倡导"人向神生成"这一道德哲学观念，其真实用意旨在鼓励人们以神为样板，努力向神生成，育养非凡的德性，最终成为经世济民的"哲人王"或德行卓越的完善公民。

另外，无论是在上述的厄尔神话里，还是在劝诫神话中，柏拉图都无一例外地阐发和强调了心灵教育的必要性和重要性。其间不难发现，旨在摆脱欲望和趋利避害的明智抉择离不开自由意志，旨在致知明德和修身养性的精神期许有赖于至善理式，这两者实际上构成了美好人生这枚奖章的正反两面。这一点与"人向神生成"的目的性追求是彼此互动和契合无间的。然而，在柏拉图看来，人类在追求美好生活的过程中，因缺乏处理好自身事务的能力，故需要将自身托付于神，需要借由"人向神生成"的修炼来确立一种隐喻性的人—神关系，也就是经过精粹连贯的哲学训练来成就一种智慧型的人—人关系，随后再让其返回到现实生活或尘世劳作之中，以期更为有效地管理好人类事务，建设好城邦社会，培养好公民德行，维持好幸福生活。

尽管柏拉图的上述观念有其自身的理论局限，但不乏深远的历史影响。

---

① ［古罗马］西塞罗：《论神性》，石敏敏译，商务印书馆2012年版，第三卷，XXVII、XXX、XXXI。
② 同上书，第三卷，XXXV。

譬如，从安身立命的角度来看，柏拉图将"人之为人"这一关乎可能生成的问题，导入"在于像神"或"人向神生成"的无限超越轨道，推向神圣而超越的灵明之境，随之又将其转向爱智求真的哲学之路。灵明之境要求人们持守和践履宗教理性，哲学之路则鼓励人们培养和发展思辨理性与道德理性，由此深入感悟和全力把握神性智慧、理论智慧与实践智慧。在柏拉图心目中，人通过神性智慧的忠实信仰与虔敬态度，就会遵奉"神为善因"的绝对原理；人通过理论智慧的凝神观照和反思意识，就会认知"善之理式"的存在本体；人凭借实践智慧的道德自觉和明断能力，就会选择既有德行又有尊严的幸福生活。比较而言，此绝对原理说在西方思想史上奠定了基督教神学的重要理据，勾画出全能全知全在之上帝的偶像原型；此存在本体论创立了先验哲学传统的形而上学，滋生了执着于追根溯源的探索精神；此幸福生活观开启了基于价值判断与理智选择的自由意志说，建构了德行与幸福相应一致的至善境界论。

最后，我们应当再次强调指出，在柏拉图那里，人向神生成这一过程，有赖于认真学习哲学，努力提高自身的德性修为与实践智慧，不断地走向自我完善或人之为人的最高境界。这其中涉及两大重要而具体的环节，其一是爱智求真的哲学途径，其二是培养节制、智慧、勇敢与正义等四种德行。就前者而言，其目的在于造就真正的哲学家。这种哲学家至少具有以下四种特性：（1）爱智求真欲望强烈，致力于学习和掌握所有知识；（2）自觉接受和应用理式学说，借此传布和衡量真正的知识或检验真理；（3）在个人方面，他喜欢纯粹理智的沉思生活，将其视为从其所好的利己型至上快乐；（4）在集体方面，他出于经世济民的社会责任感，投身于城邦的政治实践，兼顾纯粹的理智沉思，将这种混合型生活方式视为利他型至上快乐。就后者而论，其目的在于培养完善的公民。这种公民基于德性修为，能够自觉遵循适度原则，积极主动地追求自我完善，在社会实践活动中能以节制之德使自己审慎平和，以智慧之德使自己理智明断，以勇敢之德使自己刚健有为，以正义之德使自己幸福快乐。这样一来，他自然会过上与德相配的生活。举凡过上这类生活的人，他不仅是幸福的和完善的，其心灵也是美好的和神性的。至此，他可以说是取得了凡人力所能及的最高成就。以上思路不仅折映出古希腊"人文化成"的理想追求，而且代表了柏拉图的道德哲学观念。

十三　想象中的灵视

岁月似水,逝者如斯。古希腊的文化理想与辉煌业绩虽已成往事,但其遗风流韵尚存,不仅积淀在人类有效的历史记忆里,而且一直发挥着激活各种思想的酵母作用。这里无需引证数不胜数的著述与考古发现了,而是化繁为简,仅选用荷尔德林几节富有哲思与灵视的诗文供大家品味。此举要因有三:其一,荷尔德林对希腊情有独钟,无论是希腊文化与思想,还是希腊神话与国度,他都倾注了深度的爱恋与敬重。譬如,在一首题为《希腊》的诗里,他曾这样写道:

> 这个壮丽的国度并没有遮蔽于人类
> 傍晚和早晨带有魅力显现出来。
> 空旷的田野在收获的日子里
> 广袤大地处处有古老的传说,带着灵性,
> 而新的生命重新来自人生
> 于是年岁以一种寂静没落。①

所有这些,与我数访希腊各地的某些感觉有些暗合。我以为,"古老的传说"内涵的"灵性",不仅有益于催发"新的生命",而且有益于激起新的思索;至于随着"寂静"而"没落"的"年岁",既是人生的限度,也是人生的必然,这在古希腊人的意识里,代表"复归"的宿命,并无感伤的理由。其二,荷尔德林在有关"尺度"的问题上,与柏拉图所见略同,也认为神是衡量一切的尺度,可以规约每个人的命运与归宿。如其所言——

> 有一件事坚定不移
> 无论是在正午还是到夜半,

---

① [德]海德格尔:《荷尔德林诗的阐释》,第225—226页。

> 永远有一个尺度适用众生。
> 而每个人也被个个指定，
> 我们每个人走向和到达
> 我们所能到达之所。①

其三，下面所要引用的诗行，选自《返乡——致亲人》第二节，其背景虽是阿尔卑斯山，但可置换为奥林匹亚山，甚至可以置换为其他任何相似的境域。其中，我们既可欣赏到宏丽的景观、神圣的光芒与梦想的家园，还会体悟到神灵的眷顾、精神的回归与喜悦的心智，等等。这一切，不单是诗性想象的憧憬，更是人文化成的善果，是道德理性引领我们前往的去处，是审美智慧襄助我们重建的家园，是勇气之翼鼓动我们飞往的天宇。我们不妨聆听荷尔德林发自内心的吟唱吧——

> 这时，银色的高峰安静地闪烁，
> 玫瑰花上早已落满炫目的白雪。
> 而往更高处，在光明之上，居住着那纯洁的
> 福乐的神，为神圣光芒的游戏而来。
> 他静静地独居，容光明灿，
> 那天穹之物仿佛乐于恩赐生命，
> 创造欢乐，与我们一道，常常精通尺度，
> 体察生灵，踌躇又关怀，神
> 把完好纯正的幸福赋予城市和家园，
> 以绵绵柔雨开启田地旷野，送来笼罩的云朵，
> 还有你的，最亲爱的风；还有你们，温柔的春天，
> 又用纾缓的手使悲哀者重获快乐，
> 当他更新季节，这位造物主，
> 焕发又激动着垂暮之人的寂静心灵，

---

① ［德］海德格尔：《诗人何为》，见《林中路》，第277页。

深入那幽深之处，开启和照亮心灵，
如他所爱，现在又有一种生命重新开始，
明媚鲜艳，一如往常，当代神灵到来，
而喜悦的勇气重又鼓翼展翅。①

---

① ［德］海德格尔：《荷尔德林诗的阐释》，第5页。

第 八 章

余论：走向现实的理想

"曾经沧海难为水，除却巫山不是云"，在雅典黄金时代成为历史之后，柏拉图看到的多，经历的多，自然想法也多。在他眼里，舒拉古有问题，斯巴达有问题，雅典有问题，所有城邦都有问题。有鉴于此，他开始反思和构想，最先推出的是《理想国》里的"最佳城邦政体"（aristēn politeian）或"最好城邦"，那里"会居住着诸神及其子孙（eite pou theoi ē paides theōn autēn oikousi），他们会其乐融融，生活无比幸福"①。不过，这座"最好城邦"纯属"话说中"（en logois）的理想家园，虽然天上建有范型，但在地上无处可寻，② 如同遥不可及的"天国神城"或"琼楼玉宇"。于是，柏拉图建议说，"不要再到别的地方去寻找城邦体制模式了，还是以此为样板，尽力构想一座与其可能相似的城邦体制吧……假如一旦建成，那她就会接近于不朽，仅次于完美（timia deuterōs）"③。这就是《法礼篇》推出的"第二等城邦政体"（politeian deuteran）或"次好城邦"。这座城邦结合具体法礼，经过变通转换，已从天上迁移到孤悬地中海的克里特岛上，几近于可望而可及的地上天堂了。不过，她在不朽方面堪比一流，在功德方面则居二等，但依然是一座理想城邦，只不过增加了几许实践性而已。有鉴于此，柏拉图坦言：假如上苍假以他更多时日，他还会不断探索，继续前行，设法构想出"第三等城邦政体"（politeian tritēn）或"第三城邦"。④

---

① Plato, *Laws* (trans. R. G. Bury, Loeb Edition), 739d.
② Plato, *Republic* (trans. P. Shorey, Loeb Edition), 592.
③ Plato, *Laws*, 739e.
④ Ibid.

至于"第三城邦"何种模样，我们不得而知。但就《法礼篇》里勾画的"次好城邦"而言，她的确要比《理想国》里的"最好城邦"更具实践性，尽管没有全然褪掉理想的底色。因为，无论柏拉图怎样设法走近现实，其心目中的城邦依然保持着理想模式的基调；不管柏拉图的想象力怎样与现实接轨，他描绘的首座城邦总是参照范型，他构想的其余城邦则是派生变体。此处讨论的"次好城邦"便是如此，其原则上仍是一幅走向现实的理想图景而已。在这里，柏拉图的现实主义与其理想主义密不可分，就如同他一方面推举刑法，另一方面又宣扬神学一样。[①] 众所周知，形而下的刑法是刚性的，基于刑法律条的管制是具体而现实的；形而上的神学是柔性的，基于神学精神的引导是超越而理想的。柏拉图试图刚柔并济，两者兼用，达到自己预期的善政目的。

那么，在这现实与理想之间，亦如在"最好城邦"与"次好城邦"这两种范型之间，是否存在某种张力呢？柏拉图对此又是如何进行调和的呢？其相关思想的历史有效性是如何表现的呢？从中会发现什么样的希腊文化与精神要素呢？这些都是很值得深入研究的问题，我们在此仅能做出极其简要的回答。

一 范型之间的张力与调和

西方学者发现：《政治学》的作者亚里士多德，对《法礼篇》的作者柏拉图的全面参照，"令每个同时阅读过这两本书的人们印象深刻"。大约在公元前367年，以学生身份来到雅典的亚里士多德，"必定受到了正在撰写《法礼篇》时的柏拉图的影响"。[②] 如果此说无误，那么就有理由推定：亚里士多德是熟悉《法礼篇》的古代学者之一，他所提出的相关看法很值得现代学者重视。亚里士多德的批评意见可归纳为三点：

其一，"《法礼篇》原来是要另外设计一种比较切实易行的城邦政体，但

[①] Seth Benardete, *Plato's "Laws": The Discovery of Being* (Chicago and London: The University of Chicago Press, 2000), p.237.
[②] ［英］巴克：《希腊政治理论：柏拉图及其前人》，第530—531页。

其思绪的发展曼衍而无涯际，致使所论的政体又往往追随着《理想国》所描述的理想形式"①。此说主要基于亚里士多德的如下发现：柏拉图所拟设的前后两种城邦，也就是《理想国》里的"最好城邦"和《法礼篇》里的"次好城邦"，除了共产共妻之外，其政治结构大体相同，其教育体系基本类似；此外，这两座城邦的公民都不操贱业，不亲杂务，赋有人生充分的自由；这两座城邦都有会餐制度，唯一差别在于后一城邦也允许妇女参加会餐；这两个城邦都有军队，区别在于前一座城邦的战士人数以一千人为度，后一座城邦的战士人数则增至五千人。② 事实上，在《法礼篇》第三卷里，柏拉图在分析和汲取不同政治体制的历史教训时，似乎有意要建构一座更具适应性的普通城邦，但从第五卷到第七卷的相关描述中，所展现出来的则是"马格尼西亚城邦"的蓝图，其诸多方面参照的是《理想国》第五卷里所描述的理想城邦，这一点在《法礼篇》第七卷和十二卷里分别得到确认。如此一来，"次好城邦"与"最好城邦"之间就形成了某种深层的张力。换言之，"次好城邦"的构想总是以"最好城邦"的原型为样板，但柏拉图作为设计者，无意简单重复自己，而是在前后两种城邦之间做出某种区别的同时进行了某种调和。其中最为突出的一点就是：柏拉图出于现实的需要，舍弃了哲王式的"人治"（rule by man），采用了制度化的"法治"（rule of law），试图让"天上的城邦"落户为"地上的城邦"，让"诸神及其子嗣居住的"城邦转换为人类居住的城邦。在柏拉图看来，人类作为"诸神的玩偶"（thauma theion）③，自身的致命欲望使其追求和滋养德行的能力显得相当有限，因此需要遵循诸神意志或神授理智的立法家制定法律，借此来管理或匡正人类的所作所为，使其获得一种较好的生存方式。再说，人世间的芸芸众生，良莠不齐，德有高低，依据法礼教育和惩戒都是必要手段。即便如此，对于那些"蛮横无理之徒"，法律依然显得无可奈何。对此，柏拉图直言不讳：

> 与古代立法家不同的是，我们不是在为英雄与众神子嗣立法。根据

---

① ［古希腊］亚里士多德：《政治学》，卷二，1265a1-4。Also see Aristotle, *Politics* (*Politika*) (trans. Benjamin Jowett, New York: Dover Publications, 2000), II, 1265a 4-5.
② 同上书，1265a1-10。Also see Aristotle, *Politics*, II, 1265a 4-6.
③ Plato, *Laws*, 644d, 803c.

时下流行的传说,古时的立法家是诸神的后代,他们是在为同一族类的人们立法。而我们都是凡人,是在为当今世界上的人类后裔立法,我们绝非要冒犯谁,但我们担心某一公民会变成"蛮横无理之徒",其品性就像一枚煮老了的"硬蛋",冥顽不灵,无法软化;即便我们的法律非常强大,但也无法将这类人驯服,这就像热度无法煮熟硬豆一样。①

柏拉图在对比古今立法的对象时,也等于在暗示"最好城邦"与"次好城邦"的关联和差异。他从中流露出的悲观主义态度,也正好说明了治理人类社会的艰难程度。尽管如此,柏拉图坚持认为,立法家务必承认现实处境,务必认真对待人类事务,务必确立适当的方向和追求适当的目的。② 为此,他提出一套综合法典的思想,涉及诸多条款、细则和规定,"由此构成了一幅井然有序的公民社会蓝图,这幅蓝图具有相当普遍的应用性,并不局限于《法礼篇》中构建马格尼西亚城邦的特定理想体系。只要法律是教育性的,而非单纯强制性的,那么,它总能协助实现该篇对话中的主要计划这一更高目的:实现一个由品德高尚之人组成的共同体(a community of the virtuous)"③。这无疑是一种善意的社会期待,也是一种积极的理想追求。古往今来,人类的沮丧与苦闷不单是因为理想的落空,而更多是因为理想的幻灭。

其二,"在《法礼篇》中,论辩的主旨认为民主政体(democracy)和僭主政体(tyranny)的两合组织是最优良的政体——这种制度,人们或者宁愿把它列入最恶劣的政体中,或者竟不算它是一种政体"④。这里所说的"僭主政体",实指"君主政体";这里对混合政体的评说,显然有失公允。首先,从柏拉图的论述来看,在其初拟"次好城邦"的政治体制时,主要参照的是民主政体与君主政体,因为这两者被视为"两个母亲型政体"。其次,柏拉图试图遵循"适度"原则,以折中方式将这两种政体调和起来,使其既不像波斯君主政体那样极端专制,也不像雅典民主政体那样极端自

---

① Plato, *Laws*, 853c-d.
② Ibid., 803b.
③ Malcolm Schofield, "The Laws'two projects", in Christopher Bobonich (ed.), *Plato's Laws: A Critical Guide* (Cambridge: Cambridge University Press, 2010), p. 28.
④ [古希腊] 亚里士多德:《政治学》,卷二,1266a1-4。Also see Aristotle, *Politics*, II, 1266a18.

由。① 再者，柏拉图熟悉斯巴达的政治设计，对其君主政体向来情有独钟，②对任何僭主政体一直颇有微词，不会将民主政体与僭主政体予以强行嫁接。然而，亚里士多德的说法颇为怪异，他先是判定"柏拉图所拟的整个政体既不是民主政体，也不是寡头政体，而是趋向于那种成为共和政体的中间形式"③；接着又宣称《法礼篇》推举的最佳政体是"民主政体和僭主政体的两合组织"，认为这种制度不伦不类；④随后又断言"凡能包含较多要素的总是较完善的政体，所以那些混合多种政体的思想应是比较切合于事理的"。⑤不难看出，这些说法前后矛盾，逻辑混乱，缺乏说服力。

其三，"《法礼篇》中所叙述的政体，实际上缺乏君主政体的要素，所专重的是寡头政体和民主政体，而且偏向于寡头政体一方"⑥。这一看法确有一定道理。《法礼篇》中所叙述的政体，在偏向寡头政体这一方面是有证可查的。譬如，在拟定行政人员的选任方法上⑦，在富人参加议会的法律规定上⑧，在选举议事人员的具体程序上⑨，都依据的是寡头政体的相关原则。不过，在我看来，《法礼篇》为"玛格尼西亚"这座"次好城邦"所设计的政体，更像是一种融汇了君主政体和民主政体之有效原则的"贤达政体"（aristocratia）。⑩因为，该城邦的最高行政机构是"夜间议事会"，其十位成员都是年长资深、经验丰富的杰出公民，更是学识渊博、德高望重的贤达明哲。他们每人都配有年富力强的得力助手，专门负责收集相关资讯，由此形成一种集思广益的集体领导方式，同时还通过"传帮带"来历练新一代议事会成

---

① Plato, *Laws*, 693d.
② Ibid., 691e-692d. Also see W. G. Forrest, *A History of Sparta*, 950-192 B. C. (London: Penguins Books, 1968), pp. 76-77, 82-83.
③ ［古希腊］亚里士多德：《政治学》，卷二，1265b25-35。Also see Aristotle, *Politics*, II, 1265b16-17。
④ 同上书，1266a1-4。Also see Aristotle, *Politics*, II, 1266a18-19。
⑤ 同上书，1266a4-5。Also see Aristotle, *Politics*, II, 1266a18-19。
⑥ 同上书，1266a5-7。Also see Aristotle, *Politics*, II, 1266a19。
⑦ Plato, *Laws*, 755, 763e, 765.
⑧ Ibid., 764a.
⑨ Ibid., 756b-e.
⑩ 在希腊文里，aristocratia 一词是由 aristo（最好的）和 cratia（政体）两部分组成，意指"最佳政体"，通常汉译为"贵族政体"，其实应当是"贤达政体"，是由最好的有为之士组成和实施的行政管理体制。

员,这实际上就是在培养新一代的城邦领导集体。这与混合了君主、寡头和民主三方体制要素的斯巴达政体既有联系,也有创新,实际上也是柏拉图基于政治实用主义立场、调和不同政治体制的特殊结果。

顺便提及,在《政治学》里,亚里士多德对《法礼篇》的批评颇为简略,但他受惠于柏拉图的相关思想却比我们想象的要多。仔细研究过这两个文本的巴克(E. Barker)得出如下结论:

> 《政治学》作者对《法礼篇》作者的全面参照,令每个同时读过这两本书的人印象深刻。……尽管亚里士多德在《政治学》卷二开篇同时批评了《理想国》和《法礼篇》(对前者的批评较详细,对后者的批评则不那么详细),但他实际上对《法礼篇》要感兴趣得多;尽管他借鉴《法礼篇》的主要是他的一般政治理论,但他从《法礼篇》受惠最多的却是他对理想城邦的刻画。如果说亚里士多德写了《政治学》,并在此范畴之内以及他自己的哲学框架之内安排了内容,那么,正是柏拉图为其提供了大部分内容。就像《英国大宪章》里的内容一样,《政治学》里的内容几乎没有全新的东西。这两者都无意求新,都意在把先前的成就系统化。①

不过,这种"系统化"是有意义的,不仅会使原有的理论更加清晰和更易于理解,而且也会使相关的思想得到更为广泛的传布与更为持久的继承。其实,人类思想史的发展,更多地有赖于源自不断"系统化"的"雪球效应",而非源自偶然或突发事变的"蝴蝶效应"。

另外,对于柏拉图来讲,亚里士多德的上述评说仅仅是一个开始,可谓承上启下的一个标志。要知道,在他们师生二人身后的两千余年里,西方思想家不断地从其城邦与政治学说中汲取灵感,由此产生的直接和显著成果便是不同时期与不同形态的"理想社会"模式,其中具有代表性的就包括西塞罗的《共和国》、奥古斯丁的《上帝之城》、莫尔的《乌托邦》、康帕内拉的

---

① [英]巴克:《希腊政治理论:柏拉图及其前人》,第530—533页。在此书中,巴克列入了一篇注解,专论"亚里士多德对《法礼篇》的借鉴",并从文本中举出诸多用于比较的详细例证。

《太阳城》与马克思的《共产党宣言》等。所有这些理论遗教，或偏于想象，或近于现实，或热衷凝照，或付诸实践，或令人憧憬，或引致疑惑……总之，它们穿越历史的时空绵延至今，在给人类带来某种希望的同时，也带来相应的失望，但不容否认的一点是：它们由此构成了人类政治文明发展史上一道玄妙的风景线，虽然被人打上了"唯美主义、至善主义与空想主义"的标记[1]，但其独特的思想性和观赏性依然魅力不减，使得古今中外"来此一游的宾客"络绎不绝。

二　历史遗响

如前所述，"城邦"（polis）是代表古希腊文化理想的综合体，理想化的"美好城邦"（kallipolis）更是如此。柏拉图终其一生，孜孜以求的要务之一就是建构一座"美好城邦"，让其中的居民过上既公正又有尊严的幸福生活。基于这一使命，历经沧桑的柏拉图，晚年在封笔之作《法礼篇》里，参照《理想国》里的"最好城邦"模型，汲取希腊现实城邦的历史经验，试图构想出另一座仅次于完美的"第二等城邦政体"或"次好城邦"。概而言之，"次好城邦"作为"最好城邦"的派生变体，虽未尽然退掉理想底色，但却设法走近现实社会，其中所宣扬的法治教育与公民德行等诸多治国理念，在人类政治文明领域留下了浓墨重彩的一笔，为后世理论家和实践者提供了重要的参照系。

这就是说，柏拉图所创设的城邦范型，已然成为时隐时现的历史遗响。此类范型在直接的实践意义上虽不成功，但却成功地积淀在现代人的意识形

---

[1] Karl Popper, "Aestheticism, Perfectionism, Utopianism", in *The Open Society and Its Enemies*: *The Spell of Plato* (London & New York: Routledge, 2003), pp. 166-178. 波普尔对柏拉图政治理论的批判是颠覆性的，在有些方面甚至是情绪化的，但其所言在一定程度上确也道出了理想城邦的某些特点。譬如，他认为，柏拉图的城邦构想如同一种"乌托邦工程"（Utopian engineering），是属于"艺术家—政客"（artist-politician）的浪漫主义空想，其方法是理想化的和艺术化的，犹如在"空白的画布"（canvas-cleaning）上描绘美景，由此形成的"唯美主义、至善主义与空想主义"等迷人特征，可以说是基于一场在醉境中创构美好世界的梦幻，其结果只能导致我们抛弃理性，因为，这类美好城邦或理想社会的蓝图，更多地诉诸我们的情感而非理性。

态里。在后来的各种社会形态的历史发展与演变过程中,我们似乎总能或多或少地觉察到柏拉图理想学说的某种印迹,在一定程度上近乎于"空山不见人,但闻人语响"的遗韵流布之境。事实上,古今中外不同思想家基于不同立场的反思与批评,都会使柏拉图及其城邦学说成为历久弥新的话题,这不仅是因为其中包含令人"不遗忘"也"不回避"重新认识的真理性(alētheia),而且是因为其中涉及推动人类不断追问和探索的"历史有效性"(historical effectiveness)。

仅从《理想国》到《法礼篇》的思想转向来看,柏拉图的城邦构想计划已然取得显著进展。最突出的一点是:《理想国》里描述的"最好城邦",所崇尚的是"哲王明治";而《法礼篇》里描述的"次好城邦",所推举的是"善政法治"。无论从理论还是实践的角度来看,这一趋于现实的转向都是值得关注和肯定的。也恰恰是因为这一点,《法礼篇》直接启发了法国18世纪的思想家孟德斯鸠(Montesqieu, 1689-1755),促使后者撰写了《论法的精神》(*L'esprit des lois*, 1750)。在这部深刻影响现代政治学发展的著作里,孟氏更为细致地论述了民主、君主与专制三种政体的基本原则、自身利弊与彼此差异。他总结说,法律无一例外地与各种政体的性质相关,但比较而言,民主政体的原则是以"美德"为动力;该美德主要表现为爱国、平等与节俭,等等,这与贵族政体有相同之处,但后者由于宽和、谦逊与自信的品质,故此对美德的需要并非像前者那么绝对。君主政体的原则是以"荣宠"为动力;在这种体制下,法律代替了美德,人们很难具有美德,在治国理政方面,国家实际上免除了对人们具有美德的要求,但由此却促成了基于法立国固和旨在调动社会力量的"荣宠"现象;专制政体的原则是以"畏惧"为动力;在独裁武断和蔑视生命的高压下,人人都是臣服于至高权力的奴隶。在此政体中,"美德根本不需要,荣宠则是危险的"。如果某人有见识,那他对自己的国家与君王来说则是一个不幸的臣民;如果他有德行,那他就是一个自我泄露或自讨没趣的傻瓜;如果他为了分担或解除民众的疾苦,试图松开政体的弹簧,那他就会面临两种可能的结局:一是这种努力失败,他自己将会身败名裂,死无葬身之地;二是有幸获得成功,他自己将有可能与君王和帝国同归于尽。颇为有趣的是,对于专制体制的本性,孟德斯鸠还以隐喻方式予以形象描绘,将其比作"路易斯安那的蛮人",在其"想要果子时候,就把果树从根部砍断,然后采摘"①。

总体而言,孟德斯鸠从论述、总结和比较立法、司法和执法的历史发展及其经验教训等立场出发,积极提倡了基于立法、司法和行政的权力平衡或三权分立模式,为美国宪法制订者提供了可资借鉴的思想框架。很可惜,这个曾经一度充满希望的国家,如今在帝国之路上渐行渐远。倘若柏拉图能够转世的话,他看到这种情境也许很不以为然,因为其勇敢之德远远超过其节制之德。这种勇敢之德,从积极方面看,会激励他们勇于探索,勇于创新,勇于争天下先;但从消极方面看,它也会鼓动他们勇于杀伐,勇于攫取,勇于制造麻烦。也许,其唯一的赎救之道,有赖于其自身较强的修复能力,但这首先需要反思和摒弃那种损人不利己的帝国情怀与霸道行径。这一切只能留待历史去印证。

三　家国情怀

在《法礼篇》里,柏拉图还着重强调了公民德行与正确教育的重要性与必要性。特别值得注意的是,当他从道德理想主义和政治实用主义立场出发,试图折中雅典民主政体和斯巴达君主政体时,他对新城邦的公民德行提出了更高的要求,且以怀疑论和辩证的方式方法,指陈了雅典公民在追求"过分自由"过程中养成的不良习气及其在"剧场政体"(theatrokratia)里的恶劣行为。这也许会在某些读者中间引起某种误解,会以为雅典城邦不行了,雅典公民堕落了,柏拉图因失望而厌弃了。其实不然。

我们知道,柏拉图对"过分自由"的痛斥,所针对的确是雅典的民主政体,一种腐败变质的民主政体。尽管他的相关描述有些夸张,有些感情用事,甚至不惜采用以偏概全的方式,将雅典的民主政体等同于某种无法无天的群氓政体(lawless mobcracy),但这一切并未影响他对雅典的健康民主政体的积极评判和自豪感受。因此,在为"次好城邦"立法时,他毫不迟疑地请来那位精通法律、政治和教育的"雅典客人",毅然决然地参照了雅典民主政体的

---

① [法]孟德斯鸠:《论法的精神》,上卷,第31—40、46—74页。

基本模式及其立法架构等相关内容。其实，在柏拉图的心目中，雅典城邦是典型且杰出的现实城邦，是他构想"最好城邦"与"次好城邦"的现实基础和参照背景。历史上，雅典民主制度的创立与伯利克里领导下的黄金时代就是强有力的佐证，相关的描述与分析见于历史研究的诸多成果之中。① 譬如，库朗热（Fustel de Coulanges）在《古代城邦》（*La Cité antique*）一书中断言：雅典民主制度堪称古希腊城邦政制中的典范，其维持民主的法律基础，其参政议政的公民义务，其议会辩论的开明方式，其立法决策的慎重原则，其议案审理的责任要求，其投票选举的公正程序，均为后世提供了了可资借鉴的成功样板。②

毋庸置疑，柏拉图是一位矢志求真爱智的哲人，也是一位充满家国情怀的公民。他虽然严厉批评过雅典的政治蜕变，但他也真诚地热爱雅典，因为那是他的祖国与家园；为此，舒拉古僭主对他的礼遇、利诱与幽禁，都无法阻止他返回雅典的坚定信念。他虽然严厉批评过某些雅典公民的不良行为，但他也深切地热爱雅典人，因为那都是他的同胞与衣食父母，更何况那里有苏格拉底、阿加通（Agathon）、希匹亚斯（Hippias）、伊索克拉底（Isocrates）和亚里士多

---

① 西方学界在这方面的历史研究著作甚丰，只要拿起任何一本顺手翻阅，就可以从中读到有关雅典城邦与民主政体相关成就与特征的篇章。譬如［古希腊］修昔底德：《伯罗奔尼撒战争史》，第 144—154 页（上册，第二卷，第四章：阵亡将士国葬典礼上伯里克利的演说）；［英］帕克：《城邦——从古希腊到当代》（石衡潭译，济南：山东画报出版社，2007 年），第 13—19 页（"雅典城邦"）；［英］默里：《早期希腊》，第 172—190（"雅典与社会正义"）。Also see John V. A. Fine, *The Ancient Greeks: A Critical History* (Cambridge & London: Harvard University Press, 1983), pp. 383-441 ("The development of Athenian democracy"); Charles Rowan Beye, *Ancient Greek Literature and Society* (Ithaca & London: Cornell UniversityPress, 1987), pp. 97-125 ("Athens in the Fifth Century"); M. I. Finley, *The Ancient Greeks* (London: Penguin Books, 1963), pp. 70-81 ("Athens"); A. R. Burn, *The Pelican History of Greece* (London: Penguin Books, 1966), pp. 213-257 ("The Great Fifty Years II: Imperial Athens", and III: "Athenian Society"); C. M. Bowra, *The Great Experience* (London: Phoenix, 1957), pp. 65-84 ("City and Individual"); Malcolm Schofield, *Plato* (Oxford: Oxford University Press, 2006), pp. 51-131. In this book Malcolm Schofield also observes that "When Plato reflected on democracy, Athens was never far from his thoughts. Dialogue after dialogue mingles critique of the key commitments of contemporary democracy with successive attempts-each in an entirely different mode-to rewrite Athenian history…. It is only in the Laws that he articulates at at all explicitly more positive thoughts about the way the political freedom that Athenians trumpeted should be understood and valued, as one of the indispensable foundations of any true *politeia*." (pp. 88-89).

② ［法］库朗热：《古代城邦——古希腊罗马祭祀、权利和政制研究》，参阅该书第十一章："民主制度的准则：雅典民主制度的典范"，第 307—312 页。

德等一代明哲，他们轮流出现在他的对话里，形成一种"座上无白丁，交谈有贤达"的文化场景，而这在当时希腊的其他任何城邦都是可遇而不可求的。在柏拉图的对话作品中，他善于借用不同人之口，时常赞美雅典的文化、风雅与卓越。譬如，在《普罗泰戈拉篇》(Protagoras)里，他通过希匹亚斯的言说，把雅典称作"希腊智慧的中心与圣地"(the center and shrine of Greek wisdom)。① 在《会饮篇》里，他把雅典人在社交场合的温文尔雅和良好教养描述得活灵活现。譬如，在此对话中，当苏格拉底因事迟到时，主人阿加通作为刚刚赢得戏剧大奖的诗人，特请苏格拉底坐在自己身边，说这样能有幸听到他"充满智慧的思想"。而苏格拉底一边就座一边回应说："我多么希望智慧是某种坐在某人身边便可得到的东西。如果智慧是流动的，就像水一样可从一只满杯倒入一只空杯的话，那我将会非常珍惜坐在你身边的殊荣，因为你可以在我的身体里注入一股最为精美明澈的智慧之流，而我自己的理解至多也不过是模糊不清的东西，无异于梦呓，可你的智慧是那么华彩四溢"②。这种优雅闲适而不乏机智幽默的客套，在片刻之间有效地营造了一种宾至如归的友好气氛，紧接着，一场关于智慧和友爱的辩论开始了。他们引经据典，博学深刻，思想敏锐，彼此呈才雄辩，唇枪舌剑，但又不失优雅，始终保持谦谦君子之风。对此，西方学者有过这样的评价："这是完美的社交谈话，只有经过长时间的训练才能够有这样的言谈举止。这样的言谈举止不是一两代人能够培养出来的，但这些人是在马拉松和萨拉米战役中英勇奋战的战士们的重孙辈们。英勇无畏和高度文明的无可衡量的东西，是他们生下来就继承了的遗产。"③

无疑，这是历史传承的结果，文化熏陶的产物，当然也是德行教育和艺术教育的成就。柏拉图显然深知这些，但他对雅典公民的要求更高，对他们的批评也最多，甚至提出"净化城邦"和"选择公民"的方策，这在《理想国》和《法礼篇》里不难看到。为此，他借用所有能够借用到的希腊经典文学艺术、希腊传统城邦制度以及具有代表性的德行理想与法礼准则，从基于

---

① Plato, *Protagoras*, 337d, in Plato, *The Collected Dialogues* (ed. Edith Hamilton & Huntington Cairns, New Jersey: Princeton University Press, 1996), p. 332.
② Plato, *Symposium*, 175c-e, in Plato, *The Collected Dialogues*, p. 530.
③ [美] 汉密尔顿：《希腊精神》，第 75 页。

"正确教育"理念的立法程序与道德诗学等立场出发,试图激励和引导雅典公民养成节制、勇敢、智慧、健康的德行,过上节制、勇敢、智慧、健康的生活,因为只有这样的生活,才是"最正义的"(dikaiotaton),同时也是"更幸福的"(eudaimonestaton)。

四 古希腊人的幸福观

古希腊人渴求"幸福"(eudaimonia),其全力构建和发展城邦的最终目的,也就是为了实现和保障这一美好的愿望。

那么,"幸福"对古希腊人到底意味着什么呢?古希腊对"幸福"所下的一个古老定义是:"生命的力量在生活赋予的广阔空间中的卓异展现。"这显然是一个充满生命活力的信念。在整个希腊历史中,这种生命的信念始终充盈着人们的心灵。它将希腊人引上了许多前人没有走过的道路,但却绝没有将他们引向霸权和屈服。一个精神高昂、身体强健的民族,是不容易屈从的。事实上,希腊崇山峻岭中的劲风也从未哺育过暴君。绝对屈从于君权的奴隶理论,只有在那些没有深山给反叛者提供退路、也没有峻岭迫使人们过危险的生活的地方才能盛行。希腊从一开始就没有古代社会的影子。那些令人畏惧的、令人不敢仰视的神圣万能的主宰,无论是埃及的法老,还是美索不达米亚的君主,他们的权力在几千年之中没有遭到任何人的怀疑,这样的权力在希腊历史上却从未有过,甚至也从未出现过与之相似的统治者。我们知道一些希腊历史上僭主的情形,但我们知道得更清楚的是,这样的时代很快就结束了。从君权产生的时候,对君权的绝对服从就是古代社会的生活准则,这种绝对屈从此后在亚洲甚至一直延续了几千年,而在希腊却如此轻而易举地被抛弃了,以至于流传至今的几乎只是人民对抗僭主的一些回声而已。

不过,凡事总有例外。什么例外呢?汉密尔顿认为,苏格拉底在雅典被指控宣扬新神、腐蚀年轻人而因此饮鸩狱中就是一个例外。但在那时,苏格拉底已年近古稀,一生都在说他想说的话。当时的雅典因为刚刚遭受了一次惨痛的失败,正处于危难之中,而且刚刚经受一次政权突变,管理又极为不善。苏格拉底很可能死于某一次所有国家都经历过的突然恐慌,那时人们的安全遭到突然的威胁，从而使他们变得有些残忍。尽管如此，判决他死刑的表决者不过刚过半数，而他的学生柏拉图随后就以他的名义继续执教，不但从未受到任何威胁，而且其从者甚众，声名日隆。苏格拉底是雅典唯一因为持不同意见丧生的人。另外有三个人被驱逐出境。总共就这么几个，而哪怕是看一看最近五百年来在欧洲有多少人被残酷虐待、被杀害，我们就知道雅典的自由是什么样的了。①

对希腊人来讲，苏格拉底的审判，确是一个沉重的话题。② 历史上，人们

---

① [美]汉密尔顿：《希腊精神》，第15—16、21—22页。
② 苏格拉底之死这一"例外"是如何发生的呢？西方学者对此问题的研究相当深入，这里不妨参照柏拉图与波普尔（Karl Popper）所归纳出的相关结论，将其要点简述如下：苏格拉底是在民主派当权后被判处死刑、毒死狱中的，其主要罪名分别是"腐化青年"和"对神不敬"。前一罪名涉及道德，后一罪名涉及宗教。实际上，苏格拉底一生注重道德修养，尊奉城邦的神明，对于城邦的共同利益，他一直竭尽所能，在战场上他是英勇的战士，在公务中他是优秀的公民。柏拉图在《第七封信札》（The Seventh Letter）里，对苏格拉底做出积极的评价，认为他是"所有活着的人中最正直的一位"。（324e-325c）

值得注意的是，苏格拉底被认为是率先提出心灵这一概念的思想家，他一再劝导人们要"看护好你的心灵"，保持思想的诚实，同时提醒人们要"认识你自己"，认识自己思想的局限。苏格拉底对民主的开放社会与公民的自由权利充满期待，大力宣扬，但也对民主政体与民主派政治家提出批评，批评他们缺乏思想诚信，醉心于权力政治，忽略政治问题的人道层面。这就是说，苏格拉底既是雅典民主政体的朋友，同时又是雅典城邦及其民主制度的批评者。事实上，在苏格拉底的同伴或学生中，不仅有一度站在敌邦斯巴达一边的重要政治人物 Alcibiades，而且还有后来成为"三十僭主"（the Thirty Tyrants）首辅的 Critias 及其得力助手 Charmides。因此之故，就提出了苏格拉底为何与反民主人士混在一起的问题。要回答这一问题，答案不止一个。其一，按照柏拉图的说法，苏格拉底抨击民主派政客的部分目的在于揭露他们的自私与嗜权行为，他们曲意迎合人民，伪善奉承那些青年贵族，这些贵族表面上是民主领导人，实际上只将人民视为实现自己权力欲望的工具。苏格拉底的这一批评活动一方面使他得到那些民主政体之敌的青睐，另一方面则将他与那些反对民主政体的野心勃勃的贵族联系在一起。其二，苏格拉底作为一位道德主义和个体主义者，从来不只是单纯地抨击这些政客，同时也对这些政客真感兴趣，竭力想要教化他们，而不是轻易放弃他们。其三，苏格拉底作为一名培养政客的教师，竭力想要吸引和影响年轻人，认为他们思想开放，容易教化，日后可能成为负责城邦事务的官员。这方面的范例就是将 Alcibiades 从幼年时期就被挑选出来，当作雅典帝国的未来伟大领袖进行培养。Critias 的才华、抱负与勇气，使他成为少数可与 Alcibiades 竞争的对手。从我们所了解的情况看，柏拉图与苏格拉底的关系，也与其早年和后来的政治抱负相关。虽然苏格拉底是宣扬开放社会的重要人物之一，但他不是任何派别中的成员。他认为只要自己的工作对自己的城邦有利，就愿意同任何社会圈子一起共事。如果他对一位具有可造之材的年轻人产生兴趣，即便对方具有寡头家族的背景，他也不会因此缩手缩脚。

然而，正是这些联系将他置于死地。当战争失败后，苏格拉底受到指控，指控他所教育的学生背叛民主政体，勾结敌人，导致雅典陷落。

在修昔底德的权威影响下，伯罗奔尼撒战争与雅典陷落的历史经常告诉人们：雅典陷落是民主政体道德弱点的最终证明。然而，这一观点纯属抱有偏见的歪曲，众所周知的事实讲述的则是一个迥然不同的故事。雅典战败的主要责任在于雅典的寡头们与斯巴达的一连串预谋。其中三位著名人物都是苏格拉底以前的学生，他们是 Alcibiades、Critias 和 Charmides。在雅典陷落的公元前 404 年，

通常将其视为一桩冤案，认定苏格拉底是践履"不自由，毋宁死"的英雄典范。对此，斯东（I. F. Stone）的感受与反应颇具代表性。他这样坦言："我越

（续上页）Critias 和 Charmides 成为"三十僭主"的领袖，其实只是斯巴达保护下的雅典政府的傀儡。雅典的陷落与城墙的毁坏，经常被说成是爆发于公元前431年的伟大战争所致。但是，这种说法也包含重大的歪曲；因为民主领袖依然在战斗，他们在 Thrasybulus 和 Anytus 的领导下准备解放雅典，与此同时，Critias 杀害了数百公民。在 Critias 为期八个月的恐怖执政期间，所杀害的雅典公民总数远远超过先前十年战争中雅典公民的死亡人数。八个月后（即公元前403年），民主派从 Piraeus 起兵，击败了 Critias 一伙与斯巴达的守备军队，柏拉图的两位叔舅（Critias 和 Charmides）在此役中丧命。见势不妙，斯巴达保护者最终抛弃了寡头追随者，接着与民主派签订了和议。和平使民主政体在雅典得以重建。民主型政府在极其严峻的考验中表现出自身的优势，甚至连其敌人都认为它不可战胜。

重新掌权的民主政体刚一开始重建正常的法律秩序，就对苏格拉底提出指控。其用意非常明确：指控苏格拉底参与培养了雅典城邦最为险恶的敌人 Alcibiades、Critias 和 Charmides。起诉者对于因过去不幸的政治事件而惩罚苏拉格底或许并未大动心思，因为他们非常清楚这些事件的发生有悖于苏格拉底的本意；他们的目的是想阻止苏格拉底继续从事他的教导活动，因为由此产生的效果在他们看来会对城邦构成危害。出于这些理由，他们对苏格拉底的指控模糊不清，没有意义，说他腐化青年，不敬神明，试图将新奇的宗教实践活动引入雅典城邦。由于当时赦免了所有政治犯罪，"腐化青年"的罪名很不确切，但所有人都知道这里所说的青年指的是谁。在辩护过程中，苏格拉底一再表明，他对"三十僭主"的政策毫不同情，实际上他是冒着生命危险，蔑视他们想要给他定上"三十僭主"所犯罪责之一的企图。他提醒陪审团，在他最密切的交往和最热情的学生中，至少有一位忠诚的民主派领袖 Chaerephon，此人在与"三十僭主"的战斗中献出了生命。

现在人们通常认为，支持起诉苏格拉底的民主派领袖 Anytus 无意让苏格拉底成为烈士。其目的就是将他流放。但是，这一计划被苏格拉底挫败了，因为他在其原则上拒不妥协。他想死，或者说，他喜欢扮演烈士的角色，但我［波普尔］不信。苏格拉底只是为他认为正确的东西而战，为他一生的所作所为而战。他从未想要破坏民主政体。事实上，他一直努力赋予民主政体所需要的信仰。这一直是他一生的追求。他感到这种信仰正遭到严重威胁。他先前那些同伴的背叛，让他如此工作和抛头露面，这对他的震动十分深刻。他兴许喜欢将这一审判当作一个机会，一个证明自己无限忠诚于城邦的机会。

苏格拉底在有越狱机会时，非常仔细地解释了自己的态度：如果他趁机越狱，那就成了流放者，人人都会认为他是民主政体的敌对分子。所以，他要留下来，并且陈述了自己的理由。相关的解释见于柏拉图的对话《克里托篇》（Crito, 53b-c）。这很简单。如果他越狱，他就违犯了城邦法律。这种行为将会把他置于法律的对立面，证明他自己不忠诚。这对城邦是有害的。只有他留下来接受审判结果，才会证明他对城邦的忠诚不贰，证明他支持城邦的民主体制，证明他从来不是其敌人。因此，没有比他自愿受死更能证明其忠诚的方式了。

是爱上了希腊人，苏格拉底站在法官面前受审的景象越教我痛心。作为一个民权自由派，我对此感到震惊。这动摇了我对杰斐逊式的对普通人的信念。这是雅典和它所象征的自由的黑色污点。在这样一个自由的社会里，怎么可能发生对苏格拉底的审判呢？雅典怎么会这么不忠实于自己呢？"① 这种"痛心"与"震惊"，既源自审判的结果，也源自控诉的起因。在标榜言论自由的民主雅典，苏格拉底却因维护言论自由而遭起诉并被判死刑，这委实是一出不可思议的荒诞闹剧，必然使人对雅典的民主制度心生疑虑与失望。然而，汉密尔顿将此冤案归于"一个例外"，归于政权突变时的"突然恐慌"和一时的"残忍"，这一精巧的辞令显然是一种大而化之的轻描淡写，其意在为雅典的自由进行辩护，为雅典的过失寻求开脱。另外，汉密尔顿还拿五百年来的欧洲与数百年的古代雅典相比，这样做的目的与效果也许是让希腊人在心理上感到些许舒缓或宽慰。但是，这一比较对于我们中国人而言，则会产生一种迥然不同的反响。举凡了解中国历史的人，只要稍加回顾五百年来在华夏九州因"文字狱"和"莫须有"等"罪名"而导致的冤假错案和残酷虐杀，就会发现五百年来的欧洲之所作所为只能算是"小巫见大巫"了。至于古代雅典的政治制度及其历史实践，我们若能将其同中国的相关情况加以对比，就会发现那对于我们来说更是不敢奢望的奢望了。

（续上页）苏格拉底之死是其真诚品性的最终证明。他一直保持着无畏、单纯与谦逊的品格，一直保持着分寸感和幽默感。他在《辩护篇》（*Apology*）里宣称，"我是神派遣到这座城邦里的一只牛虻，我总是整天假日地四处蜇执，唤醒你、劝导你和责备你。你恐怕找不到一个像我这样的家伙，因此我应当告诫你放过我……如果你打击我，诚如 Anytus 要求你那样，匆忙地将我致死，那么你的余生都会长睡不醒，除非神出于佑护之心，再派给你另一只牛虻"（30e-31a）。苏格拉底表明，一个人不仅会为命运、名誉或其他诸如此类的宏大事情而死，而且也会为批评思想的自由而死，会为与妄自尊大或多愁善感毫无关系的自尊而死。Cf. Karl Popper, *The Open Society and Its Enemies: The Spell of Plato*, pp. 202-207。

① ［美］斯东：《苏格拉底的审判》，董乐山译，三联书店2003年版，第4页。

五　古希腊人的精神基质

从阅读汉密尔顿对雅典的相关赞词中，有些读者也许会问：那种在生活赋予的广阔空间中卓异展现自身生命力的幸福，那种在各种艰难困苦中争取维护人格尊严的幸福，那种不畏强权迫害而冒死追求真理的幸福，我们中国人能够消受吗？不知道。但我们知道希腊人能够消受，尤其是那些具有节制、勇敢、智慧、健康和正义德行的雅典公民更能消受，他们消受这些东西，就如同在会饮场际消受神话故事和哲学对话一样。当然，这不仅是因为他们具有上列德行，而是因为他们能够真正"恪守和完成自己对城邦和同胞所负的责任"。在柏拉图心目中，这种"责任"的最高境界，不是在奥林匹克运动会上获得冠军，也不是在战争时期赢得胜利，更不是在和平年代的各种赛事中拔得头筹，而是"终生竭诚效力于城邦的法律"[①]。所谓"终生竭诚效力"，按照我个人的理解，那就是终其一生，诚心竭力地遵守和维护城邦法律的权威与效用。因为，这"法律"不是纸上书写，而是立国之本，护国之道，兴邦之策，"遵守和维护城邦法律"，实际上就等于护法卫国，等于担负着护法者、卫国者与建国者的多重职责。这便是凝结希腊精神的基质所在。为此，柏拉图在《法礼篇》里一再凸显立法的双重性（dual nature of legislation），特意将重在教育性劝诫的导言（the preambles of educative persuasion）与重在强制性惩罚的律例（the laws of coercive punishment）有机地结为一体。而且，柏拉图一再强调"顺从法律"（slavery to the laws）的理念，诚望切切实实的遵纪守法不仅成为公民言行举止的日常习惯，而且成为公民伦理生活的重要尺度。因为只有这样，只有当统治者成为法律的奴仆而法律成为统治者的主人时，"城邦才会得到诸神的拯救，才会享有诸神赋予的所有美好事物"[②]。

历史告诉我们，古希腊人是自由人，是追求理智与激情平衡适度的自由人；他们喜欢自由生活，热衷独立思考，并以昂扬的精神和顽强的斗志反抗

---

① Plato, *Laws*, 733-734.
② Ibid., 715d.

僭主统治，蔑视权势专制，拒斥神权教条，但他们却义无反顾地"只服从于法律"（希罗多德语）。他们知道，执政的权威是变动轮换的，城邦的法律则是稳定恒久的，而且是维护社会公平正义的可靠保障。因此，服从法律，就是维护法律；维护法律，就是保卫城邦。为此，他们勇于担当，不怕牺牲。正是基于这种性格和精神特质，柏拉图才将"终生竭诚效力于城邦法律"的公民，奉为城邦德行最为卓越的"完善公民"（politēn teleon）。在他看来，唯有这样的公民，才是城邦的脊梁，才会把守法护法视为自己的最高使命，才会把由此赢得的声誉看得高于其他一切荣誉，甚至看得高于自己珍爱的生命。再者，也唯有这样的公民，才会懂得并能完成两项任务：一是在遵纪守法的同时以正当方式做事（to do things right）；二是在遵纪守法的同时，根据道德准则和实际需要去做正当之事（to do right things）。所谓"正当"，也就是"对，好，正确，妥当"。前者更多强调的是基于规则约定的做事方式，后者更多强调的是基于规则约定的善好动机和行为目的。自不待言，举凡能够在社会活动中践履如斯的公民，其法律意识与道德修为已然化境，足以能够抵制"放纵""懦弱""愚蠢""有病"与"不义"的恶习，摒弃"放纵""懦弱""愚蠢""有病"与"不义"的生活，恪守"节制""勇敢""智慧""正义"与"共善互益"（the common good）的德行。这样一来，柏拉图也就不必太过担心新建的城邦，再次出现那种"民已非民，官已非官，邦已非邦，一盘散沙，天厌敌伐，势必败亡"的恶果了。

最后，在结束讨论之前，人们也许会问，到底是何种立法使得古希腊人"只服从于法律"呢？答案只有一个：顺应"神明意志"的"优良立法"。至于"神明意志"（the will of the gods）一说，主要是由于古希腊法律源自古代习俗和古希腊人相信神明约束的宗教观念所致，赫拉克利特就曾宣称："所有人类法律都由一部神明法律滋养而成"。① 至于涉及民主政体的"优良立法"

---

① C. M. Bowra, *The Greek Experience* (London: Phoenix, 1994), pp. 66-68. The statement about the laws follows: "Since laws were derived from ancient cunstom, it was only natural to assume that they had a divine sanction and represented in some sense the will of the gods. This was the Greek equivalent to the notion of natural law, and it was held by Heraclitus, who said, ' All human laws are fed by the one divine law '. Historically this may mean no more than that the state took over responsibility for offences which had once been the concern of the family, but it also meant that the laws were revered because ultimately they were sanctifies by the will of the gods." (Ibid., p. 67) (good legislation),主要发端于"希腊七贤"之一梭伦(Solon,630-560 BC)。梭伦"拔掉了田地里的许多界标,使逃亡异乡的穷人获得解放",他所"制订的法律,无贵无贱,一视同仁,直道而行,人人各得其所"。① 他的基本立法精神在于抑制富有阶层,扶持贫困阶层,强化中等阶层,引入民主精神,奠定雅典"民主政体的祖制",规定公民都有被选为公众法庭陪审员的机会。② 这表明审判是公开的,听证是透明的,司法是独立的。亚里士多德本人由衷地赞赏这一方略,认为只有这样才能使中等阶层成为富人和穷人的仲裁者,成为社会结构的主导力量,最终才能使城邦得以稳定和长治久安。当然,法律的实际意义还包括诸多方面,譬如,(1)促成全邦公民都能进入正义和善德的永久制度;③(2)确保全邦公民都能严格遵守平等原则,让穷人与富人处于同样的地位,谁都不作对方的主宰;(3)尊重全邦公民的自由权利,让所有人都尽可能地一律参加并分配政治权利;(4)确立法治的通则与法律的威信,让城邦治理不是以命令而是以法律为依归。④ 总之,"凡不能维持法律威信的城邦,都不能说她已经建立了任何政体。法律应在任何方面受到尊重并保持无上的权威,执政人员和公民团体只应在法律(通则)所不及的'个别'事例上有所抉择,两者都不该侵犯法律"⑤。这就是说,任何城邦或国家的政体或政治体制,如果不能维护法律至高无上的权威,那就不能算作一个真正成熟的政体或政治体制;同时,法律至上的原则与实践,不受任何

---

① [古希腊]亚里士多德:《雅典政制》,日知、力野译,商务印书馆1999年版,第15页。在制度上,梭伦建立了九执政官的法律,创立了四百人议会,实施了城邦官职的改革。其立法的民主特色有三:第一是禁止以人身为担保的借贷,第二是任何人都有自愿替被害人要求赔偿的自由,第三是向陪审法庭申诉的权利,这一点便是群众力量的主要基础,因为人民有了投票权利,就成为政府的主宰了。……这些便是梭伦所制定的具有民主性质的法律;在他立法之前,他的民主改革是取消债务,而以后则是提高度量衡制和币制的标准。参阅亚里士多德:《雅典政制》,第11—12页。
② [古希腊]亚里士多德:《政治学》,卷二,1274a37-44。梭伦顺应民意和历史潮流,在完成立法的基础上,成功地推行了土地改革运动,废除了传统意义上神圣不可侵犯的田界石,解放了土地和农民。为此,他在自己的诗作里自豪地写道:"这是一项没有希望的事业,但在神的助佑下我竟然做成了。大地母神可以为我作证,我用灵巧的双手除去了界石,受奴役的土地现在终于自由了。……凡在大地上受到严酷奴役的人,在主人面前胆战心惊的人,我都解放了。"参阅[法]库朗热:《古代城邦——古希腊罗马祭祀、权利和政制研究》,第253—254页。
③ 同上书,卷三,1280b12-13。
④ 同上书,卷四,1291b30-1292a3。
⑤ 同上书,卷四,1292a30-34。

执政人员的地位与权力的影响,否则就是侵犯法律;另外,在法律所不及的"个别"事例上,执政人员务必根据法律的基本精神予以公正地裁决,任何营私舞弊或偏袒不公都属于违法行为。这一理念在本质上显然反映了"法律面前人人平等"的"法治"(rule of law)特征,而非"法律面前权力说话"的"法制"(rule by law)品相。

综上所述,两千多年前古雅典所设定和实施的立法准则,委实取法乎上,真正以民为本,使得法律(nomos)成为"一种高级的客观力量"和"整个城邦的真正灵魂",① 由此开启了"民治、民享、民用"制度的历史先河,甚至称得上是引领人类政治文明的永恒灯塔。现如今,在民主与开放的社会里,所有这些准则已然成为立法依据与公共常识,但在非民主与封闭的社会里,它们依然属于半遮半掩的论题或相当生疏的理念。可以预见,在后一种社会形态中,由于"优良的立法"环节先天缺失,司法的独立性没有真正落实,

---

① [瑞士]布克哈特:《希腊人和希腊文明》,第111页。这段话是这样说的:"对于城邦把自己视为一个理想的整体,还存在另外一种看法和另外一种形式,这是从 nomos 这个字看出来的,这个字通常包含了法律和政体的含义。Nomos 是一种高级的客观力量,高居于所有的个体存在和意愿之上,,不仅仅满足于缴税和服兵役为代价对公民进行保护,就像现代社会那样,还热衷于成为整个城邦的真正灵魂。作为众神的造物和赐予,人们用最崇高的词汇对法律和政体加以颂扬,称之为城邦的人格,所有美的的护卫者和保存者。……斯巴达的德马拉图斯(Demaratus)对薛西斯解释道:他的人民对'主宰一切的法律'(despotes nomos)的畏惧,远在波斯人对他们伟大国王的畏惧之上。正如柏拉图所言,官员们尤其是法律的奴仆。因为,立法者被视为超人……最重要的是,法律(nomos)不能去迎合某个人物或碰巧处于大多数的那些人的一时的兴趣和想法,至少理论上,人们强烈第感到,旧有的法律应该保留;实际上,甚至比法律还要古老的风俗和习惯被认为具有一种生命力,法律只不过是其外在的表现罢了。即使那些不合法的法律,只要它们还在被严格地执行,也似乎要比改变它们更能给社会提供一种稳定感……在一些城邦,男孩子们必须要会用抑扬顿挫的声调背诵法律,这样做不仅是要他们牢记在心,而且还是为了确保它们不被改变。(希腊文 nomos 具有'法律'和'曲调'的双重含义。)"

需要说明的是,"斯巴达的德马拉图斯"曾是斯巴达的国王,被流放在国外时,由波斯君主薛西斯(Xerxes)的父王收留,暂居波斯。在与薛西斯讨论波斯人与斯巴达人的作战能力时,德马拉图斯说了这一番话:"拉凯戴孟人[斯巴达人]在单对单作战的时候,他们比任何人都不差;在集合到一起来作战的时候,他们就是世界上无敌的战士了。他们虽然是自由的,但是他们并不是在任何事情上都是自由的。他们受法律的统治,他们对法律的畏惧甚于你的臣民[波斯人]对你[薛西斯君主]的畏惧。我可以拿出证据来证明他们的确是这样:凡是法律命令他们做的,他们就做,而法律的命令却永远是一样的,那就是,不管当前有多少敌人,他们都绝对不能逃跑,而是要留在自己的队伍里,战胜或是战死。"参阅[古希腊]希罗多德:《历史》,下册,第七卷,第104节,第505页。

致使法律的实际意义与上列准则之间存在相当差距,在这样不充足的现实条件下,如果强求人们效仿"只服从法律"的古希腊人,那恐怕是一种勉为其难的非分之想了。殊不知读者诸君以为然否?

千禧十一年秋初写于京北山月斋
千禧十二年春修改于京东杨榆斋
千禧十三年夏修改于京北山月斋

主要参考文献

1. 柏拉图的著作

Plato, *Laws*, Trans. R. G. Bury, Cambridge and London: Harvard University Press, 1994.

Plato, *The Laws*, trans. Trevor J. Saunders, London: Penguin Books, 1975.

Plato, *The Laws of Plato*, Trans. Thomas L. Pangle, Chicago and London: The University of Chicago Press, 1988.

Plato, *Republic*, trans. Paul Shorey, Cambridge and London: Harvard University Press, 1994.

Plato, *Statesman*, trans. Harold N. Fowler, London: William Heinemann, 1925.

Plato, *Philebus*, trans. Harold N. Fowler, London: William Heinemann, 1925.

Plato, *Ion*, trans. W. R. M. Lamb, London: William Heinemann, 1925.

Plato, *Sophist*, trans. Harold N. Fowler, London: William Heinemann, 1925.

Plato, *Symposium*, Trans. W. R. M. Lamb, Harvard University Press, 1996.

Plato, *Complete Works* (ed. John M. Cooper), Indianapolis and Cambridge: Hackett Publishing Company, 1997.

Plato, *The Collected Dialogues* (eds. Edith Hamilton & Huntington Caims), New Jersey: Princeton University Press, 1996.

柏拉图:《理想国》,郭斌和、张竹明译,北京:商务印书馆,1995年。

柏拉图:《文艺对话集》,朱光潜译,北京:人民文学出版社,1980年。

柏拉图:《柏拉图对话集》,王太庆译,北京:商务印书馆,2004年。

2. 外文文献

Adams, Hazard (ed.), *Critical Theory since Plato*, New York et al: Harcourt Brace Jovanovich, 1971.

Allen, Barry, *Truth in Philosophy*, Cambridge, MASS.: Harvard University Press, 1993.

Anderson, Warren D., *Ethos and Education in Greek Music*, Cambridge (MA.): Harvard University Press, 1968.

Aristotle, *Metaphysics*, trans. Richard Hope, New York: Columbia University Press, 1952.

Aristotle, *Nicomachean Ethics* (trans. H. Rackham), Cambridge, Mass. and London: Harvard university Press, 1934.

Aristotle, *The Nicomachean Ethics of Aristotle* (tr. D. P. Chase), Dutton & Co., 1934; Beijing: China Social Sciences Publishing House, 1999

Aristotle, *Constitution of Athens and Related Texts*, New York: Hafner Press, 1974.

Aristotle, *Politics*, trans. Benjamin Jowett, New York: Dover Publications, 2000.

Aristotle, *Ethics* (tr. J. A. K. Thomson), London: Penguin Books, rep. 1977.

Armstrong, John M., "After the Ascent: Plato on Becoming like God", in *Oxford Studies in Ancient Philosophy*, 26 (2004), pp. 171-183.

Arnold, Matthew, *Culture and Anarchy*, New York: Mac-Millan Company, 1925.

Atkins, J. W. H., *Literary Criticism in Antiquity*, Volume I, London: Methuen, 1952.

Bargeliotes, L. C. et al (eds.), *Religion, Politics and Suffering: Intercultural Dimensions and Challenges for Philosophy*, Hellas: Ennoia Books, 2004.

Barnes, Jonathan (ed.), *The Cambridge Companion to Aristotle*, Cambridge: Cambridge University Press, 1999.

Barr, Stringfellow, *The Will of Zeus: A History of Greece*, Philadelphia & New York: Delta, 1965.

Benardete, Seth, *Plato's "Laws": The Discovery of Being*, Chicago and London: The University of Chicago Press, 2000.

Benitez, Eugenio, "Plato's Laws on Correctness as the Standard of Art", in Eugenio Benitez (ed.), *Plato's Music*, in *Literature & Aesthetics*, vol. 19 No. 1, 2009, pp. 237-256.

Beye, Charles Rowan, *Ancient Greek Literature and Society*, Ithaca and London: Cornell University Press, 1987.

Blitz, Mark, *Plato's Political Philosophy*, Baltimore: The Johns Hopkins University Press, 2010.

Blondell, Ruby, *The Play of Character in Play's Dialogues*, Cambridge: Cambridge University Press, 2002.

Bloom, Allan, *The Republic of Plato*, New York: Basic Books, 1968.

Bobonich, Christopher, *Plato's Utopia Recast: His Later Ethics and Politics*, Oxford: Clarendon Press, 2002.

Bobonich, Christopher, (ed.), *Plato's Laws: A Critical Guide*, Cambridge: Cambridge university Press, 2010.

Bosanquet, Bernard, *A Companion to Plato's Republic*, London: Thoemmes Press, rep., 1999.

Bosanquet, Bernard, *A History of Aesthetic*, New York: Meridian Books, 1957.

Bowra, C. M., *The Greek Experience*, London: Phoenix, 1957.

Bowra, C. M., *Primitive Song*, New York: A mentor Book, 1962.

Bremmer, Jan. N., *The Early Greek Concept of the Soul*. New Jersey: Princeton University Press, 1983.

Brisson, Luc, *Platon: les mots et les mythes*, Paris: Librairie François Maspero, 1982.

Brittain, Simon, *Poetry, Symbol, and Allegory: Interpreting Metaphorical Languages from Plato to the Present*, Charlottesville & London: University of Virginia Press, 2003.

Burn, A. R., *The Pelican History of Greece*. London: Penguin Books, 1965.

Burnet, John, *Early Greek Philosophy*, London: Adam and Charles Black, 1958.

Butcher, S. H., Aristotle's Theory of Poetry and Fine Art: With a Critical Text and Translation of The Poetics, London: MacMillan, 1911.

Cassirer, Ernest, *An Essay on Man*, New haven & London: Yale University Press, 1975.

Clay, Diskin, "Plato Philomyth," in Roger D. Woodard (ed.), 2007, *The Cambridge Companion to Greek Mythology*, Cambridge: Cambridge University Press, 2007.

Cook, R. M., *Greek Art*, London: Penguin Books, 1972.

Cooper, John M., *Reason and Emotion: Essays on Ancient Moral Psychology and Ethical Theory*, New jersey: Princeton University Press, 1999.

Cornford, F. (tr.), *The Republic of Plato*, Oxford University Press, 1941.

Cornford, F. *Greek Religious Thought*, New York: AMS Press, 1969.

Cornford, F. *From Religion to Philosophy*, New York: Harper Torchbooks, 1957.

Cornford, F. *The Unwritten Philosophy and Other Essays*, ed. W. K. C. Guthrie, Cambridge: The University Press, 1950.

Crotty, Kevin, *The philosopher's Song: The Poets'Influence on Plato*, Lanham et al: Lexington Books, 2011.

Danto, Arthur, "The Artworld," in *The Journal of Philosophy* 61, October 15, 1964.

Derrida, J., "La double séance," in *La dissémination*. Paris: éditions du Seuil, 1972.

Destrée, Pierre & Herrmann, Fritz-Gregor (ed.s), *Plato and the Poets*, Leiden & Boston: Brill, 2011.

Detienne, Marcel, *The Greeks and Us*, trans. Janet Lloyd, Malden: Polity, 2007.

Dickinson, G. Lowess, *The Greek View of Life*, New York: Doubledey Company, 1925.

Donoghue, Denis, *Speaking of Beauty*, New Haven & London: Yale University Press, 2003.

Dover, K. J., *Greek Popular Morality: In the Time of Plato and Aristotle*, Oxford: Basil Blackwell, 1974.

Earp, F. R., *The Way of the Greeks*, Oxford: Oxford University Press, 1929.

Easterling, P. E. (ed.), *Greek Tragedy*, Cambridge: Cambridge University Press, 1997.

Elias, Julius A., *Plato's Defense of Poetry*. Albany: State University of New York Press, 1984.

Else, G. F. "Imitation in the Fifth Century," in *Classical Philosophy* 53: 73-90, 1958.

Else, G. F., *Aristotle's Poetics: The Argument*, Cambridge: Harvard University Press, 1963.

Ferrari, G. R. F., *City and Soul in Plato's* Republic, Chicago & London: The University of Chicago Press, 2003.

Fine, John V. A. *The Ancient Greeks: A Critical History*, Cambridge & London: Harvard University Press, 1983. Finley, M. I. *The Ancient Greeks*. Harmondsworth: Penguin Books, 1963.

Frost, Frank J., *Greek Society*, Toronto: D. C. Heath and Company, 1980.

Fuller, B. A. G., *History of Greek Philosophy: Thales to Democritus*, New York: Henry Hold and Company, 1923.

Gadamer, Hans-Georg, *Dialogue and Dialectic: Eight Hermeneutical Studies on Plato*, New Haven and London: Yale University Press, 1980.

Gardner, Ernest A., *Poet and Artist in Greece*, London: Duckworth, 1933.

Gardner, Percy, *New Chapters in Greek History*, London: William Clowes & Sons, 1892.

Gentili, Bruno, *Poetry and Its Public in Ancient Greece*, Baltimore: The Johns Hopkins University Press, 1990.

Gomperz, Theodor, *Greek Thinkers: A History of Ancient Philosophy*, vol. III, trans. G. G. Berry, Bristol: Thoemmes Press, 1996.

Gosling, J. C. B., *Plato*, London and Boston: Routledge & Kegan Paul, 1973.

Griffith, Tom (tr.), *The Republic*, Cambridge University Press, 2000.

Groton, Anne H., *From Alpha to Omega*, Newburryopt MA: Focus Information Group, 1995.

Grube, G. M. A., *Plato's Thought*, London: Methuen, 1935.

Guhl, E. & Koner, W. *The Greeks: Their Life and Customs*, London: Senate, 1994.

Guthrie, W. K. C., *The Greek Philosophers: From Thales to Aristotle*, London: Routledge, 1997.

Guthrie, W. K. C., *A History of Greek Philosophy*, Cambridge: Cambridge University Press, IV, 1975.

Haigh, A. E., *The Attic Theatre*, Oxford: The Clarendon Press, 1952.

Hall, Robert W., *Plato*, London: George Allen & Unwin, 1981.

Halliwell, Stephen, *The Aesthetics of Mimesis*, Princeton and Oxford: Princeton University Press, 2002.

Halliwell, Stephen, "The Life-and-Death Journey of the Soul: Interpreting the Myth of Er", in G. R. F. Ferrari (ed.), *The Cambridge Companion to Plato's* Republic, Cambridge: Cambridge

University Press, 2007.

Halliwell, Stephen, *Aristotle's Poetics*, London: Duckworth, 1998.

Halliwell, Stephen, *Between Ecstasy and Truth: Interpretations of Greek Poetics from Homer to Longinus*, Oxford: Oxford University Press, 2011.

Harte, Verity, *Plato on Parts and Wholes*, Oxford: The Clarendon Press, 2005.

Havelock, Eric A., *The Greek Concept of Justice*, Cambridge MA and London: Harvard University Press, 1978.

Herodotus. *The Histories* (tr. Aubrey de Selincourt), London: Penguin Books, 1964.

Hobbs, Angela, *Plato and the Hero: Courage, Manliness and the Impersonal Good*, Cambridge: Cambridge University Press, 2000.

Holms, Brooke, *The Symptom and the Subject: The Emergence of the Psychical Body in Ancient Greece*, Princeton and Oxford: Princeton University Press, 2010.

Homer, *The Iliad*, tr. Robert Fitzgerald, Oxford: Oxford University Press, 1984.

Homer, *The Odyssey*, tr. Walter Shewring, Oxford: Oxford University Press, 1980.

Howe, George & Harrer, G. A. (eds.), *Greek Literature in Translation*, New York: Harper & Brothers, 1948.

Hugo, Wayne, *Ladders of Beauty: Hierarchical Pedagogy from Plato to Dante*, Bern et al: Peter Lang, 2007.

Irwin, Terence, *Classical Thought*, Oxford: Oxford University Press, 1989.

Irwin, Terence, *Plato's Moral Theory*, Oxford: Clarendon Press, 1985.

Jaeger, Werner. *Paideia: The Ideals of Greek Culture* (tr. Gibert Highet), Oxford: Oxford University Press, 1973.

Jaeger, Werner, *The Theology of the Early Greek Philosophers*, Oxford: The Clarendon Press, 1948.

Janaway, Christopher, *Images of Excellence: Plato's Critique of the Arts*, Oxford: Clarendon Press, 1995.

Jouët-Pasté, Emmanuelle, *Le jeu et le serieux dans les Lois de Platon*, Sankt Augustin: Academia Verlag, 2006.

Kant, Immanuel, *Critique of Practical Reason*, ed. & trans. Lewis White Beck, London: Macmillan Publishing Company, 1993.

Kant, Immanuel, *Critique of the Power of Judgment*, ed. & trans. Paul Guyer and Eric Matthews, Cambridge: Cambridge University Press, 2000.

Kant, Immanuel, *Critique of Judgment*, tr. Werner S. Pluhar, Indianapolis: Hackett Publishing Company, 1987.

Kenny, Anthony, *A New History of Western philosophy: I. Ancient Philosophy*, Oxford: The Clarendon press, 2006.

Kohanski, Alexander S., *The Greek Mode of Thought in Western Philosophy*, Rutherford et al: Associated University Presses, 1984.

Koller, H. *Die Mimesis in der Antike*, Bern, 1954.

Keuls, Eva, *Plato and Greek Painting*, Leiden: E. J. Brill, 1978.

Ledbetter, Grace M., *Poetics before Plato*, Princeton and Oxford: Princeton University Press, 2003.

Levin, Susan B., *The Ancient Quarrel between Philosophy and Poetry Revisited*, Oxford: Oxford University Press, 2001.

Liddell & Scott (ed. s), *Greek-English Lexicon*. Oxford: Oxford University Press, 1999.

Lodge, Rubert, *The Philosophy of Plato*, London: Routledge & Kegan Paul, 1956.

Lodge, Rubert, *Plato's Theory of Art*, London: Routledge & Kegan Paul, 1953.

Lodge, Rubert, *Plato's Theory of Ethics*, London: Routledge & Kegan Paul, 1955.

Lodge, Rubert, *Plato's Theory of Education*, London: Routledge & Kegan Paul, 1947.

Lucas, F. L., *Tragedy: Serious Drama in Relation to Aristotle's Poetics*, London: The Hogarth Press, 1957.

Lutoslawski, Winceney, *The Origin and Growth of Plato's Logic*, London: Longmans, 1897.

Mayhew, Robert, *Plato: Laws 10*, Oxford: Clarendon Press, 2008.

McCabe, Mary M., *Plato and His Predecessors: The Dramatisation of Reason*, Cambridge: Cambridge University Press, 2000.

McDonald Marianne & Walton, J. Michael (ed. s), *Greek and Roman Theatre*, Cambridge: Cambridge University Press, 2007.

Monro, D. B. *The Modes of Ancient Greek Music*. Oxford: The Clarence Press, 1894.

Morgan, Kathryn, *Myth and Philosophy from the Presocratics to Plato*, Cambridge: Cambridge University Press, 2000.

Morgan, Michael L., "Plato and Greek Religion", in Richard Kraut (ed.), *The Cambridge Companion to Plato*, Cambridge: Cambridge University Press, 1999.

Morrow, Glenn R., *Plato's Cretan City*, New Jersey: Princeton University Press, 1960.

Moss, Jessica, "Appearances and Calculations: Plato's Division of the Soul", *Oxford Studies in Ancient Philosophy*, 34 (2008), pp. 35-68.

Most, Glenn W. "The poetics of early Greek philosophy," in A. A. Long (ed). *The Cambridge Companion to Early Greek Philosophy*. Cambridge: The Cambridge University Press, 1999, pp. 332-362.

Murdoch, Iris, *The Fire and the Sun: Why Plato Banished the Artists*. Oxford: Oxford University Press, 1977.

Murray, Gilbert, *Four Stages of Greek Religion*, New York: Columbia University Press, 1912.

Naddaf, Gerard, *The Greek Conception of Nature*, Albany: State University of New York Press, 2005.

Nagy, Gregory (ed.), *Greek Literature in the Classical Period: The Poetics of Drama in Athens*, New York & London: Routledge, 2001.

Nettleship, Richard Lewis, *Lectures on The Republic of Plato*. London/New York: St. Martin's Press, 1964.

Nietzsche, Friedrich, *La naissance de la tragédie*, traduit Michel Haar et al, Paris: Gallimard, 1977.

Nilsson, Martin p., *A History of Greek Religion*, trans. F. J. Fielden, New York: The Northon, 1962.

Osborn, Robin, (ed.), *Debating the Athenian Cultural Revolution: Art, Literature, Philosophy, and Politics 430-380 BC*, Cambridge: Cambridge University Press, 2007.

Partee, Morris Henry, *Plato's Poetics: The Authority of Beauty*. Salt Lake City: University of Utah Press, 1981.

Partenie, Catalin (ed.), *Plato: Selected Myths*, Oxford: Oxford University Press, 2004.

Partenie, Catalin (ed.), *Plato's Myths*, Cambridge: Cambridge University Press, 2009.

Pater, Walter, *Appreciations*, London: Macmillan and Co., Limited, 1889.

Pater, Walter, *Plato and Platonism*, London: MacMillan, 1912.

Pater, Walter, *Greek Studies*, London: MacMillan, 1928.

Pater, Walter, *The Renaissance: Studies in Art and Poetry*. London: Macmillan and Co., Limited, 1919.

Peters, Robert (ed), *Victorians on Literature and Art*, London: Peter Owen Limited, 1961.

Pierris, Apostolos L. (ed.), *Aristotle on Plato: The Metaphysical Question*, Patras: Institute for Philosophical Research, 2004.

Pickard-Cambridge, Arthur, *The Dramatic Festivals of Athens*, Oxford: The Clarendon Press, 1968.

Popper, Karl, *The Open Society and Its Enemies: The Spell of Plato*, London & New York: Routledge, 2005.

Potolsky, Matthew, *Mimesis*, New York & London: Routledge, 2006.

Quennell, Peter & Johnson, Hamish, *A History of English Literature*, London: George Weidenfeld and Nicholson Limited, 1973.

Rau, Catherine, *Art and Society: An Interpretation of Plato*, New York: Richard Smith, 1951.

Reale, Giovanni, *A History of Ancient Philosophy: II. Plato and Aristotle*, ed. and trans. John R. Catan, Albany: State University of New York Press, 1990.

Reeve, C. D. C., "Plato's Metaphysics of Morals", in *Oxford Studies in Ancient Philosophy*, 25 (2003), pp. 39-58.

Roochnik, David, *Beautiful City: The Dialectical Character of Plato's "Republic"*, Ithaca and London: Cornell University Press, 2003.

Sassi, Maria Michela, "The Self, the Soul and the Individual in the City of *The Laws*", in *Oxford Studies in Ancient Philosophy*, 35 (2008), 125-148.

Schofield, Malcolm, *Plato: Political Philosophy*, Oxford: Oxford University Press, 2006.

Ross, David, *Plato's Theory of Ideas*, Oxford: Clarendon Press, 1953.

Row, Christopher J., *Plato*, Sussex: The Harvester Press, 1984.

Russell, Daniel C., *Plato on Pleasure and the Good Life*, Oxford: Clarendon Press, 2005.

Rutherford, R. B., *The Art of Plato*, London: Duckworth, 1995.

Saunders, Trevor, 'Plato's Later Political Thought', in Richard Kraut (ed.), *The Cambridge Companion to Plato*, Cambridge: Cambridge University Press, 1992.

Sayre, Kenneth M. *Plato's Literary Garden*, London: University of Notre Dame Press, 1995.

Schofield, Malcolm, *Plato*, Oxford: Oxford University Press, 2006.

Scolnicov, Samuel & Brisson, Luc (ed. s), *Plato's Laws: From Theory into Practice*, Sankt Augustin: Academia Verlag, 2003.

Scott, Gregory, "Purging the *Poetics*", in *Oxford Studies in Ancient Philosophy*, 25 (2003), pp. 233-263.

Seiler, R. M. (ed.), *The Book Beautiful: Walter Pater and the House of Macmillian*, London et al: The Athlone Press, 1999.

Shelley, Percy Bysshe, *A Defense of Poetry*. In Hazard Adam (ed), *Critical Theory since Plato*. New York et al: Harcourt Brace Jovanovich, 1971.

Shorey, Paul (tr.), *Republic* (Loeb edition), Harvard University Press, 1963.

Snell, Bruno, *The Discovery of the Mind*. Tr. T. G. Rosenmeyer, Oxford: Oxford University Press, 1953.

Sörbom, Göran, *Mimesis and Art*, Bonniers, 1966.

Spencer, Herbert, *The Works of Herbert Spencer*, Osnabruck: Otto Zeller, 1966.

Staden, Heinrich von, "Purity, Purification, and Katharsis in Hippocratic Medicine", in Herausgegeben von Martin Vöhler und Bernd Seidensticker (ed. s), *Katharsiskonzeptionen vor*

Aristoteles: *Zum kulturellen Hintergrund des Tragödiensatzes* (Berlin: Walter de Gruyter, 2007), pp. 21-51.

Stalley, R. F., *An Introduction to Plato's Laws*, Oxford: Basil Blackwell, 1983.

Stewart, J. A., *The Myths of Plato*, London: Macmillan, 1905.

Strauss, Leo, *The Argument and the Action of Plato's Laws*, Chicago and London: The University of Chicago Press, 1975.

Strauss, Leo, *Studies in Platonic Political Philosophy*, Chicago & London: The University of Chicago Press, 1983.

Tatarkiewicz, Waladyslaw, *An Essay in Aesthetics*, Warszawa: Polish Scientific Publishers, 1980.

Taylor, A. E., *Plato: The Man and his Work*, New York: Meridian Books, 1956.

Veeser, H. Aram (ed.), *The New Historicism*, New York/London: Routledge, 1989.

Veloso, Claudio William, "Aristotle's *Poetics* without *Katharsis*, Fear or Pity", in *Oxford Studies in Ancient Philosophy*, pp. 255-284.

Vernant, Jean-Pierre & Vidal-Naquet, Pierre, *Myth and Tragedy in Ancient Greece*, Trans. J. Lloyd, New York: Zone Books, 1988.

Vernant, Jean-Pierre, *The Origins of Greek Thought*, translated from the French version *Les Origines de la pensée grecque*, London: Methuen, 1982.

Verdicchio, M. & Burch, R. (ed.s), *Between Philosophy and Poetry*, New York and London: Continuum, 2002.

Verdenius, W. J., *Mimesis: Plato's Doctrine of Artistic Imation and its Meaning to Us*, Leiden: E. J. Brill, 1972.

Vico, *The First New Science*, ed. and trans. Leon Pompa, Cambridge: Cambridge University Press, 2002.

Volpe, Galvano Della, *Critique of Taste*, London: Western Printing Service Ltd, 1978.

Walton, Kendall L., *Mimesis as Make-believe*, Cambridge and London: Harvard University Press, 1990.

Warry, J. G. *Greek Aesthetic Theory*, London: Methuen & Co. Ltd., 1962.

Wartenberg, Thomas E. (ed), *The Nature of Art: An Anthology*, Wadsworth, 2001.

Watson, Burton (trans.), *The Lotus Sutra*, New York: Columbia University Press, 1993.

Waterfield, Robin (tr.), *Republic*, Oxford: Oxford University Press, 1993.

West, M. L., *Ancient Greek Music*, Oxford: The Clarendon Press, 1992.

West, M. L., *Greek Metre*, Oxford: The Clarendon Press, 1996.

West, M. L., *Early Greek Philosophy and the Orient*, Oxford: The Clarendon Press, 1971.

Whalley, George, *Aristotle's Poetics: Translated and with a Commentary by George Whalley*, ed. John Baxter and Patrick Atherton, London et al: McGill-Queen's University Press, 1997.

Whitehead, Alfred N., *Modes of Thought*, Cambridge: Cambridge University Press, 1956.

Wians, William (ed.), *Logos and Muthos: Philosophical Essays in Greek Literature*, Albany: Suny Press, 2009

Wilson, Peter, *The Athenian Institution of the Khoregia: The Chorus, the City and the Stage*, Cambridge: Cambridge University Press, 2000.

Woodard, Roger D. (ed.), *Greek Mythology*, Cambridge: Cambridge University Press, 2007.

3. 中文文献

艾德尔斯坦：《神话在柏拉图哲学中的作用》，见张文涛选编：《神话诗人柏拉图》，董赟、胥瑾译，北京：华夏出版社，2010年。

阿尔法拉比：《柏拉图的哲学》，程志敏译，上海：华东师范大学出版社，2006年。

奥尔巴赫：《论摹仿》，吴麟绥等译，天津：百花文艺出版社，2002年。

奥古斯丁：《忏悔录》，周士良译，北京：商务印书馆，1987年。

奥斯温·默里：《早期希腊》，晏绍祥译，上海：上海人民出版社，2008年。

鲍桑葵：《美学史》，张今译，北京：商务印书馆，1985年。

贝西埃等主编：《诗学史》，史忠义译，天津：百花文艺出版社，2002年。

巴克：《希腊政治理论：柏拉图及其前人》，卢华萍译，长春：吉林人民出版社，2003年。

伯格：《走向古典诗学之路》，肖涧译，北京：华夏出版社，2007年。

布克哈特：《希腊人和希腊文明》，王大庆译，上海：上海人民出版社，2008年。

布克哈特：《世界历史沉思录》，金寿福译，北京：北京大学出版社，2010年。

布里松：《柏拉图的神话观》，见张文涛选编：《神话诗人柏拉图》，董赟、胥瑾译，北京：华夏出版社，2010年。

布鲁姆：《巨人与侏儒——布鲁姆文集》，张辉译，北京：华夏出版社，2007年。

布鲁门伯格：《神话研究》，胡继华译，上海：上海人民出版社，2012年。

布舒奇：《〈法义〉导读》，谭立铸译，北京：华夏出版社，2006年。

陈康：《论希腊哲学》，汪子嵩、王太庆编，北京：商务印书馆，1990年。

策勒尔：《古希腊哲学史纲》，翁绍军译，济南：山东人民出版社，2007年。

陈中梅：《柏拉图诗学和艺术思想研究》，北京：商务印书馆，1999年。

程志敏、方旭选编：《柏拉图的次好政制》，刘宇、方旭等译，上海：华东师范大学出版社，2013年。

丹纳：《艺术哲学》，傅雷译，北京：人民文学出版社，1983年。

房龙：《人类的故事》，上海：上海文艺出版社，2003年。
芬利：《希腊的遗产》，张强等译，上海：上海人民出版社，2004年。
弗兰克：《浪漫派的将来之神——新神话学讲稿》，李双志译，上海：华东师范大学出版社，2011年。
伽达默尔：《真理与方法》，洪汉鼎译，上海：上海译文出版社，2004年。
戈登等：《戏剧诗人柏拉图》，张文涛选编，刘麒麟、黄莎等译，上海：华东师范大学出版社，2007年。
葛恭（Olof Gigon）：《柏拉图与政治现实》，黄瑞成等译，上海：华东师范大学出版社，2010年。
哈里森：《古代艺术与仪式》，刘宗迪译，北京：三联书店，2008年。
海德格尔：《林中路》，孙周兴译，上海：上海译文出版社，1997年。
海德格尔：《荷尔德林诗的阐释》，孙周兴译，北京：商务印书馆，2000年。
汉密尔顿：《希腊精神》，葛海滨译，沈阳：辽宁教育出版社，2003年。
汉密尔顿：《希腊的回声》，曹博译，北京：华夏出版社，2008年。
荷马：《荷马史诗·奥德赛》，王焕生译，北京：人民文学出版社，2005年。
赫西俄德：《工作与时日 神谱》，张竹明、蒋平译，北京：商务印书馆，1997年。
赫丽生：《古希腊宗教的社会起源》，谢世坚译，桂林：广西师范大学出版社，2004年。
基托：《希腊人》，徐卫翔、黄韬译，上海：上海人民出版社，1998年。
吉尔伯特、库恩：《美学史》，夏乾丰译，上海：上海译文出版社，1989年。
康德：《判断力批判》，邓晓芒译，北京：人民出版社，2002年。
肯尼：《牛津西方哲学史》第一卷《古代哲学》，王柯平译，长春：吉林出版集团，2010年。
克雷默：《世界古代神话》，魏庆征译，北京：华夏出版社，1989年。
克罗齐：《作为思想和行动的历史》，田时纲译，北京：中国社会科学出版社，2005年。
克罗齐：《历史学的理论与历史》，田时纲译，北京：中国人民大学出版社，2012年。
库朗热：《古代城邦——古希腊罗马祭祀、权利和政制研究》，谭立铸译，上海：华东师范大学出版社，2006年。
库恩：《古希腊的传说和神话》，秋枫、佩芳译，北京：三联书店，2007年。
列维-布留尔：《原始思维》，丁由译，北京：商务印书馆，1987年。
列维-斯特劳斯：《野性的思维》，李幼蒸译，北京：商务印书馆，1987年。
刘小枫选编：《施特劳斯与古今之争》，上海：华东师范大学出版社，2010年。
刘小枫选编：《〈王制〉要义》，张映伟译，北京：华夏出版社，2006年。
刘小枫、陈少明主编：《雅典民主的谐剧》，北京：华夏出版社，2008年。
罗斑：《希腊思想和科学精神的起源》，陈修斋译，桂林：广西师范大学出版社，2003年。

罗念生：《论古典文学》，见《罗念生全集》第八卷，上海：上海人民出版社，2004年。
罗森：《诗与哲学之争》，张辉译，北京：华夏出版社，2004年。
罗森：《柏拉图的〈治邦者〉》，陈志伟译，上海：华东师范大学出版社，2011年。
罗森：《柏拉图的〈会饮〉》，杨俊杰译，上海：华东师范大学出版社，2011年。
马特：《柏拉图与神话之镜》，吴雅凌译，上海：华东师范大学出版社，2008年。
马特：《论柏拉图》，张竝译，上海：华东师范大学出版社，2008年。
默里：《早期希腊》，晏绍祥译，上海：上海人民出版社，2008年。
梅耶：《古希腊政治的起源》，王师译，上海：华东师范大学出版社，2013年。
苗力田主编：《古希腊哲学》，北京：中国人民大学出版社，1992年。
尼采：《悲剧的诞生》，周国平译，北京：三联书店，1988年。
尼古拉斯·布宁、余纪元编著：《西方哲学英汉对照辞典》，北京：人民出版社，2001年。
尼柯尔斯：《苏格拉底与政治共同体》，王双洪译，北京：华夏出版社，2007年。
帕克：《城邦——从古希腊到当代》，石衡潭译，济南：山东画报出版社，2007年。
施米特：《现代与柏拉图》，郑辟瑞、朱清华译，上海：上海书店出版社，2009年。
水建馥译：《古希腊抒情诗选》，北京：人民文学出版社，1991年。
泰勒：《柏拉图——生平及其著作》，济南：山东人民出版社，1996年。
托马斯·A. 斯勒扎克：《读柏拉图》，程炜译，南京：译林出版社，2009年。
王柯平：《〈理想国〉的诗学研究》，北京：北京大学出版社，2005年。
王太庆译：《柏拉图对话集》，北京：商务印书馆，2004年。
汪子嵩、范明生、陈村富、姚介厚：《希腊哲学史》，第二卷，北京：人民出版社，1997年。
维柯：《新科学》，朱光潜译，北京：人民文学出版社，1986年。
温克尔曼：《希腊人的艺术》，邵大箴译，桂林：广西师范大学出版社，2001年。
维尔南：《希腊人的神话和思想》，黄艳红译，北京：中国人民大学出版社，2007年。
韦尔南：《古希腊的神话与宗教》，杜小真译，北京：三联书店，2001年。
韦尔南：《神话与政治之间》，余中先译，北京：三联书店，2001年。
维谢洛夫斯基：《历史诗学》，刘宁译，天津：百花文艺出版社，2003年。
文德尔班：《哲学史教程》，上卷，罗达仁译，北京：商务印书馆，1997年。
文德尔班：《古代哲学史》，詹文杰译，上海：上海三联书店，2009年。
沃尔佩：《趣味批判》，王柯平、田时纲译，北京：光明日报出版社，1990年。
希罗多德：《历史》，王以铸译，北京：商务印书馆，2005年。
西塞罗：《共和国》，王焕生译，上海：上海人民出版社，2006年。
西塞罗：《论神性》，石敏敏译，北京：商务印书馆，2012年。
雪莱：《为诗辩护》，见汪培基等译：《英国作家论文学》，北京：三联书店，1985年。

徐戬选编：《鸿蒙中的歌声：柏拉图〈蒂迈欧〉疏证》，朱刚、黄薇薇等译，上海：华东师范大学出版社，2008年。

亚里士多德：《诗学》，陈中梅译注，北京：商务印书馆，1999年。

亚里士多德：《论诗》，崔延强译，见苗力田主编：《亚里士多德全集》，第九卷，北京：中国人民大学出版社，1994年。

亚里士多德：《修辞术》，颜一译，见苗力田主编：《亚里士多德全集》，第八卷，北京：中国人民大学出版社，1994年。

亚里士多德：《尼各马科伦理学》，苗力田译，见苗力田主编：《亚里士多德全集》，第八卷，北京：中国人民大学出版社，1994年。

亚里士多德：《物理学》，徐开来译，见苗力田主编：《亚里士多德全集》，第二卷，北京：中国人民大学出版社，1997年。

亚里士多德：《政治学》，吴寿彭译，北京：商务印书馆，1997年。

亚里士多德：《雅典政制》，日知、力野译，北京：商务印书馆，1999年。

姚介厚：《西方哲学史》第二卷《古代希腊与罗马哲学》，南京：江苏人民出版社，2005年。

叶秀山：《苏格拉底及其哲学思想》，北京：人民出版社，1997年。

叶秀山、王树人：《西方哲学史》，第一卷《总论》，南京：江苏人民出版社，2004年。

叶秀山：《永恒的活火——古希腊哲学新论》，广州：广东人民出版社，2007年。

张文涛选编：《神话诗人柏拉图》，北京：华夏出版社，2010年。

朱光潜：《西方美学史》，北京：人民文学出版社，1979年。

朱光潜：《悲剧心理学》，张隆溪译，北京：人民文学出版社，1985年。

索 引

（以汉语拼音为序）

悲剧　1,15,18,30-33,35,38-43,45,46,48-54,84,86,113,127,133,137,142,143,154,175,179,184,186,191,197-200,203,208,214-218,225-234,236,237,239-242,245-247,258,260,272-301,306,313,347,408,409

悲剧净化说　253,254,272,282-285,287-292

城邦　1-6,8,11,12,18,22-24,27-33,35,36,38-41,43,46,47,49-58,60-95,97,100-102,106-109,111,113-116,118-123,137,148-155,157-159,161,162,164,168,169,175,188,190,194,195,198,199,202,203,208,209,215,218,219,222,223,230,231,234-236,238-242,244,247-249,251,253-256,259-262,264-272,285,286,291,312,322,327,330,332,334,336,337,339-341,343,346,347,349-353,356,360,361,363-367,369-371,373,374,377-387,389-395,407,408

城邦净化说　253,254,260,264,272,285,291,360

城邦卫士　27,48,49,109,169,256,257

城邦政治　11,73,106,121,208,242,244,248,264,265,291,308,365,368

次好城邦　1,3,8,12,22,23,27,29,32-35,41,43,45,50,53,54,58,66,68,69,71-74,76,78,85-87,95,102,106,120,147,150,151,153,159,169,195,198,231,251,253,264,265,271,312,334,339,343,347,360,363,377-381,383-385

道德诗学　1,3-5,8,21,33,34,55,58,78,85,86,89,91-94,123,313,387

德行　1,3-5,8,11,13,23,24,27,30,33,35,45,46,48,53,54,56-66,68-70,75-94,97,102,108,112-115,120,123,124,127,143-147,149-151,153,154,157-163,165,170,184,188,190,191,193,194,197-199,203,209,211,226,234,240,244,247-249,251,261,263,268-271,293,302,311,333,334,337-339,343,346,359-361,363,364,367,370,371,373,374,379,383-385,387,392,393

地下之路　319,324-326

第三城邦　377

对话　1-10,13,19,20,22,25,29,32,34-41,43,46,51,55,58,68,69,73,75,76,78,85,97,99,102,105,109,120,124,126,144,147,166,196,214,222,227,233,235,236,

243,254,284,286,290,291,302,306,311,312,314-316,318,320-322,327-329,333,344,356,365,368,369,380,386,387,390,392,397,408,411

对话哲学　38,311,313,328

厄尔神话　104,302,316,318-324,327,328,330,331,339,353,362,364,373

法礼篇　1-13,21-32,34,35,38-41,43,45,46,49-52,55,56,58,59,67,69,73-78,83-90,92,93,95,99-102,106,109,111,115,118,120,121,123,126,127,147,152,158,161,167,170,171,188,189,194,199,214,222,231,236,242,249,251,253,254,264,265,267,268,271,272,285,291,302,312,332,336,339,344,349,353,354,357,360,363,364,369,370,377-385,387,392,411

菲里底亚调式　137-141

歌　2,5,14,15,23,25-29,32,34-41,45-47,49,52,56,60-63,77,83,86,87,90,93,94,113,118,125-137,139-143,147-149,151-160,163,170,171,175,179,181,182,184-191,199-209,211,212,214-225,228-230,235-241,243,244,248,255,258-260,272,275,287-289,292,295,304-307,309,313-315,328,330,331,342,409

歌舞艺术　39,126

公民教育　3-5,28-30,32,33,40,46,77,84,132,139,222,236,241,353,360,373

公正　3,23,29,33,43,54,57,65,71,80,82,87,92,102,115,116,119,120,143,149,154,161,185,232,246,248,259,263,269,270,318,324,327,333,339,340,342,344,346,352,355,363,366,367,370,383,386,395

过分自由　56,72,76,93,199,243-246,248-251,344,385

和平之舞　188-190

护法者　11,23,46,89,101,152,153,364,367,369,370,392

话语形式　121,184,303,311,313,321,329,348

混合政体　12,22,23,56,69,71,73,75-78,285,380

教育　1-5,8,9,11,13,15,23,25-30,32-35,40,42,43,45,48,49,51-61,63,64,66,70,73,76,78,82-94,97,98,101,102,105,108,112,113,115,120,123-128,136,137,141,142,144,148-150,152,154,156,160,161,163,165,167,169,188,195,197,198,203,208,210,213-215,222,230,231,234-236,239,241-243,247,253,255-257,259,260,267-271,275,282,284-287,291,302,303,313,315,316,318,321,324,327,328,334-336,344,347,349,352,356,357,359-361,363-365,367,373,379,380,383,385,387,389,392,407

节制　24,56,57,59,63,66,77,80-82,86,89,90,111,115,124,128,132,137,138,141,147,149,158,160-162,188-190,192-195,198,215,231,243,245,251,255-257,260,261,263,269-271,287,325,327,333,334,347,360,363,368,374,384,387,392,393

净化说　138,253,284,289-291

敬神　104,106,117,137,167,333-337,339,344,347,348,351,352,370,390

酒神　27,29,56,125,133,137,138,140,

142,155-160,164,165,190,191,199,200,203,217,220,221,225-229,240,241,243,244,289,293,294,308,355,356

救赎 20,251,322,324,325,327,356

救助 35,55,280,293,319,323,324,327,364

剧场 33,39,53,54,93,143,147,156,198,199,226,234,238-249,281,297,300

剧场政体 27,93,150,199,239,242,243,246-250,385

恐惧 40,42,43,54,64,108,181,186,189,193,228,231,233,243,253,272,273,275-284,287-289,291,292,294,295,297-300,330,341

快感 8,56,81,115,124,125,136,143-145,148,149,154,157,158,161,162,166,170,171,174,183-186,193,216,222,232,243,246,247,257,275,277,278,284,298-300,333,368,369

快感准则 148-150

理式 24-26,85,167,172-179,292,365,369,370,373,374

理想人格 90,123

理性 3,21,23,25-27,32,33,35,36,40,42-45,48,53,54,65,73,74,77,79,82,85,88,90,92,104,105,108-112,114-116,120,124,125,128,136,140,144,145,149,159,175,178,181,184,188,192,196,206-208,213,222,230,231,233,234,236,237,260,271,278,287,288,293,298,302-306,309-311,313,316,319-322,324,327,329,332,334,339,348,350,353,361-364,366-368,372,373,375,382,383

立法者 1,2,14,46,55,61,70,93,98,101,154,190,193,194,265,266,270,336,352,353,395

怜悯 40,42,43,54,133,186,228,231,233,253,272,273,275-284,287-289,291,292,295,297-300

灵魂 8,57,86,92,99-107,167,180,187,228,246,251,281,284,302,310,311,316-331,356-359,361,362,364,365,368,369,371,373,395

灵魂不死 318,321,349

逻各斯 121,305,311-314,321

玛格尼西亚城邦 56,58,69,80,251,271

美德 62,79,119,132,137,141,194,232-234,251,255-257,259,263,287,306,318,325,326,362,372,384

美好城邦 3,22,38,50,54,68,102,244,254,264,265,272,291,312,360,367,382,383

美好生活 35,54,144,145,373

美善兼备 23,70,79,89-91,115,123,188,195,363,367

秘索斯 311-313

民主 4,22,27,31,35,52,59,72-76,79,100,151,197,230,235,237,238,240,241,244,248-251,261-264,381,384-386,389-391,393-395,407

民主政体 1,22,56,71-76,199,239,243,244,247,248,250,251,261,264,380,381,384,385,389,390,393,394

摹仿 1,5,25-29,32,35-41,43,45,46,48,53,54,112,120,123,126,148,149,156,165-186,188-191,206,207,214-216,228-

231,235,236,243,255,257,273-278,280,281,283-285,288,326,329,366,406

情感 26-28,30,36,37,40,42,45,46,49,53,57,91,107-111,113-115,124,125,128,129,133,135-138,140,143,147,149,158,175,180,185-187,189,215,218,220,228,230-232,237,245,257,260,273,275,276,278-284,287-295,297-300,302,304,313,329,331,341,348,350,352,355,382

劝诫神话 23,69,104-106,302,332,336,337,339,348,349,351,353-355,364,373

群氓式民主 246,248

人文化成 15,17,126,302,363,374,375

人文教化 3,180

人向神生成 115,302,360-362,364-367,369-373

人性 2,6,24,27,32,42-44,53,56,68,69,85,105-108,110,114,115,118,119,164,166,169,170,173,180,206,208,218,219,236,263,270,271,276,303,304,324,332,334,355,356,360,362,366,367,370

身体 33,56,57,61,81,86,89,90,92,123,125,126,130,158,160,167,168,171,188,189,191-197,257,283,286,290,311,326,333,338,339,353,365,368,387,388

身体摹仿 26,167-170

身体诗学 33,89-91,123

神话 19-21,29,33,38,49,50,55,61,69,85,86,94,95,99,112,116-118,120,121,126,129,184,187,190,200,202,203,207,208,210,212,213,217,218,220,224,234,242,259,285,294,302-316,320-324,327-332,335-337,340-342,346-349,351-354,357,

362,364,371,374,392,406-409

神明 8,36,37,44-46,53,55,57,62,70,74,77,86,89,100,104,106,108,112,113,119,152,153,161,166-168,172,173,192,193,212,213,222,250,255,269,309,310,312,326,333-336,339-343,345,347,350,355,356,360,362-365,368,370,389,393

神明意志 393

神性 1,23,28,35,44,45,53,55,56,68,69,88,107,113,115,119,120,125,126,166,178,184-187,201,208,214,216,270,284,302,303,305,306,319,329,332,334,338,345,346,355,357,360,363,365-369,371-374,408

审查制度 29,123,150,151,153,155,253,257,259

审慎 17,18,50,66,99,161,162,270,271,317,321,325-327,349,350,360,374

诗 4-6,14,22,25,26,28-31,34-41,43,45-50,54,56,59-63,77,86,87,89-96,99,113,117,120,121,123,125-127,129-131,133-143,147,152,153,155,156,158,166,167,171,175,176,178,179,181-188,199-219,221-225,227-230,232,233,235,237,238,242,247,253,256-260,272-277,280-282,284-292,294,299,301,304-307,310,311,313,315,326-332,339,340,349,353,355,361,365,374-376,394,406-409,411,412

诗乐 2-5,20,23,25,27,28,33,34,40,46,56,57,70,83,85,86,88-91,93,113,115,123,126-128,131,133,134,136-138,141-150,156,165,171,178,179,182,184,195,199,204,205,214,225,237,242-246,248,

249,253-257,259,260,286,294,298,299,
313,344,360,367

诗乐法律　93,244,248

诗乐教育　4,27,29,32,33,46,53,56,85,
87,91,93,102,115,127,128,137,139,
143,145-147,150,151,155,165,167,188,
195,231,255-257,260

诗人　4,14,29,31,32,36-41,43,45-49,53,
54,59-61,63,79,85,86,126,129,133,136,
137,144,146,147,151-154,156,157,175,
179,181-188,198,201-203,205,206,208-
211,214-218,220-226,229-231,233,235,
238-249,255,256,260,276,277,281,287,
290,294,295,311,312,315,319,326,329,
330,355,375,387,406,407,409

诗人哲学家　37,86,259,302,329

诗性　30-32,34,38,94,121,185,203,206,
207,214,220,225,237,294,302,303,308,
310,311,321,328,329,331,332,356,375

诗性智慧　85,86,99,214,225,300,302,
303,316,321,327-330

适度　22,24,56,72,75-77,124,144,145,
151,162,165,189-194,197,230,261,278,
298,380,392

适度原则　52,69,76,123,191-195,282,293,
360,374

适度自由　59,73,250

抒情诗　128-130,133,142,155,199,200,
203,208,209,217-220,222-224,237,238,
408

斯巴达　12,22,24,39,46,47,50,51,55,56,
59-64,67,75,76,85,98-101,103,109,123,
132,135,140,141,158,159,161,168,188,

245,264,285,344,377,380,381,385,389,
390,395

体操教育　83,115,360

天国之路　319,324-326

完善公民　4,24,27,40,90,123,195,339,
360,363,373,393

文明城邦　191

文艺审查制度　40,151,153,155,171,190,
215,260,291

乌托邦　22,23,29,68,265,272,291,292,
382

舞　2,5,23,25-29,32-34,38-40,46,56,57,
70,80,83,86,87,89,93,113,125-127,134,
137,141-144,149-154,156-160,163,165,
167-171,179-181,184,189-191,195,199,
203,204,208,218,221-223,229,236,238,
240-242,245-247,249,275-279,287,289,
295,311,313,342,355,395

喜剧　29,40,58,84,142,143,152-155,179,
187,199,200,203,215,218,225,226,229,
230,234-237,239,246,286,306,313

戏剧　5,9,30,32,34,38-40,53,54,57,75,
87,99,121,142,144,156,179-181,199,
201,204,208,214-216,221,224-226,229-
231,235,237-242,245-247,272,276,281-
283,292,300,303,305,311,315,319,321,
327,329,349,387,407

心灵　8,24,25,27,33,36,37,40,47-49,56,
57,67,69,73,81,86-92,99,109-111,115,
123,124,127,128,136,142,144,147,149,
155,157,160,162,163,172,175,181,185,
186,188,189,191-196,208,214,218,220,
230,231,251,255-257,259-261,270,275,

283,286-290,299,302,303,308,315,333,337-339,345-347,350,352-360,363,364,367-370,372-374,376,388,389

心灵诗学 33,89,90,123,138

幸福 1,3,8,11,22-24,28,40,43,45,54,56,57,67,68,73,81,89,90,92,94,116-120,144,145,147,148,153,189,190,198,226,251,261,271,272,279,285,288,295,318,319,326,332,333,337,353,358,360,363,365,370,373,374,376,377,383,387,388,392

夜间议事会 11,24,46,58,71,74,84,87,102,103,381

艺术摹仿 26,165,167,171,173,176-179

音乐 2,23,29-31,87,88,125-143,151,152,154,156,158,170,179,183,190,203,204,217,226,227,235,237,241,253,255,275,276,280,283,284,290,291,364,368

游戏 2,30,32-34,41,44,46,83,89,93,112,113,123,125,147-149,152,168,172-174,177,188,227,248,249,268,293,297,308,327,338,342,346,376

语文学 14-17,209

欲望 37,40,42,44,64,69,85,108-111,113,114,116,119,144,160,162,175,245,251,261,283,288,293,316,338,353,359,373,374,379,389

喻说 2,32,33,40,41,52-54,56,69,85,86,94-101,105,106,108,110,111,113,120,121,206,265,268,283,310,315,316,321,328,329,347

战争之舞 188-190

哲理诗 38,329,331

哲人王 22-24,35,69,87,102,119,122,272,327,363,373

哲学教育 84,101,102,115,316,370

哲学之路 324-327,332,373

真理 36,41,47,54,88,118,121,131,148,166,177,180,184,187,196,214,231-233,243,284,292,294,307,308,310,316,326,328,329,336,345,351,353,367,370,374,392,407

正确教育 1,4,5,24,25,27,28,32,33,46,56,68,78,82,83,86,87,90,107,112,124,127,144,147,149,150,195,197,302,303,356,360,363,385,387

正确性 28,30,31,40,145-149,156,171,175,278

正确性准则 88,123,143,147,149,150,154,156,171

正义 24,28,42,54,56,59,63,67,81,82,85-87,89,91,97,104,105,117,119,147-149,153,155,162,163,185,188,195,198,208,212,232,233,296,309,316-320,324-327,330,332-335,337,342,343,347,360-363,370,374,385,387,392-394

政治实用主义 72,85,89,90,381,385

政治哲学 5,8,34,52,58,85,92-94,102,268,313

至真的悲剧 1,35,38-41,43,45,49,50,54

智慧 4,5,24,28,36,37,52,54,56,59,63,73,74,76,77,79-82,86,87,89,91,92,108,111,114,115,118,121,144,145,158,165,184,195,196,198,210,218,231-233,235,249,262,264,287,294,303,307,310,311,313,318-321,323,325-327,329,330,332,

347,360-363,365-368,370-375,386,387,
392,393

中度　191,192

自然　5,8,14,20,24,37,46,64,67,76,95,
97,118,126,128,138,140,141,144-147,
154,173,179-181,194,196,207,211,213,
218-220,222,228,232,235,236,238,240-
242,246,255,259,260,263,280,285,287,
290,296,302,303,305-310,319,322,323,
329,333,335,337,338,340,343,345,349,
350,356,357,359,370,371,374,377

宗教　2,13,16,18,20,23,31,32,34,35,41,
57,67,70,84,93,97,99,101,102,105,
106,120,121,125,126,133,137,138,140,
166,178,181,187,190,202,206,208-211,
213,215,217,221-224,239-241,245,250,
259,260,275,280,283,286,287,290,302,
307-310,313,326,329,334-336,339-342,
344,346-352,355,356,361,364,365,367,
370,373,389,390,393,407,408

最高的善　194,278

后　记

不可否认，一部真正的经典，在不同历史文化语境的解读中，会成为一部永不过时的活性文本。而对这类经典的研究，在我看来总是一个永远难以完成的不断探索过程。呈献给读者诸君的这部拙作，就是如此。本书初稿于2011年秋写讫后，迄今已逾三载。在此期间，我几乎处在不曾间断的修改与补充过程之中。其动因主要源于持续的研习思索、相关的专题讨论与专家的批评建议。

譬如，在我每年为研究生讲授"柏拉图诗学专题"这门课程时，除了个人参阅相关研究成果与反思相关问题之外，课堂上同学们就相关内容的发问或追问，都必然促使我进行二次反思，重新审视和反复琢磨可能的诠释或答案。

再如，2014年9月下旬在北京第二外国语学院召开的"柏拉图诗学研讨会"，由本人与悉尼大学哲学系Eugene Benitez教授合作组织，所邀请的国内外学者会聚一堂，从不同角度探讨柏拉图诗学问题，这其中就涉及《法礼篇》的诗学思想。对此，Thomas Robinson、Stephen Halliwell、Penelope Murray、Kathryn Morgan、Angus Bowie、Eugene Benitez、Gerard Naddaf、陈中梅、Catherine Collobert、Marguerite Johnson诸位教授以及我本人所参与的这场为期三天的对话式讨论，使我受益匪浅，随后在重思过程中深化了自己原来的某些论述。

另外，在本书获准列入"国家哲学社会科学成果文库"后，我参照正式通知中所列举的专家反馈意见，再次反思了原稿所论的个别问题，并对其中一些不足之处做了补充，特此添加了《理想国》与《法礼篇》诗学异同一节。

在此即将付梓之际，我谨向参加过"柏拉图诗学专题"讨论课的同学们表示由衷的感谢；谨向同我讨论过本书相关内容与某些问题的国外学者表示由衷的感谢；谨向阅读过此书全部或部分初稿并提出修改建议的国内学者表示由衷的感谢，他们包括中国社会科学院的姚介厚、尚杰、苏晓离、高建平、徐碧辉、梁梅、卢春红、张郁乎研究员和何博超博士，清华大学的王晓朝教授，中国人民大学的聂敏里、牛宏宝与刘玮教授，北京大学的张辉与吴天岳教授，北京师范大学的刘成纪与陈太胜教授，北京第二外国语学院的胡继华教授与黄薇薇博士，等等。

最后，谨向一直支持我从事学术研究的李中泽教授深表谢忱。她本人工作认真且效率颇高，在出色完成繁重的教学任务之余，全力承担了几乎所有家务，这便给了我充裕的时间，使我能独居郊野，专心研读、思索和写作。对于她三十余年来的悉心关照，我总是心存无限感激与敬意，这种感受绝非一般言语所能表达其一二。对此，我曾尝试以诗喻示，但大多言不尽意。譬如，数年前我们同游泰山普照寺时，曾偶成这首拙诗："久闻古刹名，晨来访遗踪。山雨生雅意，虬蟠六朝松。对坐筛月亭，击石唱大风。联手十八拍，无曲不相通。"今日复读此作，发现其用意虽然诚切，但所言流于空疏平淡，有待来日天赐灵思，祈获神来之笔。

谨记。

王柯平

2014 年初冬于京北山月斋

图书在版编目(CIP)数据

《法礼篇》的道德诗学/王柯平著.—北京:北京大学出版社,2015.4
(国家哲学社会科学成果文库)
ISBN 978-7-301-25500-1

Ⅰ.①法⋯ Ⅱ.①王⋯ Ⅲ.①柏拉图-前427～前347-哲学思想-研究 Ⅳ.① B502.232

中国版本图书馆CIP数据核字(2015)第027887号

书　　名	《法礼篇》的道德诗学
著作责任者	王柯平 著
责任编辑	张文礼
标准书号	ISBN 978-7-301-25500-1
出版发行	北京大学出版社
地　　址	北京市海淀区成府路205号　100871
网　　址	http://www.pup.cn　新浪微博:@北京大学出版社
电子信箱	pkuwsz@126.com
电　　话	邮购部 62752015　发行部 62750672　编辑部 62767315
印刷者	北京中科印刷有限公司
经销者	新华书店
	650毫米×980毫米　16开本　28.25印张　463千字
	2015年4月第1版　2015年4月第1次印刷
定　　价	88.00元

未经许可,不得以任何方式复制或抄袭本书之部分或全部内容。
版权所有,侵权必究
举报电话:010-62752024　电子信箱:fd@pup.pku.edu.cn
图书如有印装质量问题,请与出版部联系,电话:010-62756370